THE UNOFFICIAL LEGO® TECHNIC BUILDER'S GUIDE
By Paweł "Sariel" Kmieć

Copyright © 2013 by Paweł "Sariel" Kmieć
THE UNOFFICIAL LEGO® TECHNIC BUILDER'S GUIDE, ISBN 978-1-59327-434-4, published by No Starch Press
Korean-language edition copyright © 2014 by Insight Press. All rights reserved.
The Korean edition was published by arrangement with No Starch Press through Agency-One, Seoul.

이 책의 한국어판 저작권은 에이전시 원을 통해 저작권자와의 독점 계약으로 인사이트에 있습니다.
신저작권법에 의해 한국 내에서 보호를 받는 저작물이므로 무단전재와 무단복제를 금합니다.

레고® 테크닉 창작 가이드:
기계와 메커니즘의 동작 원리로 배우는 테크닉 창작 기법의 모든 것

초판 1쇄 발행 2014년 9월 30일 **3쇄 발행** 2020년 11월 4일 **지은이** 파베우 "사리엘" 크미에치 **옮긴이** 공민식 **펴낸이** 한기성 **펴낸곳** 인사이트 **편집** 김강석 **본문 디자인** 신병근 **제작·관리** 신승준, 박미경 **종이** 에이페이퍼 **출력·인쇄** 현문인쇄 **제본** 자현제책 **등록번호** 제2002-000049호 **등록일자** 2002년 2월 19일 **주소** 서울시 마포구 연남로5길 19-5 **전화** 02-322-5143 **팩스** 02-3143-5579 **블로그** http://blog.insightbook.co.kr **이메일** insight@insightbook.co.kr **ISBN** 978-89-6626-097-3 책값은 뒤표지에 있습니다. 잘못 만들어진 책은 바꾸어 드립니다. 이 책의 정오표는 http://blog.insightbook.co.kr에서 확인하실 수 있습니다. 이 도서의 국립중앙도서관 출판예정도서목록(CIP)은 서지정보유통지원시스템 홈페이지(http://seoji.nl.go.kr)와 국가자료공동목록시스템(http://www.nl.go.kr/kolisnet)에서 이용하실 수 있습니다. (CIP제어번호: CIP2014020730)

The Unoffical LEGO® Technic builder's guide

레고® 테크닉 창작 가이드

파베우 "사리엘" 크미에치 지음 | 공민식 "사라피엘" 옮김

차례

- 먼저 보신 분들의 추천 글 xi
- 옮긴이의 글 xvi
- 추천의 글 xviii
- 들어가는 글 xxi
- 감사의 글 xxiii

1 기초

1 기본 개념 — 3

    속도 — 3
    토크 — 3
    파워 — 4
    마찰 — 4
    정지 마찰력 — 4
    구름저항 — 5
    유격 — 6
    효율성 — 6
    차량에 대한 개념 — 7
        • 구동축 7 • 동력 계통 7 • 동력 전달장치 7 • 스티어링 로크 8 • 회전 반경 8
        • 전륜구동, 후륜구동, 4륜구동과 상시4륜구동 8 • 중량 배분 9 • 무게중심 9 • 지상고 9

2 기본 단위와 부품 — 11

    테크닉 브릭 — 12
    연결과 회전을 위한 요소, 핀 — 13
    빔, 스터드가 없는 결합방법 — 15
    최소 조립 단위가 되는 반 스터드 — 17
    반 스터드 조립의 두 가지 기법 — 18

3 스터드가 있는 것 또는 없는 것 — 19

    레고의 진화 — 19
    스터드가 노출된 조립 — 21
        • 스터드가 노출된 구조의 강화 21 • 스터드가 노출된 것의 장점 22 • 스터드가 노출된 것의 단점 23
    스터드가 없는 조립 — 23
        • 스터드가 없는 구조의 강화 24 • 스터드가 없는 것의 장점 26 • 스터드가 없는 것의 단점 26
    두 가지 스타일의 혼용 — 27
        • 테크닉 세트에서의 활용 예 27 • 브릭과 빔을 연결하는 방법 30 • 홀수와 짝수 32

4 축, 부시 그리고 조인트　　　　　　　　　　　　　　　35

축　　　　　　　　　　　　　　　　　　　　　　　　　35
- 표준형 축 36　・개량형 축 37　・연질형 축 38

부시　　　　　　　　　　　　　　　　　　　　　　　40
- 반 부시 40　・일반형 부시 42　・핀 부시 42

유니버설 조인트　　　　　　　　　　　　　　　　　43

2 역학

5 기어 그리고 동력 전달의 기초　　　　　　　　　　49

구동기어, 종동기어 그리고 유동기어　　　　　　　　50
기어비　　　　　　　　　　　　　　　　　　　　　52
기어와 효율성　　　　　　　　　　　　　　　　　　53
기어와 유격　　　　　　　　　　　　　　　　　　　54
회전 방향 제어　　　　　　　　　　　　　　　　　　54
기어의 종류　　　　　　　　　　　　　　　　　　　56
- 웜 기어 56　・8톱니 기어 57　・단면 12톱니 베벨 기어 58　・양면 12톱니 베벨 기어 58
- 14톱니 기어 58　・16톱니 기어 58　・16톱니 클러치 기어 59　・단면 20톱니 베벨 기어 60
- 핀 구멍 단면 20톱니 베벨 기어 60　・양면 20톱니 베벨 기어 60　・24톱니 기어 60
- 25톱니 클러치 기어 61　・26톱니 크라운 기어 62　・36톱니 기어 62　・40톱니 기어 62
- 차동기어 62　・턴테이블 63　・노브 휠 65　・헤일파이어 드로이드 휠 기어 65　・폐기된 기어들 66

6 체인과 도르래　　　　　　　　　　　　　　　　　　67

체인　　　　　　　　　　　　　　　　　　　　　　　67
도르래　　　　　　　　　　　　　　　　　　　　　　70
도르래장치와 실　　　　　　　　　　　　　　　　　　72
- 간단한 도르래장치 74　・차동 도르래장치 76　・복합 도르래장치 77

7 지레와 링크 구조　　　　　　　　　　　　　　　　　79

지레　　　　　　　　　　　　　　　　　　　　　　　79
- 지레의 종류 81　・지레를 응용한 링크 구조 82

링크 구조　　　　　　　　　　　　　　　　　　　　85
- 체비셰프 링크 86　・호이켄 링크 87　・팬터그래프(사도기) 87　・포셀리어–립킨 셀 88
- 사루스 링크 88　・스캇–러셀 링크 89　・시저 링크 90　・와트 링크 91

8 사용자 정의 기계 설계　　　　　　　　　　　　　　93

강력한 차동장치　　　　　　　　　　　　　　　　　　93
자작 차동기어 모형　　　　　　　　　　　　　　　　95
차동 제한장치　　　　　　　　　　　　　　　　　　　96

한 개의 축을 이용한 차동 제한장치 모형	98
래칫	100
리니어 클러치	101
편심 메커니즘	101
스카치 요크	103
스카치 요크 모형	104
올덤 커플링	104
올덤 커플링 모형	105
슈미트 커플링	106
스테퍼 모터	107
제네바 메커니즘	107
제네바 메커니즘 모형	108
램프 자동으로 끄기	109
램프 점멸	110
방향 지시등 만들기	112
방향 지시등 모듈 모형	114
이중 축 턴테이블 구동	116
트랜스미션 구동 링 방식의 이중 축 턴테이블 구동 모형	118
보다 강한 유니버설 조인트	122
유니버설 조인트 자작 모형	122

9 레고 공압 시스템　　　　　　　　　　　　　　　123

구형 공압 시스템	124
신형 공압 시스템	125
공압 부품의 구성	126

• 구형 공압 펌프 126　• 신형 공압 펌프 126　• 소형 공압 펌프(신형) 127　• 분배 블록(구형) 127
• 공압 밸브(스터드형-구형) 127　• 공압 밸브(스터드가 없는 형-신형) 128
• 대형 실린더(구형) 128　• 6L 실린더(구형) 129　• 소형 실린더(신형) 129
• 사각 대형 실린더(신형) 129　• 원형 대형 실린더(신형 후기형) 130　• 공압 튜브와 호스 130
• T자형 분기관(구형) 131　• T자형 분기관(신형) 132　• 축 결합이 가능한 호스 연결기(신형) 132
• 실린더 브래킷 132　• 에어탱크 133　• 압력계 134

공압 시스템의 응용	135

• 레고 호스 대체품 135　• 레고 에어탱크 대체품 135　• 전동 공기압축기 제작을 위한 스프링 제거 135
• 공압을 이용한 충격흡수장치 135　• 공압을 유압으로 대체 136

10 공압장치　　　　　　　　　　　　　　　　　　139

전동 공기압축기	139
흔들기방식 전동 공기압축기 모형	142
전동 밸브	143
자동 밸브	145
전동 밸브 모형	146
자동 밸브 모형	147

자동 압력조절장치	148
공압 엔진	149
1기통 공압 엔진 모형	151
2기통 공압 엔진 모형	154
슬라이더가 포함된 2기통 공압 엔진 모형	158
응용 제작 사례	162
동작 가능한 물 펌프	162

11 내구성 확보   165

왜 분해되는가	165
• 내구성이 약한 연결 부위 찾기 166 • 보강 기법에 대한 이해 168	
올바른 내구성 보강 기법	169
• 내구성을 보강할 때 기억할 점 173	
보강형 차동기어 케이스	174
네 가지 보강형 차동기어 케이스 모형	174
보강형 웜 기어 케이스	179
세 가지 보강형 웜 기어 케이스 모형	180
하중 분배 구조	181
• 레일, 차대, 차체 프레임 181 • 트러스 구조 184 • 올바른 트러스의 선택 189	
보다 강한 부품의 활용	191

3 모터

12 레고 모터의 종류   195

레고 모터의 종류	195
2838, 첫 번째 9V 모터	197
71427, 가장 대중적이고 강력한 9V 모터	198
43362, 가벼워진 9V 모터	198
47154, 반투명 몸체의 9V 모터	199
2986, 마이크로모터	199
53787, NXT 모터	200
87577, 파워펑션 E 모터	201
58120, 파워펑션 M(미디엄) 모터	201
99499, 파워펑션 L 모터	202
58121, 파워펑션 XL 모터	202
99498, 파워펑션 서보 모터	203
42908, RC 모터	203

13 레고 파워펑션 시스템 — 205

파워펑션 수동 제어 — 205
파워펑션 원격 제어 — 206
전원공급장치 — 209
• AA 배터리박스 210 • AAA 배터리박스 210 • 충전식 배터리박스 211

수신기 — 212
송신기 — 213
• 기본 송신기 215 • 가감속 송신기 215 • 속도 제어기능 살펴보기 215

송신기의 활용 — 216
기본 조향형 송신기 모형 — 217
측면 레버 조향형 송신기 모형 — 218
중앙 조향형 가감속 송신기 모형 — 220

리니어 액추에이터 — 222
• 대형 리니어 액추에이터 223 • 소형 리니어 액추에이터 224
• 리니어 액추에이터와 공압장치의 비교 225

전기장치용 연장선 — 226
기타 부품 — 227
• 스위치 227 • LED 조명 228

4 고급 역학

14 바퀴형 조향장치 — 231

레고의 기본 조향장치 — 231
• 중앙 복귀 조향장치 235 • 애커만식 조향장치 237
• 애커만식 조향을 응용한 간단한 조향 암 모형 240 • 차축과 곡선 주행의 관계 241

15 바퀴형 현가장치 — 247

구동축 — 247
현가장치의 개념과 범주 — 248
현가장치의 종류 — 251
• 더블 위시본 독립 현가장치 251 • 타트라-타입 현가장치 253 • 진자형 현가장치 254
• 부동축 현가장치(트레일링 암형 현가장치) 255

구동 및 현가형 축 — 255
• 진자형 현가장치와 턴테이블의 응용 256 • 안정형 진자 현가장치 모형 257
• 포털 축(기어 허브) 259 • 안정형 현가장치와 포털 축의 응용 모형 260
• 타트라-타입 현가장치와 네 개의 완충장치 응용 263
• 독립형 현가장치 모형 266 • 부동형 링크와 부동축장치 268

조향이 가능한 현가장치 — 271
• 진자형 조향장치 모형 271 • 독립형 조향장치 모형 272

동력 전달과 조향이 가능한 현가장치 273
• 독립형 차축 273 • 고강성 조향형 포털 축 276 • 웜 기어를 응용한 진자형 조향 구동축 282

16 궤도형 차량과 현가장치 287

고무 무한궤도 287
경질의 플라스틱 궤도 288
궤도를 이용한 구동장치 292
궤도 차량의 현가장치 294
• 대차 295 • 완충장치를 이용한 트레일링 암 현가장치 295
• 토션 바를 이용한 트레일링 암과 현가장치 296
보기륜의 활용 298

17 변속기 301

변속기의 유형 302
레고 변속기 구동 링의 작동원리 303
변속기의 설계 305
• 2단 동기식 변속기 306 • 2단 선형 고강성 변속기 306 • 2단 RC 모터 변속기 307
• 2단 궤도식 변속기 307 • 2단 래칫형 변속기 308 • 3단 선형 변속기 308
• 4단 2중 레버 변속기 309 • 4단 동기식 변속기 309 • 5단 선형 변속기 310
• 연속형 가변 변속기(CVT, 무단 변속기) 311 • 10단 동기식 변속기 312
변속기의 분배 기능 313
2단 동기식 변속기 모형 315
2단 선형 고강도 변속기 모형 316
2단 RC 모터 변속기 모형 318
2단 궤도식 변속기 모형 320
2단 래칫형 변속기 모형 321
3단 선형 변속기 모형 322
4단 동기식 변속기 모형 324
10단 동기식 변속기 모형 325
연속형 가변 변속기(CVT) 모형 330

18 이중 차동장치 331

하드 커플링 331
가산장치를 이용한 모터 커플링 332
• 가산장치로 토크 합하기 332 • 두 개 이상의 모터 추가 335
감산장치 335
• 감산장치를 사용하는 이유 337 • 세로 감산장치 338 • 세로 감산장치 모형 339
• 가로 감산장치 344 • 가로 감산장치 모형 345 • 스터드가 없는 구조의 가로 감산장치 모형 347

5 모델

19 외형과 기능　　　　　　　　　　　　　　351

    자동차　　　　　　　　　　　　　　　352
    트럭　　　　　　　　　　　　　　　　354
    모터사이클　　　　　　　　　　　　　356
    궤도 차량　　　　　　　　　　　　　　357
    항공기　　　　　　　　　　　　　　　359
        • 비행기 359　• 헬리콥터 360

20 모델의 크기 결정　　　　　　　　　　　365

    도면　　　　　　　　　　　　　　　　365
    기준점　　　　　　　　　　　　　　　368
    크기와 비율　　　　　　　　　　　　　368

21 모델링 과정　　　　　　　　　　　　　375

    크기 문제　　　　　　　　　　　　　　375
    타이어　　　　　　　　　　　　　　　377
    다른 원형 요소　　　　　　　　　　　380
    색상　　　　　　　　　　　　　　　　381
    세부 디테일을 재현할 때의 주의사항　　382
        • 불규칙적인 각도에서의 조립(다면 결합) 384　• 영리하게 만들기 385
    마지막 단계: 모델을 제어하기　　　　386

• 나오는 글 388　• 찾아보기 389

일러두기

1. 피겨 👦 후에 서술된 내용은 옮긴이의 주석입니다.
2. 보완 설명이 필요한 그림도 옮긴이가 그려넣었습니다. 지면상 가능한 곳은 바로 붙여넣었고 그렇지 않은 곳은 그림 번호에 a를 붙여 따로 넣었습니다(예, 그림 7-15a).

레고 테크닉 창작의 동의보감입니다

김규성 GYUTA | 레고 창작가 | http://gyuta97.blog.me

카리브의 보물선.
초등학교 시절 친구 집에 놀러 갔다 만난 놀라운 외제 장난감.
비싼 가격 탓에 부잣집 자제들만 소유할 수 있었던 부르주아 장난감.

이건 바로 1980년대 출시된 후 지금까지도 명작으로 회자되고 있는 레고 해적선 이야기입니다. 레고와 함께 유년 시절을 보냈던 세대가 어른이 되어 다시 레고를 즐기고 있습니다. 레고를 취미로 하는 성인들이 점차 많아지고 즐기는 방법 또한 다양해졌습니다. 시리즈 수집 위주에서 기존 발매된 제품을 개조하거나 자신만의 작품을 새롭게 만드는 등의 창작의 영역으로 다변화하고 있습니다.

이 책은 이렇게 레고 창작을 좋아하는 분들을 위해 출간되었습니다. 이 책의 저자는 레고 테크닉 창작 분야의 대가인 사리엘 sariel 입니다. 오래전부터 멋진 창작품들과 그것에 사용된 기법들을 자신의 홈페이지에 꾸준히 소개하여 전 세계 레고 마니아들에게 많은 사랑을 받아 왔습니다.

실제 참고한 모델의 외형을 정확하게 묘사하면서도 내부에는 다양한 기계적 메커니즘을 환상적으로 녹여 낸 그의 작품들을 보고 있노라면, 그의 작업실에 몰래 침입하거나 아이디어 노트를 훔쳐보고 싶을 정도로 샘이 나기도 합니다.

이러한 팬들의 고충을 알아차린 것인지 그동안 소개하였던 창작 기법과 노하우를 체계적으로 다듬고 정리하여 한 권의 책으로 엮어냈습니다. 신은 불공평하게도 그에게 창작 능력도 모자라 책을 쓰는 능력까지 선물하였습니다. 생각할수록 배가 아플 따름이지만 그래도 한국어 구사 능력까지 주지 않은 것을 보면 그래도 신은 조금은 공평한 것 같아 보입니다.

사리엘을 대신하여 한국의 레고 마니아들에게 책의 내용을 보다 정확하게 전달하기 위해 프로 레고 모델 디자이너 공민식 님이 한국어판 번역을 담당하였습니다. 공민식 님은 둘째가라면 서러워할 열혈 레고 마니아이자 레고 테크닉 교육 분야와 레고 모델 제작 분야에서 실무를 경험한 레고 전문가입니다.

이 책은 까다로운 원문의 내용을 한국 레고 계에서 통용되는 용어와 표현으로 풀어냈는데, 공민식 님이 아니었으면 이만한 적임자를 찾기 어려웠을 것입니다(우스갯소리지만 원저자 sariel의 이름 가운데 'af'를 써넣으면 옮긴이가 주로 사용하는 별명인 sarafiel이 되는 묘한 인연의 소유자이기도 합니다). 군데군데 위트를 적절히 넣어 읽는 데 지루하지 않게 하였고, 언어적이거나 기술적으로 난해한 부분은 자세하고 친절한 주석을 붙여 독자의 이해를 돕고 있습니다.

어쩌면 이 책은 한국어 번역본이라기보다는 한국어 완성본이라고 불러야 하지 않을까 싶습니다. 구조와 내용이 탄탄한 원서에 옮긴이의 경험과 지식이 어우러져 집대성된 레고 테크닉 창작 분야의 동의보감이라고 부를만합니다. 개인적으로 영어판과 한국어판 둘 중에 꼭 하나만 사야 한다면 주저없이 한국어판을 고르겠습니다.

서문에서 저자는 기계 분야 전공자를 위한 책이 아니라고 단서를 달았지만 레고를 이용하여 테크닉 창작을 즐기고 싶은 모든 이들에게 이 책이 좋은 길잡이가 될 것이라는 데에는 의심의 여지가 없습니다. 특히 레고를 좋아하는 어린 아들에게 선망의 대상이 되고 싶은 아빠라면 이 책을 가까이 두고 자주 펼쳐 보기를 권해 봅니다.

풍부한 지식과 창작 경험으로 빚어낸 번역과 주석이 주옥 같은 책입니다

김성완 | 브릭인사이드 운영자 | 레고 엠버서더

비슷하게 보이는 레고 브릭을 크게 세 가지로 분류한다면 다음과 같이 나눌 수 있습니다. 손의 움직임이 서투른 어린 아이들을 위해 브릭의 크기를 크게 제작한 듀플로 브릭, 보통 널리 알려져 있는 위 또는 옆으로 층층이 쌓아가는 방식의 일반 브릭 그리고 각종 연결 핀, 기어, 빔으로 서로 결합하여 구성하는 테크닉 브릭입니다.

레고를 오랫동안 접하지 않았던 분들은 레고 브릭하면 일반 브릭만을 기억하고 있다가, 테크닉 브릭을 발견하고는 '레고 브릭에도 이러한 것이 있었나' 하고 신기해합니다. 때론 서로 어떻게 결합이 가능할지 전혀 감을 잡지 못하고 고개를 갸우뚱하기도 합니다. 테크닉 브릭은 일반 브릭과 달리 브릭을 결합시키는 스터드stud가 없는 경우가 많기 때문입니다.

테크닉 브릭은 단순히 각 브릭을 쌓아 올리는 방식이 아니기 때문에 일반적으로 일반 브릭으로 창작하는 것보다 훨씬 더 어렵고 복잡합니다. 한 가지 예를 든다면, 내구성을 위해 테크닉 브릭을 연결 핀이나 빔들로 서로 얽히도록 조립하는데, 이런 조립 특성 때문에 설계 오류로 결합된 부품을 다른 부품으로 교체하려면 분해할 수 있는 수준까지 모두 분해할 수밖에 없습니다.

특히 외형을 갖추는 정도가 아니라 각종 기어와 축, 모터 등으로 자신이 원하는 동작이 이루어지게 구조를 설계한다면 난이도는 몇 배 증가합니다. 따라서 테크닉 브릭을 이용한 창작에서는 자신이 이용할 내부 뼈대와 외형뿐만 아니라 동작 메커니즘이 어떠할지에 대해서도 충분한 설계가 선행될 필요가 있습니다.

이를 위해서는 테크닉 관련 브릭의 특징, 동작 구현을 위한 기계 구조, 테크닉 브릭의 결합 과정에서 유의해야 할 사항 등에 대한 충분한 이해가 필요합니다. 하지만 테크닉 브릭을 이용한 창작의 기본 개념과 활용에 대해 설명한 참고 서적이 거의 없는 형편이었습니다. 이런 가운데 이번에 무척 가치 있는 책이 번역되어 기대가 큽니다.

이 책에서는 실제 기계 원리를 테크닉 브릭으로 어떻게 구현할 수 있는지에 대한 충분한 해설과 튼튼한 뼈대를 구성하는 다양한 예제, 테크닉 브릭의 역사와 특징을 매우 상세히 설명해주고 있습니다.

이 책의 저자인 사리엘sariel은 본인 스스로가 테크닉 창작에 많은 관심을 보여 수준 높은 창작품을 종종 선보이며, 테크닉 창작 분야에서 전 세계적으로 손에 꼽히는 몇 안 되는 실력가 중 한 명입니다. 또한, 역자인 공민식 님은 우리나라의 테크닉 창작 1세대로서 테크닉 브릭을 활용한 다양한 창작 실무와 지식을 지닌 우리나라에서 몇 안 되는 테크닉 창작가입니다.

테크닉 브릭을 이용한 창작을 한다는 것은 보통 다양한 기계 원리를 함께 적용하여 진행되기 마련인데, 이런 원리를 다른 사람에게 충분히 설명하기란 매우 어려운 일입니다. 기계 원리를 설명하는 그 자체도 어렵지만, 어떤 테크닉 브릭으로 어떻게 구현하고 어떤 문제점이 발생할 것인가와 같이 테크닉 브릭 자체와 설계에 대한 지식과 경험을 충분히 겸비하지 않으면 불가능한 일이기 때문입니다.

공민식 님은 일반 독자들이 이해하기 쉽도록 자신의 풍부한 창작 경험과 지식에서 빚어낸 주옥같은 주석을 더하여 상세히 기술해주고 있습니다. 테크닉 브릭을 이용한 창작을 시작하시는 분뿐만 아니라 창작 경험이 있으나 기본 구조와 원리에 대한 이해가 충분하지 않은 분들에게 이 책을 강력히 추천 드립니다.

사물이 움직이는 원리를 정리한 책입니다

정재호sunsky | 레고창작가 | http://www.youtube.com/user/sunmint1

테크닉은 어렵다고 느끼는 분이 많습니다. '따라 만들기는 해도, 이해는 안 되더라'라는 말들을 합니다. 창작은 엄두도 못 낸다고도 합니다.

왜일까요?

결론부터 얘기하면, 원리에 대한 이해입니다.

일반적인 브릭 계열에서 '쌓아 올려서 만든다'는 개념이 어릴 때부터 일상적으로 많이 접하는 원리인 반면, 테크닉 계열은 부품들이 '연결되어 동작한다'는 개념이므로 기계류나 장난감에서 흔히 볼 수 있는 '움직임의 원리'가 핵심입니다.

테크닉 제품을 만들다 보면 '아… 이렇게 만들면 이렇게 움직이는구나' 하는 경험이 쌓이게 됩니다. 하지만, 거기서 창작으로 넘어가려면 '이렇게 움직이도록 하려면 이렇게 만들면 되는구나'로 생각이 전환되어야 합니다.

그 생각의 전환에 핵심 역할을 하는 것이 '움직임의 원리'에 대한 이해입니다. 경험의 축적만으로 원리를 깨닫는다면 더욱 좋겠지만, 경험만으로는 그 원리가 눈에 잘 보이지 않을 때가 많습니다.

이 책은 이 '움직임의 원리'를 정리한 책입니다.

흔한 조립 기법이나 조립 설명서가 아니라 움직임의 원리를 설명하고 그 움직임을 구현하려면 어떻게 하는지, 그 과정을 보여줍니다. 우리가 테크닉 제품이나 다른 창작가의 작품을 따라 만들어 보면서 경험이 많이 쌓이면 이런 원리를 자연스레 깨우치기도 합니다. 하지만 이 책은 경험적으로 쌓은 '움직임의 원리'에 관한 지식을 보다 이론적으로 정리하게 하고 효율적으로 배울 수 있게 하며, 더 나아가 그 응용을 통해 제대로 된 창작을 할 수 있게 도와줍니다.

테크닉 제품의 동작 원리가 궁금했던 분, 더 나아가 테크닉 창작을 해보고 싶은 분들께 감히 이 책을 권합니다.

마지막으로, 이렇게 훌륭한 내용을 책으로 써낸 사리엘과, 그 책을 매끄럽게 번역해주신 공민식 님에게 감사드립니다.

옮긴이의 글

대학 졸업 작품 준비를 위해 로봇을 알아보다가 우연히 다시 보게 된 레고, 그것은 더 이상 내가 십여 년 전 초등학생 때 친구 집에서 가지고 놀던 병정놀이와 집 짓기 장난감이 아니었습니다. 아니, 내가 몰랐을 뿐이지 어린 그 시절에도 레고는 집짓기 장난감의 수준을 한참 벗어난 제품군을 이미 출시하고 있었습니다.

많은 이들은 레고를 '블럭 놀이'라는 장난감의 범주에서만 바라봅니다. 이런 '장난감 = 아이들의 전유물'이라는 일반적인 사고는 레고 역시 흔한 여느 장난감과 다르지 않은, 단지 조금 비싼 외국 브랜드의 완구일 뿐이라는 생각을 갖게 합니다.

하지만 독특한 영화 캐릭터의 특징을 살린 제품들, 순수한 조립의 기쁨에 초점을 맞춘 크리에이터, 자동차나 기계를 묘사하는 테크닉, 살아 움직이는 로봇의 생동감을 느낄 수 있는 마인드스톰 등 다양한 제품의 개성과 부품의 특성을 연구하면서 오랜 기간 높은 품질을 유지하기 위해 노력해 온 레고 사의 제품군을 제대로 접해 본다면, 이러한 편견이 얼마나 잘못된 것인지 금방 알 수 있습니다.

레고는 근본적으로 판매자가 설정한 용도 외에는 활용이 불가능한 일반 장난감과는 달리 사용자가 원하는 형태로 자유롭게 대상을 재창조할 수 있습니다. 바로 이러한 점 때문에 레고는 세계적으로 어린이로부터 어른에 이르기까지 폭넓은 사랑을 받을 수 있었습니다.

이러한 재창조의 영역 중에서도 기계를 묘사하는 테크닉 분야는 특히나 매력적인 분야라 할 수 있습니다. 물론, 커다란 중세 성이나 작은 미니피겨들이 살아가는 도심지, 또는 유명한 영화 장면을 만드는 것도 충분히 멋지고 흥미진진한 일입니다. 하지만, 테크닉 부품을 이용해 만든 기계 장치가 실제 기계처럼 움직이는 모습은 기계 장치의 동작 원리에 대한 교육적인 효과뿐만 아니라 그 자체만으로도 기계를 좋아하는 사람들을 매료시키기에 충분합니다.

레고 테크닉 창작에서의 난제는 일반적인 레고 창작 노하우와 더불어 기계의 동작 원리나 특성까지 알아야 하기 때문에 일반적인 레고 창작에 비해 훨씬 더 어렵다는 점입니다. 이 책에는 이러한 요구를 해결할 수 있는 이론과 기법으로 가득 차 있습니다.

저자인 사리엘Sariel은 이 분야에서 독보적인 작가입니다. 저자는 충실한 동작 재현과 세련된 외형으로 수많은 사실적인 작품을 만들어 왔습니다. 오랜 시간 자신의 홈페이지에 다양한 창작품을 공개하여 레고 팬들을 흥분시켰는데, 이 책에서 자신만의 노하우를 아낌없이 공개하고 있습니다.

기본적이고 원론적인 공학 이론에서부터 레고의 관점에서 생각해 볼 문제들, 부품의 특성과 다양한 조립 기법에 대한 상세한 설명, 그리고 활용도가 높은 여러 가지 모듈형 구동부의 조립도까지, 이 책은 레고 테크닉을 이용해 자신만의 작품을 만들려는 이들에게 분명히 많은 영감을 줄 것입니다.

인사이트에서 이 책의 번역을 제안 받았을 때 너무나 훌륭한 내용을 과연 내가 잘 번역할 수 있을지, 쉽게 이해할 수 있도록 잘 풀어낼 수 있을지 걱정스러웠습니다. 하지만 테크닉 창작을 하고 싶은, 그러나 정보가 없어 목말라하는 이들에게 조금이라도 도움이 되고자 하는 마음에 흔쾌히 승낙했습니다. 첫 번역이라 미흡한 점도 있지만 너그러이 이해해 주시면 고맙겠습니다.

끝으로, 좋은 책을 한글화시켜 국내 레고 팬들에게 가뭄의 단비를 내려주신 인사이트 출판사 한기성 사장님과 많은 조언을 아끼지 않으신 김강석 부장님, 그리고 디자인에 신경을 많이 써주신 신병근 디자이너님께 감사드립니다. 그리고 바쁜 시간을 쪼개어 번역본의 오류를 꼼꼼히 살펴주신 레고 창작가 sunsky 정재호 님과 gyuta 김규성 님, 박경래 님께 감사드리며, 아울러 이 책을 위해 수고하신 모든 분들께도 감사드립니다.

2014년 5월
공민식

추천의 글

레고 브릭은 오래도록 가장 인기를 끌었던 테디베어를 제치고 포춘지와 영국완구협회에 의해 '세기의 장난감'으로 선정되었습니다. 왜일까요? 레고를 가지고 노는 것은 재미있을 뿐만 아니라, 진정한 교육적 가치도 포함하고 있기 때문입니다. 그리고 다른 장난감에서는 접하기 힘든 부분, 즉 상상을 현실로 만들어준다는 점에서 다른 장난감과 차별화됩니다. 만약 여러분이 이 책을 읽는다면, 이 말의 의미를 보다 확실히 공감하게 될 것입니다.

레고 테크닉은 기존의 레고가 가지고 있던 조립에 대한 사용자의 경험을 진일보시킵니다. 사실성Authenticity, 기능성Functionality, 그리고 도전성Challenging building이라는 레고 테크닉의 세 가지 핵심 개념(레고 사는 이것을 AFC 전략이라 부릅니다)은 여러분이 실제 움직이는 기능을 통해서 실생활에서 접할 수 있는 많은 모형을 사실적으로 구현해 볼 수 있도록 하자는 생각에서 세워진 것입니다.

그런 의미에서 현재의 레고 테크닉 세트는 이러한 기본적인 개념을 효과적으로 실현하고 있습니다. 하지만 많은 수의 레고 창작가들은 자신만의 복잡한 모델을 좀 더 창의적으로 제작하고 싶어합니다. 레고 테크닉을 이용한 창작 과정은 무척 재미있는 게 사실이지만, 동시에 무척 복잡하기도 합니다. 이것이 바로 이 책을 발간한 이유입니다.

저자는 내가 생각한 테크닉 조립의 비밀을 가장 멋진 형태로 정리하였습니다. 이제 그의 아이디어가 모든 레고 창작가와 팬 들에게 제대로 공유되겠구나라는 생각에 무척 기쁩니다. 여러분은 유용한 메커니즘을 튼튼하게 조립하는 데 필요한 다양한 사례와 기법 그리고 실질적인 조언을 얻게 될 것입니다. 또한 공압 시스템의 변천 과정과 같이 다양한 레고 테크닉 부품의 진화 과정과 그 역사도 확인할 수 있습니다.

『레고® 테크닉 창작 가이드』는 확실히 레고 테크닉을 창작해보고자 하는 많은 창작가에게 도움이 될 것입니다. 만약 여러분이 이제 창작을 시작하려는 초보라면, 1부의 기본 내용으로도 충분히 흥미진진할 것입니다. 한편 어느 정도 창작 경험이 있다면 책장을 넘길수록 놀라운 경험을 많이 할 수 있을 겁니다.

설령 이미 충분한 경험이 있는 창작가라 할지라도, 이 책은 보석 같은 유용한 아이디어를 제공하기에 충분하리라 확신합니다. 나 또한 많은 창작 경험이 있지만 이 책을 통해 지금도 많은 것을 배우고 있기 때문입니다. 물론 여러분도 그런 경험을 공유하시길 바랍니다.

나는 TechnicBRICKs라는 레고 테크닉을 주로 다루는 블로그를 운영하면서 저자와 그의 작품을 2007년부터 보아 왔습니다. 그는 커뮤니티에서 자신의 독창적인 메커니즘과 아이디어를 즐겨 공유합니다. 이를테면 전동식 공압 밸브라든지, 파워펑션 속도조절기를 조금 더 손쉽게 운용하는 방법 등, 일반적이지 않은 기법 말입니다. 물론 이런 아이디어뿐만 아니라 그가 창작한 자동 구동 기능이 들어간 대형 트럭 같은 작품도 공유하고 있습니다.

이 책에서 여러분은 경험이 풍부한 저자의 시선으로 레고를 이용한 조립 기법을 경험해 볼 수 있습니다. 저자는 공식적으로 기술 교육을 받지 않았지만, 메커니즘에 대한 관심이 지대한 것으로 미루어 짐작건대, 레고 테크닉 브릭으로 보여줄 수 있는 독특한 교육적 가치에 대해 잘 인지하고 있음이 분명합니다(그는 넓은 의미로 보았을 때 교육·언어학자나 예술가에 가깝습니다).

또한, 그는 항상 그의 손끝에서 새로운 아이디어를 시도하고 구현하는 능력을 갖고 있습니다. 이 모든 것이 그를 유명한 레고 빌더 중 한 명으로 만들었습니다. 그의 모델은 건설 장비, 자동차, 오프로드 차량, 바이크, 사실적인 핫로드 차량, 대형 트럭과 전차 등 실로 다양합니다.

이들은 사실주의를 추구하는 레고 시리즈로 비교한다면 모델팀 스타일 작품이 대부분입니다. 그가 창작한 대부분의 모델은 장인적인 미학과 풍부한 내부 기능 그리고 극한의 디테일이 넘쳐나도록 신중하게 설계되었습니다. 아마도

1986년부터 1999년 사이에 출시되었던, 약간이나마 내부 기능도 재현하지만 외형의 사실성을 추구하는 제품군입니다.

이것이 그가 가진 가장 훌륭한 능력 중 하나라고 생각합니다. 나는 그가 레고 테크닉 빌더 중 가장 앞서가는 사람이라고 자신 있게 말할 수 있습니다.

이 책이 여러분의 모델 창작에 유용한 도움이 되길 바랍니다.

2012년 리스본에서
페르난도 코레이어
TechnicBRICKs.com 편집장

들어가는 글

이 책은 지난 20년간 레고 테크닉을 경험하며 알게 된 모든 것을 여러분과 공유하고자 하는, 비교적 단순한 목적으로 제작되었습니다. 물론, 모든 것을 하나의 책에 담을 수는 없었으며, 불가피하게 몇 가지는 누락되기도 했습니다.

현재 구하기 쉬운 레고 세트를 이용하는 일반적인 창작가를 염두에 두고 썼지만 구하기 힘든 오래된 세트로 창작하는 분들에게도 도움이 되도록 일부 오래된 부품의 활용 기법도 놓치지 않으려고 노력했습니다. 만약 여러분이 이 작은 플라스틱 조각들로 무언가를 만드는 것에 재미를 느끼는 성인이라면, 분명 이 책에서 많은 아이디어를 얻을 수 있으리라 믿습니다.

레고 테크닉의 기본적인 요소들을 이용한 다양한 활용법 위주로 기술했으며, 레고 마인드스톰LEGO MINDSTORM과 NXT 키트는 불가피하게 거의 언급하지 않았습니다. 이와 관련된 책은 이미 많이 출간되어 있으니 여러분이 이 책에서 생략된 몇 가지 요소를 스스로 탐구했으면 합니다.

이 책은 여러분에게 완벽한 레고 모델의 조립 방법을 제공하는 것이 목적이 아니라 여러분만의 레고 테크닉 작업에 작게나마 도움을 주는 것이 목적입니다. 그래서 이 책에서는 레고 구조물이 움직이는 원리와 구성요소, 이를테면 변속기나 현가장치와 같은 대상물을 여러분의 모델에 어떻게 구현할 수 있는지 그 방법을 보여주고자 했습니다.

레고 세트에 포함된 설명서는 조립 순서는 거의 완벽하게 잘 보여주지만, 사물이 움직이는 원리를 알려주지는 않습니다. 그래서 정반대로 접근하려고 마음먹었던 것입니다. 확신컨대, 설명서를 그대로 따르는 것이 아니라 여러분이 창의적으로 레고를 만지고 느끼며 만들어나가는 것이 더욱 멋지고 즐거울 것입니다.

이 책의 모든 설계 디자인은 최종적이지도 완전무결하지도 않습니다. 모든 부분은 언제라도 사전 통보 없이 변경될 수 있습니다. 사실, 이 책에서 제시되는 조립 과정 중 일부는 부품을 충분히 확보하지 못한 창작자를 고려하여 의도적으로 기본 브릭을 활용하기도 합니다. 물론, 여러분이 충분한 부품을 확보하고 있다면 여러분의 방식대로 모듈을 업그레이드하는 것에 주저하지 마시기 바랍니다. 여러분의 수집품이 그다지 많지 않다 하더라도, 창의적인 사고로 충분히 한계를 극복할 수 있다는 점도 기억하시기 바랍니다.

이 가이드는 '브릭링크BrickLink – www.bricklink.com'의 부품번호, 부품과 색상 명을 사용합니다. 브릭링크는 사실상 가장 방대한 정보를 가지고 있고, 확보한 부품 데이터베이스가 가장 정확할 뿐만 아니라 레고 부품의 거래가 가장 활성화된 사이트입니다. 이런 이유로 부품의 정보를 브릭링크에 의존하게 되었습니다. 여러분이 특정 부품을 구매하고 싶다면 거주하는 장소에 관계없이 브릭링크에서 몇 번의 클릭만으로 부품을 구매할 수 있습니다.

가장 큰 소원은 이 책이 여러분의 기대에 부응하는 것입니다. 하지만 이것은 오직 경험의 기회를 주는 도구일 뿐이라는 점을 기억해 주세요. 그 나머지를 채우는 것은 여러분의 몫입니다. 새로운 무언가를 설계하고, 여러분의 의도대로 움직이는 것을 본다는 것은 이제까지 출시된 멋진 레고 세트를 만들어 보는 것만큼이나 흥미로운 일입니다. 창작을 즐겨 보세요!

Have Fun!
Sariel

저자가 거주하는 폴란드는 브릭링크에 등록된 개인 숍들이 많은 유럽권이기 때문에 브릭링크의 사용은 국내 온라인 쇼핑몰 정도의 난이도일 것이다. 하지만 국내에서는 수입통관이나 해외 결재시스템 문제 때문에 상대적으로 브릭링크의 이용이 부담스러운 것이 현실이다. 심지어 언어 장벽까지 고려한다면 그 부담은 더 커질 수밖에 없다. 2013년 넥슨이 브릭링크를 인수하였는데, 국내 레고 팬들의 진입 장벽이 낮아지지 않을까 기대해 본다.

감사의 글

이 책을 쓰는 동안 레고 팬 커뮤니티에서 엄청나게 많은 지원을 해주었습니다. 특히 저명한 창작자 몇 분이 해준 전문적인 도움 덕분에 책의 내용을 개선할 수 있었습니다.

누구보다도 우선 자신의 책처럼 통찰력을 갖고 인내하며 문제점을 정정해 주고 조언을 아끼지 않은 에릭 "Blakbird" 얼브렉트에게 감사드립니다. 또한 어떤 테크닉 빌다도 하지 못할 엄청난 양의 반복적인 조립 작업을 아무런 대가 없이 도와준 필립 "Philo" 허베인에게도 감사를 표합니다. 그리고 이 책을 쓰게 된 동기를 준 페르난도 "Conchas" 코레와 그의 블로그 "TechnicBRICKs"에게도 감사드립니다. 이곳에서 내 작품이 소개되고 인정받을 기회가 없었더라면 이 책을 쓸 기회조차 없었을 것이라 확신합니다.

그리고 20년 전 아무런 의심 없이 어린아이인 제게 가장 좋은 장난감을 선택해 기회를 주고 지원해 준, 모든 것의 시작이라 할 수 있는 나의 부모님께 감사드립니다.

이 외에도 감사할 재능 있는 창작가들이 많습니다. 이들은 나에게 영감을 주기도 하고, 도움을 주거나 혹은 다른 방식으로 이 책의 제작에 도움을 주었습니다. 폴 "Crowkillers" 보랏코, 제트로 드 사토, 제니퍼 클락, 크리스 퀠빈, 에릭 레펜, 데이빗 러더스, 아잔 "Konajra" 코테, 피어 "Mahjqa" 크루거, 마렉 "M_Longer" 마르키에비츠, 에밀 "Emilus" 오클린스키, 마르친 "Mrutek" 루코브스키, 인그마르 스피크호펜, 마시에이 "dmac" 시만스키에게도 감사함을 전합니다.

또한 항상 다방면으로 내게 힘이 되어 주는 폴란드의 레고 커뮤니티에도 감사를 드리고 싶습니다. 이곳은 항상 굉장하고 독창적인 캐릭터와 작품들로 넘쳐납니다. 그 덕분에 항상 긴장의 끈을 놓지 않고 창작에 더욱 매진할 수 있었습니다.

레고 사의 모니카 페데르센과 괴테 뮌호에게 특별히 감사를 전합니다. 이들은 거대한 기업임에도 매우 인간적인 면을 갖고 있다는 것을 보여주었습니다.

한편 검증되지 않은 작가의 확신만으로 시작한 도전을 아낌없이 지원한 타일러 오트맨, 앨리슨 로우 그리고 No Starch Press 출판사에게도 큰 빚을 지었습니다.

마지막으로, 수년간 내 작품을 따라 만들어 보고 자신만의 방식으로 바꾸어 보며 즐겨 온 많은 분들께도 감사를 드립니다. 이 책이 여러분에게 도움이 된다면, 나는 그것만으로 만족합니다.

1

기초
basics

1

기본 개념

basic concepts

이번 장에서는 우리가 레고를 만들면서 접하게 될 기본 개념을 설명합니다. 이 내용들은 전적으로 실용적인 지식을 목표로 합니다. 즉, 우리의 목표는 레고를 기반으로 한 물리적 법칙과 동작 원리를 이해하는 것이지, 현업에 종사하는 기술자나 물리학자의 수준까지 파고들려는 것은 아닙니다. 그러면 우선 기본부터 살펴보겠습니다.

속도

속도speed란 물체가 얼마나 빠르게 움직이는가를 의미합니다. 예를 든다면, 차량으로 여행을 갈 때의 거리와 소요되는 시간과의 관계를 들 수 있습니다. 이것을 우리는 통상적으로 시간당 움직인 킬로미터 단위의 거리로 측정하며, 이를 '시속kilometers per hour(kph)'이라 부릅니다.

그러나 이동 속도 외에도 우리가 알아야 할 또 다른 속도 단위가 있습니다. 하나의 물체가 회전하는 데 걸리는 시간, 즉 '회전 속도'가 그것인데요. 바퀴를 이용하는 차량이나 궤도를 이용하는 탱크 등의 탈것들 대부분이 회전축의 운동에 의해 동작되기 때문입니다. 회전 속도는 '분당 회전 수rotations per minute(RPM)'로 측정합니다. 레고에서 출시된 다양한 종류의 모터들은 각기 다른 RPM을 가지며 20RPM에서 1000RPM까지 있습니다.

토크

토크torque란 물체에 가해지는 회전력을 의미합니다. 예를 들어, 레고 모터로 축을 회전시킨다는 것은 축에 토크를 인가한다는 뜻입니다. 축에 더 많은 토크를 인가할수록 회전력이 강해지고 회전축을 멈추기 위해서는 더 큰 저항이 필요합니다. 만약 1kg의 차량에 맞게 제작된 모터로 2kg의 차량을 움직이려 한다면 토크의 부족으로 모터는 멈춰 버릴 것입니다.

레고 테크닉에서 모터의 토크는 '뉴턴 센티미터(N.cm)'라는 단위로 측정됩니다. 모터의 가용 토크는 주어진 전압에 따라 일정합니다. 🧑 DC 모터의 특성상 같은 모터라도 약간의 편차는 있을 수 있습니다. 예를 들어 레고 모터 중 약한 것은 5N.cm의 토크를, 가장 강한 것은 16.7N.cm의 토크를 가집니다. 단, 이것은 축에 힘이 걸리지 않았을 때를 가정한 것으로, 실제 모델에 모터를 어떻게 적용하는지에 따라 축에 걸리는 힘이 달라지며, 이에 따라 토크도 달라질 수 있습니다.

토크는 모터의 성능과 모터를 운용하기 위한 메커니즘, 그리고 레고를 이용한 창작품의 구동 한계를 이해하기 위한 중요한 요소입니다. 높은 토크는 레고로 제작된 구동부에 더 많은 스트레스를 줄 수 있으며 경우에 따라서는 레고 부품을 손상시킬 수도 있습니다. 우리는 앞으로 토크와 회전 속도 사이의 상관관계에 대해 살펴볼 것이며, 11장에서는 높은 토크로 인한 구동부의 손상을 방지하는 방법도 살펴볼 것입니다.

파워

이 책에서, 파워power는 토크와 회전 속도로 얻어지는 기계적인 힘을 뜻합니다. 이것은 '와트(W)'로 측정되며, 힘force에 속도를 곱하거나, 토크에 회전 속도를 곱해서 구할 수 있습니다. 각각의 레고 모터들은 타입에 따라 각기 다른 파워를 보여주는데, 0.021W에서 2.38W까지 다양한 형태로 나타납니다. 앞으로 이 책에서 사용하는 파워의 통상적인 개념은 '속도와 토크가 함께하는'이라는 의미를 갖습니다.

각각의 레고 모터는 전원(예를 들어, 배터리)의 전압에 영향을 받습니다. 현재 대부분의 레고 모터는 9V로 동작하도록 설계되었으며, 이보다 낮은 전압에서는 설계된 토크보다 낮은 파워를 출력할 수도 있습니다. 반대로 높은 전압이 가해질 경우 모터는 손상될 수 있습니다.

일반적인 1회용 배터리는 셀당 1.5v, 충전지는 셀당 1.2v인데, 6개 단위로 장착되는 배터리 박스를 기준으로 했을 때 7.2v에서 9v 사이의 전압이 나옵니다. 충전지가 일반 배터리에 비해 전압이 낮기 때문에 속도 면에서 약간 느려지는 느낌은 있지만, 일반적인 모터 동작에서는 큰 문제가 없기 때문에 배터리 비용이 부담된다면 충전지를 선택하는 것도 한 방법입니다. 물론, 비용 부담을 감수하고 일반 배터리, 또는 1.7v까지 나오는 리튬 계열 배터리를 쓴다면 분명 모터의 속도와 힘은 조금 더 향상될 것입니다. 리튬 계열 배터리는 가격은 비싸지만, 무게가 가벼워 모터에 걸리는 하중을 줄일 수 있습니다.

마찰

마찰friction이란 두 개 이상의 면이 서로 접촉한 상태에서 움직이려 할 때, 각 면이 다른 면의 움직임을 방해하는 힘을 의미합니다. 만약 레고 브릭 두 개를 서로 연결해서 다른 속도로 움직여 본다면 마찰력을 경험할 수 있습니다. 레고 테크닉을 이용한 구동장치를 원활하게 구동시키려면 이 마찰력의 영향을 극복해야 합니다. 마찰력은 입력축으로부터 구동계로 전달되는 힘의 일부를 소실시키며, 이로 인해 시스템에는 얼마간의 토크와 속도 손실이 발생하게 됩니다.

마찰력은 부품의 결합 상태에 따라 증가하기도 하고, 표면의 재질에 따라서도 달라질 수 있습니다. 재질이 매끄럽고 단단한 것은 거칠고 부드러운 것보다 상대적으로 적은 마찰력이 발생할 수 있습니다. 또한, 인위적으로 그리스와 같은 윤활제를 표면에 도포해서 마찰력을 감소시킬 수도 있습니다.

레고로 메커니즘을 구현할 때 마찰력이 중요한 요소로 작용하게 되는 곳은 크게 세 가지로, 두 톱니바퀴가 맞물리는 부분, 회전축과 그 축을 감싸는 부분 그리고 바퀴와 그 바퀴가 닿아 구르는 지면입니다. 움직이는 부품이 많아질수록 마찰력은 커지게 되며, 이는 메커니즘을 비효율적으로 만들고 때로는 부품을 마모시키거나 손상시키는 원인이 됩니다. (물론, 마찰력은 레고 부품 중 움직이지 않고 고정된 부분에서도 발생하며, 이 마찰력 때문에 결합된 부품들 역시 분리되지 않고 결합된 상태를 유지할 수 있습니다.)

정지 마찰력

정지 마찰력traction은 다른 말로 '그립grip'이라고도 부르며, 맞닿은 두 면의 상태가 서로 미끄러지지 않을 때 발생한 최대 마찰력을 뜻합니다. 타이어의 정지 마찰력을 논할 때 그 의미는 정지 마찰이 좋은 타이어가 그렇지 않은 타이어에 비해 상대적으로 쉽게 미끄러지지 않는다는 것입니다.

정지 마찰력은 주로 타이어의 모양과 소재, 그리고 소재가 가공되어 완성된 타이어의 경도 등의 조건에 따라 다를 수 있습니다. 예를 들어 고무 타이어는 경질의 플라스틱 타이어보다 우수한 정지 마찰력을 보여주는데, 이는 고무라는 소재가 플라스틱에 비해 재질이 무르고 약간 달라붙는 성질이 있기 때문입니다.

타이어의 단면 형태 및 스레드(표면 패턴) 역시 정지 마찰력에 차이를 가져옵니다. 정지 마찰력은 타이어의 외형과 스레드에 의해 얼마나 많은 타이어의 면이 지면과 접촉하는지, 즉 지면과 타이어가 접촉하는 면적이 넓어질수록 증가합니다. 그림 1-1에서는 작고 평평한 단면에 얕은 스레드를 가진 타이어가 표면이 완만한 곡면이고 깊은 스레드를 가진 타이어에 비해 상대적으로 더 넓은 면이 지면과 접촉함을 보여줍니다.

대부분의 경우, 여러분의 타이어가 가능한 한 최상의 마찰력을 보여주기를 원할 것입니다. 예외적인 경우라면 여러분이 의도적으로 미끄러짐 현상을 원할 경우인데, 예를 든다면 드리프트를 위한 차량을 만들려고 할 때를 제외한다면 말입니다.

레고 제품 중 8366 슈퍼소닉 RC 세트의 경우 이러한 요구를 만족시키기 위해 고무 재질로 정상적인 마찰력을 보여주는 일반 주행용 타이어와, 드리프트를 위해 원활한 미끄러짐이 생기도록 플라스틱으로 제작되어 정지 마찰력을 줄인 타이어가 각각 제공되기도 합니다.

구름 저항

구름 저항rolling resistance은 표면 위에서 물체가 구를 때 발생하는 저항을 의미하며, 특히 바퀴의 구동에 중요한 요소로 작용합니다. 바퀴들은 대체로 유사한 구름 저항을 가지고 있지만, 바퀴에 타이어가 장착될 경우 구름 저항은 타이어에 의해 다양한 변화를 보입니다.

타이어는 그림 1-2에서 보이는 것과 비슷한 형태를 가지며, 단단하고 좁은 타이어보다 부드럽고 넓은 것이 상대적으로 더 큰 구름 저항을 생성합니다. 저항은 또한 차체의 무게에 의해서도 영향을 받는데, 차체가 무거울수록 하중에 의해 타이어의 모양이 변형될 수 있으며, 이는 구름 저항의 증가로 연결되기 때문입니다.

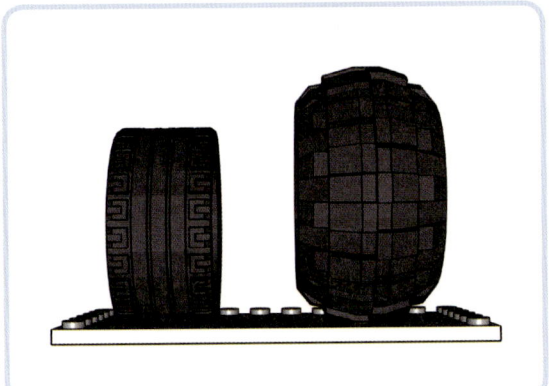

■ 그림 1-1 왼쪽의 평평한 단면과 얕은 스레드를 가진 타이어는 오른쪽의 곡면 형태와 깊은 스레드를 가진 타이어에 비해 상대적으로 평평한 면 덕분에 지면에 효과적으로 접촉됩니다.

반면, 곡면 형태의 깊은 스레드를 가진 타이어는 상대적으로 불규칙적인, 또는 진흙탕과 같은 곳에 더 적합합니다. 실제 차량 중 도로를 달리기 위해 제작된 스포츠카들에 주로 전자의 평평한 타이어를 장착하고, 험준한 야지를 달리기 위한 오프로드 차량이나 공사 차량에 후자와 같은 타이어를 장착하는 이유이기도 합니다.

■ 그림 1-2 그림은 볼록하고 부드러운 외형으로 높은 구름 저항을 가진 전형적인 오프로드 타이어의 모습을 보여줍니다.

마지막으로, 구름 저항은 타이어가 접촉하는 면의 특성에도 영향을 받습니다. 매끄럽고, 평평하며 단단한 표면, 예를 들어 아스팔트 도로나 유리면에서는 구름 저항이 낮아지며, 부드럽거나 울퉁불퉁하고, 무르고 질척이는 표면, 예를 들어 모래나 진흙탕, 잔디밭에서는 구름 저항이 증가하게 됩니다.

구름 저항 역시 휠과 타이어를 선택하는 데 있어 중요한 요소이기는 하지만, 상대적으로 정지 마찰력보다 더 중요한 요소는 아닙니다. 일부 레고 타이어에서만 구름 저항이 중요한 문제로 부각되며, 대부분의 경우 저항보다는 마찰력이 조금 더 중요한 요소입니다. 왜냐하면 정지 마찰력이 충분히 확보될 경우 구름 저항 역시 충분히 확보되기 때문입니다.

품을 활용하는 것입니다.

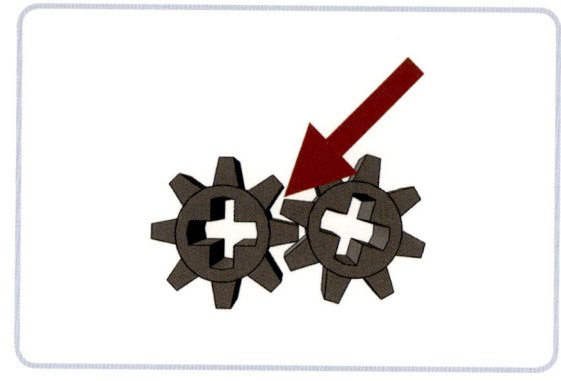

■ 그림 1-3 유격은 맞물리는 기어의 톱니와 톱니 사이에서 주로 발생합니다. 특히 지름이 작은 8톱니 기어에서는 기어의 톱니 간 간격이 커서 유격이 더 크게 발생합니다.

유격

유격backlash이란 마주하는 물체, 이를테면 그림 1-3에서 보이는 맞물린 두 개의 기어 사이에 존재하는 간격을 의미합니다. 보통 레고 테크닉 부품의 연결부위는 약간의 유격을 가지고 있으며, 이 유격이 지나치게 클 경우 좋지 않습니다. 여러분이 메커니즘의 구동을 시작, 중지 또는 반전시킬 경우 유격은 힘의 입력과 출력 사이에 시간 지연을 발생시킵니다. 유격이 커질수록 시간 지연은 길어지게 되고, 이것은 결국 전체 메커니즘의 신뢰도를 떨어뜨리며 느려지게 만듭니다.

무언가를 제작할 경우, 유격은 전체 메커니즘의 각각의 구동부에서 생길 수 있으며 이 힘이 누적될 수 있기 때문에 제작 시 항상 유격에 대해 고려해야 합니다. 유격 누적 때문에 네 개의 기어를 사용하는 장치는 두 개의 기어를 사용하는 장치에 비해 상대적으로 큰 유격을 갖게 되기 때문입니다. 유격을 억제할 수 있는 한 가지 방법은 메커니즘을 설계할 때 가능한 한 간결하게 만드는 것입니다. 다른 방법으로 유격이 적은 부품, 이를테면 공압 실린더(9장 참조) 또는 리니어 액추에이터(13장 참조)와 같은 부

효율성

효율성efficiency은 메커니즘의 구동에 있어서 소비된 에너지가 실제로 얼마나 사용되었는지, 그리고 마찰로 소실된 에너지는 얼마인지를 알기 위한 것입니다. 이것은 일반적으로 백분율로 표기됩니다. 예를 들어, 장치가 50% 효율이라면 이것은 전달되는 에너지의 절반만이 실제 구동에 사용되며 절반은 소실됨을 의미합니다.

레고 장치의 부품은 실제 기계 부품에 비해 정교함이 떨어지고, 볼 베어링과 같은 마찰을 줄일 수 있는 설계가 적용되지 않기 때문에 대체로 효율이 낮은 편입니다. 또한 레고로 제작된 장치의 효율을 정확히 측정하는 것도 어렵기 때문에, 가능한 한 낮은 마찰력으로 원활하게 구동될 수 있는 수준을 찾는 것에 초점을 맞추어야 합니다.

효율성을 증대시키기 위한 방법은 부품 간 발생할 마찰을 줄이는 것이며, 이를 위해서는 움직이는 부품의 수를 줄이는 것이 가장 쉬운 방법입니다. 만약 움직이는 부분이 무거울 경우, 무게로 인해 마찰력도 증가할 수 있기 때문에 구동장치에서는 무게도 중요한 요소가 됩니다. 일반적으로 장치는 간단하고 가벼울수록 더 효율적으로 움직일 수 있습니다.

차량에 대한 개념

이번에는 다양한 기계장치에서 사용하는 간단한 물리법칙과 공학 개념을 이해하고, 차량에 어떻게 적용되는지 알아보도록 하겠습니다. 차량을 대상으로 한 레고 테크닉 세트와 대다수 개인 창작품에 적용되는 개념이기에 이 책 전반에서 이 개념들을 자주 참고하게 될 것입니다.

구동축

구동축driveshaft이란 기계적인 구성 요소로서, 일반적으로 모터로부터 구동 요소까지 힘을 전달하는 '축'을 의미합니다. 구동축은 두 개의 기계장치를 직접 혹은 간접적으로 연결시켜, 하나가 힘을 발생시키면 다른 하나는 그 힘을 전달받을 수 있도록 하는 기능을 합니다. 일반적인 자동차를 예로 든다면, 차량 변속기와 차축이 구동축으로 연결됩니다.

다시 말해, 엔진에서 나오는 동력이 구동축과 변속기를 거쳐 바퀴로 전달되는 것입니다. 구동축은 경우에 따라 유니버설 조인트 또는 그림 1-4와 같은 가변형 축으로 연결할 수 있습니다. 이런 장치를 이용하면 구동 요소 사이의 거리나 얼라인먼트가 가변적인 곳에서도 동력을 잘 전달할 수 있습니다.

동력 계통

동력 계통drivetrain, 혹은 구동계라 불리는 이 부분은 힘을 생성하는 장치와 차체에 그 힘을 전달하는 장치들의 그룹을 의미합니다. 여기에는 일반적으로 모터, 변속기(통상적으로 기어박스), 구동축, 회전축, 그리고 최종 구동장치(바퀴, 무한궤도, 혹은 프로펠러)가 포함됩니다. 동력 계통의 중간에 어떤 구성 요소가 있든 간에 항상 한쪽 끝은 구동 모터이고, 다른 쪽 끝은 최종 구동장치가 됩니다.

동력 전달장치

동력 전달장치driveline는 최종적으로 세 가지 요소로 구성됩니다. 구동축, 차축 그리고 최종 구동장치입니다. 바꿔 말하면, 동력 전달장치는 동력 계통에서 모터와 기어박스를 제외한 것이라 할 수 있습니다. 만약 사람이 자전거를 탄다고 가정해 본다면, 자전거를 타고 있는 사람과 페달, 기어, 체인, 바퀴와 같은 요소들은 동력 계통으로 볼 수 있으며, 이 중에서 체인과 바퀴가 동력 전달장치에 해당한다고 할 수 있습니다.

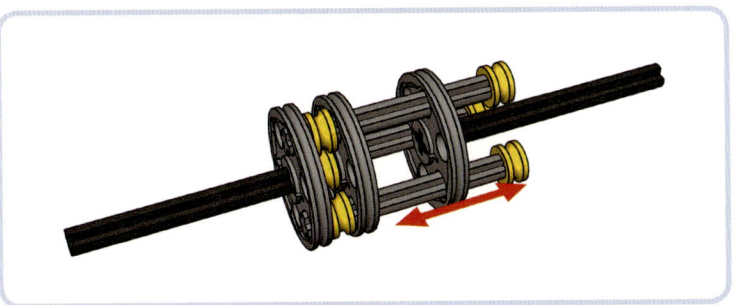

■ 그림 1-4 가변형 축 장치. 두 개의 축이 세 개의 도르래 휠(얇은 회색 디스크)로 연결되며, 각각의 휠은 이 휠을 관통하는 세 개의 축으로 연결되어 있습니다. 관통되는 세 개의 축이 모든 휠을 회전시키며, 보이는 바와 같이 회전 중에도 디스크가 화살표 방향으로 움직일 수 있게 되어, 궁극적으로는 회전 중에도 축의 길이를 변화시킬 수 있습니다. 어느 부분이 움직이는지 좀 더 명확하게 보여주기 위해 그림을 추가합니다.

스티어링 로크

우리는 이 책에서 스티어링 로크steering lock에 대해서도 언급할 것입니다. 물론 이것은 도난을 막기 위해 조향장치에 자물쇠를 채우는 것을 의미하지는 않습니다. 스티어링 로크는 최대 조향각, 즉 조향용 바퀴를 돌릴 수 있는 최대 각도를 의미합니다. 또한, 스티어링 로크가 크다는 것은 차체의 회전 반경을 줄일 수 있으며, 급격한 회전이 가능하다는 의미입니다. 물론, 이것은 차체의 안정성을 떨어뜨리고 조향장치에 스트레스를 줄 수 있습니다. 그림 1-5는 큰 스티어링 로크를 가진 차량의 예시를 보여 줍니다.

회전 반경

회전 반경turning radius, 또는 선회권이라 불리는 이 개념은 차량이 U턴을 하기 위한 최소한의 반지름을 의미합니다. 회전 시 차체는 종종 바퀴의 궤적이 그리는 원을 벗어날 수 있으며, 이때 회전 반경은 차체를 포함하는 형태인 a wall-to-wall turning radius 또는, 차체를 제외하고 순전히 바퀴의 궤적a curb-to-curb turning radius만을 회전 반경으로 칭하기도 합니다.

회전 반경은 최대 조향각, 바퀴의 축 간 거리, 그리고 조향용 축의 개수 등 몇 가지 요소에 의해 영향을 받을 수 있습니다. 이 반경이 작을수록 차체는 더 좁은 공간에서 회전이 가능합니다. 또한 일부 차체, 이를테면 전차나 다른 무한궤도형 차량의 경우는 제자리에서의 선회가 가능하기 때문에 회전 반경은 0이 될 수 있습니다.

■그림 1-5 필자의 리치 스태커 모델은 실제 차량과 같은 형태로, 후륜 조향 축(오른쪽)에 큰 스티어링 로크를 가진 조향륜을 배치했습니다. 실제 항구에서 사용되는 리치 스태커 차량들은 컨테이너들 사이의 좁은 공간에서 원활한 움직임을 확보하기 위해 이와 같은 극단적인 스티어링 로크를 채용하는 경우가 있습니다.

전륜구동, 후륜구동, 4륜구동과 상시4륜구동

FWD, RWD, 4×4, 4WD, 그리고 AWD는 차량 구동 차축의 배열을 의미하는 약어입니다. 예를 들어, 차량이 앞바퀴만으로 구동된다면 FWDFront-Wheel Drive, 또는 전륜구동이라 하며, 차량이 뒷바퀴만으로 구동된다면 RWDRear-Wheel Drive, 또는 후륜구동이라 합니다.

4×4 차량은 네 개의 바퀴를 가지며 모든 바퀴가 구동됩니다. 레고에서 출시된 4×4 차량 역시 모터의 힘을 모든 바퀴에 균등하게 배분시켜 4륜구동이 가능하게 합니다. 실제 4×4 차량은 때때로 AWDAll-Wheel Drive, 또는 4륜구동이라 부르기도 하며, 동력의 효율적인 분배를 위한 전기적 장치가 추가되기도 합니다. 물론 이런 특수한

고급 기능은 레고 부품만으로 구현하기 매우 어려울 수 있습니다.

4×4 차량들 중 일부에는 세 번째 숫자가 붙기도 합니다. 예를 들면 SUV나 지프 차량에서 4×4×2와 같은 형태를 볼 수 있는데, 이것은 구동이 되는 네 바퀴가 장착되어 있으며, 이 중 두 개가 조향륜으로 쓰인다는 의미입니다. 이러한 설명은 다축 차량, 이를테면 이동형 대형 크레인이나, 무장 병력을 수송하기 위한 다륜 장갑차 등의 특수한 차량에서 특히 유용합니다. 예를 들어 소형 장갑차의 구동계통이 6x6x4라면, 구동용 바퀴가 6개이며 조향 바퀴가 4개라는 의미입니다.

중량 배분

중량 배분, 특히 차량의 앞이 무거운지, 아니면 뒤가 무거운지에 대한 부분은 차량의 성능에 큰 영향을 미칠 수 있습니다. 중량 배분은 주로 차체를 견인할 때 영향을 미칠 수 있습니다. 하나의 조향축이 전방에, 다른 하나의 구동축이 후방에 위치한 일반적인 차량을 생각해 봅시다.

만약 이 차가 앞이 무겁다면, 조향륜인 앞바퀴에 하중이 크게 걸릴 것이므로, 조향 그립이 더 좋을 것입니다. 반면 뒤가 무겁다면, 구동륜인 뒷바퀴에 하중이 크게 걸릴 것이므로, 가속력이 좋아질 것입니다.

4륜구동형 차체의 경우, 중량 배분은 단일 숫자 또는 두 개의 숫자로 표기되기도 합니다. 예를 들어, 40:60 중량 배분은 전륜에 40%의 하중이, 그리고 후륜에 60%의 하중이 배분됨을 의미합니다. 4륜구동형 오프로드 차량에서는 50:50의 중량 배분을 가장 이상적인 형태로 꼽으며, 엔진이 중앙에 장착된 고성능의 경주용 차량들은 종종 뒤쪽을 더 무겁게 만드는 것을 볼 수 있습니다.

중량 배분은 궤도형 차량에서도 중요한 요소로 작용합니다. 궤도는 매끄러운 표면에서 약한 정지 마찰력을 갖기 때문에, 중량 배분은 궤도형 차량이 선회하거나 장애물을 넘는 데 상당한 영향을 미치게 됩니다. 예를 들어, 앞이 무거운 궤도형 차량은 회전 중심이 앞에 위치하기 때문에 제자리에서는 선회가 불가능합니다. 하지만 이와 같은 형태는 전방에 마찰력이 가중되기 때문에 언덕을 넘기에는 유리할 수 있습니다.

무게 중심

무게 중심은 물체의 중량이 배분되는 각 점을 연결한 중앙 지점을 의미합니다. 이를테면 구체의 경우 무게 중심은 물체의 정 중앙, 즉 구심점이 됩니다. 무게 중심의 위치가 낮을 경우, 무게 중심이 높은 물체에 비해 전복의 위험이 줄어들 수 있습니다. 바꿔 말하면, 무게 중심이 낮을수록 물체는 안정적이라 할 수 있습니다.

레고 차량에서는 무게 중심이 배터리 박스 등 무거운 부품에 의해 큰 영향을 받을 수 있기 때문에, 무거운 부품들은 가능한 한 낮게 장착하는 것이 좋습니다. 이것이 오프로드 차량을 제작하는 사람들이 배터리 박스를 차체의 아래쪽에 주로 장착하는 이유이기도 합니다.

지상고

■ 그림 1-6 녹색 화살표는 버기카의 지상고를 보여줍니다. 지상고는 차량을 앞이나 뒤에서 볼 때 가운데에서 재는데 이 부분이 장애물에 닿을 가능성이 가장 높기 때문입니다.

차체 높이 또는 지상고라 불리는 개념은 차량에서 새시 밑면과 지면 간의 거리를 의미합니다. 그림 1-6의 녹색 화살표가 지상고를 의미하며, 새시와의 충돌 없이 지나갈 수 있는 장애물의 높이가 어느 정도인지 알 수 있습니다. 지상고는 주로 현가장치의 형태에 따라 달라질 수 있습니다.

    지상고가 높은 차량은 더 큰 장애물을 극복할 수 있지만, 차체 높이가 높아지고 이로 인해 무게 중심이 높아지기 때문에 안정성이 저하됩니다. 반대로 지상고가 낮은 차량은 상대적으로 높은 주행 안정성을 보여주지만, 험지에서는 구동 능력이 저하됩니다. 이러한 이유로 전형적인 오프로드 차량은 지상고가 높고, 평지에서 안정적인 주행과 빠른 코너링이 필요한 스포츠카는 지상고가 낮은 것이 일반적입니다.

    이제 기본기를 닦아 보았으니 실전에 들어가 보겠습니다!

2
기본 단위와 부품
basic units and pieces

레고 모델과 브릭의 크기를 측정하는 데에는 일반적인 'inch' 또는 'cm'와 같은 길이 단위가 아닌, '스터드stud'라고 불리는 조금 독특한 단위를 사용합니다. 1스터드는 가장 작은 브릭의 폭을 의미하며, 미터법으로는 8mm의 길이입니다. 앞으로 우리는 브릭의 형태가 아닌, 이를테면 완충장치나 축 등의 크기를 측정하는 데에도 '스터드' 단위를 사용할 것입니다.

이 책에서 일반적으로 생략된 채 표현되는 단위는 모두 스터드라고 생각하면 됩니다. 예를 들면 1×1 브릭, 2×2 타일과 같은 것들입니다. 앞으로도 부품의 크기를 언급해야 할 경우에는 가로×세로의 크기를 스터드 단위로 표현할 것입니다.

> **NOTE** 스터드는 다른 이름으로 모듈, 점 또는 기본 레고 단위(Fundamental LEGO Unit – FLU)에서도 사용됩니다. 대문자 'L'이 스터드의 단위로 사용될 것입니다. 예를 들어 6.5L의 완충장치는 스터드 단위로 6.5스터드를 의미합니다.

레고 모델을 창작하기 위해서는 그 크기를 브릭 단위, 혹은 플레이트 단위로 예상할 수 있어야 합니다. 예를 들어 우리는 어떤 높이를 이야기할 때, 브릭 하나의 높이 혹은 플레이트 하나의 높이라는 용어를 사용할 것입니다. 주의할 점은 브릭의 높이가 스터드 단위와 같은 길이가 아니라는 점인데요. 한 개의 브릭 높이는 9.6mm로, 한 브릭 넓이인 1스터드(8mm)보다 조금 더 깁니다(그림 2-1 참조).

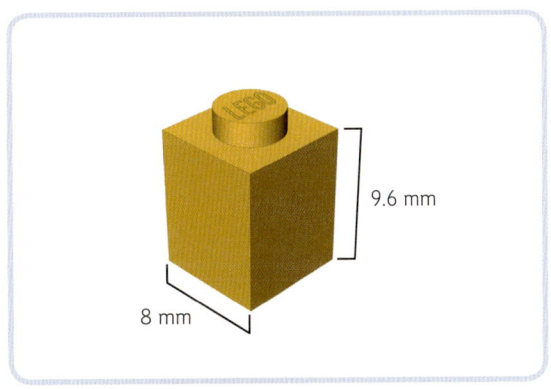

■ **그림 2-1** 이 1×1 브릭의 가로/세로는 8mm(1스터드)이고 높이는 9.6mm(1브릭)입니다.

그림 2-2를 보면 레고 플레이트를 세 장 겹치면 브릭 하나의 높이와 같아지는 것을 알 수 있습니다. 브릭을 조립할 때 이러한 높이 관계를 이해해야 원활한 조립이 가능합니다.

■ 그림 2-2 레고 브릭(왼쪽)은 세 개의 레고 플레이트(오른쪽)를 쌓은 것과 같은 높이입니다.

> **NOTE** 브릭의 위에 돌출된 원형의 돌기(레고 로고가 새겨진 부분, 이 부분의 명칭이 '스터드'입니다) 부분은 브릭의 높이로 간주하지 않습니다. 왜냐하면 브릭이 결합되었을 때 이 돌출된 부분은 다른 브릭의 아래로 결합되어 들어가기 때문입니다. 브릭의 높이는 모서리에서 모서리까지의 높이로 측정합니다.

테크닉 브릭

테크닉 모델에서 사용하는 브릭 역시, 전통적인 레고 시스템이 가지고 있는 기본 결합방식을 따르고 있습니다. 하지만 그림 2-3에서 보듯이, 테크닉 브릭은 일반 브릭과 다른 중요한 차이점이 있습니다. 이 브릭들은 스터드에 구멍이 뚫려 있습니다. 이런 구멍은 일반 브릭보다 결합을 더욱 견고하게 유지시켜 주기 때문에 움직임이 많은 기계장치 조립에 테크닉 브릭을 사용하는 이유가 되기도 합니다.

또한, 많은 테크닉 브릭들은 핀 구멍(pin hole, 핀홀이라고도 함)이 중앙에 뚫린 경우가 많습니다. 1×2 브릭은 한 개의 구멍이, 1×4 브릭은 세 개의 구멍이 뚫려 있으며, 이 구멍들은 차축을 설치하거나, 핀을 이용해 다른 브릭의 움직임의 기준점으로, 혹은 다른 각도로 브릭을 추가적으로 결합해 내구성을 높이는 등, 레고 테크닉 조립에 중요한 역할을 하게 됩니다.

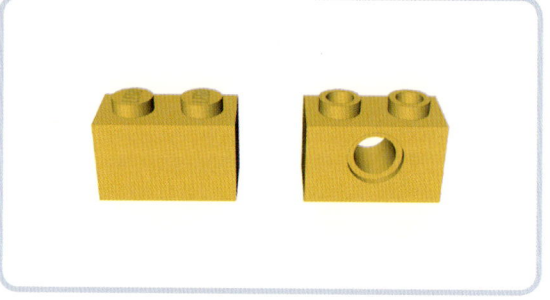

■ 그림 2-3 일반 1×2 브릭(왼쪽)은 측면과 위쪽 스터드가 막혀 있고, 테크닉 1×2 브릭(오른쪽)은 측면과 위쪽 스터드에 구멍이 뚫려 있습니다.

대부분의 테크닉 브릭들은 구멍이 스터드 사이에 위치하지만, 일부 1×1 브릭과 1×2 브릭의 경우에는 그림 2-4에서 보는 것과 같이, 스터드 사이가 아닌 스터드 아래에 구멍이 뚫려 있고, 스터드 숫자와 구멍 숫자가 같은 것도 있습니다. 다른 테크닉 브릭들은 '스터드 숫자 -1' 만큼의 구멍을 가집니다. 이러한 브릭들은 핀과 차축을 좀 더 특수한 형태로 조립하려 할 때 유용하며, 한 스터드 단위가 아닌, 반 스터드 단위의 축 정렬이 필요할 때에도 유용하게 쓸 수 있습니다.

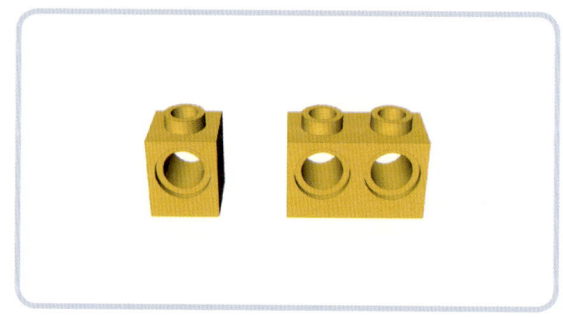

■ 그림 2-4 일부 테크닉 브릭은 스터드 사이가 아닌 스터드 바로 아래에 스터드 숫자와 같은 수의 구멍이 뚫려 있습니다.

여기에 또 다른 유형의 테크닉 브릭이 있습니다. 원형 핀 구멍이 아닌 십자 형태의 축 구멍을 가진 브릭입니다. 모든 레고 축의 단면은 동일한 십자 형태이기 때문에, 그 쓰임새는 확실해 보입니다. 핀 구멍에 삽입된 축은 회전할 수 있지만, 축 구멍에 삽입된 축은 회전할 수 없습니다.

(그림 2-5 참조. 축 구멍이 있는 테크닉 브릭은 현재로서는 1×2가 유일합니다.)

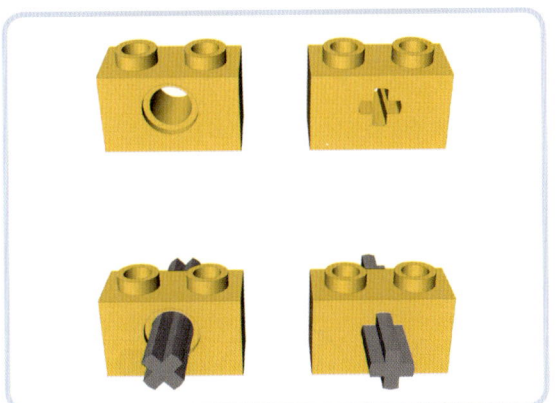

■ **그림 2-5** 핀 구멍(왼쪽)에 끼워진 축은 회전할 수 있지만, 축 구멍(오른쪽)에 끼워진 축은 회전할 수 없습니다.

연결과 회전을 위한 요소, 핀

핀은 테크닉 시스템에서 브릭과 빔을 연결시키기 위한 중요한 요소입니다. 핀은 두 개 이상의 인접한 브릭들을 핀 구멍이나 축 구멍을 통해 서로 결합시켜 줍니다. 그림 2-6을 보면, 길이와 모양, 마찰력이 각기 상이한 여러 종류의 핀을 볼 수 있습니다. 이 핀들은 테크닉 구조물을 결합하는 데 있어 아주 중요한 부품입니다. 실제로 대형 테크닉 모델에서는 수백 개의 핀이 사용되기도 합니다. (정말 중요한 부품입니다.)

축과 마찬가지로, 핀 역시 축 구멍 혹은 핀 구멍에 사용할 수 있습니다. 하지만 축과 달리, 핀은 원통형 몸체에 작은 깃이 돌출되어 구멍을 관통할 수 없습니다. 예를 들어, 가장 기본적인 핀은 2스터드 길이를 가지며, 중앙을 기준으로 각각의 끝부분은 핀 구멍을 가진 테크닉 브릭에 삽입할 수 있으나, 핀의 중앙에 깃이 나와 있어 핀을 핀 구멍에 넣더라도 반대쪽으로 꺼낼 수는 없습니다.

좀 더 긴, 3스터드 길이의 핀의 경우에는 한쪽 끝은 1개의 브릭에 넣을 수 있고, 다른 쪽 끝은 두 개의 브릭을 꿸 수 있습니다. 핀에 있는 깃 때문에 두 테크닉 브릭의

결합면이 벌어지지 않도록, 테크닉 브릭의 구멍에는 이 깃이 들어갈 수 있는 홈이 구멍 가장자리를 따라 가공되어 있습니다(그림 2-7 참조).

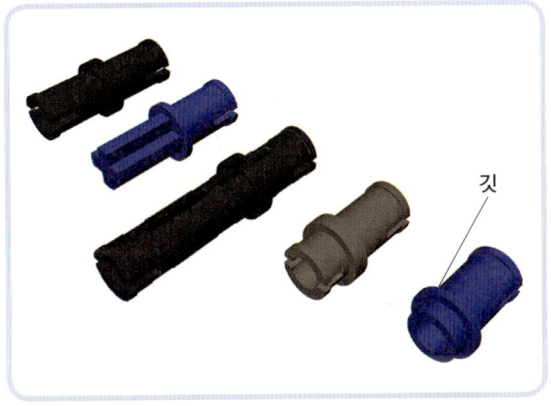

■ **그림 2-6** 가장 일반적인 테크닉 핀(왼쪽부터 핀, 축 핀, 긴 핀, 3/4 핀, 1/2 핀)

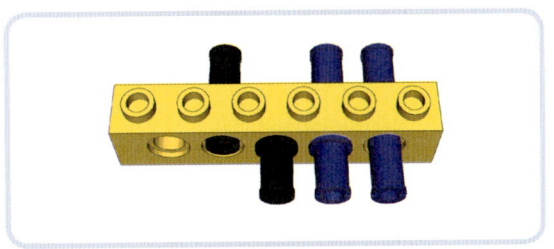

■ **그림 2-7** 핀 구멍(왼쪽부터 비어 있는 구멍, 검은색 핀이 각기 다른 방향에서 결합된 구멍의 모습. 그리고 긴 핀이 앞으로부터 들어간 모습과 뒤로부터 들어간 모습. 노란색 브릭의 구멍 부분에 파란색 핀의 깃이 보이는지를 주목하세요.)

일부 핀은 외형이 같아 보이지만 특성이 다른 경우가 있습니다. 하나는 핀 구멍에서 자유롭게 회전할 수 있는 형태, 그리고 다른 하나는 마찰력이 작용해 쉽게 회전하지 않는 형태입니다. 후자를 '마찰 핀'이라고 합니다. 핀의 유형은 색으로 구분합니다.

👦 속성이 다른 핀은 색으로 구분하지만, 한 가지 속성의 핀이 여러 색상인 경우도 있습니다. 정리하자면, 결합용 핀들의 경우 색이 같으면서 기능이 다른 경우는 없습니다.

원활한 조립을 위해서는 핀의 외형과 특성, 마찰력 등의 특징을 각각 이해하고 구분할 수 있어야 합니다.

그림 2-8에서는 일반적으로 많이 사용되는 몇 가지 종류의 핀을 보여줍니다.

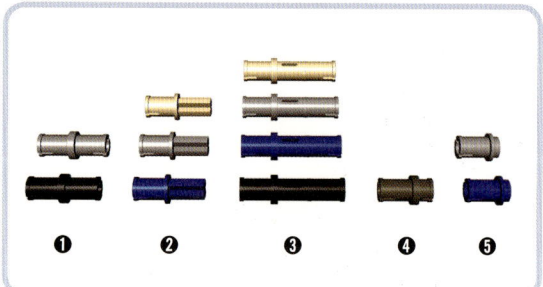

■ 그림 2-8 일반적인 핀 모음

❶ 일반적인 핀(연회색), 마찰 핀(검은색)

❷ 일반적인 축 핀(모래색, 연회색), 마찰 축 핀(파란색)

❸ 일반적인 긴 핀(모래색, 연회색), 마찰 긴 핀(파란색, 검은색)

❹ 3/4 핀(진회색), 마찰형 없음

❺ 1/2 핀(연회색, 파란색), 마찰형 없음

기본적인 핀을 살펴보았으니, 이제 조금 더 특수한 핀을 보겠습니다. 그림 2-9는 특수한 용도의 핀들을 보여줍니다. 대부분 특정 용도에 맞게 기본 핀이 변형된 형태입니다.

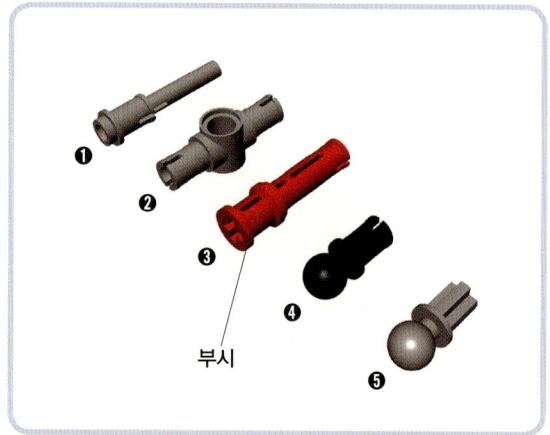

■ 그림 2-9 특수 핀 모음

❶ 1/2 핀에 2L 길이의 막대가 붙은 핀(연회색, 마찰형 없음) 핀에 붙은 막대는 일반적인 레고 막대 또는 안테나와 같은 굵기이며, 그림 2-10에서 보이는 바와 같이 레고 미니피겨의 손에 쥐거나 막대를 결합할 수 있는 클립 부품에 끼울 수 있으며, 테크닉 브릭 스터드의 뚫린 구멍에 끼울 수도 있습니다.

■ 그림 2-10 레고 미니피겨는 막대(녹색)와 안테나(검은색)를 손으로 잡을 수 있습니다.

❷ 긴 핀이면서 중앙에 핀 구멍이 뚫린 것(연회색, 검은색, 빨간색, 마찰형 없음)

❸ 긴 핀 끝에 부시가 달린 형(다양한 색상이 존재) 이 핀은 일반 2L 길이의 마찰 핀처럼 사용하지만, 두꺼운 부시 부분이 손잡이처럼 사용되어 외부에서 쉽게 잡아 뺄 수 있습니다. 이것은 테크닉 모델에서 손쉬운 분해가 필요한 부분에 사용됩니다.

❹ 볼이 달린 핀(검은색) 이 핀은 흔히 사용되지는 않지만 그림 2-11에서와 같은 볼 조인트를 이용한 링크 결합이 필요할 때 유용합니다. 이 핀이 삽입되면 삽입된 바깥 면으로 볼이 돌출합니다.

❺ 볼이 달린 축 핀(연회색) 위의 볼이 달린 핀과 같은 용도로 사용되며 축 구멍에 볼 조인트를 설치할 때 사용합니다.

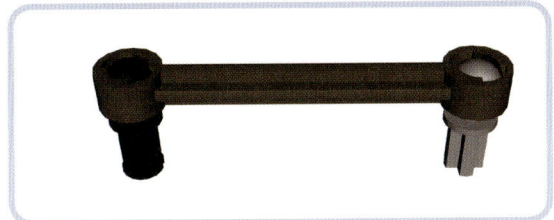

■ 그림 2-11 두 볼 조인트는 진회색의 링크로 연결되어 있습니다. 이와 같은 결합은 서스펜션 부품의 링크와 같은 움직임이 필요한 곳에 사용할 수 있습니다.

빔, 스터드가 없는 결합방법

테크닉 시스템은 일반적인 브릭 결합에 의존하는 테크닉 브릭 외에도, 빔 또는 리프트 암이라 불리는 특수한 형태의 부품이 포함됩니다.

그림 2-12에서와 같이, 빔은 핀 구멍을 가지고 있지만 일반적인 브릭이 갖고 있는, 스터드에 기반을 둔 상하 결합 요소와 모서리의 각진 네모 부분이 없습니다. 빔 역시 브릭 못지않게 다양한 크기와 모양을 가지며, 일부는 핀 구멍이 아닌 축 구멍을 갖는 경우도 있습니다.

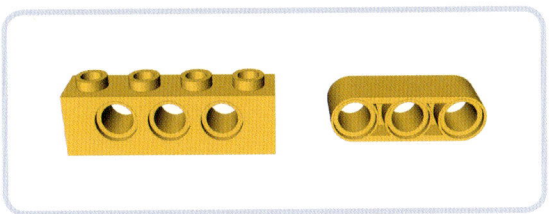

■ 그림 2-12 1×4 테크닉 브릭(왼쪽)과 1×3 테크닉 빔(오른쪽)

일반적으로 스터드가 돌출된 브릭과 구분하기 위해 빔은 '스터드가 없는'이라는 수식어가 붙습니다. 반대로 플레이트나 브릭은 '스터드가 있는'이라고 말하기도 합니다. 이것은 주된 조립 기법이 어떤 방식이냐에 따라 결정되는 수식어입니다. 예를 들어 여러분은 스터드가 없는 형태로 차의 새시를 만들고, 그 위에 스터드가 있는 방식의 바디를 올릴 수도 있습니다. (여기에서는 간단히 짚고 넘어가며, 스터드가 있는 방식과 없는 방식의 차이는 3장에서 보다 자세히 다룰 예정입니다.)

스터드가 없는 부품은 대부분 그림 2-13에서 보이는 것과 같이, 일반적인 레고 브릭과는 전혀 유사성이 없는 독창적인 모양을 지니고 있으며, 이 부품들의 각도 또한 중요한 조립요소로 작용됩니다.

■ 그림 2-13 스터드가 없는 다양한 형태의 빔

일반적인 브릭의 높이 대 너비 비율은 6:5입니다. 하지만 빔의 경우는 7:8의 비율을 가집니다. 기본 빔의 길이는 15스터드까지 다양하게 존재하지만, 모두가 폭은 1스터드(8mm), 그리고 높이는 7mm인 외형적인 특성을 공유합니다.

그림 2-14를 보면, 동일한 핀 구멍으로 기준을 맞춘 테크닉 브릭(높이 9.6mm)과 빔(높이 7mm)은 테크닉 브릭의 스터드를 제외한 브릭 높이와 비교했을 때 약간의 차이를 확인할 수 있습니다.

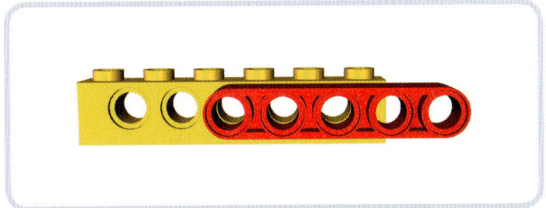

■ 그림 2-14 브릭(왼쪽)과 빔(오른쪽)은 높이가 같지 않습니다.

정리하자면, 스터드가 있는 방식과 스터드가 없는 방식은 핀홀(핀 구멍)을 이용해 결합할 수 있습니다.

스터드가 없는 부품은 대칭형입니다. 이 부품들은 위와 아래가 동일하며 이 때문에 그림 2-15와 같이, 브릭을 이용한 결합방식보다 한층 다양한 결합이 가능합니다. 또한, 브릭을 조립할 때에는 스터드의 방향이 중요한 요소로 작용할 수 있지만 빔을 이용할 때는 스터드를 고려하지 않아도 됩니다.

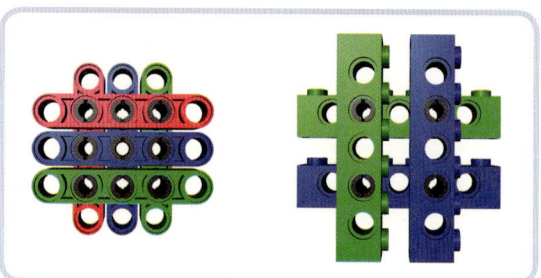

■ 그림 2-15 빔(왼쪽)과 브릭(오른쪽)을 이용한 두 가지 유사한 결합 형태 비교

핀으로 결합된 여섯 개의 1×5 빔의 결합을 보면, 90, 180, 270 방향으로 보더라도 모든 면이 대칭 구조를 이루는 것을 볼 수 있습니다. 그 옆의 비교되는 1×6 테크닉 브릭으로 만들어진 구조는 비대칭입니다. 이 구조물을 회전시키게 된다면, 빔 구조는 어느 방향으로 회전되어도 유사한 결합 구조를 보여주지만, 브릭 구조는 방향이 바뀜에 따라 스터드 방향이 바뀌게 되어 조립에 영향을 미칠 수 있습니다.

🧑 모든 스터드가 바깥을 향하게 끼우면 대칭이 될 수 있지만, 모두가 바깥을 향하게 된다면 테크닉 브릭 사이의 플레이트를 이용한 보강 결합이 불가능하며, 세 개의 구멍 중 가운데의 구멍에는 다른 테크닉 브릭이나 빔, 어떤 것도 끼울 수 없게 됩니다.

스터드가 없는 부품은 조금씩 레고 테크닉 시리즈에서 스터드가 있는 부품을 대체하고 있습니다. 스터드가 있는 부품은 브릭과 플레이트를 이용한 높이 맞추기의 개념을 알아야 하고, 스터드의 방향 역시 중요한 역할을 했습니다. 하지만 스터드가 없는 부품은 더 이상 방향에 구애받지 않기 때문에 가로 또는 세로로 자유롭게 조립할 수 있어 기존의 조립방식보다 다양한 작업이 가능하기 때문입니다.

테크닉의 관점에서 본다면, 테크닉 브릭과 빔의 구멍을 이용해서 거리와 높이를 측정하는 것이 일반적입니다. 주지할 점은 두 개의 테크닉 브릭을 쌓을 경우 플레이트를 추가해 이 높이를 일정한 간격으로 맞출 수 있다는 것입니다. 그림 2-16을 보면 노란색과 파란색의 두 플레이트가 녹색의 테크닉 브릭 사이에 끼워져 있으며, 이 두 플레이트로 인해 떨어진 두 개의 녹색 테크닉 브릭의 핀 구멍 간 간격은 정확히 3스터드가 됩니다.

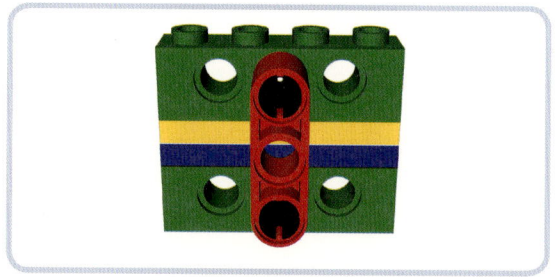

■ 그림 2-16 스터드의 유무에 상관없이 모든 테크닉 부품들에 해당되는, 정렬을 위한 기본적인 규칙: 구멍이 있는 테크닉 브릭 두 개는 두 장의 플레이트를 끼운 상태로 결합할 때 세로 높이는 3스터드 길이가 된다.

이 기법은 브릭과 플레이트가 혼용되어 일정한 간격으로 핀 구멍을 맞출 수 있음을 보여줍니다. 예를 들어, 5스터드 길이로 테크닉 브릭을 세로로 결합하려 할 경우, 그림 2-17의 첫 번째와 같이 먼저 첫 번째 구멍과 세 번째 구멍에 각각 하나씩의 테크닉 브릭을 사용하고 그 사이에 플레이트를 두 장, 그리고 다섯 번째 구멍에 테크닉 브릭을 사용하고 그 사이에도 플레이트를 두 장 끼울 수 있습니다.

혹은 브릭 하나의 높이가 플레이트 세 개의 높이와 같기 때문에, 두 번째와 같이 플레이트 네 개 중 세 개를 브릭 하나로 대치하거나, 혹은 사이에 끼워지는 모든 브릭을 플레이트로 대체하여 일곱 개의 플레이트를 사이에 끼울 수 있습니다. 🧑 두 번째와 세 번째의 경우 세로 빔의 가운데 세 구멍에는 핀을 끼울 수 없습니다.

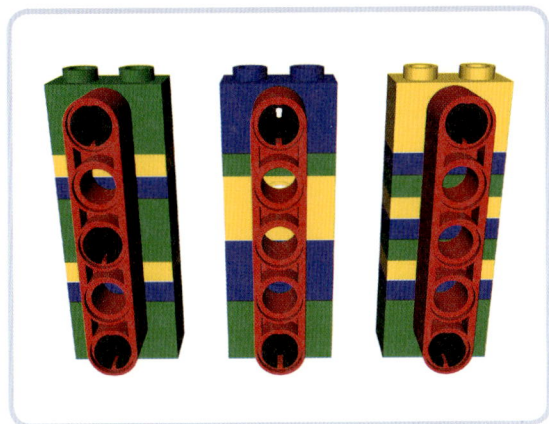

■ 그림 2-17 테크닉 브릭과 빔을 이용한 세로 정렬 보강의 활용 예

최소 조립 단위가 되는 반 스터드

레고의 세계에서 기본 구성단위는 스터드 단위이지만, 일부 부품, 예를 들어 플레이트의 경우 스터드의 1/3 높이이며, 일부 빔들은 스터드 두께의 1/2인 것도 있습니다. 그림 2-19에서 이와 같은 부품을 볼 수 있는데, 스터드가 없는 이와 같은 종류의 부품들은 다수의 축 구멍을 포함하고 있어 단단한 구조를 만드는 데 유용하게 쓸 수 있습니다.

그림 2-18에서는 이 기법의 또 다른 활용 예를 보여줍니다. 스터드 단위의 높이와 브릭 단위의 높이는 브릭을 6개 쌓아올렸을 때 스터드 7개의 길이와 같다는 것을 볼 수 있습니다. 이제까지의 세로 결합을 살펴보면 모두 빔의 홀수 단위의 구멍이 적층된 브릭과 맞는 것을 볼 수 있습니다. 이 간격은 3, 5, 7과 같이 홀수 단위로 증가합니다. 예를 들면 11개의 브릭을 쌓은 높이는 13스터드가 됩니다.

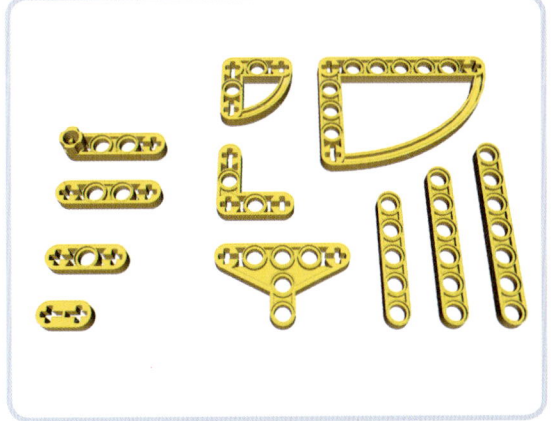

■ 그림 2-19 각종 반 스터드 두께의 테크닉 빔 부품들

이 부품들을 활용한다면 최소 단위를 반 스터드 단위로 조립할 수 있기 때문에 스터드가 없는 구조(일반적으로 홀수 단위)를 결합할 때뿐만 아니라, 스터드가 있는 구조(일반적으로 짝수 단위)를 결합 및 보강하는 데에도 유용하게 쓸 수 있습니다. 반 스터드 두께의 테크닉 빔은 일반적인 핀의 결합에는 적합하지 않을 수 있습니다. 하지만 3/4 핀의 경우 이 브릭에 정확히 들어맞습니다.

그림 2-20은 3/4 핀을 이용해 홀수 길이의 스터드가 없는 빔 계열 부품과 짝수 길이의 스터드가 있는 브릭 부품을 결합하는 방법을 보여줍니다. 노란색 브릭은 8스터드(짝수) 길이이며, 가운데의 회색 빔은 5스터드×7스터드 길이이기 때문에 1스터드만큼의 유격이 발생하는데, 반 스터드 두께의 부품을 이용하고, 3/4 핀의 긴 쪽은 각

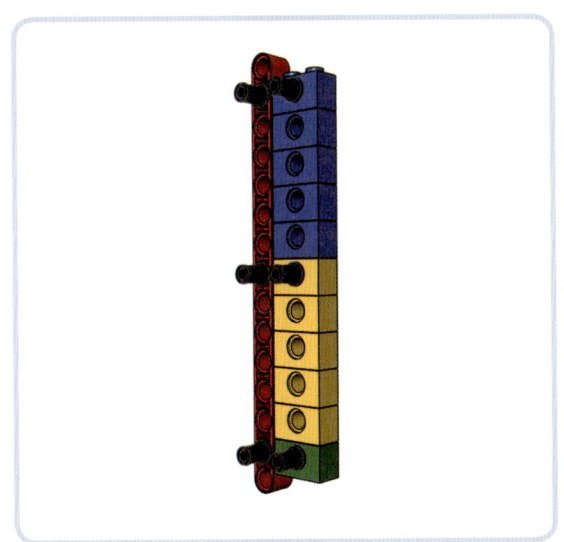

■ 그림 2-18 브릭을 세로로 쌓는다면 매 다섯 번째 브릭마다 빔과 연결할 수 있습니다.

2 기본 단위와 부품 17

각 빔과 브릭의 핀 구멍에, 그리고 짧은 쪽은 반 스터드 두께의 빔에 끼우는 형태로 결합하면 홀수와 짝수 부품을 대칭형으로 결합할 수 있습니다.

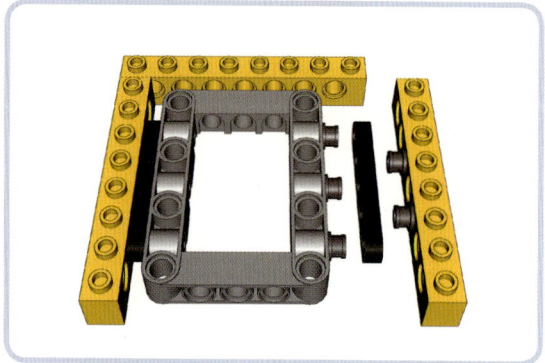

■ 그림 2-20 모든 테크닉 핀 중 3/4 핀은 반 스터드 두께의 테크닉 빔을 결합하는 데 가장 적합합니다.

1/2 핀의 경우 머리가 빔 구멍에 절반 정도만 걸쳐지기 때문에 쉽게 분리될 수 있습니다. 반면 3/4 핀은 머리 높이가 정확히 반 스터드 빔의 두께와 일치하기 때문에 비교적 튼튼하게 빔을 고정할 수 있으며 불필요한 돌출도 없게 됩니다. 일반 핀도 고정하는 관점에서는 충분하겠지만 빔 바깥으로 핀의 일부가 돌출되기 때문에 반 스터드 두께의 빔은 미관상의 문제뿐만 아니라 핀이 앞뒤로 움직일 수도 있어 좋지 않습니다. 그림 2-21에서는 반 스터드 빔의 고정을 위해 사용할 수 있는 핀들의 결합 후 모습을 보여줍니다.

■ 그림 2-21 왼쪽에서 오른쪽으로 : 1/2 핀, 3/4 핀, 그리고 일반적인 핀이 각각 반 스터드 빔의 고정에 사용된 모습

반 스터드 조립의 두 가지 기법

레고 브릭으로 창작할 때, 최소 단위로 한 스터드만 사용해야 하는 것은 아닙니다. 여기에서는 반 스터드 단위로 브릭을 결합할 수 있는 두 가지 기법을 보겠습니다. 그 중 한 가지는 그림 2-22에서와 같이, 반 스터드 단위로 결합이 가능하도록 1×2 플레이트의 윗면 중앙에만 스터드가 하나 돌출된 점퍼 플레이트를 이용하는 것입니다.

그림 2-23은 이를 이용해 핀 결합을 응용하는 방법을 보여줍니다. 1×2 테크닉 브릭의 스터드 사이에 있는 핀 구멍과, 1×1 테크닉 브릭의 중앙에 난 구멍은 일반적인 플레이트 위에 결합될 경우 만날 수 없지만, 점퍼 플레이트를 이용해 1×1 테크닉 브릭을 반 스터드 밀어준다면 서로 연결될 수 있습니다. 이와 같은 응용은 흔히 공간 확보나 미관을 위해 사용되곤 합니다.

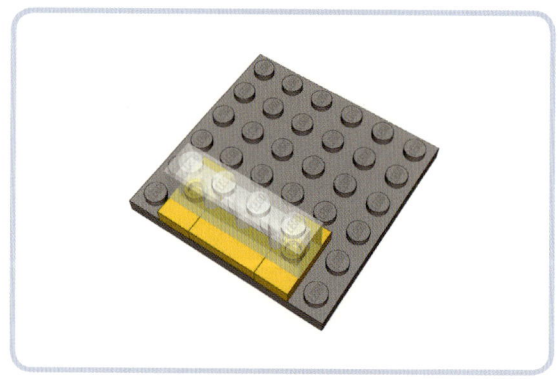

■ 그림 2-22 점퍼 플레이트(노란색)를 이용해 플레이트의 기본 스터드 간격에서 반 스터드 떨어진 위치에 브릭(반투명색)을 결합한 모습

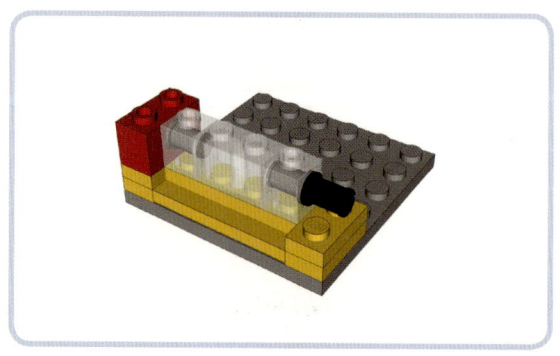

■ 그림 2-23 테크닉 브릭의 구멍은 스터드 사이에 위치하기 때문에 이와 같은 응용도 가능합니다.

3
스터드가 있는 것 또는 없는 것

studless or studfull?

2장에서 우리는 두 가지 다른 스타일의 레고 조립 기법 즉, 스터드가 없는 (빔을 이용한) 기법과 스터드가 있는 (브릭과 플레이트를 이용한) 기법을 살펴보았습니다. 두 가지 스타일은 분명한 차이가 있으며 장단점도 있습니다. 물론 하나의 작품 속에서 최고의 결과를 내기 위해 이 두 가지 기법을 혼용하는 것도 가능합니다.

사실상, 최근 출시되는 대부분의 레고 테크닉 세트와 MOC(일반 개인 창작가들의 창작품, My Own Creations) 작품들에서 스터드가 있거나 없는 단일 형태의 기법이 아닌 두 가지 기법의 혼용을 자주 볼 수 있습니다.

성공적인 창작가가 되기 위해서는 내 작품을 위한 가장 적합한 조립방식은 무엇인지, 어떤 스타일을 기본 스타일로 잡을 것인지, 그리고 다른 스타일을 어느 부분에 어느 정도 섞는 것이 좋을지 판단할 수 있어야 합니다. 우리는 이 장에서 이런 문제들을 살펴볼 것입니다.

이를 위해 먼저 각 기법의 장단점을 살펴보고 다른 기법과 비교해 볼 것입니다. 그 다음 두 가지의 다른 조립 기법이 적용된 공식 레고 제품과 일반 창작가들의 작품 (예를 들면 그림 3-1의 몬스터 트럭과 같은)을 살펴보면서 모든 부분에서 가장 최적의 스타일은 어떤 것인지 찾아볼 것입니다.

레고의 진화

초창기의 모든 레고 조립체계는 100% 스터드가 노출된 스타일이었습니다. 스터드가 없는 부품은 테크닉 제품군에서 처음 등장했으며, 그때는 단지 스터드가 있는 부품을 보완하기 위한 정도의 용도로 활용되었습니다. 그러나 테크닉 시리즈가 진화하면서 스터드가 없는 부품의 비중이 점점 늘어나게 되었고, 상대적으로 스터드가 있는 부품은 점차 줄어들게 되었습니다.

오늘날 출시되는 테크닉 세트의 대부분은 이미 스터드가 없는 부품에 크게 의존하지만, 스터드가 있는 기존 부품을 사용할 때도 있습니다. 기계적 구조 중 특수한 경우 혹은 일부 세부적인 디테일을 위해 일반 부품을 연결해야 하는 경우 등, 극히 한정된 용도로 사용합니다.

그리고 여러분이 고려할 또 하나의 사실은 현재 출시되는 대부분의 테크닉 특수 부품, 예를 들어 모터, 공압 부품, 턴테이블, 액추에이터 등은 스터드가 있는 구 버전의 것과 다르게 스터드가 없는 스타일에 맞도록 외형이 바뀌었다는 점입니다.

이러한 이유로, 최근의 테크닉 모델에서 스터드가 없는 부품의 중요성은 매우 높아졌습니다. 스터드가 있는 부품을 활용하는 것보다 조립은 어려워졌지만 테크닉 시스템의 흐름에 따라 스터드가 없는 부품의 활용법을 이해하는 것은 매우 중요합니다.

그러나 우리는 아직 스터드가 있는 레고 부품들을 완전히 포기하는 것은 아닙니다. 많은 아마추어 테크닉 창작가들이 레고 사의 '스터드가 없는 브릭 위주'의 정책과 관계없이 기존의 스터드가 있는 부품을 이용하면서도 충분히 매력적인 외형과 멋진 기능을 가진 작품을 만들어내고 있습니다. (그림 3-2의 켄워스 트럭과 같은 스타일이죠.)

■ 그림 3-1 필자가 만든 몬스터 트럭 모델은 최근 레고 테크닉 세트의 트렌드를 따랐습니다. 이 모델은 엔진 그릴과 같은 극히 일부에만 스터드가 있는 부품을 사용하고 나머지 대부분은 스터드가 없는 부품을 이용했습니다.

■ 그림 3-2 켄워스 로드 트레인 모델은 스터드가 없는 조립체계에 가장 잘 맞는 마인드스톰 NXT 부품을 내장했지만, 외형은 완벽히 스터드로 결합되는 부품을 위주로 한, 모델팀 스타일을 따르고 있습니다. 모델팀이란 1986년부터 1999년 사이에 출시되었던, 약간의 내부 기능 재현과 함께 외형의 사실성을 추구한 제품군입니다. 그리고 road train이란 말은 호주 등 철도가 발달하지 않은 곳에서 트레일러를 세 개 이상 길게 연결해 기차처럼 끌고 다닌 데서 유래하였습니다.

스터드가 노출된 조립

테크닉 브릭과 일반 플레이트는 스터드가 노출된 조립방식의 기본 요소입니다. 테크닉 브릭은 일반적인 레고 브릭과는 조금 다릅니다(그림 3-3 참고). 테크닉 브릭은 아래의 스터드 사이에 끼워지는 봉이 조금 굵고, 위쪽 스터드 역시 가운데에 구멍이 뚫려 있습니다. 옆면으로는 테크닉 핀을 끼울 수 있는 구멍도 있습니다.

조). 테크닉 브릭 사이에 끼워지는 플레이트는 위아래의 브릭과 꼭 같은 크기일 필요는 없습니다. 그림 3-6과 3-7에서는 ㄱ자형 플레이트와 힌지 플레이트를 이용해 90도 방향, 혹은 임의의 방향으로 꺾어 보강된 브릭의 모습도 볼 수 있습니다.

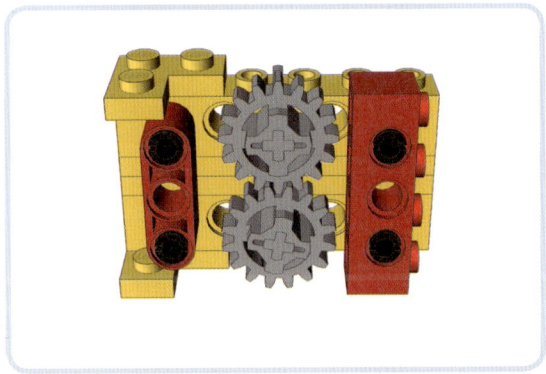

■ **그림 3-3** 일반 브릭과 테크닉 브릭의 비교. 위(빨간색)가 일반 브릭, 아래(노란색)가 테크닉 브릭

■ **그림 3-4** 두 개의 노란색 테크닉 1×6 브릭 사이에 수직으로 노란색 1×6 플레이트 두 장을 끼워 결합한 구조입니다. 가운데에 끼운 기어가 큰 힘을 받을 경우 결합된 테크닉 브릭 자체가 상하로 분리될 수 있기 때문에 이 구조는 빨간색 브릭으로 수직 보강되었는데요. 스터드가 없는 부품(왼쪽)으로 보강된 것이 스터드가 있는 부품(오른쪽)으로 보강된 것에 비해 주변 공간을 훨씬 효율적으로 쓸 수 있습니다. 왼쪽엔 측면도 여유가 있고 플레이트를 더 끼워넣고 긴 빔으로 바꿔 보강하면 좀 더 큰 기어를 쓸 수도 있으나, 오른쪽은 위아래로 브릭이 돌출되어 있어 ㄱ자 플레이트를 결합할 수 없습니다.

일반 브릭에서 조금 변형된 디자인 덕분에, 테크닉 브릭은 일반 브릭에 비해 측면에서 들어오는 힘에 조금 더 강합니다(하지만 위로 잡아당기는 힘에는 여전히 쉽게 분해됩니다). 큰 토크를 견딜 수 있게 하려면 스터드가 있는 브릭으로 조립한 후 구조에 핀과 다른 부품을 이용해 보강하는 것이 좋습니다. 스터드가 없는 빔은 그림 3-4에서와 같이, 스터드가 있는 브릭보다 공간 활용성 면에서 좀 더 효율적입니다.

스터드가 노출된 구조의 강화

여러분이 원하는 모형을 강화하기 위해서는 모형에 몇 가지 부품을 추가해야 합니다. 테크닉 브릭은 기본적으로 플레이트 등의 다른 부품과 수직 결합이 됩니다. 테크닉 브릭 사이에 플레이트 두 장을 끼울 경우, 위와 아래의 테크닉 브릭에 뚫린 핀 구멍의 간격은 세 개만큼의 거리로 맞추어지며, 여기에 핀을 장착하고 세로로 보강을 위한 다른 테크닉 브릭을 결합시킬 수 있습니다(그림 3-5 참

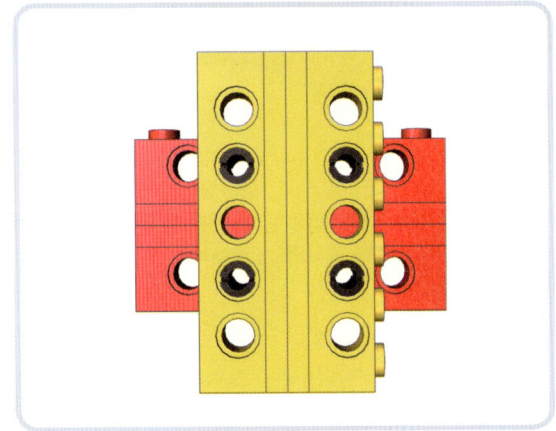

■ **그림 3-5** 브릭과 브릭 사이에 두 장의 플레이트가 삽입되는 것은 수직으로 결합되는 구조의 기본입니다. 추가되는 플레이트는 위와 아래의 핀 구멍 사이를 정확히 1스터드 간격으로 유지시켜 줍니다.

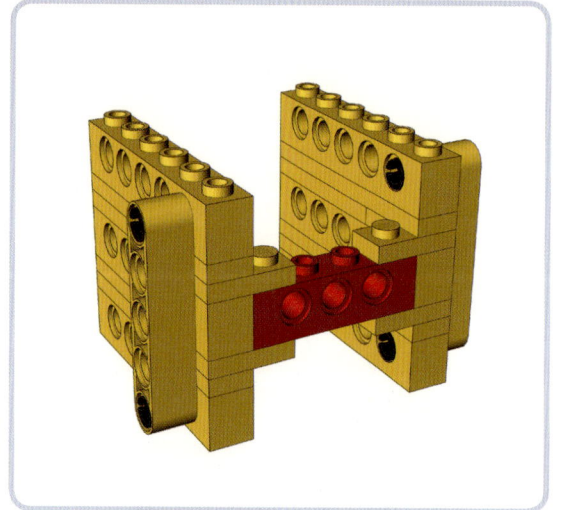

■ 그림 3-6 빨간색 테크닉 브릭은 직접적으로 보강되지 않았지만, 세로로 보강된 좌우의 노란색 부분에서 돌출된 ㄱ자형 플레이트에 물려 있기 때문에 튼튼한 결합 상태가 유지됩니다.

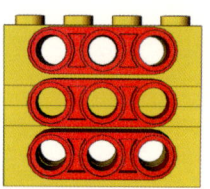

■ 그림 3-8 겹쳐진 두 종류의 브릭을 보면, 노란색은 브릭과 플레이트를 결합한 스터드가 있는 구조로, 단지 여섯 개의 구멍만이 뚫려 있기 때문에 빨간색의 빔으로 된 스터드가 없는 구조의 아홉 개 구멍에 비해 더 적은 핀 구멍을 갖고 있으며, 심지어 공간도 더 많이 차지함을 볼 수 있습니다.

일반적으로 스터드가 있는 구조물은 스터드가 없는 구조물에 비해 좀 더 크고 무거우나, 내부 구조는 덜 복잡합니다. 스터드가 있는 구조는 상하 결합의 특성 때문에 상당히 많은 부분에 수직 보강을 필요로 하지만, 그 결과로 내구성은 높아집니다. 하지만, 다른 브릭과 결합하기 위해서는 스터드의 방향이 중요한 요소가 되기 때문에 조립 시 보강할 브릭의 방향을 고려해야 합니다.

더불어 스터드가 있는 구조는 수직 요소들과 잘 맞지 않습니다. 예를 들어, 스터드가 있는 구조에서 축이 수직이면 단단히 고정시키기가 쉽지 않습니다.

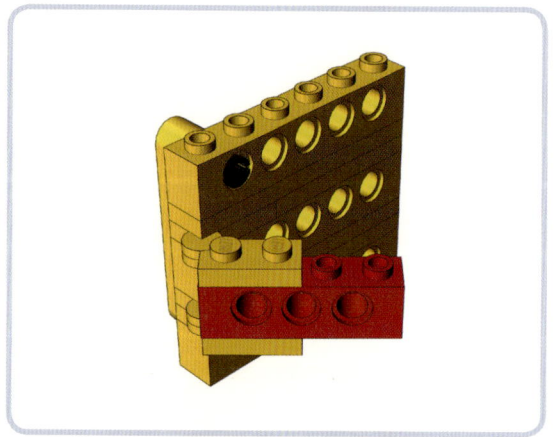

■ 그림 3-7 3-6과 비슷한 구조입니다. ㄱ자형 플레이트 대신 힌지hinge 플레이트를 이용한 경첩 구조로 빨간색 테크닉 브릭은 여전히 튼튼한 결합 상태가 유지되며 각도도 자유롭게 설정할 수 있습니다.

브릭 사이의 간격을 맞추기 위해 플레이트를 삽입하는 기법은 단점이 있습니다. 같은 크기라면 그림 3-8에서 보는 것과 같이 핀 구멍의 숫자가 더 적어지게 됩니다. 이렇듯 스터드가 노출된 구조는 더 적은 축 구멍을 갖게 되며, 더 많은 핀 구멍을 갖기 위해서는 다른 부품을 추가해야 합니다.

스터드가 노출된 것의 장점

일반적으로 스터드가 노출된 구조물은 아래와 같은 장점이 있습니다.

- 수평으로 결합하기 쉽다.
- 테크닉 브릭이 아닌 일반 브릭과 결합이 쉽다. 결과적으로 다양한 부품을 적용해 외형 디자인을 보다 창의적으로 표현할 수 있다.
- 브릭을 수평으로 쌓아서 결합하는 것만으로도 매우 견고한 내구성을 확보할 수 있다.
- 플레이트를 적절히 활용한다면 여러 가지 다양한 각도

를 만들어낼 수 있다.

- 단단한 결합 구조를 만들기 위해서는 브릭의 방향을 맞추어 조립해야 한다.

스터드가 노출된 것의 단점

일반적으로, 스터드가 노출된 구조물은 아래와 같은 단점이 있습니다.

- 구조물에 큰 토크가 가해질 경우 수직으로 결합 면이 분리되기 때문에 이를 막기 위한 보강이 필요하다.
- 구조물의 크기가 커질수록 면적당 핀 구멍의 개수는 더 적어지게 된다. 🧱 세로 보강 때문입니다.
- 단순하게 조립할 경우, 구조물은 대칭형 구조를 갖지 않는다.
- 최근의 특수 부품들, 이를테면 모터나 액추에이터와 같은 부품이 연결되기에 최적의 구조가 아니다. 🧱 그렇다고 사용이 불가능한 것은 아닙니다.
- 수직 요소, 이를테면 축이나 기어와 잘 맞지 않는다.
- 스터드가 없는 구조에 비해 상대적으로 크고 무겁다.

스터드가 없는 조립

스터드가 없는 스타일은 빔과 여기에 연결되는 핀으로 구성되며 다양한 특수 커넥터를 활용하게 됩니다. 브릭이 위아래가 비대칭인 것과 달리, 빔은 대칭이기 때문에 그림 3-9와 같이 전 방향에서 대칭되는 입방체 구조를 만들기에 적합합니다. 대부분의 경우, 빔은 일반적인 테크닉 핀을 이용해 결합하지만, 일부 특수한 커넥터류는 그림 3-10과 같이 핀과 다른 부품이 결합된 형태로 제작되기도 합니다.

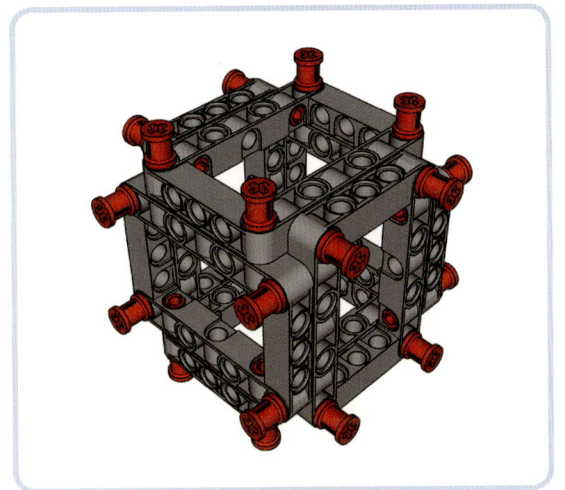

■ **그림 3-9** 핀으로 결합된 이 구조는 명확한 상하 구분이 불가능한 형태로서 마주보는 모든 면이 정확히 대칭입니다. 스터드가 있는 구조에서 사이에 보강되는 플레이트에 의해 일부 구멍이 막히는 것과 달리, 결합을 위해 사용된 구멍을 제외한 모든 구멍이 핀이나 축의 조립에 사용될 수 있습니다.

■ **그림 3-10** 대부분의 스터드가 없는 커넥터들(노란색)은 핀 구멍이나 축 구멍을 갖고 있습니다. 그러나 일부(빨간색)는 핀이 돌출된 형태로 제작됩니다.

스터드가 없는 구조의 강화

브릭과 플레이트를 쌓아 결합한 것에 비해 스터드가 없는 빔과 핀을 이용한 결합은 분리하기가 좀 어렵습니다. 그러나 이것이 견고함을 의미하는 것은 아닙니다. 핀의 단면이 원형이기 때문에, 하나의 핀으로 연결된 두 개의 브릭들은 서로 비틀어질 수 있습니다. 마찰력이 있는 핀을 사용하면 이 비틀림을 조금 줄일 수 있지만, 제대로 비틀림을 막고 안정된 결합 상태를 유지하려면 적어도 두 개 이상의 핀을 사용해야 합니다.

그림 3-11은 일반 결합과 보강 결합의 차이를 보여줍니다. 핀을 이용해 결합하는 구조의 장점은 그림 3-12와 같이 조립된 구조 자체가 스스로를 보강하고 있기 때문에 기어에 걸리는 토크로 인한 브릭의 분해를 막을 수 있다는 점입니다. 또한 그림 3-13처럼 일부 스터드가 없는 부품에 만들어진 축 구멍 역시 핀 구멍과 마찬가지로 축을 끼워 단단한 구조를 만드는 데 쓰입니다.

■ 그림 3-12 적층식으로 쌓아올려 만드는 스터드가 있는 구조와 달리, 스터드가 없는 구조는 핀을 이용해 각 요소가 강하게 결합되기 때문에 추가적인 보강이 필요하지 않습니다. 이 프레임의 빨간색 빔과 노란색 빔은 여섯 개의 핀으로 연결되어 큰 토크에도 분해되지 않습니다.

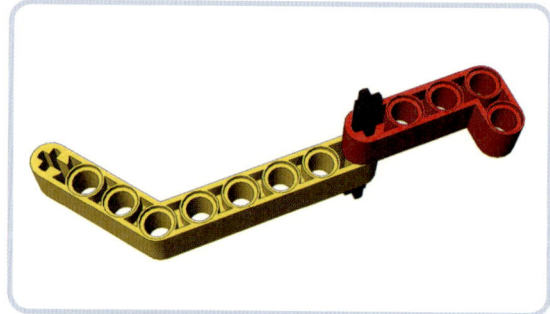

■ 그림 3-13 축 구멍을 가진 스터드가 없는 두 개의 부품이 축으로 고정되었습니다. 원형의 핀과 달리 십자형 축이 축 구멍에 끼워졌기 때문에 이 구조는 하나의 연결점만을 갖지만 힘이 가해지더라도 지금의 연결 각도를 유지할 수 있습니다. 물론 두 개 이상의 핀을 끼운 만큼 튼튼하지는 않겠지요.

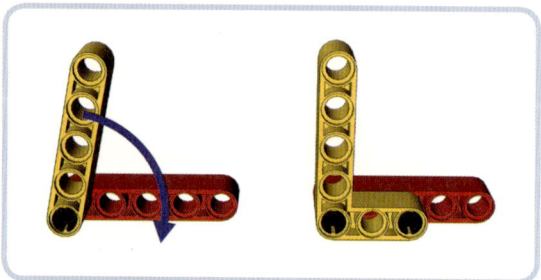

■ 그림 3-11 스터드가 없는 브릭의 일반 결합(왼쪽)과 보강 결합(오른쪽). 한 개의 핀 구멍으로 결합되는 일반 결합의 경우 결합된 핀 구멍을 중심으로 끼워진 노란색 빔이 좌우로 움직일 수 있습니다. 반면 보강 결합을 위해 빔의 두 개 이상의 구멍을 핀으로 결합할 경우 방향은 고정되며 외부에서 힘이 가해지더라도 결합된 방향을 유지합니다.

빔은 브릭보다 작고 가벼우며, 브릭에 비해 탄성이 있습니다. 긴 빔은 브릭에 비해 휘거나 심지어 구부리는 힘에 대해 더 약하기 때문에, 구조물을 크게 만들기 어려워서 내구성을 확보하려면 많은 커넥터 부품을 사용해 복잡하게 연결해야만 합니다. 또 다른 문제점은 높이를 1스터드로 유지한 상태로 아래위에 다른 구조물을 끼우지 않고 빔과 빔 사이를 90도 각도로 연결하는 방법이 한정적이라는 점입니다.

현재의 부품 중에서는 그림 3-14의 좌측과 같은 사각형 5×7 프레임 부품, 혹은 우측의 ㄱ자형 앵글 커넥터 부품을 이용해야만 위아래로 다른 부품을 쓰지 않고 90도 연결을 할 수 있습니다. 이런 이유로 이 두 가지 부품은 스터드가 없는 프레임을 보강하는 용도로 자주 사용되며 매우 유용합니다.

에 점점 더 구조는 비대해지고 비효율적으로 제작될 수 있습니다.

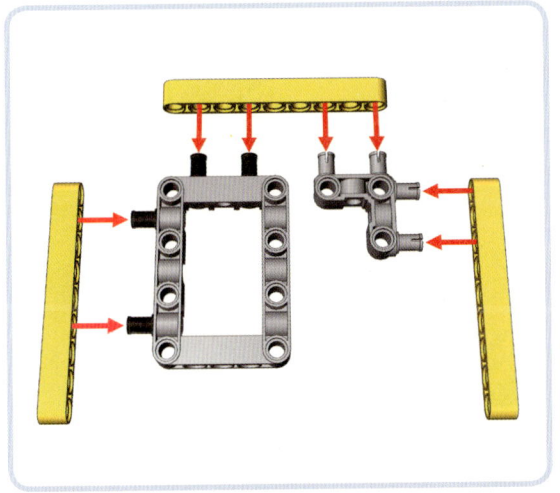

■ 그림 3-14 오직 두 가지 종류의 부품(회색)만이 위아래 추가적인 보강 없이 두 개의 빔을 90도 각도로 튼튼하게 연결할 수 있습니다.

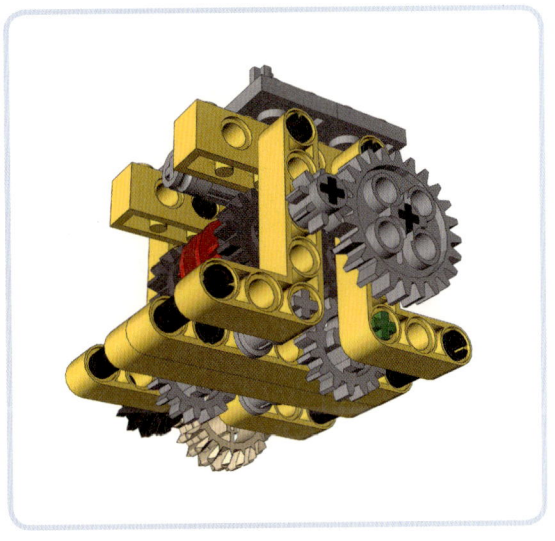

■ 그림 3-15 이 기어박스는 스터드가 없는 부품 위주로 제작되었습니다. 이러한 모듈은 어느 핀 구멍에 축이 들어갈 것인지, 구조를 보강하기 위한 핀은 어느 곳에 삽입할 것인지, 그리고 가장 최선의 모양과 크기를 위한 개선책은 없는지에 대해 주의 깊은 사고를 요구합니다.

핀 구멍과 축 구멍이 공존하는 경우, 스터드가 없는 부품과 커넥터들로 인해 연결된 구조가 비대해질 수 있습니다. 이러한 방식으로 모듈을 만들려 할 경우, 스터드가 없는 부품들의 조립 다양성을 고려해서 사전에 충분한 계획을 세우고 검토해야 합니다(그림 3-15 참조).

축이 연결되는 구조를 제작할 때, 여러분은 어느 곳에 핀을 배치하고, 어느 곳에 회전축을 배치할 것인지에 대해 생각하고 조립해야 합니다. 이러한 복잡성 때문에 스터드가 없는 구조로 모듈을 만드는 것은 조금 더 어렵습니다. 체스에서 인기 있는 속담을 빌어 이야기하자면, "창작가는 몇 수 앞을 볼 수 있어야 합니다."

👤 지금 끼우는 부품이 나중에 조립될 구조에 어떻게 영향을 미치는지에 대해 파악해야 한다는 뜻입니다. 비슷한 속담으로 '호미로 막을 것을 가래로 막는다'라는 속담도 적용할 수 있겠지요. 처음에 충분히 고민하고 조립하지 않는다면 뒤로 갈수록 앞부분의 잘못된 조립 때문

스터드가 없는 구조를 주로 제작하게 되면 보다 조밀하고 튼튼한 구조를 익힐 수 있습니다. 이런 이유로 스터드가 없는 창작품은 일반적으로 스터드가 노출된 창작품보다 가벼우면서도 더 많은 기능을 보유할 수 있습니다. 비록 뼈대가 노출된, 혹은 텅 빈 느낌의 몸체가 될 수 있지만, 👤 스터드가 있는 구조는 플레이트 및 일반 브릭을 결합해 외관을 묘사하기 쉽지만 스터드가 없는 구조는 바로 일반 브릭을 결합하기 어렵다는 의미입니다. 스터드가 없는 부품만 사용하면서도 이와 같은 문제를 해결할 수 있습니다. (그림 3-16의 포드 GT-40 모델이 그러합니다.)

여러분은 패널을 사용하거나 휘는 축 등의 부품을 이용할 수 있으며, 내부는 스터드가 없는 구조로 제작하고 스터드가 있는 몸체로 외부를 장식할 수도 있습니다. 이 장의 뒷부분에서는 이와 같은 다양한 아이디어들을 살펴볼 것입니다.

■그림 3-16 포드 GT-40 모델은 스터드가 없는 구조로 완성되었습니다. 원 모델의 유선형 라인을 재현하기 위해 빔, 패널, 연질 축 등의 부품을 사용했습니다. 브릭만으로는 불가능한 외형은 스터드가 없는 부품으로 만들 수 있지만 몇 가지 사항을 감수해야 합니다. 이 모델의 경우, 전면 후드 부분은 스터드가 있는 부품으론 묘사가 어려워 곡선을 지닌 패널 부품을 사용하여 엇비슷하게 표현하였지만, 불가피하게 부품 사이의 단차(높이에서 생기는 차이)가 발생했습니다.

스터드가 없는 것의 장점

일반적으로, 스터드가 없는 구조물은 아래와 같은 장점이 있습니다.

- 삼차원적으로 어느 방향에서나 부품 결합이 쉽습니다.
- 최근의 특수 부품들, 이를테면 모터나 액추에이터와 같은 부품과 연결하기에 최적의 구조입니다.
- 핀 구멍이 더 많기 때문에 보다 밀도 높은 구동부를 만들 수 있습니다. 🧑 스터드가 있는 구조의 경우 플레이트가 끼워지는 위치의 핀 구멍은 사용하기 어렵습니다.
- 추가 보강을 해야 하는 부분이 적습니다(2개 이상의 핀 구멍을 이용해 고정식 연결을 할 경우).
- 스터드가 있는 구조에 비해 상대적으로 작고 가볍습니다.

스터드가 없는 것의 단점

일반적으로 스터드가 없는 구조물은 아래와 같은 단점이 있습니다.

- 상대적으로 덜 튼튼합니다. 스터드가 없는 구조는 커질수록 브릭 위주의 스터드가 있는 구조보다 복잡한

보강을 요구합니다.

- 테크닉 부품이 아닌 일반 레고 부품(스터드에 결합되는) 과의 결합이 어렵습니다.
- 튼튼하게 만들기 위해서는 적어도 두 개 이상의 핀 연결을 요구하며, 복잡한 구조물을 강하게 만들기 위해서는 추가적인 특수한 커넥터가 필요할 수 있습니다.
- 브릭 위주의 구조에 비해 미관이 떨어질 수 있습니다.

두 가지 스타일의 혼용

멋진 외관과 복잡한 기능을 가진 창작품을 만들기 위해서는, 이 두 가지 스타일을 잘 조화시킬 수 있어야 합니다.

차량 모델의 경우, 새시(차대)와 바디(외관)는 독립적인 경우가 많기 때문에, 우리는 이를 활용해 두 가지 부분을 다른 방식으로 제작할 수 있습니다. 예를 들어, 스터드가 있는 새시와 스터드가 없는 바디는 튼튼하고 가벼울 것입니다.

이런 이유로 큰 스케일의 창작품에서 무게가 증가하는 것이 문제되는 경우 이런 조합을 자주 볼 수 있습니다. 반대로 스터드가 없는 새시와 스터드가 있는 바디의 조합은 많은 기능을 내재하고도 조밀하여 보기 좋은 결과를 만들어낼 수도 있습니다.

테크닉 세트에서의 활용 예

스터드가 없는 빔이 출시되기 이전인 초창기의 레고 세트는 스터드가 노출된 형태로 설계되었습니다. 하지만 스터드가 없는 빔이 출시된 이후로부터는 기성품에서도 두 가지 스타일이 독창적으로 혼합된 제품들이 등장합니다. 그림 3-17부터 3-27까지의 다양한 형태로 제작된 실제 출시제품의 모습을 통해 여러분의 작품에 영감을 얻어 보시기 바랍니다.

■ 그림 3-17 1990년 출시된 8850 '테크닉 지프차'는 스터드 노출 기법만으로 제작된 전형적인 테크닉 제품입니다. 지프의 각진 실루엣이 아주 잘 살아나 있지만 한편으로는 일관되지 않게 여러 방향으로 끼워진 브릭들이 조금 어지러워 보이기도 합니다.

■ 그림 3-18 1996년 출시된 8480 '화이버옵틱 우주왕복선'은 경첩 역할을 하는 힌지 플레이트를 적용해 복잡한 날개의 유선형 곡선을 묘사했습니다. 스터드가 없는 빔 계열 부품이 일부 적용되었지만 아직 그 비율은 브릭에 비해 적습니다.

■ 그림 3-19 1999년 출시된 8448 '슈퍼 스트리트 센세이션Super Street Sensation'은 스터드가 노출된 섀시와 스터드가 없는 부품을 이용한 바디가 혼합된 슈퍼카 모델입니다. 당시의 빔 계열 부품들이 조립 기법으로 인해 확보할 수 없었던 차대의 강성을 테크닉 브릭으로 확보하고, 브릭 계열 부품들이 갖는 디테일 한계와 중량 증가를 막기 위해 외장에 테크닉 패널류 부품을 채용한 제품입니다.

■ 그림 3-22 2005년 출시된 8421 '모바일 크레인'은 상당 부분 스터드가 없는 빔이 채용되었습니다. 붐(기중기 팔)의 끝부분이나 운전석, 아우트리거(현외장치, 크레인이 전복되지 않도록 좌우로 뻗는 발) 등의 부분은 빔을 사용했으나 큰 하중이 걸리는 주요 부분은 브릭과 플레이트의 조합을 이용해 강성을 확보한 것이 눈에 뜨입니다. 🙂 강성 rigidity, 뒤틀림이나 변형에 저항하는 힘을 뜻합니다. 실제 스터드 없는 구조의 초창기 모델들은 자체 하중으로 인해 이 뒤틀림 현상이 심했는데, 스터드가 있는 예전 구조와, 최근의 보강재들이 첨부된 스터드 없는 구조에선 이 뒤틀림 현상이 눈에 띄게 줄어들었습니다.

■ 그림 3-20 2001년 출시된 8466 '4×4 오프로더' 역시 스터드가 노출된 섀시와 스터드가 없는 부품을 이용한 바디가 혼용된 제품입니다. 4륜구동을 재현하기 위한 중앙 차동기어와 대형 서스펜션의 채용 등으로 아직까지 차대의 설계는 스터드가 노출된 브릭 기반의 설계를 따르고 있지만, 그 외의 외형적인 부분은 상당수 스터드가 없는 빔 계열 부품으로 변화되었습니다.

■ 그림 3-23 2006년 출시된 8258 '크레인 트럭'은 중하중의 대형 차량에 스터드가 없는 빔을 효율적으로 적용한 사례 중 하나입니다. 🙂 이전까지의 빔 기반 차량들은 횡으로만 결합된 빔의 특성상 눌리는 힘에 의해 빔의 연결 부위가 휘는 약점이 있었으나, 8258에서는 프레임용 특수 부품과 각종 신형 연결용 부품의 채용으로 이와 같은 문제점을 많이 개선했습니다. 흥미로운 점은 번호판 부품을 표현하기 위해, 스터드가 있는 테크닉 브릭을 앞 범퍼 아래에 활용했다는 점입니다(녹색 동그라미 참조).

■ 그림 3-21 2011년 출시된 8070 '슈퍼카'는 종종 8448 제품의 직계 후손으로 이야기되곤 합니다. 🙂 8448과 동시대 슈퍼카들이 채용한 자동차의 특성을 살린 다양한 동작 메커니즘이 상당수 빠지게 되어 일부에서는 '크기만 슈퍼카'라는 이야기도 있습니다. 이제는 바디뿐만 아니라 차대 설계에서도 철저하게 스터드가 없는 빔 위주의 설계를 볼 수 있습니다.

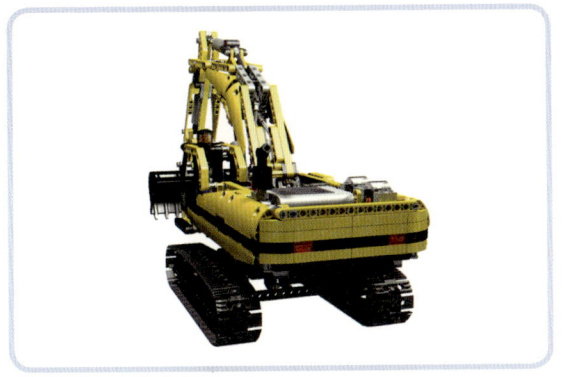

■ 그림 3-24 2010년 출시된 8043 '전동식 굴착기'는 패널을 이용한 사실적인 실루엣을 보여주지만 디자인적 요소를 위해 스터드가 있는 브릭도 일부 사용되었습니다. 모델 뒷면의 램프를 위해 쓰인 스터드가 있는 부품은 매끈한 패널과의 이질감을 없애기 위해 곡선 슬로프와 타일로 마감해 주었습니다.

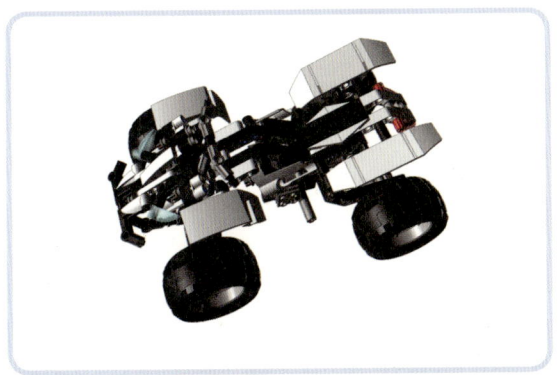

■ 그림 3-25 2009년 출시된 8262 '쿼드 바이크'는 빔의 결합 특성을 가진 독특한 디자인의 패널을 머드가드로 채용했습니다. 이 패널 덕분에 제품은 많지 않은 부품임에도 놀라울 정도로 사실적인 외형을 보여줍니다.

■ 그림 3-26 2009년 출시된 8263 '스노우 그루머Snow Groomer'는 단지 운전석의 디테일을 묘사하기 위해 스터드가 있는 부품을 소량 사용하였습니다.

■ 그림 3-27 2010년 출시된 8048 '버기카'는 스터드가 없는 빔만을 활용해 제작된 차량으로 스터드가 없는 구조의 아주 좋은 사례입니다.

현재의 레고 테크닉 세트들은 스터드가 있는 브릭을 새시와 바디의 미묘한 단차를 해결하기 위한 용도로만 사용하지만, 개인 창작품(MOC)들은 스터드가 있는 브릭을 보다 극적으로 활용하곤 합니다. 여러분도 스터드가 없는 차대를 만들고 그 주변을 고전적인 스터드가 있는 레고 부품을 다수 활용해 멋지게 꾸밀 수 있습니다. 많은 뛰어난 창작가들은 테크닉적인 아름다움 기성품의 스타일인 구동부 재현과 골격 위주, 또는 간단한 패널 부품을 이용해 디테일을 생략한 외부묘사 형태 을 포기하는 대신 자신이 원하는 모양을 재현하는 것을 목표로 다양한 레고 부품을 활용합니다.

이러한 스타일은 흔히 '모델팀 스타일'로 불리는데, 이것은 레고의 단종된 시리즈인 '모델팀'이 바로 이와 같은 기능성과 다양한 브릭을 이용해 외형적인 아름다움을 추구한 대형 차량 모델을 주로 선보였기 때문입니다.

이러한 종류의 테크닉 모델은 조향, 구동, 기어 변속 등이 제대로 '작동'하는 모습을 보여주지만, 기성품 테크닉 모델과 유사하지는 않습니다. 이러한 조립 기법은 중대형급 모델에서 가능하며, 불필요하게 노출된 핀 구멍이나 축, 전선, 모터 등을 눈에 띄지 않게 잘 가리고 테크닉 구조 위에 브릭과 타일 등을 사용하기도 합니다. 실제 자동차처럼 보이기 위해 모터 등을 숨기려 하는 창작품들과 달리, 대부분의 기성품 모델들은 모터나 배터리박스를 억지로 숨기려 하지 않습니다.

그림 3-28과 3-30은 모델팀 스타일의 (스터드가 있는 부품을 이용해 외형을 꾸미는 형태의) 접근 방법을 보여주는 반면, 그림 3-31은 이와 반대로 스터드가 없는 부품과 패널, 그리고 연질 축 등의 부품을 주로 사용했습니다.

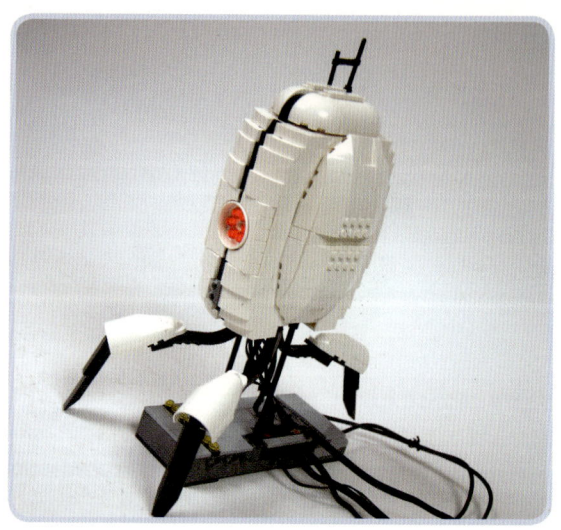

■ 그림 3-30 게임 '포탈Portal'에서의 센트리 포탑 모델은 달걀형의 몸체를 만들기 위해 복잡한 조립 기법이 사용되었습니다. 몸체는 다섯 개의 스터드가 있는 모듈로 분리되며(전면, 후면, 좌측, 우측, 그리고 윗면) 이 각각의 외부 모듈은 스터드가 없는 부품으로 만들어진 골격에 부착됩니다. 몸체의 외부로는 스터드가 없는 부품이 전혀 노출되지 않습니다.

■ 그림 3-28 필자가 제작한 험비 모델은 브릭과 빔이 혼용된 섀시 위에 브릭 위주의 바디를 올린 작품입니다. 섀시의 중심이 되는 부분은 스터드가 있는 브릭 계열을 사용했지만, 섀시의 소형화가 매우 중요했던 바퀴 사이의 프레임 부분은 스터드가 없는 빔을 사용했습니다. 이렇게 제작된 결과물은 충분한 기능을 갖추면서도 작은 크기를 확보할 수 있었습니다. 반면 매우 무거워졌지요.

■ 그림 3-31 필자의 작품인 포드 GT-40 모델은 스터드가 있는 부품을 오직 조종석의 내부 디테일을 묘사하기 위한 일부분에만 사용했습니다. 스터드가 없는 부품 위주의 이 몸체는 특정 부분의 내구성은 떨어지지만, 50cm라는 거대한 크기에도 불구하고 무게는 단지 2.35kg밖에 되지 않습니다. 이러한 크기 대 무게 비율은 모델팀 스타일과 비교됩니다.

■ 그림 3-29 필자의 RG-35 4×4 MRAP 차량(무장병력 수송 장갑차)은 빔만을 이용한 차대와 브릭과 플레이트만을 이용한 스터드가 있는 바디를 결합한 작품입니다. 실제 차량은 매우 조밀한 느낌이었지만, 외형을 재현하기 위해 많은 부품을 쓴 까닭에 차체의 밀도가 높아져 상대적으로 무거워졌습니다.

브릭과 빔을 연결하는 방법

이제 여러분은 스터드가 있는 부품과 없는 부품을 혼용하는 개념과 이유에 대해 충분히 공감했으리라 생각합니다. 이제는 이 두 가지를 연결하는 실제적인 기법을 살펴보겠습니다. 그림 3-32에서와 같이 핀을 이용해 핀 구멍과 핀 구멍 사이를 연결하는 방법 외에도, 핀 구멍에 삽입되어 마치 스터드처럼 작용하는 1/2 핀을 이용하는 활용법도 있습니다(그림 3-33과 3-34).

일부 연결은 그림 3-35에서와 같이 스터드의 전체 수와 길이가 어긋나는 형태로 조립되기 때문에 잘못된 연결이라 할 수 있습니다. 튼튼하게 조립되더라도 끝부분에서 1스터드만큼 부족하기 때문에 끝부분을 마무리하기가 어려워질 것입니다.

👦 다양한 변종 결합 기법을 선보이는 레고 기성품에서도 핀 구멍에 스터드를 삽입하는 형태의 결합은 사용하지 않고 있습니다. 실제로 결합해 보면 일반적인 브릭의 결합보다 더 빽빽하고 끼우기 어려운 느낌을 받게 됩니다.

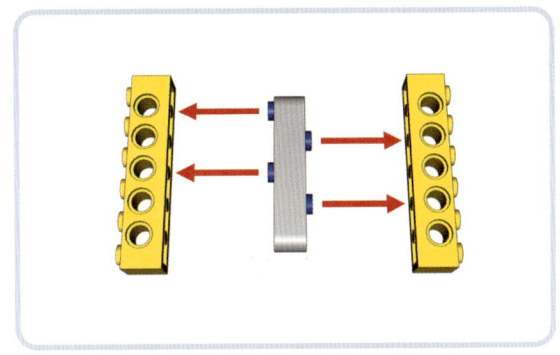

■ **그림 3-34** 스터드가 없는 빔을 사용하더라도 핀을 적절히 활용하면 핀이 끼워진 머리 방향으로 브릭을 결합할 수 있기 때문에, 여러 방향으로 복잡한 제작이 가능하게 됩니다.

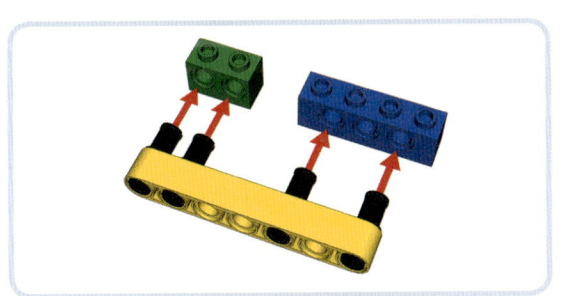

■ **그림 3-32** 빔과 테크닉 브릭은 핀을 이용해 손쉽게 연결할 수 있습니다. 스터드 아래에 구멍이 난 테크닉 브릭(녹색) 혹은 스터드 사이에 구멍이 난 테크닉 브릭(파란색)을 임의로 선택할 수 있으며, 각각 스터드가 정렬되는 위치가 다릅니다.

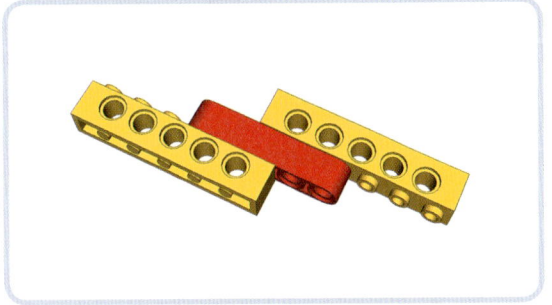

■ **그림 3-35** 빔의 구멍에 브릭의 스터드를 삽입할 수도 있습니다. 일견 튼튼해 보이는 방식처럼 보이나 좋지 않은 방법이라 할 수 있습니다. 브릭의 핀 구멍 사이의 간격이 스터드의 전체 개수와 동일하지 않기 때문입니다. 이것은 레고 단위로 보았을 때 브릭의 위치가 맞지 않음을 의미합니다.

전기와 관련된 부품들은 스터드가 있는 구조 또는 스터드가 없는 구조 중 하나에 맞게 설계되었기 때문에, 혼합형 차체에 부착하는 것은 쉽지 않은 과제입니다. 여러분은 자신의 모델과 일치하지 않을 수도 있는 이러한 요소들, 즉 파워펑션 적외선 수신기(그림 3-36), 중형 모터(그림 3-37), 그리고 스위치(그림 3-38)와 같은 부품들이 어떻게 자신의 모델과 결합될지 창의적으로 생각해야 합니다. 파워펑션 시스템에 대한 자세한 내용은 13장에서 다루게 될 것입니다.

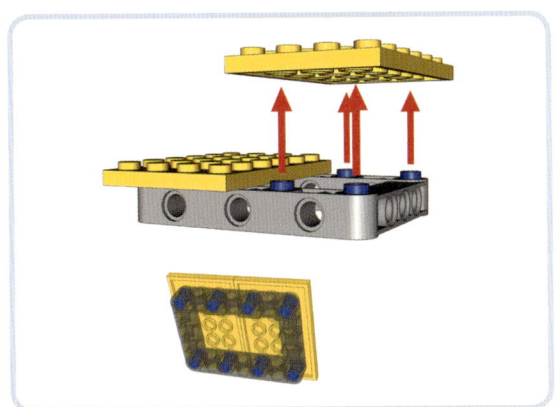

■ **그림 3-33** 1/2 핀의 경우 긴 쪽이 핀 구멍에 삽입되면 돌출된 머리는 스터드와 같은 용도로 쓸 수 있습니다. 이를 이용해 테크닉 브릭의 옆면 혹은 빔의 옆면에 다른 브릭을 결합할 수 있으며, 원하는 방향으로 스터드를 정렬시킬 수도 있습니다.

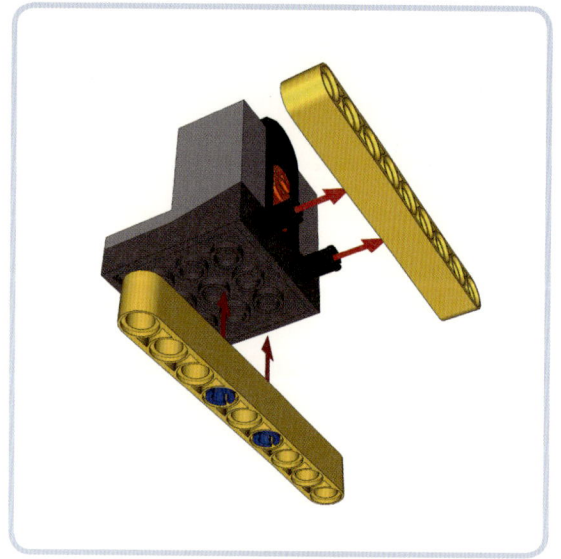

■ 그림 3-36 파워펑션 적외선 수신기와 같은 부품은 플레이트 형태의 밑판을 갖고 있기 때문에, 일반적인 스터드 돌출형 구조에 손쉽게 결합이 가능합니다. 스터드가 없는 빔 구조물에 이와 같은 부품을 부착하기 위해 테크닉 연결핀을 이용해 빔의 구멍에 결합하거나, 혹은 1/2 핀을 이용해 스터드를 만들어 그곳에 결합할 수도 있습니다.

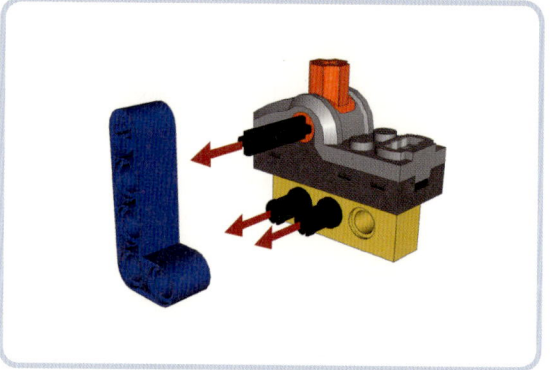

■ 그림 3-38 스터드가 없는 빔 부품은 간혹 보강용으로 쓰이기도 합니다. 스터드 결합형 플레이트 밑판을 가진 파워펑션 전원스위치는 파란색 빔을 이용해 더욱 견고하게 고정시킬 수 있습니다.

홀수와 짝수

마지막 문제는 두 가지 스타일의 폭을 일치시키는 것입니다. 스터드가 있는 구조는 2, 4, 6스터드와 같은 짝수 간격을 기본으로 설계되었습니다. 스터드가 없는 구조는 반대로 3, 5, 7스터드와 같은 홀수 간격을 기본으로 설계되었습니다.

🙂 물론 스터드가 있는 부품에서도 1스터드 및 3스터드의 홀수 부품들이 존재하며, 반대로 스터드가 없는 부품도 2스터드나 4스터드의 짝수 부품이 존재하기는 합니다. 하지만 기본적으로 스터드가 있는 브릭은 짝수가 많고, 스터드가 없는 빔은 홀수가 많은 편입니다.

이것은 두 가지 스타일을 결합하려 할 때 문제를 발생시킵니다. 예를 들면, 스터드가 없는 새시는 대부분의 경우 홀수 폭을 갖게 될 것이고, 스터드가 있는 바디는 반대로 짝수 폭으로 만들기가 훨씬 쉽습니다. 길이와 높이를 맞추는 것은 어렵지 않지만, 폭은 대부분의 차량이 좌우가 대칭이기 때문에 중앙으로 정렬해서 맞추어야 합니다.

길이나 높이 방향으로 1스터드 차이가 난다면 이는 위로, 혹은 뒤로 브릭을 추가해 맞출 수 있겠지만, 바디가 새시의 중심을 기준으로 좌측 혹은 우측으로 1스터드 옮겨 조립된다는 것은 정상적이지 않기 때문에, 이를 위해서는 바디 또는 새시의 중심 폭을 바꾸어야 합니다.

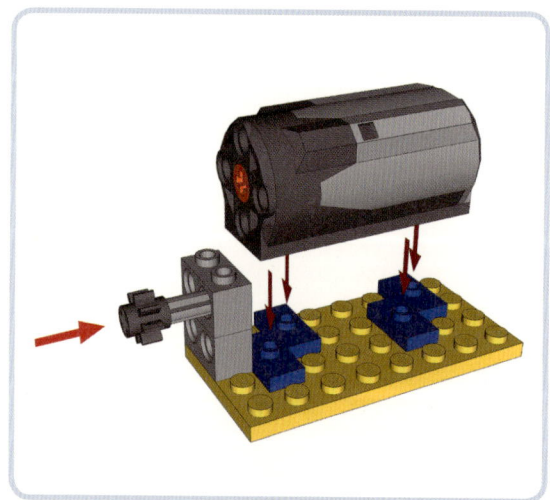

■ 그림 3-37 점퍼 플레이트(파란색)는 그림에서와 같이 특정 부품을 반 스터드 정도 밀어서 조립할 수 있기 때문에 핀 구멍의 정렬(그림에서는 파워펑션 M 모터의 주황색 구동축과 회색 테크닉 브릭의 기어축의 정렬)에 쓸 수 있습니다.

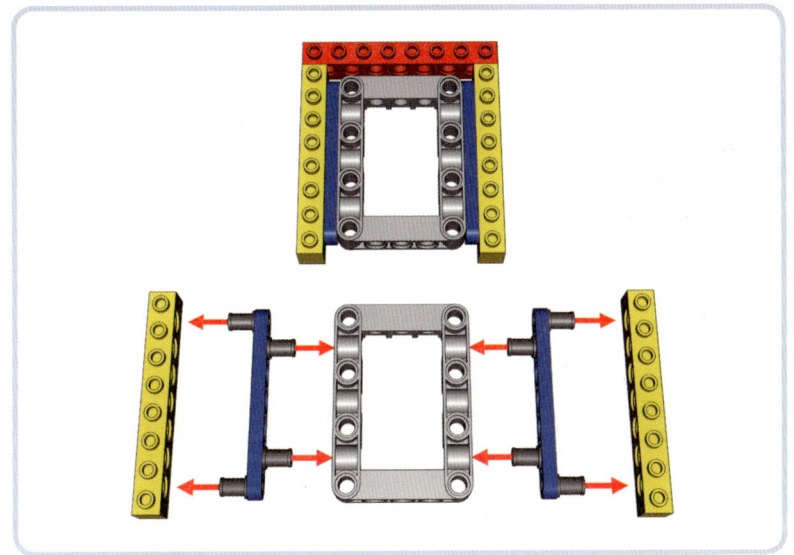

■ **그림 3-39** 1/2폭의 빔(파란색)과 3/4 핀(진회색)은 짝수 기반의 브릭 부품과 홀수 기반의 빔 부품 사이의 여백을 메우기 위한 적절한 조합입니다. 이를 이용해 홀수 폭의 빔을 짝수 폭의 브릭에 견고하게 결합할 수 있습니다.

반 스터드 두께의 리프트암(그림 3-39의 파란색) 한 쌍이 이 문제의 해결에 도움을 줄 수 있습니다. 중심을 기준으로 좌우로 0.5스터드만큼의 단차가 생기는 것이 문제이므로, 이 0.5스터드 두께의 부품과, 이러한 간격 문제를 해결하기 위한 또 다른 부품(그림 3-40부터 3-43까지)을 이용할 수 있습니다.

■ **그림 3-40** 브릭과 빔의 홀수/짝수 연결에 사용할 수 있는, 특수한 스터드가 없는 세 가지 유형의 커넥터입니다.

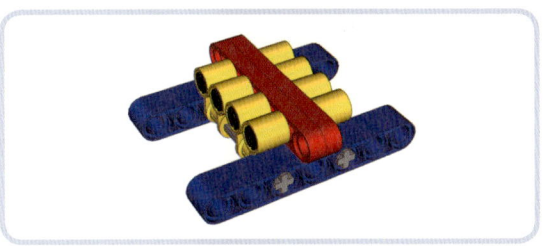

■ **그림 3-42** 커넥터(노란색)를 이용해 6스터드 길이의 부품(빨간색)을 5스터드 폭의 구조물(파란색)에 결합한 모습입니다(빨간색 빔은 파란색 빔 바깥으로 0.5 스터드만큼 돌출됨).

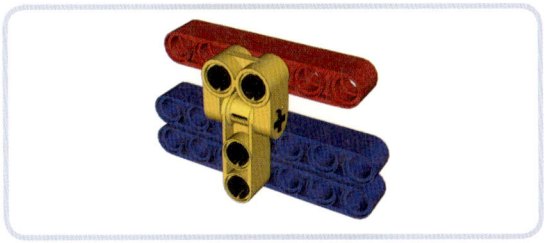

■ **그림 3-43** 이와 같은 커넥터들은 혼용해서 쓸 수도 있습니다. 두 개의 커넥터(노란색)를 이용해 7스터드 길이의 부품(파란색)과 6스터드 길이의 부품(빨간색)을 중앙에 정렬시켰습니다.

■ **그림 3-41** 커넥터(노란색)를 이용해 6스터드 길이의 부품(빨간색)을 1스터드 폭의 구조물(파란색)에 결합한 모습입니다(빨간색 빔은 파란색 빔 바깥으로 2.5 스터드만큼 돌출됨).

■ 그림 3-44 8436 '트럭' 세트는 스터드가 없는 빔 기반의 섀시를 사용하지만 기어는 4스터드 폭의 구형 차동기어를 사용합니다. 이 제품은 홀수 부품(빔)과 짝수 부품의 결합방식을 보여주는 좋은 예입니다. 이 제품에서는 반 스터드 조정용의 다양한 커넥터 부품을 사용해 가볍지만 매우 튼튼한 구조를 만들었습니다.

레고 테크닉 제품을 경험하게 되었을 때 여러분은 기존의 레고 조립 기법과 다른 생소함을 느꼈을 것입니다. 이러한 생소함을 극복하기 위한 가장 좋은 방법은 레고 테크닉 기성품을 충분히 즐겨 보는 것입니다. 만약 이것이 여의치 않더라도 두려워하지 말고 조립을 시도해 보세요. 잘못되는 것은 아무것도 없습니다. 여러분이 창작을 즐기게 된다면, 분명 그 속에서 혁신적인 무언가가 나올 것입니다.

4
축, 부시 그리고 조인트
axles, bushes, and joints

우리는 이미 기본적인 레고 테크닉 부품의 대부분을 살펴보았습니다. 이번 장에서는 또 다른 중요한 부품인 축, 부시 그리고 유니버설 조인트를 살펴볼 것입니다. 이 부품들은 구동계의 구성요소로 활용할 수 있지만, 필요에 따라 구조를 만드는 경우에도 활용할 수 있습니다. 이제 각각의 부품을 살펴보겠습니다.

축

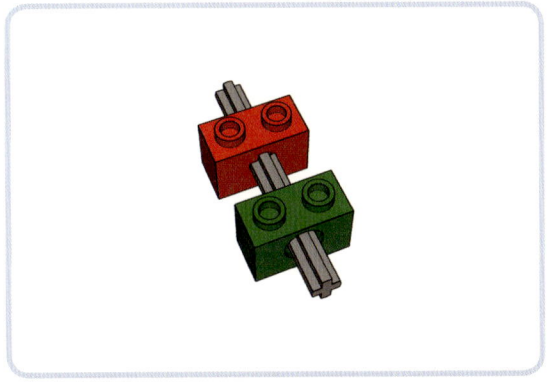

■ 그림 4-1 테크닉 축은 두 가지 종류의 구멍에 끼울 수 있습니다. 빨간색 브릭은 축 구멍이 뚫려 있고 축을 고정할 수 있습니다. 녹색 브릭은 핀 구멍이 뚫려 있고 축이 회전할 수 있습니다

축은 레고 테크닉에서 가장 기본적이고 중요한 요소 중 하나입니다. 축은 단면이 십자 형태로, 끼워지게 될 상대 부품이 핀 구멍인지 혹은 축 구멍인지에 따라 서로 다른 형태로 움직입니다. 그림 4-1은 이 두 가지 차이점을 보여줍니다. 끼워질 부품이 핀 구멍을 갖고 있다면 축은 이 안에서 회전할 수 있으며, 길이 방향으로 움직일 수도 있습니다. 끼워질 부품이 축 구멍이라면 축은 회전 시 자기 자신과 함께 이 부품도 회전시키게 되며 길이 방향으로는 마찰력에 의해 약간 뻑뻑한 상태를 유지합니다.

🧑 손으로 빼기엔 어렵지 않으나 스스로 축 구멍에서 빠지지는 않는 수준입니다. 브릭과 브릭의 상하 결합보다는 조금 더 뻑뻑합니다.

축은 주로 두 가지 용도 즉, 동력 전달과 고정용으로 사용됩니다. 첫 번째 용도는 축 자체가 브릭의 핀 구멍에 회전할 수 있는 상태로 끼워지고, 축의 끝은 모터나 기어 혹은 다른 구동 부품에 연결되어 한 곳에서 다른 곳으로의 회전 운동을 전달하는 것입니다.

두 번째 용도인 고정은 축 구멍을 가진 부품에 끼워지는 못과 같은 용도입니다. 그림 4-2에서와 같이, 축은 자신이 관통하고 있는 부품들을 회전시키는 용도가 아닌 현재의 각도로 고정되도록 잡아주는 역할을 합니다.

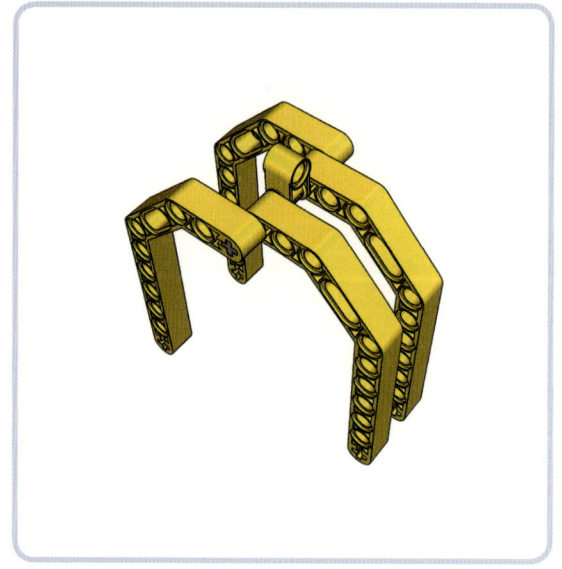

■그림 4-2 그림의 부품들은 원형 구멍과 십자형 축 구멍이 있으며 5스터드 길이의 축을 십자형 축 구멍에 관통시켜 다섯 개의 부품을 고정했습니다. 십자형 축 구멍 덕분에 모든 부품들은 현재의 각도를 유지하게 됩니다.

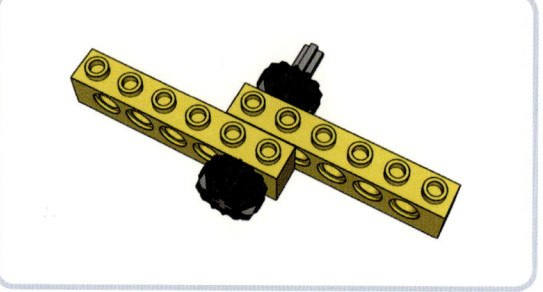

■그림 4-3 5스터드 길이의 축을 두 개의 노란색 테크닉 브릭에 관통시키고 그 양쪽으로 검은색 기어를 끼운 모습입니다. 브릭은 모두 원형 구멍이 뚫려 있기 때문에 축과 여기에 연결된 두 기어는 함께 회전할 수 있으며, 이를 이용해 동력을 전달할 수 있습니다.

필요하다면 앞서 이야기한 두 가지 용도를 함께 활용할 수도 있습니다(축은 다른 부품을 고정하는 역할을 하면서도 회전력을 전달할 수 있습니다). 그림 4-3에서 볼 수 있듯이 이와 같은 조합으로 부품들이 밀착된 상태에서 구동할 경우 마찰이 구조에 스트레스를 줄 수 있으며, 만약 주요 구동 축이라면 이 마찰력이 문제가 될 수도 있습니다. 레고 제품의 조립도에서도 종종 이와 같이 브릭을 관통하는 축의 양 끝에 부품을 끼울 때 지나치게 밀착시켜 끼우지 말 것을 권장하는 내용의 삽화가 포함됩니다.

축은 크게 표준형 축standard, 개량형 축modified, 연질형 축flexible, 이렇게 세 종류로 분류되며, 각각 조금씩 다른 특성을 가집니다.

표준형 축

현재의 테크닉 표준형 축은 12가지 종류입니다. 꾸준히 새로운 부품이 출시되고 있기 때문에 종류는 계속 추가될 것입니다. 초창기의 모든 표준형 축들은 짝수 길이와 검은색이라는 공통점을 가지고 있었으나, 스터드가 없는 홀수 길이의 부품들이 제작되면서 이에 맞추어 표준형 축에도 홀수가 등장하게 되었습니다. 또한 색상도 회색과 빨간색 등 다양한 색이 등장하게 됩니다.

외형적인 모양에 중점을 두는 일반 레고 부품은 색 자체가 부품의 중요 외형 요소 중 하나이기 때문에 다양한 색상이 적용됩니다. 반면 기능적 특성에 중점을 두는 테크닉 부품은 일반 레고 부품에 비해 상대적으로 단조로운 색상 패턴을 보여줍니다. 색상은 주로 유사한 부품을 식별하기 편하도록 배려하는 정도로, 일반 레고 부품에 비해 덜 화려한 편입니다. 다만 '바이오니클'이라는 캐릭터성 제품이 출시되면서 단조로운 색의 테크닉 부품들에 다양한 색상 적용이 시도되기도 했습니다. 물론 일반적인 테크닉 제품에서는 지금도 기능성 부품의 색은 외형 부품에 비해 단조로운 편입니다.

다음은 다양한 길이의 축들과 그 외형적 특징에 대한 설명입니다.

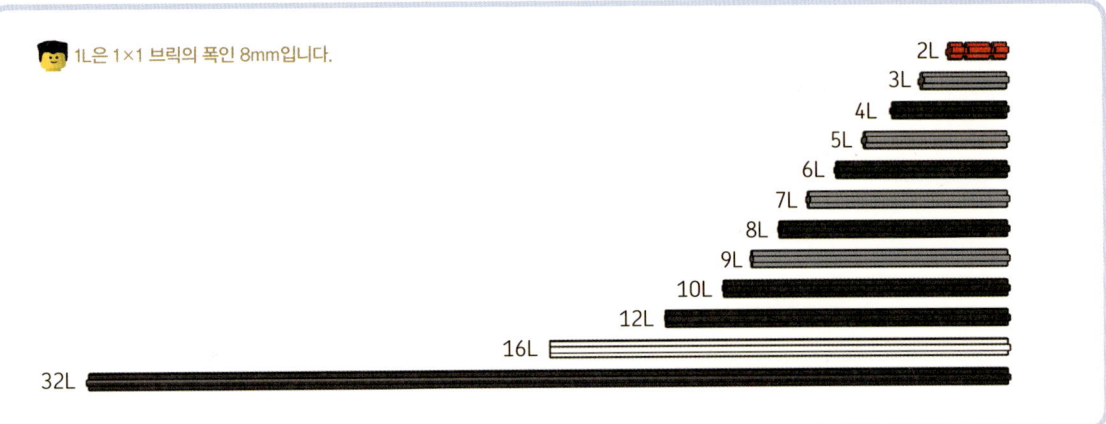

2L	가장 짧은 축. 다른 부품에 끼울 경우 1스터드 길이만이 돌출되어 빼기 어렵기 때문에 뺄 때 손톱을 걸 수 있는 홈이 패어 있음. 아주 옛날에 나온 부품은 이 홈이 없는 것도 있습니다. 예전에는 검은색만 있었으나 지금은 주로 빨간색이 많이 있음.
3L	주로 밝은 회색이나 드물게 검은색과 빨간색도 있음.
4L	주로 검은색, 드물게 다른 색상도 있음.
5L	주로 회색, 드물게 검은색도 있음.
6L	주로 검은색, 드물게 회색이 있으며 그 외 몇 가지 다른 색상이 있음.
7L	주로 밝은 회색.
8L	주로 검은색.
9L	주로 밝은 회색.
10L	주로 검은색, 녹색도 드물게 출시됨.
12L	주로 검은색. 드물게 빨간색과 그 외 몇 가지 다른 색이 출시됨.
16L	흰색만 있음. 다른 축에 비해 소재가 좀 더 무른 편이라 쉽게 구부리거나 휠 수 있다는 차이점이 있음.
32L	주로 검은색, 드물게 노란색도 있음.

개량형 축

개량형 축은 크게 나사threaded축과 머리축으로 나뉠 수 있습니다. 다음 쪽 그림에서 나사축은 4L 길이와 10L 길이의 두 가지 종류이며 검은색으로 1990년경 출시된 제품에서 사용되었습니다. 현재는 사용되지 않습니다. 일반형 축과 같은 십자형 축이지만 외부로 나사산이 패여 있으며, 여기에 맞는 너트 역할의 부시와 짝을 이루어 일반적인 볼트/너트와 같은 나사산을 이용한 고정 용도로 쓸 수 있습니다. 하지만, 나사산 덕분에 내구성이 약해 큰 토크를 전달하는 용도로는 적합하지 않습니다.

심지어 이 부품은 포함된 제품이 단종된 후 다시 출시되지 않아 부품 거래 시장에서 희귀하여 고가에 거래되기 때문에 일반적인 4L/10L 축과 혼동하지 않도록 주의해야 합니다. 짧은 거리이지만 여기에 맞는 너트형 반 부시를 이용하면 볼 스크류와 같은 형태의 활용도 가능합니다.

머리축은 표준형 축과 달리, 한쪽에 머리가 있는 비대칭형 축입니다. 머리가 핀 구멍을 통과할 수 없기 때문에 의도하지 않은 축의 이탈을 방지할 수 있습니다. 이러한 종류의 축은 어두운 황갈색과 진회색 등 표준형 축의 색과 구분되는 색상을 사용합니다.

일반적인 축은 부시 또는 다른 십자형 축 구멍을 가진 부품으로 좌우 끝을 고정하게 되며, 이러한 결합은 당기는 힘에 의해 쉽게 분리될 수 있습니다. 하지만 금형

구멍 안에 위치하기 때문에 구동이나 장착에는 전혀 문제가 없다.

8L 앞서 설명한 4L축과 길이만 다를 뿐 모든 특징이 같다.

자체가 머리를 가진 머리축은 부품 자체가 훼손될 정도의 엄청난 힘이 아니라면 머리의 반대 방향으로 당기는 힘이 가해지더라도 축은 브릭에서 이탈되지 않습니다.

3L 실제 길이는 3스터드보다 조금 더 길다. 축 구멍에 삽입될 경우 돌출되는 머리는 일반 스터드와 같은 크기의 구멍 뚫린 스터드로 이곳에 다른 부품을 결합하는 것도 가능하다.

4L 실제 길이는 정확히 4스터드이며 머리는 핀 구멍의 테두리 홈에 정확히 들어가 돌출되지 않는다.

5.5L 머리 방향으로 1스터드의 축이 나와 있으며, 반대 방향으로는 0.5스터드 길이의 축이 아닌 원통형 부분과 4스터드 길이의 축이 결합되어 4.5스터드 길이인 독특한 형태. 일반적인 머리 핀이 머리 부분에 다른 구동용 부품이 끼워지지 않는 것과 달리, 이 부품은 그림 4-4에서 보이는 것처럼 한쪽으로 기어를 끼우고 다른 쪽으로 바퀴를 끼우는 등의 활용이 가능하다. 중간의 0.5스터드 길이의 축이 아닌 부분은 일반적으로 그림 4-4처럼, 조립될 경우 브릭의 핀

■ 그림 4-4 5.5L 머리축을 이용해 기어와 바퀴를 고정한 모습 이 상태가 차체의 일부라 가정했을 때, 차체 바깥 방향으로 바퀴를 당기면 바퀴는 분리되지만, 축은 분리되지 않으며 당연히 기어도 분리되지 않습니다. 만약 표준형 축이라면 바퀴를 당길 때 바퀴만 분리될 수도 있지만, 바퀴가 축을 물고 분리되면서 내부의 기어가 몸체 안에서 분리되어 혼자 굴러다니는 경우도 발생할 수 있습니다. 즉 일반축으로 결합된 기어는 축이 바깥으로 당겨질 때 내부의 부품이 분리될 수 있지만, 5.5L 머리축은 바깥으로 당겨져도 머리 때문에 축이 분리되지 않아 내부의 기어장치들도 그대로 원래의 상태를 유지할 수 있다는 뜻입니다.

연질형 축

연질형 축 혹은 휘는 축으로 불리는 이 부품은 일반 브릭과 다른 소재로 만들어져 손상없이 유연하게 구부릴 수 있습니다. 전체 두께는 핀 구멍에 들어갈 수 있도록 일반적인 축 두께와 같지만, 기어 등의 다른 요소들을 끼울 수는 없습니다. 각각의 끝은 1스터드 길이의 봉으로 마감되어 있으며 십자형 축 부분과 봉 부분이 연결되는 부분은 테크닉 핀과 비슷한 원기둥형으로 만들어져 있습니다. 대부분의 경우, 연질형 축은 끝의 봉 부분을 1/2 핀에 끼워 테크닉 브릭의 핀 구멍에 고정하게 되며, 봉 부분을

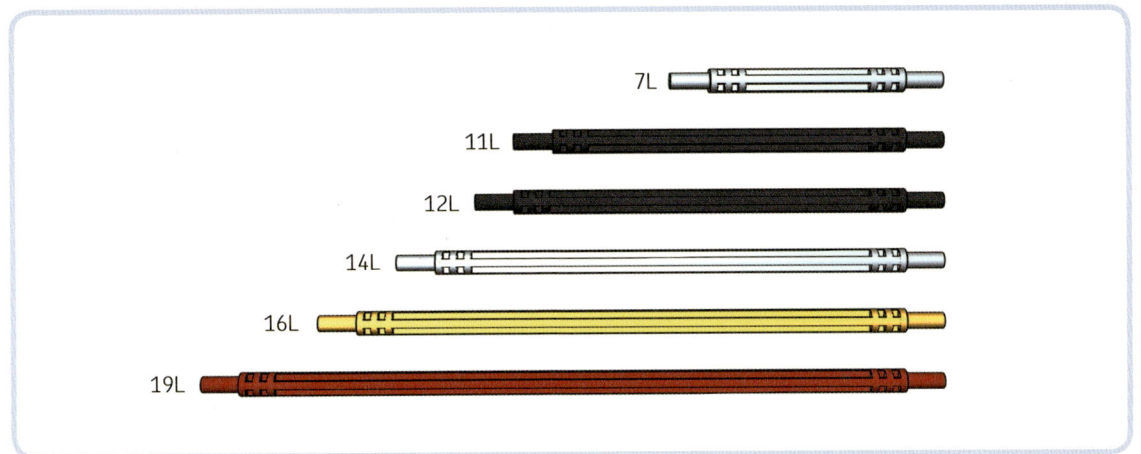

축 구멍의 중앙에 직접 끼울 수도 있습니다. 이 축들은 다양한 색상으로 출시되었으며 길이에 따라 7L, 11L, 12L, 14L, 16L 그리고 19L의 여섯 종류가 쓰이고 있습니다.

연질형 축은 몇 가지 특수한 용도가 있습니다. 다른 부품을 고정하는 용도, 혹은 동력을 전달하는 용도로는 적합하지 않습니다. 또한 연질이라는 특성 때문에 간단한 충격 흡수와 완충 기능을 보여주긴 하지만, 서스펜션과 같은 큰 충격을 흡수하는 용도로 쓰기에도 적합하지 않습니다. 이 부품은 대부분의 경우 다양한 곡선을 만들기 위한 장식적인 요소로 사용됩니다.

이 부품의 유연한 특성은 그림 4-5와 같은 테크닉 슈퍼 카에 포함된 곡선, 이를테면 바퀴 위쪽 흙받이, 앞 유리 주변, 범퍼, 후드 등의 일반적인 레고 부품들을 조합해 묘사하기 어려운 곡선을 표현하는 데 주로 사용됩니다.

■ **그림 4-5** 8070 '슈퍼 카' 제품은 바퀴 주변 흙받이와 앞 범퍼 등의 곡선 묘사를 위해 연질형 축 부품을 사용했습니다.

부시

레고 부시, 혹은 부싱이라 불리는 이 작은 부품은 축에 끼워지는 두 개 이상의 부품 간격을 유지하기 위한 용도 혹은 축을 미끄러지지 않게 한곳에 고정하는 용도로 사용됩니다. 그림 4-6에서는 반 부시(높이가 0.5스터드), 부시(높이가 1스터드), 핀 부시(2스터드 길이의 핀이 부착되어 전체 높이는 3스터드)의 세 가지 부시를 볼 수 있습니다.

■ 그림 4-6 왼쪽부터 반 부시, 부시, 핀 부시

반 부시

반 부시(그림 4-7 참조)는 부시 중 유일하게 파생형 변종 부품이 존재합니다. 이 변종은 톱니 반 부시, 축 구멍이 변형된 톱니 반 부시, 그리고 현재 생산되는 축 구멍이 변형된 일반 반 부시가 있습니다.

■ 그림 4-7 왼쪽부터 톱니 반 부시, 축 구멍이 변형된 톱니 반 부시, 축 구멍이 변형된 현재의 일반 반 부시

톱니 반 부시

반 부시의 첫 번째 변종은 톱니 반 부시입니다. 제일 오래된 부품입니다. 십자형 축 구멍이 뚫리고 한쪽은 매끄러우며 다른 한쪽은 작은 톱니 16개가 구멍 방향으로 돌출되어 있습니다. 테두리는 다른 부시들과 마찬가지로

그림 4-8에서와 같이 고무밴드를 걸 수 있는 도르래 용도의 홈이 패여 있습니다. 도르래에 대한 자세한 내용은 6장을 참고하십시오.

■ 그림 4-8 반 부시는 벨트 휠 부품과 함께 레고 고무줄을 감아 도르래 용도로 활용할 수 있습니다.

톱니 반 부시의 톱니 면은 몇 가지 종류의 다른 레고 부품과 맞물릴 수 있습니다. 우선 자기 자신과 쌍으로 끼워질 수 있으며 그림 4-9와 같이 16톱니 클러치 기어 또는 톱니 축 커넥터와 맞물릴 수 있습니다. 톱니 반 부시가 단종되면서 톱니 축 커넥터도 함께 단종되었으며, 16톱니 클러치 기어 역시 현재는 톱니 부분을 없앤 개량형이 사용되고 있습니다.

주지할 점 중 하나는 톱니 반 부시가 단독으로 이미 0.5스터드의 두께이며 맞물릴 때 톱니 부분이 상대 톱니의 홈 부분에 끼워지기 때문에, 결과적으로 1스터드 길이보다 약 1mm 정도 짧아진다는 점입니다. 이로 인해 톱니 반 부시 두 개를 연결한 경우 유격으로 인해 진동이 발생할 수 있습니다.

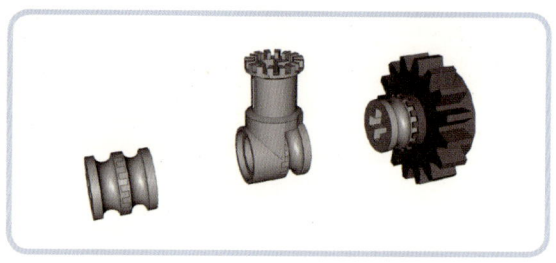

■ 그림 4-9 톱니 반 부시와 연결 가능한 몇 종류의 부품들

톱니 반 부시가 톱니 때문에 다양한 각도로 연결될 수 있다는 점은 이 부품의 유용한 특징입니다. 16개의 작은 톱니 덕분에 이 부품들은 각각 22.5도 단위로 각도를 돌려 결합할 수 있습니다. 이와 같은 특성은 몇 가지 흥미로운 형태로 적용 가능합니다. 이를테면 그림 4-10에서는 두 개의 스위치에 각각 끼워진 축의 가운데로 톱니 반 부시를 끼워, 이를 마치 마찰 클러치와 같은 용도로 두 개의 스위치를 동시에 제어하거나 혹은 하나만 제어하는 형태로 활용하는 것을 볼 수 있습니다.

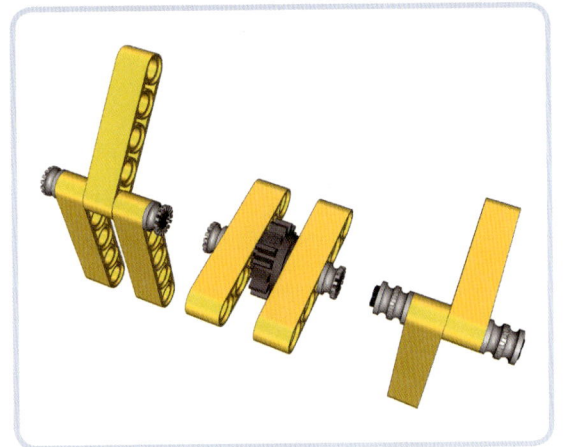

■ 그림 4-11 톱니 반 부시의 몇 가지 활용 예

마지막으로, 톱니 반 부시는 그림 4-12와 같이 베벨 기어의 용도로 사용할 수도 있습니다. 비록 톱니끼리 접촉하기 위해 1/4스터드가량 튀어나온 상태를 유지해야 하며 과부하가 걸릴 경우 쉽게 부품이 손상될 수 있지만 작고 간단한 부분의 동력 전달은 가능합니다.

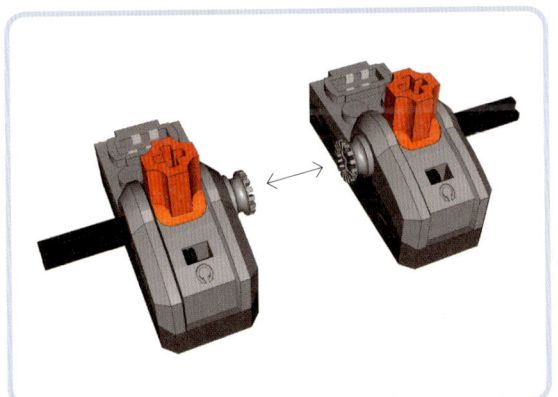

■ 그림 4-10 두 개의 스위치는 축을 중심으로 레버가 동작하기 때문에 톱니 반 부시를 이용해 같은 각도로 연결할 경우 두 개의 스위치가 하나처럼 동시에 켜지고 꺼지게 됩니다. 그러나 만약 하나의 축을 분리해 스위치를 올린 상태로, 즉 어긋난 각도로 다시 결합한다면, 이제는 두 축의 각도가 다르기 때문에 하나의 스위치가 켜질 때 다른 하나의 스위치는 꺼지는 형태의 동작을 보여줍니다. 만약 두 축을 바깥으로 당겨 결합되어 있던 톱니 반 부시를 분리한다면 두 개의 스위치가 독립적으로 작동하게 될 것입니다.

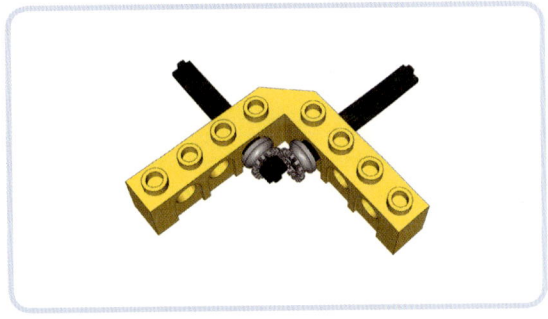

■ 그림 4-12 톱니 반 부시를 베벨 기어의 용도로 활용하는 모습. 톱니끼리 맞물리기 위해 1/4스터드 정도 튀어나오게 했기 때문에 노란색 테크닉 브릭과 회색 톱니 반 부시 사이에 축이 약간 보입니다. 이 방법은 정교하게 맞물려 동작하지만 높은 토크의 전달에는 적합하지 않습니다.

톱니 반 부시는 일반 반 부시에 비해 축을 더 꽉 잡을 수 있기 때문에 단종된 지 오래되었지만 여전히 유용하게 쓸 수 있습니다. 이것은 부하가 크게 걸리는 작품에서 유용합니다. 두 개의 톱니 반 부시는 일반적인 하나의 부시보다 부하가 가해질 때 적게 미끄러지기 때문입니다(그림 4-11 참조).

톱니 반 부시의 단면

톱니 반 부시는 그 이름이 특성을 정확하게 함축하고 있습니다. 이것과 유사한 모양의 다른 반 부시는 일반적인 축 구멍을 가진 것과, 축 구멍을 조금 더 크게 파낸 모양이 있습니다(그림 4-13 참조). 이와 같은 변화는 손힘이 약

4 축, 부시 그리고 조인트 **41**

한 어린이들이 보다 손쉽게 뺄 수 있게 하기 위한 배려입니다. 같은 이유로 창작가들에게는 인기가 덜합니다. 창작가들은 쉽게 분해할 수 있다는 장점보다 구동계통을 꽉 잡지 못하고 움직일 수 있다는 단점을 더 크게 느낍니다. 그 외에도 톱니 반 부시는 내구성에도 문제가 있기 때문에 플라스틱의 소재도 조금 더 강한 것으로 변경되었습니다. 소재와 금형 두 가지의 문제로 톱니 방향으로 갈라지며 부서지는 경향이 있습니다.

지하기 위해 끼울 수 있습니다. 부시의 외형에서 축 구멍이 있는 면 중 하나는 테두리가 둥근 원형이고, 다른 하나는 네 귀퉁이가 조금씩 패인 형태입니다. 그림 4-14와 같이 부시의 한 면은 이 귀퉁이 덕분에 네 개의 레고 스터드의 사이에 끼워 고정될 수 있습니다. 바꿔 말하자면 부시를 쓸 경우 최소 2×2 이상의 다른 레고 브릭을 이 부시에 끼워 축으로 회전시킬 수 있다는 뜻입니다.

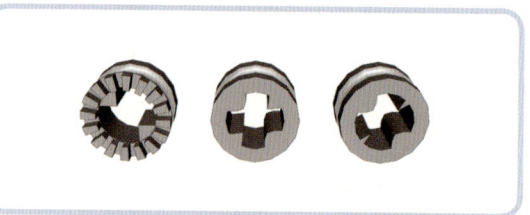

■ 그림 4-13 반 부시는 축 구멍의 형태가 조금씩 다릅니다. 좌측부터 오래된 것인데, 구멍이 8자와 비슷한 모습, 중앙은 일반적인 부품에서 흔히 볼 수 있는 십자형, 우측은 반 부시에서만 볼 수 있는 나비와 비슷한 모습입니다.

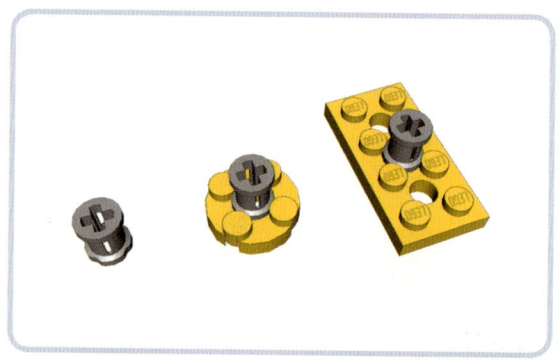

■ 그림 4-14 일반적인 부시와 스터드가 있는 부품에 끼워진 두 가지 사례

신형 반 부시의 단면

두 번째와 세 번째의 반 부시를 살펴보면 구형의 톱니 반 부시의 모양과 거의 같지만, 구형의 톱니 부분이 사라진 모습을 볼 수 있습니다. 더 정확히 말하자면 톱니 부분은 제거된 것이 아니라 메워진 것입니다. 실제로 두 반 부시의 높이는 동일합니다. 이 반 부시들은 축에 끼워져 힘을 받는 면에서는 같다고 할 수 있습니다.

두 번째와 세 번째의 차이점은 후자의 구멍의 크기가 조금 더 커졌다는 것이고, 사실상 외형이나 부품의 속성 면에서는 차이가 없다고 봐도 무방합니다. 또한, 이 신형 반 부시들은 초창기의 반 부시를 대체한 이후 13년여 동안 꾸준히 사용되어 오고 있으며, 예전보다 조금 더 강한 소재로 만들어지고 있습니다.

일반형 부시

일반형 부시는 훨씬 단순합니다. 이것은 오직 한 가지 모양으로, 축을 잡아 고정하거나 혹은 1스터드 간격을 유

핀 부시

핀 부시는 외형적으로 일반 부시와 핀이 조합된 모습입니다. 한쪽 면은 일반적인 부시의 모양으로, 1스터드 깊이의 축 구멍이 있고 둥근 테두리를 갖습니다. 다른 면은 마찰 핀의 형태로 그림 4-15에서 그 모양을 볼 수 있습니다.

■ 그림 4-15 좌측부터 : 핀 부시, 일반 부시, 그리고 긴 마찰 핀

이 부품은 기성품 레고 세트에서 조립의 편의성을 위해 이와 같은 독특한 형태로 개발되었습니다. 크고 복잡한 기성품 세트는 종종 몇 가지의 모듈을 개별적으로 만들어 합치는 형태로 제작됩니다. 이러한 결합에서 핀 부시는 일반적인 핀 또는 긴 핀을 이용하는 경우에 비해 보다 쉽게 핀을 밀어 결합하거나 핀을 당겨 모듈을 분리할 수 있습니다(그림 4-16 참조).

레고에서는 이 부품을 한시적인 고정 용도로 자주 활용합니다. 예를 들어, 핀 부시를 이용해 트럭의 운전석을 섀시에 고정할 경우, 실제 트럭이 정비를 위해 운전석을 앞으로 들어 올리는 것과 같은 구조를 보다 쉽게 재연할 수 있습니다(그림 4-17 참조). 🧑 일반 핀도 가능하겠지만, 이 경우 핀을 당겨 분해할 때 손끝이 조금 더 아픕니다.

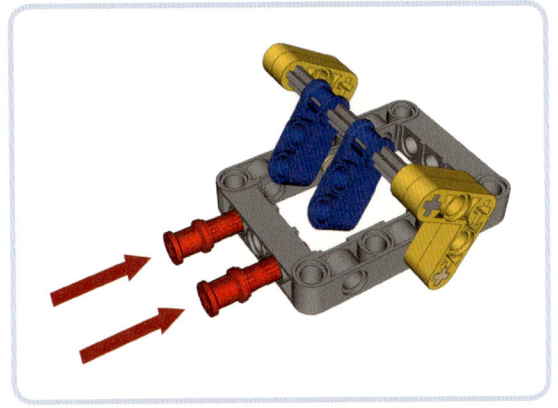

■ 그림 4-17 긴 핀 부시의 또 다른 적절한 예. 5×7 프레임이 거대한 트럭의 섀시 일부분이라고 가정하고, 노란색 ㄱ자 빔 부분이 운전석이라고 가정해 봅시다. 우리가 트럭의 운전석을 들어 엔진을 보고 싶다면, 빨간색 핀 부시를 살짝 당겨 파란색 부품과의 잠금을 풀고 운전석을 들어 올리면 됩니다. 트럭을 운전하기 위해 운전석을 내리고 나면 빨간색 핀을 살짝 밀어 일종의 잠금장치처럼 운전석을 고정할 수 있습니다.

유니버설 조인트

유니버설 조인트, U-조인트 혹은 카단 조인트cardan joint로 불리는 이 부품은 하나의 축으로부터 입력된 회전을 일직선이 아닌 방향으로 전달하기 위한 부품입니다. 그림 4-18과 같이, 이 부품은 ㄷ자형 조인트 부품 두 개와, 이를 연결하는 네 개의 핀이 돌출된 원형 디스크의 조합으로 구성되어 있습니다.

유니버설 조인트의 특징은 축의 시작과 끝이 마치 구부러진 것처럼 일직선이 아닌 경우에도 움직임을 전달할 수 있다는 것입니다. 또한, 이 각도는 회전력이 전달되는 속도나 토크에 영향을 주지 않고 회전 중에도 임의로 바뀔 수 있습니다. 유니버설 조인트의 유일한 단점은 45도에서 90도로 가까워지기 시작하면서 점점 회전 진동이 커지게 된다는 점이며, 각도가 90도가 되면 회전할 수 없습니다(그림 4-19 참조).

🧑 엄밀히 말하자면 45도보다 작은 각도에서도 연결 부위의 회전각 속도 차이로 인해 진동이 발생할 수 있습니다. 다만, 진동과 이로 인한 속도 및 토크의 차이는 레고 모델의 동작에서는 무시해도 될 정도의 경미한 수준

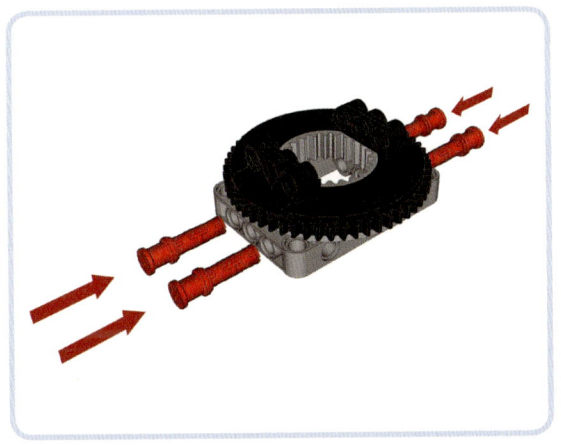

■ 그림 4-16 긴 핀 부시의 적절한 사용 예. 5×7 프레임에 턴테이블을 고정하려는 상황을 가정합시다. 핀 부시를 사용할 경우 보다 손쉽게 두 부품을 고정하거나 분리할 수 있습니다. 🧑 핀 부시는 부시 부분이 손끝으로 잡기 편한 형태입니다. 반면 일반 핀은 끝이 원통형이기 때문에 손으로 잡고 빼기가 핀 부시보다 어렵습니다.

■ 그림 4-18 유니버설 조인트

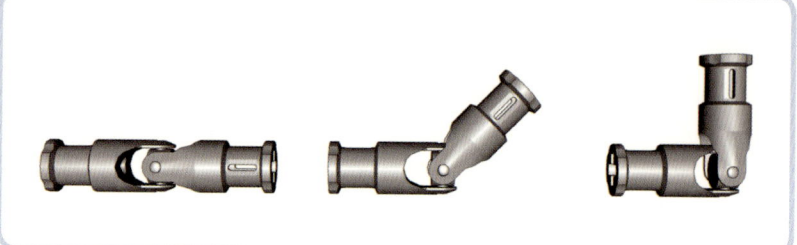

■ 그림 4-19 좌로부터 유니버설 조인트가 직선 상태일 때, 45도 가량 기울어진 상태, 그리고 90도로 기울어진 상태(회전 불가)

입니다.

유니버설 조인트는 높은 토크가 인가되는 경우, 축이 끼워지는 부분 또는 중앙의 디스크 연결 부분이 손상될 수 있습니다. 2×2 원형 브릭이나 플레이트를 축을 끼우는 곳에 축과 함께 끼우는 형태(그림 4-20 참조)로 보강할 수 있습니다.  유니버설 조인트의 끝 부분은 일반 부시와 같이 홈이 패여 4스터드의 구조물에 끼울 수 있습니다.

유니버설 조인트의 중앙, 디스크의 연결 부위가 손상되는 현상은 이 부품 자체로는 해결할 수 없으며, 브릭을 조합해 보다 크고 강한 유니버설 조인트를 만드는 형태로 해결할 수 있습니다. (이 내용은 8장에서 다시 살펴보겠습니다.)

유니버설 조인트는 원래 4스터드의 길이였으나, 2008년 새롭게 3스터드 길이로 재설계되었습니다(그림 4-21 참조). 새 버전은 홀수 길이(그림 4-22참조)이기 때문에 스터드가 없는 구조에 조금 더 적합합니다. 또한, 플라스틱 소재도 이전보다 조금 더 강한 것으로 바뀌었습니다. 보다 작아지고 튼튼해진 덕분에 이 부품은 예전의 것보다 훨씬 유용할 뿐 아니라 예전 버전과 마찬가지로 원형 플레이트로 축 삽입 부분을 보강하는 것도 가능합니다.

토크가 증가할 때, 유니버설 조인트의 보호를 위해 볼 조인트가 적용된 부품을 활용할 수 있습니다. 그림 4-23과 4-24는 3스터드 길이의 유니버설 조인트를 볼 조인트가 적용된 스터드가 없는 부품을 이용해 보강한 모습입니다. 이때 유니버설 조인트는 틀 안에서 무리한 힘을 받거나 당겨지지 않고 회전할 수 있습니다.

결과적으로, 볼 조인트는 유니버설 조인트와 이것이 장착될 구조물 사이에 큰 힘이 걸릴 때 쓸 수 있습니다. 이러한 구조는 유니버설 조인트를 튼튼하게 감싸게 되며 약간의 각도 변화도 허용됩니다. 또한 볼 조인트는 구조에 걸리는 하중을 버텨 주고 유니버설 조인트에 걸릴 수 있는 뒤틀림도 해결할 수 있습니다. 레고는 이와 같은 연결 구조를 새시에서 유동적으로 움직이는 구동축 부분에 처음으로 적용했습니다.

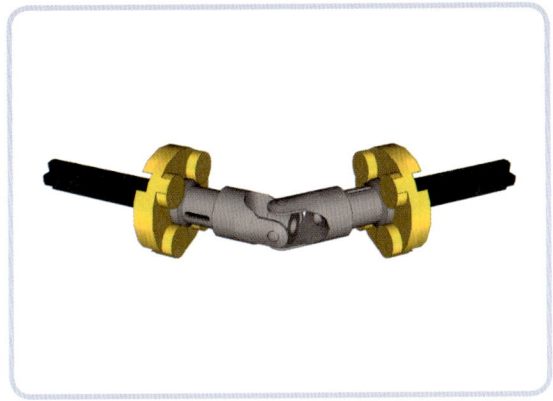

■**그림 4-20** 유니버설 조인트는 두 개의 원형 플레이트로 축 삽입부의 균열을 억제할 수 있습니다.

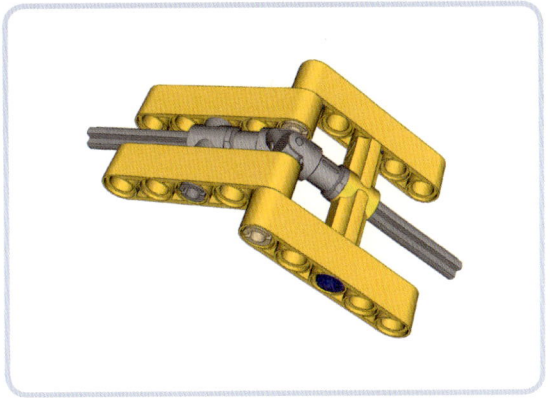

■**그림 4-22** 3스터드 길이의 유니버설 조인트를 이용해 관절 구조의 꺾이는 부분에서 동력을 전달하는 모습

■**그림 4-21** 4스터드 길이의 구형 유니버설 조인트(위)와 3스터드 길이의 신형(아래)

■**그림 4-23** 이 볼 조인트 모듈은 두 개의 부품으로 이루어지며, 하나의 부품이 다른 하나에 삽입되는 구조입니다. 왼쪽의 연회색 부분은 신형 차동기어(3스터드 크기)가 포함되기에 충분한 폭의 프레임 덕분에 차축을 지지하는 기본 프레임으로 유용하게 쓸 수 있습니다.

■**그림 4-24** 볼 조인트 부분을 개방한 모습. 내부의 유니버설 조인트가 보입니다. 유니버설 조인트는 볼 조인트 내부에서 보다 효과적으로 동작합니다. 왜냐하면 내부에서 구조적인 스트레스가 줄어들기 때문입니다.

2 역학
mechanics

5
기어 그리고 동력 전달의 기초
gears and power transmission basics

기어는 왜 필요할까요? 직관적인 답은 모터에서 구동장치까지 동력을 전달하기 위함입니다. 그러나 이것이 전부는 아닙니다. 기어의 진정한 존재 이유는 목적에 맞게 힘의 속성을 변환해 주는 데 있습니다. 힘의 전달은 이 과정에서 부수적으로 수행되는 것이지요.

기어는 전기 모터나 수동 크랭크에서 풍차나 물레방아에 이르기까지 어떠한 형태라도 동력원이 있으면 움직일 수 있습니다. 하지만 여기에서 일정한 구동 속도를 갖고 움직임을 측정할 수 있는 안정된 동력원인 모터를 이용해 기어를 구동하는 것으로 가정하도록 하겠습니다.

일반적으로 모터는 전기 에너지를 소비해서 회전 속도와 토크라는 속성으로 이루어진 기계적 파워를 출력합니다. 이 두 가지 속성은 우리가 기어를 이용해 바꿀 수 있는 속성이기도 합니다. 속도와 토크의 개념에 대해서는 이미 1장에서 자세히 살펴보았습니다.

속도는 언제 필요할까요? 그리고 토크는 언제 필요할까요? 여러분이 만들 각각의 구조와 모델은 서로 다른 요구사항이 있을 것입니다. 모터가 제공하는 사양보다 '속도는 빠르게 토크는 적게'일 경우도 있고, 물론 그 반대의 경우도 있겠지요. 기어를 사용한다면 우리는 토크를 속도로, 혹은 반대로 속도를 토크로 변환할 수 있습니다. 이러한 변환은 매우 중요한 부분이지만, 사실 몇 가지 간단한 규칙만 알면 충분합니다.

■ 그림 5-1 기어 감속

■ 그림 5-2 기어 가속

- 작은 기어로 큰 기어를 구동할 경우 토크는 증가하지만 속도는 감소합니다. 이를 '기어 감속'이라고 합니다 (그림 5-1 참조).

- 큰 기어로 작은 기어를 구동할 경우 속도는 증가하지만 토크는 감소합니다. 이를 '기어 가속'이라고 합니다 (그림 5-2 참조).

속도와 토크는 반비례합니다. 만약 기어를 이용해 속도를 줄인다면, 이로 인해 토크는 증가하게 됩니다. 수동으로 크랭크에 더 많은 힘을 가하거나, 혹은 더 높은 전압을 모터에 인가해 입력축의 속도를 바꾸지 않는다는 가정하에, 기어비를 그대로 유지한 상태로 토크와 속도 중 어느 한 속성의 값만을 임의로 바꿀 수는 없습니다.

전압을 낮추어 느리게 돌 수도 있고 기어비를 바꾸어 느리게 돌 수도 있습니다. 기어비를 낮추면 속도는 느려지지만 토크는 증가해 힘은 강해지는데 반해, 단순히 전압을 낮추면 속도와 토크가 함께 낮아져 힘이 약해질 뿐입니다.

가볍고 적은 토크로도 충분히 움직일 수 있는 차량을 구동할 경우, 우리는 남는 토크를 기어 가속을 이용해 속도로 바꾸는 데 쓸 수 있습니다. 이러한 토크의 변환은 차체의 무게에 따라 달라집니다. 숙련된 창작가는 차량의 무게와 구동모터의 종류를 알면 여기에 적용할 수 있는 기어비의 변화 범위를 예상할 수 있습니다.

구동기어, 종동기어 그리고 유동기어

그림 5-3을 통해 회색의 모터가 두 개의 기어를 통해 바퀴에 동력을 전달하는 간단한 예를 살펴보겠습니다. 모터에 연결된 녹색 기어를 구동기어라고 합니다. 빨간색의 기어는 구동기어에 맞물려 돌아가게 되며 이를 종동기어라고 합니다.

■그림 5-3 구동기어와 종동기어. 앞으로 이 장의 모든 그림에서 구동기어 및 구동축은 녹색, 종동기어 및 종동축은 빨간색을 사용할 것입니다.

각각의 축에 장착되어 맞물린 기어들 중 하나는 구동기어가 되고 다른 하나는 종동기어가 됩니다. 구동기어는 구동장치로부터 기어축으로 동력을 입력받게 되며, 종동기어는 구동기어에 의해 움직이게 됩니다.

기어가 회전할 때, 이 기어에 끼워진 축은 함께 회전합니다. 따라서 구동축(입력축)과 종동축(출력축)은 기어와 함께 움직입니다. 대부분의 메커니즘은 하나의 구동축을 갖고 있지만, 출력축은 더 많아질 수 있습니다. 일반적인 차동장치(그림 5-4 참조)는 하나의 입력축과 여러 개의 출력축의 관계를 보여주는 좋은 예입니다.

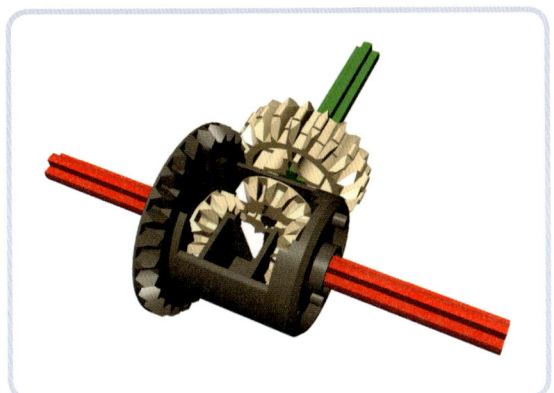

■ 그림 5-4 차동기어는 하나의 입력축(녹색)으로부터 입력을 받고, 두 개의 독립된 출력축(빨간색)으로 동력을 전달합니다.

구동기어와 종동기어 사이에는 유동기어가 추가될 수 있습니다. 만약 기어가 세 개 이상인 기어 열이 있다면, 여기에서의 첫 번째 기어가 구동기어, 그리고 마지막 기어가 종동기어가 됩니다. 이 경우 사이에 끼워진 나머지 기어들은 모두 유동기어라고 부릅니다(그림 5-5 참조). 이 기어들은 단지 회전을 전달하기만 할 뿐, 토크 및 속도 변환에 직접적인 영향을 주지는 않습니다.

■ 그림 5-5 세 개의 기어가 기어 열을 구성했으며, 구동기어와 종동기어 사이에는 회색의 유동기어가 하나 추가되었습니다. 유동기어의 축은 회전을 입력받거나 다른 장치를 돌리는 역할이 아닌, 단지 회색의 유동기어를 고정하는 역할을 할 뿐입니다.

필요에 따라서 유동기어는 그림 5-6에서와 같이 두 개 이상이 한 축에 연결되어 일직선상에 놓이지 않은 구동

기어와 종동기어를 연결할 수도 있습니다. 그림 5-6의 유동기어는 두 개가 같은 치수로 구동기어와 종동기어가 바로 맞물린 것과 같은 1:1 속도로 회전합니다. 그림 5-7은 이 기법의 조금 다른 응용방법을 보여줍니다.

■ 그림 5-6 이 그림에서 중간의 회색 기어들이 유동기어입니다. 각각의 회색 기어들은 상대방 기어 하나와 연결되지만, 두 유동기어가 한 개의 축을 공유하기 때문에 결과적으로는 하나의 유동기어를 사이에 두고 구동축과 종동축이 맞물린 앞의 그림 5-5와 기계적 특성은 같습니다.

■ 그림 5-7 이 그림은 앞의 그림 5-6과 유사하지만 중간의 회색 기어들은 단순한 유동기어가 아닙니다. 두 개의 회색 기어는 한 개의 축을 공유하지만, 두 기어의 크기가 다르기 때문에 이 기어들은 토크와 속도에 영향을 주게 됩니다. 이 경우 회색 기어들은 종동기어이면서 동시에 구동기어가 됩니다.

유동기어는 마찰력을 증가시키기 때문에, 꼭 필요한 경우에만 사용하는 것이 좋습니다. 불필요하게 사용된 유

동기어의 예가 그림 5-8에 제시되어 있습니다.

■ **그림 5-8** 이 그림에서의 모든 회색 기어들은 유동기어입니다. 구조가 복잡해 보이지만 여기에서의 회색 기어들은 구동기어와 종동기어의 속도 및 토크 비율에 영향을 주지 않습니다. 🙂 위쪽의 두 기어와 아래쪽의 두 기어는 기능상 완전히 동일한 역할을 하며, 맨 위와 맨 아래 중 한쪽을 제거해도 기어비는 변화가 없습니다. 오히려 마찰이 조금 줄어들어 효율이 더 높아질 것입니다.

기어비

기어비는 맞물려 상호작용하는 두 기어의 톱니 개수에 의해 결정됩니다. 서로 맞물린 두 개의 기어, 혹은 직접 맞물리지 않더라도 체인, 벨트, 도르래 같은 장치로 연결된 것들도 포함됩니다. 체인으로 연결된 두 개의 기어는 벨트로 연결된 것과 달리, 두 기어가 직접 맞물린 것과 정확히 동일한 기어비를 보여줍니다. 기어비는 다음과 같이 정의됩니다.

종동기어의 톱니 수 : 구동기어의 톱니 수

만약 우리가 24톱니 기어를 8톱니 기어로 구동한다면, 기어비와 토크비는 24:8이 됩니다. 쉽게 비교하기 위해, 이들 숫자 중 하나가 1이 될 때까지 나누어 봅시다. 이 경우 작은 값과 연관된 제수(나누는 수)를 찾는 것이 편리합니다. 제시된 24:8에서는 8을 이용해 두 숫자를 나누게 된다면 3:1이라는 보다 비교하기 편리한 결과를 얻을 수 있습니다. 🙂 레고 기어들은 기본적으로 2의 배수로 톱니가 만들어져 있습니다. 또한, 일부 기어들은 1:1 연결 시 1:2, 1:3, 1:5와 같은 정수로 기어비가 맞도록 제작되었습니다.

기어비를 이용하면 두 기어 사이의 속도와 토크 변환, 그리고 필요한 기어의 수를 쉽게 계산할 수 있어서 유용합니다. 3:1의 기어비는 구동축의 입력 속도가 1/3로 감속되며, 이와 반대로 토크는 세 배가 증가하게 된다는 것을 알 수 있습니다.

이제 다른 예로, 구동기어가 종동기어보다 큰 톱니일 경우를 살펴보겠습니다. 종동기어가 12톱니, 그리고 구동기어가 20톱니인 경우를 가정한다면 기어비는 12:20이 될 것이므로, 결과적으로는 0.6:1이 됩니다. 이것은 구동기어가 0.6회전할 때(216도 회전) 종동기어는 1 회전(360도 회전)함을 의미합니다. 결과적으로 입력 속도보다 출력 속도가 더 빨라지게 되지만, 토크 역시 0.6으로 감소하게 됩니다. 🙂 에너지 보존 법칙에 충실합니다.

기어비는 또한 기어가 가속 구조인지 감속 구조인지를 알 수 있게 합니다. 기어비의 첫 번째 숫자가 두 번째 숫자보다 큰 경우(예를 들어 3:1) 기어는 감속 구조입니다. 만약 첫 번째 숫자가 두 번째보다 작다면(예를 들어 0.6:1) 기어는 가속 구조 또는 오버드라이브입니다. 기어비가 1:1일 경우, 속도와 토크는 입력축과 출력축에서 각각 동일하게 유지됩니다. 🙂 실제 마찰 및 부품 간의 유격과 진동으로 인한 경미한 힘의 손실이 발생할 수 있으나, 여기에서는 이론적인 비율만을 이야기합니다.

만약 어떤 메커니즘에 많은 기어들이 조합되어 움직일 경우 기어비는 어떻게 계산하면 될까요? 이 경우 중간의 모든 유동기어들은 모두 무시하고, 구동기어와 종동기어로 조합되는 기어 쌍의 비율만 계산하면 됩니다. 전체 메커니즘의 최종 기어비를 얻으려면 각각의 구동:종동기어 비율을 구한 후 이를 모두 곱합니다. 만약 8톱니 기어와 24톱니 기어의 조합이 두 번 이루어지며, 이때 첫 번째 조합의 종동기어인 24톱니 기어의 축에 두 번째 조합의 구동기어인 8톱니 기어가 연결되었다고 가정해 본다면, 첫 번째 조합의 기어비는 3:1이며, 두 번째 조합의 기어비 역시 3:1이므로 이 메커니즘의 최종적 기어비는 9:1 (9:3:1)이 됩니다.

이제 여러분은 기어비를 계산할 수 있을 것입니다. 유동기어와 일반적인 기어를 보여주는 앞의 예제로 돌아가 봅시다.

그림 5-6의 기어 조합을 보겠습니다. 첫 번째 조합은 12톱니 구동기어와 함께 20톱니 기어가 맞물리고, 20톱니 기어의 축 반대쪽에는 다른 20톱니 기어가 종동기어인 12톱니 기어와 맞물립니다. 구동기어와 유동기어의 기어비는 20:12이고, 유동기어와 종동기어의 기어비는 12:20입니다. 이 두 기어비를 곱한다면 240:240이므로 결과적으로 1:1의 비율이 됩니다.

여기에서 유동기어는 구동기어와 종동기어의 기어비에 아무런 영향을 주지 않았습니다. 🧑 토크와 속도 변환이 목적이 아닌 경우 기어가 배치되는 공간의 문제, 혹은 프레임과의 간섭 등의 이유로 이와 같은 조합이 사용될 수 있습니다.

이제 두 번째 사례로 그림 5-7을 보겠습니다. 여기에서는 12톱니 구동기어와 20톱니 기어가 맞물리는 구조가 두 번 사용됩니다. 기어비는 각각 20:12이며, 이를 두 번 곱하면 400:144, 대략 2.779:1이 됩니다. 이 조합은 구동기어와 종동기어가 직접 맞물릴 때의 기어비인 20:12, 즉 1.667:1과는 분명 다릅니다. 이 중간 기어는 유동기어가 아니며, 이것들은 최종적인 기어비에 영향을 미치는 무시할 수 없는 요소들입니다.

마지막으로 만약 웜 기어를 사용할 경우의 기어비 계산은 어떻게 될까요? 🧑 웜 기어는 스크루 기어라고도 불리는 나사 형태의 기어입니다. 의외로 다른 기어보다 더 간단합니다. 구동기어의 치수가 1이기 때문에, 이것은 웜 기어가 한 바퀴 회전할 때 맞물린 기어가 한 톱니만 회전하게 됩니다. 예를 들어, 웜 기어와 맞물린 24톱니 기어는 웜 기어가 24바퀴 회전할 때 비로소 한 바퀴를 돌게 되며, 기어비는 24:1이 될 것입니다. 🧑 큰 감속비 때문에 웜 기어를 사용하는 구조는 매우 큰 힘을 발휘할 수 있습니다.

기어와 효율성

우리가 사용하는 모든 기어들은 무게를 가지고 있으며, 이는 기어가 회전할 때 구조에 불필요한 마찰력이 생성됨을 의미합니다. 메커니즘 속의 모든 기어들은 구동 모터의 힘을 전달하는 과정에서 힘의 손실을 발생시키며, 기어의 효율은 이 메커니즘이 얼마만큼의 힘을 전달하고 얼마만큼의 힘을 잃는지 알려줍니다. 심지어 기어는 오래 동작하면 마모가 될 수 있기 때문에 불행히도 모든 기어의 효율을 정확히 계산해내는 것은 매우 어렵습니다. 그러나 우리는 기계 구조에서 어떠한 이유로 동력 손실이 생기는지 알기 때문에 여기에서 최대 효율을 내기 위한 가장 기본적인 두 가지 규칙을 정의하려 합니다.

- 되도록 기어를 적게 사용할수록 더 효율적입니다.
- 더 작은 크기의 기어를 사용할수록 더 효율적입니다.

실제로 낮은 효율은 토크와 속도의 손실을 야기합니다. 이러한 손실은 저항으로 인한 마찰에 의해 발생합니다. 모터가 장착된 차량을 보면 대부분의 경우 바퀴는 차체를 지면에서 들어 올렸을 때 더 빠르게 회전합니다. 이것이 의미하는 바는, 구동 메커니즘이 실제로 기어비라는 값만큼의 효율을 결코 내지 못함을 의미하며, 기어의 효율성에 따라 장비의 효율성이 결정됨을 의미합니다.

웜 기어를 포함하는 메커니즘에서 효율의 중요성을 볼 수 있습니다. 웜 기어는 매우 큰 기어 감속을 주지만 효율의 감소를 피할 수 없습니다. 높은 마찰력과 기어의 축 방향으로의 밀림 현상 때문에 모터의 힘의 1/3 가량을 잃는 것으로 평가됩니다. 긴 시간 높은 토크가 걸리는 경우 웜 기어는 마찰력이 걸리는 부위가 뜨거워질 수 있어서 종동기어로 쓸 수 없습니다. 웜 기어는 특정한 용도로 쓰기에는 더할 나위 없이 적절할 수 있지만, 남용하지는 않는 것이 좋습니다. 🧑 웜 기어는 오직 다른 기어를 돌리는 구동기어로만 쓸 수 있습니다.

기어와 유격

레고 기어에서 유격은 맞물린 두 기어 사이의 공간 차이로 인해서 발생한다고 말할 수 있습니다. 이상적인 상황을 가정한다면 두 기어 사이에는 공간의 차이가 없겠지만, 실제로는 약간의 공간 차이가 발생하며 이는 유격을 생성하게 됩니다. 유격에 대한 일반적인 규칙은 아래와 같습니다. 🧑 초정밀 기기가 아닌 완구라는 특성을 감안해 조립이 쉽도록 기어 간 약간의 여유 공간이 생기도록 설계한 것으로, 부품 자체가 불량 성형되어 일정하지 않은 틈이 발생하는 것과는 다른 문제입니다.

- 구형의 기어는 신형의 베벨 기어보다 큰 유격을 생성합니다.
- 작은 기어가 유격이 상대적으로 더 큽니다.
- 직접 연결된 모든 기어들의 유격은 합산됩니다.

유격은 왜 좋지 않을까요? 조향장치를 예로 들어 보겠습니다. 어떠한 장애물을 만나 핸들을 돌려야 할 때, 모터와 조향장치 사이에서 생기는 유격은 스티어링(조향기능, steering)의 정확성을 저하시킬 뿐만 아니라 심지어 바퀴를 덜렁거리게 만들 수도 있습니다. 이것은 차량을 운전할 때 주행 직진성 문제를 일으키는 원인이 됩니다. 이로 인해 차체가 요동치거나 핸들을 돌려도 바로 돌아가지 않아 사고를 야기할 수 있습니다.

유격은 정확도가 요구되는 경우에도 골칫거리가 될 수 있습니다. 크레인, 도개교(위로 열리는 구조의 다리), 턴테이블 등 많은 장치들이 유격에 악영향을 받습니다. 유격을 막는 가장 좋은 방법은 구동부에 공압장치를 활용(9장 참조)하거나, 현재까지의 레고 테크닉 부품 중 가장 유격이 적은 부품인 리니어 액추에이터(13장 참조)를 사용하는 것입니다.

🧑 공압장치의 경우 유격과는 별개로 공기 압축에 의한 오차가 발생합니다. 현재 외부에서 가해지는 힘에 영향을 가장 적게 받으면서 유격도 가장 적은 부품은 리니어 액추에이터입니다.

웜 기어를 사용할 경우 유격은 어떻게 작용할까요? 이 부품은 유격이 적은 편입니다. 정확하게는 2스터드보다 아주 약간 짧기 때문에 축 방향으로 약간의 미끄러짐이 발생할 수 있고, 불행하게도 이 때문에 웜 기어와 이를 이용한 장치에도 약간의 유격이 발생합니다. 또한 웜 기어와 16톱니 종동기어는 웜 기어와 24톱니 기어의 조합에 비해 좀 더 큰 유격이 발생할 수 있습니다. 🧑 1:16이 1:24보다 웜 기어에 의해 더 많이 회전하기 때문에 유격도 그만큼 큽니다.

결과적으로 유격을 최소화하기 위해서는 웜 기어와 베벨 기어를 조합하는 것이 조금 더 유리합니다. 🧑 2스터드보다 짧은 웜 기어의 길이로 인한 유격을 억제하기 위해 실제로 레고 부품이 아닌 일반 금속제 와셔를 이용해 이 짧은 간격을 메우는 방법을 사용하는 창작가도 있습니다.

회전 방향 제어

기어가 맞물리는 구조에서 구동기어는 종동기어의 방향에 영향을 미칩니다. 종동기어는 구동기어와의 사이에 끼워진 기어들의 개수에 따라 구동기어와 같은 방향, 혹은 반대 방향으로 회전하게 됩니다. 기어가 연속적으로 연결되어 있을 경우 규칙은 간단합니다. 구동기어와 종동기어의 사이에 있는 기어가 짝수일 때(2, 4, 6 등, 구동기어와 종동기어가 직접 맞물리는 0 포함) 종동기어는 구동기어의 반대 방향으로 회전합니다. 구동기어와 종동기어 사이의 기어가 홀수일 때(1, 3, 5 등) 구동기어와 종동기어는 같은 방향으로 회전합니다(그림 5-9 참조). 여러분은 종동기어의 방향을 바꾸기 위해 중간의 유동기어를 추가하거나 제거해야 할 수도 있습니다.

직접 눈으로 보면 '기어 열'에서 구동기어와 종동기어의 방향을 빠르게 이해할 수 있습니다. 예를 들어, 그림 5-10에서는 세로 구동축과 전륜/후륜 차동기어를 장착한 4륜구동 차량의 구동계에서 앞바퀴와 뒷바퀴가 같은 방향으로 회전하기 위해 앞의 차동기어와 뒤의 차동기어가 방향이 다르게 끼워진 것을 볼 수 있습니다.

🧑 그림 5-10은 그림 5-6의 기어 배치가 변형된 개념으로, 세로 구동축의 모래색 기어는 하나의 유동기어로 보아야 하기 때문에 홀수 기어 구조이고, 따라서 앞과 뒤의 차동기어는 같은 방향으로 회전하게 됩니다.

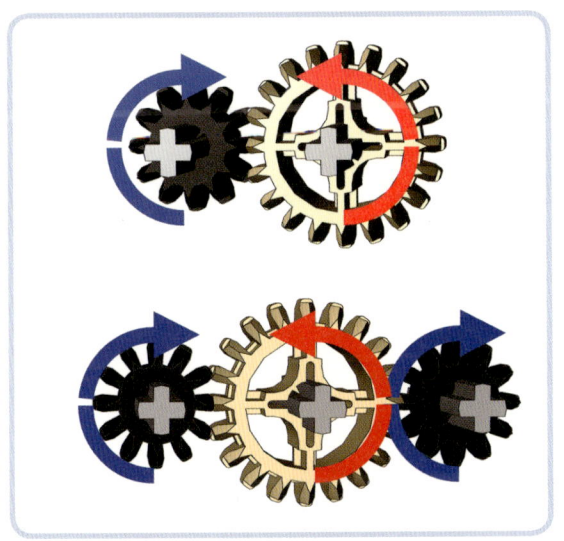

■ 그림 5-9 짝수의 기어 맞물림(위)과 홀수의 기어 맞물림(아래)

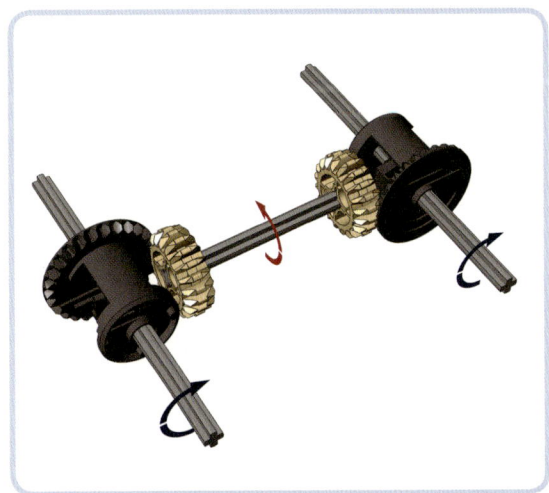

■ 그림 5-10 4륜구동 차량의 기어 구동계의 모습

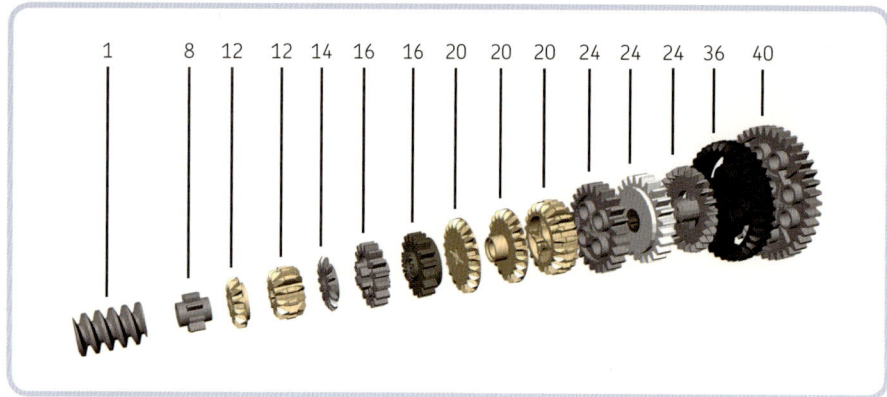

■ 그림 5-11 다양한 레고 기어들과 각각의 톱니 수

기어의 종류

레고는 테크닉 제품군을 출시하면서 다양한 종류의 기어들도 함께 제작했습니다. 기어는 성향에 따라 몇 가지 종류로 나눌 수 있습니다. 우선 우리는 가장 친숙하고 일반적인 형태의 기어부터 살펴볼 것입니다.

그림 5-11이 레고에서 일반적이고 친숙한 기어들의 모습입니다. 왼쪽 첫 번째 기어는 나선형 톱니를 가지는 조금 특수한 모양이고, 다섯 개의 모래색 기어는 조금 나중에 만들어진 베벨 기어들이며, 나머지 아홉 개의 기어는 회색 또는 무채색의 일반적으로 흔한 기어들입니다. (이미지는 가장 흔한 색들을 이용했으며, 실제로 같은 모양이라도 다른 색의 기어가 존재할 수 있습니다).

각각의 기어들은 외형과 톱니 단면의 모습이 조금씩 다르지만 거의 모든 조합이 가능하며, 특히 베벨 기어류는 병렬 배치와 직교 배치가 가능한 특성을 가지고 있습니다. 🧑 일반 기어와 달리 90도 조합에도 톱니가 맞물리도록 설계됨. 베벨 기어류는 스터드가 없는 구조에 조금 더 적합하도록 설계되었지만 90도 조합이 가능하도록 톱니를 가공한 덕분에 레고 체인과는 맞물리지 않습니다.

> **NOTE** 기어의 이름은 톱니의 개수로 결정됩니다. 이를테면 8톱니 기어, 24톱니 기어와 같은 형태로 불리며 줄여서 g8t, g24t와 같이 표기하기도 합니다. 이러한 기어들은 평 기어, 또는 스퍼 기어라고도 합니다.

웜 기어

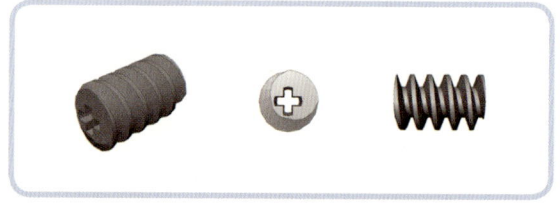

이 특별한 기어는 고유한 몇 가지 특성이 있습니다.

먼저, 다른 기어로 웜 기어를 구동하는 것이 불가능합니다. (웜 기어는 구동기어로만 쓸 수 있으며 종동기어가 될 수 없습니다.) 웜 기어는 무언가를 들어 올리고 그것을 고정시키는 구조에 유용합니다. 이 경우 웜 기어는 여기에 맞물린 종동기어가 외부의 힘에 의해 움직이지 않도록 역회전을 거부하게 됩니다.

이러한 구조는 크레인, 지게차, 열차 차단기, 도개교, 윈치 그리고 모터가 정지되어도 현 상태를 그대로 유지해야만 하는 메커니즘에 유용합니다. 두 번째로, 웜 기어는 기어 감속 구조를 만들 때 매우 유용합니다.

웜 기어는 나선형 구조 때문에 한 바퀴 회전할 때 종동기어의 한 톱니만큼을 회전시키며, 결과적으로 종동기어의 회전 속도를 줄이고 토크를 크게 증가시킵니다.

따라서 웜 기어는 큰 기어비의 감속 구조가 필요할 때, 또는 큰 토크를 필요로 하는 구조가 필요할 때 작은 공간에서도 이와 같은 요구조건을 만족할 수 있습니다.

마지막으로, 웜 기어가 회전할 때 종동기어에 대한 반발로 축 방향으로 미끄러지려는 경향이 있습니다.

👤 웜 기어의 원리는 나사못과 같기 때문에, 웜 기어가 제자리에서 회전하면 맞물린 기어가 움직이지만, 반대로 맞물린 기어가 고정되거나 매우 큰 부하가 걸린 상태라면 나사못이 판자를 뚫고 들어가듯 웜 기어가 구조물을 밀어내면서 빠질 수도 있습니다.

이러한 특징은 웜 기어의 주위 구조물을 튼튼하게 보강하는 것으로 해결할 수 있으며 이와 같은 사례는 8장과 10장의 예제에서 볼 수 있습니다.

나머지 기어와 아주 다른 외관을 갖고 있음에도 불구하고, 웜 기어는 대부분의 레고 기어들을 구동할 수 있습니다. 적절한 간격만 유지된다면 베벨 기어 역시 구동 가능합니다(그림 5-12 참조).

▪ 그림 5-13 웜 기어를 이용한 랙 기어 구동

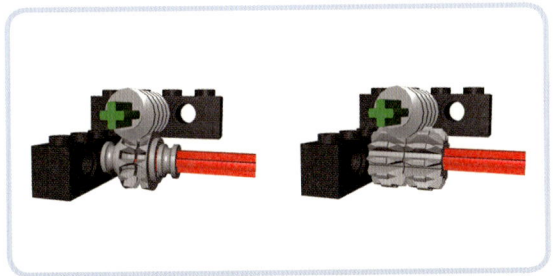

▪ 그림 5-12 웜 기어와 단면 베벨 기어 및 양면 베벨 기어의 조합

웜 기어는 랙 기어를 구동하는 데에도 유용합니다. 기중기 또는 지게차나 이와 유사하게 길이 방향으로 움직이는 장치를 만들 때 웜 기어를 사용한다면, 매우 작은 공간으로도 효율적인 움직임을 만들어낼 수 있습니다(그림 5-13 참조).

8톱니 기어

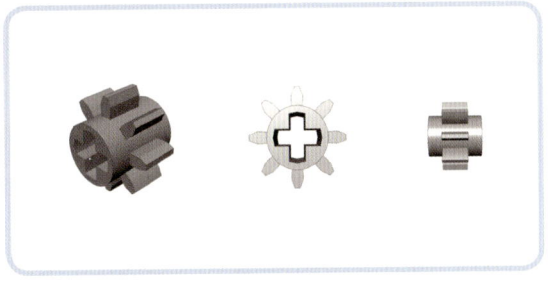

이 부품은 다른 레고 부품에 비해 굉장히 작고 손상되기 쉽습니다. 이 기어는 높은 토크의 구조물에 적합하지는 않지만, 매력적인 크기 때문에 매우 자주 사용되며 특히 기어 감속 구조를 만들 때 유용합니다. 8톱니 기어는 그 외형적인 특징 때문에 유격이 크게 생성된다는 단점이 있습니다.

이 기어는 적어도 세 번의 외형상의 변화가 있었습니다. 👤 2013년 현재 이 세 번째 기어의 모양보다 좀 더 강화된 새로운 8톱니 기어가 출시되었습니다. 신형은 이제까지의 8톱니와 달리 상하의 둥근 부분까지 톱니가 연장되었습니다. 초창기의 8톱니 기어는 중앙의 얇은 링에 얇은 톱니가 여덟 개 돌출된 구조였습니다. 👤 기어를 세워둔 채 누르면 찌그러질 정도입니다.

약한 내구성을 보강하기 위해 다음에 출시된 8톱니 기

어는 중앙 부분이 거의 같지만 톱니가 보다 짧고 두껍게 보강되었습니다. 세 번째 변종은 두 번째의 것과 거의 유사하지만 톱니와 톱니 사이 부분이 조금 더 두껍게 보강되었습니다. 이로 인해 두 번째의 것보다는 좀 더 강화되었다고 할 수 있습니다.

🧑 그림 5-14의 네 번째 기어가 8톱니의 최근 진화형으로, 외형적으로도 이제까지의 것과 확연하게 다른 모습이며 플라스틱 소재 자체의 느낌도 좀 더 단단한 느낌으로 바뀌었습니다.

양면 12톱니 베벨 기어

이 기어는 단면 베벨 기어보다 훨씬 튼튼하고, 주로 20톱니 양면 베벨 기어와 함께 사용됩니다. 구동축의 방향을 변환할 때에도 쓸 수 있지만, 단면 12톱니 베벨 기어와 달리 이 기어는 좁은 공간이나 차동기어에는 사용할 수 없습니다.

14톱니 기어

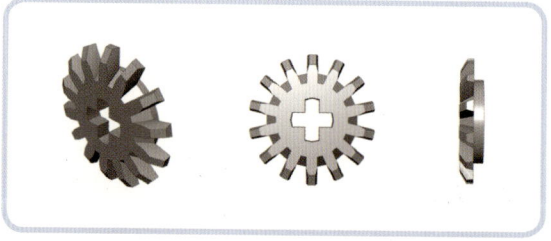

차동기어의 내부에서 쓰일 목적으로 처음 만들어진 이 기어는 극히 얇은 모양 때문에 무척 쉽게 깨지곤 했습니다. 결국 내구성을 보완한 12톱니 단면 베벨 기어가 출시되면서 이 기어는 공식적인 레고 모델에서 퇴출되었고, 창작가들도 그다지 선호하지 않습니다.

16톱니 기어

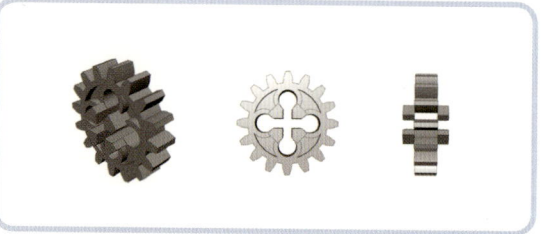

이 기어는 상당히 강하고 유용합니다. 레고 체인을 쓸 수

■ 그림 5-14 왼쪽부터, 8톱니 기어의 변화된 모습

단면 12톱니 베벨 기어

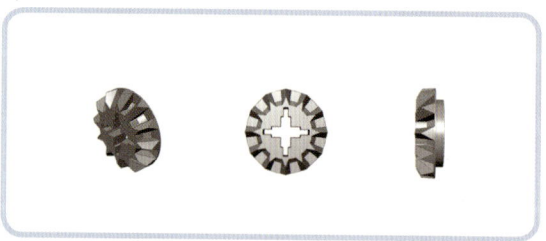

이 기어는 베벨 기어 종류 중 가장 작고 약합니다. 그러나 차동기어 메커니즘을 구현할 때에는 대체할 수 없는 유용한 수단이 되며, 좁은 공간에서 구동축의 방향을 변환해야 할 때에도 자주 쓰입니다. 또한, 많은 창작가들이 주로 오프로드 차량의 차동기어에서 많이 사용하는데 큰 토크가 걸리면 튀거나 🧑 큰 힘이 걸릴 때 기어가 휘거나 밀리면서 제대로 동력을 전달하지 못하고 큰 소음을 발생하는 현상 톱니가 뭉개지고 심하면 깨지기도 합니다.

있는 가장 작은 기어이며, 비교적 작은 크기 때문에 선호됩니다. 2011년을 기점으로 기어의 중심부가 약간 변형되었습니다(그림 5-15 참조). 개선된 신형은 중심축 주변의 구조가 좀 더 강화되었지만 외부의 톱니 모양과 크기는 초기형과 동일하며, 초기형보다 훨씬 더 큰 토크에 견딜 수 있습니다. 👤 초기형은 큰 힘을 받을 경우 안쪽에 원형으로 패인 부분에서 밖으로 깨지는 경향이 있습니다.

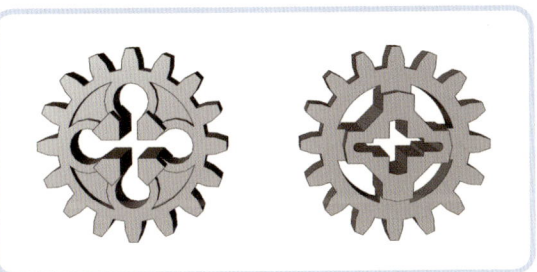

■ **그림 5-15** 왼쪽부터, 16톱니 기어의 초기형(부품번호 4019)과 신형(부품번호 94925)

👤 레고의 모든 부품은 같은 모양(금형)에 할당되는 디자인 번호와, 같은 모양이라도 색에 따라 각각 부여되는 파트 번호, 이 두 가지를 가집니다. 파트 번호는 일반적으로 제품설명서 뒷면에 부품 그림과 함께 기록되는 5~7자리의 숫자입니다. 하지만 이 책에서는 부품의 색상별로 모든 파트 번호를 나열할 수 없기 때문에, 색상이 다르더라도 같은 모양일 때 동일하게 부여되는 디자인 번호(4~5자리)를 부품번호로 기재합니다.

16톱니 클러치 기어

이 장치는 변속기 기어박스용으로 특별하게 설계되었습니다. 16톱니 기어와 유사해 보이지만 더 약하고, 약간 짧아진 톱니 때문에 체인이 미끄러져 체인을 정상적으로 운용할 수 없습니다. 이 기어는 기본적으로 중앙의 구멍이 축 구멍이 아니기 때문에 중앙 축의 회전만으로는 돌릴 수 없고 특별한 변속기용 도그 클러치와 맞물려야만 돌릴 수 있습니다. 👤 도그 클러치는 네 개의 톱니가 있으며, 16톱니 클러치 기어의 내부도 이와 맞물릴 수 있는 구조입니다. 실제 도그 클러치와 유사한 설계 덕분에 이 두 부품은 회전 중인 상태에서도 임의로 결합/분리가 가능합니다.

만약 도그 클러치를 쓰지 않고 축에 고정되도록 하려면 구형의 톱니 반 부시를 이용할 수 있습니다(그림 5-17 참조). 단, 이 방법은 2011년부터 적용되기 시작한 신형 16톱니 클러치 기어에는 적용되지 않습니다(그림 5-18 참조).

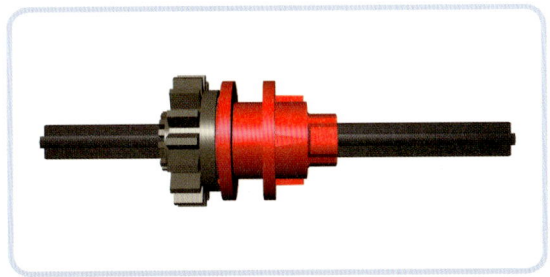

■ **그림 5-16** 16톱니 클러치 기어가 변속기 구동 링, 또는 도그 클러치라 불리는 빨간색 부품과 결속된 모습

■ **그림 5-17** 16톱니 클러치 기어(초기형)는 구형의 톱니 반 부시의 톱니면과 맞물릴 수 있습니다.

■ 그림 5–18 16톱니 클러치 기어의 두 가지 형태(왼쪽은 작은 톱니가 있는 초기형, 오른쪽 작은 톱니가 없는 신형). 두 부품은 레고 사의 부품번호정책으로 같은 부품번호 6542를 부여받았으며, 이것은 레고 사가 두 부품을 완전히 같은 것으로 인지한다는 뜻입니다. 아마도 이러한 변화의 이유는 톱니 반 부시에 돌출된 것과 같은 작은 톱니가 들어간 부품들이 레고 테크닉 세트에서 배제된 지 오래되었기 때문에 그대로 이 모양을 존속시킬 이유가 없었기 때문이라 추측됩니다. 🙂 레고 사는 구 버전 부품의 외형이 개선될 때 의미 있는 변화가 있다면, 새 부품번호를 부여합니다. 그림 5-15의 16톱니의 경우, 구형과 신형이 각기 다른 부품번호를 부여받았습니다.

기어는 핀 구멍 때문에 중심축의 회전 또는 정지에 의존하지 않고 동력을 전달할 수 있습니다. 🙂 이러한 특성 때문에 관절형 구조를 가진 굴삭기와 같은 모형에서 동력이 관절을 지나서 전달되어야 할 때 종종 쓰입니다.

이 기어는 스터드와 비슷한 깃이 중앙의 핀 구멍을 감싸는 형태로 만들어졌으며, 이 깃 덕분에 얇은 두께에도 불구하고 축에서 비틀리지 않고 좀 더 안정적으로 자리할 수 있습니다. 단면 20톱니 베벨 기어보다 튀는 현상이 줄어들기는 했지만, 단면 20톱니 기어의 대체 용도보다는 유성기어의 용도로 더 자주 사용됩니다. 🙂 유성기어는 고정되어 있는 기어의 주위를 마치 위성처럼 돌면서 동력을 전달하는 기어입니다.

단면 20톱니 베벨 기어

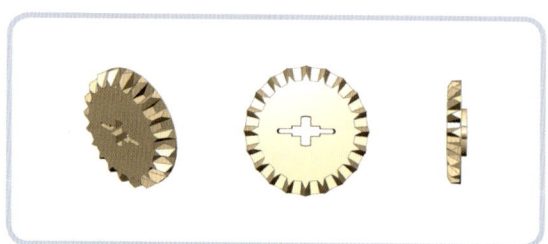

이 기어는 단면 12톱니 베벨 기어를 좀 더 키운 것입니다. 이 부품은 기성품에서도 일부 모델에서만 소량 사용되었으며, 얇은 두께로 큰 토크에서는 기어가 튀는 현상이 발생할 수 있기 때문에 그다지 쓰이지 않습니다.

핀 구멍 단면 20톱니 베벨 기어

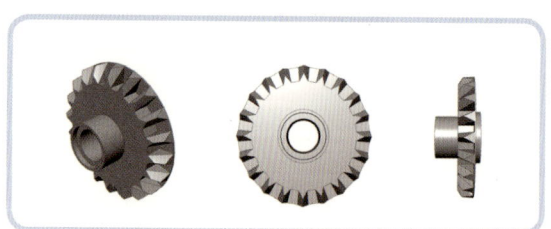

이 기어는 단면 20톱니 베벨 기어의 변종으로, 대체품이라기보다는 조금 다른 용도를 위해 제작되었습니다. 이

양면 20톱니 베벨 기어

이 기어는 매우 강하고 신뢰할 수 있어 인기 있는 기어입니다. 일반적으로 12톱니 베벨 기어와 함께 조합되지만, 다른 형태로의 조합도 유용한 편입니다.

24톱니 기어

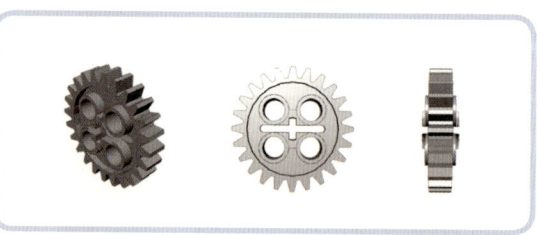

이 기어는 세 가지의 변종이 있으며, 신형이 구형보다 좀 더 강합니다(그림 5-19 참조). 신뢰도가 높고 강하다는 이유로 인기 있는 이 기어는 가장 유용한 기어 중 하나입니다.

■ 그림 5-19 24톱니 기어의 가장 일반적인 두 가지 형태. 왼쪽 구형에서의 내구성 문제를 오른쪽의 모습으로 금형을 바꾸어 해결했습니다. 🧑 구형은 중심축 좌우로 축을 끼워 캠의 용도로 활용할 수 있는 십자형 축 구멍이 두 개 추가되어 있지만, 바로 이 부분에 큰 힘이 가해질 때 쉽게 깨지는 문제가 있습니다.

24톱니 클러치 기어

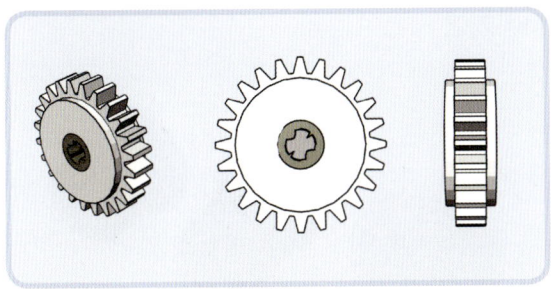

이 24톱니 기어는 흰색의 외형에 중앙이 진회색으로 제작되었습니다. 허용한계 이상의 큰 토크가 가해질 때 축을 고정하는 진회색 부분이 미끄러지면서 헛도는 형태로 구동부의 파손을 막게 됩니다. 이를테면 스티어링 메커니즘에서 조향각의 범위를 넘어갈 만큼 핸들을 돌릴 때, 또는 기차 차단기가 최대로 내려가거나 올라갔는데도 모터가 여전히 멈추지 않을 때와 같은, 특정한 두 지점을 왕복할 수 있으며 장치가 종료지점을 넘어가면 안되는 구조에서 유용하게 쓸 수 있습니다.

이 기어의 메커니즘은 모터로 구동하려는 장치가 구동 한계 범위에 도달해 더 이상 움직임이 불가능한 상태이고 아직 모터는 계속 장치에 회전력을 전달하려고 할 때 그 중간에서 미끄러지면서 모터와 장치 모두를 보호하는 것입니다. 주로 기성품 레고 세트에서 모터로 구동되는 윈치와 같은 곳에 쓰이며, 윈치의 줄이 끝까지 감기었을 때 줄이 끊어지거나 모터에 과부하가 걸리는 것을 막는 용도로 쓰입니다.

클러치 기능이 동작하기 위해서는 클러치 기어에 적절한 토크가 전달되도록 기어비를 설정해야 합니다. 예를 들면 조향장치에 클러치 기어를 적용할 때 단순히 조향륜에 장애물이 걸리는 정도가 아니라 조향륜이 최대 조향각에 도달했을 때 조향장치를 보호하기 위한 용도로만 작동하도록 해야 할 것입니다. 이러한 보호가 이루어지는 감속 구조의 형태는 그림 5-20에서 볼 수 있습니다.

🧑 N.cm(뉴턴 센티미터)는 힘의 단위 N과 거리 단위 cm가 결합된 토크의 국제표준 단위이며, 클러치 기어의 앞면에는 이 허용한계 토크 값이 각인되어 있습니다. 기어 내부는 중앙의 진회색 코어를 마찰력으로 지지하는 금속 판스프링이 내장되어 있으며, 2.5N.cm에서 5N.cm까지의 토크는 허용하지만 5N.cm 이상의 토크에서는 미끄러지게 됩니다.

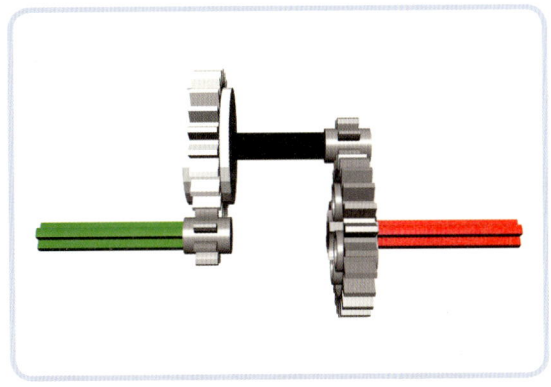

■ 그림 5-20 24톱니 클러치 기어(오른쪽 입력축 8톱니와 맞물리는 기어)에 의해 보호되는 감속 구조. 기어비는 3:1이며, 이것은 클러치 기어가 미끄러지는 힘 역시 1/3으로 줄여주기 때문에, 클러치 기어의 허용 한계의 세 배를 넘는 힘이 인가될 때 클러치 기어의 미끄러짐 현상이 발생하게 됩니다.

레고 창작가 제트로 드 샤토Jetro de Château가 알려준 바에 따르면, 이 기어는 적어도 세 가지의 변종이 있습니다. 하나는 레고 테크닉 8479 세트에 포함된 것으로 중앙이 연한 회색이고 조금 더 큰 토크에서 미끄러집니다. 또 하나는 일반적으로 사용되는 것으로, 중앙이 진회색으로 만들어졌습니다. 나머지 하나는 어느 세트에 포함되었던 것인지 알 수 없으나 다른 클러치 기어와 달리 측면에 허용한계 토크에 대한 각인이 없는 것입니다.

24톱니 크라운 기어

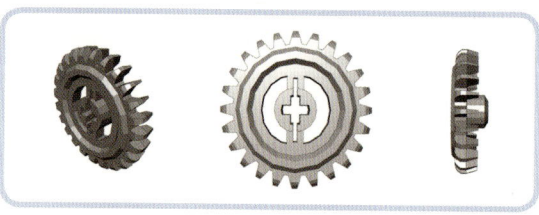

이 기어는 수직 방향으로 동력을 전달할 수 있는 최초의 기어입니다. 🧑 톱니가 축 방향으로 나온 모습이 눕힌 상태에서 왕관과 비슷해서 크라운 기어라고 합니다. 이 기어 역시 세 가지의 변종이 있으며 내구성이 약한 초창기의 문제를 금형의 개선을 통해 강하게 바꾸어 대체하게 됩니다. 이것은 중심축을 장착시키기 위한 구멍 주위의 돌출된 부분 때문에 베벨 기어가 등장하게 되면서 예전만큼 많이 쓰이지 않게 됩니다.

36톱니 기어

크기가 가장 큰 베벨 기어로서, 다른 베벨 기어와는 달리 같은 톱니의 단면 베벨 기어가 제공되지 않는 유일한 베벨 기어입니다. 편리하고 놀라울 정도로 강한 내구성을 갖고 있으며 드물게 다른 색도 있지만 주로 검은색이 많습니다.

40톱니 기어

이것은 가장 큰 기어입니다. 부담스러운 크기 때문에 흔하지도 않고 많이 사용되지도 않지만, 무한궤도형 차량의 제작을 위해 구형의 궤도 부품을 쓸 때에는 궤도 차량의 구동륜인 스프로킷sproket으로도 사용할 수 있습니다.

차동기어

레고는 세 가지 버전의 서로 다른 모양의 차동기어를 제작했습니다. 차동기어의 변천사를 왼쪽의 구형부터 살펴보겠습니다. 🧑 앞서 언급된 기어들의 다른 버전은 톱니로서의 외형은 동일하다고 보아도 무방하지만, 차동기어들은 외형과 맞물리는 기어, 폭 등의 특징 자체가 완전히 다릅니다.

구형 28톱니 차동기어

구형 차동기어는 모두 연회색으로 14톱니 기어와 함께 출시되었습니다. 14톱니 기어는 내부 차동장치에 쓰이는 용도로, 12톱니 단면 베벨 기어로 대치하는 것도 가능합니다. 이것은 공간을 많이 차지하지만, 차동기어 자체에 부착된 28톱니 기어는 크라운 기어 형태이기 때문에 평행방식이나 수직방식이나 모두 구동할 수 있습니다.

16/24톱니 차동기어

이 차동기어는 구형 차동기어를 대체한 것으로 훨씬 더 보편적이며 구형과는 다른 형태로 활용할 수 있습니다. 이것은 16톱니 기어와 24톱니 기어가 부착된 형태로, 오직 평행방식으로의 연결만 가능합니다. 24톱니 기어의 경우 레고 체인으로도 구동할 수 있으며, 양쪽 끝으로는 16톱니 클러치 기어와 같은 도그 클러치가 내장되어, 그림 5-21과 같이 변속기 구동 링으로 차동기어 잠금장치를 구현하는 것도 가능합니다. 이 기어는 거의 대부분이 진회색입니다.

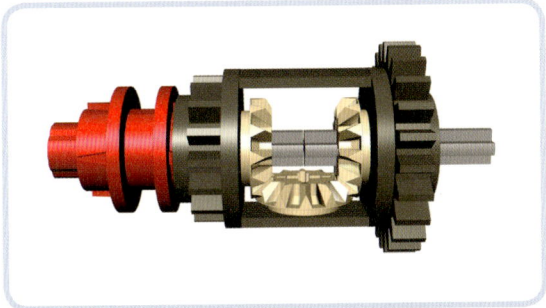

■그림 5-21 변속기 구동 링에 의해 잠긴 차동기어. 차동장치가 잠기게 되면 분리된 좌우의 축이 하나의 연결된 축과 같이 작동하여 차동기능을 사용하지 못하게 하지만, 오프로드 차량과 같은 경우 유용하게 쓰일 수 있습니다.
🧑 실제 자동차가 진흙탕에 한쪽 바퀴가 빠지며 기울어진 경우, 대부분의 일반 차동장치가 장착된 차량들은 차동장치의 메커니즘에 의해 진흙탕에 빠진 반대쪽의 공중에 뜬 바퀴만이 공회전하게 됩니다. 오프로드 차량의 차동 잠금장치는 이러한 상황에서 차동기능을 차단하고 진흙탕 속의 바퀴가 회전할 수 있도록 해 차량이 빠져나올 수 있게 됩니다.

신형 28톱니 차동기어

이 차동기어는 스터드가 없는 구조가 대중화되면서 등장했습니다. 이것은 수직방식으로만 결합할 수 있는 베벨 기어 형태의 28톱니 기어가 부착된 형태로, 다른 차동기어와 달리 그 폭이 3스터드이기 때문에 홀수 체계의 스터드가 없는 형태의 구조물에 장착할 때 보다 편리합니다. 🧑 4스터드 폭의 일반 차동기어를 스터드가 없는 구조에 장착하기 위해서는 5스터드의 공간이 필요하며, 차동기어의 축 좌우로 반 스터드 두께만큼의 부시나 다른 부품을 끼워 크기를 맞추어야 하는 불편함이 따릅니다.

이것은 5×7 크기의 스터드가 없는 프레임에 맞추어 설계되었으며, 다른 차동기어에 비해 놀라울 정도로 강한 내구성을 갖고 있습니다(그림 5-22 참조). 또한 오직 12톱니 베벨 기어에 맞도록 내부가 최적화되었으며 다른 차동기어와 달리 베벨 기어를 보호하는 특수한 프레임이 내장되어 있습니다.

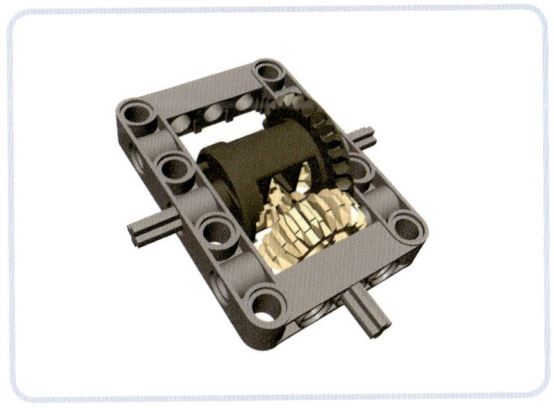

■그림 5-22 신형 28톱니 차동기어를 5x7 크기의 스터드가 없는 프레임에 내장하고 20톱니 양면 베벨 기어로 구동하는 모습

턴테이블

레고 테크닉 턴테이블은 대형과 소형이 있습니다. 대형에는 두 종류가 있는데, 차이점은 구형(왼쪽)이 스터드가 있는 구조에 맞게 제작되었으며, 신형(오른쪽)은 스터드가 없는 구조에 맞게 제작되었다는 점입니다.

또한, 구형은 4스터드 높이이고, 신형은 3스터드 높이라는 점도 중요한 차이입니다. 턴테이블 바깥은 구형과 신형 모두 56개의 톱니를 가지고 있으며, 안쪽으로는 24개의 톱니가 나와 있고, 실제 크기도 24톱니 기어와 딱 맞습니다. 하지만, 바로 안쪽에 24톱니 기어를 넣을 수 있는 구형과 달리, 신형은 내부에 24톱니 기어를 바로 넣는 것이 불가능합니다. 물론 24톱니보다 작은 기어를 넣는 것은 가능합니다.

👤 턴테이블은 두 개의 부품으로 이루어지며 약간의 힘을 가해 위아래를 분리할 수 있습니다. 신형의 경우 이렇게 분리한 다음 24톱니를 안에 넣고 다시 조립할 수도 있으며, 필요에 따라서는 구형과 신형을 섞어 조립하는 것도 가능합니다.

턴테이블의 외부 톱니는 8톱니 기어 또는 웜 기어로 구동할 수 있습니다. 턴테이블은 구형의 것을 스터드에 끼워 조립하는 경우를 제외한다면 사용할 때 특별히 상하의 구분이 없으며(이러한 이유로 스터드가 없는 구조에 맞게 제작된 신형은 뒤집어서 사용하기에 좀 더 편리합니다) 상황에 맞게 턴테이블 외부 혹은 내부 중 하나를 선택해 구동시킬 수 있습니다.

2012년에는 새로운 소형 턴테이블이 도입되었는데 이것 역시 두 개의 부분이 조합되는 구조입니다(그림 5-23 참조). 각각 두 개의 핀 구멍이 있으며, 바깥 부분의 테두리는 베벨 기어와 같은 형태로 28톱니를 갖고 있습니다. 안쪽 부분은 대형 턴테이블과 달리 톱니가 없습니다. 소형 턴테이블은 톱니가 없는 안쪽 부분을 프레임에 고정시키고 베벨 기어를 이용해 톱니가 있는 바깥 부분을 구동시킬 수 있습니다. 이러한 조합은 그림 5-24에서 볼 수 있습니다. 이 턴테이블과 가장 최적의 조합을 보여주는 기어는 단면 혹은 양면 12톱니 베벨 기어입니다.

■ 5-23 그림 소형 턴테이블은 안쪽과 바깥쪽 부품 두 개로 구성됩니다.

소형 턴테이블은 3스터드 높이, 정확히는 3스터드보다 약간 높은 28mm입니다. 중앙에는 사각형의 1×1 브릭 크기의 구멍이 있는데, 이곳으로 축, 부시 또는 축 연결기, 유니버설 조인트, 공압 실린더 또는 소형 리니어 액추에이터, 공압 호스 네 개 등의 부품이 들어갈 수 있습니다. 반면, 빔의 경우 그 사각형의 단면 때문에 중앙의 구멍에 끼울 경우 턴테이블을 돌릴 수 없으며, 레고 LED의 경우에도 전선이 연결되는 부분의 크기 때문에 턴테이블 안쪽 구멍에 넣을 수 없습니다.

■ 그림 5-24 소형 턴테이블과 양면 12톱니 베벨 기어의 맞물린 모습

노브 휠

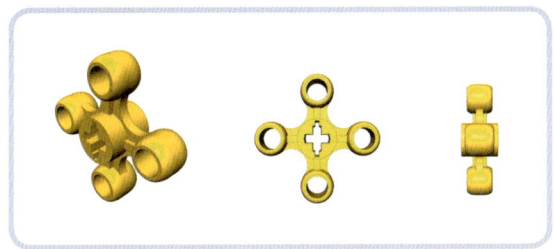

기술적인 관점에서 보면 기어라고 보기 어렵지만, 기어와 같은 용도로 유용하게 쓸 수 있어 인기 있는 부품입니다. 노브 휠은 노브 휠끼리만 조합될 수 있으며, 평행 또는 수직방식 모두를 적용할 수 있습니다. 또한 이 부품은 특수한 모양 덕분에 기어보다 훨씬 더 강한, 그리고 높은 토크를 감당할 수 있습니다. 일반적으로 이 부품은 수직방식의 결합에서 일반 기어(베벨 기어 또는 크라운 기어)가 될 수 있는 상황에서도 정상적으로 동력을 전달할 수 있습니다.

노브 휠의 네 개의 돌출 부위를 톱니의 관점으로 본다면, 이 기어는 다른 어느 기어보다도 톱니의 홈이 깊기 때문에 일반 기어들이 밀리거나 뒤틀리면서 기어가 튀는 상황에서도 노브 휠은 문제가 발생하지 않습니다.

노브 휠의 단점은, 그 특유의 모양 때문에 회전상태가 평탄하지 않다는 것입니다. 노브 휠이 수직방식으로 결합되고, 여기에 큰 토크가 가해질 때, 회전 속도는 일정하지 않을 수 있습니다. 또한, 토크는 작은 점에만 작용하기 때문에 과부하가 걸리는 상황에 처한다면 두 노브 휠이 맞물리는 지점이 마모되는 경향이 있습니다. 물론 이러한 현상은 일반적이지 않으며 아주 잠시 일어나게 됩니다.

헤일파이어 드로이드 휠 기어

이것은 아주 크고 희귀한 부품입니다. 이것은 지름이 무려 26스터드 크기로, 내부에 일반 기어의 톱니와 같은 모양의 168개의 톱니가 돌출되어 있습니다. 두께는 3스터드 폭이고, 내부에는 1스터드 폭의 톱니가 있으며, 위아래로는 1스터드 깊이의 홈이 패여 있습니다. 이것은 내부에 어떠한 구조물을 만들어 넣거나, 외부에서 이 기어를 감싸는 형태로 만들어진 구조물을 이용해 구동시킬 수 있습니다.

이 기어가 독특한 이름을 얻게 된 이유는 유일하게 스타워즈의 4481 헤일파이어 드로이드 제품의 초대형 바퀴를 묘사하는 용도로만 사용되었기 때문입니다. 이 세트는 단종되었으며, 이 기어는 4481 제품 이후로 어디에도 포함되지 않았기 때문에 매우 희귀하고 비싼 부품입니다.

헤일파이어 드로이드 휠 기어는 초대형 모델에서의 턴테이블로 응용할 수 있습니다. 그림 5-25와 같이, 드로이드 휠 기어의 측면 홈에 최대 41개의 레고 공 농구, 축구 등의 구기 종목 관련 모델에서 이러한 공이 종종 포함됩니다. 을 채워 넣고 그 위를 다시 드로이드 휠 기어로 덮으면 이것은 실제로 사용되는 볼 베어링과 같은 형태로 움직이게 되며, 상당한 하중이 가해지더라도 안정적으로 구조물을 지지하며 회전할 수 있게 됩니다. 또한 기어의 크기가 대형이기 때문에 상당히 안정적입니다.

■ 그림 5-25 헤일파이어 드로이드 휠 기어의 안쪽에 41개의 레고 공을 채워 넣은 모습

폐기된 기어들

이 독특하고 화려한 기어들은 아주 오래된 두 개의 레고 시스템에서 채용되었던 부품입니다. 하나는 1965년에 나온 샘소나이트 시스템이고, 다른 하나는 1970년에 나온 익스퍼트 빌더 시스템입니다. 이것들은 1977년에 등장해 오늘날까지 이어지는 테크닉 시스템의 전신이라 할 수 있습니다. 이 기어는 테크닉 시스템이 본격화되면서 사라졌지만, 중고 부품의 유통 경로에서는 아직도 어렵지 않게 찾을 수 있습니다. 이 기어들은 이미지에 포함된 일곱 개의 기어들끼리만 조합할 수 있지만 평행방식과 수직방식 모두를 적용할 수 있습니다. 앞서 설명한 기어들과는 톱니 크기 때문에 호환되지 않습니다. 이런 식의 진화를 예상하지 못하고, 설계된 과도기적인 부품입니다.

외형은 노브 휠과 비슷해 보이며, 회전 자체가 매끄럽지는 않습니다. 이 부품은 크고 튼튼하며, 일부 부품은 중심부가 금속 재질로 만들어져 있어 큰 부하가 걸리는 구조물을 만들 때 유용하기도 하지만 큰 기어인 경우는 많은 공간이 필요하기 때문에 사용이 제한됩니다.

6
체인과 도르래
chains and pulleys

토크를 전달하는 방법으로 기어를 맞물리는 방법만 쓰이는 것이 아닙니다. 유사한 원리로 동작하는 체인과 도르래가 있습니다.

레고 도르래는 실이나 고무벨트를 장착해서 동력을 전달할 수 있는 바퀴입니다. 실생활에서 쓰이는 '벨트 시스템'에서 이와 비슷한 것을 보았을 것입니다. 마찰이 없는 핀이나 부시, 그리고 다른 원형의 부품들 역시 유사한 용도로 쓸 수 있습니다. 도르래 장치는 부하가 크게 걸리지 않고, 동력원과 구동장치 간의 거리가 멀 때 사용하기에 적합합니다.

레고 체인 역시 도르래와 비슷하게 움직입니다. 도르래장치에서 도르래를 기어로 바꾸고, 고무벨트를 체인으로 바꾸면 체인장치가 되며, 도르래장치보다는 좀 더 큰 토크를 견딜 수 있습니다. 체인의 구동기어는 스프로킷 sprocket이라고도 하며, 궤도형 차량의 구동륜과 비슷합니다. 도르래장치가 고무줄과 도르래의 마찰력에 의존하는 구조와 달리, 체인장치의 체인들은 하나하나가 톱니와 1:1로 맞물리기 때문에 기어와 기어를 맞물리는 것과 같은 효과를 발휘합니다. 단, 고무벨트는 벨트와 바퀴 사이의 마찰력에 의존하기 때문에 큰 토크에서는 미끄러지게 됩니다. 그림 6-1에서 도르래장치와 체인장치의 모습을 볼 수 있습니다.

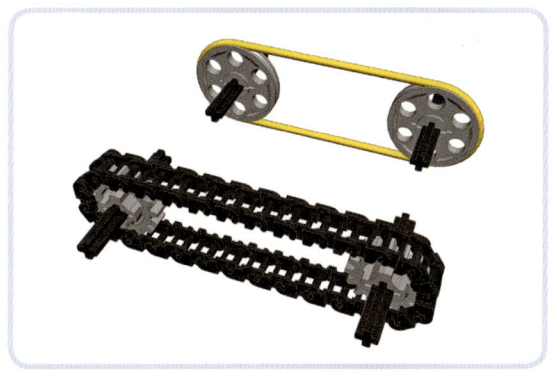

■ 그림 6-1 두 개의 도르래가 노란색 고무줄로 연결되어 있으며, 두 개의 기어는 검은색 체인으로 연결되어 있습니다. 두 장치는 거의 동일한 구동 특성을 가집니다.

체인장치는 용도가 한정되고 구조가 간단하기 때문에 먼저 살펴보고 도르래장치는 그 다음으로 살펴보겠습니다. 체인장치와 도르래장치는 같은 구성으로 쓰일 수 있지만, 일반적으로 도르래장치가 좀 더 실용적입니다.

체인

레고 체인장치는 1979년부터 테크닉 제품에서 등장했으며, 자주 사용되지는 않지만 단종되지 않고 꾸준히 사용되어 왔습니다. 체인의 각 부품들은 그림 6-2에서와 같이, 상하 방향에 구애받지 않고 유연하면서도 단단하게 연결될 수 있습니다. 체인을 쓰기 위해서는 각각의 기어들을 감쌀 수 있도록 체인 부품을 여유 있게 결합하면 됩니다. 그림 6-3에서는 1×2 브릭을 통해 체인의 실제 크기를 보여줍니다. 또한, 체인은 그림 6-4와 같이 궤도 차량의 구형 무한궤도 부품과 호환됩니다.

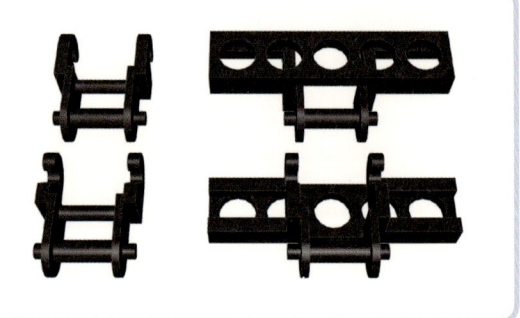

■ 그림 6-4 체인 링크 부품(왼쪽)은 구형 무한궤도 부품(오른쪽)과 유사하며 서로 호환될 수 있습니다. 무한궤도 부품에 대한 자세한 내용은 16장을 참고하세요.

■ 그림 6-2 하나의 체인 링크 부품과, 네 개를 연결한 모습으로, 연결된 위쪽과 아래쪽의 모습은 연결고리의 방향을 제외하면 동일합니다. 체인은 기어를 감싸는 방향으로 덮어서 결합되기에 이론적으로는 구동 중 이탈할 가능성이 있지만 실제로 이러한 가능성은 무시해도 좋습니다. 체인 링크의 결합부 C형 고리의 뚫린 부분이 기어 안쪽을 향하는 것보다는 기어 바깥쪽을 향하도록 조립하는 것이 체인의 구동 중 분리를 막기에 좀 더 유리합니다.

그림 6-5의 다섯 종류의 기어가 체인과 연동될 수 있습니다. 8톱니 기어는 톱니가 체인에 물리기는 하지만, 지름이 너무 작기 때문에 정상적으로 체인을 구동할 수는 없습니다(그림 6-6 참조). 한편 24톱니 클러치 기어는 체인 장치가 과부하에 걸려 멈추었을 때 벨트장치에서와 같은 미끄러짐 현상으로 구조물을 보호합니다. 만약 이러한 고려가 없다면 체인 구조는 과부하가 걸렸을 때 체인 링크 부품의 결합부가 분리되거나 심한 경우 체인 부품 자체가 손상됩니다.

체인으로 턴테이블을 구동하는 것 역시 가능하나, 8톱니 기어나 웜 기어를 이용해 턴테이블을 구동하는 것에 비해 공간의 낭비가 심해 권장하지 않습니다.

■ 그림 6-3 체인 링크 부품은 매우 작고, 다른 형태의 레고 부품과 결합하는 것이 사실상 불가능합니다.

■ 그림 6-5 체인과 호환되는 기어들
(16톱니 기어, 신형 16톱니 기어, 24톱니 기어, 24톱니 클러치 기어, 40톱니 기어)

■ 그림 6-6 8톱니 기어의 톱니는 체인의 틈과 같은 크기이지만 전체 크기가 작기 때문에 정상적인 체인 구동은 불가능합니다. 단, 체인 구조의 구동 목적이 아닌 체인의 길이를 조절하는 목적의 유동기어로는 사용 가능합니다.

종동기어가 16톱니라면, 16:24의 기어비이므로 결과적으로 두 기어가 직접 맞물릴 때와 같은 1:1.5의 기어비를 갖게 됩니다. 같은 이유로, 체인장치에 포함된 유동기어는 체인장치의 기어비에 영향을 주지 않습니다. 기어가 직접 맞물리는 기어장치와 체인을 이용한 체인장치의 유일한 차이점은, 체인장치에서는 체인에 톱니가 물리는 모든 기어들뿐만 아니라 체인의 폐곡선 안에 있는 유동기어 또한 같은 방향으로 회전한다는 점입니다. 단, 체인의 바깥에서 체인과 맞물리는 유동기어의 경우에는 구동기어의 방향과 반대로 회전하게 됩니다(그림 6-6의 유동기어 참조).

경우에 따라서는 하나의 체인에 크기가 다른 여러 개의 종동기어를 맞물려, 다른 회전비를 가진 각각의 종동축을 동시에 구동하는 것도 가능합니다.

체인이 딱딱하다고는 하지만, 연결 부위가 얇게 성형되었기 때문에 약간의 탄성을 가집니다. 그래서 체인의 장력 조절이 필요합니다. 체인이 아주 팽팽하게 연결되면 큰 토크가 걸릴 때 연결 부위가 분리되기 쉽기 때문에, 일반적으로 약간 느슨하게 연결하는 것이 좋습니다. 하지만, 느슨해도 경우에 따라 문제가 될 수 있습니다. 기어와 물리는 순간 그 부분은 문제가 없지만, 기어를 벗어나 지면을 향해 있는 체인의 경우 중력의 영향을 받아 아래로 처질 수 있습니다(그림 6-7).

■ 그림 6-7 체인이 기어를 감싼 모습입니다. 각각의 체인 링크 하나는 톱니 두 개와 맞물립니다. 기어와 맞물려 있는 체인 링크는 기어의 톱니 때문에 움직이지 않고 탄성도 거의 없습니다.

이러한 느슨함은 체인에 걸리는 부하를 증가시키고 체인과 기어가 맞물리는 면적을 줄일 수 있는 원인이 됩니다. 또한 경우에 따라서 기어의 톱니를 건너뛰게 하거나 체인 주위의 구조물에 걸리게 할 수도 있습니다. 하지만 체인이 20개 이상 사용되는 장치에서는 장력이 조금 약해지더라도 체인을 하나 정도 더 추가하는 것이 좋습니다. 이때 간단한 완충장치를 사용하면 약해진 장력을 보완할 수 있습니다.

체인 역시 서로 맞물리는 두 기어의 크기를 바꾸는 방법으로 간단히 기어비를 변경할 수 있습니다. 체인을 이용해 두 기어를 연결할 경우, 기어비는 기어를 서로 맞물릴 때와 동일하게 계산합니다. 기어비는 종동기어의 톱니 수를 구동기어의 톱니 수로 나눈 값입니다.

예를 들어, 체인으로 연결된 구동기어가 24톱니이고,

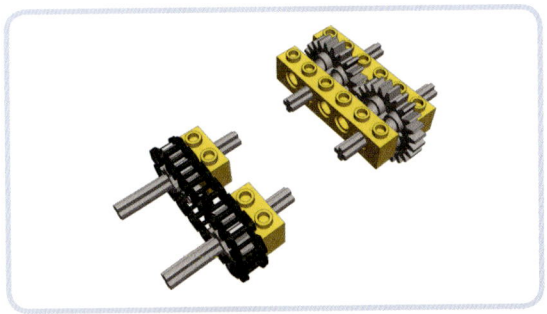

■ 그림 6-8 체인의 중요한 장점은 기어 두 개가 직접 맞물리는 오른쪽 구조와 같이 보강된 프레임이 필요하지 않다는 점입니다.

체인의 중요한 특징은 토크가 가해졌을 때 드러납니다. 높은 토크가 직접 맞물린 기어에 인가될 때, 두 기어는 밀려나면서 톱니가 튀는 현상이 발생할 수 있습니다(그림 6-8 오른쪽).

하지만, 체인에 연결된 기어에 큰 토크가 가해질 경우, 두 기어는 서로를 당기게 됩니다. 이것은 체인장치가 높은 토크의 장치에서 더 우수하다는 것을 뜻합니다. 체인장치의 경우 체인 스스로가 구동계를 더 단단하게 잡아주기 때문에 추가적인 축의 보강이 필요 없게 됩니다(그림 6-8 오른쪽, 좌우로 테크닉 브릭이 보강됨). 단, 큰 토크에서 체인 부품 자체가 손상될 가능성은 여전히 존재합니다.

도르래

도르래는 원형의 레고 부품으로, 고무줄이나 실을 감아 돌릴 수 있는 부품입니다. 그림 6-9와 같이 이 부품들은 레고 벨트 직경에 완전히 맞춘 홈이 패여 있으며, 이러한 홈을 가진 부품은 오직 네 가지만 있습니다. 다른 레고 부품들도 이와 같은 용도로 사용할 수는 있으나, 고무줄이나 실이 감길 때 도르래 부품보다 안정적이지 않습니다. 참고로 타이어를 제거한 바퀴 부품을 도르래와 같은 용도로 사용하기도 합니다.

■ 그림 6-9 네 가지 레고 도르래

가장 흔한 도르래 부품은 일반 반 부시와, 중형 도르래-웨지 벨트 휠(이 명칭은 실제 기계에서 사용되는 V형 고무벨트를 이용하는 V 벨트 휠에서 유래됨)입니다. 대형 도르래는 흔하지 않고, 마이크로모터 도르래는 현재 단종된 구형 9v 마이크로모터에 대응되도록 만들어져 현재 기성품에서는 사용하지 않습니다.

우리가 고무벨트나 끈으로 두 도르래를 연결하면, 체인장치와 마찬가지로 도르래장치의 속도비를 계산할 수 있습니다. 비율은 그림 6-10에 표시된 구동축 도르래와 종동축 도르래의 지름을 비율로 계산하면 됩니다. 웨지 벨트 휠을 이용해 반 부시를 벨트로 구동할 경우를 예로 든다면, 21:5.8의 비율이므로, 결과적으로는 3.6:1의 비율이 됩니다. 만약 마이크로모터 도르래를 이용해 대형 도르래를 구동한다면, 이때는 9:32이므로 비율은 1:3.55가 됩니다.

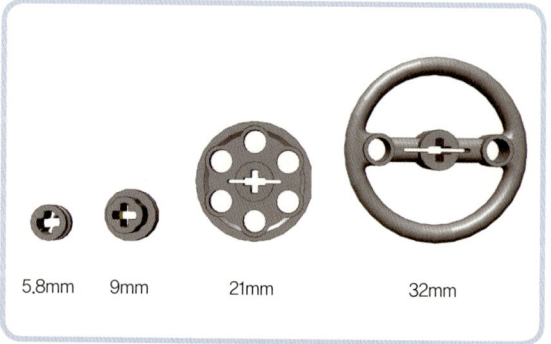

■ 그림 6-10 회전비 계산을 위해 필요한 도르래의 직경

도르래에서의 회전비는 기어를 이용하는 장치의 회전비에 비해 신뢰성이 떨어집니다. 그 이유는 구동장치와 종동장치를 연결하는 과정이 단단한 소재끼리 물리적으로 결합되는 기어나 체인과는 달리, 단지 탄성이 있는 고무벨트나 실에 의존하기 때문에 미끄러짐이나 늘어남 등의 현상으로 원래의 회전비를 유지하지 못할 수도 있기 때문입니다.

우리는 이 신뢰성이 떨어지는 구동 방법을 역이용할 수 있습니다. 예를 들어, 장치에 걸린 과부하로 인해 모터가 실속할 수 있는 상황(stalling: 모터가 속도를 잃는, 정상 구동 되지 못하는 상황)에 처하더라도 미끄러짐 때문에 모터에는 무리한 과부하가 걸리지 않게 됩니다. 그러므로 우리는 도르래를 이용해서 지름을 기반으로 회전비를 계산할 때, 이러한 사항을 고려해 대략적인 근사치로 계산하는 것이 좋습니다. 유효한 회전비는 토크가 전달될 때 도르래를 연결하는 소재의 장력, 마찰력 등의 요인에 영향을 받게 됩니다.

도르래에 실을 사용하는 것은 다음 절의 주제입니다. 지금 이 절에서는 고무벨트에 초점을 맞출 것입니다. 사실 얇은 고무줄이라면 어떤 것도 사용할 수 있겠지만, 레고에서 제작한 고무벨트는 레고 도르래에 최적화되었기 때문에 눈에 띄게 효율이 좋습니다. 테크닉 세트에 포함된 고무벨트는 고품질 실리콘이 함유되어 쉽게 삭거나 탄성을 잃지 않고 상당히 오래 처음 상태를 유지합니다. 또한, 일반적인 고무줄의 단면이 사각형인 것과 달리, 이 벨트들은 레고 도르래의 홈에 맞는 원형 단면을 가지고 있습니다.

도르래 전용으로 제작된 레고 고무벨트는 펼쳐진 모양이 원형으로, 지름이 2스터드인 것부터 7스터드인 것까지 있습니다. 크기와 색상을 제외하면 모두 같은 특성을 갖고 있으며, 약간의 탄성이 있어 자신의 크기보다 조금 더 큰 곳에도 장착할 수 있습니다. 벨트의 종류와 색상은 그림 6-11에서 확인 가능합니다.

고무벨트로 연결된 도르래의 일반적인 동작은 체인으로 연결된 두 개의 기어와 매우 유사합니다. 고무벨트는 벨트 내부에 장치된 모든 도르래들을 같은 방향으로 회전시킵니다. 벨트의 모양은 유동 도르래로 바꿀 수 있으며, 유동 도르래는 벨트의 탄성을 증가시켜 큰 토크를 전달할 수 있게 합니다. 구동 도르래에 의해 움직이는 하나의 벨트는 여러 개의 종동 도르래를 움직일 수 있으며, 여러 개의 종동 도르래의 크기가 각각 다르더라도 회전비만 바뀔 뿐 모두를 구동시킵니다.

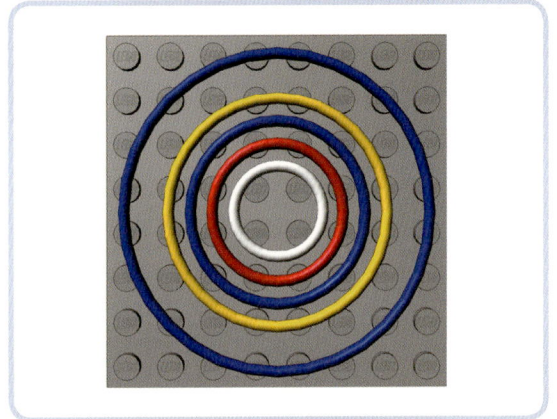

■그림 6-11 레고 고무벨트는 다섯 가지 크기가 있습니다. 각각의 직경은 2, 3, 4, 5 그리고 7스터드입니다. 그림의 벨트들은 각각의 크기에 따라 가장 일반적인 색상을 모은 것입니다.

고무벨트와 체인의 중요한 차이점은 구동장치에서 고무벨트가 효과적으로 동력을 전달하지 못할 수 있기 때문에, 구동이 가능한 선에서 최대한 팽팽하게 유지해야 한다는 것입니다. 도르래장치에서의 벨트는 종동기어가 멈추는 상황에 처하더라도 클러치와 같은 구동장치를 보호하는 메커니즘이 필요 없습니다.

주지할 점은 레고 고무벨트가 높은 토크에서 기어장치만큼의 신뢰성을 보여주지는 못하지만, 생각 외로 잘 미끄러지지 않고 높은 토크를 전달할 수 있다는 것입니다. 한 가지 문제는 무리하게 큰 토크가 인가될 경우 벨트가 무참히 끊어질 수 있다는 것입니다.

도르래장치의 또 다른 장점은 작은 크기와 두께입니다. 가장 일반적인 도르래(반 부시와 웨지 벨트)는 0.5스터드 두께로, 그림 6-12와 같이 한 쌍의 기어를 배치할 공간에 무려 두 쌍의 도르래장치를 설치할 수 있습니다. 이러한 이유로 공간이 좁고 토크가 크지 않으며, 정확한 회전량이 요구되지 않을 때 도르래는 기어보다 좋은 선택이 될 수 있습니다.

게다가 고무벨트가 미끄러지지 않는 한 도르래의 숫자에 관계없이 거의 유격을 생성하지 않기 때문에 빠르고 정확한 기어 메커니즘과 비교해도 부족함이 없는 장점을 가지고 있습니다. 마지막으로, 도르래 구동장치는 거의 무소음입니다.

덧붙여, 도르래장치는 체인장치보다 좀 더 유연하기 때문에 임의의 방향으로 구부리는 것도 가능합니다. 그림 6-13과 같은 구동장치는 체인으로는 만들 수 없고 오직 도르래장치와 실 또는 벨트로만 구현 가능합니다.

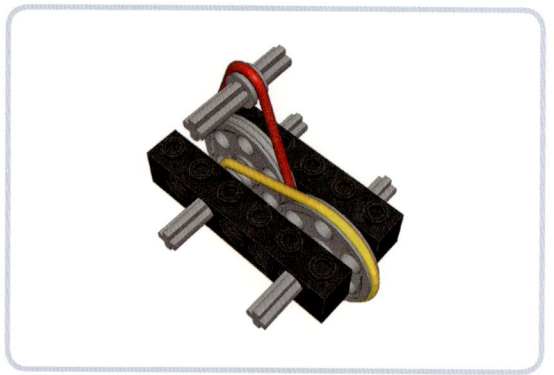

■ 그림 6-12 1스터드 폭의 공간에는 한 쌍의 기어장치 또는 두 쌍의 도르래장치를 장착할 수 있습니다. 도르래장치의 구성요소 중 일부는 0.5스터드 폭이기 때문입니다.

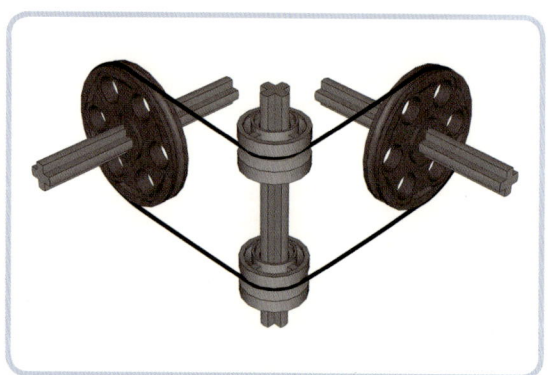

■ 그림 6-13 두 개의 도르래장치는 보조 바퀴로 사용되는 수직 축에 끼워진 두 개의 유동기어(가운데) 때문에 직각 방향으로 연결되었지만 자유롭게 회전하며 동력을 전달할 수 있습니다.

도르래장치와 실

도르래에 실(와이어)을 사용하는 것은 벨트를 이용하는 것과는 또 다릅니다. 물론 실을 이용해 벨트를 만들 수도 있겠지만, 실은 고무벨트만큼의 탄성이 없기 때문에 팽팽하게 만들기가 어렵고, 고무벨트처럼 점성이 있는 재질도 아니기 때문에 마찰력이 부족해서 벨트를 이용한 구동장치만큼 잘 구동되지 않을 것입니다. 벨트를 이용하는 구동장치가 두 개의 인접한 도르래를 함께 회전시키는 것이 주된 용도라면, 실을 이용하는 장치는 실 자체의 성질을 이용해 대상이 되는 물체를 운반하는 용도로 사용되는 것이 더 적합합니다.

이러한 시스템의 사례는 그림 6-14에서와 같은 크레인에 설치된 윈치장치에서 볼 수 있습니다. 실이 실패에 묶인 상태에서 실패를 회전시키면 실이 감기면서 무거운 물체를 들어 올리는 모습입니다. 이 경우, 실패가 구동장치가 되며, 실 끝에 매달린 고리가 물건을 옮기는 운동을 하게 됩니다. 이러한 장치를 구현하는데 도르래가 없다면 윈치의 실패는 크레인의 맨 꼭대기나 고리 바로 위에 위치해야 할 것입니다.

하지만 도르래가 있기에 실은 도르래에 의해 유도될 수 있고, 실이 감기는 구동부가 크레인 맨 위에 있을 필요 없이 임의의 위치, 이를테면 크레인의 무게중심에 가깝게 설치할 수 있습니다.

이러한 실(와이어)을 이용한 구동장치는 실생활에서도 자주 사용되는데요, 이를테면 도개교, 창문의 블라인드, 그리고 케이블로 견인되는 관광지의 케이블카에서 볼 수 있습니다. 그러나 사실 도르래는 이보다 더 다양한 용도로 사용됩니다.

도르래와 실의 결합은 '힘 이득 mechanical advantage'을 가져옵니다. 여기서의 '힘 이득'이란, 메커니즘에 인가한 힘이 도르래와 실에 의해 증폭되어 더 큰 운동을 할 수 있음을 의미합니다. 예를 들면, 힘 이득이 2라는 것은 힘을 가하면 가해진 힘의 두 배의 일을 할 수 있음을 의미합니다. 이것은 우리가 기어를 이용해 알아본 토크와 속도의 변환 관계의 한 종류이며, 힘 이득은 곧 회전비를 달리 표현한 것이기도 합니다. 정리하자면, 힘 이득이 2라면 회전비가 2:1이라는 것과 같은 의미입니다.

■ 그림 6-14 간단한 크레인장치의 원치는 물건을 매단 고리를 감아올리거나 내릴 수 있습니다. 움직임은 구동장치에 장착된 실패에서 유동기어 역할을 하는 두 개의 반 부시로 된 도르래를 지나 원치 끝의 고리로 전달됩니다.

기계적인 장점에 대해서는 이미 그림 6-14의 크레인 모형을 통해 설명했습니다. 이제 크레인에 설치되는 원치의 도르래에 힘 이득을 2배 적용시켰다고 가정해 봅시다. 간단히 말하자면, 우리가 하중을 들어 올릴 때, 줄을 두 배로 당기면 힘은 무게의 절반만 쓰면 됩니다. 즉, 줄을 더 감는 만큼의 운동이 힘으로 변환되었다는 의미입니다. 예를 들어, 어떤 크레인이 100g짜리 물체를 1m 들어 올리기 위해서, 50g의 힘만을 이용하려 한다면 도르래는 2m를 감아올려야 한다는 뜻입니다.

여기에서는 속도와 힘을 바꾸는 형태로, 이러한 장치들은 얼마나 빨리 들어 올릴 수 있느냐 보다 얼마나 많이 들어 올릴 수 있느냐가 더 중요하기 때문에 이것은 결과적으로 이득이 됩니다. 충분한 힘 이득으로 인해, 아무리 무거운 물체라도 단지 시간이 오래 걸릴 뿐, 충분히 들어 올리고 이동시킬 수 있습니다. (물론, 크레인장치 자체가 들어 올리려는 물체의 무게를 지탱할 수 있을 정도의 견고함을 지니고 있어야 합니다.)

도르래장치는 크레인의 상단에 설치되었을 때 가장 효과적입니다. 이러한 도르래장치는 고대 그리스에서 처음 등장했으며, 고대 로마에서 지금의 모습을 갖추게 됩니다. 당시의 로마 크레인은 나무로 된 간단한 구조로, 한 사람이 3톤의 무게를 들어 올리는 것이 가능했을 것으로 추정됩니다. 이 최대 무게 허용량은 여러 개의 크레인으로 한 개의 물체를 들어 올릴 경우 크레인의 개수만큼 증가할 수 있습니다. 오늘날 우리가 감탄해 마지않는 매우 무거운 석재로 제작된 웅장한 고대 건물의 대부분은 이러한 발명이 없었다면 인간의 힘만으로는 만들 수 없었을 것입니다.

도르래장치는 일반적으로 고정된 도르래와 여기에 하중이 인가되는 형태, 예를 들어, 그림 6-15와 같이 크레인의 상단에 설치된 도르래와 하중을 들어 올리기 위한 도르래의 조합과 같은 모습을 보여줍니다. 여기에서는 하나의 움직 도르래와 하나의 고정 도르래가 사용되었지만 필요에 따라 더 많은 도르래가 사용될 수도 있습니다.

고정 도르래는 그림 6-15의 맨 위에 달린 것과 같이 특정한 위치에 고정된 도르래를 의미하며, 움직 도르래는 그림에서 검은색 고리 안에 들어간 것과 같이 실을 감는 것에 따라 도르래의 위치가 움직일 수 있는 도르래를 뜻합니다.

■ 그림 6-15 움직 도르래장치를 갖춘 간단한 크레인의 모형입니다. 여기에서는 두 개의 도르래가 각기 다른 용도로 사용됩니다. 위는 고정 도르래로서 크레인 최상단에 매달려 있으며 아래는 움직 도르래로서 크레인의 고리 안에 들어가 고리와 함께 움직입니다. 이 장치는 움직 도르래의 특성으로 인해 2배의 힘 이득을 가져옵니다.

두 개의 도르래 군은 하나의 실로 연결되며, 얼마나 여러 번 감겼느냐에 따라 힘 이득이 변합니다. 이러한 도르래 장치는 크게 세 가지 종류로 나뉠 수 있으며, 각각의 도르래는 서로 다른 방법으로 상호 연결됩니다. 이제 각각의 도르래의 특징을 살펴보겠습니다.

간단한 도르래장치

간단한 도르래장치의 개념은 크게 두 가지 종류로 구분할 수 있습니다. 먼저, 첫 번째 도르래인 실패는 모두 고정되어 있습니다. 실은 먼저 실패에 감기고, 두 번째 도르래(고정 도르래)를 감은 다음 고리에 고정되거나, 또는 고리에 설치된 다른 도르래를 한 번 더 감은 다음, 다시 두 번째 도르래 위치에 추가된 다른 고정장치에 묶입니다. 정리하자면, 실은 실패와 고리 사이에 아무런 도르래 없이 바로 연결되는 것이 아니라는 의미입니다. 그림 6-16과 6-17에서 간단한 고정 도르래와 움직 도르래의 개념을 제시합니다.

그림 6-17을 보면, 간단한 움직 도르래장치는 고정 도르래와 움직 도르래의 조합으로 구성됩니다. 이 장치는 하중을 들어 올릴 때 올리고자 하는 거리의 두 배의 길이만큼 윈치를 감아야 하지만, 윈치를 감는 힘은 들어 올리려는 하중의 절반으로 충분합니다. 하중이 줄어드는 대신 움직 도르래장치는 보다 긴 줄을 감아야 합니다. 이것은 시간과 힘을 바꾼 것으로, 더 적은 힘을 소요하지만 더 오래 작업해야 하는 것을 의미합니다.

그러나 만약 6-17의 기본 움직 도르래 사이에 하나의 실이 추가된다면 무슨 일이 생길까요? 그림 6-18에서 도르래 하나가 추가된 모습을 볼 수 있습니다.

그림 6-18에서 보는 바와 같이, 실은 이제 상단의 또 다른 고정 도르래를 감아 전부 세 개의 도르래를 사용하게 되었으며, 최종적으로 고리 부분에 묶였습니다. 고정 도르래와 움직 도르래를 연결하는 실은 세 개이며 이때 힘 이득은 세 배가 됩니다. 이 장치는 동일한 하중을 감아 올리기 위해 그림 6-16의 도르래보다 1/3만큼의 힘만을 필요로 하지만, 윈치를 감아야 하는 거리는 세 배가 됩니다. 지금까지의 정보를 통해 여러분은 아마 도르래장치에서 도르래와 실이 도르래를 감는 횟수가 힘 이득과 밀접한 관계가 있음을 짐작할 것입니다.

이러한 간단한 도르래장치들은 일반적으로 요트에서 사용되며, 두 도르래 사이에 몇 번 실이 감겼느냐에 따라 다양한 이름이 부여됩니다. 선박 용어로 두 개의 도르래가 한 조로 이루어진 것을 건 태클gun tackle이라 부르며, 세 개의 도르래가 한 조로 된 겹도르래장치를 러프 태클 luff tackle이라 합니다. 유사한 종류의 다른 도르래장치들이 최대 여섯 개의 줄을 쓰는 종류까지 그림 6-19부터 6-21에 차례로 나와 있습니다.

많은 도르래를 사용해서 실을 여러 번 감을수록 필요한 힘은 줄어들게 되지만, 각각의 도르래가 생성하는 마찰력도 함께 증가하게 되며 감아야 하는 줄의 길이도 늘어나게 되어 결과적으로는 효율성이 떨어지게 됩니다.

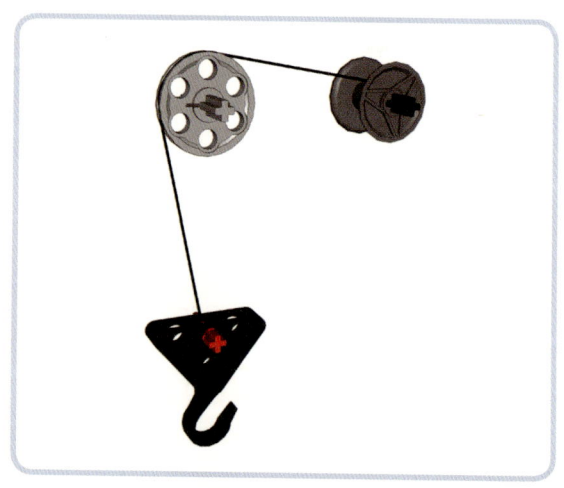

■ 그림 6-16 이 조합은 위에 한 개의 고정 도르래가 배치되고 아래의 고리에는 도르래가 없습니다. 실은 고정 도르래를 지나 바로 고리에 묶이게 됩니다. 여기에서는 힘의 방향을 바꿀 수 있으나, 힘 이득은 없습니다.

■**그림 6-17** 이 조합은 위에 한 개의 고정 도르래가 배치되고, 아래의 고리에도 한 개의 움직 도르래가 배치됩니다. 실은 위의 고정 도르래를 지나 고리 안의 움직 도르래를 감싸고 최종적으로는 고정 도르래 근처의 위치인 빨간 축에 묶여 고정됩니다. 이것은 움직 도르래의 개념으로, 힘 이득이 두 배가 됩니다. 그림 6-16은 한 개의 줄이 고리에 매달려 힘의 증폭이 없고, 그림 6-17은 한 개의 줄이 고리 안의 도르래를 감싸고 나오면서 결과적으로 고리를 양 쪽에서 두 개의 줄로 당기는 것처럼 움직이기 때문에 고리를 들어 올릴 때 드는 힘이 1/2로 줄어들게 됩니다. 이 때문에 같은 힘이 인가된다면 두 배의 무게를 들어 올릴 수 있다는 것이며, 같은 이유로 그림 6-18은 고리를 감싸고 다시 한 번 내려와서 고리에 묶인 줄까지, 결과적으로 세 개의 줄이 매달린 것과 같기 때문에 힘이 세 배로 증폭됩니다. 단, 힘이 증폭되는 배수만큼 도르래의 윈치를 감는 횟수도 비례해서 늘어나게 됩니다.

■**그림 6-19** '더블 태클double tackle'이라 불리기도 하는 이 장치는 4배의 힘 이득을 가져옵니다.

■**그림 6-18** 이 조합은 기본 움직 도르래 조합의 변형으로 상단에 고정 도르래가 추가된 것입니다. 실은 6-17과 달리 움직 도르래를 감싸고 올라가서 다시 한 번 더 두 번째의 고정 도르래를 감싸게 되고, 최종적으로는 고리 근처 위치의 빨간 축에 묶여 고정됩니다. 이 장치는 힘을 세 배 증폭시킵니다. 이러한 이유로 초대형 기중기의 윈치에는 매우 많은 고정 도르래와 움직 도르래 쌍이 배치되곤 합니다.

■**그림 6-20** '진 태클gyn tackle'이라 불리기도 하는 이 장치는 5배의 힘 이득을 가져옵니다.

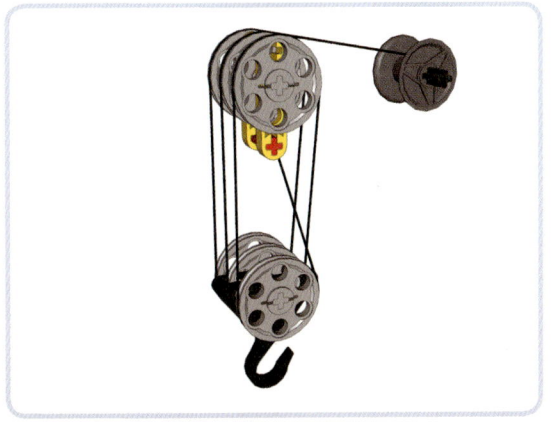

■**그림 6-21** '세 겹 도르래threefold purchase'라 불리기도 하는 이 장치는 6배의 힘 이득을 가져옵니다.

차동 도르래장치

이름과 달리, 이 장치는 차동기어를 사용하지는 않습니다. 대신, 이 장치는 위쪽의 고정 도르래를 서로 다른 크기의 것으로 조합해서 줄을 감는 방향에 따라 물건을 들어 올리는 속도를 다르게 운용할 수 있습니다. 이 장치를 구현하기 위해서는 그림 6-22에서 보는 것과 같이 상단의 두 개의 고정 도르래 축을 분리해 주거나, 둘 중 하나의 도르래를 축 구멍이 아닌 핀 구멍을 쓰는 것으로 바꾸어 주어야 합니다. 🧑 이 장치의 특징은 상단의 지름이 다른 두 고정 도르래가 각기 다른 속도로 회전하는 것입니다.

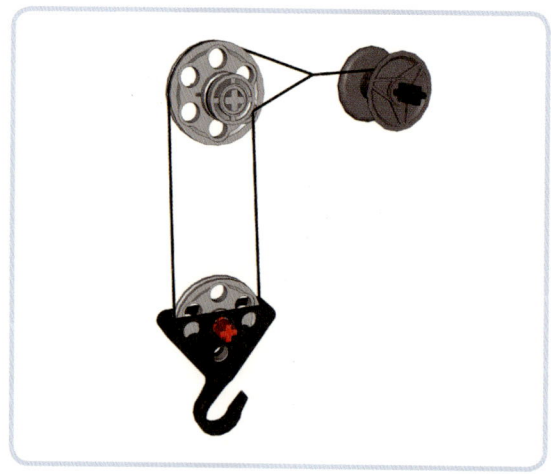

■ 그림 6-22 차동 도르래는 상단의 고정 도르래 위치에 각기 다른 직경의 두 개의 독립적인 도르래가 설치된 장치입니다.

그림 6-22에 보시다시피, 아래쪽의 도르래는 꽤 단순하지만, 위쪽의 고정 도르래 두 개는 서로 다른 직경을 가지고 있습니다. 하나는 웨지 벨트 휠이고, 다른 하나는 자동차 바퀴에 쓰이는 작은 바퀴(부품번호 42610)입니다. 작은 바퀴는 핀 구멍이 있기 때문에 웨지 벨트 휠의 운동과 관계없이 자유롭게 움직일 수 있으며 중앙 홈의 지름 역시 9mm 정도로 웨지 벨트 휠보다 훨씬 작습니다.

실이 감기는 형태는 단순하지 않습니다. 실은 상단의 큰 고정 도르래(웨지 벨트 휠)에서 하단의 움직 도르래를 거쳐, 최종적으로 상단의 작은 도르래(바퀴)로 되감긴 다음 묶여서 윈치의 실패에 감기게 됩니다. 실은 다른 곳에 고정되지 않고 윈치와 큰 고정 도르래 사이의 지점에서 두 가닥이 서로 만나 하나로 묶여 윈치에 감기게 됩니다.

🧑 그림 6-22의 진회색 도르래를 감으면 Y자로 묶인 실이 감기면서 바로 위의 도르래 뭉치를 구성하는 두 개의 도르래가 각각 회전하게 됩니다. 이 두 개 도르래의 크기 차이가 클수록 힘 이득이 증가하게 됩니다.

실패를 감으면 실은 동시에 상단의 큰 도르래와 작은 도르래를 타고 반대 방향으로 다른 속도로 당겨지며, 속도의 차이는 하단의 움직 도르래의 회전에 의해 생깁니다. 흥미로운 점은 우리가 이 시스템에서 얼마나 큰 힘 이득을 얻을 수 있느냐인데, 만약 R이 상단의 큰 도르래의 반지름이고, r이 상단의 작은 도르래의 반지름이라고 할 때, 이 장치의 힘 이득은 다음과 같이 계산할 수 있습니다.

$$\frac{2 \times R}{R-r}$$

이 예제에서 R은 10.5이고, r은 4.5이기 때문에 계산식에 값을 대입하면 21/6이므로 힘 이득은 3.5배가 됩니다. 이 수식에서 보듯이, 도르래 뭉치를 구성하는 두 도르래의 크기 차이가 클수록 힘 이득은 증가합니다. 단, 두 도르래의 크기의 차이에 의해 줄이 감기는 차동 도르래의 특성상, 만약 상단의 두 개의 크기가 같아진다면 이 장치는 동작할 수 없게 됩니다. 🧑 수식만 보더라도 두 도르래가 같다면 R-r=0이 될테니까 x/0, 즉 분모가 0이 됩니다. 유리수 조건을 위배하기 때문에 수학적으로도 성립되지 않는 숫자가 됩니다.

다른 도르래의 조합을 통해 한 번 더 힘 이득을 확인해 봅시다. 예를 들어, 마이크로모터 도르래(R=4.5)와 반 부시(r=2.9)를 조합할 경우, 우리는 9/1.6이라는 값을 얻을 수 있으며 최종적인 힘 이득은 5.63배가 됩니다.

또 다른 조합인 핀 구멍을 가진 바퀴(부품번호 56902)를 사용하는 그림 6-23의 예제에서 보면, 큰 바퀴의 홈의 지름이 10mm(R=5)이고, 마이크로모터 도르래(r=4.5)와 조합되었으므로, 힘 이득은 10/0.5 즉 20배가 됩니다.

차동 도르래장치는 쉽게 힘 이득을 가져올 수 있습니다. 그러나 아래쪽 움직 도르래의 움직임은 작은 도르래를 감은 실과 큰 도르래를 감은 실이 묶이는 지점과 상부 도르래와의 거리에 큰 영향을 받습니다. 이것은 물체를 아주 높이 들어올리기 위해서 윈치와 고정 도르래의 거리가 충분히 길어야 함을 의미합니다. 🧑 이러한 도르래장치는 줄 대신 체인을 이용한 '체인 호이스트'라는 형태의 소규모 수동 크레인 기구로 실제 사용됩니다.

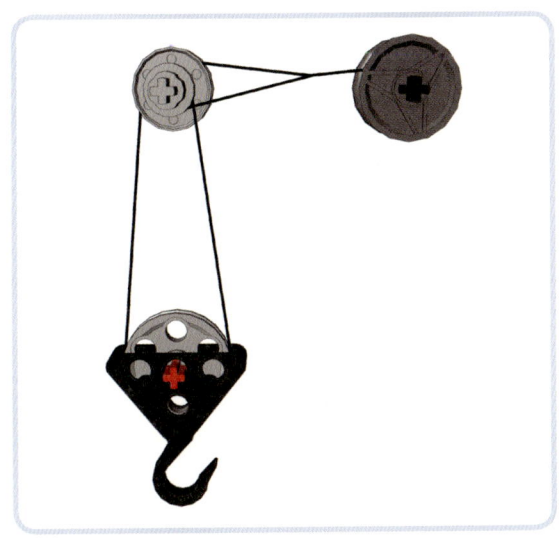

■ 그림 6-23 이 차동 도르래장치는 상단의 도르래에 자유롭게 회전할 수 있는 바퀴와 마이크로모터 도르래를 사용했습니다. 여기에서 사용된 두 도르래 홈의 반지름 차이는 불과 0.5mm이지만 이 차동 도르래는 20배의 힘 이득을 가져옵니다.

복합 도르래장치

복합 도르래장치는 이제까지의 도르래장치 중 가장 복잡하면서도 효과적인 장치입니다. 이 장치는 그림 6-24에서 보는 것과 같이, 맨 위의 하나의 고정 도르래에 순차적으로 여러 개의 움직 도르래가 매달리고, 하중을 들어 올리는 고리는 맨 마지막의 움직 도르래에 설치됩니다.

그림 6-24에서 보는 것과 같이, 실패에 감긴 검은색 실을 감게 되면, 이 검은색 실에 감긴 첫 번째 움직 도르래가 감겨 올라가게 됩니다. 그러면 첫 번째 움직 도르래에서 시작해서 두 번째 움직 도르래를 감고 상단에 고정된 녹색 실이 당겨지게 됩니다. 이것은 또다시 첫 번째 도르래처럼 두 번째 움직 도르래를 감겨 올라가게 만듭니다. 이러한 움직임은 맨 마지막의 도르래까지 반복되며, 맨 마지막 도르래에는 고리가 달려 있습니다. 그림 6-24에서 고리는 네 번째 움직 도르래에 매달려 있지만, 움직 도르래가 20개 정도 추가될 수도 있습니다. 주지할 점은 이 움직 도르래를 구동할 때 고리는 상하로 움직이는 것뿐만 아니라, 실을 감을수록 윈치 방향으로 풀어줄수록 윈치의 반대쪽 방향으로 움직일 수 있다는 점입니다.

복합 도르래장치의 힘 이득은 2^n으로, 여기에서 n은 움직 도르래의 총 개수가 됩니다. 이것의 의미는 힘의 증가폭이 움직 도르래를 추가할 때마다 2의 배수로 (하나일 때는 2배, 두 개일 때는 4배, 세 개일 때는 8배, 네 개일 때는 16배로) 매우 빠르게 증가함을 의미합니다. 이러한 증가폭은 그림 6-22에서 언급된 차동 도르래장치에 비한다면 언뜻 충분히 인상적이지 않을 수도 있지만, 사실 이 증가폭은 도르래가 늘어날수록 기하급수적으로 증가하게 됩니다. 움직 도르래가 10개가 추가된다면 이 장치는 힘이 1,000배 이상 증가하게 되며(2의 10제곱 = 1,024배), 도르래가 20개가 된다면 그 힘의 증가폭은 무려 백만 배 이상(2의 20제곱 = 1,048,576배)까지 증가합니다. 🧑 힘이 1,000배 이상 증가하면 줄을 당기는 거리도 1,000배 이상 늘어나게 됩니다. 물건을 1m 들어 올리기 위해 실을 무려 1000m, 즉 1km만큼 감아야 한다는 의미입니다.

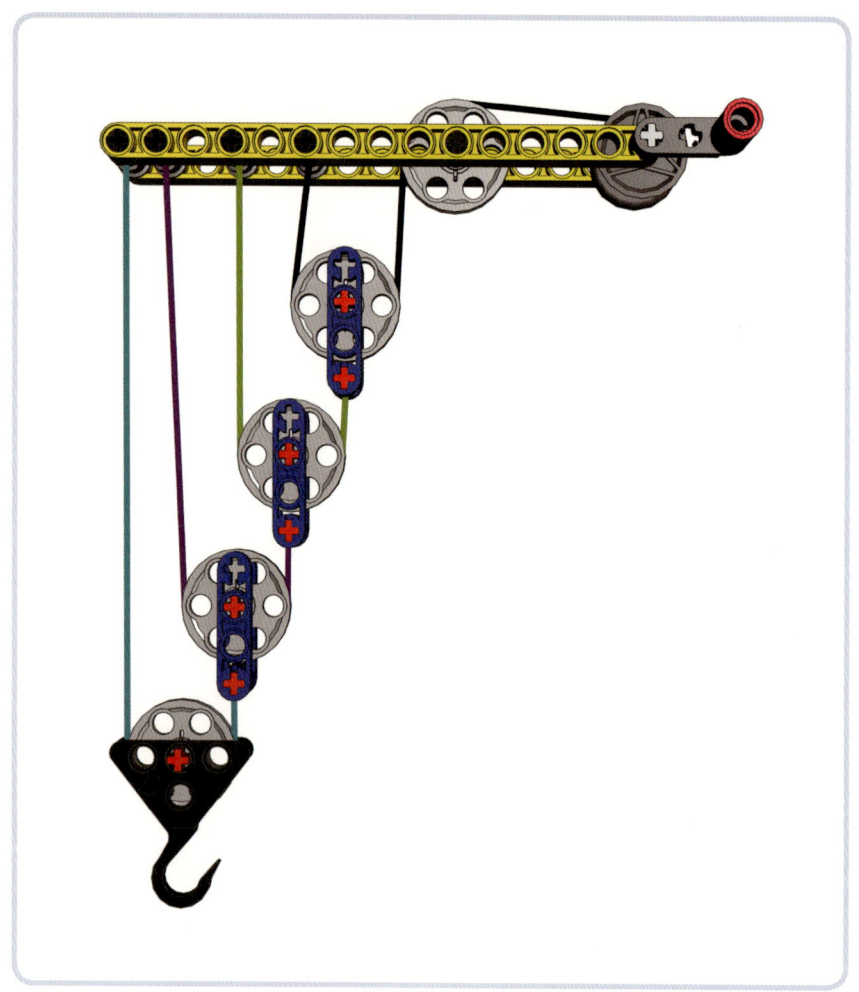

■그림 6-24 복합 도르래장치는 하나의 고정 도르래와 순차적으로 연결된 움직 도르래들로 구성되어 있습니다. 이 네 개의 움직 도르래들은 결과적으로 16배의 힘의 증가를 가져옵니다.

7

지레와 링크 구조

levers and linkages

지레와 링크 구조는 가장 간단한 기계장치의 한 종류로서, 셀 수 없이 다양하고 복잡한 기계 작동 원리의 기반이 됩니다. 지레는 대부분 우리가 무거운 물체를 들어야 하는 상황에서 사용되며, 링크 구조는 하나의 움직임을 다른 형태로 바꾸는 용도로 사용됩니다. 두 가지 모두 일상생활에서 흔하게 접할 수 있는 것으로, 시소 놀이기구나 펜치와 같은 공구들에서 지레와 링크 구조를 볼 수 있습니다.

지레

지레의 개념은 그림 7-1에서와 같이, 하나의 막대가 경첩 또는 하나의 중심점에 의해 지지되는 구조입니다. 지레가 고정되는 지점을 우리는 받침점fulcrum이라 부릅니다. 또한, 지레는 힘을 받는 지점과 힘이 사용되는 지점이 있습니다. 우리는 힘을 직접적으로 받는 부분을 힘점, 그리고 힘점을 통해 전달받은 힘의 반작용으로 일을 하는 지점을 작용점이라 할 것입니다. 힘점과 받침점, 그리고 작용점은 지레의 중간과 좌우 양 끝이 됩니다. 각 지점의 순서는 지레의 종류에 따라 다릅니다.

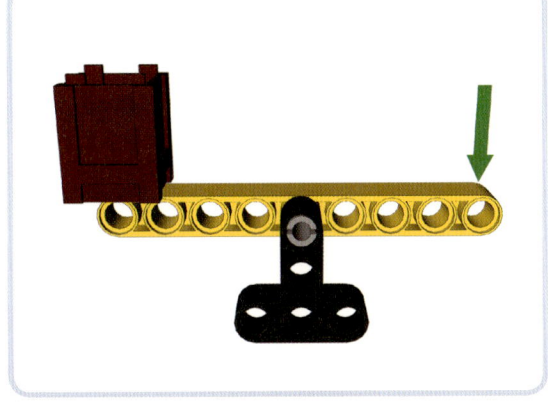

■ 그림 7-1 빔(노란색)이 받침점(검은색)에 의해 지지되는 간단한 지레 구조. 여기에서는 갈색 상자가 하중이 되고, 녹색 화살표가 하중을 들어 올리기 위한 힘을 나타냅니다. 힘을 아래로 가하게 되면 지레로 하중을 올릴 수 있습니다. 여기서 하중은 일반적인 의미로서의 하중과 함께 짐, 무게, 부하 등의 의미를 포함하고 있습니다.

지레는 힘점에 가해지는 힘을 증폭시켜 '힘 이득'을 가져옵니다. 물론, 다른 기계 장치들과 마찬가지로 힘 이득을 얻기 위해서는 대가를 지불해야 합니다. 2배의 힘 이득을 가져오는 지레는 하중을 들어 올리기 위해 절반의 힘만 가하면 들어 올릴 수 있지만, 대신 하중은 내가 지레의 반대쪽에 힘을 가하며 움직인 거리의 절반만 올려집니다. 즉, 내가 원하는 높이까지 하중을 들어 올리기 위해서는 그 두 배만큼의 거리를 눌러야 함을 의미합니다.

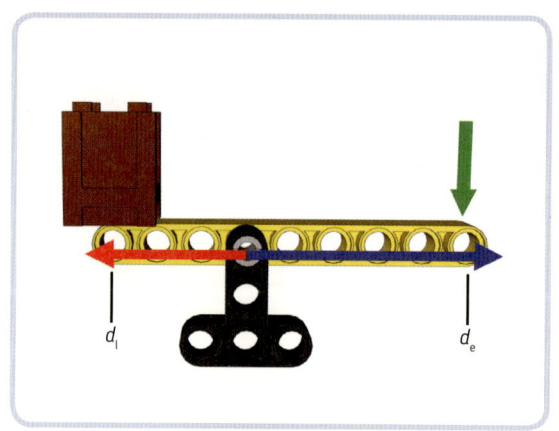

■ 그림 7-2 이 지레는 힘점(녹색 화살표)과 받침점(검은색) 사이의 거리(파란색/de)가 5스터드이고, 받침점과 작용점(갈색 상자) 사이의 거리(빨간색/dl)가 3스터드이므로 비율은 5/3, 즉 1.67배의 힘 이득이 있습니다.

지레의 기계적 장점은 받침점과 힘점 그리고 작용점 사이의 거리에 따라 달라집니다. 이른바 지레의 원리라고도 하는 지레에서의 힘 이득은 d_e/d_l로 표시할 수 있습니다. 여기에서의 d_e는 힘점과 받침점 사이의 거리이고, d_l은 받침점과 작용점 사이의 거리입니다.

그림 7-2의 지레를 예로 든다면, d_e(파란색 화살표)는 5스터드 길이이고, d_l(빨간색 화살표)는 3스터드 길이입니다. 따라서 이 지레의 힘 이득은 5/3이므로 계산하면 1.67배가 됩니다. 이 값의 의미는 이 지레로 1kg의 무게를 1미터만큼 들어 올리기 위해 힘점에 0.6kg을 가해 지레를 1.67미터 움직여야 함을 의미합니다. 이 힘 이득은 증가된 힘만큼, 필요한 움직임도 길어지기 때문에 결과적으로는 작업 시간도 늘어나겠지만, 빠르게 드는 것이 아닌 가볍게 드는 것이 목표이기 때문에 제한적인 조건 하에서는 결과적으로는 우리에게 이득을 가져다줍니다.

🧑 성인의 힘으로 들 수 있는 물체를 지레를 써서 어린이가 들 수 있지만, 그 어린이가 자기 힘으로 물건을 10cm 들어 올리기 위해서는 지레를 20cm 눌러야 합니다. 그렇기 때문에 시간은 순수하게 10cm 들어 올리는 시간의 두 배가 걸립니다. 그러나 빨리 드는 게 목적이 아니라 작은 힘으로 드는 게 목적이기 때문에 이득이 됩니다.

지레의 원리를 보면, 지레에 가해지는 힘은 지레의 길이에 반비례하게 됩니다. 따라서 지레의 짧은 쪽에 힘을 가해 긴 쪽을 움직이려 한다면 더 많은 힘이 필요합니다. 3스터드 길이의 지레를 이용한다면, 같은 조건의 6스터드 길이의 지레에 비해 물건을 들어 올리는 데 두 배의 힘이 필요합니다. 대신 6스터드 길이의 지레는 그 길어진 길이만큼 같은 하중의 물건을 두 배 더 높이 들어 올릴 수 있습니다.

그림 7-3에서는 거리와 힘의 비율을 보여줍니다. 이 그림에서 지레의 한쪽은 3스터드 길이이고, 다른 쪽은 7스터드 길이입니다. 만약 긴 쪽에 힘을 가하면 지레가 가져오는 힘 이득은 2.33배(7/3)가 되며, 반대로 짧은 쪽에 힘을 가한다면 지레가 가져오는 힘은 0.43(3/7)로 오히려 손해가 됩니다. 만약 우리가 이 지레의 긴 쪽에 1kg의 하중을 가진 물체를 올려놓고, 짧은 쪽에 2.33kg의 하중을 가진 물체를 올린다면 지레는 정확히 수평으로 균형을 맞출 수 있습니다.

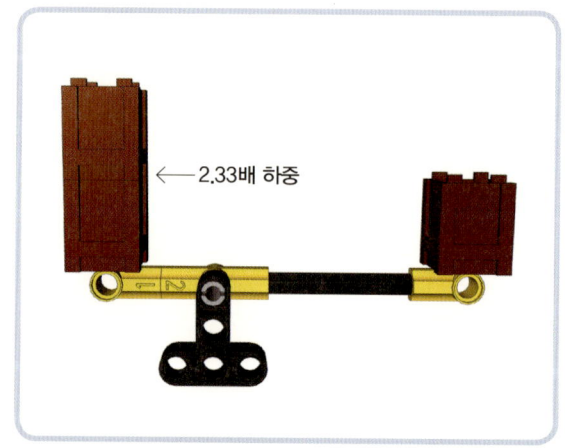

■ 그림 7-3 지레의 힘 이득이 2.33이면 긴 쪽은 2.33배의 짧은 쪽 하중을 감당합니다.

지레의 d_l과 d_e의 거리가 같다면 이때 힘 이득은 1이 됩니다. 바꿔 말하자면 이 경우 지레는 아무런 힘 이득이 없고 운동량과 힘의 균형 역시 조금의 변화도 없다는 뜻입니다. 하지만 이것은 힘의 방향을 바꾸어 준다는 면에서는 여전히 유용합니다. (힘점을 누르면 작용점의 물건을 올릴 수 있습니다. 같은 힘이라면 들어 올리는 것보다는 누르는 것이 훨씬 쉽기 때문입니다.)

마지막으로, 지레는 반드시 직선일 필요는 없습니다. 만약 지레가 굽은 막대라 하더라도 이것의 동작 특성은 직선일 때와 동일합니다. 그림 7-4의 구부러진 지레가 좋은 예입니다. 이것은 긴 팔과 짧은 팔, 그리고 바닥과 닿는 모서리로 구성되며, 사실상 지레의 힘점, 받침점, 그리고 작용점의 특성을 모두 가지고 있습니다. 짧은 팔 부분에 짐을 올려놓고 긴 팔 부분을 눌러주면 그림 7-2의 지레와 마찬가지로 무거운 물체를 적은 힘으로 들어 올릴 수 있습니다.

지레의 종류

지레의 힘점, 받침점, 그리고 작용점의 위치는 각기 다를 수 있습니다. 이러한 조합은 전부 세 가지로 나눌 수 있으며 이를 지레의 종류라 합니다. 다행히도 지레의 원리와 힘 이득에 대한 계산 방법은 세 가지 종류가 모두 같습니다. 지레의 종류는 다음과 같습니다.

- **1종 지레**(그림 7-5 참조) 받침점은 지레의 중심에 위치하며, 힘점과 작용점은 지레의 양 끝에 위치합니다. 이 지레는 힘점과 작용점이 서로 반대 방향에서 상호 작용하는 유일한 지레입니다. (둘 중 한쪽을 누르면 반대쪽이 올라가는 형태) 이러한 지레의 예는 시소 또는 지렛대입니다.

- **2종 지레**(그림 7-6, 7-7 참조) 하중은 지레의 중간에 작용하며, 받침점은 지레의 끝, 힘점은 받침점의 반대편 끝에 위치합니다. 이러한 지레의 예는 외바퀴 수레를 들 수 있으며, 이 때 바퀴가 이 지레의 받침점이 됩니다.

- **3종 지레**(그림 7-8, 7-9 참조) 힘점이 지레의 중앙에 위치하며, 받침점과 작용점은 각각 지레의 양 끝에 위치합니다. 3종 지레는 힘 이득이 1보다 작으며, 힘을 포기하는 대신 이동 거리를 얻는 형태입니다. 이러한 지레

는 힘점에 작용되는 힘이 충분할 경우 작용점을 보다 크게 움직이게 할 수 있습니다. 이러한 지레의 예는 팔 중간에 공압실린더가 장착되어 실린더에 의해 들어 올려지는 크레인의 팔을 들 수 있습니다.

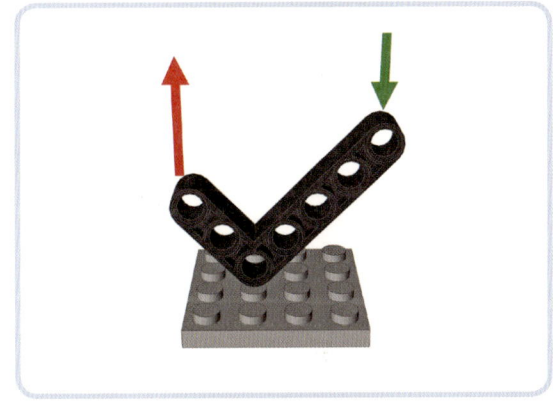

■ **그림 7-4** 3×5 크기의 굽은 빔은 마치 지렛대처럼 움직일 수 있습니다.

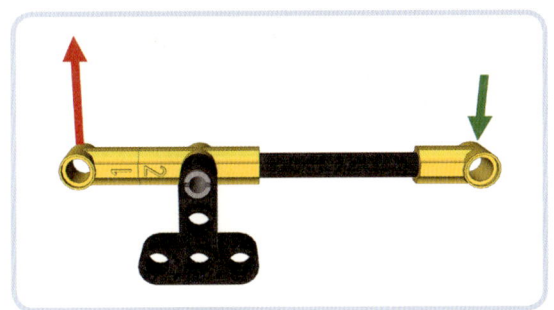

■ **그림 7-5** 1종 지레는 받침점이 가운데에 있으며, 힘점(녹색)과 작용점(빨간색)은 각각 지레의 양 끝에 있습니다.

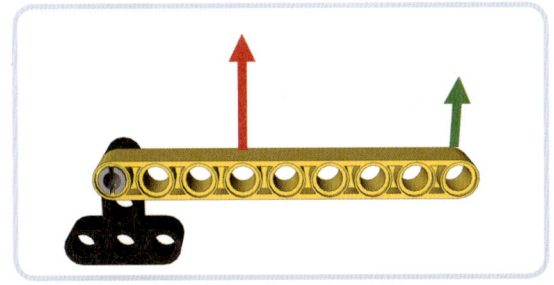

■ **그림 7-6** 2종 지레는 작용점(빨간색)이 가운데에 있으며, 받침점과 힘점(녹색)이 각각 지레의 양 끝에 있습니다.

지레를 응용한 링크 구조

여러분이 만약 같은 크기의 두 지레를 위아래로 나란히 위치시키고 각각의 끝을 연결한다면, 이것은 상당히 재미있는 움직임을 보여줄 것입니다. 두 지레의 양쪽 끝의 연결 부분은 지레가 어떠한 형태로 움직이더라도 항상 같은 방향을 향하게 됩니다. 이러한 현상은 지레의 길이에 상관없이, 두 지레의 같은 부분을 연결한다면 어떤 연결점에서도 동일하게 발생합니다. 이러한 장치는 병렬 지레parallel levers 또는 4절 링크4-bar linkage라고 부릅니다.

그림 7-10에서는 앞서 살펴본 그림 7-9의 크레인의 팔을 변형하여, 지레를 하나 더 위에 추가해서 병렬 지레를 구현한 모습을 볼 수 있습니다. 링크가 추가된 병렬 지레는 두 가지 이점이 있습니다. 먼저 두 개의 지레가 링크를 이용해 연결되고, 함께 움직이기 때문에 우리는 하나의 지레에 힘을 가해 두 개의 지레를 동시에 움직이게 할 수 있습니다.

두 번째 장점은 아주 중요한 특징인데, 일반 지레가 기울어질 경우 지레 위에 올라간 짐도 함께 기울어지는 것과 달리, 병렬 지레에서는 받침점이 고정된 경우 작용점에 연결된 링크 역시(지레의 움직임에 상관없이) 받침점의 링크와 같은 방향으로 자세를 항상 유지하기 때문에, 작용점에 실린 짐 역시 항상 처음의 상태를 유지할 수 있다는 것입니다.

많은 종류의 기계장치, 이를테면 프론트 로더나 만능 지게차 등은 무거운 짐을 들어 올리기 위해 팔 부분에 병렬 지레를 사용합니다. 그림 7-11의 모델은 버킷을 움직이는데 병렬 지레를 사용한 프론트 로더의 좋은 예로, 레고 8265 세트입니다. 이 세트의 아래쪽 지레의 힘점에는 리니어 액추에이터 🙂 실제 유공압 장비에서는 선형과 리니어를 혼용하는데 국내 레고 사용자들은 선형이라는 명칭보다는 리니어라는 명칭을 압도적으로 더 많이 사용하고 있습니다(13장 참조). 가 연결되어 있으며, 이 액추에이터가 수축 혹은 팽창함에 따라 버킷의 높이를 제어할 수 있습니다. 또한, 액추에이터의 수축과 팽창 운동은 위

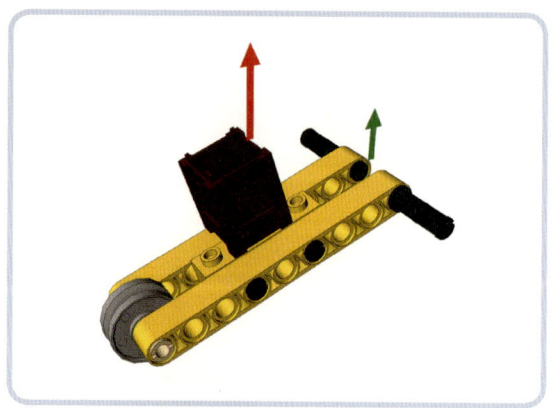

■ 그림 7-7 외바퀴 수레는 2종 지레 장치 중의 하나로, 여기에서 바퀴는 받침점의 역할을 합니다. 짐은 수레의 가운데에 실리게 되며, 사람이 들어 올리는 손잡이는 바퀴 반대쪽의 끝에 위치합니다. 외바퀴 수레는 짐을 제대로 작용점에 놓고 사용한다면 힘 이득을 얻을 수 있습니다.

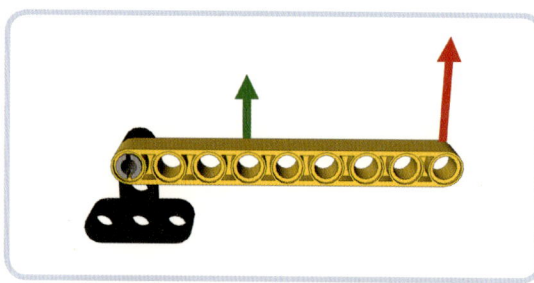

■ 그림 7-8 3종 지레는 힘점(녹색)이 가운데에 있으며, 받침점과 작용점(빨간색)이 각각 지레의 양 끝에 있습니다.

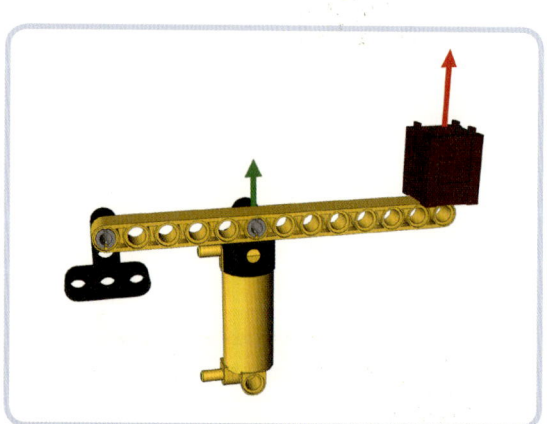

■ 그림 7-9 크레인의 팔은 3종 지레 장치 중의 하나로, 받침점과 작용점은 각각 양 끝에 위치하며, 중앙에 힘점(여기에서는 공압실린더)이 위치합니다. 3종 지레는 힘 이득은 없지만 작용점의 짐을 힘점에서의 운동량보다 더 많이 움직일 수 있습니다. 이러한 특성은 제한된 거리를 움직이지만 매우 큰 힘을 발휘하는 공압장치에 특히 유리합니다.

쪽 지레에도 전달되며 추가적인 링크가 버킷의 방향을 제어하게 합니다. 또 다른 하나의 액추에이터는 앞의 것과 같은 방법으로 연결됩니다. 버킷의 방향과 높이는 리니어 액추에이터의 길이와 이로 인해 움직이는 병렬 지레의 움직임에 전적으로 의존합니다.

■ 그림 7-12 병렬 지레는 길이와 간격이 동일한 경우, 즉 평행사변형 구조에서만 양 끝단의 방향이 동일하게 유지됩니다.

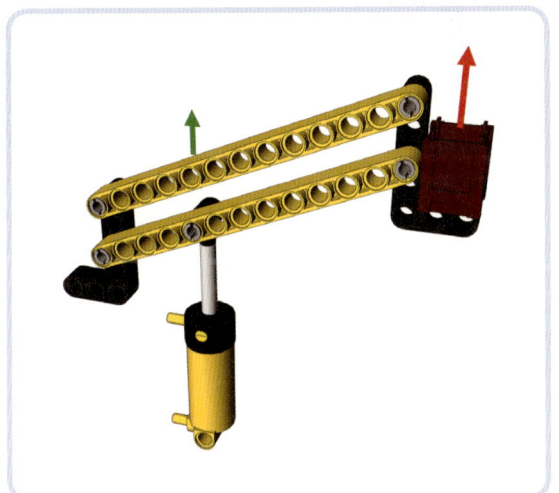

■ 그림 7-10 병렬 지레로 만들어진 크레인의 붐. 병렬 레버의 끝부분(갈색 상자가 올라간 검은색 ㄴ자형 부품)의 상자를 지지하는 바닥면은 항상 시작 부분(아무것도 없는 검은색 ㄴ자형 부품)의 바닥면과 같은 수평 상태로 자세를 유지하기 때문에 갈색 상자가 떨어지지 않습니다.

■ 그림 7-13 병렬 지레는 두 지레를 연결하는 링크 때문에 원래의 지레에 비해 움직임의 범위에 제한이 가해집니다. 이러한 제한은 병렬 지레의 위쪽 부분을 그림 7-12와 같이 아래쪽에서 수직으로 올라간 위치가 아닌, 위쪽으로 올라간 상태에서 조금 뒤로, 즉 대각선 방향으로 옮겨갈 경우 최대로 올릴 수 있는 각도를 키울 수 있습니다. 단, 최대로 내릴 수 있는 각도는 그림 7-12보다 줄어들게 됩니다(그림 참조. 위쪽 지레가 왼쪽으로 3스터드, 위쪽으로 3스터드 위치에 설치됨).

■ 그림 7-11 레고 8265 세트는 버킷을 들어 올리는 팔 부분에 병렬 지레 구조가 사용되었습니다.

받침점과 작용점의 방향을 같게 유지하기 위해서는 그림 7-12와 같이 두 지레의 길이는 같아야 하며, 링크로 연결되는 두 지점의 위치도 같아야 하고 좌우의 링크 길이 역시 같아야만 합니다.

이렇게 만들어진 지레는 링크 구조 때문에 움직임의 범위가 특정한 지점을 넘어갈 수 없어 한 바퀴 회전이 불가능합니다. 🧑 링크 때문에 병렬 지레의 구동 범위는 180도를 넘지 못합니다. 그림 7-13에서는 위쪽 지레의 위치를 조정해 7-12의 병렬 지레보다 그 구동 범위를 조

7 지레와 링크 구조 83

금 더 넓힐 수 있습니다. 또한 두 지레를 연결하는 링크는 두 지레와 연결되는 부분의 크기와 각도만 같다면 그림 7-14와 같이, 받침점과 작용점의 링크 모양이 달라져도 무방합니다.

병렬 지레는 다른 형태로의 변형도 가능합니다. 예를 들어, 받침점 역할을 하는 링크가 두 꼭짓점 중 하나의 점을 중심으로 회전한다면, 링크의 움직이는 점에 연결된 지레에 의해 반대쪽 링크 역시 동일하게 움직입니다. 그림 7-15에서는 이러한 특징을 이용해서 프론트 로더의 버킷을 움직이는 개념을 보여주는데, 수직으로 설치된 리니어 액추에이터를 구동하면 팔(노란색) 전체가 녹색 화살표 방향으로 움직이게 되며 수평으로 설치된 리니어 액추에이터를 구동하면 여기에 연결된 파란색 링크가 빨간색 화살표 방향으로 움직이면서 오른쪽에 설치된 파란색 ㄴ자 형태의 링크를 같은 방향으로 움직이게 합니다.

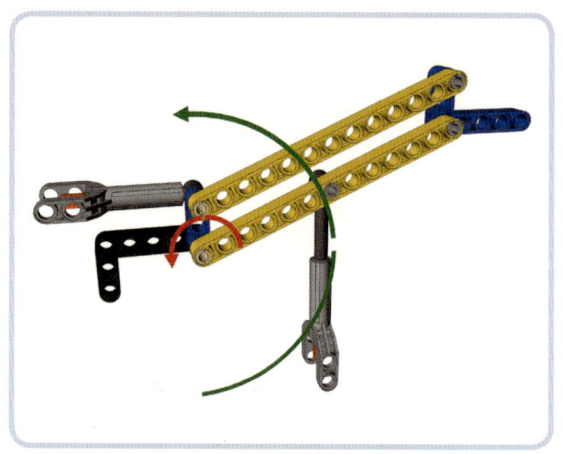

■ **그림 7-15** 여기에서의 병렬 지레는 두 개의 리니어 액추에이터의 길이에 의존합니다. 좌측의 누운 리니어 액추에이터는 링크를 움직여(빨간색 화살표) 버킷을(파란색 ㄴ자형 리프트암) 쏟아 내리고, 중앙의 세워진 리니어 액추에이터는 병렬 지레로 구성된 팔 자체를 올리거나 내려(녹색 화살표) 버킷의 높이를 조절하게 됩니다.

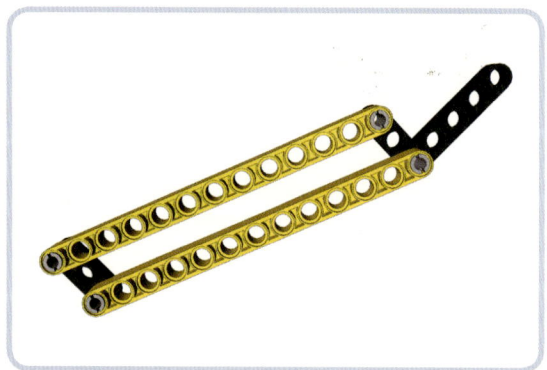

■ **그림 7-14** 병렬 지레의 기능은 구성요소 각각의 연결 위치에 따라 달라집니다. 다양한 부품과 다양한 각도라는 조건에서도 양쪽 끝의 링크 방향은 동일합니다.

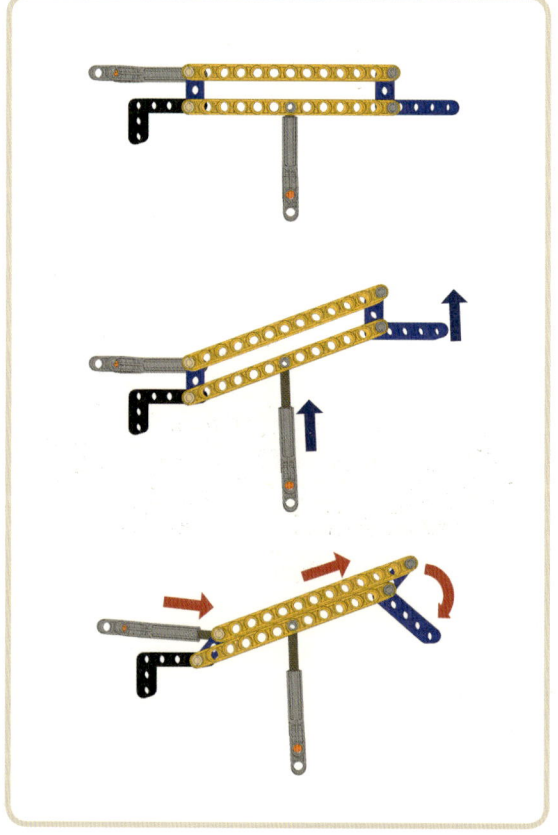

■ **그림 7-15a** 각 관절의 길이가 바뀜에 따라 병렬 지레가 움직이는 모습입니다.

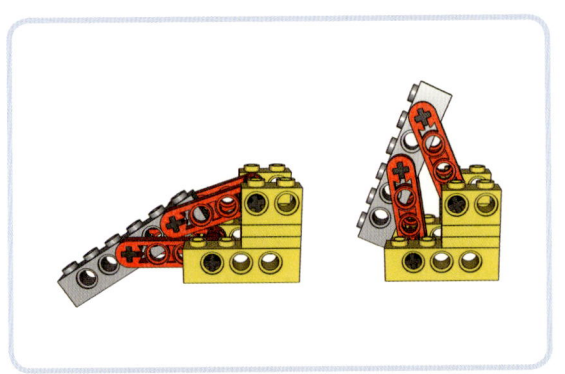

■ 그림 7-16 레고 모바일 크레인 제품에서 사용된 아우트리거 메커니즘의 지레 구조는 정확히 평행하지 않습니다. 노란색 부품은 크레인 몸체, 아우트리거는 회색 부분이며, 빨간색 부분이 지레가 됩니다.

그림 7-16에서는 병렬 지레의 두 링크가 완벽하게 평행이 아닌 경우에 발생할 수 있는 재미있는 현상을 보여줍니다. 이 지레를 구동하면 지레의 끝은 완만한 곡선 궤적을 그리며 움직입니다. 이러한 움직임의 한계는 경우에 따라서는 장점으로 작용합니다. 이를테면 지레의 끝단이 최대한 올렸을 때와 최대한 내렸을 때 다른 각도가 되기를 바라는 경우에는 이러한 움직임이 유용합니다.

이 기능은 레고 8460 뉴매틱 크레인 트럭 세트에서 차체의 전복 방지를 위한 아우트리거 크레인이나 사다리차와 같은 전복의 위험이 있는 차량들에 대부분 달린 옆으로 빼는 발입니다. 동작에 사용되었습니다. 이 구조는 아우트리거를 내릴 때는 수평에 가깝게 만들고, 올릴 때는 수직에 가깝도록 보다 효과적으로 운동 범위를 증가시키게 됩니다.

마지막으로, 여러분은 병렬 지레 구조에 상대방 지레를 함께 동작시키는 기능을 추가할 수 있습니다. 병렬 지레의 고정축이 되는 부분에 축과 기어를 장착하고, 이 축을 회전시키면서 이와 동일한 구조를 대칭형으로 배치한다면, 하나의 병렬 지레를 움직여서 다른 병렬 지레를 함께 움직이게 할 수 있습니다.

그림 7-17에서는 기어가 한 쌍의 병렬 지레에 왼쪽에서 오른쪽으로 같은 움직임을 전달하는 모습을 보여줍니다. 연결되는 기어는 1:1 비율이기 때문에, 모든 지레는 대칭형으로 동일한 움직임을 보여주게 되며, 끝 부분(검은색 부품)은 양쪽 모두 항상 수평을 유지하며 움직이게 됩니다. 기어의 마찰과 반동으로 문제가 발생하지 않는다면 이러한 조합에 추가할 수 있는 지레의 개수는 제한이 없습니다.

링크 구조

링크 구조는 특별히 제한된 움직임을 수행할 수 있도록 관절 형태의 링크들이 조합된 구조입니다. 이것은 주로 회전운동이나 요동운동 일정한 각도의 구간을 반복적으로 왕복하는 운동을 직선운동으로 변환하는 데 사용

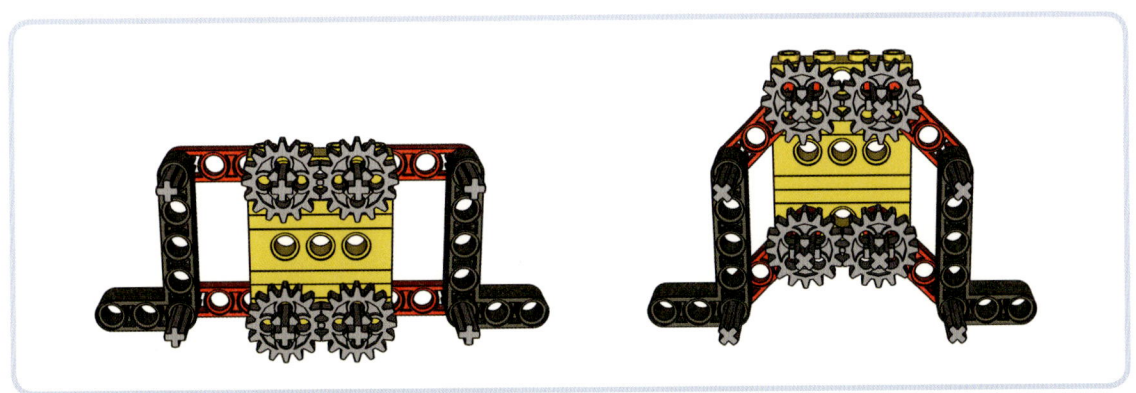

■ 그림 7-17 두 개의 병렬 지레 구조가 가운데의 기어 쌍을 이용해 연결되었습니다. 기어는 두 쌍의 병렬 지레를 반대로 움직이게 하며, 병렬 지레의 특징 덕분에 두 지레의 끝 부분은 수평을 유지합니다.

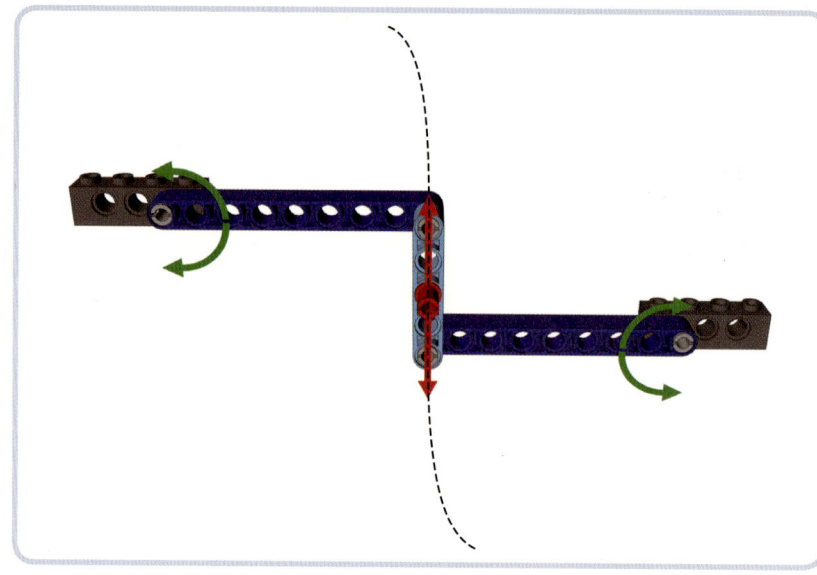

■ 그림 7-18 와트 링크 구조는 두 개의 긴 링크(파란색)와 두 링크를 연결하는 하나의 짧은 중앙 링크(하늘색)로 구성되어 있습니다. 긴 링크들 중 하나의 움직임(요동운동, 녹색)은 여기에 연결된 중앙 링크를 움직이게 하는데, 이때 중앙 링크 가운데 부분은 위아래로 직선운동을 하게 됩니다(빨간색 핀의 움직임). 이 링크에 대한 자세한 설명은 이 장 맨 마지막에서 다루어집니다.

됩니다. 또한 링크 구조들은 지레의 원리를 응용해 힘 이득을 적용시킬 수도 있습니다. 사실상 지레와 링크는 같은 개념을 공유한다고 볼 수 있습니다.

> **NOTE** 앞으로 살펴볼 모든 링크의 예제 그림에서, 같은 길이의 빔은 같은 색을 사용할 것입니다. 그리고 진회색은 지지용 구조물에, 연회색 핀은 링크 구조를 유지하는 곳에, 그리고 빨간색 핀은 이 링크의 동작 특성을 보여주는 지점에 사용할 것입니다.

링크 구조의 가장 큰 장점은 그림 7-18에서 보는 바와 같이, 그 특유의 움직임을 구현하는 데는 별도의 가이드 요소가 필요 없이 단지 링크들을 연결하는 것만으로도 충분하다는 것입니다. 이러한 특징은 많은 경우 유용합니다. 실제로 링크 구조는 서스펜션 완충장치의 구성요소로 자주 사용됩니다.

또한, 링크 구조의 특정한 움직임은 특정 위치의 핀에 의해 결정되며, 이 움직임의 형태 및 범위를 바꾸기 위해서는 연결되는 지점을 바꾸는 것으로 충분합니다. 예를 들어, 여러분은 단지 서너 개 빔의 길이와 위치를 바꾸는 것만으로도 링크의 기본 운동 형태를 유지하면서 운동 범위나 최대/최소 각도 등과 같은 움직임 요소에 무한한 변화를 줄 수 있습니다.

체비셰프 링크

체비셰프 링크Chebyshev linkage 또는 Tchebycheff's linkage로 알려진 이 구조는 세 개의 링크로 구성되며 아래쪽 링크(밝은 회색)의 요동운동에 의해 구동됩니다. 이 운동은 중앙 링크(노란색)의 중앙(빨간색 핀)이 직선으로 좌우로 움직이도록 합니다. 운동은 중앙 링크가 수직이 되는 시점까지 지속됩니다. 중앙 링크는 지지용 구조물(진한 회색)과의 충돌을 방지하기 위해 나머지 링크들보다 짧은 형태로 제작되어야 합니다.

호이켄 링크

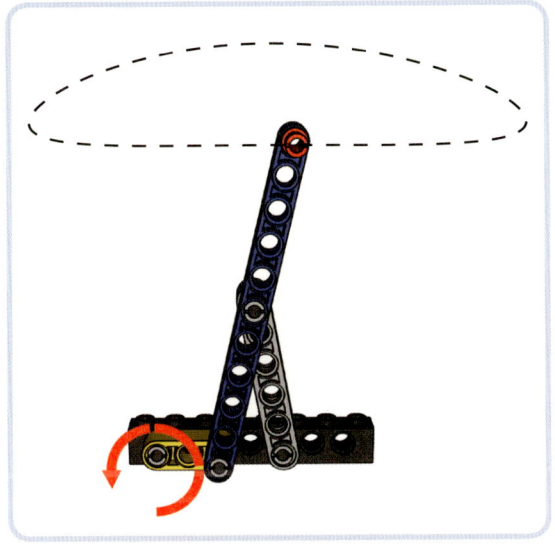

호이켄 링크Hoeken's linkage는 세 개의 링크로 구성되며 짧은 링크(노란색)의 회전운동에 의해 구동됩니다. 이 링크를 구성하는 세 개의 요소, 짧은 링크(노란색)와 중간 길이의 링크(연회색), 그리고 각각의 링크가 결합된 위치와 지지용 구조물에 고정되는 위치가 결정적으로 중요한 요소가 됩니다. 이 그림에서의 비율은 2:5:4입니다. 긴 링크(파란색)는 중간 링크와 연결되는 부분 이후로는 임의로 길이가 확장되어도 무방합니다.

이 링크의 끝은 타원을 길이 방향으로 자른 듯한 모양의 곡선 경로를 따라 움직이며(그림의 점선 부분), 이 타원의 크기는 긴 링크의 확장되는 부분의 길이에 의해 결정됩니다. 이 링크의 운동 궤적은 직선 구간이 전체 경로의 절반에 조금 못 미치고, 나머지 궤적은 곡선 형태로 움직이며, 이러한 독특한 궤적은 특수한 경우, 이를테면 보행형 운송 수단의 다리 관절과 같은 곳에 사용할 수 있습니다.

팬터그래프(사도기)

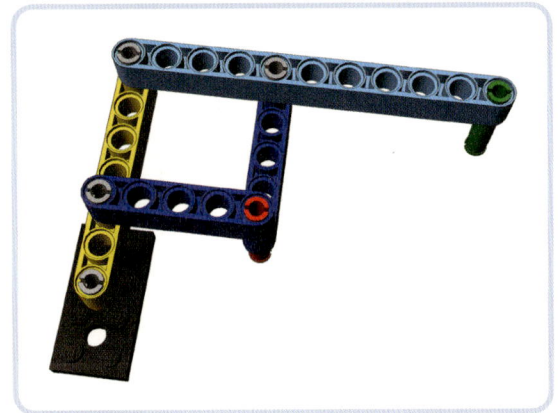

팬터그래프pantograph는 네 개의 링크와 두 개의 점에 의해 구성되는 독특한 링크 구조로 그 움직임은 매우 흥미롭습니다. 그림의 녹색 핀으로 표시된 점은 빨간색 핀으로 표시된 점의 모든 움직임을 그 비율만을 바꾼 채 그대로 따라 움직입니다. 비율의 차이는 긴 링크(하늘색)의 길이와 나머지 링크(파란색)가 긴 링크의 어느 지점에 연결되었는지에 따라 달라집니다(여기에서의 긴 링크는 실제로 지레처럼 작동합니다).

이 장치의 재미있는 속성은 두 점에 펜을 장착한 후 하나의 펜을 잡고 손으로 그림을 그릴 경우 그 그림이 다른 펜에 의해 그대로 확대 또는 축소되어 동시에 그려진다는 것입니다. 또한 이것은 손글씨에도 적용되는데, 토마스 제퍼슨은 그의 편지를 복사하는 데 이 방법을 사용하기도 했습니다. 오늘날에는 컴퓨터 기술을 이용해 확대, 축소 및 복사가 손쉽게 이루어집니다. 하지만 팬터그래프는 조각 작업이나 봉제 작업과 같은 정확한 수작업을 요구하는 곳에서 여전히 사용되고 있습니다.

포셀리어-립킨 셀

사루스 링크

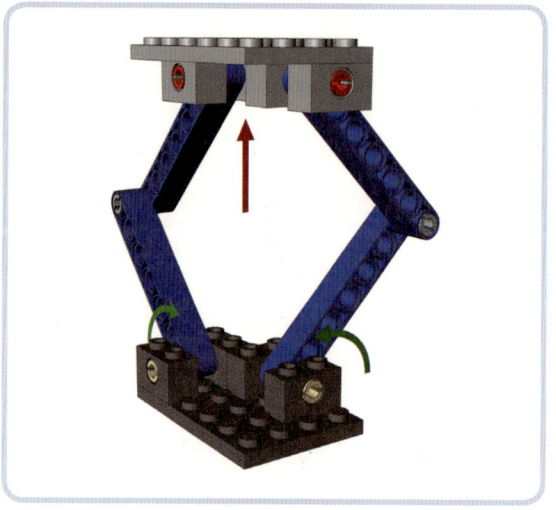

포셀리어-립킨 셀Peaucellier – Lipkin cell 또는 Peaucellier's cell 로 알려진 이 구조는 일곱 개의 링크로 구성되며 중앙 링크(노란색)의 요동운동에 의해 구동됩니다. 주지할 점은 중앙의 링크(노란색)의 길이와 두 개의 긴 링크(하늘색)에 각각 연결되어 있는 짧은 링크(파란색)의 길이가 같아야 한다는 것입니다.

포셀리어-립킨 셀은 '원의 반전의 법칙the principle of inversion of a circle' 유클리드 기하학에 의하면 직선상에서 대칭으로 반전되는 '반사'보다 조금 더 복잡한, 원의 경계면을 기준으로 안쪽과 바깥쪽이 반전된다는 개념입니다. 즉 그림의 녹색 원 부분이 작은 원운동을 하는 것이고, 이것에 연결된 덕분에 빨간색 점은 아주 큰 원주의 일부분을 움직이게 되는데, 이 운동이 마치 직선운동처럼 보이게 됩니다. '원의 반전의 법칙'보다는 '반전의 법칙'이라고 많이 씁니다.에 의해 움직이며, 중앙 링크는 그 원의 경로 중 일부를 따라 직선운동을 하게 됩니다. 또한, 이 장치는 직선운동을 구현해내는 많은 링크 구조들 중 최초의 구조입니다. 이것의 발명으로 19세기 산업혁명의 중요한 요소 중 하나인 증기기관을 이용하는 기계장치들의 구현이 가능해졌습니다.

사루스 링크Sarrus linkage는 총 네 개의 링크가 두 개씩 그룹을 이룬 링크 구조로 연결된 장치입니다. 모든 링크의 길이는 같으며, 아래 또는 위에서 요동운동을 함으로써 구동됩니다. 사루스 링크의 장점은 그림 7-19에서 볼 수 있듯이, 매우 효율이 좋은 리프트 장치로 쓸 수 있다는 것입니다. 주의할 점은, 수직 링크 구조가 서로 다른 방향에 설치되어 작동하고 각각의 링크에 압력이 작용하기 때문에, 안정성을 위해서는 결합이 견고해야 하고 링크의 폭을 충분히 넓게 만들어야 한다는 것입니다.

사루스 링크의 단점은 하나의 링크 운동을 위해 두 번째 링크가 첫 번째 링크와 동일한 움직임을 구현해야 한다는 것입니다. 바꿔 말하자면, 두 개의 링크 움직임을 기계적으로 동기화시켜야 한다는 것입니다. 그림 7-20은 간단한 동기화 방법 중 하나를 보여줍니다. 사루스 링크는 세 개 또는 네 개의 링크를 묶어서 구성할 수도 있으며, 두 개의 링크들이 정확하게 동기화되어 움직인다면 사루스 링크는 상부 구조물에 충분한 안정성을 보장할 수 있습니다.

스캇-러셀 링크

스캇-러셀 링크Scott-Russell linkage는 총 두 개의 링크로 구성되며, 짧은 링크(노란색)의 요동운동에 의해 구동됩니다. 긴 링크(파란색)는 지지용 구조물(진회색)에서 직선으로 슬라이드 운동(하늘색 화살표)을 할 수 있도록 장치됩니다. 긴 링크의 한쪽 끝은 지지용 구조물에 물려 있고(연회색), 다른 한쪽은 기기 밖으로 나와 있지만(빨간색 핀), 긴 링크의 양쪽 모두는 각각 수평과 수직 방향으로 직선운동을 합니다.

결합되는 링크의 관절과 관절 사이의 간격(그림에서 핀과 핀 사이의 거리)은 모두 동일해야 합니다. 이 그림에서 모든 링크의 간격은 3스터드로 같습니다.

■ 그림 7-19 사루스 링크로 제작한 리프트의 최소 높이와 최대 높이

■ 그림 7-20 이 사루스 링크는 베벨 기어를 이용해 두 링크 그룹의 움직임을 동기화시키고 있습니다.

시저 링크

으로, 자동차 창문을 아래위로 움직이는 장치 및 컴퓨터의 기계식 키보드에서 눌린 키를 원상태로 복귀시키는 장치에서 볼 수 있습니다. 시저 링크는 각각의 링크의 연결 부위가 추가적인 마찰을 생성한다는 것을 제외하면 링크의 개수에 대한 제약은 없습니다. 또한 모든 링크의 길이가 같아야 한다는 것을 제외하면 특별한 길이나 거리에 대한 제약도 없습니다.

시저 링크scissor linkage 또는 가위 메커니즘으로 알려진 이 장치는 스캇-러셀 링크와 사루스 링크를 결합한 개념으로 간단한 구조이면서도 상당한 높이까지 올라갈 수 있는 장치입니다. 이것은 2, 4, 6 등의 짝수 개의 링크로 구성되며 중간의 링크 중 하나, 또는 맨 끝의 링크를 요동운동 시키면 지지용 구조물 안에서 맨 아래의 링크가 직선으로 슬라이드운동을 하게 됩니다.

반대쪽인 위쪽 끝의 링크 중 하나는 상부 구조물 아래에서 직선으로 슬라이드운동을 하게 되는데, 상부 구조물에 무거운 하중이 걸리게 되면 움직임이 힘들어질 수도 있습니다. 그림을 보면 위쪽 끝 링크 중 하나는 축 핀(모래색)과 부시를 이용해 상부 구조물을 지지하며 슬라이드 운동을 합니다.

시저 링크의 중요한 장점 중 하나는 그 작동 범위(그림 7-21 참조)와 안정성 그리고 그 간결함 때문에 기계장치에서 자주 사용됩니다. 예를 들어, 시저 리프트라는 이름

■ 그림 7-21 10개의 링크를 이용한 시저 링크의 최대로 확장된 모습과 최소로 줄어든 모습의 비교

와트 링크

와트 링크Watt's linkage는 세 개의 링크로 구성됩니다(이전 그림 7-18 참조). 링크 중 하나는 짧고 중앙에 위치하며(하늘색), 다른 두 개는 중앙 링크와 지지용 구조물에 연결되어 있습니다(파란색). 이 링크는 측면의 링크 중 하나의 요동운동에 의해 구동됩니다.

측면의 링크가 회전하면 점선과 같이 중앙 링크의 정 가운데는 직선운동을 하다가 어느 한계점을 넘어가게 되면 좌측 또는 우측으로 치우치는 곡선운동을 하게 됩니다. 필요하다면 링크의 구동부에 제한을 두어 가운데의 직선운동만 유효하게 쓸 수 있습니다.

와트 링크는 때때로 좌우의 움직임보다 상하의 움직임이 더 중요한 서스펜션 장치를 구현하기 위해 사용되기도 합니다. 대부분의 경우 와트 링크의 옆면 링크들은 중앙 링크의 두 배, 또는 세 배 이상의 길이를 가집니다.

8
사용자 정의 기계 설계
custom mechanical solutions

레고 사는 놀라울 만큼 다양한 종류의 테크닉 부품을 생산하고 있지만, 그 모든 부품들이 항상 우리의 요구사항을 완벽하게 충족시켜 주지는 못합니다. 때때로, 우리는 원하는 실생활 속의 기계적인 구동부를 구현하기 위해 몇몇 부품을 조합해야 합니다.

이 장의 주제는 기본적으로 제공되는 레고 부품의 한계를 넘어 여러분만의 구조물에 맞는 확장된 기능의 부품을 만드는 것입니다. 이 장에서는 기본 메커니즘을 변형해서 다른 운동 형태를 만드는 장치들과 기본 레고 전구를 이용한 정교한 신호 변환장치 등을 살펴볼 것입니다.

이러한 메커니즘들은 기계공학적 관점으로도 경험해 볼만한 가치가 있지만, 여러분이 좀 더 큰 모형을 제작하려 할 때 더욱 유용할 것입니다.

강력한 차동장치

차동장치는 바퀴로 구동되는 모든 구동 차량의 차축에 필수적인 요소 중 하나입니다. 조향형 차량에서는 거의 예외 없이 차동장치가 적용됩니다. 크고 무거운 레고 차량에서도 예외는 아닙니다. 그림 8-1에서와 같이, 기성품 레고 차동기어의 외부 기어 몸체는 링처럼 베벨 기어가 깎여 있고 내부에는 세 개의 베벨 기어가 있으며 두 개의 축으로 구성되어 있습니다. 이것은 우리가 보다 크고 강하게 재설계할 메커니즘의 기본 모형입니다.

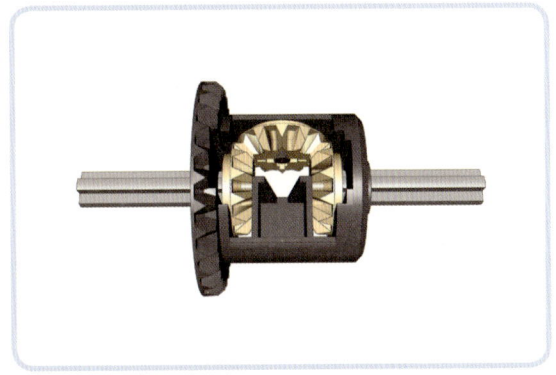

■ 그림 8-1 기성품 레고 차동기어는 진회색으로 만들어졌으며, 모래색인 세 개의 기어가 내부에 장착되고, 두 개의 연회색 출력축이 좌우의 모래색 기어에 각각 연결됩니다.

> NOTE 기성품 레고 차동기어는 전부 세 가지 종류가 있습니다. 각 차동기어의 특징은 5장에서 설명되어 있습니다.

자동차에서 차동기어는 바퀴와 바퀴 사이에 위치합니다. 차동기어 하우징은 엔진에 의해 구동되며 두 개의 축을 이용해 구동 바퀴에 회전력을 전달합니다. 차동기어의 동력 전달은 중앙과 좌우의 베벨 기어, 그리고 좌우의 베벨 기어에 끼워진 축에 의해 이루어집니다. 중앙의 베벨

8 사용자 정의 기계 설계 93

기어는 두 출력축의 균형을 맞추어 주는데, 이것은 중앙의 베벨 기어에 의해 두 베벨 기어의 속도가 다르게 구동될 수도 있다는 뜻입니다. 이러한 특성 때문에 차량은 보다 부드러운 곡선 주행이 가능해집니다.

그림 8-2에서는 곡선 주행을 하는 차량의 두 바퀴가 다른 궤적을 그리는 것을 볼 수 있습니다. 즉, 안쪽 바퀴와 바깥쪽 바퀴는 회전할 때 이동 거리가 서로 다릅니다. 차동기어는 이와 같은 상황에서 안쪽 바퀴보다 바깥쪽 바퀴가 빨리 회전하도록 균형을 맞추어 줍니다.

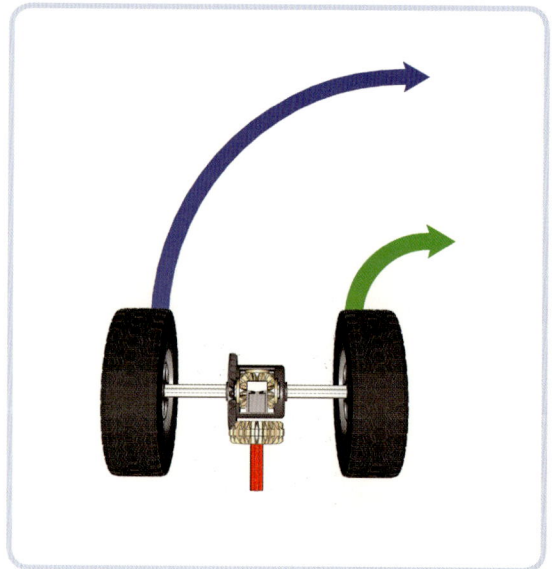

■ 그림 8-2 곡선 주행 중인 차량의 차동기어. 빨간 축은 엔진/모터로부터 회전력이 가해져 차동기어 자체를 회전시키는 부분이고, 이로 인해 바퀴가 구동됩니다. 🙂 곡선 주행을 위해서는 별도로 조향기능이 필요하며, 이 이미지는 이미 조향이 작동된 상태에서 우측으로 곡선 주행을 하는 모습입니다. 곡선의 안쪽인 녹색 화살표와 바깥쪽인 파란색 화살표는 서로 길이가 다르며, 이 운동량의 차이를 차동기어는 자체적인 특성으로 구현하게 됩니다.

기성품 레고 차동기어는 토크에 민감하며 🙂 이는 차동기어 내부에 장치되는 12톱니 베벨 기어의 내구성에 의한 결과입니다. 크고 비싼 세트에서만 구할 수 있습니다. 우리는 대형 테크닉 턴테이블을 이용해 그림 8-3과 같은 대형의 커스텀 차동기어를 만들 수 있습니다. 🙂 아쉽게도 턴테이블 부품 역시 차동기어만큼이나 크고 비싼 세트에 한정적으로 사용되는 부품입니다.

이러한 커스텀 차동기어는 기성품 차동기어에 비해 훨씬 더 크고 튼튼한 구조를 갖고 있습니다. 턴테이블을 사용하면 충분한 내부 공간 때문에 안쪽의 기어도 내구성이 약한 베벨 기어가 아닌, 보다 강한 노브 휠knob wheel 부품을 사용할 수 있습니다.

동시에, 턴테이블로 이루어진 이 차동기어는 새시에 단단하게 고정됩니다.

차량의 구동을 위해 차동기어가 필수적인 것은 아니지만, 차동기어를 사용하지 않을 경우 몇 가지 문제점이 생길 수 있습니다. 차동기어가 없을 경우, 차량이 곡선 주행할 때 적어도 하나의 바퀴는 미끄러지게 될 것이며, 이로 인해 마찰이 증가해 타이어는 더욱 심하게 마모될 것입니다. 이러한 모든 현상들은 결과적으로 차량의 기동성과 주행 성능을 떨어뜨리게 됩니다.

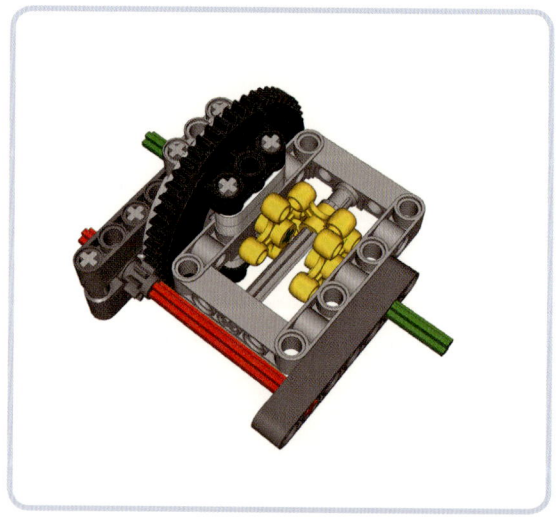

■ 그림 8-3 대형 턴테이블과 스터드가 없는 프레임을 이용한 커스텀 차동기어. 입력축(빨간색)이 턴테이블을 회전시키고 출력은 내부의 노란색 노브 휠에 연결된 출력축(녹색)으로 전달됩니다. 진회색의 빔이 차량의 새시에 해당됩니다.

만약 구동축에 차동기어가 없고 조향이 되는 구조도 아니라면, 축은 커브를 돌 때마다 미끄러지게 될 것입니다. 이것은 여러분의 차량이 극적인 드리프트 액션을 취하기

자작 차동기어 모형

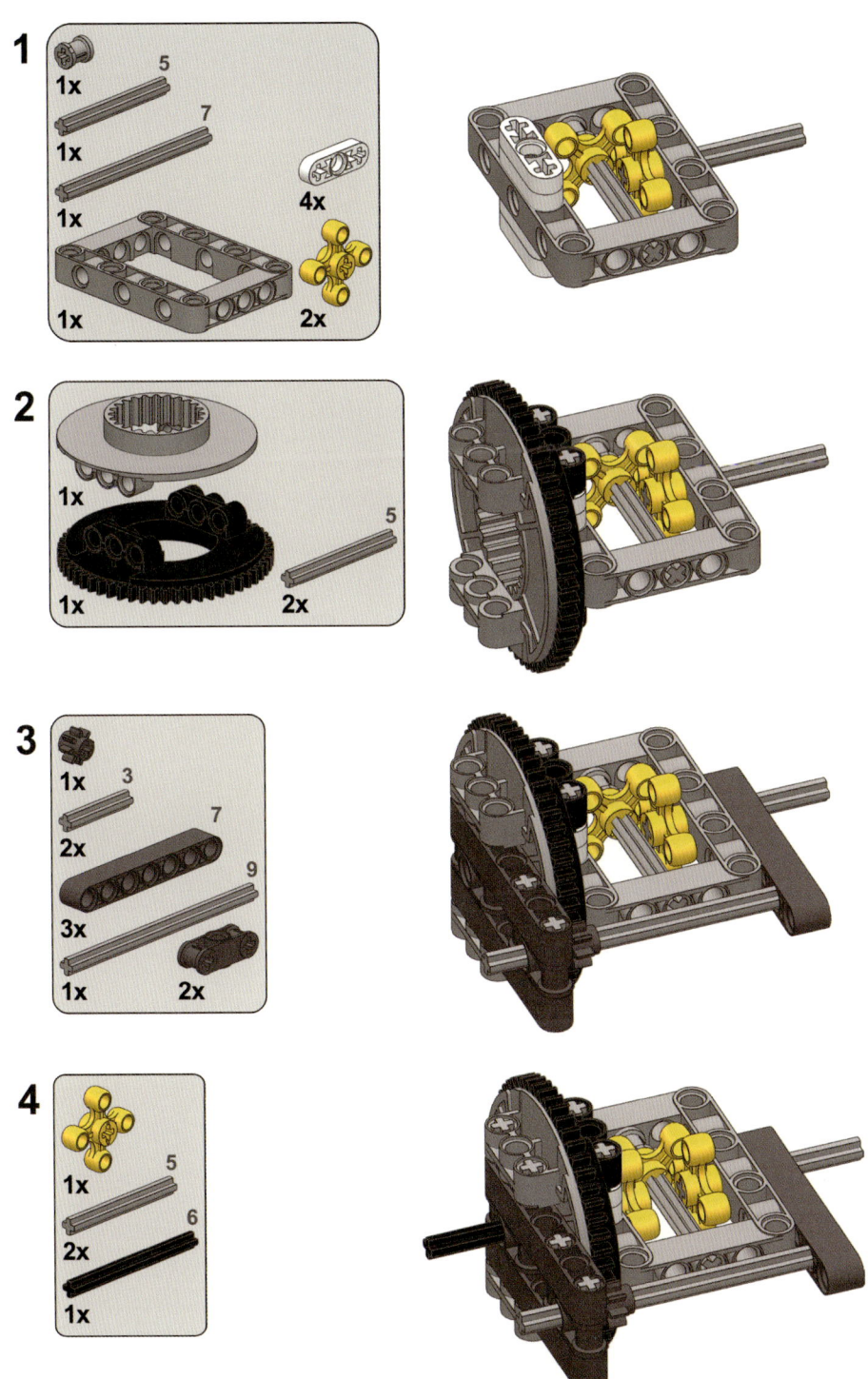

8 사용자 정의 기계 설계

를 원하는 경우라면 유리할 수 있습니다. 실생활 속에서는 가벼운 차량, 이를테면 고카트(go-kart, 지붕이나 문이 없는 작은 경주용 자동차)와 같은 것에서는 종종 차동기어가 가져다주는 이점보다 차동기어로 인한 구동계의 복잡성이 가져다주는 비효율성이 더 커지는데, 이런 경우 차동기어를 사용하지 않기도 합니다.

구동과 조향이 동시에 이루어지는 축(전륜구동 차량의 앞 차축)에 차동기어가 없다면 차량의 곡선 주행은 더욱 어려워집니다. 곡선의 안쪽을 주행하는 바퀴와 바깥쪽을 주행하는 바퀴의 속도는 조향기능이 없는 축에서보다 조향기능이 있는 조향축에서 더 크게 차이가 나며, 큰 마찰을 발생시켜 구동계통에도 부하를 주고 심지어 모터를 멈추게 하기도 합니다. 또한 작은 회전 반경을 가진 바퀴는 큰 회전 반경을 가진 바퀴와 동일한 동력을 전달받기 때문에, 접지력이 떨어져 자체의 회전 반경도 더욱 커지게 됩니다.

차동 제한장치

조향형 차량에서의 차동기어는 장점이 분명 많지만, 오프로드 차량에 한해 중요한 단점도 하나 있습니다. 차동기어는 두 개의 출력축으로 동력을 전달하는데, 부하가 작은 쪽으로 동력을 더 전달하는 경향이 있습니다. 이것은 일반적인 곡선 주행에서는 아주 유용한 현상이지만, 바퀴 중 하나가 지면에 닿지 않거나 접지력을 잃는(진흙탕에 빠져 바퀴가 헛도는) 경우, 차량을 더 이상 구동하지 못하게 만듭니다.

지면에 제대로 접지되지 않은 바퀴는 부하가 0이기 때문에 차동기어로부터 모든 동력을 전달받으며, 반대로 지면에 제대로 접지된 바퀴는 부하가 100이기 때문에 전혀 동력을 전달받지 않게 되는, 이른바 슬립 현상이 발생하게 됩니다. 이러한 상황이 발생하는 경우, 우리는 차동장치를 잠금으로서 차동기어가 동력을 두 축으로 분배하지 않고 두 축을 함께 구동하게 만들어 슬립 현상을 극복할 수 있습니다.

👦 차동 제한장치는 고성능 스포츠카나 SUV, 고급 세단에 주로 사용되며 중저가형 차량에서는 비용 문제로 생략되는 경우가 많습니다.

차동 제한장치는 차동장치의 두 개의 출력축을 잠가 비활성화시키며, 차축 자체가 회전하는 기능은 유지하게 하지만 두 축의 회전비를 바꾸어 주는 기능은 중지하게 합니다. 차동 제한장치가 미끄러짐 자체를 방지하는 기능은 아니라는 것을 이해하는 것이 중요합니다. 차동 제한장치의 잠금기능은 미끄러짐 현상이 발생했을 때 그것을 극복하기 위해 동작시키는 기능이기 때문입니다. 이것은 차동장치와 차동 제한장치가 동시에 동작할 수 없음을 의미합니다.

결과적으로, 차동 제한장치는 차동기능이 정상적으로 작동할 때에는 해제 상태로 유지하고, 오직 미끄러짐 현상이 발생해 차량의 구동이 불가능해졌을 때에만 동작시켜야 합니다. 👦 종종 고성능 레이싱 카를 운전하는 숙련된 운전자는 의도적인 미끄러짐으로 드리프트 동작을 구현하기 위해 이 기능을 사용하기도 합니다.

실제 오프로드 차량에서는 자동, 또는 수동의 차동 제한장치를 갖추고 있어 미끄러짐이 감지되면 이 기능을 사용해 미끄러짐 현상을 극복할 수 있습니다. 레고 차동기어는 생각보다 쉽게 수동으로 이 기능을 구현할 수 있습니다. 물론 자동으로 구현하는 것도 가능하지만 그것은 매우 복잡하고 비효율적일 수 있습니다. 그림 8-4와 8-5는 기성품 레고의 세 가지 차동기어 부품에 수동으로 조작하는 간단한 차동 제한장치를 적용한 모습입니다.

레고 차동기어 부품은 변속기 구동 링(부품번호 6539)과 이를 움직일 수 있는 변속기 레버(부품번호 6641)를 이용해서 차동기능을 제한할 수 있습니다. 변속기 레버 부품은 모터 또는 공압을 이용해 움직일 수 있으며, 만약 서스펜션이 장착되고 많은 잠금장치들이 포함된 차량의 경우라면 공압을 이용해 차동 제한장치를 구현하는 것이 더 편리할 수 있습니다.

주지할 점은 차량에 장착된 모든 차동장치가 항상 동작이 제한될 필요는 없다는 것입니다. 차동 제한장치는 단지 차량의 바퀴가 미끄러지는 상황을 벗어나기 위한 경우에만 필요합니다.

요할 수 있습니다. 레고의 현가장치(15장 참조)가 이미 많은 폭을 차지하는 데다가 여기에 추가적으로 차동 제한장치까지 구현한다면 차체 폭이 아주 넓어져야 할 수도 있기 때문에, 대형 차량에서도 차동 제한장치는 자주 등장하지 않습니다. 차동 제한장치가 모든 축에 꼭 필요한 것이 아니라는 사실을 감안한다면, 차동 제한장치의 설치는 조향장치가 설치될 공간을 요구하는 조향축보다는 조향기능이 필요 없는 구동축 부분에 설치하는 것이 더 좋습니다.

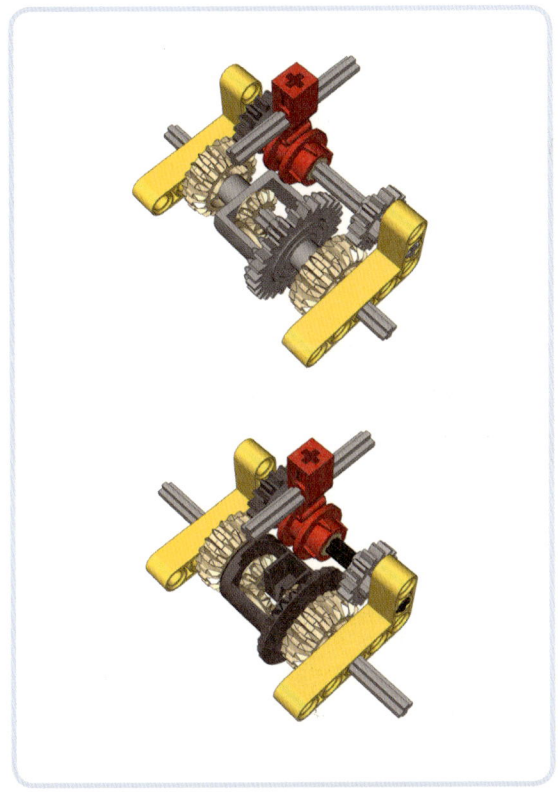

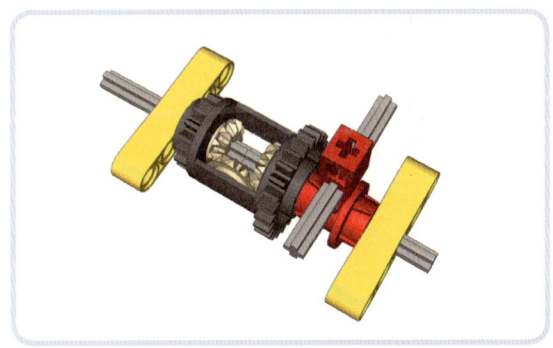

■ 그림 8-5 두 번째로 출시된 차동기어를 이용한다면 차동 제한장치의 구현은 좀 더 쉬워집니다. 이 차동기어의 좌측과 우측에는 각기 클러치 링이 설치되어 있기 때문에, 차동기어를 잠그기 위해서는 단지 변속기 구동 링(빨간색)을 직접 차동기어와 결합시키는 것으로 충분합니다.

■ 그림 8-4 레고의 가장 오래된 차동기어 부품(위쪽)과 가장 최신의 차동기어 부품(아래쪽)은 차동 제한장치를 구현하기 위해 추가적인 기어와 변속기 구동 링 및 클러치 기어를 장착해야 합니다. 신형 차동기어를 사용할 경우 구형에 비해 넓이를 1스터드 좁힐 수 있습니다.

그림 8-6은 5×7 크기의 스터드가 없는 프레임에 조향되지 않는 구동축을 이용하고 있습니다. 이것은 차동기어를 전면 또는 후면에서부터 3:1 기어비로 감속 구동시키게 됩니다. 또한, 차동기어의 기능 제한을 위해서 모터를 사용하거나 공압을 사용할 수 있는데, 여기에서는 소형 공압 실린더를 이용해 변속기 레버 부품을 움직여 손쉽게 차동기어의 잠금과 해제를 구현합니다.

보시는 바와 같이, 차동 제한장치는 넓은 차대 폭이 필

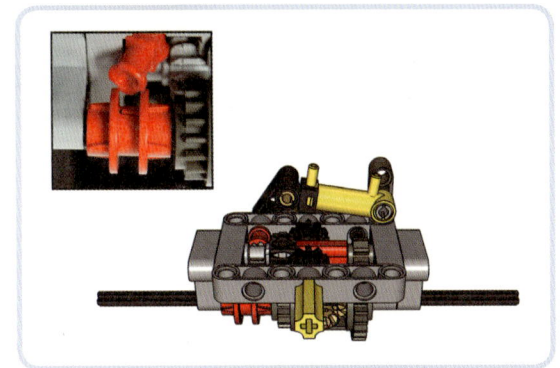

■ 그림 8-6 조향축이 아닌 구동축에 설치된 간단한 차동 제한장치. 변속기 구동 링 부품을 전용 레버 부품(그림 8-4, 8-5에서 회색 축에 끼워지고, 십자 구멍이 뚫린 빨간색 부품, 부품번호 6641)이 아닌 보다 일반적인 커넥터 부품을 사용해서 움직입니다. 커넥터 부품은 큰 반동 없이 움직이며 구동 중 스트레스도 덜 받게 됩니다.

한 개의 축을 이용한 차동 제한장치 모형

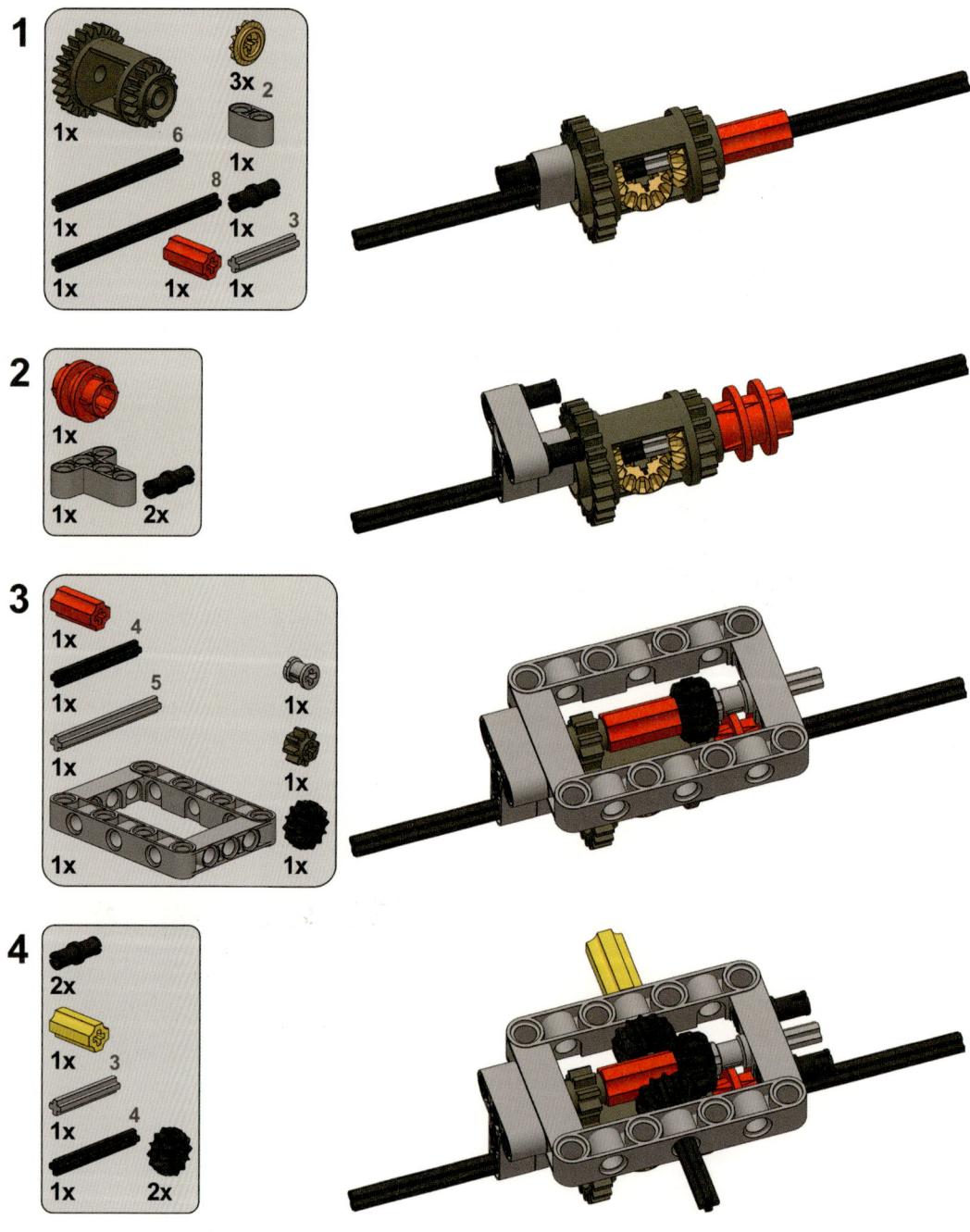

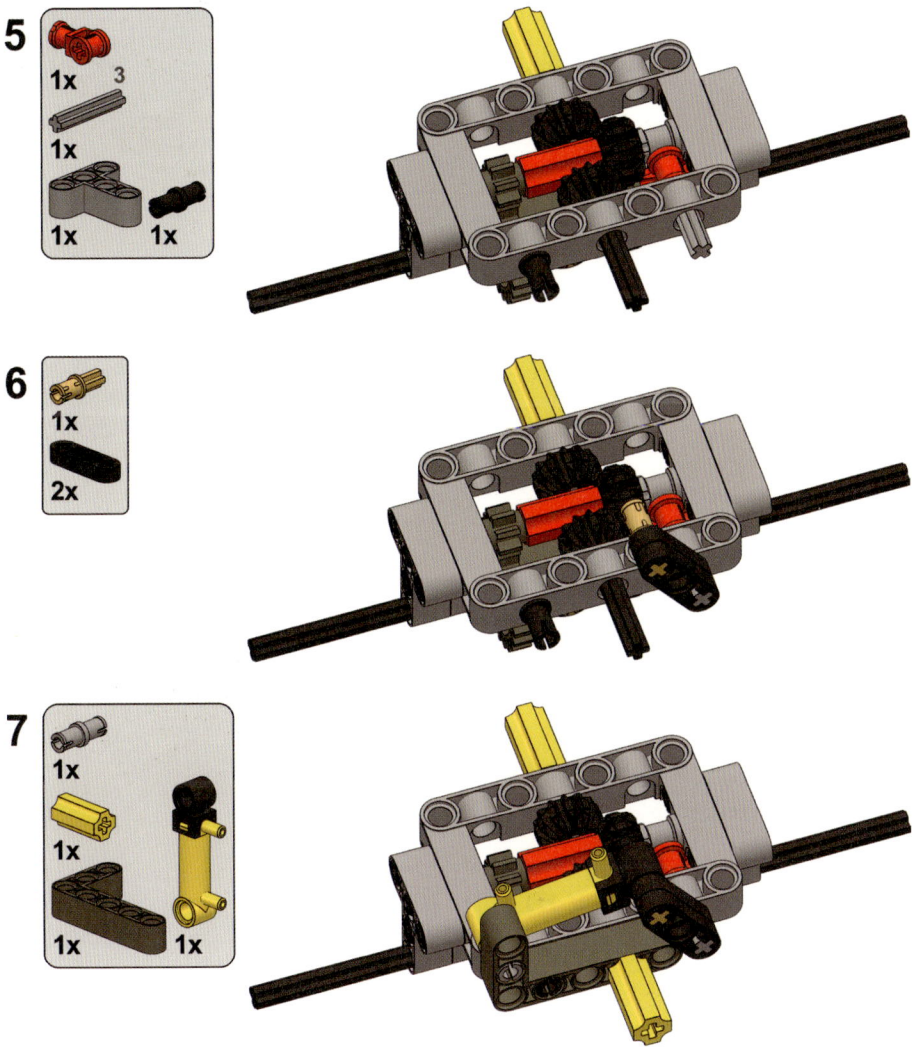

래칫

장치들 중 일부는 우리가 원하는 시점에 일시적으로 구동축을 잠가야 하는 특정한 기능이 요구될 때가 있습니다. 예를 들면 크레인의 윈치나 기차 차단기와 같은 장치들입니다. 만약 이러한 장치를 모터 구동에만 의존해 제작한다면 모터가 멈추게 되었을 때 장치도 멈추게 되겠지만, 모터에 저항값 이상의 과부하가 걸리게 된다면 장치는 역으로 구동되거나 모터에 과부하를 줄 수 있습니다. 이러한 상황은 크레인으로 무거운 짐을 들어 올릴 때 발생할 수 있습니다.

완전히 구동축을 잠글 수 있는 메커니즘 중 하나는 웜 기어를 사용하는 것이지만(5장 참조), 웜 기어는 속도가 극적으로 감속되며 필요한 상황에서 잠금을 해제하는 것도 불가능합니다. 여기에서는 이에 대한 대안으로 래칫의 구현을 살펴볼 것입니다.

레고를 이용한 래칫은 두 가지 구성요소를 갖고 있습니다. 자유롭게 회전하는 기어와, 이 기어를 멈출 수 있도록 톱니 부분에 맞닿는 레버 형태의 기어 멈춤쇠pawl입니다(그림 8-7 참조). 기어 멈춤쇠는 기어가 한 방향으로만 회전하게 하며, 반대쪽 방향으로 회전하려 할 경우 멈춤쇠와 톱니가 정면으로 부딪히며 기어의 회전을 방해합니다.

래칫이 제대로 작동하려면 기어 멈춤쇠의 끝면은 톱니의 면과 특정한 각도로 맞닥뜨려야 합니다. 90도에 가까울수록 좋습니다. 그림 8-8에서와 같이, 기어 멈춤쇠가 설치된 점으로부터 설치된 방향으로 나오는 선을 그린다면 이 선은 래칫의 끝에서 약간 아래를 향하는 것이 좋습니다. 만약 기어 멈춤쇠를 너무 낮은 방향으로 설치하면 래칫은 정방향이건 역방향이건 간에 기어의 회전을 막게 될 것이며, 반대로 너무 설치 방향을 높게 하면 래칫은 기어가 돌 때마다 회전 방향의 바깥쪽으로 튕겨 나가며 전혀 잠금 기능을 구현하지 못할 수 있습니다.

■ 그림 8-7 간단한 기어 멈춤쇠(빨간색)는 24톱니 기어(회색)와 맞물립니다. 이 그림에서의 래칫은 녹색 화살표와 같이 시계 반대방향으로의 회전을 허용하며, 시계 방향으로의 회전을 거부합니다. 시계 반대방향으로 회전할 때 래칫은 한 톱니씩 들썩이며 계속 그림의 상태를 유지하려 합니다. 시계 방향으로의 역회전을 시도하면 멈춤쇠는 가장 가까운 톱니와 정면으로 부딪혀 기어를 잠그고, 이를 구동하기 위해서는 손으로 래칫의 잠금을 해제해야 합니다.

■ 그림 8-8 기어 멈춤쇠의 각도는 고정된 점(회색 핀)으로부터 기어에 닿는 면까지의 선이 기어의 톱니보다 약간 아래 방향을 향하도록 설치되어야 합니다.

래칫은 그 모양도 중요합니다. 다행히도, 핀을 이용한 간단한 장치는 래칫 기능에 아주 적합합니다. 또한, 기어 멈춤쇠는 중력에 의해 아래를 향하며 기어의 끝에 맞닿게 되므로 무게와 균형 역시 중요합니다.

> **NOTE** 만약 래칫을 중력에 영향을 받지 않도록 만들려면, 탄성이 있는 부품, 이를테면 고무줄과 같은 것을 이용해 래칫을 기어 방향으로 눌러주어야 래칫이 설치된 방향에 관계없이 제 기능을 할 수 있습니다.

그림 8-9는 래칫을 이용해 스프링의 위치 에너지를 저장하고 활용하는 방법을 보여줍니다.

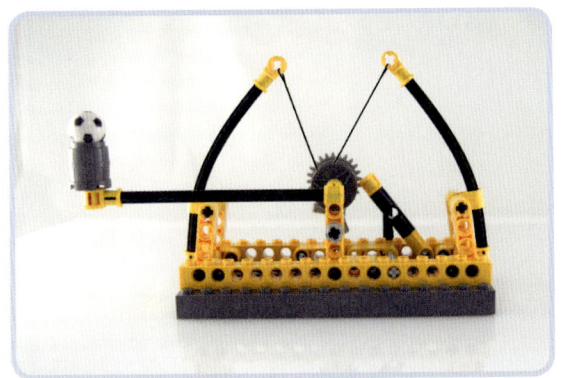

■ 그림 8-9 필자가 만든 레오나드로 다 빈치의 판 스프링 투석기는 래칫을 방아쇠로 사용해 투석기의 장전과 발사를 수행합니다. 래칫은 판 스프링의 역할을 하는 두 축의 탄성과 위치 에너지를 저장할 정도로 견고했습니다.

리니어 클러치

리니어 클러치는 5장에서 소개된 24톱니 클러치 기어와 유사한 개념으로, 토크가 일정 이상이 되어야 미끄러지는 장치입니다. 모터와 구동부 사이에 이 장치를 배치하면 구동부가 동작할 수 없는 상황이 되었을 때 모터가 과부하에 걸리거나 정지하는 것을 방지할 수 있습니다.

24톱니 클러치 기어와 리니어 클러치의 차이점은 클러치 기어가 또 다른 추가적인 축에 붙은 기어와 맞물려야 하는 반면, 리니어 클러치는 동력이 전달되는 구동축의 사이에 일직선으로 바로 장착할 수 있다는 것입니다. 리니어 클러치는 어떤 축이든지 최소 4스터드 길이의 공간을 대신하고 있기 때문에 그만큼의 공간을 절약할 수 있습니다.

경우에 따라 리니어 클러치는 유니버설 조인트 사이에 장착할 수도 있으며, 이 경우 단지 2스터드 길이의 축 공간만을 요구합니다. 또한 유니버설 조인트와 연결할 경우 유니버설 조인트가 허용하는 어떠한 각도에서도 클러치 기능을 수행하며 별도의 지지용 구조물이 필요하지 않습니다.

리니어 클러치는 마찰 축 핀을 사용합니다. 그림 8-10을 보면 두 개의 핀이 핀 연결기에 삽입되고, 각각의 핀이 가진 축 부분이 다른 구동축의 축 연결기 또는 유니버설 조인트와 결합되고 있습니다. 이때 어떠한 길이의 축이 연결되어도 무방합니다. 단, 오랜 시간 이 클러치 장치를 사용한다면 이 핀의 돌기가 닳아 제 기능을 못할 수도 있습니다.

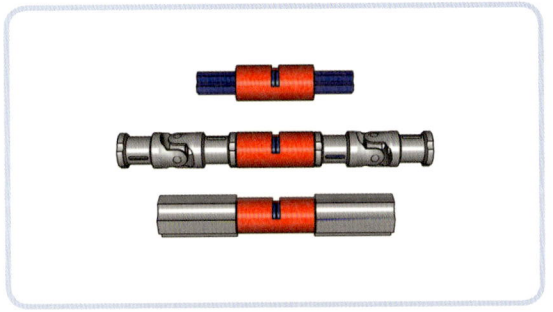

■ 그림 8-10 핀 연결기(빨간색)에 삽입 된 두 개의 마찰 축 핀(파란색)이 리니어 클러치의 기본 개념입니다(맨 위). 이것은 두 개의 유니버설 조인트(가운데) 또는 두 개의 축 연결기(맨 아래)에 연결될 수 있습니다.

편심 메커니즘

편심eccentric 메커니즘 또는 크랭크crank 메커니즘이라 불리는 이 기구는 회전운동을 직선운동으로, 또는 그 반대로 운동을 변환해 주는 데 사용됩니다. 이것은 대부분의 자동차의 엔진에서 피스톤의 직선운동을 구동축의 회전운동으로 변환하는 엔진의 중요 요소이기도 합니다.

일반적으로 편심 메커니즘은 디스크와 푸시로드pushrod, 캠의 회전에 의한 직선운동을 전달하는 막대 혹은 봉를 연결하는 짧은 빔으로 구성됩니다. 디스크가 회전하면, 그림 8-11과 같이 빔은 푸시로드를 직선으로 (앞뒤로) 움직이게 합니다. 여기에서 푸시로드의 녹색 축이 끼워진 노란색 테크닉 브릭은 푸시로드의 가이드 역할을 하며, 이 때문에 푸시로드는 일정한 직선운동을 할 수 있게 됩니다.

푸시로드의 이동 거리는 디스크의 지름에 따라 달라집니다. 디스크의 지름이 커질수록 푸시로드의 이동 거리도 더 길어집니다. 그림 8-12에서는 짧은 2스터드 길이의 빔(연회색)을 디스크와 같은 형태로 사용하고 있습니다. 이 경우 푸시로드의 이동 거리는 짧은 빔의 길이에 의존하게 됩니다.

편심 메커니즘은 회전운동을 요동운동, 즉 부분적인 회전운동으로 변환하는 데 사용할 수도 있습니다. 그림 8-13에서는 디스크에 연결된 푸시로드(빨간색)에 녹색 디스크가 연결되어 있으며, 이 녹색 디스크는 앞뒤로 짧은 거리를 왕복 회전(요동운동)하게 됩니다. 움직임의 범위는 두 디스크의 크기에 영향을 받기에, 디스크를 바꿔 우리가 원하는 운동을 구현할 수 있습니다. 이 장치를 동작시키려면 두 번째 디스크의 지름이 첫 번째 디스크의 지름보다 커야 하며, 빔의 길이는 첫 번째 디스크의 지름보다 길어야 합니다.

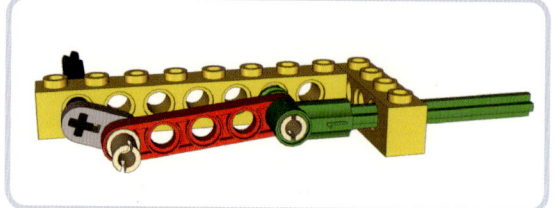

■ 그림 8-12 디스크 대신 짧은 빔(연회색)을 이용한 편심 메커니즘

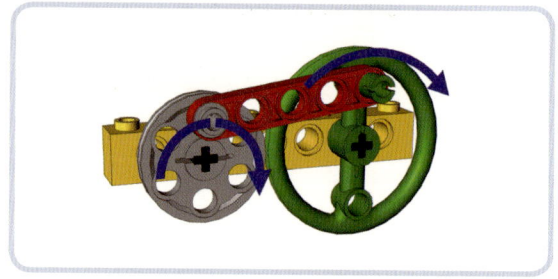

■ 그림 8-13 푸시로드 대신 디스크가 장착된 편심 메커니즘. 작은 디스크가 한 바퀴 회전을 하면, 큰 디스크는 시계 방향과 반 시계 방향으로 짧게 왕복합니다.

그림 8-14 와 같이 디스크 대신 빔을 이용해 편심 메커니즘을 구현할 수도 있습니다. 두 번째 빔(녹색)은 360도 회전하지 않기 때문에 이 장치는 8-13과 같은 개념인데도 공간은 작게 차지합니다. 이 장치는 한 방향으로만 구동되며, 만약 녹색 빔으로 회색 빔을 구동시키려면 제대로 동작하지 않습니다.

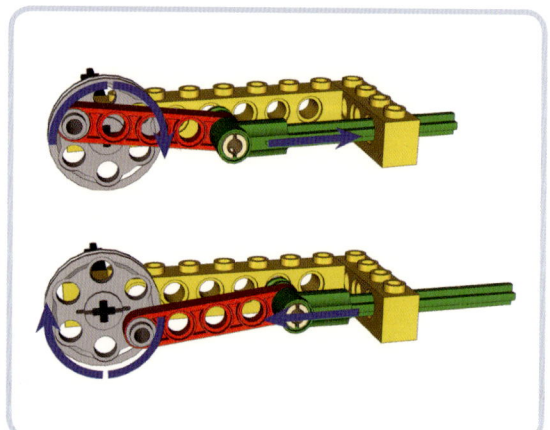

■ 그림 8-11 편심 메커니즘의 구성요소는 디스크(연회색), 빔(빨간색), 그리고 푸시로드(녹색)입니다. 푸시로드의 움직임은 2스터드 길이, 즉 '디스크의 지름 − 1스터드'와 같습니다.

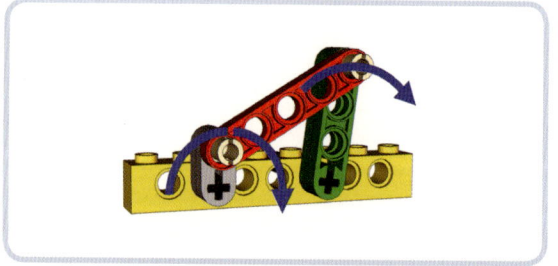

■ 그림 8-14 디스크 대신 빔을 이용한 편심 메커니즘. 두 번째 빔(녹색)은 부분 회전하기 때문에 이러한 설계는 8-13에 비해 공간을 더 줄일 수 있습니다.

편심 메커니즘은 자동차의 앞 유리 와이퍼, 선풍기 등 실생활에서도 다양한 용도로 사용됩니다.

스카치 요크

스카치 요크Scotch yokes는 편심 메커니즘의 간단한 대체품입니다. 이것은 회전운동을 왕복운동으로, 또는 그 반대로 바꾸는 장치로 구동 부품을 적게 사용하지만 편심 메커니즘보다는 덜 일반적입니다. 한편 스카치 요크 장치는 편심 메커니즘보다는 많은 공간이 필요하지만, 높은 토크에서는 좀 더 신뢰성 있게 작동합니다.

스카치 요크는 두 축 사이에 걸쳐진 사각형의 프레임으로 구성됩니다. 그림 8-15를 보면 스카치 요크 프레임(녹색)에는 회전하는 디스크에 장착된 핀이 들어갈 수 있는 사각형 홈이 있습니다.

디스크가 회전하게 되면 핀은 프레임 안의 홈에서 상하로(정확히는 원을 그리며) 움직이게 되고, 이 과정에서 핀의 회전운동 중 상하로 움직이는 운동 성분은 무시되고, 좌우로 움직이는 성분만이 프레임에 작용하게 됩니다. 프레임에 장치된 회색 축은 지지용 테크닉 브릭이 가이드 역할을 하기 때문에 프레임이 이탈하지 않고 좌우로 움직이게 됩니다.

디스크의 회전은 프레임을 좌우로 디스크의 지름만큼 움직이게 합니다. 스카치 요크가 움직이는 범위는 디스크의 지름과 같으며, 이것은 편심 메커니즘에 비해 운동의 변환 효율이 좋다는 것을 의미합니다. 디스크를 좀 더 크게 만들고 홈과 프레임의 크기도 키운다면 프레임의 운동 범위 또한 늘릴 수 있습니다. 홈의 높이는 적어도 디스크에 설치된 핀이 그리는 원의 지름과 같아야 합니다.

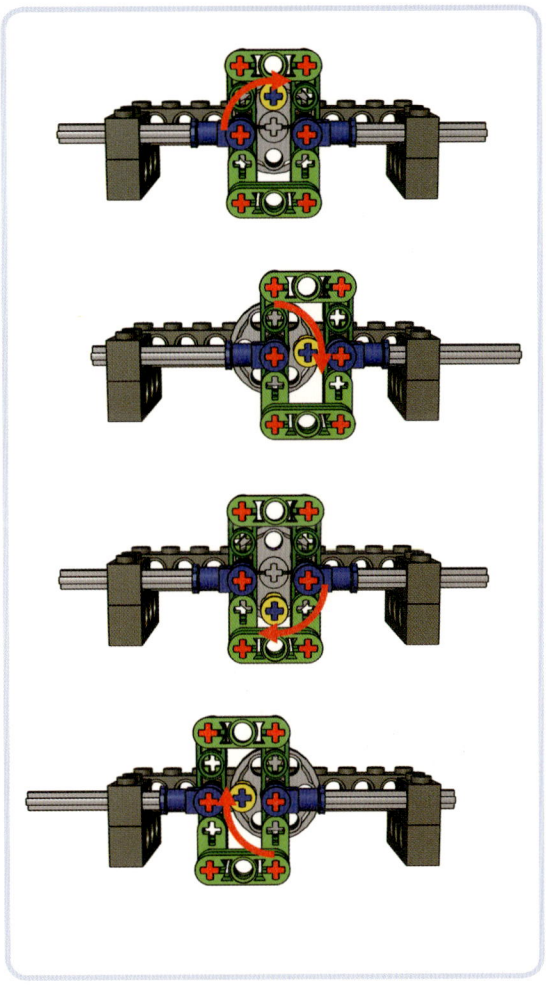

■ 그림 8-15 스카치 요크 장치의 프레임(녹색)과 디스크에 장착된 핀(노란색)의 1주기 운동

스카치 요크 모형

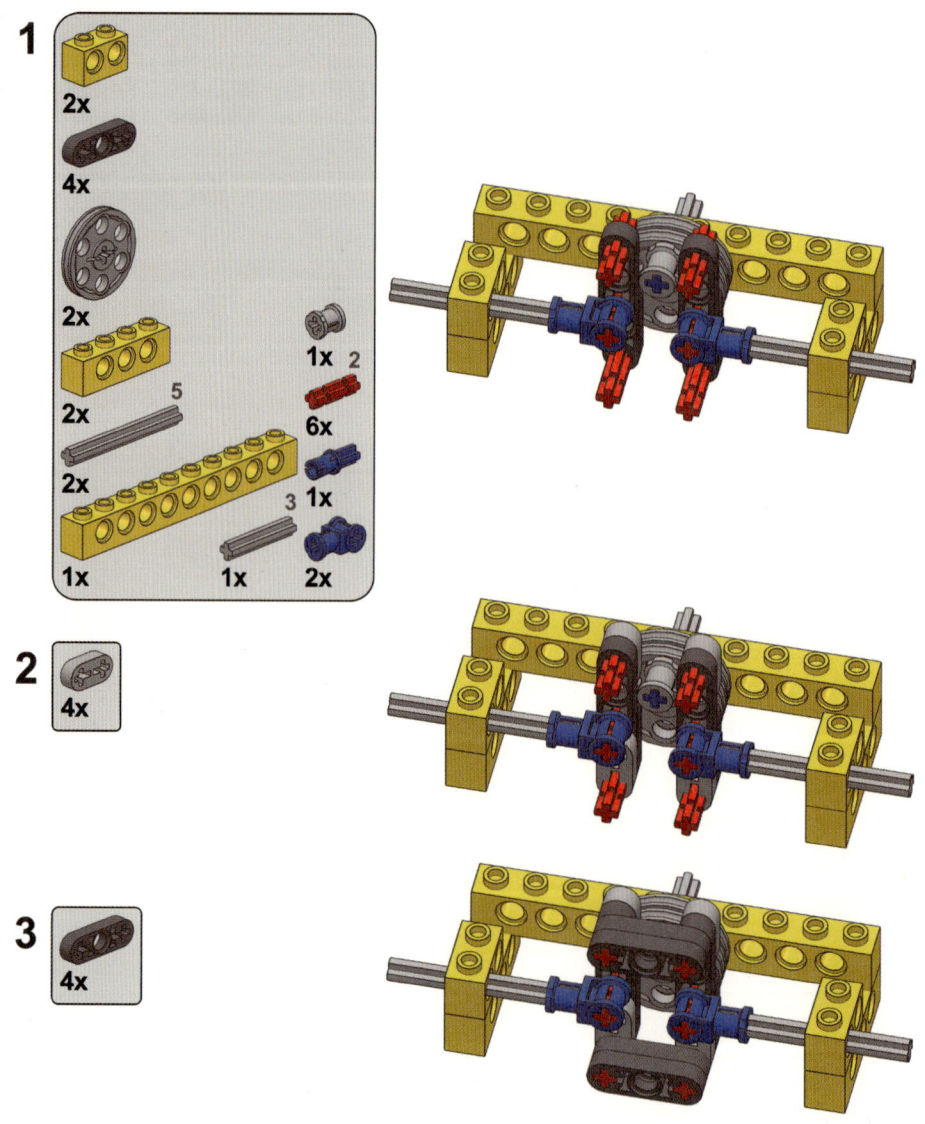

올덤 커플링

올덤 커플링Oldham coupling 또는 올덤 조인트라 불리는 이 장치는 입력축과 출력축이 일직선상에 있지 않은 시스템에서 동력을 전달하는 장치입니다. 유니버설 조인트, 또는 기어들의 조합을 응용해 일직선상에 위치하지 않은 두 축을 연결할 수도 있겠지만, 이러한 방법이 항상 만족스러운 결과를 가져오지는 않습니다.

두 개의 유니버설 조인트를 조합할 경우 수평 방향으로 긴 공간을 요구하게 되고, 기어를 조합할 경우는 원치 않는 토크와 속도의 변화를 가져올 수 있습니다. 올덤 커플링은 정확히 1:1의 비율로 회전을 전달하며 모양 자체는 조금 복잡하고 약간의 마찰이 생기지만, 유니버설 조인트에 비해 훨씬 작은 수평 공간을 요구합니다. 대신 유니버설 조인트에 비해 높이는 높아집니다. 올덤 커플링의 동작은 아래의 주소에서 확인할 수 있습니다. (http://www.youtube.com/watch?v=2M9cp_IJ4_I/ 이 여기 동영상에서 다음 절의 '슈미트 커플링'의 모습도 볼 수 있습니다.)

올덤 커플링은 입력축과 출력축 사이에 직선으로 슬라이드운동을 하는 기구가 추가됩니다. 실제 기계장치에서 올덤 커플링의 주요 장점 중 하나는 작은 공간을 차지한다는 것입니다. 레고를 이용하는 경우 올덤 커플링은 단지 최소 3스터드의 길이만을 요구하는데, 이것은 유니버설 조인트 한 개의 공간만으로도 유니버설 조인트 두 개를 사용하는 것과 같은 기능을 구현할 수 있다는 것을 의미합니다.

그림 8-16의 올덤 커플링은 입력축과 출력축, 그리고 정렬되지 않은 두 축 사이의(각각 1스터드 씩의 두께를 가진) 구조물로 구성됩니다(입력축 및 출력축의 위치는 그림 8-17 참고).

축과 축의 거리가 늘어난다면 빨간색과 파란색의 구조물에 좀 더 긴 축을 끼우고 각 구조물의 크기를 확장하는 것으로 해결 가능합니다. 멀리 떨어진 축을 연결하기 위해 구조물이 확장되더라도 그 길이는 여전히 3스터드 폭으로 충분합니다.

올덤 커플링 모형

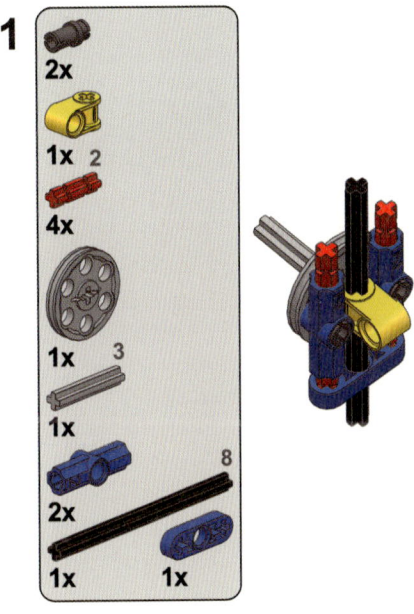

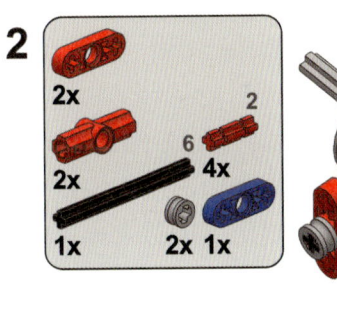

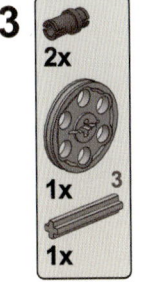 

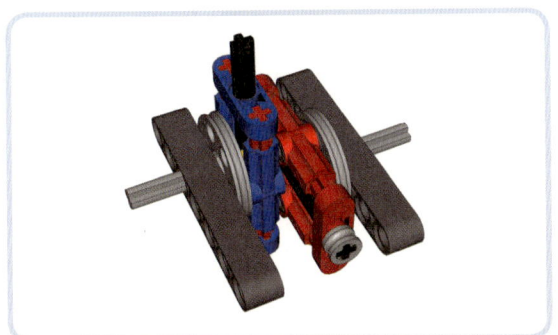

■ **그림 8-16** 올덤 커플링은 두 개의 동일한 모듈(파란색과 빨간색)과 그 사이에서 슬라이드운동을 하는 요소로 구성됩니다. 이 올덤 커플링의 길이는 단지 3스터드일 뿐입니다.

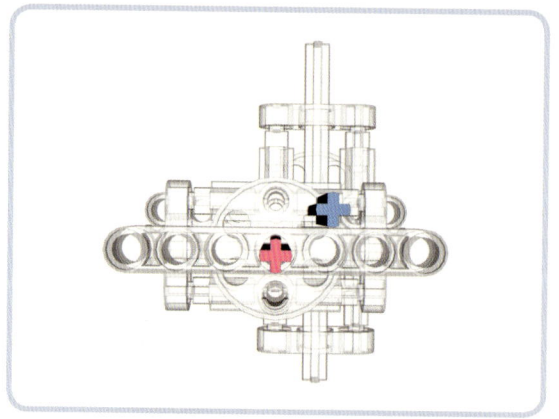

■ 그림 8-17 이 올덤 커플링의 입력축(빨간색)과 출력축(파란색)의 최대 변위(displacement, 허용 거리)는 가로 1스터드와 세로 1스터드입니다. 링의 직경을 확장하면 두 축의 변위값은 더 늘릴 수 있습니다.

슈미트 커플링

슈미트 커플링Schmidt coupling은, 올덤 커플링처럼 입력축과 출력축이 정렬되지 않은 장치에서 1:1 비율로 회전을 전달하는 장치입니다. 이것 역시 기어 조합이나 유니버설 조인트의 대안으로 쓸 수 있습니다.

슈미트 커플링에는 세 개의 디스크 또는 삼각 구조물이 필요하며, 각각의 디스크 또는 삼각 구조물의 세 모서리는 다른 디스크 또는 다른 삼각 구조물에 연결되어, 전부 여섯 개의 링크로 구성되게 됩니다. 첫 번째 디스크가 입력축에, 세 번째 디스크가 출력축에 연결되며 중간의 디스크는 두 디스크 사이의 공중에 매달려 서로를 연결해 주는 역할입니다.

이 장치의 고유한 특성 중 하나는 중간의 디스크가 움직임을 균일하게 해주기 때문에 입력축 또는 출력축이 회전 중에도 임의의 위치로 이동할 수 있다는 것입니다. 구동 중 회전축의 위치가 임의로 바뀌어도 구동을 전달할 수 있는 기능은 기존의 기어나 올덤 커플링에서는 불가능한 기능입니다.

슈미트 커플링을 만들기 위해서는 삼각 부품(부품번호 57585)를 기본으로, 그림 8-18과 같이 몇 개의 부품을 추가해야 합니다. (여기에 사용되는 핀은 모두 마찰이 없는 핀이어

야 합니다.) 이 커플링은 5스터드 길이를 요구하지만, 유니버설 조인트를 포함한 다른 솔루션들과 비교했을 때 매우 강력하고 큰 토크를 견딜 수 있습니다. 또한 슈미트 커플링의 움직임은 매우 독특하고 매력적이기도 합니다.

그림 8-19에서의 슈미트 커플링은 5스터드 거리까지 움직일 수 있지만 이동 범위는 삼각으로 뻗은 팔 세 개의 길이를 확장해서 더 크게 만들 수 있습니다. 그러면 링크도 따라서 좀 더 길게 만들어야 하는데, 커플링이 제대로 동작하기 위해서는 각 링크(그림 8-19의 노란색)의 길이가 삼각 구조물의 팔 길이보다 조금 길어야 합니다.

■ 그림 8-18 삼각 부품(부품번호 57585)을 이용한다면 다양한 크기의 삼각 구조물을 만들 수 있습니다.

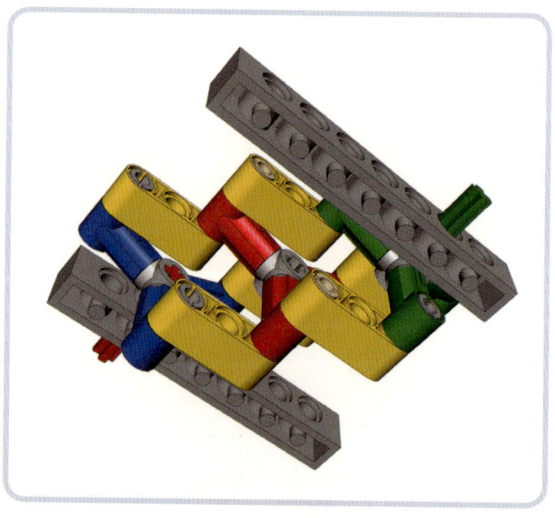

■ 그림 8-19 슈미트 커플링을 구성하는 세 개의 삼각 링크(녹색, 빨간색, 파란색)와 이 각각의 링크를 연결하는 작은 링크(노란색)의 모습입니다. 중간의 삼각(빨간색) 링크는 다른 두 링크에 매달려 떠 있으며, 구동축이 움직일 때 다른 커플링과 함께 움직이며 회전을 전달합니다.

스테퍼 모터

현실 속의 스테퍼 모터stepper motor는 모터 내부의 자체적인 메커니즘에 의해 최종 출력축을 매번 일정한 각도 단위로 연속적으로 회전하도록 만드는 모터입니다. 예를 들어, 매번 버튼을 누를 때마다 90도 회전을 하는 것과 같은 동작이지요. 이러한 동작은 많은 자동화 생산설비의 기능 구현을 위해 매우 유용합니다. 실제 자동화 생산설비들의 내부는 스테퍼 모터들로 가득 차 있다고 할 수 있습니다.

레고는 정식으로 스테퍼 모터와 같은 종류의 특수한 모터를 생산한 적이 없습니다. 하지만 우리는 몇 가지 부품으로 간단한 메커니즘을 추가해 일반 레고 모터를 스테퍼 모터처럼 개조할 수 있습니다. 이렇게 개조된 모터는 순차적으로 어떠한 동작을 수행해야 하는 기어박스를 제어할 수 있게 됩니다.

스테퍼 모터를 만들기 위한 간단한 방법은 그림 8-20과 같이, 모터의 출력축에 노브 휠을 우선 장착하는 것입니다. 그 다음, 노브 휠을 살짝 눌러 줄 수 있는 빔을 설치하고, 이 빔을 고무줄 또는 쇼크 업쇼버 부품과 같은 탄성이 있는 부품을 이용해서 노브 휠을 눌러 줄 수 있도록 만들면 됩니다.

항상 빔이 노브 휠을 누르고 있고, 노브 휠은 네 방향의 돌출 부위가 있기 때문에 모터의 회전은 90도가 될 때마다 노브 휠을 누르는 힘을 극복해야 합니다. 모터가 고무줄이 누르는 힘을 극복하고 90도를 넘어가는 순간 다시 누르는 힘은 최대가 되며, 결국 연속적인 회전운동은 간헐적인 회전운동처럼 보이게 됩니다.

적당한 시간동안 모터를 회전하는 것만으로도 우리는 출력축을 원하는 각도만큼 회전하도록 정확하게 제어할 수 있습니다. 회전량을 측정하기 위해 우리는 노브 휠을 육안으로 살펴보거나 일반적으로 모터가 회전할 때 나는 소리와는 다른(스테퍼 모터의 노브 휠이 빔과 부딪히며 내는) 규칙적인 소음을 세어 볼 수 있습니다. 주지할 점은, 이 메커니즘이 모터의 구동에 약간의 무리를 주며, 지속적으로 이 메커니즘으로 구동시킬 경우 모터에 손상을 줄 수 있다는 점입니다.

제네바 메커니즘

제네바Geneva 메커니즘(그림 8-21 참조), 또는 제네바 드라이브, 몰티즈 크로스 메커니즘이라 불리는 이 장치는 입력축의 연속적인 회전을 이용해 출력축을 일정한 각도 단위로 회전시키는 장치입니다(구동 형태로 보았을 때 스테퍼 모터와 유사합니다).

바꾸어 말하자면 연속적인 회전을 간헐적인 회전운동으로 바꾸는 것을 뜻합니다. 제네바 메커니즘은 낯설어 보이지만, 사실 아주 일반적인 구동부 중 하나입니다. 예를 들어, 이 기구는 기계식 시계와 필름 영사기 같은 곳에서 일정한 시간 단위로 매번 회전이 일시적으로 멈추어야 하는 기능을 위해 사용되고 있습니다.

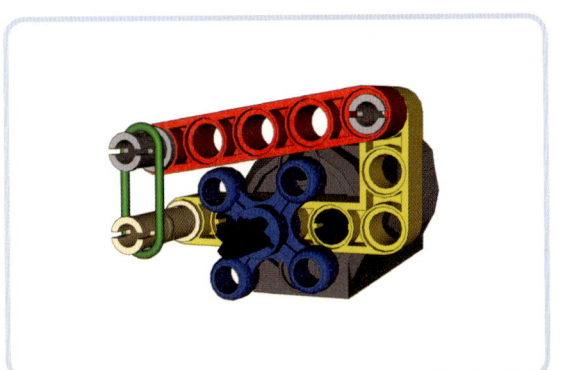

■ 그림 8-20 모터의 출력축에 설치된 노브 휠(파란색)은 고무줄(녹색)에 의해 한 방향으로 당겨지는 빔(빨간색)에 의해 눌리게 됩니다. 이 모터의 축은 노브 휠과 빔의 작용에 의해 스테퍼 모터와 유사하게 움직입니다.

■ 그림 8-21 입력축(빨간색)과 출력축(녹색)으로 구현된 간단한 제네바 메커니즘입니다. 네 방향으로 홈이 패여 있기 때문에 입력축을 연속적으로 회전시키면 출력축은 90도 단위로 회전하고 멈추는 동작을 반복합니다.

실제 제네바 메커니즘을 구현하기 위해서는 원형의 특수하게 가공된 부품들이 사용되기 때문에 일반적인 레고 부품을 이용해 제네바 메커니즘을 완벽하게 구현하는 것은 어려운 일입니다. 다음 페이지에서 간단한 제네바 메커니즘의 조립도를 볼 수 있습니다. 실제 제네바 메커니즘의 구동부가 맞물리는 곳은 거의 오차가 없게 설계됩니다. 하지만 레고 부품을 이용해 구현하려면 맞물리는 부위에서 핀과 브릭 두께의 차이만큼 불필요한 마진이 생겨 약간의 오차가 발생할 수 있습니다.

이 장치의 출력축은 입력축에 맞물리지 않을 경우 자유롭게 회전할 수 있습니다. 실제 제네바 메커니즘의 경우, 출력축은 입력축에 맞물리지 않을 때 잠겨 있게 됩니다. 출력축이 잠기지 않게 된다면 영사기를 통해 나오는 영화 장면은 상하로 미세하게 흔들리게 되겠지요.

레고로 이와 같은 회전축의 잠금기능까지 구현하는 것은 매우 어렵고 구조가 복잡해지며 규모도 커지게 될 것입니다. 여기에서는 간단한 방식으로 제네바 메커니즘을 시뮬레이션하는 것까지만 다룰 것입니다. 불필요한 출력축의 진동을 막기 위한 한 가지 방법은 그림 8-21의 녹색 출력축 부분에 마찰 핀을 연결해서 출력축이 입력축에 의해 구동되지 않을 때 출력축 자체의 마찰력으로 불필요한 움직임이 없도록 구현하는 것입니다.

제네바 메커니즘 모형

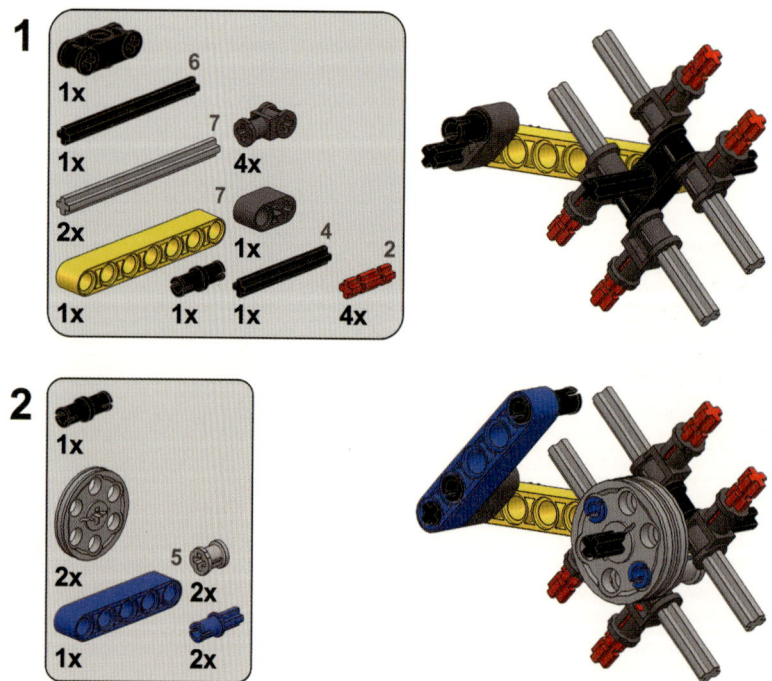

램프 자동으로 끄기

자, 이번에는 우리가 차량을 후진시킬 때 자동으로 후미등이 켜지고 후진을 마치면 후미등이 꺼지는 기능을 구현한다고 가정해 봅시다. 우리는 구동축에 스위치를 연결해 이러한 기능을 구현할 수 있습니다. 단, 스위치의 레버는 켜짐과 꺼짐이라는 제한된 위치로만 이동이 가능합니다. 파워펑션 스위치 부품은 켜짐(모터 시계 방향 구동, 전원의 극성은 +/-) – 꺼짐 – 켜짐(모터 반시계 방향 구동, 전원의 극성은 -/+)의 패턴을 갖고 있습니다. 모터라면 스위치의 방향에 따라 회전 방향이 바뀌겠지만, 램프는 스위치의 방향에 상관없이 전원이 인가되면 켜지는 형태로 동작하기 때문에, 그림 8-22에서 보는 것과 같이 세 가지 위치 중 하나를 브릭으로 차단시켜 켜짐 – 꺼짐의 두 가지 패턴만을 사용할 수 있습니다.

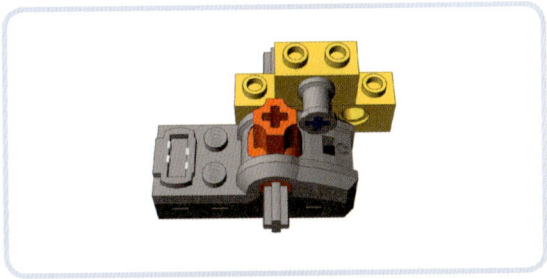

■ 그림 8-22 파워펑션 스위치의 주황색 레버를 켜짐과 꺼짐 상태만 사용하기 위해 한쪽 끝(오른쪽)으로 레버가 움직이지 못하도록 간단한 부시와 핀을 이용해 막아 준 모습입니다.

스위치의 세 가지 패턴 중 하나를 막은 다음 우리가 할 일은, 구동축을 끌어와서 그림 8-23과 같이 클러치 기어를 이용해 구동축의 회전을 스위치의 레버에 전달하는 것입니다. 여기에서는 기어비가 중요합니다. 구동축과 스위치 사이에 기어 감속이 이루어진다면 스위치의 동작이 느려질 것인데, 이것은 우리가 바라는 바가 아닙니다. 후진을 시작함과 동시에 후미등이 켜지는 것과, 이미 후진을 한 뒤에야 후미등이 늦게 켜지는 것을 생각해 보세요.

스위치의 반응은 구동축의 동작에 맞추어 빠르게 이루어져야 할 것입니다. 그래서 기어비는 적어도 1:1 또는 스위치 쪽으로 가속이 이루어져야 할 것입니다.

■ 그림 8-23 파워펑션 스위치와 구동축(빨간색)을 클러치 기어(흰색)로 연결해 세 가지 모드 중 두 가지만 사용 가능하도록 했습니다. 이 경우 전진 시 레버는 계속 부시 쪽으로 당겨지며 클러치 기어가 헛돌아서 스위치는 off 상태가 되고, 후진 시 레버는 부시의 반대쪽으로 밀어지며 스위치가 on 상태가 됩니다. 물론 지속적으로 장시간 이와 같은 구동을 한다면 클러치 기어가 손상될 수도 있습니다.

이러한 구성에서 스위치에 연결된 램프는 차량이 한 방향으로 구동할 때는 항상 켜지고, 반대 방향으로 구동할 때는 항상 꺼지게 됩니다. 이 모듈은 차량이 전진할 때 후진등이 켜지는 형태로 잘못된 방향으로 동작할 수도 있습니다. 물론 이 문제를 해결하는 방법은 간단합니다.

구동축과 맞물린 스위치를 맞은편의 구동축 쪽으로 움직임으로서 수직축의 방향을 바꾸어 주거나, 또는 구동축과 스위치 사이에 기어를 하나 더 추가하는 것으로 충분합니다. 물론, 당연히 이러한 메커니즘은 추가된 기어들의 마찰 때문에 차량이 움직일 때 추가적인 저항을 발생시킵니다. 또한, 이 메커니즘을 위해 구동축에서 스위치까지 추가된 기어들은 구동계에 큰 손실을 주기도 합니다.

램프 점멸

여러분이 만약 레고 램프를 점멸시키고자 한다면, 두 가지 방법을 선택할 수 있습니다. 자체 점멸기능이 내장된 오래된 9v 램프 브릭(그림 8-24 참조)을 사용하는 방법과 파워펑션에 추가된 레고 LED 램프에 몇 가지 추가적인 부품을 이용하는 방법입니다.

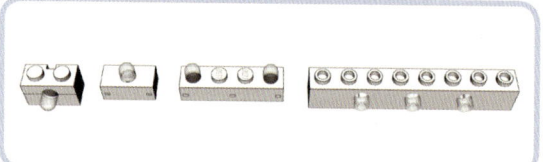

■ 그림 8-24 네 가지 종류의 9v 램프 브릭. 첫 번째는 단순 점등기능, 두 번째와 세 번째는 전원의 극성에 따라 단순 점등과 점멸기능, 그리고 네 번째는 자체 발광기능이 없이 다른 램프 브릭을 아래에 끼워 빛을 확산시키는 역할을 하는 부품입니다.

9v 램프 브릭 중 일부(램프가 위로 향한 것)는 전원의 극성에 따라 단순 점등 상태 또는 점멸 상태로 사용할 수 있습니다. 전원의 극성을 바꾸기 위해서는 램프 아래 9v 접속 단자에 전선을 180도 돌려 끼우는 것으로 충분합니다. 그림 8-25에서는 9v 배터리 박스와 9v 전선에 연결된 9v 램프 브릭을 볼 수 있습니다.

👦 레고 9v 시스템은 2선식 인터페이스로, 4스터드의 금속 단자로 접속되도록 설계되었습니다. 이 시스템은 단순히 단자 위에 단자를 결합하는 것만으로 전기가 통할 수 있으며, 극성은 아래쪽 단자와 위쪽 단자의 전선 방향이 같을 때와 90도 방향일 때 +/-로, 180도와 270 방향일 때 -/+로 전기가 연결됩니다.

이 시스템은 램프와 사이렌을 사용하는 일반 시티/우주 제품과 기차류, 그리고 마인드스톰 제품군에서까지 폭넓게 사용되었으며 단순한 on/off식 구동과 간단한 신호 전달에는 문제가 없지만 구동과 함께 별도의 제어 신호를 추가하거나 디지털 방식의 센서를 운용하기에는 한계가 있어 4선식 인터페이스를 채용한 파워펑션 시스템과, 6선식 인터페이스를 채용한 마인드스톰 NXT 제품군이 등장하면서 레고 역사에서 자취를 감추게 됩니다.

9v 램프 브릭은 레고 LED 브릭과 비교했을 때 많은 단점이 있습니다. 가장 중요한 점은 9v 시리즈가 오래전 단종되었기 때문에, 상태 좋은 부품을 저렴하게 구하기가 어렵다는 점입니다. 👦 모든 전기제품이 비슷하지만, 필라멘트를 이용한 램프는 특히 소모성 부품으로 보아야 합니다. 이 부품에 쓰는 전구는 레고 전용이기 때문에 필라멘트가 끊어질 경우 개인이 램프를 교체하는 것이 거의 불가능합니다.

두 번째로, 9v 램프들은 필라멘트를 쓰는 백열전구이기 때문에 많은 전력소모가 있으며 강한 주황색 빛을 전방향으로 확산시키는 성질이 있다는 점입니다. 램프 빛의 색과 방향은 그림 8-26에서 확인 가능합니다. 파워펑션 LED 램프는 이러한 문제점을 모두 해결한 부품입니다. 이 램프는 기존의 9v 램프보다 훨씬 작은 크기이며, 👦 브릭 크기가 아닌, 핀 구멍에 끼워지는 일반 핀과 같은 지름 전력소모가 적은 LED 소자를 이용하고 빛의 방향도 전방향으로만 확산되는 형태입니다. 유일한 단점은 기존의 9v 램프가 가지고 있던 점멸기능이 사라졌다는 것입니다.

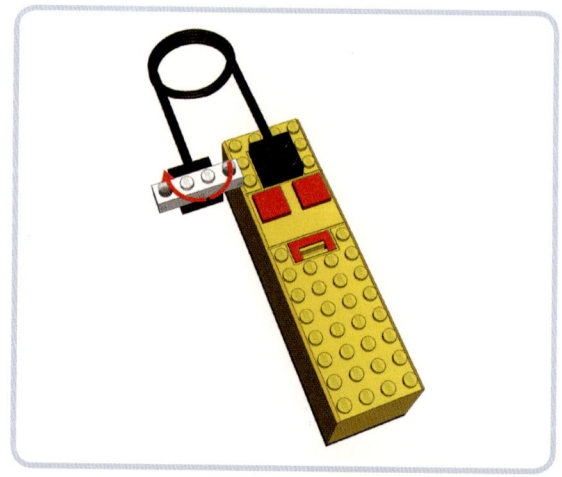

■ 그림 8-25 9V 구형 배터리 박스(노란색)에 9v 전선(검은색)을 이용해 연결된 1×4 크기의 9v 램프 브릭. 빨간색 화살표와 같이 램프 브릭을 180도 돌려

서 전선에 끼우면 램프에 인가되는 전원의 극성이 반대로 바뀌어 단순 점등과 점멸을 선택할 수 있습니다. 여기에서 램프에 전달되는 전원의 극성을 바꾸는 방법은 세 가지입니다. 먼저 배터리박스의 두 사각형 빨간 버튼 중 하나를 선택하는 것으로 극성을 바꿀 수 있습니다. 그리고 배터리박스에 연결된 전선의 방향을 180도 바꾸거나, 전선 끝에 연결된 전구의 방향을 180도 바꾸는 방법으로도 극성을 바꿀 수 있습니다.

■ 그림 8-26 필라멘트 전구를 이용한 구형 9v 램프 브릭(왼쪽)과 청백색 LED 소자를 이용한 신형 파워펑션 LED 램프(오른쪽). 빛의 색과 방향의 차이를 확인할 수 있습니다.

용한다면 스위치와 배터리박스는 별도의 변환선이 필요 없이 9v 전선으로 바로 연결할 수 있습니다.

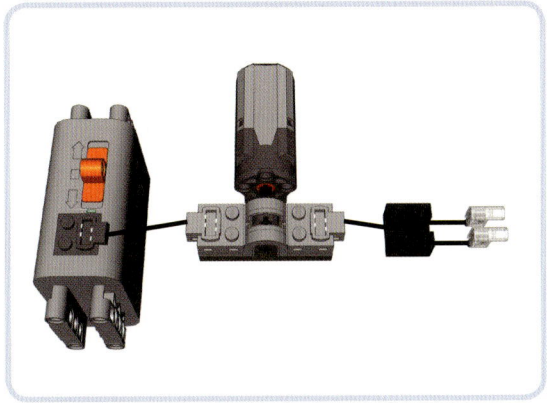

■ 그림 8-27 구형 9v 스위치를 이용한 LED의 점멸

LED 램프를 이용해 점멸기능을 구현하려면, 스위치와 모터가 추가적으로 필요합니다. 구형의 9v 스위치를 이용한다면 조금 더 편리하게 이 기능을 구현할 수 있지만, 파워펑션 스위치를 이용한다면 편심 메커니즘을 응용한 크랭크 장치를 스위치에 부착해야 점멸기능을 구현할 수 있습니다. 그림 8-27과 8-28에서는 두 가지 레고 스위치를 이용한 LED 램프 점멸기능을 볼 수 있습니다.

구형의 9v 스위치 부품을 쓴다면, 램프 점멸기능의 구현은 간단합니다. 스위치는 옆면에 모터의 구동축이 끼워질 수 있는 구조이며, 양 방향으로 자유롭게 회전할 수 있습니다. 9v 스위치는 중심부가 회전할 때마다 전원의 on/off가 반복되기 때문에 단지 모터의 구동축을 스위치의 중심에 끼운 후 모터를 돌리는 것만으로도 스위치에 연결된 LED 램프를 점멸시킬 수 있습니다.

램프가 점멸되는 주기는 모터의 속도를 바꾸거나, 또는 모터의 구동축에서 기어 감속 또는 가속을 하는 것으로 빠르게 또는 느리게 점멸하도록 바꿀 수 있습니다. 다행히도 파워펑션 전선은 파워펑션 부품과 9v 부품을 서로 연결할 수 있으며, 만약 여러분이 9v 배터리박스를 사

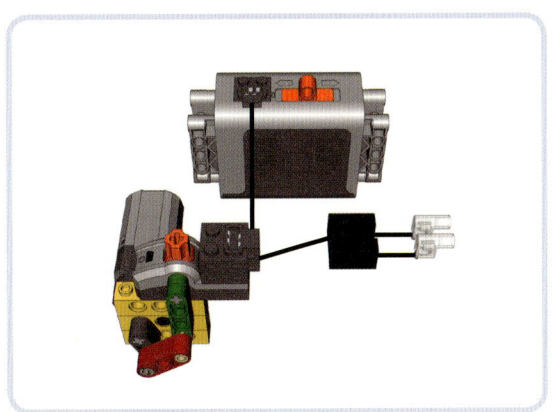

■ 그림 8-28 파워펑션 스위치를 이용한 LED의 점멸

파워펑션 스위치에 모터를 이용해 점멸기능을 구현할 경우, 이 스위치는 움직일 수 있는 범위가 제한되어 있기 때문에 편심 메커니즘을 이용한 크랭크 기능을 스위치에 연결해야 합니다. 편심 메커니즘을 이용해 모터로 스위치를 구동시키면 스위치의 레버는 앞뒤로 반복적으로 왕복운동을 하며 on – off – on의 상태를 반복할 것입니다.

방향 지시등 만들기

우리는 레고 램프로 점멸기능을 구현하는 방법을 알게 되었습니다. 이제 이 기능을 이용해 한 단계 앞으로 나아가 차량에 방향 지시등을 구현해 봅시다.

방향 지시등을 구현하기 위해 앞서 살펴본 점멸기능에 두 개의 스위치를 추가해야 합니다. 방향 지시등은 좌측과 우측이 별개로 작동합니다. 단, 이 메커니즘은 실제 차량에서처럼 두 개의 방향지시등을 동시에 켜는 것은 고려되지 않았습니다.

최종적으로 만들어질 장치는 하나의 모터(조향 모터)에 의해 통제되며, 좌측 방향지시등과 우측 방향지시등, 각각 두 개의 방향지시등이 독립적으로 좌회전 또는 우회전에 따라 각각 점멸될 것입니다.

앞 절에서 우리는 하나의 램프를 점멸시키는 방법에 대해서 살펴보았습니다. 이제는 방향 지시등으로 만들기 위해 추가되는 두 개의 스위치에 초점을 맞춰 보겠습니다. 우선 하나의 방향 지시등이 켜질 때 반대쪽의 방향 지시등이 꺼지도록 두 개의 스위치를 물리적으로 결합하는 것이 필요합니다.

이러한 기능은 오직 RC 자동차를 구현하면서 조향이 될 때 방향지시등이 같은 방향으로 작동되는 것을 목표로 할 때에만 의미가 있습니다. 만약 RC 자동차가 아닌 모형 자동차를 만든다면 두 개의 스위치를 물리적으로 결합하지 않고 별개로 분리해서 좌회전, 우회전, 둘 다 켜지는 비상등 모드 의 세 가지를 다 구현하는 방법도 있습니다.

그림 8-29에서 기어 방식과 톱니 반 부시 방식의 스위치를 물리적으로 결합하는 방법을 볼 수 있습니다. 중요한 점은 두 개의 스위치가 동시에 켜지거나 꺼지지 않도록 두 스위치의 축이 약간 다른 각도로 맞물리는 것입니다.

■ 그림 8-29 파워펑션 스위치를 물리적으로 결합하는 두 가지 방법. 왼쪽은 기어를, 그리고 오른쪽은 톱니 반 부시를 이용해 두 스위치를 서로 다른 상태로 연결합니다(하나는 가운데-off, 그리고 연결된 다른 하나는 on). 두 개의 스위치가 다른 방향을 향하고 있기 때문에 이 스위치들은 동시에 켜지거나 꺼지지 않고, 위쪽 스위치가 켜지면 아래쪽 스위치는 꺼지고, 위쪽 스위치가 꺼지면 아래쪽 스위치는 켜지게 됩니다.

두 개의 스위치를 다른 방향으로 물리적으로 결합한 다음, 이 장의 앞부분에서 설명한 것과 같은 방법으로 스위치의 세 가지 모드 중 하나를 차단시켜야 합니다. 스위치의 on-off-on의 세 가지 모드를 on-off로 막는 방법은 그림 8-30에서 볼 수 있습니다. 두 스위치는 물리적으로 결합되어 있기 때문에 스위치 하나를 막는 것만으로도 충분합니다.

그림 8-30의 스위치는 좌측 방향 지시등과 우측 방향 지시등을 선택하는 기능이고, 실제 방향 지시등의 점멸기능은 빠져 있습니다. 그림 8-27과 8-28에서 살펴 본 점멸기능을 여기에 추가해 줍니다. 그림 8-31과 8-32에서는 좌우 선택 스위치와 점멸 스위치가 물리적으로 결합된 모습을 보여줍니다. 좌/우 선택 스위치의 입력축 부분에 클러치 기어(하얀색)가 연결되고 모터에 의해 램프의 점멸기능을 구동하도록 점멸을 담당하는 스위치(세 개 중 가장 왼쪽)까지 기어를 연결합니다.

이제 남은 것은 이 모든 스위치 모듈들을 전기적으로 연결하는 것입니다. 그림 8-33에서는 9v 스위치를 이용한 모듈을 전기적으로 연결한 모습을 보여줍니다. 파워펑션 스위치를 이용한 그림 8-32의 모듈도 전기적 구성은 그림 8-33과 같습니다. 마스터 스위치(램프 점멸을 위한 그림 8-33의 9v 스위치)는 모터를 구동하는 배터리박스에서 전원을 공급받습니다. 두 개의 서브 스위치(물리적으로 결합된 것)는 마스터 스위치로부터 전원을 공급받으며, 서브 스위치의 출력단자에는 각각 좌측, 우측 방향지시등이 연결됩니다. 마스터 스위치의 동작에 의해 램프 전원이 점멸 상태로 인가되고, 모터의 구동 방향에 따라 서브 스위치 두 개 중 하나가 on과 off의 상태를 오가면서 서브 스위치에 연결된 방향 지시등이 모터의 방향에 맞추어 점멸되게 됩니다.

이 방법을 이용해 제어할 수 있는 점멸 램프의 개수에는 제한이 없습니다. 그리고, 이런 메커니즘을 내장한 자동차는 조향장치를 동작하는 것만으로도 자동으로 방향 지시등이 점멸하게 됩니다!

■ 그림 8-32 파워펑션 스위치를 점멸기능에 이용한다면 편심 메커니즘 덕분에 조금 더 구조가 복잡해집니다. 스위치를 구동시키는 크랭크(녹색과 빨간색)에 연결되는 기어 감속 구조는 8-31과 동일합니다.

■ 그림 8-30 두 개의 물리적으로 결합된 스위치. 이 중 하나의 스위치는 부시에 의해 세 가지 모드 중 하나가 차단되었습니다. 이런 물리적 결합 덕분에 두 개의 스위치는 세 가지 모드 중 두 가지만 선택 가능합니다.

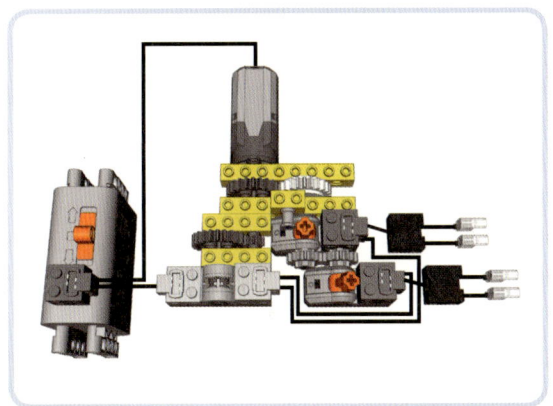

■ 그림 8-33 방향 지시등을 위한 간단한 전기 연결 도식. 파워펑션 무선조종 기능을 여기에 접목시키기 위해서는, 점멸기능 스위치의 전선을 배터리박스가 아닌, 파워펑션 IR 수신기에 연결된 조향 모터 포트에 연결해야 합니다.

■ 그림 8-31 물리적으로 결합된 두 개의 파워펑션 스위치는 구형 9v 스위치를 이용해 점멸기능을 구현한 출력 포트에 연결됩니다. 모터와 9v 스위치 사이에는 점멸 주기 조절을 위해 기어 감속 구조가 들어갑니다.

방향 지시등 모듈 모형

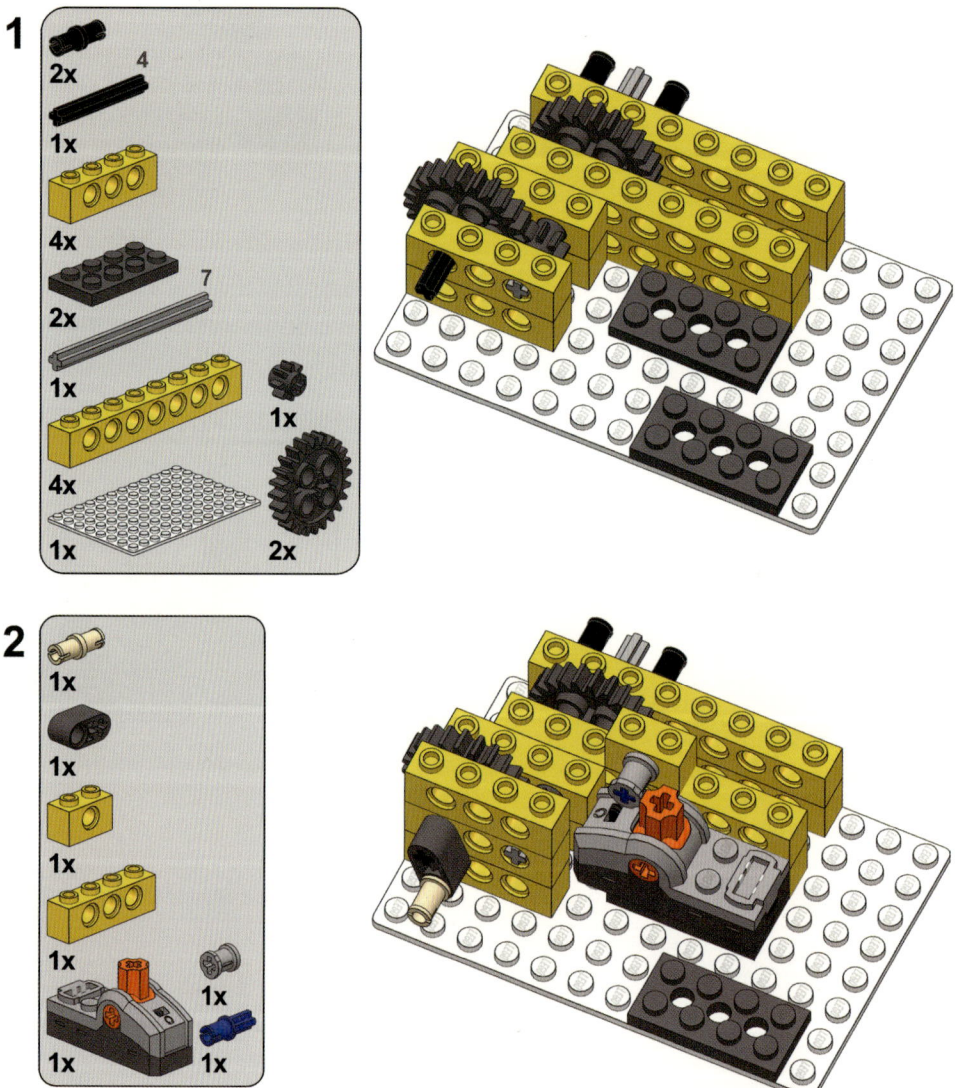

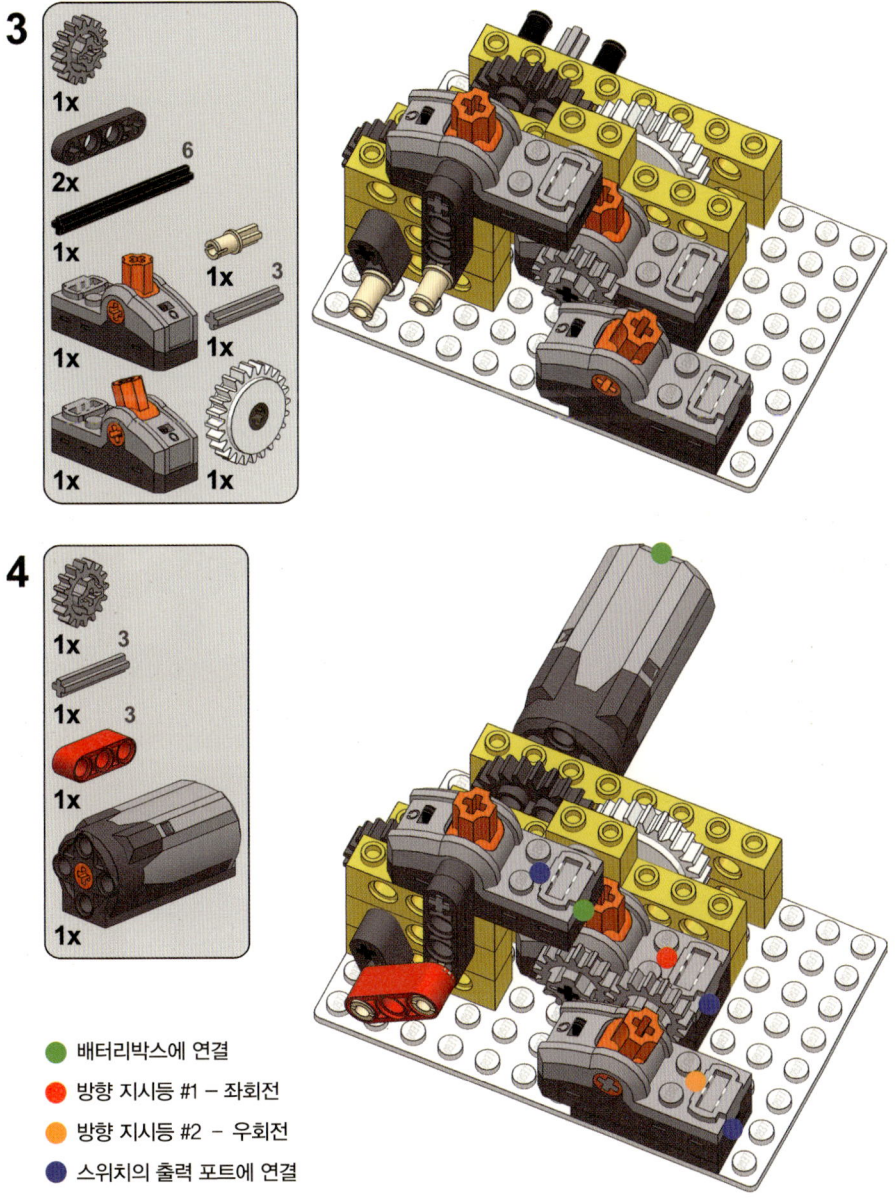

- 배터리박스에 연결
- 방향 지시등 #1 – 좌회전
- 방향 지시등 #2 – 우회전
- 스위치의 출력 포트에 연결

8 사용자 정의 기계 설계

이중 축 턴테이블 구동

테크닉 턴테이블을 통과해 동력을 전달하려 할 경우, 단지 하나의 축만 사용한다면 그것은 매우 간단합니다. 턴테이블의 가운데 공간으로 축을 통과시키는 것만으로 충분합니다.

그러나, 많은 경우에 있어서 어떤 움직임을 구현하는 데 한 개의 축으로는 충분치 않습니다. 예를 들어 궤도식 굴착기를 구현한다고 가정할 때, 굴착기의 좌측과 우측 궤도를 각각 구동시키기 위해서는 두 개의 구동축이 필요합니다.

심지어 축을 구동시키는 모터는 아래쪽 차대가 아닌 턴테이블의 위쪽 또는 몸체 위쪽에 위치하는 경우가 있습니다. 이런 경우, 우리는 트랜스미션 구동 링(그림 8-34 참조) 또는 빈 차동기어 하우징(그림 8-35 참조)과 같은 방법을 사용할 수 있습니다.

이러한 장치는 구동부가 복잡해지는 것이 단점처럼 보일 수도 있으나 사실 중요한 단점은 따로 있습니다. 그것은 바로 차대의 축 중 하나가 구동될 때마다 상부 회전 구조가 영향을 받는다는 것입니다.

그림 8-34와 8-35의 파란색 축을 예로 든다면, 이 축이 상부에 설치된 모터에 의해 구동될 때마다 차대가 영

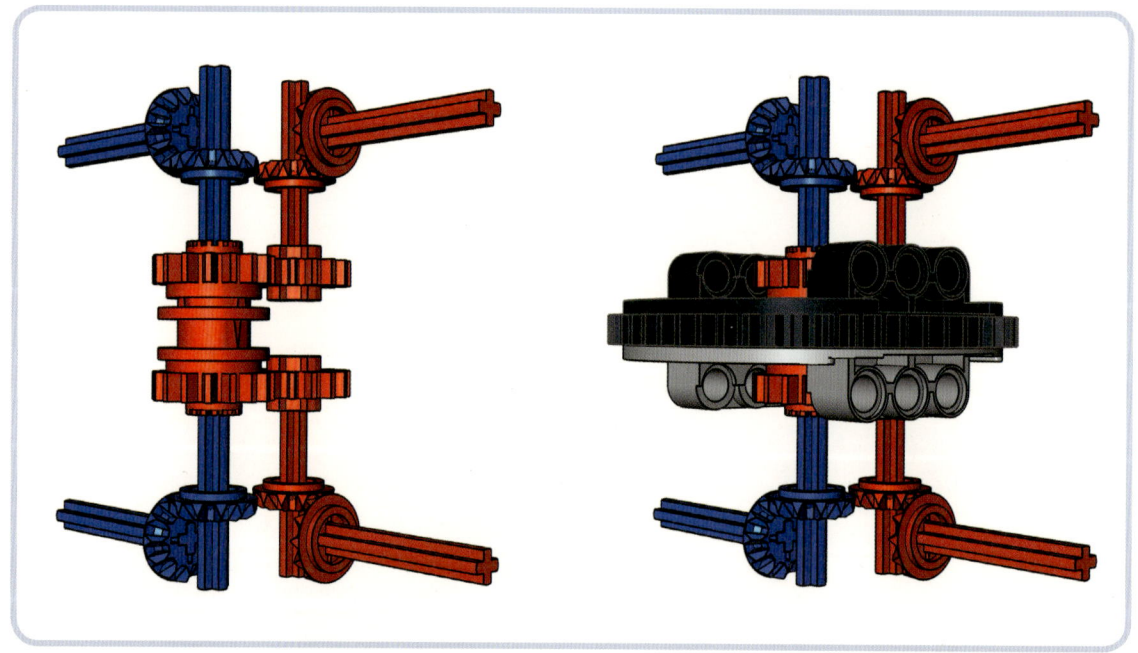

■ **그림 8-34** 트랜스미션 구동 링 방식. 턴테이블의 안쪽으로 두 개의 독립된 구동축이 통과합니다. 좌측과 우측의 두 구동축은 각기 빨간색과 파란색으로 독립적으로 표시됩니다. 이 모듈은 빨간색 축과 파란색 축, 그리고 턴테이블이 각각 동시에 움직일 수 있게 합니다. 파란색 축과, 이를 감싸며 빨간색 축의 구동을 전달하는 트랜스미션 구동 링은 턴테이블의 중앙을 관통해서 설치됩니다. 주지할 점은 두 축을 트랜스미션 구동 링 안에서 결합하지 않기 때문에, 빨간색과 파란색, 두 축은 서로 독립적으로 자유롭게 회전할 수 있다는 것입니다.

향을 받아 조금씩 회전하는 문제가 발생하게 됩니다.

그러나 상부의 회전은 일반적으로 매우 느려서 그 문제는 거의 무시해도 좋을 수준이며, 턴테이블 아래로 내려가는 구동축에 기어 감속을 추가한다면 상부의 회전 문제는 더 최소화시킬 수 있습니다.

이 구동장치의 장점은 실제 장비와 유사하게 모든 전기 계통의 구동 요소들을 궤도 차량의 상부에 집중시킬 수 있다는 것입니다. 이것은 전선을 상부에서부터 턴테이블을 통과해 내려가게 할 필요가 없다는 것과도 같습니다.

바꿔 말하자면 전선을 턴테이블을 통과해 내려가도록 만들어서 궤도 차량 상부의 회전으로 인해 전선이 꼬이거나 끊어지는 문제가 발생하는데 이 문제를 막을 수 있다는 것을 의미합니다.

두 방식은 비슷한 형태로 구현할 수 있습니다. 하지만 트랜스미션 구동 링 방식(그림 8-34 참조)이 조금 더 효과적이기 때문에 이 절에서는 트랜스미션 구동 링 방식에 초점을 맞출 것입니다.

이 방식의 기본 조립방법은 뒤에서 살펴볼 것입니다. 주지할 점은 이 구조를 중심으로 손쉽게 궤도 차량의 상부와 하부를 구현할 수 있다는 점입니다.

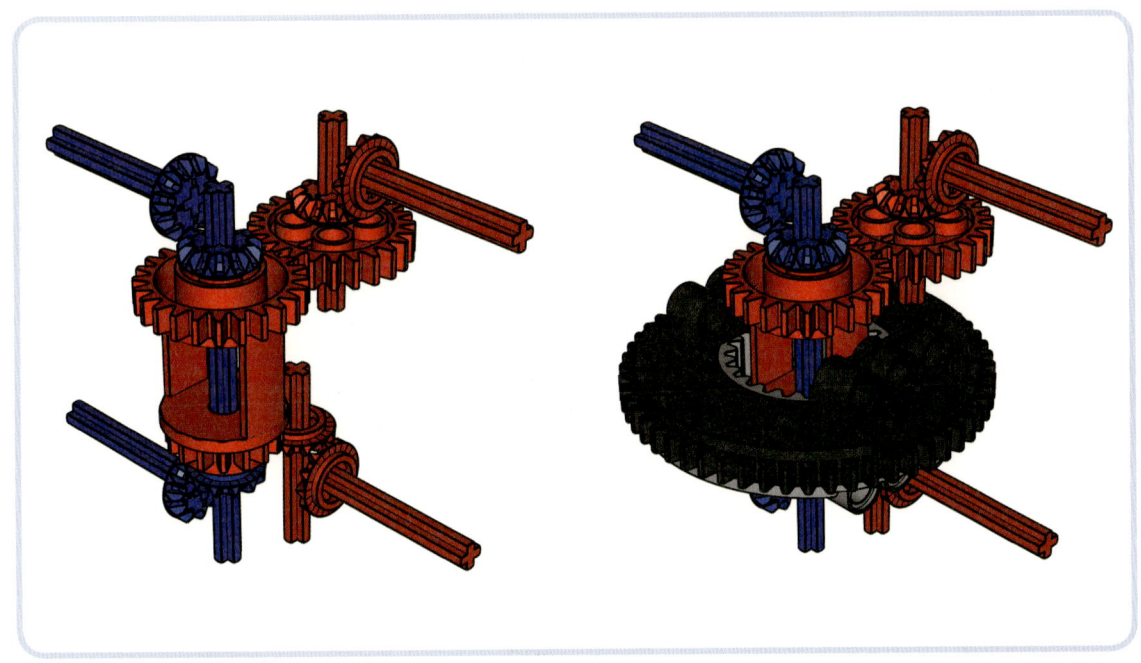

■ 그림 8-35 빈 차동기어 하우징 구조를 이용한 동일한 구동 방식. 이 방식은 조금 더 간단해 보이지만 24톱니 기어와 차동기어의 부피 때문에 트랜스미션 구동 링 방식에 비해 덜 실용적입니다.

트랜스미션 구동 링 방식의 이중 축 턴테이블 구동 모형

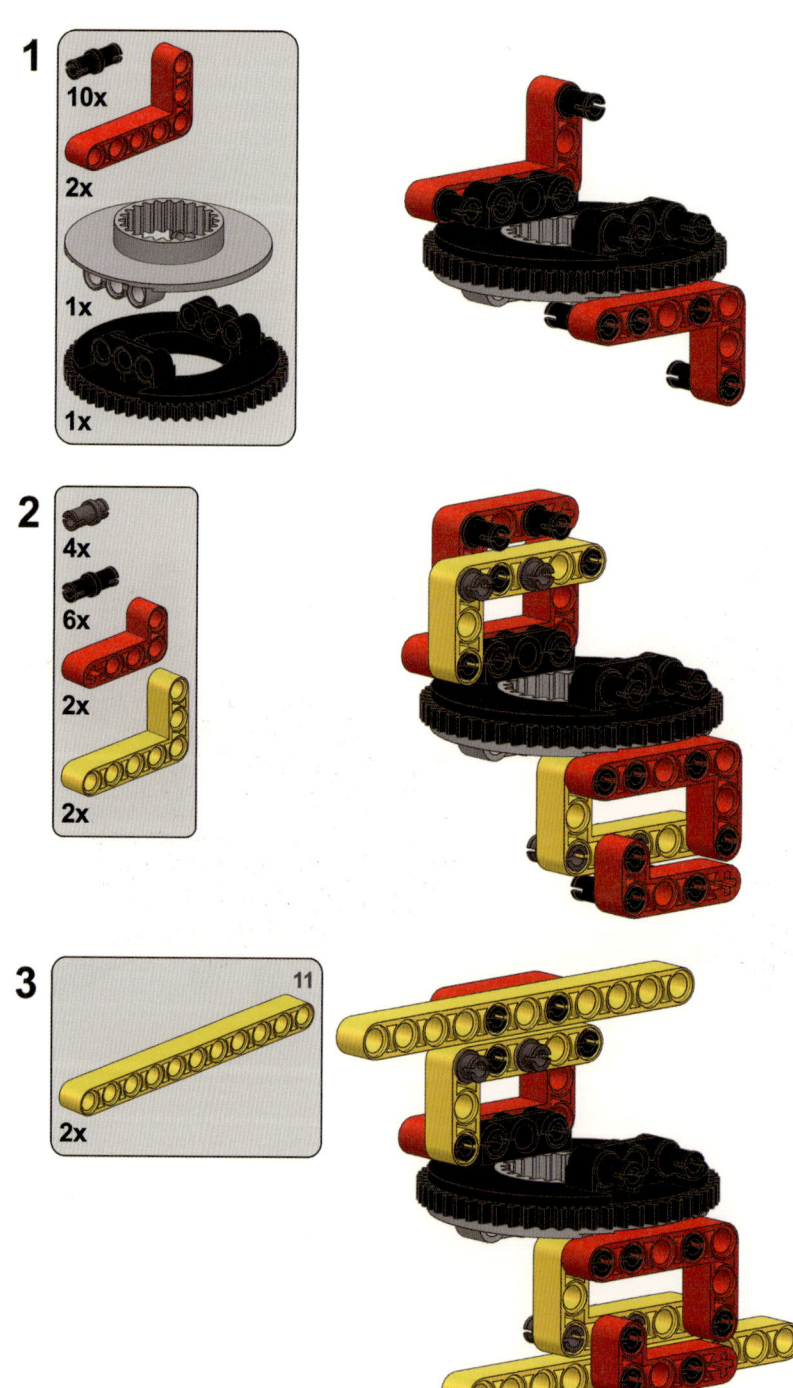

4

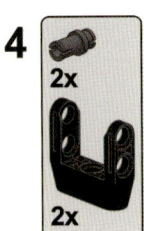

5

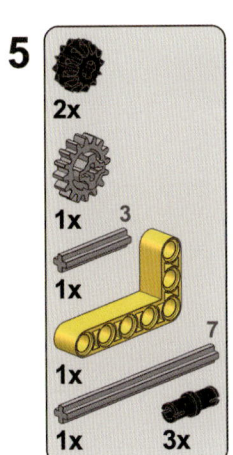

6

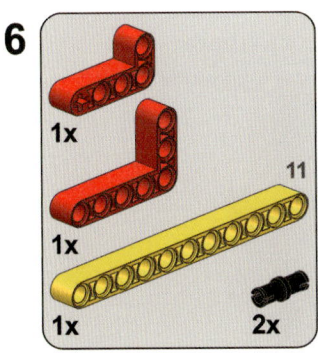
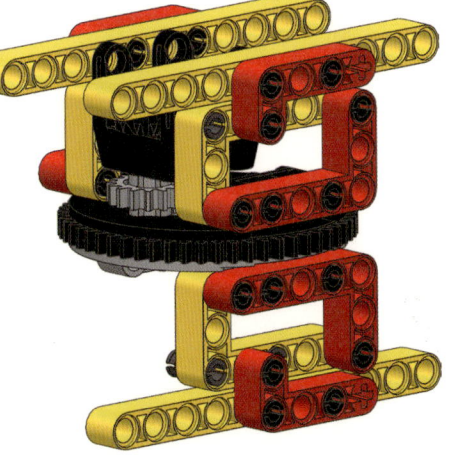

8 사용자 정의 기계 설계 119

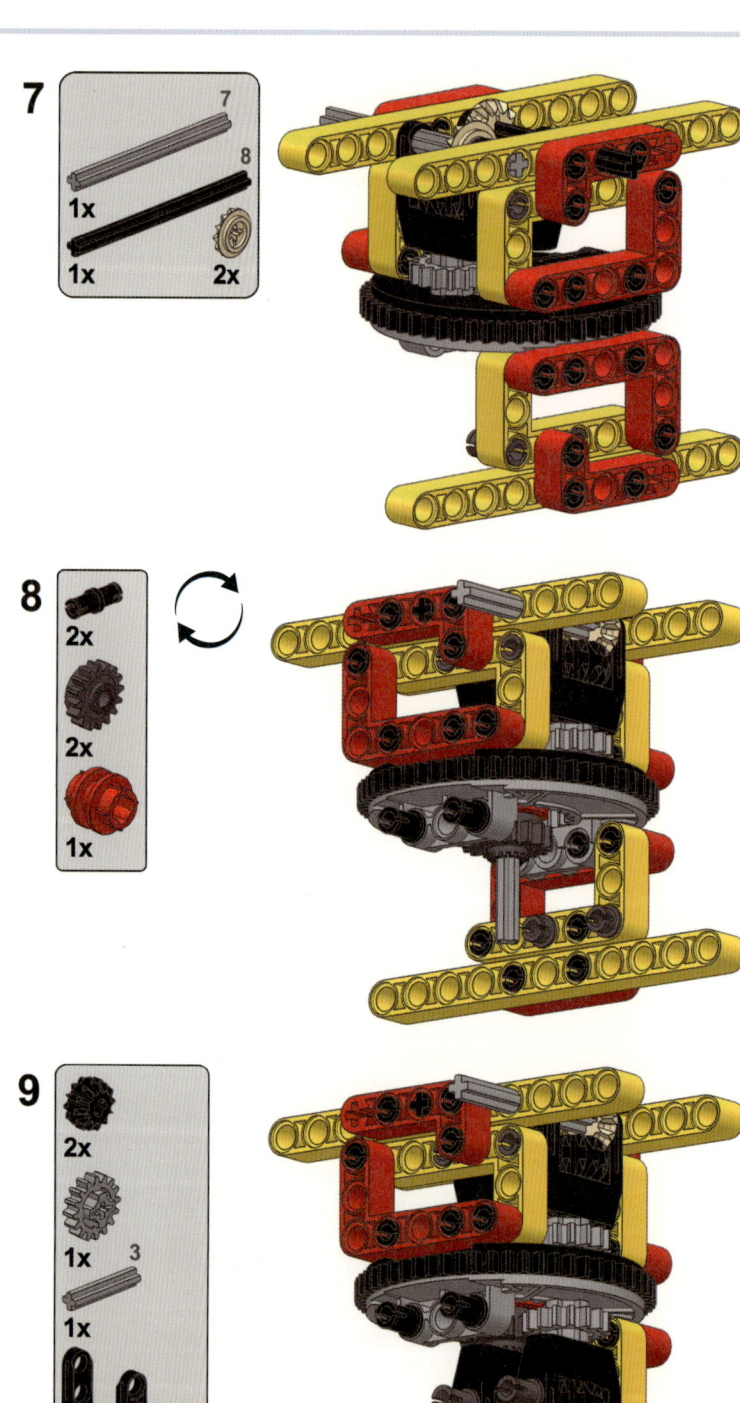

10

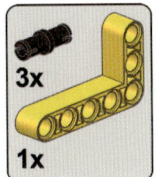

11

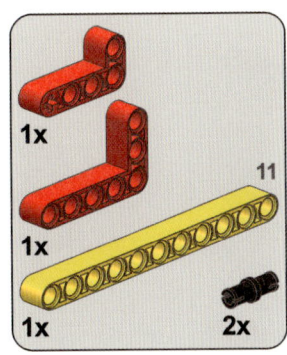
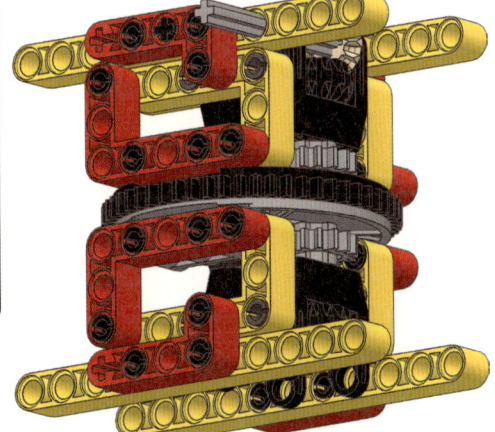

12

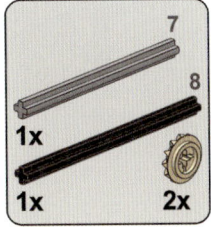
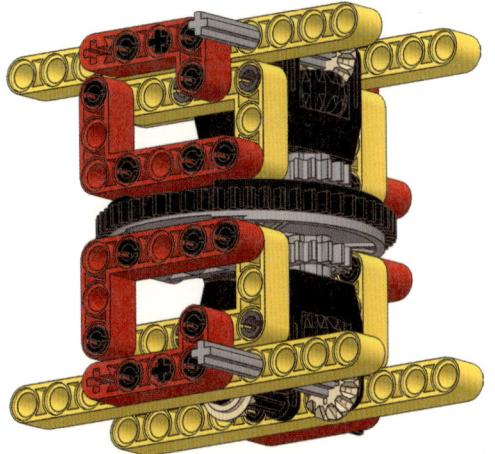

8 사용자 정의 기계 설계

보다 강한 유니버설 조인트

기성품 유니버설 조인트는 많은 장점을 가진 부품이지만, 작은 크기 때문에 큰 토크가 가해질 경우 손상되는 등의 문제가 발생할 수 있습니다. 몇 가지 기본 부품을 이용해 그림 8-36과 같은 좀 더 큰 유니버설 조인트를 만든다면, 크기는 커지겠지만 보다 큰 토크에도 충분히 강한 내구성을 발휘할 수 있습니다.

■ **그림 8-36** 자작 유니버설 조인트는 기성품 유니버설 조인트에 비해 크지만 훨씬 내구성이 강합니다.

유니버설 조인트 자작 모형

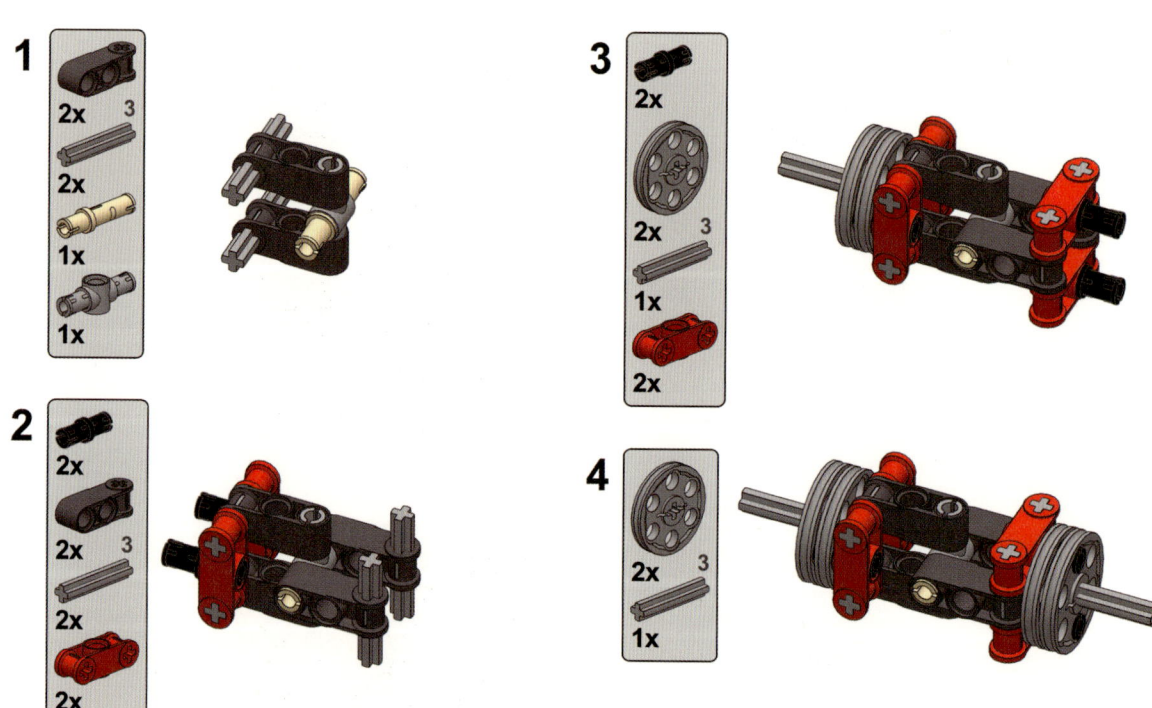

9 레고 공압 시스템

the LEGO pneumatic system

레고 공압 시스템pneumatic system은 실생활에서 사용되는 오일을 이용한 유압 시스템, 공기압을 이용한 공압 시스템의 축소판이라 할 수 있습니다. 이것은 기본적으로 세 가지의 구성 모듈로 나뉩니다. 우선 공압 발생 장치로 수동 펌프 또는 자동 공기압축기(에어컴프레서)와 비슷합니다.

다음은 밸브로 공기의 흐름을 선택적으로 조절할 수 있는 제어 모듈입니다. 마지막으로 공기의 압력을 이용한 수축과 팽창을 직선운동으로 구현하는 실린더가 있습니다. 이 모듈들은 모두 고무 재질로 된 연질의 공압 호스로 연결됩니다.

공압 시스템의 기본 작동 원리는 압력이 높은 곳에서 낮은 곳으로 이동하려는 기체의 성질을 이용합니다. 공압 발생장치는 공압 시스템에 외부 공기를 압축시켜 넣어 대기압보다 압력이 높은 상태로 만듭니다. 제어 모듈인 밸브를 이용해 공기를 실린더로 보내면 실린더는 수축 또는 팽창을 하게 되며, 개방된 밸브에 의해 연결된 모든 공압 시스템의 내부 압력이 동일해지면 공압 시스템의 동작은 멈추게 됩니다.

모든 공압 시스템은 저마다 최대 허용 압력이 있습니다. 레고 공압 시스템의 최대 한계치는 대략 3기압, 즉 일반적인 대기압의 세 배 정도입니다. 레고 공압 발생기에서는 만약 한계 압력 이상으로 공기가 포화될 경우, 각 요소들을 연결하는 연질의 공압 호스가 압력을 이기지 못하고 분리될 것입니다.

레고 공압 시스템은 연질의 공압 호스를 손으로 끼워 연결하는 구조이기 때문에 강한 압력에도 견딜 수 있도록 설계된 산업용 공압 시스템이나 유압장치와는 다릅니다. 모든 부분이 완벽하게 밀폐되지 않으며 미세한 공기의 누출이 발생할 수 있습니다. 이러한 공기 누출은 주로 손상되기 쉬운 연질 호스의 중간 및 끝부분에서 발생하게 됩니다. 이러한 공기의 누출로 인해 효율이 감소할 수 있는 것이 가장 큰 단점입니다.

또한, 내부를 채우는 물질 자체의 밀도 변화가 거의 없어 정확성을 보장하는 유압장치와 달리, 공압은 운동을 하는 실린더가 외부에서 힘을 받을 경우 내부의 공기 압력이 더 높아지면서 실린더가 운동을 제대로 하지 못하거나, 심한 경우 호스가 압력을 이기지 못하고 분리되는 단점도 있습니다.

> **NOTE** 공압장치의 공기가 드나드는 통로는 전문용어로 흡기/배기 포트라 부르기도 하지만, 이 책에서는 간단히 포트라는 용어로 통일할 것입니다.

레고의 공압 시스템은 구동 기법의 작은 차이로 구형과

신형을 구분할 수 있습니다. 다음 절에서 각각의 차이점을 살펴볼 것입니다.

구형 공압 시스템

1984년에 도입된 레고 최초의 공압 시스템은 상당히 복잡한 구조를 갖고 있습니다(그림 9-1 참조). 이 시스템은 공압 펌프와 실린더, 그리고 이들을 이어주는 한 개의 호스로 구성되며, 한 개의 호스를 이용해 실린더를 제어하기 위해 두 가지의 추가적인 부품이 펌프와 실린더 사이에 설치됩니다. 이 시스템은 1984년에 등장해 구형 테크닉 세트에 포함되고 1987년에 단종되었지만, 튼튼하게 설계되어 지금도 사용하는 데 큰 문제는 없습니다.

그림 9-1에서 빨간색의 ❶번 부품이 펌프로, 검은색 막대 부분에 일반적으로 스프링이 장착되어 있습니다. 검은색 막대를 누르면 공기는 포트를 통해 나가며, 손을 떼면 스프링의 힘에 의해 막대는 원래 상태로 돌아갑니다.

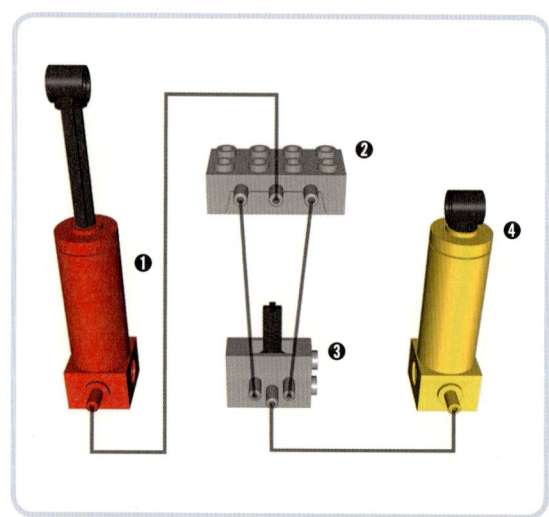

■ 그림 9-1 구형 공압 시스템은 공기의 흐름을 제어하는 두 개의 부품이 사용됩니다. 그림의 진회색 선은 호스를 나타냅니다.

연회색의 ❷번 부품은 분배distribution 블록으로 한 방향으로만 공기를 보내는 특별한 밸브를 내장하고 있습니다. 공기는 분배 블록의 중앙으로 들어가며, 분배 블록의

독특한 고무판막 구조 때문에 공기는 양쪽의 포트에서 각각 한 방향으로 흐르게 됩니다. 왼쪽 포트는 흡기 즉 공기가 들어가는 역할, 그리고 오른쪽 포트는 배기 즉 공기가 나가는 역할을 맡게 되며, 이러한 기능 덕분에 공압 시스템의 압력을 높일 수 있을 뿐만 아니라 배출되는 공기의 양도 줄일 수 있습니다.

연회색의 ❸번 부품은 분배 블록의 두 개의 포트와 연결되어 실제 공기의 흐름을 바꾸는 밸브입니다. 하나의 분배 블록을 T자형 분기관을 이용해 여러 개의 밸브에 연결할 수 있습니다. 밸브는 독립적으로 제어할 실린더의 개수만큼 필요합니다.

밸브에는 세 개의 포트와 세 가지 방향으로 움직일 수 있는 레버가 있습니다. 한쪽 끝은 연결된 실린더를 팽창하게 하고, 반대쪽 끝은 실린더를 수축하게 하며, 가운데는 공기를 통과시키지 않고 막힌 상태가 되어 연결된 모든 실린더가 현재 상태를 유지하게 합니다.

이 중앙 위치를 중립 상태라고도 하며 함께 연결된 다른 공압장치들에게 간섭을 일으키지 않도록 사용하지 않는 실린더의 밸브는 중립 상태로 두어야 합니다. 또한, 밸브가 중립 상태가 되면 압축된 공기는 새어나가지 않고 압력을 유지하기 때문에 함께 연결된 시스템의 다른 공압장치들을 효과적으로 사용할 수 있습니다.

노란색의 ❹번 부품은 실린더이며, 공기가 흡입될 때 확장되고, 공기가 배기되면 수축하게 됩니다.

> **NOTE** 실린더 내부의 공기를 빨아들이면 실린더 내부의 기압은 실린더 외부의 대기압(1기압)보다 낮아지게 되고, 실린더는 수축을 시작합니다. 이러한 구조 때문에 구형 공압 시스템은 확장할 때에는 3기압까지의 힘을 발휘할 수 있지만 수축할 때에는 단지 1기압까지의 힘만 발휘할 수 있습니다. 이러한 문제는 분배 블록을 제거하고 기존에 있는 한 개의 포트로 흡기/배기를 함께 하던 실린더 대신 수축용 흡기 포트와 확장용 흡기 포트를 독립시킨 신형 공압 실린더로 해결됩니다.

신형 공압 시스템(다음 절에서 설명)과 비교하면 구형 공압 시스템이 가진 장점은 밸브와 실린더를 연결하기 위해

하나의 호스만 사용하면 된다는 것입니다. 하지만 이 때문에 야기되는 단점도 있습니다. 그중 하나는 실린더의 확장을 위해서는 공기를 실린더로 불어넣지만 수축을 위해서는 공기를 빼내는 구조 때문에 수축할 때 힘이 약해진다는 것입니다.

실린더의 수축과 확장 시 힘이 달라진다는 점은 구형 공압 시스템의 가장 큰 단점 중 하나로, 이로 인해 신형 공압 시스템의 필요성이 대두되었습니다.

또한, 구형 공압 시스템은 밸브에서 실린더까지의 연결부가 단순함에도 불구하고 분배 블록 때문에 펌프에서 밸브까지의 연결은 훨씬 더 복잡해집니다. 결국 구형 공압 시스템의 많은 전용 부품(전용 펌프와 실린더, 그리고 분배 블록)들은 1987년부터 레고 세트에서 자취를 감추었습니다.

신형 공압 시스템

레고는 구형 공압 시스템의 문제점을 개선하기 위해 단순함과 효율성을 지향하는 신형 공압 시스템을 1989년에 출시했습니다(그림 9-2 참조). 신형 공압 시스템은 구형의 부품 중 밸브만을 그대로 사용하고, 분배 블록을 제거하면서 펌프와 실린더를 새롭게 재설계했습니다. 이 새로운 시스템은 실제 유·공압 장비에 좀 더 가까운 모습을 갖추게 됩니다.

그림 9-2에서 노란색의 ❶번 부품은 신형 공압 시스템에 맞게 재설계된 펌프입니다. 중앙의 연회색 ❷번 부품은 호스의 연결방식이 구형과는 조금 다르지만, 기능상으로는 구형의 밸브와 동일합니다. 공기는 펌프에서 중앙의 포트를 통해 밸브로 전달됩니다. 하지만 구형에서 첫 번째와 세 번째 포트가 각각 흡기와 배기를 위해 쓰인 것과 달리, 신형에서는 두 개의 포트가 모두 배기용으로 쓰입니다. 두 개의 배기 포트는 ❸번 부품의 위아래 포트로 연결되며 실린더는 이 두 개의 포트 중 어디로 공기가 유입되느냐에 따라 수축 또는 확장을 하게 됩니다.

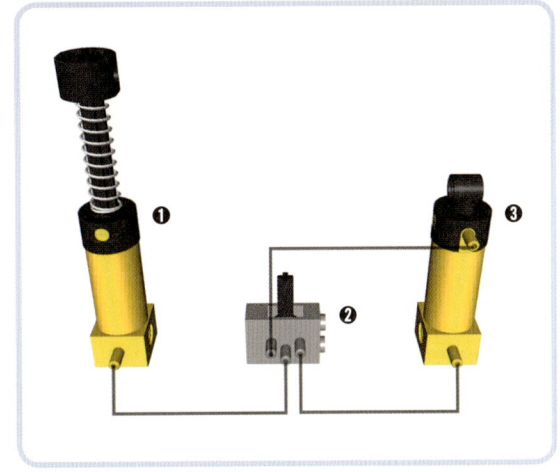

■ 그림 9-2 신형 공압 시스템은 구형에 비해 구조도 단순해지고 효율도 높아졌습니다.

구형 시스템과 달리 신형의 공압 시스템에서는 내부가 고압인 경우 밸브를 조작할 때 공기가 빠져나가는 특유의 치찰음(공기가 좁은 틈을 빠져나가면서 나오는 소리)이 있습니다. 또한, 신형은 구형과 달리 실린더의 수축을 위해 흡입을 하는 구조가 아닌, 똑같이 공기를 주입하는 방식이기 때문에 확장할 때와 수축할 때의 힘의 차이가 아주 작은 편입니다.

> **NOTE** 여러분은 구형 실린더와 신형의 실린더를 바꾸어 사용할 수도 있지만, 구형과 신형의 내부 구조의 차이 때문에 구형 실린더를 신형 시스템과 조합할 경우 썩 만족스럽지 않게 움직일 것입니다.

구형 공압 시스템과 비교했을 때 신형 공압 시스템의 장점은 호스의 배관 과정이 보다 간단해졌다는 것과, 실린더의 수축과 확장 시 힘의 차이가 거의 없다는 것입니다. 단점이라 할 만한 부분은 밸브에서 실린더까지 연결되는 호스가 무조건 두 개씩 사용된다는 것으로, 복수의 실린더를 사용하는 복잡한 장치를 만들려고 할 경우 호스 배관이 매우 복잡할 수 있습니다.

오늘날 대부분의 창작가들은 실린더에 연결되는 호스의 수를 줄이기 위한 경우나 단지 빨간색 실린더가 필요한 특수한 경우가 아니라면 대부분 신형 공압 시스템을 사용하고 있습니다.

이 신형 공압 시스템의 기본 운용 개념은 1989년 이래로 변화하지 않았지만 스터드가 없는 부품들이 등장하면서 공압 시스템에도 몇 가지 부품들이 새로운 모양으로 개선 및 추가되었습니다.

공압 부품의 구성

이 절에서는 모든 레고 공압 관련 부품들을 살펴볼 것입니다. 기능별로 펌프, 제어 모듈, 실린더, 기타 부품의 순서로 살펴볼 것이며, 구형과 신형은 대부분 상호 호환되기 때문에 함께 설명할 것입니다.

구형 공압 펌프

이 펌프는 크기가 크고 수동으로 움직이며 하나의 포트와 스프링이 달린 레버가 장착되어 있습니다. 색상은 빨간색, 노란색 두 가지가 있고 사이즈도 두 가지입니다. 막대를 누르면 공기는 펌프 내부로부터 포트를 통해 외부로 배기되며, 막대를 놓으면 스프링에 의해 막대는 원래의 상태로 돌아갑니다.

펌프의 바닥은 스터드에 결합시킬 수 있는 구조이며, 막대의 끝은 일반적인 핀이 결합될 수 있는 테크닉 구멍이 뚫려 있습니다. 포트가 장착된 아래 부분은 2브릭 넓이이고, 위쪽 막대 부분은 1브릭 넓이입니다. 펌프의 위쪽은 손으로 누르기에 불편한 모양이고, 오랜 시간 빠른 속도로 펌프를 작동시키면 내부 공기의 압축으로 인해 약간의 열도 발생하게 됩니다.

신형 공압 펌프

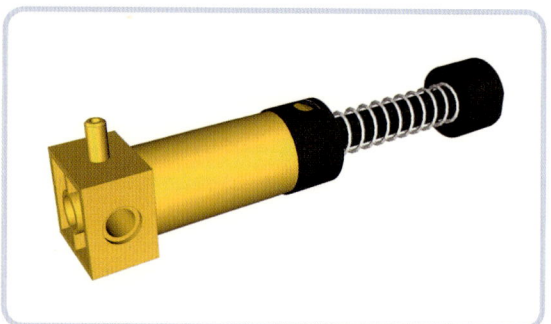

이것은 신형 공압 시스템에서 사용되는 대형 수동 펌프입니다. 이 부품은 레고 테크닉 세트에서는 노란색으로, 그리고 레고 에듀케이션 세트에서는 투명한 하늘색으로 제작됩니다.

기존의 구형 펌프와 마찬가지로, 이것은 하나의 포트와 스프링이 장착된 막대로 구성됩니다. 동작방식은 구형의 것과 동일하며, 보다 인체공학적으로 설계된 막대 상단부의 패드를 제외하면 크기도 구형과 거의 비슷합니다. 손가락 바닥의 곡면에 맞추어진 듯 가운데가 움푹 패인 상단부 덕분에 손으로 펌프를 작동시키기는 한결 편리해졌지만, 구형과 마찬가지로 지속적인 동작 시 여전히 펌프의 온도가 상승하는 경향이 있습니다. 👨 온도가 상승하기는 하지만 전혀 문제될 만한 수준은 아니며, 문제가 될 정도로 많은 열이 발생하기 전에 사람이 먼저 지칠 것입니다.

소형 공압 펌프(신형)

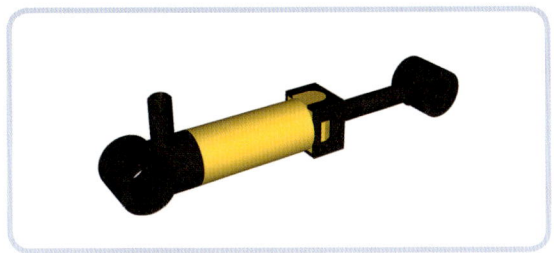

하나의 포트를 가진 소형 펌프는 2스터드 길이까지 확장되는(스프링이 없는) 막대가 장착되어 있습니다. 이것은 손으로 동작하는 경우보다는 모터를 이용해 동작하는 전동 공기압축기 형태로 더 많이 사용됩니다. 왜냐하면 이 펌프는 다른 펌프에 비해 훨씬 크기가 작아서 발생하는 공기의 압력도 적기 때문입니다. 같은 이유로 발열도 훨씬 적어서 모터를 이용한 반복적인 펌프 동작에도 무리가 없는 구조입니다. 또한, 모터로 동작시킬 경우 공기가 많이 들어가는 대형 펌프보다 모터에 무리가 덜 가게 됩니다.

이 펌프는 노란색, 파란색, 그리고 에듀케이션용으로 투명한 하늘색이 제작되었으며, 2011년에는 반 스터드만큼 길이가 길어져, 공압을 조금 더 빨리 생성할 수 있는 회색의 소형 펌프가 테크닉 8110 세트와 함께 출시되었습니다.

분배 블록(구형)

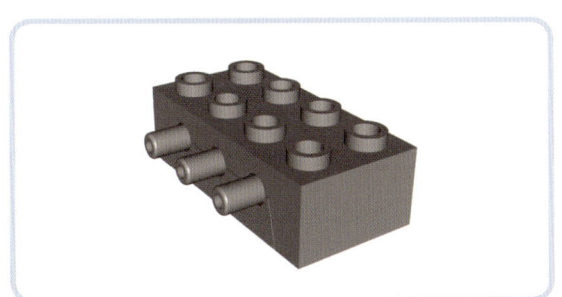

분배 블록은 연회색으로 2×4 크기의 일반 레고 브릭과 같은 크기입니다. 이것은 공기의 흡기 또는 배기에 의존하는 구형 레고 공압 시스템에서만 사용되었으며 1987년에 단종되었습니다. 이 부품은 한쪽 면에 세 개의 포트가 장착되어 있으며, 펌프와 분배 블록은 가운데 포트로 연결됩니다. 내부에는 고무 판막을 이용한 단방향 밸브가 내장되어 있으며, 가운데 포트로는 흡기과 배기가 함께 이루어집니다. 왼쪽은 흡기하는 용도로만, 오른쪽은 배기하는 용도로만 사용됩니다. 만약 실린더와 분배 블록을 잘못 연결할 경우 내부 판막에 의해 공기의 흐름이 차단되어 호스를 제대로 연결할 때까지 공압 시스템은 동작하지 않을 것입니다.

공압 밸브(스터드형 – 구형)

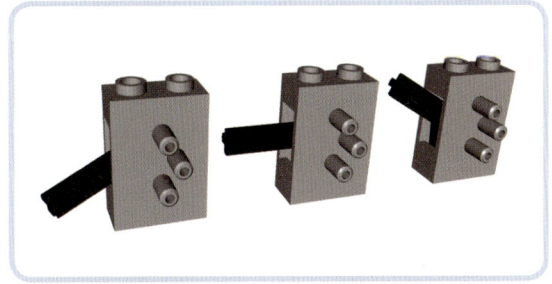

밸브는 1×2 브릭 두 개에 한 개의 플레이트를 쌓은 크기와 같습니다. 이 부품은 항상 연회색으로 제작되었으며, 한쪽 면에 세 개의 포트가 장착되고 이 중 가운데의 포트로 공기가 들어갑니다.

1.5스터드 길이인 축 모양의 레버가 밸브의 좁은 면을 향해 나와 있으며, 세 개의 위치를 선택할 수 있습니다. 가운데 위치는 중립 상태이며 이 경우 중앙으로 유입된 공기는 어느 곳으로도 배출되지 못합니다. 레버를 위 또는 아래로 향하게 되면 공기는 그림 9-3에서 보는 바와 같이 위 또는 아래의 포트를 통해 밖으로 배출되며, 여기에 연결된 실린더는 수축 또는 확장하게 됩니다. (밸브는 내부의 공기를 능동적으로 배출하지 않으며, 단지 포트와 내부의 배기용 구멍을 통해 수동적으로 남은 공기를 배출합니다.)

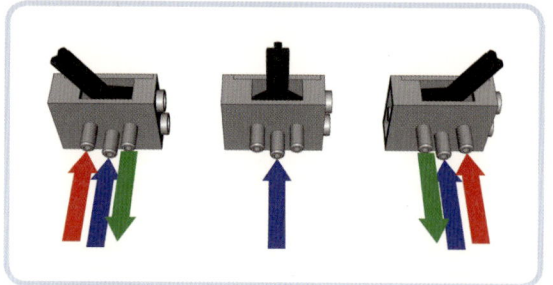

■ 그림 9-3 밸브의 레버 위치에 따른 공기의 흐름: 파란색 화살표가 펌프로부터 밸브로 유입되는 공기이고, 녹색은 밸브를 통해 실린더로 나가는 공기, 빨간색은 실린더로부터 밸브로 유입되는 공기를 나타냅니다.

밸브는 어떠한 형태로 부착되어도 무방합니다. 아래쪽의 결합부를 통해 스터드가 있는 면에 바로 끼워질 수도 있으며 그림 9-4와 같이 1×2 테크닉 브릭을 위와 아래에 끼운 다음 수직 보강을 통해 5개 이상의 핀 구멍이 있는 부품과 결합시킬 수도 있습니다.

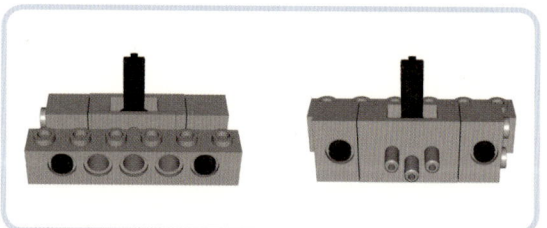

■ 그림 9-4 밸브의 위와 아래에 1×2 테크닉 브릭을 장착한 모습입니다(앞과 뒤, 포트 때문에 한 방향으로만 가능). 적어도 다섯 개 이상의 핀 구멍이 있는 부품이라면 테크닉 브릭이나 빔에 관계없이 밸브를 장착할 수 있습니다.

공압 밸브(스터드가 없는 형-신형)

2003년에 도입된 신형 밸브는 기본적인 개념이 스터드가 있는 구형과 같습니다. 색은 진회색이지만 크기는 구형과 거의 비슷하며, 스터드가 없는 부품에 맞추어 레버가 있는 방향의 반대쪽으로 두 개의 핀 구멍이 추가되었습니다. 이러한 변화는 스터드가 없는 구조에 결합시킬 때 구형에 비해 보다 편리합니다. 결합되는 핀 구멍이 레버의 반대쪽에 위치하기 때문에 밸브를 어딘가에 장착한 뒤에도 레버를 조작하기가 훨씬 편리해졌습니다.

대형 실린더(구형)

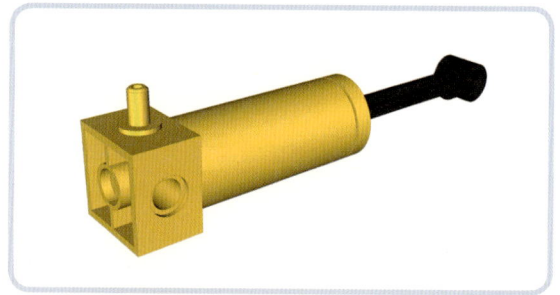

1987년부터 단종된 구형 공압 시스템에서 쓰인 실린더입니다. 아래쪽에 하나의 포트를 갖고 있으며, 위쪽의 막대는 거의 4스터드에 가까운 길이로 늘어납니다. 노란색과 빨간색 두 가지가 있으며, 그 외형은 구형 공압 펌프와 동일합니다. 구형 공압 펌프와의 차이점은 스프링이 없다는 것입니다.

실린더의 위쪽 막대가 늘어날 때 공기가 유출되며 수축될 때 외부의 공기를 빨아들입니다. 또한 앞서 언급한 바와 같이, 이 실린더는 수축할 때보다 확장할 때 더욱 강한 힘을 내게 됩니다. 확장시킬 수는 있으나 수축시킬 수는 없는 동작 방식의 차이 때문에 신형 공압 시스템에서는 부분적으로만 쓰입니다.

6L 실린더(구형)

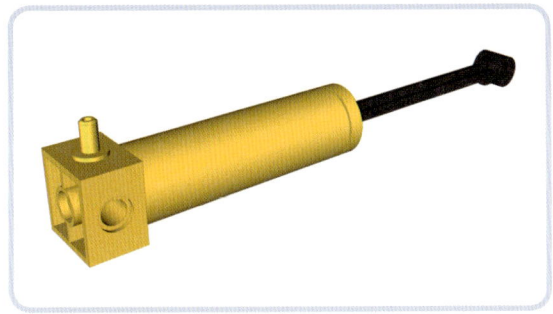

소형 실린더(신형)

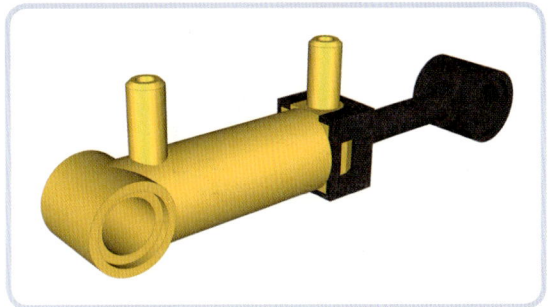

이 노란 실린더는 기본적으로 대형 실린더(구형)를 좀 더 길게 만든 것입니다. 기본 구조는 같으나 위쪽의 막대는 6스터드의 길이까지 확장되며, 이러한 크기는 신형 공압 시스템에서도 볼 수 없는 독보적인 것입니다. 사실상, 이러한 길이와 움직임의 범위 때문에, 다른 실린더에 비해 이 실린더는 높은 압력에 의해 쉽게 파손되는 문제가 발생할 수 있습니다.

공압장치는 실린더 내부에 오일이 채워지는 유압장치와 달리, 기체가 채워지기 때문에 외부의 힘에 의해 실린더가 수축되면서 내부 공기가 압축될 수 있습니다. 이때 공기의 압력은 높아지게 되며, 경우에 따라서는 이 압력이 플라스틱으로 제작된 레고 실린더의 허용 내구성을 초과하는 경우도 발생할 수 있습니다.

모든 구형의 실린더들은 위쪽 막대가 확장될 때 공기가 유출되고, 수축할 때 외부의 공기가 유입되며, 확장할 때에 비해 수축할 때 힘이 훨씬 더 약해집니다. 또한, 신형 공압 시스템은 공기를 흡기하는 기능이 없기 때문에 이 구형 실린더는 신형 공압 시스템과 연결 시 단지 확장만 시킬 수 있으며 수축을 시킬 수가 없어 활용성이 떨어집니다.

신형 공압 시스템에 맞추어 제작된 소형 실린더는 두 개의 포트를 가지고 있으며 위쪽의 막대는 2스터드 길이로 늘어납니다. 테크닉 세트에 포함된 것은 노란색이지만, 에듀케이션 세트에 포함된 것은 투명한 하늘색입니다.

이 희귀하고 비싼 부품은 가끔 소형 공압 펌프와 혼동되곤 합니다. 이 부품은 작은 크기로 인해 큰 힘을 생성할 수는 없지만, 작은 크기 자체가 충분한 가치가 있습니다. 신형 공압 시스템의 모든 실린더들은 구형과 달리 완전히 밀폐된 구조를 갖고 있습니다. 이와 같이 수축과 확장을 위해 별도의 포트를 가진 형태를 산업용 공압 장비에서는 '복동식'이라고 부릅니다.

사각 대형 실린더(신형)

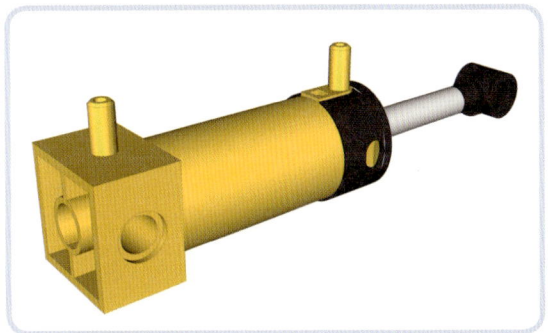

신형 공압 시스템의 대형 실린더는 가장 흔한 공압 부품 중 하나입니다. 역시 두 개의 포트를 가지고 있으며, 아래쪽은 2×2 브릭과 같은 크기이고, 금속으로 보강된 막대는 4스터드 길이까지 확장됩니다.

원형 대형 실린더(신형 후기형)

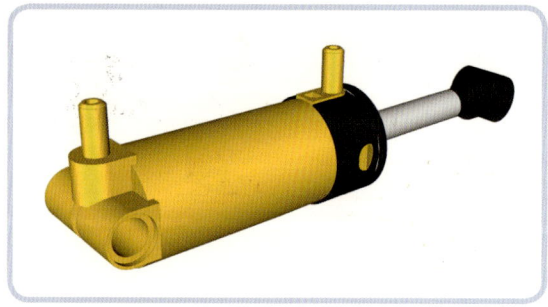

대형 실린더를 스터드 없는 부품에 맞추어 업그레이드시킨 것으로, 2002년에 도입되었습니다. 하단부가 2×2 브릭 형태에서 매끈한 형태로 바뀐 것을 제외하면 외형적인 특징은 사각 대형 실린더와 같습니다. 사각 대형 실린더와 같은 스터드 결합은 불가능하지만 대신 좁은 공간에도 끼울 수 있어 보다 인기 있는 부품입니다.

사각 대형 실린더는 하단부가 각진 형태이기 때문에 실린더를 기울일 때 하단부 주위에 많은 공간이 필요해서 결과적으로 실제 장비와는 좀 동떨어진 외형을 갖게 합니다. 실제의 유/공압 장비들은 대부분 관절 부분에서 액추에이터를 굽히는 동작을 위해 핀 조인트 방식으로 결합하는데, 이러한 이유로 신형의 원형 대형 실린더는 사각 대형 실린더보다 조금 더 실제적인 외형을 가진 공압 모형을 만들 수 있습니다.

공압 튜브와 호스

레고에서 제공되는 호스는 4mm 두께로, 탄성이 있는 부드러운 실리콘 재질의 고무로, 공압 시스템의 혈관과도 같은 요소입니다. 길이와 색상이 다양하며, 일반적으로 검정, 회색, 그리고 파란색이 제공됩니다. 일부 모델들은 호스의 색을 이용해 각 배관의 위치를 보다 쉽게 식별할 수 있도록 배려하기도 합니다.

또한, 이 호스들의 외경은 테크닉 핀 구멍에 쉽게 끼워질 수 있는 크기이며, 내경은 실린더, 밸브 등에 장착된 포트에 맞는 크기입니다.

호스를 사용할 때 기억할 점은, 레고 공압 시스템이 높은 압력의 압축공기를 견딜 수 있도록 설계되지 않았으며, 각각의 호스들은 포트와의 연결 부위를 통해 약간의 공기 누출이 발생할 수 있어 항상 처음의 동작 상태를 그대로 유지할 수 없다는 것입니다. 또한, 호스에 3기압 이상의 고압이 가해지거나 또는 호스가 늘어나거나 손상된 경우에는 그보다 더 낮은 압력에서도 호스가 분리되는 현상이 발생할 수 있습니다.

실제 고압이 발생할 경우 플라스틱 부품이 물리적으로 결합되어 만들어진 실린더보다는 탄성을 이용해 실린더의 포트에 끼워진 호스가 먼저 분리되거나 미세하게 공기를 유출시키게 되며, 최대 위치로 팔을 들어 올린 크레인 모델의 경우 한 달 이상 지나게 되면 공기 누출에 의해 팔이 아래로 내려간 상태가 됩니다.

오래된 공압 호스의 경우 자외선에 누출되면 서서히 재질이 변화하면서 갈라지는 문제점이 있으나, 이 문제는 실리콘을 소재로 한 신형 호스(신형 공압 시스템에 적용됨)에서 다행히도 해결되었습니다.

4mm 호스는 레고로 만들어진 구조물 안에서 최소한의 공간을 차지하며 복잡하게 연결되더라도 효과적으로 공기를 전달합니다. 호스는 무척 유연하고 약간의 탄력도 있기 때문에 움직임이 발생하는 관절 부위에도 설치할 수 있습니다. 다만, 재질이 무르기 때문에 약간의 힘에도 구부러지거나 접히면서 공기의 흐름이 차단될 수도 있습니다. 호스가 눌려 공기가 차단되는 상황을 막으려면 구조 설계 시 호스가 무리하게 구부러지지 않도록 해야 합니다.

그림 9-5는 신형 대형 실린더의 위쪽 포트에 연결된 호

스를 보여줍니다. 호스 자체는 테크닉 핀 구멍에 충분히 들어갈 수 있는 두께이지만, 포트에 끼워진 상태에서는 구멍보다 조금 더 커지게 되며, 이 경우 포트에 연결된 호스 부분은 테크닉 구멍에 원활하게 끼워지지 않습니다.

🙂 이를 역이용해서 포트에 끼워진 튜브 위에 핀 구멍이 있는 부품을 억지로 밀어 넣어 조임쇠처럼 사용해서 높은 압력에서도 튜브가 이탈하지 않도록 막는 방법도 있습니다.

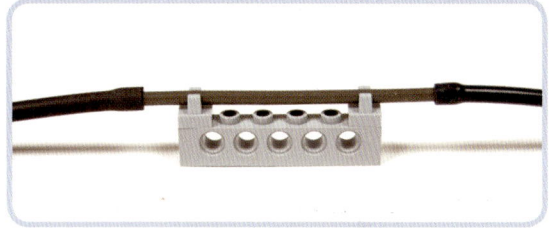

■ 그림 9-6 두 개의 호스 사이를 튜브로 연결합니다. 이 튜브는 테크닉 브릭 위에 끼워진 작은 부품, 1×1 타일 위에 C형 클립이 부착된 것을 이용해 고정할 수 있습니다.

> **NOTE** 실제의 유공압 장비, 이를테면 크레인의 경우 꺾일 필요가 없는 붐의 상단에는 연질의 튜브보다는 경질의 관이 주로 사용됩니다. 3mm 관은 이러한 모형의 외관과 기능 등을 재현하기에 적합합니다.

T자형 분기관(구형)

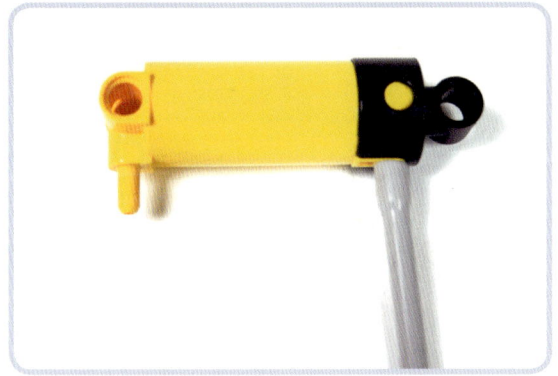

■ 그림 9-5 실린더의 포트에 끼워진 호스

호스는 실린더나 펌프의 포트뿐만 아니라, 레고에서 일반적으로 사용되는 3mm 두께의 플라스틱 튜브에 연결해 길이를 연장시키는 방법을 쓸 수도 있습니다.

실제의 유공압 장비에서는 연질의 호스를 움직임이 발생하는 부분에 설치하며, 경질의 관은 정적인 부분에 설치합니다. 앞으로 본문에서 연질의 실리콘 호스만을 호스라고 칭할 것이며, 3mm 두께의 관은 튜브로 칭할 것입니다. 그림 9-6에서는 3mm 튜브를 이용해 두 개의 호스를 연결하는 방법을 보여줍니다. 또한, 호스와 달리 튜브는 일반적인 레고 부품 중 막대 부품과 같은 두께이기 때문에, 막대를 고정할 수 있는 C형 클립이 부착된 많은 부품들과 결합이 가능합니다. 🙂 이 막대는 일반적인 레고 미니피겨의 손에 쥐어지는 두께입니다. 이를 이용하면 브릭 위에 튜브를 고정시키는 것도 가능합니다.

구형의 T자형 분기관은 1996년에 단종되었습니다. 이것은 세 개의 포트가 T자형으로 연결된 단순한 부품입니다. 한 포트로 공기가 유입되면 나머지 두 개의 포트로 공기를 동시에 내보내는 성질 때문에 이 부품은 공압 실린더를 병렬로 연결할 때 사용합니다.

T자형 분기관은 한쪽에서 오는 공기의 흐름을 두 곳으로 나누어 전달할 때 사용하는데, 세 개의 포트 중 두 개는 원래 흡기와 배기 역할을 하는 것이므로 나머지 하나의 포트가 분기 역할을 담당하는 셈이 됩니다(그림 9-7 참조). 그래서 만약 네 개의 호스로 분리시키려면 세 개의 T자형 분기관이 필요합니다.

🙂 분기관의 세 개의 포트는 모두 같기 때문에 호스의 위치를 조정하기 좋은 방향으로 어느 곳에 연결해도 무방합니다. 특별히 공기가 유입되는 곳이 정해져 있지는

않습니다. 이를 규칙으로 정리한다면 n개의 호스를 생성하기 위해서는 n-1개의 T자형 분기관이 필요하다고 할 수 있습니다.

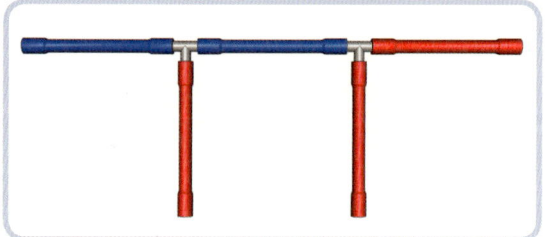

■ 그림 9-7 두 개의 T자형 분기관으로 하나의 호스(파란색)의 흐름에서 별도의 세 개의 분기 호스(빨간색)가 생성되었습니다.

NOTE 주지할 점은 분기관을 이용할 경우 공기의 흐름이 90도로 꺾이며 내부에서 저항이 생겨 효율성이 떨어질 수 있다는 것입니다.

T자형 분기관(신형)

신형의 분기관은 호스를 끼고 뺄 때 좀 더 편리하게 잡을 수 있도록 중앙 부분이 공처럼 둥글게 솟아 있습니다. 연회색으로만 제작된 이 부품은 이전의 것과 동일하게 사용할 수 있지만 조금 더 튼튼하게 보강되었습니다.

축 결합이 가능한 호스 연결기(신형)

이 부품은 테크닉 8110 세트를 통해 2011년에 등장했습니다. 이것은 언뜻 T자형 분기관처럼 보이지만, 단순히 호스와 호스를 1:1로 연결하는 역할을 할 뿐입니다.

이 부품은 두 개의 공압 호스를 효과적으로 손쉽게 연결하고 분리할 수 있도록 제작되었습니다. 이 디자인 덕분에 이 부품은 레고 8110 세트에서와 같이, 제설 장비 또는 관절형 크레인과 같은 차량 외부에 장착되는(공압을 이용한) 교환형 장비를 제작할 때 편리하게 사용할 수 있습니다. 많은 농기계들, 이를테면 트랙터 종류에서 다양한 옵션의 교환형 부가 장비가 장착되는 경우를 볼 수 있습니다.

실린더 브래킷

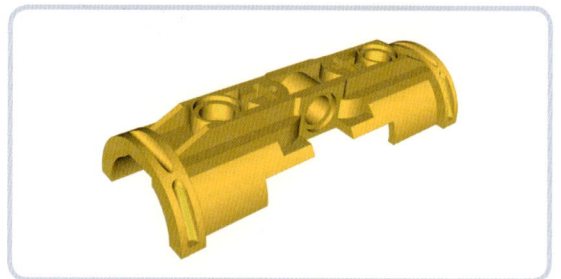

신형 공압 실린더는 최대 6스터드 길이까지 동작할 수 있는 구형 실린더와 달리, 불과 4스터드 길이밖에는 동작할 수 없기 때문에, 특별히 큰 움직임이 필요한 경우에는 적합하지 않을 수 있습니다. 이 부품은 그림 9-8에서와 같이, 원형 대형 실린더 두 개를 함께 동작할 수 있도록 하단부끼리 결합하는 브래킷입니다.

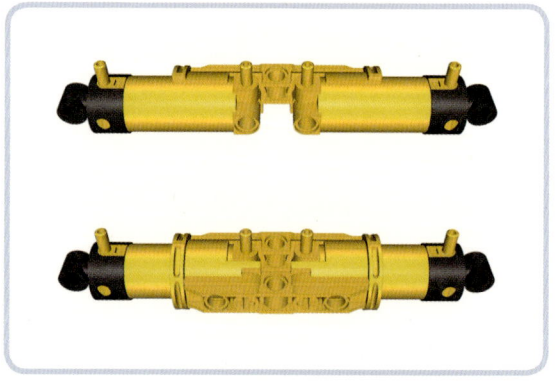

■ 그림 9-8 두 개의 실린더를 결합하기 위해 두 개의 브래킷이 한 쌍으로 사용됩니다.

브래킷은 대칭형이기 때문에, 결합되는 두 개의 실린더 아랫면이 서로 마주 보게 됩니다. 그렇게 두 개의 실린더 포트를 모두 한 방향으로 맞출 수 있어 호스의 연결이 비교적 쉽습니다.

> **NOTE** 단, 두 개의 실린더가 하나처럼 움직이기 위해서는 두 실린더의 하단 포트는 하단끼리, 그리고 상단 포트는 상단끼리 T자형 분기관을 이용해 연결해 주어야 합니다.

그림 9-9는 두 개의 축, 그리고 핀으로 결합된 두 개의(3스터드 길이의) 빔에 의해 지지되는 실린더 브래킷의 모습을 보여줍니다. 브래킷 자체는 반대쪽 브래킷과도 실린더와도 직접 결합되어 있지 않습니다. 실린더와 브래킷이 고정된 상태를 유지하기 위해, 브래킷의 축 구멍에 축을 삽입하거나, 또는 핀 구멍에 핀을 삽입하고 별도의 3스터드 이상의 빔을 이용해 고정하는 방법을 사용합니다.

축을 이용하는 방식보다는 핀과 빔을 이용하는 방식이 조금 더 신뢰가 가지만, 간혹 브래킷의 가운데 구멍을 호스가 지나가는 통로로 활용하는 경우도 있어, 이 경우에는 핀 구멍이 아닌 축 구멍을 이용해 결합해야 합니다.

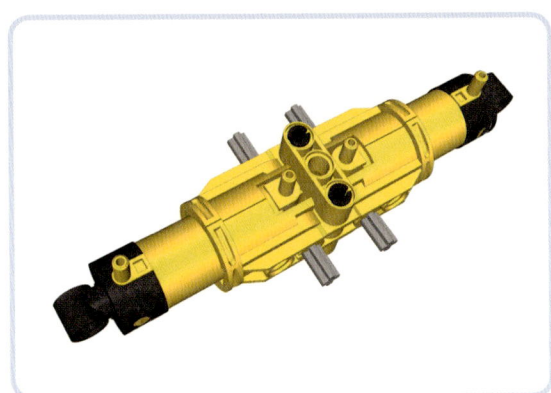

■ **그림 9-9** 두 개의 브래킷으로 고정된 두 개의 실린더

에어탱크

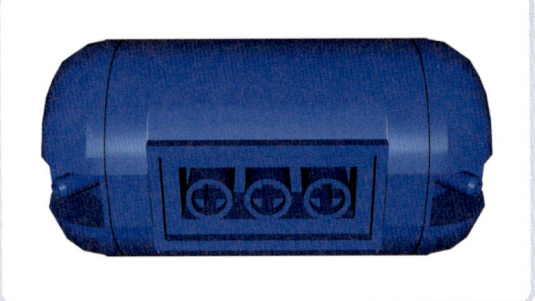

에어탱크는 압축 공기를 저장합니다. 이 부품은 테크닉 세트에서는 파란색, 에듀케이션 세트에서는 흰색으로 출시되었습니다. 에어탱크는 압축 공기를 이용하는 공압 시스템을 활용할 때 항상 펌프질을 할 필요가 없도록 도와줍니다. 작은 플라스틱 병 또는 봉지를 이용해 이런 공기 저장기능을 구현할 수도 있지만, 레고 에어탱크는 순수하게 이 목적만을 위해 제작된 레고 부품입니다.

> **NOTE** 각각의 공압 시스템은 해당되는 용량만큼 압축 공기로 가득 찰 수 있습니다. 이 용량은 실린더에 연결된 호스의 길이에 따라 조금 차이가 날 수도 있습니다. 긴 호스를 추가한다면, 호스들 역시 공기의 저장 공간이 되기 때문에 수용할 수 있는 압력은 조금 더 늘어날 것입니다. 물론, 에어탱크의 용량은 호스와 비할 수 없을 정도로 큽니다. 하지만 세 개 이상의 실린더를 동시에 운용하기 위해서는 주기적인 공기의 공급이 필요합니다. 이를 위해 모터와 펌프를 조합한 레고 공기압축기가 필요할 수 있습니다.

공압 시스템에 설치된 에어탱크 내부에 저장된 압축 공기는 각각의 공압 부품에 압력을 전달하고 부품을 움직이게 합니다.

레고 사의 정보에 의하면, 에어탱크를 완전하게 채우기 위해서는 대형 펌프로 30에서 35회 정도의 펌프질이 필요하다고 합니다. 40회 정도 펌프질을 한다면 내부 압력이 3기압을 넘게 되어, 펌프질이 매우 힘들어질 것이고, 동시에 호스가 압력을 견디지 못하고 포트에서 빠질 수도 있습니다. (호스가 분리된다면 내부의 압축 공기는 순식간에 에어탱크를 빠져 나갈 것입니다.)

언뜻 단순해 보이는 외형에도 불구하고, 에어탱크의 모양은 실제 매우 복잡합니다. 바닥은 2×4 크기의 브릭 또는 플레이트 위에 결합 가능한 구조입니다. 하지만 하단의 곡면 때문에 넓은 플레이트 위에 결합하기 위해서는 최소한 2×4 크기의 플레이트 1장이 필요합니다. (그림 9-10 참조)

에어탱크의 하단 결합부 안쪽에는 1 스터드 깊이의 축을 끼울 수 있는 구멍이 함께 만들어져 있으며, 이를 이용해 에어탱크의 하단부를 플레이트의 스터드를 이용해 결합하는 방식 외에도, 축을 이용해 축 구멍에 고정하는 방식을 사용할 수 있습니다. 또한, 곡선 모양의 에어탱크 앞과 뒤에는 공기의 출입을 위한 포트가 각각 설치되어 있으며, 앞과 뒤의 중앙에도 축을 끼울 수 있는 1 스터드 깊이의 축 구멍이 파여져 있습니다.

압력계

압력계는 에듀케이션 시리즈를 통해 2008년에 등장했습니다. 이것은 공기압을 평방인치당 파운드(PSI, 일반적인 에어컴프레서 장비에서의 압력 측정 단위)와 기압으로 측정할 수 있습니다. 하단에 금속 포트가 설치되어 있으며, 케이스는 5×8×3의 독특한 크기로 반투명한 몸체에 핀 결합이 가능한 형태입니다.

공압 시스템에서 압력을 측정하려면 압력계를 공기압 생성 펌프와 구동되는 실린더 사이에 연결합니다. 압력계는 에어탱크의 한쪽, 또는 에어탱크와 펌프 사이의 어느 곳에서부터 T자형 분기관으로 갈라진 호스에 연결할 수 있습니다. 그림 9-11에서는 압력계를 설치하는 두 가지 사례를 보여줍니다.

압력계의 활용은 제한적입니다. 압력계를 사용하는 경우, 에어탱크와 함께 사용하는 것이 효과적입니다. 만약 에어탱크가 없이 압력계를 연결할 경우, 펌프나 실린더의 작은 변화에도 바늘은 요동치게 될 것입니다.

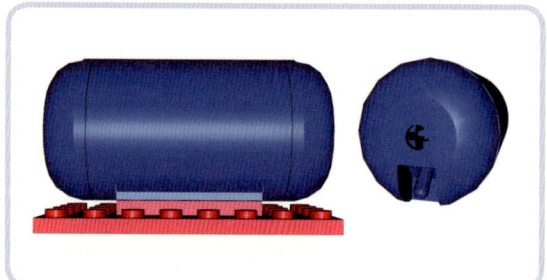

■ 그림 9-10 에어탱크의 아래쪽은 곡면으로 처리된 부분 때문에 하단에 플레이트 결합이 가능한 2×4 영역이 있음에도 불구하고 2×4보다 큰 영역에 고정하기 위해서는 2×4 플레이트 한 장을 지지용으로 사용해야 합니다. 플레이트에 결합된 상태에서도 약간 아래로 기울어진 포트는 호스를 연결하기에 충분한 각도를 확보해 줍니다.

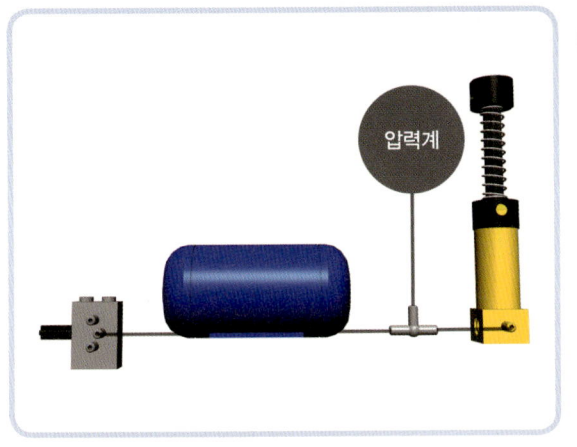 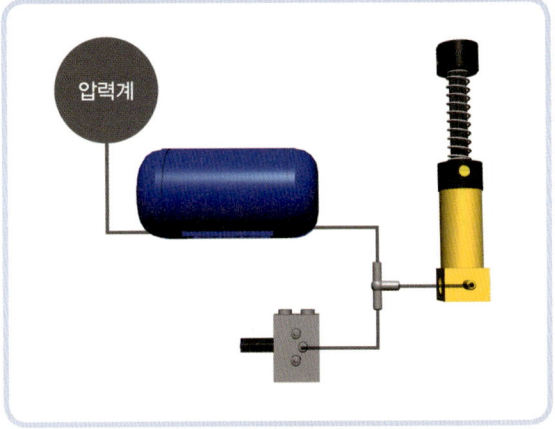

■ 그림 9-11 에어탱크와 펌프의 연결에 압력계를 추가하는 두 가지 방법. 연결 순서는 다르지만 모두 내부가 개방된 채 연결되어 있기 때문에, 압력계가 알려주는 에어탱크의 압력은 같습니다.

공압 시스템의 응용

여기에서는 공압 시스템에 적용할 수 있는 몇 가지(어설프지만) 흥미로운 기법을 살펴보겠습니다.

레고 호스 대체품

레고 공압 호스는 가장 쉽게 대체품을 찾을 수 있는 부품 중 하나입니다. 만약 여러분이 구할 대체품 호스가 테크닉 구멍을 통과해야 한다면, 두께가 4mm보다 작은 연질의 호스를 고르면 됩니다. 이 정도 두께라면 내부 역시 레고 포트에 적당히 맞는 크기가 될 것입니다.

일부 산업용 호스는 이러한 요구사항에 맞게 떨어집니다. 예를 들어 RC 모델의 연료 호스나, 의료용 링거 호스도 사용 가능합니다. 단, 레고의 실리콘 호스에 비해 약간 끈적이는 느낌과 함께 호스 표면에 먼지가 들어붙는 문제가 있습니다.

레고 에어탱크 대체품

레고 에어탱크 역시 유용한 부품이지만, 손쉽게 다른 밀폐 용기를 이용해 대체할 수 있습니다. 플라스틱 병이나 봉지 혹은 풍선 역시 압축된 공기를 저장하고 공압 시스템을 구동하는 데 충분한 능력을 발휘합니다.

전동 공기압축기 제작을 위한 스프링 제거

대형 공압 펌프는 용량이 더 크기 때문에 전동 공기압축기를 만들 때 사용한다면 보다 빠르게 큰 용량의 공기를 압축할 수 있습니다. 한 가지 문제는 대형 펌프에 장착된 스프링 때문에 펌프를 모터로 구동할 때 모터에 불필요한 과부하가 걸리게 되고, 이로 인해 모터의 구동 속도까지 저하된다는 것입니다. 이 문제를 해결하면서 대형 펌프를 사용하기 위해서는 구형의 대형 펌프에서 스프링을 뽑아내거나, 신형의 대형 펌프 상단을 절단해 스프링을 제거하는 방법을 사용할 수 있습니다. 👷 신형의 대형 펌프는 손으로 누르기 위한 패드가 크기 때문에 손상 없이 스프링을 제거하기 어렵습니다.

공압을 이용한 충격흡수장치

대형 차량을 제작할 경우, 대형 공압 실린더를 공기 서스펜션 개념의 충격흡수장치shock absorber로 사용할 수 있습니다. 공기의 외부 유입/유출을 막은 실린더는 팽창된 상태에서 상단이 눌릴 경우 내부의 공기가 압축되면서 수축하고, 이때 공기는 다시 원래의 부피로 돌아가려는 성질 때문에 외부의 힘이 사라진다면 다시 실린더를 원래의 상태로 복원시키게 됩니다.

공압을 이용한 충격흡수장치는 조금 거칠지만 매력적인 장점이 있습니다. 이것은 공기압을 변화시키는 것만으로도 차체의 지상고(ground clearance, 지면으로부터 차체 하단까지의 높이. 그림 1-6 참조)를 능동적으로 바꿀 수 있을 것입니다. 하지만 이것은 몇 가지 단점도 존재합니다. 충격흡수기능만 놓고 본다면 기성품 충격흡수장치 부품보다 기능이 떨어지며, 대형 모델에 장착했을 때 시간이 지날수록 내부의 공기가 미세하게 누출되면서 실린더가 점차 수축하게 될 것이기 때문에 주기적으로 공기를 다시 채워주어야 한다는 점입니다.

공압을 유압으로 대체

현실 세계에서는 유압 시스템을 공압보다 많이 사용합니다. 액체가 채워진 유압 시스템은 굴삭기, 크레인, 프론트 로더, 스티어 로더, 지게차, 덤프트럭 등 무거운 짐을 움직여야 하는 중장비에 특히 많이 사용합니다.

여러분의 작품이 무거운 짐을 움직여야 하는 경우라면, 제작한 공압 체계에 공기 대신 액체를 채워 넣어 유압 시스템을 구현할 수도 있습니다. 액체는 기체보다 훨씬 밀도가 높고 부피 변화가 적기 때문에 정확하게 제어할 수 있고 보다 강한 힘을 낼 수 있습니다.

물론, 레고 공압 시스템에 액체를 채우면 부품이 손상될 수도 있음을 인지해야 합니다. 가장 취약한 부분은 대형 실린더로, 여기에 장착된 금속재 봉은 사용되는 액체의 종류에 따라 부식 반응을 일으킬 수도 있습니다. 또한, 금속재 봉의 원활한 움직임을 위해 부품 내부에 주입된 윤활유 역시 액체와 반응해서 변질되거나 혹은 사라질 수 있습니다. 그리고 이러한 화학 반응에서 안전한 불활성 액체를 찾았다 하더라도, 실린더를 완벽하게 밀폐 상태로 유지하는 것, 사용 후 건조된 상태를 유지하는 것도 어렵다는 문제가 있습니다.

아래의 목록은 레고 공압 시스템에 유체를 사용해 유압 시스템으로 바꾸기 위한 팁입니다. 물론, 그렇다고 여러분에게 공압시스템에 유체를 채우도록 권장하는 것은 아닙니다. 이러한 선택은 전적으로 여러분의 결정이며, 이 결정으로 인해 생기는 부품의 손상은 전적으로 여러분의 몫입니다. 그럼에도 불구하고 공압 시스템을 이용한 유압장치를 실험해 보고 싶다면, 마지막으로 이것을 기억하십시오. 작은 실수로도 이 작업은 매우 성가신 결과를 가져오게 될 것입니다!

- 최선의 액체는 미네랄 오일입니다. 이것은 인체에 무해하고, 부식성 및 반응성도 없으며, 냄새도 나지 않는 액체입니다. 미네랄 오일은 물보다 20% 이상 가벼우며, 저렴하고 약품을 취급하는 곳에서 쉽게 구할 수 있습니다.

- 레고 공압을 유압으로 바꾸기 위해서는 밸브의 교체가 필요합니다. 밸브는 공압 시스템에서 유일한 공기의 배출구 역할을 겸하게 되며, 이는 공기 대신 액체로 대체될 경우 밸브를 통해 구형 공압 시스템에서 공기가 배출되는 것처럼 액체가 배출될 수도 있음을 뜻하기 때문입니다.

- 액체는 지속적으로 공급되어야 하고, 펌프는 액체 속에 완전히 잠긴 상태에서 운용되어야 합니다.

- 액체의 점성은 실린더가 무거운 하중을 처리해야 할 때 도움이 될 수 있지만, 동시에 펌프를 동작시킬 때 훨씬 큰 힘이 필요하게 됩니다.

- 액체를 사용할 경우 공기를 사용할 때와 달리 시스템의 밀폐성이 매우 중요해집니다. 공기가 누출될 수 있는 곳은 반대로 공기가 유입될 수도 있음을 의미하며, 이로 인해 동작에 문제가 발생할 수 있습니다. 🧑 마치 혈관에 기포가 생겨 혈액순환에 장애가 생기는 잠수병과 같은 문제가 발생할 수 있겠지요.

- 액체가 가득 채워진 공압 시스템에서의 누출은 주변에 큰 영향을 줄 수 있습니다. 여러분의 작품 주변에 전기

또는 금속 관련 부품이 없는지 확인하십시오. 또한, 호스가 분리되는 상황이 발생할 경우 신속하게 호스를 차단하거나 액체의 불필요한 유출을 최소한으로 줄일 수 있도록 해야 합니다.

- 유압 시스템에 레고 압력계는 절대 사용하지 마십시오. 액체가 압력계에 들어간다면 압력계는 영구적으로 손상될 것입니다.

- 한 번 액체를 채워 구동시킨 공압 부품들은 완전히 분해하지 않는 한 내부를 완벽하게 건조시키기가 매우 어렵습니다. 오랜 시간동안 지속적으로 따뜻한 공기를 내부로 불어넣는 것이 그나마 도움이 될 것입니다. 또한 생쌀을 담은 주머니에 부품을 넣어 부품의 습기를 생쌀이 흡수하도록 만드는 방법도 있습니다. 🙂 밥을 주식으로 하는 한국인에게 좋은 방법은 아니군요.

10 공압장치
pneumatic devices

이번 장에서는 공압 시스템을 보다 실용적으로 사용할 수 있는 여러 장치를 살펴볼 것입니다. 전동 공기압축기, 무선 조종형 밸브, 공압 엔진 등입니다. 이 장치들은 모두 사용자가 다양하게 응용할 수 있도록 설계되어 있으며, 무한한 확장이 가능하다는 장점을 가지고 있습니다.

이 장에서, 가장 기본적이고 여러 목적으로 활용할 수 있는 장치로부터, 좀 더 세련되고 전문적인 것까지 살펴볼 것입니다.

전동 공기압축기

전동 공기압축기(air compressor, 에어컴프레서)는 지속적으로 압축 공기를 공급할 수 있는 독립된 장치를 뜻합니다. 예를 들면, 타이어나 풍선 또는 에어 매트리스에 공기를 주입하는 장치와 같은 종류입니다. 레고 테크닉을 이용해 가장 실용적으로 전동 공기압축기를 만드는 방법은 레고 모터로 작은 공압 펌프를 구동시키는 것입니다. 모터를 이용한 구동은 손으로 불규칙적으로 펌프를 동작시키는 것에 비해서 일정한 공기압을 유지할 수 있기 때문에, 공압 시스템의 실린더를 보다 부드럽게 동작시킬 수 있으며, 원격 제어도 가능하게 됩니다.

공기압축기에 직접 모터를 부착하면 여러 가지 장점이 있습니다. 이것은 우리가 공기압축기를 구동축, 기어 또는 다른 고정적인 요소의 배치에 관계없이 어떤 곳에라도 설치할 수 있음을 의미합니다. 유일하게 고려해야 하는 부분은 공압 호스와 모터 구동용 전선을 설치할 위치를 확보하는 것입니다.

모터를 이용한 전동 공기압축기를 제작할 때 염두에 두어야 할 부분이 한 가지 있습니다. 바로 공기의 파동입니다. 공기압축기에서 레고 펌프는 수축할 때 공기가 호스로 배출되고, 확장할 때 외부의 공기가 펌프 내부로 유입되는 동작을 주기적으로 반복합니다. 바꾸어 말하자면, 펌프는 꾸준히 공기를 배출하는 것이 아닌, 수축과 확장의 한 주기에서 절반 동안만 공기를 배출한다는 것입니다. 이것은 만약 동시에 작업하는 펌프의 숫자가 증가한다면 아주 중요한 두 가지 문제를 초래합니다.

첫째는 공기의 흐름이 일정하게 유지되지 않는다는 것이며, 둘째는 앞뒤로 반복하는 펌프의 움직임으로 인하여 공기압축기에 진동이 발생한다는 것입니다. 공기의 흐름이 불규칙해지는 문제는 앞장에서 살펴본 에어탱크를 추가하는 것으로 상당 부분 해결 가능합니다. 단, 에어탱크만으로는 모든 펌프가 동시에 수축-확장을 반복하면서 발생하는 진동은 억제할 수 없습니다.

■ 그림 10-1 회전속도가 가장 빠른 RC 모터에 소형 펌프 여덟 개를 연결시킨 전동 공기압축기. 이 정도면 레고 공기압축기 중 괴물급이라 할 수 있습니다.

일부 창작가들은 8개 이상의 펌프를 RC 모터로 동시에 구동시키는 괴물 같은 공기압축기를 선호하기도 합니다 (그림 10-1 참조). 하지만, 이러한 형태는 RC 모터의 지나친 크기, 소음, 그리고 엄청난 전력 소모가 병행되기 때문에 항상 최적이라고 할 수는 없습니다. 또 하나의 해결책은, 펌프를 그룹으로 나누어 병렬형으로 교차 구동시키는 것입니다. 예를 들어, 네 개의 펌프 중 두 개가 수축할 동안 다른 두 개는 확장하는 형태로 움직이게 하는 것입니다.

이보다 조금 더 이상적인 형태는 여러 개의 펌프가 각기 다른 위상phase을 갖도록 배치하는 것입니다. 왜냐하면 모든 펌프가 같은 위상을 갖도록 연결할 경우 공기압축기의 모터에 불규칙한 부하를 주게 되고, 공기압축기 자체의 진동도 심해지기 때문입니다. 물론 진동은 펌프의 끝을 견고하게 지지하면 조금 감소시킬 수 있습니다.

여러분은 왜 이렇게 많은 펌프를 사용해야 하는지 궁금할 수도 있습니다. 하나의 소형 펌프는 매우 작은 양의 압축 공기를 만들기 때문에 충분한 힘을 내기 어려워 대형 공압 실린더를 동작시키려면 꽤 많이 펌프질을 해야

하기 때문입니다. 여러분이 구현한 공압 시스템이 지연 시간 없이 빠르게 동작하기 위해서는 충분한 압축 공기가 확보되어야 하고, 이 때문에 펌프가 많이 필요해지는 것입니다. 중요한 점은 하나 또는 두 개의 대형 실린더를 동시에 운용하기 위해서는 파워펑션 모터에 적어도 두 개의 펌프가 연결된 공기압축기가 필요하다는 것입니다.

> **NOTE** 이 장에서 제시되는 모든 공기압축기 모형은 확장되었을 때 5.5스터드 길이인 일반적인 소형 펌프를 기반으로 제작되었기에 가장 최근에 출시된 6스터드 길이의 펌프에는 적합하지 않습니다. 6스터드 길이의 펌프는 아직까지 한 개의 세트에서만 사용되었고, 매우 드문 부품입니다.

그림 10-2에서 10-6까지 한 개 이상의 펌프를 모터로 구동하는 다양한 형태의 공기압축기의 모습을 볼 수 있습니다.

그림 10-6의 흔들기방식 공기압축기rocking compressor는 축의 길이에 따라 2개에서 18개까지의 펌프를 연결할 수 있습니다. 이것은 다른 공기압축기 모형이 회전운동에 의존하는 것과 달리 왕복운동에 의존하며, 보다 작게 만들 수 있고 네 가지의 기어 조합을 적용할 수 있습니다 (그림 10-7 참조).

■ 그림 10-2 두 개의 펌프가 웨지 벨트 휠wedge belt wheel에 교차 연결된 공기압축기. 외형은 작지만 펌프를 추가 연결하기가 어려운 구조입니다. 이 공기압축기의 펌프들은 180도가 아닌, 90도에 가까운 각도에 각기 다른 위상으로 결합되었습니다. 그래서 공기압은 비교적 고른 편입니다. 바꾸어 말하자면, 하나의 펌프가 최대로 수축되었을 때 반대쪽 펌프는 최대로 확장되지 않고 중간 정도로만 확장된 상태가 됩니다.

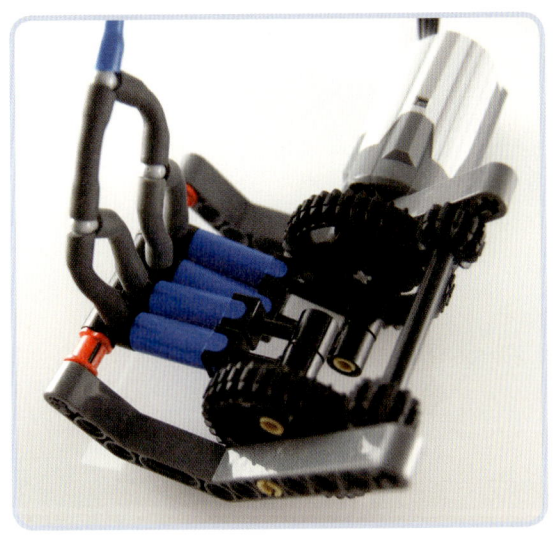

■ **그림 10-3** 이 공기압축기는 36톱니 기어를 두 개 사용해서 두 개 또는 네 개의 펌프를 구동시킵니다. 두 개의 36톱니 기어는 내부에서 펌프가 회전하기 위해 축이 분리되어 있으며, 별도의 12톱니 기어에 의해 구동됩니다. 한 개의 모듈로는 최대 네 개의 펌프를 구동할 수 있으며, 펌프의 수를 더 늘이기 위해서는 이 모듈의 옆에 같은 모듈을 만들어 붙이는 형태로 확장시킬 수 있습니다.

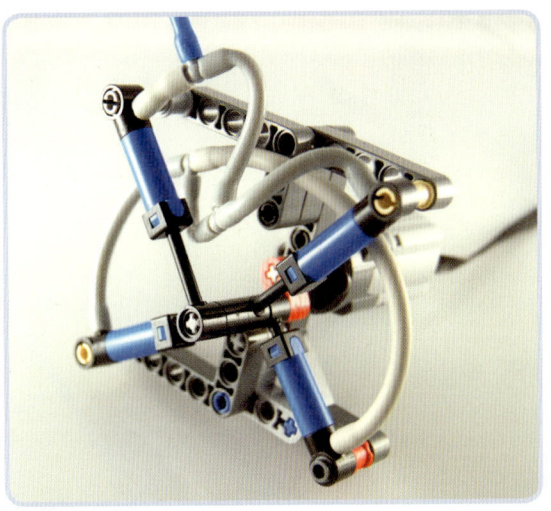

■ **그림 10-5** 경우에 따라서는 한 주기에 네 개의 펌프가 독립적으로 움직이는 형태로 공기압축기를 구현할 수도 있습니다. 생성되는 압축 공기의 양이 조금 더 많아 작업이 원활해지기는 하지만 공기압축기의 구조는 훨씬 더 복잡해집니다.

■ **그림 10-6** 마지막으로, 흔들기방식으로 동작하는 공기압축기입니다. 이것은 2개의 펌프 그룹으로 최대 18개까지 펌프를 운용할 수 있습니다.

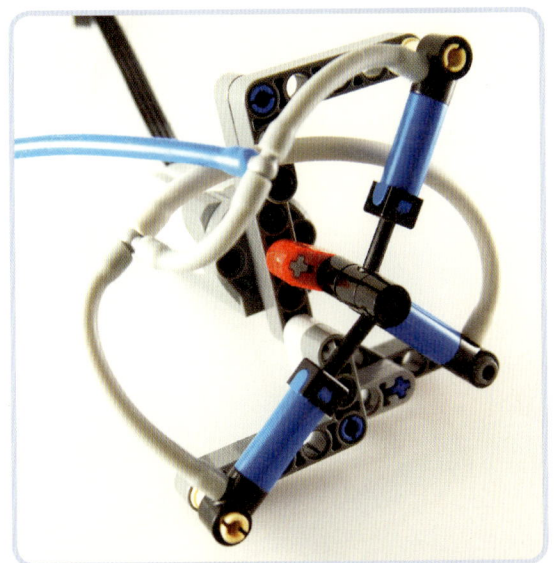

■ **그림 10-4** 이 공기압축기는 세 개의 독립된 펌프를 동시에 구동시킬 수 있습니다.

■ 그림 10-7 흔들기방식 공기압축기에 적용 가능한 네 가지 기어 조합

흔들기방식 전동 공기압축기 모형

여기에서는 간단한 형태의 조립도만 제시됩니다. 파란 축의 길이가 장착될 펌프의 수를 결정하며, 축의 길이가 1스터드 늘어날 때마다 두 개의 펌프를 추가할 수 있습니다. 좀 더 정확하게 구조를 이해할 수 있도록 펌프를 설치하지 않은 모습만 구현했지만, 실제 제작할 때에는 소형 펌프를 좌측과 우측의 파란색 축에 장착해 주어야 합니다.

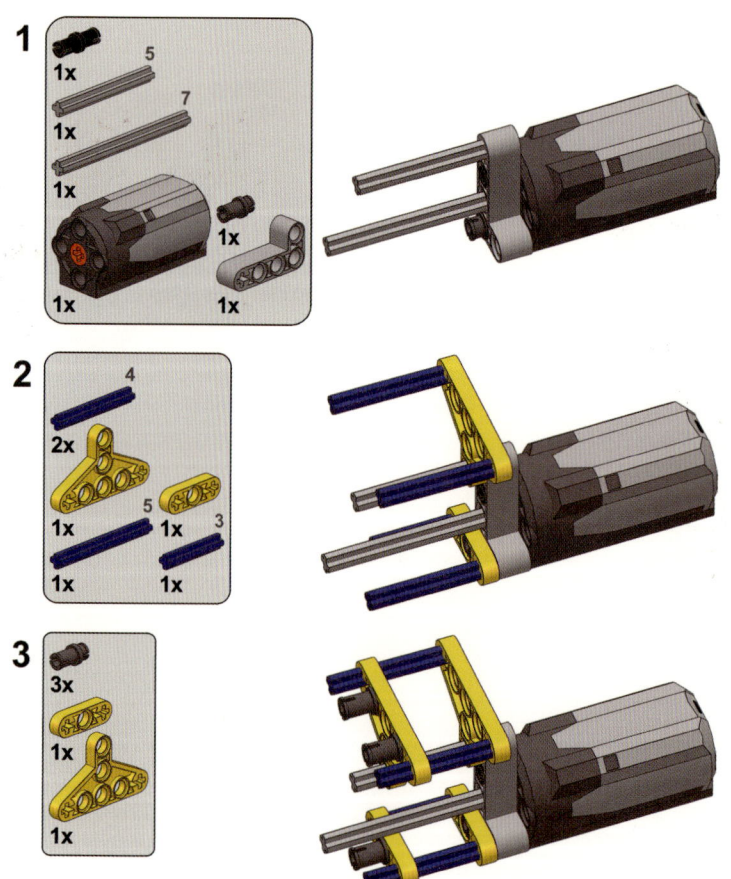

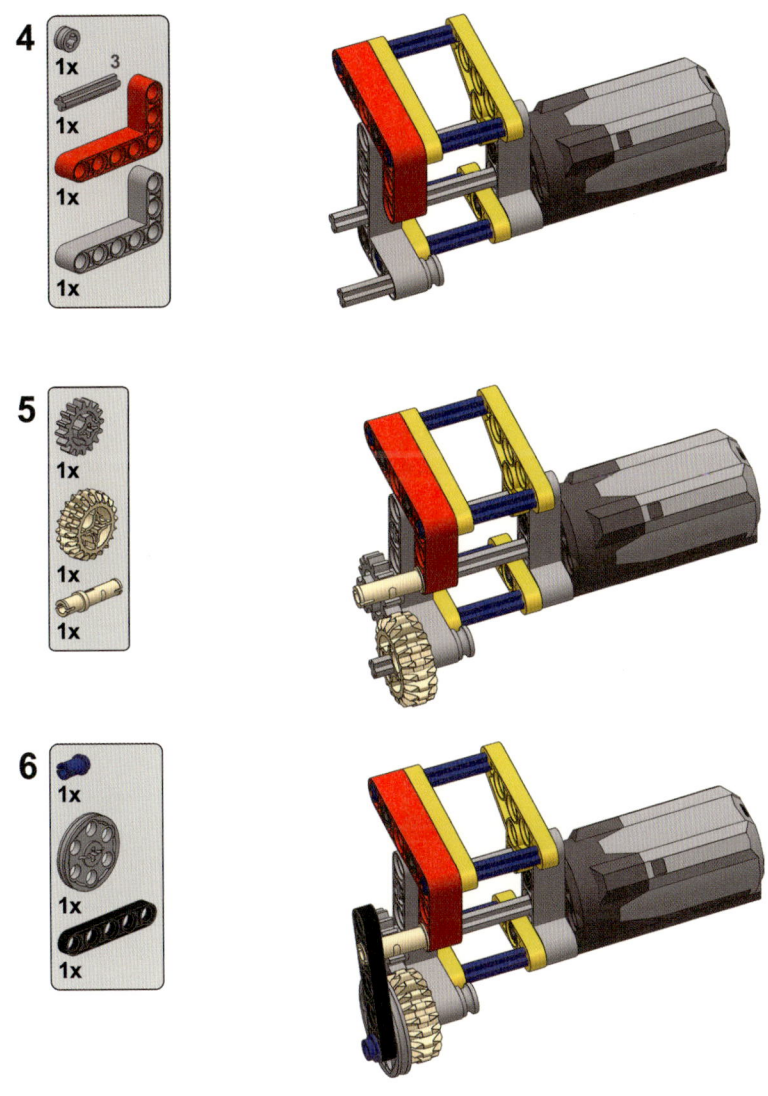

전동 밸브

밸브를 전동 구동시키는 이유는 간단합니다. 바로 원격 제어를 하기 위함입니다. 그림 10-8과 같이 24톱니 클러치 기어를 밸브의 구동에 사용한다면, 밸브의 레버가 끝까지 움직여 더 이상 밀지 못할 때 모터에 걸리는 과부하를 막을 수 있습니다. 24톱니 클러치 기어는 더 이상 레버(파란색)가 움직이지 않는 상황에서 기어 안쪽의 마찰 클러치가 작동하면서 밸브 구조물을 보호합니다.

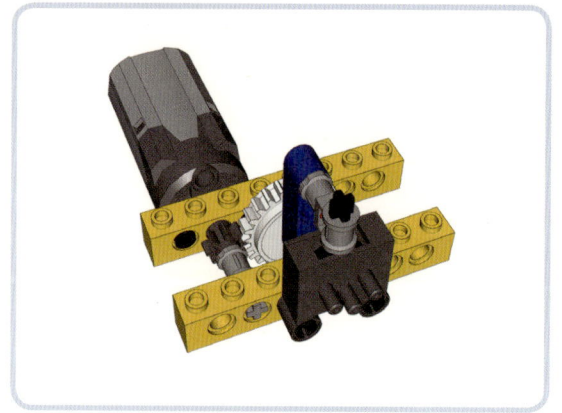

■ 그림 10-8 밸브에 모터를 연결시켜 전동 밸브로 만드는 간단한 방법은 모터의 안전을 위해 클러치 기어를 추가하는 것입니다.

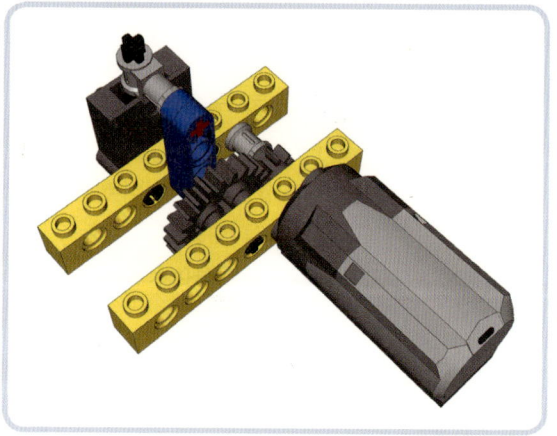

■ 그림 10-9 24톱니 클러치 기어 대신 일반 24톱니 기어를 사용한, 원점 복귀형 밸브

폴란드의 빌더 마치에이 시만스키Maciej "dmac" Szymański는 이 전동 밸브 구조에서 클러치 기어 대신 일반 24톱니 기어를 사용할 경우, 자동으로 복귀하는 원점 복귀형 밸브처럼 동작하는 것을 발견했습니다(그림 10-9 참조).

모터를 회전시켜 밸브를 개방하고, 모터가 멈추면 그 반동에 의해 밸브의 레버가 중앙으로 돌아오면서 밸브가 닫히는 형태입니다. 🙂 이것은 능동적인 제어가 아닙니다. 레버가 더 이상 움직이지 않는 상황에서 그 힘을 24톱니 기어의 축에 계속 가해서 살짝 꽈배기처럼 비틀어져 있던 24톱니의 축이 원상태로 돌아가려는 힘에 의해 반대 방향으로 돌아오려는 현상을 이용한 것입니다. 간편하게 원점 복귀형 밸브처럼 사용할 수는 있겠지만 정확성이 요구되는 경우에는 적합하지 않을 수 있습니다.

공압 밸브를 제어할 때, 정확도가 중요한 경우가 가끔 있습니다. 🙂 정밀하게 제어해야 하는 경우도 있지만, 대체로 약간의 오차가 허용되는 경우가 대부분입니다. 그림 10-10에서는 앞서 본 전동 밸브보다 좀 더 세밀한 제어가 가능한 구조를 보여줍니다. 이러한 밸브는 실린더에 큰 부하가 걸리는 경우, 누르는 힘에 의해 팽창된 실린더가 한번에 수축되는 것을 막기 위해 팽창된 상태에서 밸브를 조금씩 개방하면서 천천히 수축되도록 제어할 수 있습니다.

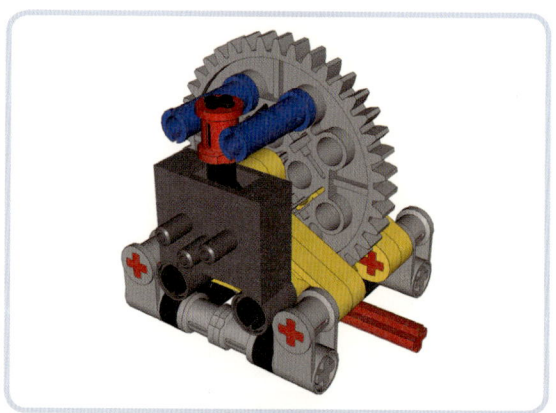

■ 그림 10-10 이 고정밀 전동 밸브는 웜 기어와 40톱니 기어의 조합을 사용합니다. 밸브 레버의 빨간색 부시는 밸브 구동 시 반동을 줄이는 역할을 합니다. 이 조합에서는 밸브의 레버가 끝까지 밀리거나 당겨졌을 때 보호할 수 있는 클러치가 없다는 사실을 잊지 마십시오. 이 구동장치는 웜 기어 때문에 매우 천천히, 그리고 정밀하게 제어할 수 있지만, 반대로 모터의 힘을 40배 증폭시켜 레버에 전달하기 때문에 제때에 모터를 멈추지 않는다면 기어의 힘에 의해 밸브의 레버가 부러지거나 핀이 휘는 등의 부품 손상이 발생할 수 있습니다. 물론, 이러한 위험 부담을 줄이기 위해, 밸브와 모터 사이에 클러치 기어 추가를 고려할 수 있습니다.

자동 밸브

자동 밸브는 전동 공기압축기와 전동 밸브를 결합한 것입니다. 이것은 모터의 회전 방향을 이용해 밸브를 제어하고, 모터의 회전 자체를 이용해 펌프를 작동시키는 구조입니다. 모터의 구동 방향을 바꾸어 펌프를 동작시키면서 밸브를 제어하고, 밸브가 스위치된 후에도 펌프는 계속 동작하게 됩니다.

자동 밸브의 작동 원리는 그림 10-11에서 보는 것과 같은 형태로, 웜 기어가 미끄러지며 슬라이드 되는 구조를 이용합니다. 모터에 연결된 긴 축에는 웜 기어가 장치되어 있으며, 웜기어의 좌우로는 기어가 축 방향으로 움직일 수 있는 여유 공간이 있습니다. 웜 기어 위로는 두 개의 12톱니 기어가 각각 맞물려 있으며, 각 12톱니 기어의 축 끝으로는 밸브의 레버를 움직이기 위한 짧은 빔(녹색)이 장치됩니다. 두 개의 12톱니 기어는 슬라이드 되는 웜 기어 때문에 둘 중 하나만 회전하게 되며, 이 때 연결된 짧은 빔은 레버를 한 방향으로 밀어낸 다음 계속 공회전하게 됩니다.

모터의 방향을 바꿀 경우, 우선 한쪽 끝으로 쏠려 있던 웜 기어가 나선 운동을 하면서 반대쪽 끝으로 이동하게 되고, 끝에 도달한 다음에는 앞서 회전하던 12톱니 기어의 옆에 있는 12톱니 기어를 회전시킵니다. 이때 반대쪽의 녹색 빔이 회전을 시작하면서 밸브의 레버는 반대로 밀리게 됩니다. 이 모든 동작이 진행되는 동안 펌프는 방향에 관계없이 계속 수축과 확장을 반복하며 압축 공기를 생성합니다.

자동 밸브의 단점은 웜 기어가 끝까지 슬라이딩 된 다음에야 밸브가 움직이기 때문에 반응 속도가 느리다는 것, 그리고 하나의 밸브와 펌프당 모터가 하나씩 필요하다는 것입니다. 물론, 이 공기압축기는 구형과 신형에 관계없이 어떤 밸브라도 연결해서 공압 시스템과 연동시킬 수 있을 것입니다(그림 10-12 참조).

자동 밸브의 동작을 보려면 http://www.youtube.com/watch?v=OsDJ4iTs-P8/를 방문해 보세요.

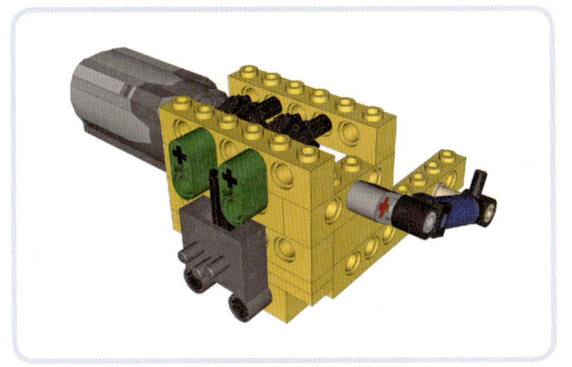

■ 그림 10-11 자동 밸브는 하나의 모터를 이용해 공기 압축기와 밸브를 제어하기 위해 웜 기어가 미끄러지며 슬라이드 되는 구조를 응용합니다.

■ 그림 10-11a 공기압축기의 모터를 회전시키면 (빨강색 축) 웜 기어가 회전하면서 그림의 오른쪽 방향으로 나사못처럼 움직이기 시작합니다. 오른쪽 끝까지 움직인 웜 기어는 더 이상 전진하지 못하게 되는 지점에서 오른쪽의 초록색 기어를 회전시키게 되고, 이로 인해 초록색 기어의 빔이 움직이며 밸브의 레버를 왼쪽으로 움직이게 합니다. 만약 공기압축기의 모터를 반대 방향으로 회전시킨다면 웜 기어는 그림의 왼쪽 방향으로 끝까지 움직인 후 왼쪽의 기어를 회전시켜 밸브의 레버를 오른쪽으로 움직이게 할 것입니다.

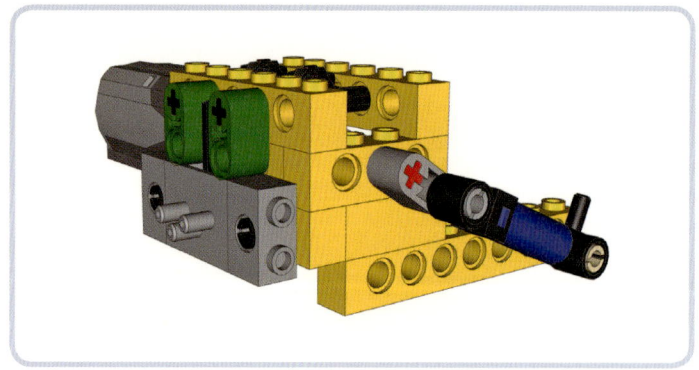

■ 그림 10-12 자동 밸브는 구형 또는 신형, 어느 밸브를 이용해서도 구현할 수 있습니다. 또한, 여기에 제시된 한 개의 펌프를 이용하는 형태뿐만 아니라 어떠한 형태의 공기압축기와도 조합할 수 있습니다.

전동 밸브 모형

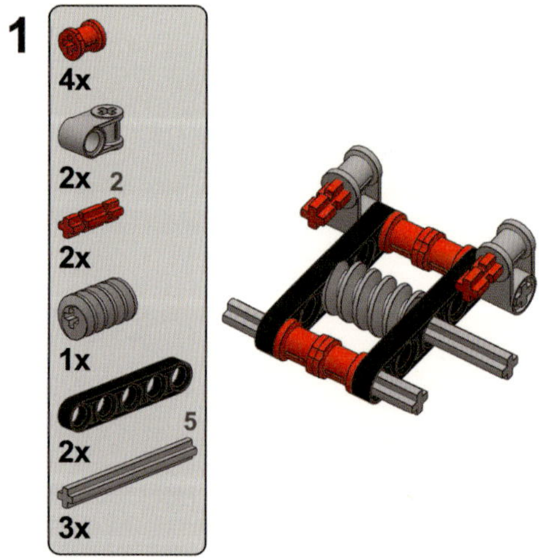

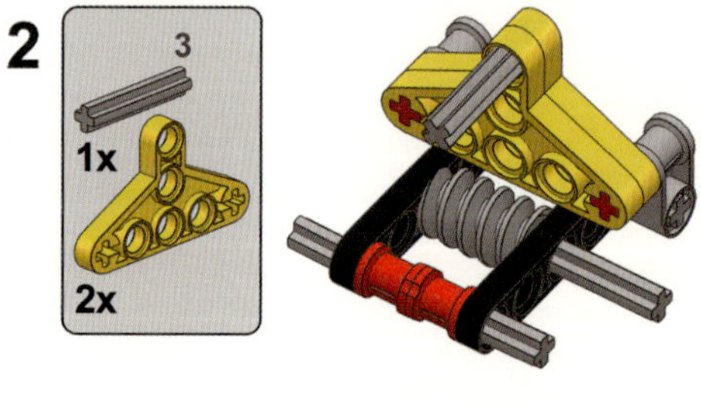

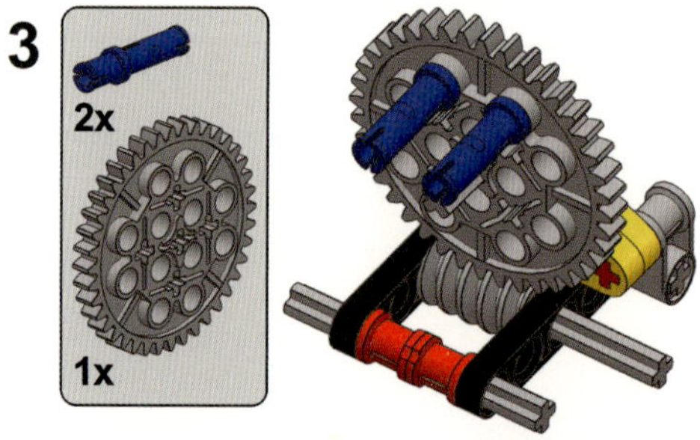

자동 밸브 모형

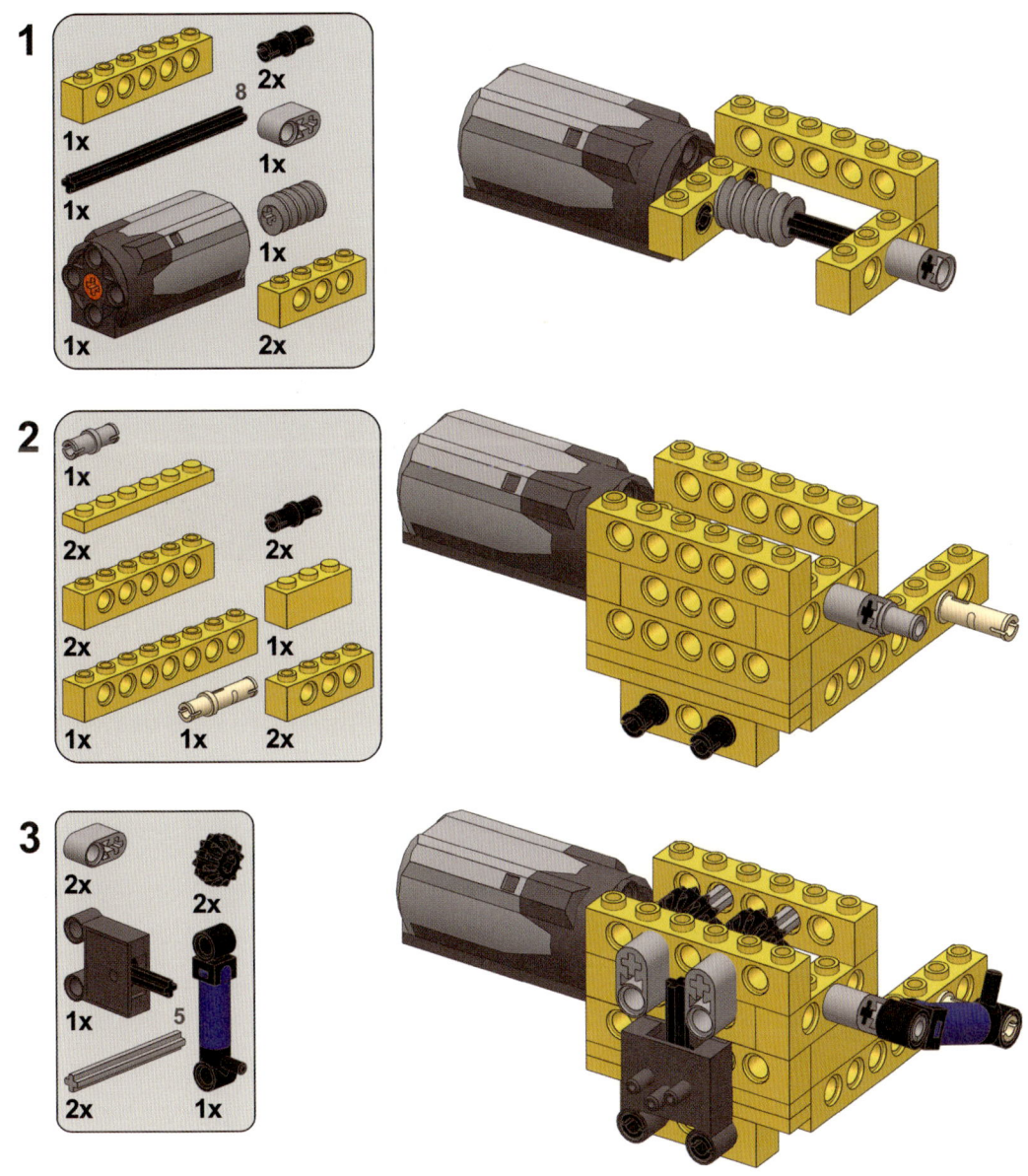

10 공압장치

자동 압력조절장치

전동 공기압축기를 구현한다고 해서 공압 시스템의 과압 문제가 해결되는 것은 아닙니다. 복잡한 공압장치의 많은 실린더들은 한순간에 많은 압축 공기를 요구하기도 하고, 때론 압축 공기를 쓰지 않고 차단되기도 합니다. 공압장치에 사용하는 압축 공기를 빠르게 생성하거나 충분하게 생성하는 것은 어렵지 않지만, 과압 상태를 막기 위해 끊임없이 공기압축기를 반복적으로 껐다 켰다 하는 것은 상당히 거추장스러울 것입니다.

이 문제에 대한 해결 방법은 압력에 반응해 동작하는 압력조절장치를 만드는 것입니다. 이것은 파워펑션 스위치와 작은 공압 실린더, 그리고 고무밴드를 이용해 구현할 수 있습니다.

압력조절장치는 어떻게 작동할까요? 그림 10-13에서 공기 압축기 구동 모터를 제어하는 스위치를 볼 수 있습니다. 실린더의 아래쪽 포트(노란색 쪽)는 공압 시스템에 연결하고, 위쪽 포트(검은색 쪽)는 개방된 상태로 둡니다. 그 다음, 고무밴드를 실린더를 감싸도록 끼워 고무밴드의 탄성으로 실린더를 수축된 상태로 둡니다. 공기압이 낮을 때에는 고무밴드의 탄성에 의해 실린더는 수축 상태를 유지하지만, 점점 압력이 높아져서 고무밴드의 탄성이 못 견딜 정도의 고압이 되면 실린더는 천천히 확장됩니다. 다시 압력이 떨어진다면 공기의 힘에 의해 확장되었던 실린더는 다시 고무밴드의 힘에 의해 수축됩니다.

이것은 우리가 이 실린더에 파워펑션 스위치를 연결할 경우, 실린더 내부의 압력이 낮을 때에는 스위치가 켜진 상태를 유지하고, 압력이 높아진다면 스위치가 꺼지도록 자동적으로 제어할 수 있음을 의미합니다. 🧑 마인드스톰의 서드파티 센서들 중 실제 공기압을 디지털 값으로 측정하는 센서가 있으며, 이를 이용해 프로그램을 작성해서 일정 압력 이상이 될 때 공기압축기의 모터를 정지시킬 수도 있습니다. 하지만 이 절에서 살펴보는 자동 압력조절장치는 비록 내부 압력에 대한 정확한 값의 확인은 불가능하지만, 훨씬 저렴하고 간단한 구조로 본연의 임무인 압력 초과를 방지하는 기능을 충분히 구현할 수 있습니다.

이러한 자동 압력조절장치 기능은 일정량의 공기를 채울 수 있는 에어탱크와 결합될 때 최고의 성능을 발휘하게 됩니다.

■ 그림 10-13 압력조절장치의 구조. 한계 압력을 설정하기 위해서는 고무밴드의 강도(길이 및 개수), 실린더와 레버의 길이 및 각도 등을 이용해 조건을 바꾸어야 합니다. 이 장치는 예전의 9v 스위치를 사용하거나 복수의 실린더를 사용하는 것도 가능합니다. 대형 실린더를 사용할 경우 공기압의 작은 변화에는 민감하게 반응하지 못하겠지만, 최대 압력을 넘지지 않도록 압력을 유지하며 이 장치를 제어하는 기본 개념은 대형 실린더로도 충분히 구현할 수 있습니다.

압력조절장치의 연결 위치는 그림 10-4에서와 같이, 에어탱크 및 공기압축기와 가까운 곳이 좋습니다. 일부 창작가들은 공기 압축기와 에어탱크, 압력조절장치까지를 통합한 공압 생성 모듈을 만들기도 합니다. 하지만 저는 전선, 호스와 같은 연질의 소재를 적극적으로 활용하는 것을 선호하는데, 이것은 좀 더 자유롭게 각각의 요소를 배치할 수 있기 때문입니다.

단일 모듈의 경우 하나의 큰 공간을 필요로 하지만, 모듈의 각 부분을 전선과 호스를 이용해 여러 덩어리로 나누게 된다면, 하나의 공간이 아닌 작은 여러 개의, 제한된 공간에도 충분히 창의적으로 모듈을 배치할 수 있게 됩니다.

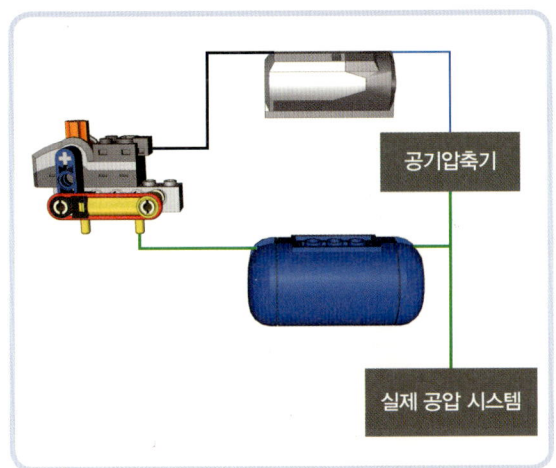

■ 그림 10-14 공압 시스템에서 압력조절장치가 각각의 요소와 연결되는 개념도. 검은색 선은 전선, 파란색 선은 기계적 연결 상태, 그리고 녹색 선은 압축 공기가 들어 있는 호스를 뜻합니다.

제대로 설계되고 조정된 압력조절장치는 항상 자동으로 에어탱크 내부의 공기압을 일정한 상태로 유지시킬 수 있어 공압 밸브에 대한 신경을 덜 쓰게 해줍니다.

여기서 주지할 점은 밸브와 에어탱크, 그리고 공기압축기로 구성되는 공압 시스템에서 압력조절장치가 어느 곳에 연결되어도 무방하다는 것입니다. 압력조절장치는 공기압축기와 에어탱크 사이, 에어탱크와 밸브 사이, 에어탱크 반대쪽(그림 10-14 참조) 등 어느 곳에서라도 위치에 상관없이 동일하게 작동할 것입니다. 또한, 여러분은 밸브의 동작과 공기압의 변화를 관찰하기 위해 레고 압력계를 연결할 수도 있습니다.

공압 엔진

공압 실린더의 기능은 내연 기관의 엔진 내부를 움직이는 피스톤과 유사한 점이 있습니다. 덕분에 압축 공기를 이용해 실린더를 움직이고, 이를 이용해 크랭크축을 구동시키는 형태의 '공압 엔진'을 구현하는 것도 가능합니다. 공압 엔진, 때로는 레고 뉴매틱 엔진LEGO pneumatic engine/LPE이라고도 불리는 이 장치는 압축 공기가 실린더를 움직이는 힘으로 구동됩니다.

동작하는 모습으로 봤을 때 공압 엔진은 내연 기관과 유사하며, 전기 모터에 비해 소음도 큰 편인데, 흡사 자동차에서 나는 소리와 비슷합니다. 이러한 공압 엔진을 시도해본 많은 창작가들은 이것이 구조적으로 복잡하다고 이야기하며, 완성된 모델 역시 대부분 개선할 부분이 많습니다. 공압 엔진은 구조적으로 복잡하지만 한편으로는 충분히 도전해 볼 만합니다.

공압 엔진의 단점은 성능에 비해 과도한 크기와, 공기압축기를 통해 지속적으로 압축 공기를 공급받아야 한다는 것입니다. 또한 이 엔진은 한 방향으로만 동작하며, 이러한 특징은 모터와는 다른, 내연 기관에서 흔히 볼 수 있는 특성입니다. 많은 부품들이 움직이면서 내는 열과 실린더 내 가득찬 압축 공기로 인해 공압 엔진은 온기가 있습니다.

공압 엔진의 작동 원리는 간단합니다. 그림 10-15와 10-16을 보면, 실린더가 캠(파란색)에 연결되어 있기 때문에, 실린더가 확장할 때 캠은 아래쪽에서 위쪽으로 반 바퀴 회전하게 되며, 다시 실린더가 수축하게 되면 위쪽을 향한 캠이 다시 아래쪽으로 반 바퀴 회전하게 되면서 한 번의 확장과 수축을 통해 한 바퀴를 회전하는 것입니다. 이 장치를 같은 축에 추가로 배치하고, 하나의 실린더가 움직일 때마다 이 동작에 연동하여 다른 실린더에 연결된 밸브가 함께 동작되도록 하는 것입니다.

동작 주기를 자세히 살펴보면, 실린더가 최대로 확장되면서 밸브를 동작시켜 실린더로 유입되는 공기의 방향을 바꾸고, 이어 실린더가 다시 최소로 수축이 일어나며, 끝까지 수축될 때 실린더가 다시 밸브를 동작시켜 공기의 방향이 다시 바뀌면서 실린더가 다시 확장을 시작하는 형태로 연속적인 주기의 회전운동이 완성됩니다.

이 장치의 회전 주기에서 문제가 되는 경우는 두 실린더가 가속이 붙지 않은 상태라면 절묘하게 겹치는 지점에서 더 이상 동작이 진행되지 않는 경우가 발생할 수 있다는 것입니다(그림 10-17 참조). 이 지점을 사점dead spot이라 하며, 사점은 실린더가 최대 또는 최소로 확장 또는 수축되고, 밸브가 중립 상태로 공기가 외부에서 유입되지 않는 상황에서 발생하게 됩니다. 만약 여러분이 한 개의 실린더와 밸브를 이용해 공압 엔진을 구현한다면, 이것은 단지 반 바퀴만 회전한 후 사점을 만나 멈추게 될 것입니다. 이러한 문제는 공기압이 순간적으로 차단되는 상황에서도 회전운동이 지속적으로 이루어질 수 있도록 관성을 발생시킬 수 있는 무거운 플라이휠을 축에 장착하고, 밸브에도 약간의 작업을 가해서 해결할 수 있습니다.

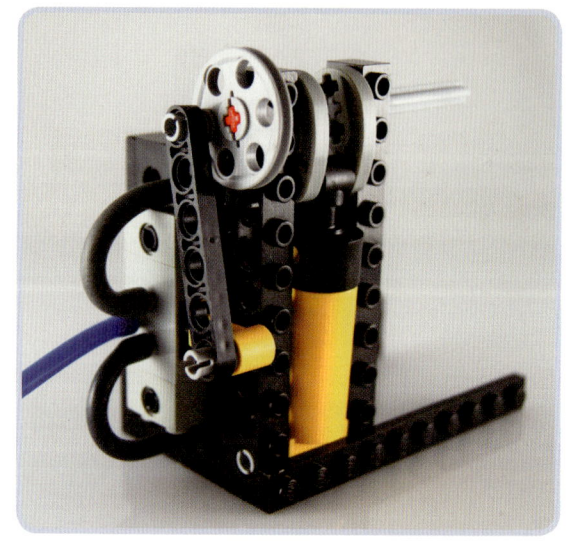

■ 그림 10-17 두 개의 크랭크축을 이용해 실린더와 밸브를 연결해서 구현한 간단한 공압 엔진. 실린더의 직선운동은 캠에 연결된 크랭크축을 회전시키고, 이 축의 반대쪽에 달린 웨지 벨트 휠도 함께 회전합니다. 웨지 벨트 휠에 달린 빔은 밸브의 레버를 내리고 올리는 동작을 하게 됩니다. 이 장치는 실린더의 확장과 수축이 진행될 때 회전이 가능하지만, 사점에 대한 해결책이 없어서 동작의 흐름이 끊길 수 있습니다.

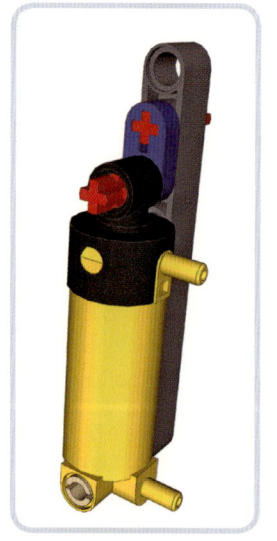 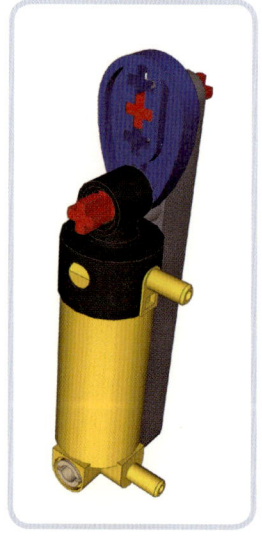

■ 그림 10-15(좌) 실린더와 축을 연결하는 간단한 방법은 짧은 빔(파란색)을 이용해 캠을 구현하는 것입니다. 그러나 2스터드 길이의 빔 한쪽을 회전축으로 사용하기 때문에, 이 캠은 최대 3스터드까지만 확장할 수 있습니다. 여기에 사용된 대형 실린더는 최대 4스터드 길이까지 확장될 수 있는 부품입니다.

■ 그림 10-16(우) 4스터드 길이까지 확장될 수 있는 실린더를 제대로 사용하려면 1.5스터드 거리에서 연결할 수 있는 부품이 필요합니다. 이 그림의 파란색 부품은 테크닉 캠이라는 이름으로 이 용도에 적합합니다.

🧑 레고 창작에서의 공압 엔진은 실용적인 모델이라기보다는 실험적인 모델에 가깝습니다.

실제로 실린더로 유입되는 공기의 양을 늘리기 위해 실린더의 포트 내부를 깎아내기도 하고, 밸브의 레버를 움직일 때의 저항을 최소화하기 위해 밸브를 분해해서 내부의 구조물 중 일부를 잘라내기도 합니다. 또한 마찰을 줄이기 위해 많은 레고 부품, 이를테면 실린더나 캠축 등의 부분에 윤활유를 바르기도 합니다. 때로는 산업용 유공압 장비의 배관용 자재와 관을 레고 호스 대신 사용하기도 하고, 압력에 의해 호스가 분리되는 것을 막기 위해 실린더와 밸브의 포트에 호스를 접착하기도 합니다.

고급의 공압 엔진을 제작하는 창작가들에게는 레고 부품의 개조(튜닝)는 일반적인 일입니다. 이러한 창작가들이 만드는 최고의 공압 엔진은 대부분 이제까지 나온 모든 레고 모터를 압도적으로 뛰어넘는 속도와 토크를 보여줍니다. 단, 이러한 성능을 구현하기 위한 비용도 상당히 큰 편입니다.

끝으로, 이러한 공압 엔진에 압축 공기를 공급하기 위해 레고를 이용한 공기 압축기가 아닌, 전동 컴프레서, 이를테면 자동차의 타이어에 공기를 주입하기 위해 사용하는 것이나 에어건을 위해 제작된 것 등을 사용하기도 합니다. 실제 레고 공압 부품은 빠른 동작을 염두에 두고 설계되지 않았고, 공압 엔진은 많은 부품들의 연동되는 움직임으로 인해 큰 마찰이 발생하기 때문에 일부 창작가들의 이러한 시도는 어느 정도 정당화 될 수 있습니다.

👨 작은 RC 자동차용 엔진조차도 정교한 설계에 입각해 정밀하게 금속을 가공해서 만든다는 것을 생각할 때, 눌러 끼우는 방식의 레고 부품만으로 이러한 구조를 만들 수 있다는 자체가 한편으로는 놀랍습니다.

다시 하나의 실린더를 가진 공압 엔진으로 돌아와서, 수정된 밸브와 플라이휠은 이 엔진을 원활히 돌아가게 할 것입니다. 플라이휠은 엔진이 사점을 극복할 수 있는데 필요한 운동량을 제공하게 됩니다. 또한 수정된 밸브는 레버를 움직일 때의 저항을 감소시킬 것이며, 결과적으로는 사점에 의한 엔진의 정지 위험을 최소화할 수 있게 됩니다(그림 10-18 참조). 이 엔진은 플라이휠을 손으로 돌리면서 시동을 걸어야 하지만, 일단 한번 돌기 시작하면 충분한 공기압이 공급되는 한 계속 회전할 수 있습니다. 👨 실제 자동차에서도 시동을 위해 플라이휠을 돌리는 것은 연료인 휘발유가 아닌, 내장된 배터리에 의해 구동되는 스타터 모터입니다.

■ 그림 10-18 그림 10-17의 공압 엔진에서 사점 문제를 해결하기 위해 관성을 일으키는 플라이휠을 추가한 것입니다. 처음 공압 엔진의 구동을 시작할 때에는 조금 까다로울 수 있지만, 일단 회전이 이루어지게 되면 사점을 지날 때에는 실린더의 힘이 아닌 바퀴의 무게에 의한 관성으로 회전이 지속되고, 다시 실린더의 수축/확장 구간에 들어가면 실린더의 힘에 의해 플라이휠과 축을 돌리는 형태로 안정적으로 구동될 수 있습니다.

1기통 공압 엔진 모형

그림 10-18의 공압 엔진을 만드는 조립도입니다. 이 장에서의 다른 공압 엔진 조립도에서도 마찬가지이지만, 조립도의 가독성을 높이기 위해 호스가 연결된 모습은 생략했습니다. 이 조립도 마지막에 첨부된 사진은 실린더의 위치와 호스의 연결방법을 보여줍니다. 참고로 공압 엔진은 큰 공기압을 연속적으로 주입해야 하기 때문에, 일반적인 레고 공기압축기만으로는 지속적인 구동이 어려울 수도 있다는 점을 기억하시기 바랍니다.

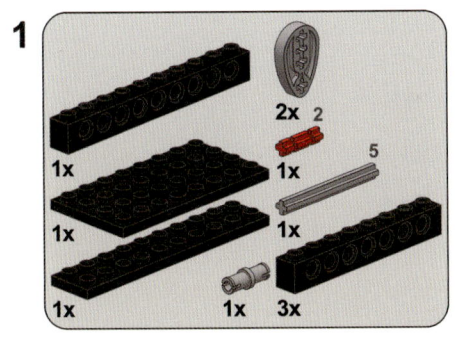

2

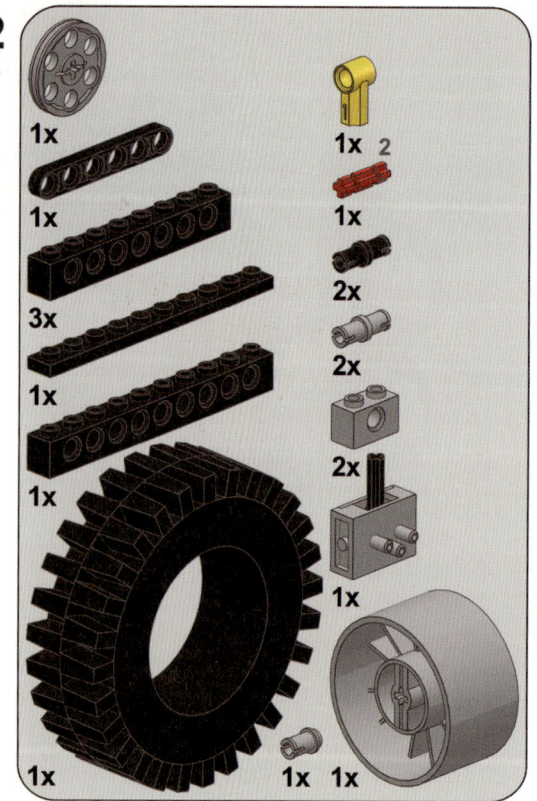

3

실린더의 상단 포트에 연결

실린더의 하단 포트에 연결

에어탱크 4개 이상과 이를 실시간으로 최대 압력까지 채울 수 있는 10여 개 이상의 펌프가 고속으로 회전하는 공기압축기 정도라면 충분할 수 있지만, 그림 10-2에서 10-6 정도의 공기압축기라면 엔진이 채 두 바퀴도 돌기 전에 압축 공기가 다 소모되고 곧 엔진은 멈출 것입니다.

2, 4, 6개 또는 그 이상의 실린더를 가진 엔진은 다음과 같이 만들 수 있습니다. 실린더를 두 개의 그룹으로 나눈 후, 각 그룹에 하나의 밸브를 연결하는 방식으로 몇 개의 실린더가 연결되든지 두 개의 밸브만으로 제어하도록 하는 것입니다. 한 그룹의 실린더들이 확장되는 동안 다른 그룹은 수축하게 될 것입니다.

실린더를 배치할 때 주의해야 할 점은 같은 그룹의 실린더가 나란히 인접해서 배치되지 않도록, 실린더를 섞어서 배치하는 것입니다. 모든 실린더는 크랭크 캠축에 연결되어야 하고, 캠축에 장착된 캠은 인접한 캠과 90도 단위를 유지해야 합니다(그림 10-19 참조). 90도 단위라는 것은 순전히 레고의 축이 + 형태로, 90도 단위로만 방향 바꾸기가 가능하기 때문입니다.

이렇게 배치되어야 사점의 중복을 줄일 수 있습니다. 마지막으로, 각 밸브는 그림 10-20과 같이 캠축의 가장 가까운 끝에 인접한 실린더 그룹에 서로 교차되어 연결됩니다. 이렇게 교차 연결하면 밸브와 실린더 사이의 사점이 중복되는 것을 방지할 수 있습니다.

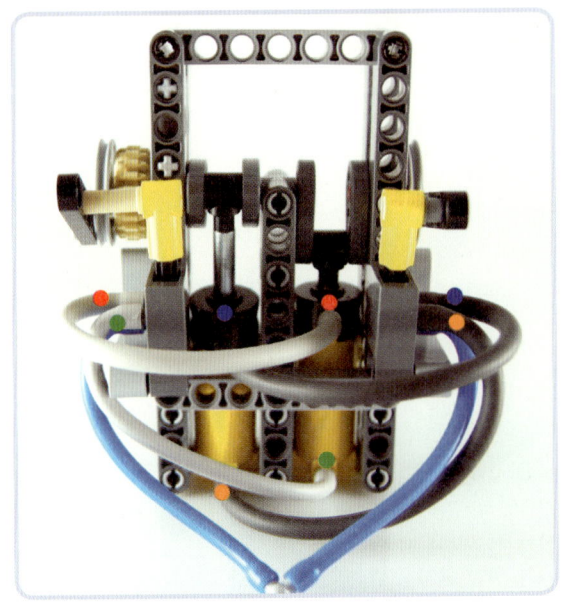

■ **그림 10-19** 앞서 언급된 규칙에 따라 설치된 두 개의 실린더를 가진 공압 엔진. 호스 위에 표시된 점의 색이 밸브와 실린더의 연결 상태를 알려줍니다. 두 개의 실린더 상단에 연결된 캠 부품의 위치를 확인하세요. 사진 왼쪽의 모래색 기어가 앞쪽을 향하도록 엔진을 돌려놓았을 때, 각각의 캠은 9시 방향과 6시 방향입니다. 이 공압 엔진은 공기가 유입되면 시동이 걸리며 이후 공기가 공급되는 동안은 원활하게 움직입니다. 모래색 기어가 엔진의 회전력을 외부로 전달시켜 줍니다. 더 많은 실린더를 추가할 수도 있으며, 두 개의 실린더를 추가한 다음 캠의 방향을 90도씩 돌려서 장착 3시 방향과 12시 방향으로 해준다면 보다 최적의 움직임을 구현할 수 있을 것입니다.

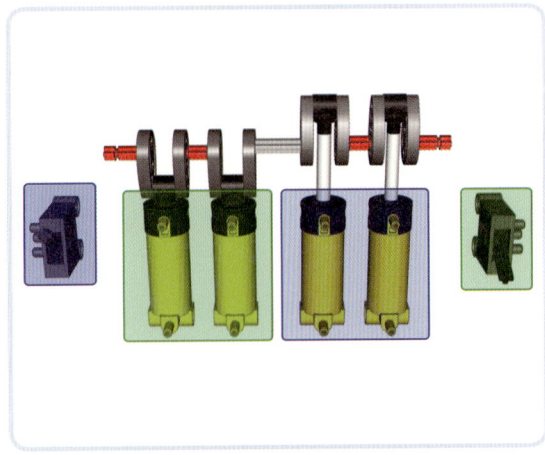

■ **그림 10-20** 4개의 실린더를 이용한 공압 엔진의 간단한 구성. 네 개의 실린더는 두 개의 그룹(녹색 및 파란색)으로 나뉘어 하나의 크랭크 캠축에 연결되며, 한 그룹에 한 개의 밸브를 연결합니다. 밸브는 반대쪽 방향으로 설치된 실린더 그룹의 크랭크 캠축에 연결합니다.

2기통 공압 엔진 모형

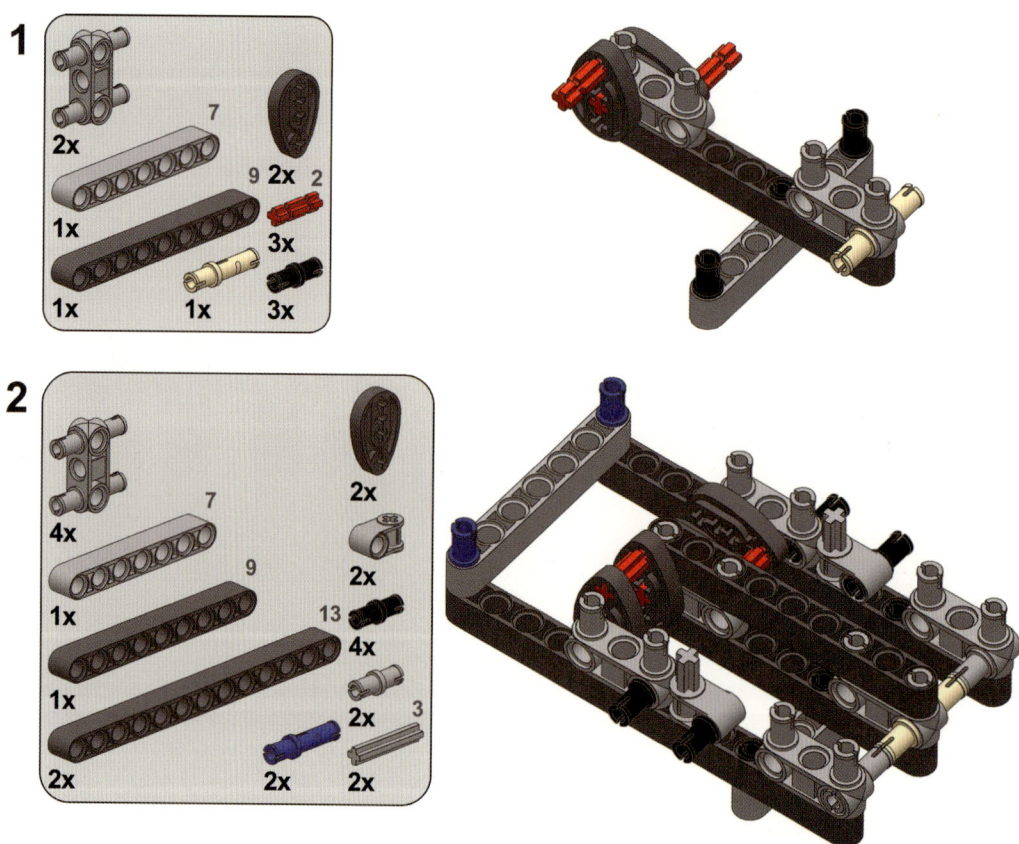

154

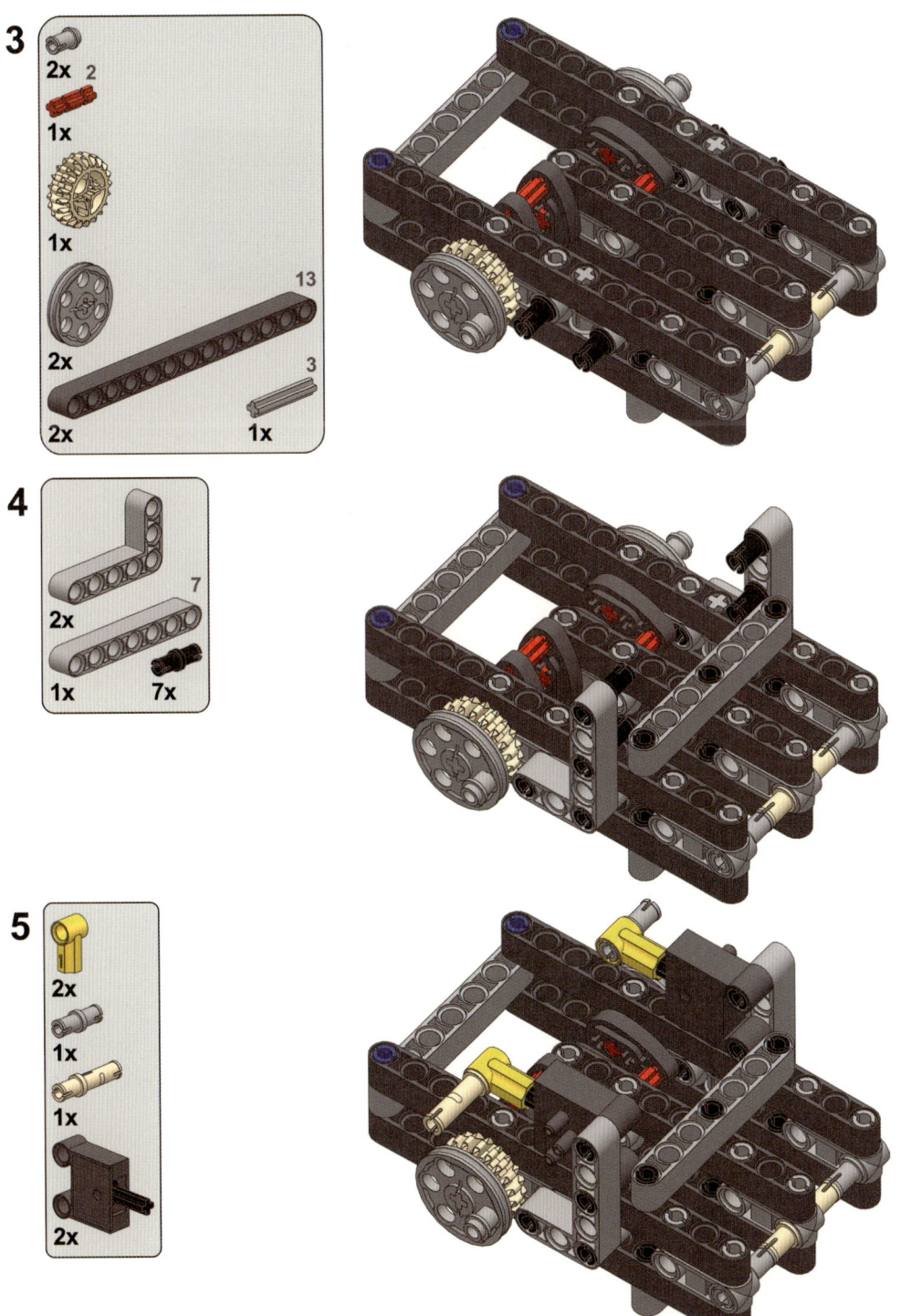

10 공압장치 155

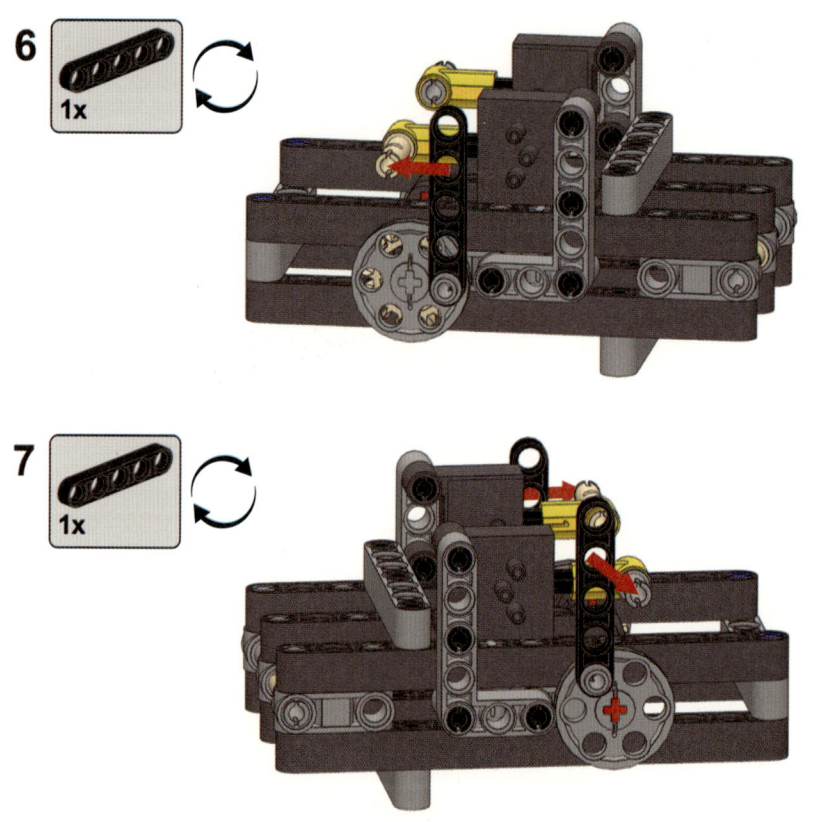

일반적으로, 공압 엔진에 실린더를 추가할수록 엔진은 좀 더 부드럽게 동작하게 됩니다. 단, 각각의 실린더가 조금씩 다른 위상을 가지고 있어야 효과적입니다. 모든 실린더가 전부 최대 확장 상태나 최소 수축 상태로 연결된다면 실린더 개수가 아무리 많아진다 하더라도 부드럽게 동작할 수 없습니다.

적어도 네 개의 실린더를 사용하고, 인접한 실린더의 캠 각도를 90도 단위로 다른 방향을 향하도록 조립한다면(그림 10-21 참조) 이 공압 엔진은 최적의 성능에 도달할 수 있습니다. 반면, 실린더가 추가될수록 엔진의 부피와 내부 용적이 커지기 때문에 연료 소비가 늘어나게 됩니다. 여기서의 연료는 압축 공기입니다. 그리고 연료 소비가 늘어남은 연비가 낮아진다는 개념과 같습니다.

레고를 이용한 공기 압축기의 효율은 비슷한 크기의 공압 엔진의 공기 소모량에 비해 매우 낮습니다. 또한, 이 문제는 에어탱크를 사용한다고 해서 개선되는 것도 아닙니다. 왜냐하면 공압 엔진은 동일한 압력의 압축 공기가 일정하게 꾸준히 유입되어야 하는데, 레고 에어탱크는 매우 높은 압력의 압축 공기를 짧게 내보내는 것만 가능하기 때문입니다.

여러분은 물론, 각 실린더에 대해 별도의 밸브를 장착하는 방법도 사용할 수 있습니다. 일부 창작가들은 공압 엔진의 부드러운 움직임을 위해 이러한 방법을 사용하기도 하지만, 이것은 전반적으로 공압 엔진의 구조를 매우 복잡하게 만듭니다. 🧒 실험적인 목적으로 공압 엔진의 원활한 구동을 보는 것이 목적이라면 오히려 모형용이나 작업용 등으로 사용되는 일반 컴프레서에 공압 엔진을 연결하는 것이 더 효과적일 수도 있습니다. 또는 레고 에어탱크보다 훨씬 용량이 큰, 예를 들면 500ml 페트병과 같은 것으로 에어탱크를 대체하는 방법도 고려할 수 있습니다.

공압 엔진의 마지막 문제는 실린더의 힘에 직접적으로 노출되는 캠 부품이 손상될 수도 있다는 것입니다. 🧒 실제 자동차의 엔진에서도 이 부분은 실린더 내부의 폭발 압력을 직접 받는 곳이기 때문에, 내구성이 높은 고탄소강이나 크롬강 같은 특수강을 단조해서 강성을 높이는 부분이기도 합니다.

이 문제는 슬라이더(그림 10-22 참조)를 이용해서 실린더 끝부분의 움직임을 캠으로 전달해주는 형태로 어느 정도 보완해 줄 수 있습니다. 슬라이더는 실린더 끝부분의 직접적인 직선운동의 방향을 약간 바꾸어 줌으로서 힘을 분배시키고 결과적으로 캠에 걸리는 부하를 줄여 줄 수 있습니다.

또한, 두 개의 실린더의 중심이 어긋날 경우 실린더가 발생시키는 힘이 캠에 완벽하게 전달되지 않고 힘의 손실이 발생할 수 있지만, 슬라이더를 사용한다면 실린더의 중심을 정렬시켜 실린더의 힘을 그대로 캠으로 전달할 수 있기 때문에 힘의 손실도 줄일 수 있습니다. 덧붙여, 실린더가 정렬되면 이를 감싸는 구조 역시 좀 더 단순화시킬 수 있고, 엔진 구조물을 보강하기도 쉬워집니다. 이러한 이유로 공압 엔진, 특히 V형 엔진과 같은 복잡한 구조물에서 슬라이더를 사용하는 기법은 매우 인기 있습니다.

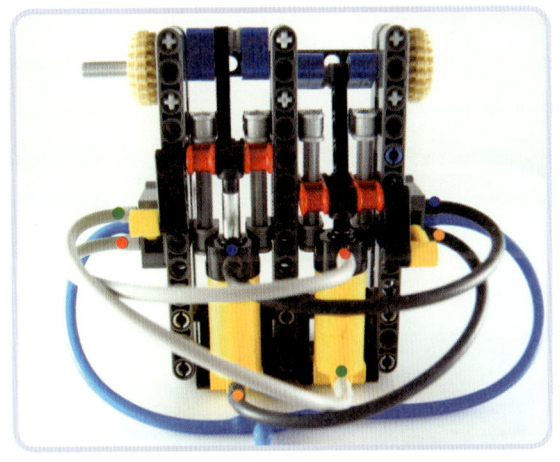

■ 그림 10-22 슬라이더를 가진 두 개의 실린더를 이용한 공압 엔진. 호스 위에 붙은 동그라미 색이 밸브와 실린더의 연결된 상태를 보여줍니다. 슬라이더는 빨간색 부품 주위의 구조물이며, 각각 두 개의 연회색 축을 레일로 이용합니다. 이 슬라이더들은 실린더에서 발생하는 직선운동을 유지하면서 캠(파란색)을 회전시키게 됩니다. 주지할 점은 실린더의 운동 범위가 확장되는 것이 아니라, 오히려 4스터드의 길이 중 3스터드밖에 움직이지 못하도록 제한되지만 이 덕분에 (슬라이더의 움직임을 이용해) 바로 밸브를 제어할 수 있다는 것입니다.

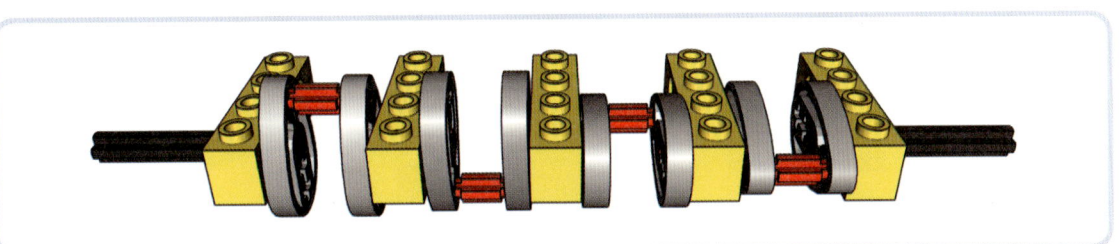

■ 그림 10-21 네 개의 캠을 이용해 최적화시킨 크랭크축. 각각의 캠은 90도 단위로 다른 방향을 향하며, 공압 엔진의 움직임을 최대한 부드럽게 유지할 수 있도록 합니다.

슬라이더가 포함된 2기통 공압 엔진 모형

1

2

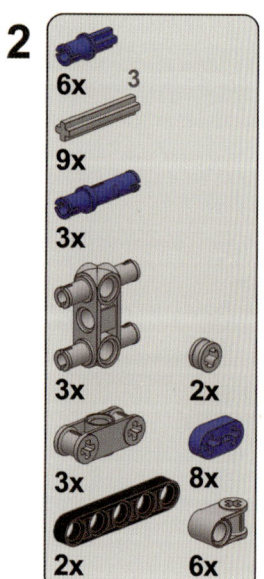

3

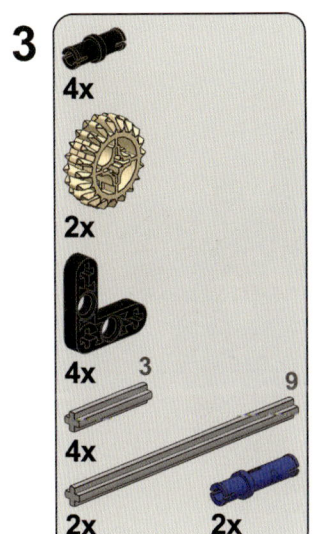
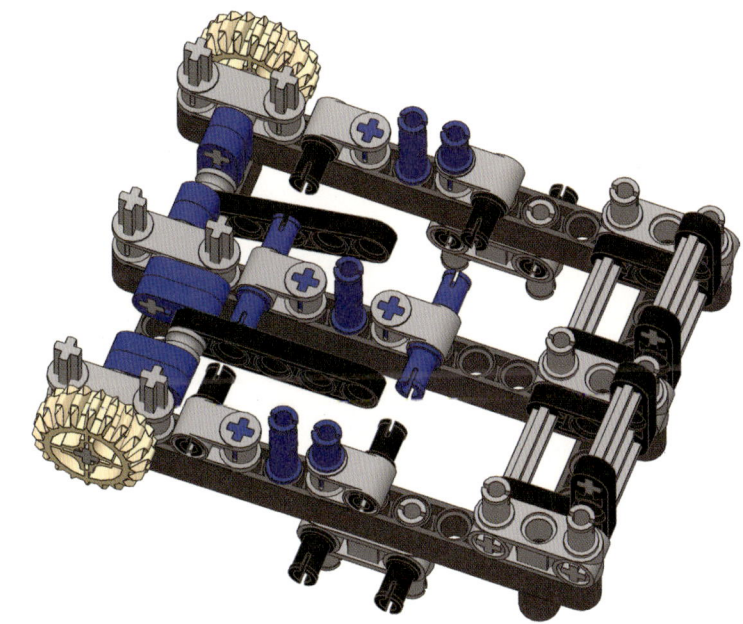

4

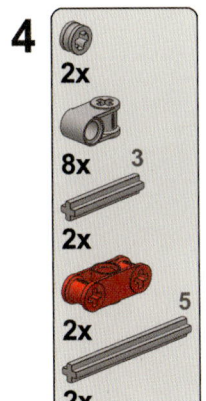
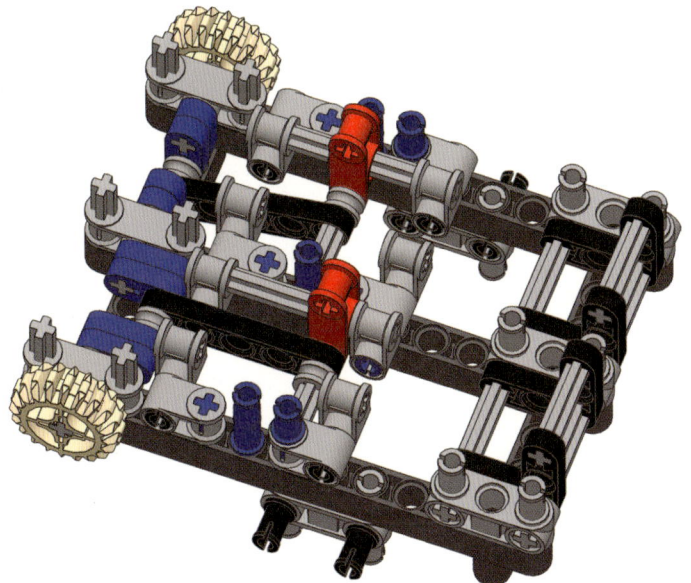

10 공압장치

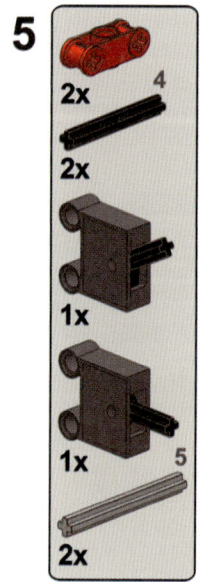
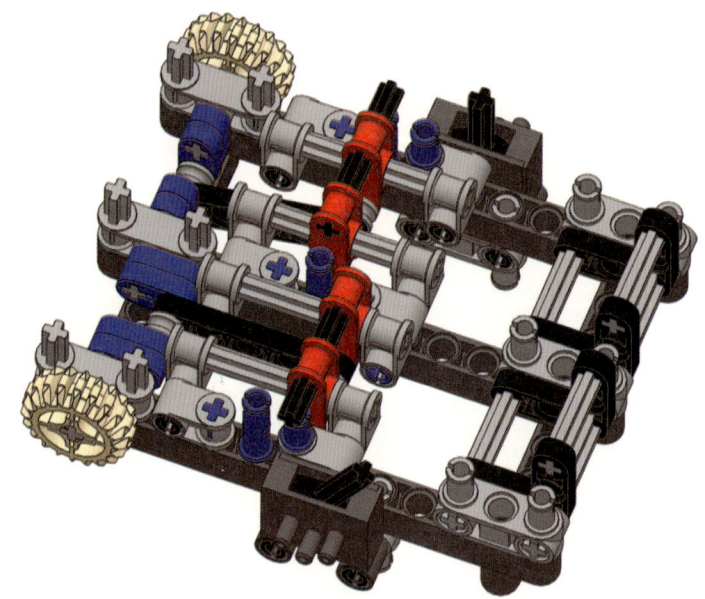
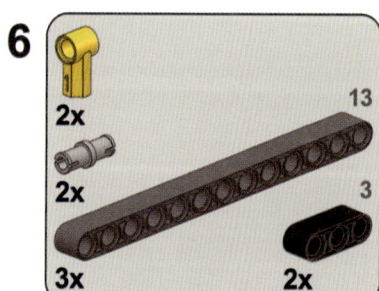
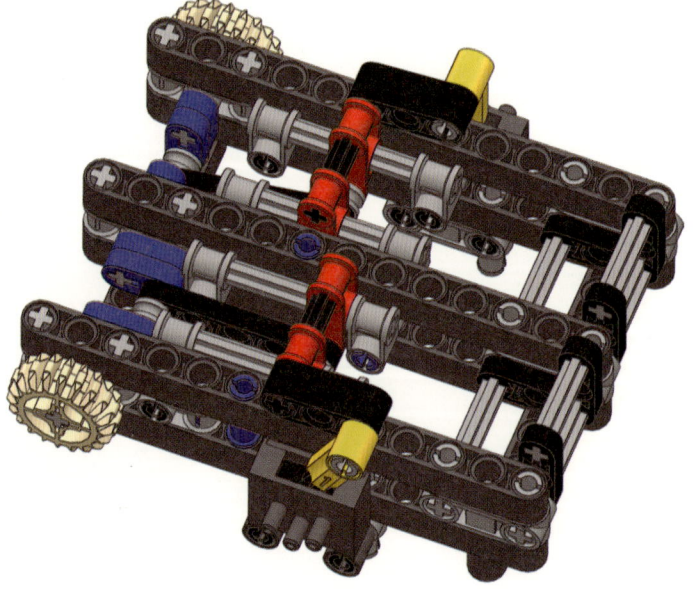

V형 엔진이라는 것은 실린더의 양쪽 끝을 두 방향으로 벌려 조립한다는 것으로, 캠에 연결된 축 방향에서 볼 때 두 개의 실린더가 글자 V와 비슷한 모양으로 연결되기 때문에 이런 이름이 사용됩니다. 이런 엔진은 두 가지 방법으로 만들 수 있는데, 두 방법 모두 같은 실린더 모듈을 나란히 배치하고, 각각을 적절한 각도로 연결하는 과정이 필요합니다.

첫 번째 방법은 좌측과 우측 모듈이 별도의 크랭크축을 가지며, 독립된 두 개의 크랭크축은 기어를 이용해서 하나의 중심축에 회전력을 전달하는 것입니다. 두 번째 방법은 좌측과 우측의 실린더가 하나의 크랭크축을 공유하도록 만드는 것입니다.

V형 또는 수평형 등은 대칭형으로, 실린더가 배치된 실제 엔진은 좌우 실린더의 중심축이 정렬되어 있지만, 공압 실린더를 바로 크랭크축에 연결시키면 1스터드 두께만큼 중심이 어긋나는 문제가 발생합니다. 실제 엔진처럼 대칭되는 실린더의 중심을 정렬하려면 반 스터드 두께의 빔과 반 부시를 이용해서 슬라이더를 만들고 나서 크랭크축에 연결하는 것이 좋습니다.(그림 10-23 참조)

공압 엔진 역시 일반 내연기관처럼 실린더의 배치를 V형 및 V형을 다시 V형으로 배치한 W형, 복서형🧑 수평 대향형으로 실린더가 수평으로 서로 마주보고 있는 형태 레디알 형태(방사형) 등으로 다양하게 설계할 수 있습니다. 닥터 듀드Dr.Dude로 알려진 네덜란드의 창작가는 30년 이상 레고 테크닉 세트, 특히 대형 차량 모델에 몰두해 온 레고 팬인데, 그의 유튜브 채널에 가면 수많은 독창적인 공압 엔진의 모형을 동영상으로 확인해 볼 수 있습니다. (http://www.youtube.com/user/DrDudeNL/)

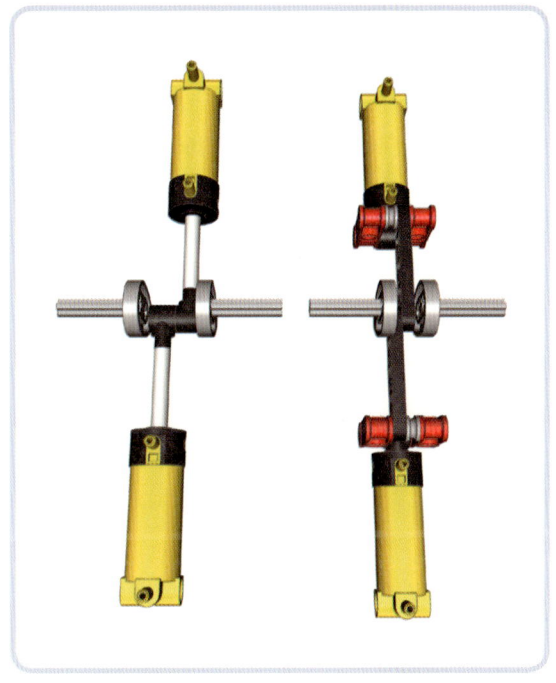

■ **그림 10-23** 두 개의 실린더를 하나의 캠에 직접 연결한 것(왼쪽)과 슬라이더를 이용해 연결한 것(오른쪽). 실린더를 직접 연결할 경우 두 개의 실린더는 간섭을 막기 위해 서로 반대쪽으로 0.5스터드씩 이동해야 하기 때문에 결과적으로 두 개의 실린더의 중심축은 1스터드 간격만큼 벌어지게 되지만, 슬라이더를 이용할 경우 0.5스터드 두께의 빔과 부시를 이용하기 때문에 두 실린더의 중심을 정렬시킬 수 있습니다.

응용 제작 사례

많은 레고 창작가가 인상적인 공압 엔진을 선보였지만, 이 분야에서 의심할 여지가 없는 완성도를 보여주는 창작가가 있습니다. 알렉스 조르코Alex "Nicjasno" Zorko 입니다.

알렉스는 크고 무거운 스포츠카 모델을 만들어 본 후, 레고 모터가 이러한 중량급 모델을 구동시키기에 너무 약하다는 것을 발견했습니다. 그는 이를 해결하기 위해 간단한 공압 엔진을 사용하기로 하고, 6기통에 최고 속도는 2000RPM 수준의 것부터, 심지어 9기통에 매우 무거운 모델도 충분히 구동시킬 수 있는 공압 엔진들을 제작했습니다 (그림 10-24 참조).

알렉스의 공압 엔진 모형들은 http://nicjasno.com/에서 볼 수 있으며, 알렉스는 이 공압 엔진들을 자신의 홈페이지 http://lpepower.com/에서 판매하기도 합니다.

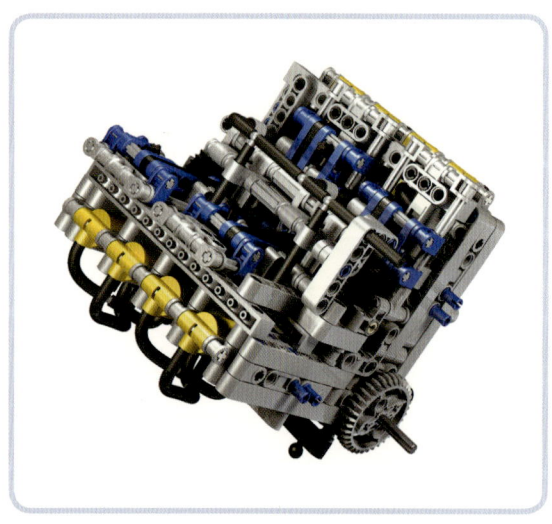

■ 그림 10-24 알렉스 "Nicjasno" 조르코의 V8 공압엔진

동작 가능한 물 펌프

일반적으로, 레고 테크닉을 이용한 모형들은 물과 같은 액체를 이용하는 구조물에 적합하지 않지만, 민감한 레고 부품이 직접 물에 닿지 않고도(압축 공기를 만들어낸다는 점을 이용해서) 물을 다룰 수 있는 펌프 장치를 구현할 수 있습니다. 이 펌프는 압축 공기로 물을 밀어내는 구조로, 비교적 안전하고 간단하게 물을 다룰 수 있어 이를테면 레고로 소방차 모형을 만들 때 응용할 수 있습니다.

물 펌프를 만들기 위해서는, 우선 밀폐된 물탱크가 필요하고 여기에 압축 공기를 전달할 수 있는 장치가 동반되어야 합니다. 레고 부품은 작은 조각을 결합하는 구조이기 때문에, 이것으로 밀폐된 물탱크를 만든다는 것은 좋은 생각이라 할 수 없습니다. 오히려 금속제 또는 플라스틱제 뚜껑을 가진 작은 병, 이를테면 우유병이나 PET 물통과 같은 것이 물탱크로 사용하기에 적합합니다.

이 물 펌프의 작동 원리는 밀폐된 물탱크 안에 압축 공기를 주입하면서, 공기의 힘에 의해 물을 밀어내는 것입니다. 물탱크는 공기가 유입되는 통로와, 물이 유출되는 통로를 만들어야 합니다. 이 통로는 물탱크의 어느 곳에나 설치할 수 있으며, 물을 내보내는 관은 최대한 바닥에 닿게 설치해야 합니다.

물탱크로 사용할 병의 뚜껑에 두 개의 구멍을 뚫고, 그림 10-25와 같이 뚜껑을 통과하는 두 개의 호스를 설치합니다. 한 호스(검은색)는 병에 공기를 주입하는 용도로, 호스의 끝은 뚜껑 근처 또는 병의 밑바닥 어느 곳이라도 무방합니다. 공기를 넣는 용도이고, 호스의 끝이 어디에 있던지 물보다 밀도가 낮은 공기는 자연스럽게 병의 위로 올라가기 때문입니다.

다른 호스(파란색)는 물을 내보내는 역할이며 이것은 마지막까지 물을 쓰기 위해 끝이 바닥에 닿아야 합니다. 내부의 호스가 물속에서 흔들리거나 떠오르는 것을 막기 위해 뻣뻣한 호스, 이를테면 레고 튜브나 일반 빨대를 사용하는 것이 좋습니다. 이 작업에서 어려운 부분은 호스를 관통시킨 뚜껑의 구멍 부분을 밀봉하는 것으로, 모형용 점토나 에폭시 퍼티, 마스킹 줄, 왁스, 양초의 촛농 등을 이용할 수 있습니다.

■ **그림 10-25** 금속제 뚜껑이 있는 플라스틱 병은 아주 좋은 물탱크가 됩니다. 검은색의 호스는 물탱크 내부로 공기를 주입하고, 파란색 호스는 내부의 물을 외부로 내보내는 역할을 합니다(각각의 끝에 추가적으로 호스를 연장시킬 수도 있습니다.) 뚜껑에는 두 개의 호스를 설치하기 위해 구멍을 뚫었으며, 뚜껑의 구멍과 호스의 틈새는 모형용 점토를 이용해 밀봉했습니다.

이제 할 일은 첫 번째 호스(공기 주입용)를 공기압축기에 연결하고, 다른 호스를 통해 물이 뿜어 나오는 것을 구경하는 것입니다. 주지할 점은 물이 공기보다 밀도가 높기 때문에 물을 뿜어내기 위해서는 상당한 양의 압축 공기가 필요하다는 것입니다.

물탱크 내부에 공기가 있을 경우, 내부의 물은 기본적으로 1 기압의 공기의 힘을 받으며 현재 상태를 유지하는 것이기 때문에, 이때 물을 물탱크 밖으로 밀어내려면 내부의 공기압이 1 기압보다 더 높아져야 한다는 뜻입니다.

여러분은 공기를 만드는 속도를 좀 더 빠르게 하거나 공기가 나가는 호스를 좁히는 방법으로 좀 더 효과적으로 공기압을 높일 수 있습니다. 또한, 이 장치를 만들 때 물탱크와 공기압축기 사이에 밸브를 먼저 연결해야 합니다. 밸브를 개방하면 공기가 유입되면서 물탱크 안의 물을 밖으로 뿜어낼 수 있을 것입니다. 밸브 없이 공기압축기를 직접 제어해서 물을 뿜어내려 한다면 상당히 제어하기가 거추장스러워질 것입니다.

물을 뿜는 것이기 때문에, 주변에 젖지 말아야 할 물건, 이를테면 레고 모터 또는 가전제품이나 종이, 가죽, 나무 등의 물건이 없는지 먼저 확인하세요!

11

내구성 확보

building strong

한때는 테크닉 브릭만으로도 모터가 들어간 모델들을 견고하게 조립하고 고정시키던 시절이 있었습니다. 그러나 토크가 크고 강력한 모터가 도입되면서 브릭의 결합력만으로는 유지할 수 없는 상태에 이르게 됩니다.

토크가 증가한다는 것은 여러 가지 면에서 장점이 크긴 하지만 토크로 인해 구동 중 부품이 분해된다는 단점도 있습니다. 이것을 막으려면 구조적인 보강 조치가 필요합니다. 그림 11-1은 조립된 부품의 분해를 막기 위한 보강 부품(빨간색)이 적용된 모습입니다. 이렇게 충분히 보강된 장치는 모터의 힘, 구동부에 걸리는 부하의 정도에 상관없이, 심지어 모터가 과부하로 멈출 정도의 힘이 가해지더라도 구조부를 안전하게 지탱시켜 줄 것입니다.

이 장에서는 구조를 보강하기 위한 적당한 위치를 찾는 방법을 알아보고, 약한 부품과 강한 부품을 구분하는 방법도 배워 볼 것입니다. 또한, 여러분의 모델을 튼튼하게 만들기 위해 케이스, 차대, 프레임 그리고 트러스 구조를 만드는 방법도 살펴볼 것입니다.

왜 분해되는가

우리가 어디를 어떻게 보강해야 하는지 알기 위해서는 먼저 왜 부품이 분리되는지를 이해해야 합니다. 우리가 구조물 내에서 메커니즘을 구현한다고 할 때, 거기에는 입력과 출력, 그리고 그 구조물을 지지하는 지점이 있을 것입니다. (이 말은 그림 11-2와 같이, 구조물의 핀 구멍에 축과 기어가 장착됨을 의미합니다.)

장치가 작동할 때마다, 출력축의 움직임은 구조물에 스트레스를 주고, 동시에 구조물은 입력축으로부터 가해지는 힘을 극복해야 합니다. 예를 들어, 이 메커니즘이 자동차의 구동 계통이라면, 모터로 구동되는 입력축은 바퀴의 구름 저항과 마찰도 동시에 극복해야 합니다.

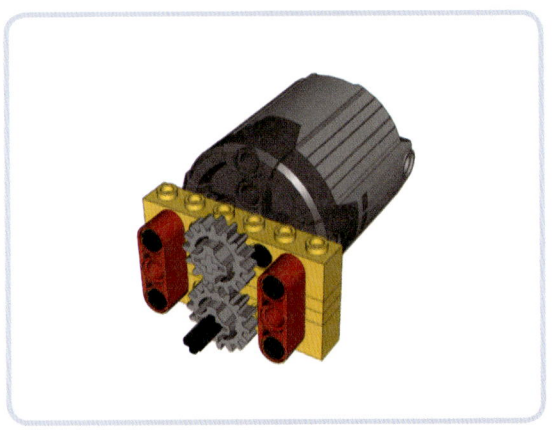

■ 그림 11-1 두 개의 빨간색 빔은 노란색 테크닉 브릭을 잡아 줍니다. 이러한 보강이 없다면 힘센 파워평션 XL 모터는 구동되자마자 16톱니 기어가 끼워진 아래쪽 노란색 테크닉 브릭을 밀어내며 프레임을 분해시킬 것입니다.

즉, 구조물에는 입력축으로부터 가해지는 힘과 출력축으로부터 가해지는 두 가지 기본적인 힘이 상호작용한다는 의미입니다. 바꾸어 말하자면, 출력축은 입력축에 저항으로 작용하며, 두 구동요소 사이의 각각의 부품들 역시 저항요소로 작용합니다.

■ 그림 11-2 모터로 바퀴를 구동하는 장치의 예. 이 장치는 총 여섯 개의 기어가 세 쌍으로 구성되며 네 개의 축이 사용되었습니다. 또한, 몸체를 구성하는 테크닉 브릭(연두색과 녹색)은 플레이트(노란색)에 의해 고정됩니다.

이 구조물이 일종의 구동계이고, 구동부의 입력부와 출력부가 여러 부품으로 연결된다고 가정해 봅시다. 처음에 힘은 입력축과 맞물리는 첫 번째 연결 부위를 통해 다음 구동부로 전달될 것이며, 이러한 움직임은 몸체의 결합력이 지탱할 때까지 유지될 것입니다. 만약 이 메커니즘을 둘러싼 구조가 충분히 튼튼하다면, 모든 연결 부위는 아마도 그 메커니즘의 출력축(마지막 연결 부위)보다 더 큰 결합력을 유지할 것이며, 결과적으로 그 메커니즘은 충분히 의도한 대로, 입력축의 힘이 문제없이 출력축으로 전달될 것입니다. 하지만, 만약 어떤 연결 부위가 구동부의 출력보다 결합력이 약하다면, 구조물은 뒤틀리거나 분리되면서 원활한 작동을 방해하고, 결과적으로 메커니즘은 의도한 것과 다르게 움직이거나 분해될 것입니다.

내구성이 약한 연결 부위 찾기

그렇다면 이제 구동계에서 약한 연결 부위를 찾아 봅시다.

그림 11-2를 보면, 모터에는 축과 8톱니 기어가 끼워져 있으며, 다음 24톱니 기어의 축에 또 다른 8톱니 기어가 끼워져 있습니다. 이 구조가 반복된 다음 마지막 24톱니 기어가 끼워진 출력축에 바퀴가 연결됩니다. 축은 쌍을 이루며 대부분은 하나의 테크닉 브릭에 나란히 끼워져 있습니다.

그러나 그림 11-3에서와 같이, 응력이 가해지는 경우 빨간색 화살표로 표시된 부분과 같이 하나의 통짜 브릭이 아닌 두 개의 브릭을 결합해서 만든 부품이라면 브릭의 연결 부위에 가해지는 힘에 의해 결합된 부품이 분리될 수 있습니다(그림 11-4 참조). 여러분의 모델에서 보강할 부분을 찾으려면, 이와 같이 외부에서 가해지는 힘에 의해 분리될 수 있는 부분을 찾으면 됩니다.

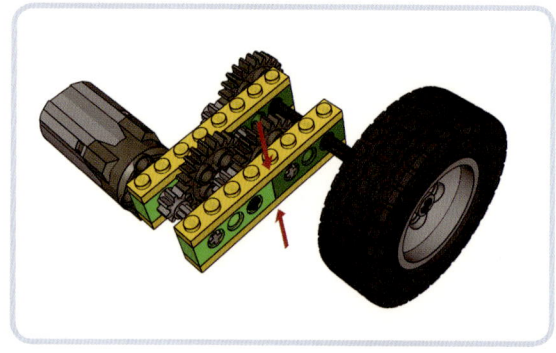

■ 그림 11-3 그림 11-2의 장치에서 중요한 연결 부분이 빨간색 화살표로 표시되었습니다. 이 부분은 두 개의 테크닉 브릭(연두색과 녹색)이 단지 두 개의 1×8 크기의 플레이트(노란색)에 의존해 결합되어 있습니다. 따라서 이 장치는 쉽게 분해될 수 있습니다.

■ 그림 11-4 보강하지 않은 상태에서는 구동 중 가해지는 힘에 의해 약한 부분부터 분리되면서 구조가 분해됩니다. 녹색 부분이 힘을 이기지 못하고 분리되면서 여기에 연결된 빨간색 기어 쌍 역시 더 이상 맞물리지 않게 되고, 구조부는 완전히 분해되어 제 역할을 하지 못하게 됩니다.

또한, 기어비가 커지는 구조(구동기어가 종동기어보다 큰 경우)가 기어비가 작아지는 구조(구동기어보다 종동기어가 작은 경우)에 비해 분리될 가능성이 더 높습니다. 간단히 말하자면, 종동기어가 가속 구조일 경우 좀 더 많은 힘이 가해진다는 뜻이며, 이때 두 기어 쌍의 축과 그 주변은 보강이 필요한 지점이라 할 수 있습니다.

그림 11-5는 앞서 살펴본 메커니즘을 보강할 수 있는 가장 확실한 방법을 보여줍니다. 여기에서는 단순히 두 개씩 두 쌍으로 총 네 개가 사용된 1×4 테크닉 브릭을 두 개의 1×8 테크닉 브릭으로 대체합니다. 이제 이 구동계의 모든 요소들은 안정적으로 구동될 수 있기 때문에 1×4 테크닉 브릭들을 고정하기 위해서 사용했던 상단과 하단의 플레이트는 더 이상 필요 없게 됩니다. 또한, 이 방법은 별도의 공간도 요구하지 않고 무게도 거의 같습니다.

긴 브릭을 사용하는 것과 같이 브릭 자체의 외형적 특징을 그대로 보강의 소재로 사용할 수도 있지만 이를 위해서는 설계 단계부터 기어를 조립하는 과정까지 철저하게 보강을 염두에 두어야 하기 때문에 훨씬 시간이 오래 걸리고 불편할 수 있습니다.

처음에 가장 완벽하고 튼튼하게 설계하고 조립하는 것이 물론 가장 좋겠지만, 그런 결과를 얻기 위해서는 많은 고민이 요구됩니다. 반면, 일단 조립한 뒤 문제점을 파악하고 해당되는 부분에 추가적인 부품으로 보강하는 방식으로 문제에 접근하는 11-6, 11-7과 같은 문제해결 방법도 있습니다.

그림 11-6과 11-7은 추가적인 부품을 이용해 메커니즘을 보강하는 다른 방법을 보여줍니다. 이 방법은 원래보다 약간의 무게 증가가 있으며 부피도 조금 더 커지지만, 원래의 구조를 크게 바꾸지 않고 최소한의 변경으로 적용시킬 수 있는 방법입니다.

그림 11-7의 보강 방법의 경우, 분리된 두 개의 노란색 테크닉 브릭을 빨간색 부품으로 보강하면서, 이 두 브릭을 축이 관통하기 때문에 결과적으로 축에 가해지는 마찰력이 증가할 수 있다는 단점이 있습니다.

■ **그림 11-5** 11-2에서 제시되었던 원래의 구조에서 1×4 테크닉 브릭 두 개 대신 한 개의 1×8 테크닉 브릭으로 교체했습니다. 가능하다면 목적에 맞는 길이의 브릭을 사용하는 것이 가장 좋습니다. 이 경우 브릭 자체가 파괴될 정도의 힘이 가해지지 않는 한 구조물은 제 역할을 할 수 있습니다. 단, 원하는 길이의 부품이 있어야 이 방법을 적용할 수 있겠지요.

■ **그림 11-6** 세로로 보강(빨간색)하는 방법은 가장 쉽고 편리하게 구조물을 보강하는 방법입니다.

■ 그림 11-7 수직 공간에 제한이 있다면 수평 방향으로의 보강(빨간색)을 고려할 수 있습니다. 단, 이 경우 전체적인 구조물의 폭이 넓어지기 때문에 약간 더 긴 축을 이용하고 모터 역시 한 스터드 밖으로 이동해야 합니다. 안정된 연결을 위해 1×4 브릭의 세 개 구멍 중 최소한 두 개씩이 수평 보강 빔(빨간색)과 결합되어야 합니다. (핀을 이용하는 결합뿐만 아니라, 이 경우 테크닉 브릭과 빔을 관통하는 축 역시 결합요소로 생각할 수 있습니다.)

보강 기법에 대한 이해

회전하는 기어에 가해지는 힘의 방향은 구동기어와 종동기어의 위치, 그리고 회전 방향에 따라 달라집니다. 구동기어가 종동기어를 구동시킬 때 구동기어는 종동기어에 밀어내는 힘을 가하며 회전하게 되고, 구동기어 자신도 그 반발력으로 종동기어의 반대 방향으로 힘이 가해지게 됩니다. 아마도 여러분이 고등학교 물리 시간에 배워 보았을, 뉴턴의 법칙 중 '작용과 반작용의 원리' 때문인데요. 힘을 하나의 물체에 가한다면, 동일한 힘이 힘을 가하는 쪽으로도 생성된다는 뜻입니다.

그림 11-8은 상단의 구동기어를 시계 방향(빨간색 축의 기어를 검은색 화살표 방향)으로, 그리고 여기에 맞물린 종동기어는 아래쪽에서 반시계 방향(녹색 축의 기어)으로 회전하면서 구동기어에 의해 받는 힘이 가해지는 방향(두 개의 파란색 화살표)을 보여줍니다.

■ 그림 11-8 구동기어(위, 빨간색 축)의 회전 방향(검은색)과, 이에 맞물리는 종동기어(아래, 녹색 축)에 가해지는 힘의 방향(파란색)

만약, 그림 11-8의 노란색 테크닉 브릭들이 아무런 보강 없이 결합되어 있다면, 종동기어(아래쪽)가 받는 힘은 이 브릭들을 아래쪽와 왼쪽으로 밀어 분해되도록 할 것입니다. 보강의 핵심은 바로 이러한 불필요한 방향으로의 힘을 제한하는 것입니다. 완전히 분리되지 않아 여전히 구동은 된다고 하더라도, 구동의 중요 요소인 각 기어의 연결 부위가 완전히 정렬되지 않으면 정상적인 동작은 불가능합니다.

이러한 반발력의 문제는 그림 11-9와 같이, 두 기어가 서로 다른 각도에서 맞물리는 경우에도 동일하게 적용됩니다. 단, 이 그림에서는 두 개의 축이 일체로 성형된 L자형 빔에 의해 연결되었기 때문에 기어에 가해지는 힘에 의해 프레임이 분리되지는 않을 것입니다.

■ 그림 11-9 종동기어에 작용하는 힘의 방향(파란색)은 구동기어의 반대쪽을 향합니다.

올바른 내구성 보강 기법

이제 여러분은 구조부에서 약한 부분을 찾는 방법을 배웠습니다. 이제 몇 가지 보강 기법을 실제로 살펴보겠습니다. 그림 11-10부터 11-14에서는 적절한 보강 기법과 그렇지 않은 방법들을 비교하면서 보여줄 것입니다.

여러분이 보시는 바와 같이, 기어부를 강화한다는 것은 각각의 기어의 구동축이 안정적으로 지지될 수 있도록 보강하는 것이라고 정리할 수 있습니다. 하지만, 축은 길고 휘어질 수 있기 때문에 아래에 제시된 두 가지 주의사항을 염두에 두어야 합니다.

- 축은 최소한 두 개의 지점이 지지되어야 합니다.

- 축은 가능한 한 유격 없이, 기어의 양 측면에서 최대한 가까운 곳에서 지지되어야 합니다. 기어가 끼워진 양쪽의 마진이 지나치게 크게 남는다면, 예를 들어 12 스터드 길이의 축 양 끝을 지지하고 가운데에 기어를 놓는 경우 기어의 양쪽으로 공간이 4.5 스터드 길이만큼 남게 될 것이며, 결과적으로 이 축은 마치 판스프링처럼 중앙의 기어에 힘이 가해질 때 아래로 휘면서 제대로 동력을 전달하지 못할 것입니다. 하지만 축을 3 스터드 길이로 맞추어 가운데 기어를 끼우고 양쪽을 1 스터드씩 지지한다면 기어의 양쪽은 여유 공간이 없기 때문에 축은 휠 수 없어 훨씬 더 제대로 힘을 전달할 수 있을 것입니다.

그림 11-15는 첫 번째 규칙을 보여주며, 그림 11-16은 두 번째 규칙을 보여줍니다. 축은 빔이나 브릭보다 훨씬 약한 부품이며, 구부러지거나, 꼬이거나, 끼워진 기어가 밀리는 현상이 발생할 수도 있습니다.

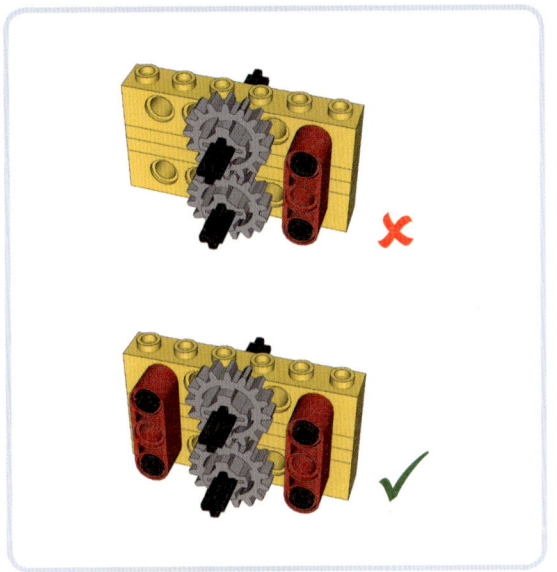

■ **그림 11-10** 힘을 받는 기어 연결 부위의 한쪽 면을 고정하는 것으로는 튼튼한 구조를 만들 수 없습니다. 튼튼한 구조를 만들기 위해서는 기어 연결 부위의 양쪽 면을 보강해 주어야 합니다.

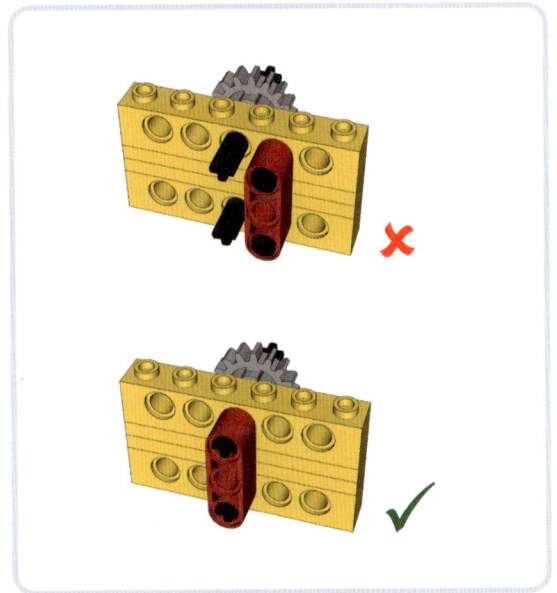

■ **그림 11-11** 힘이 가해지는 위치와 같은 축 연장선상에 보강이 이루어진다면, 하나의 보강 부품으로도 충분한 보강이 가능합니다.

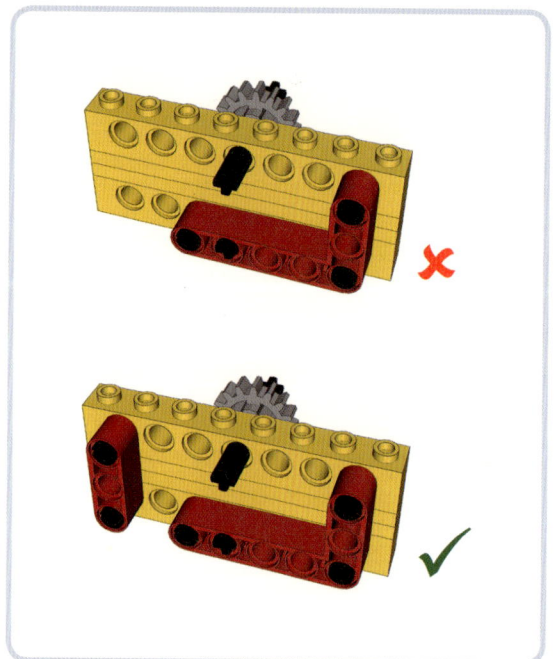

■ **그림 11-12** L자형 빔 하나만을 보강재로 이용할 경우, 앞쪽은 그림 11-10과 마찬가지로 단지 한 개의 지점만이 보강되기 때문에 충분한 보강이 되지 않습니다. 이 경우 충분한 보강을 위해 적어도 위쪽으로 한 개 이상의 추가 보강이 필요합니다.

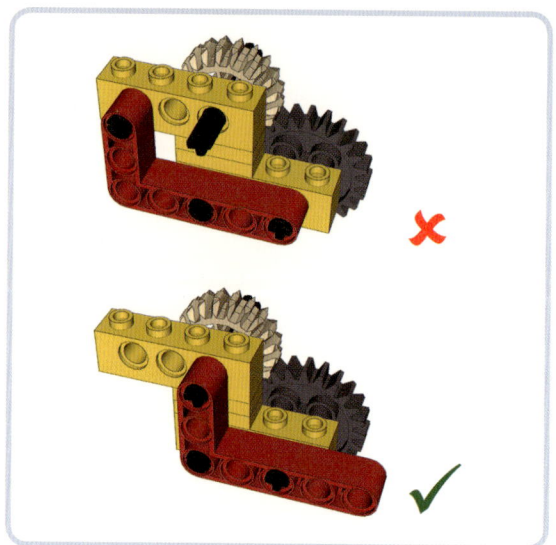

■ **그림 11-14** 플레이트를 이용하는 것은 견고한 연결에 도움이 됩니다. 상하로 두 개의 브릭을 연결하기 위해 두 브릭 사이에 적절한 개수의 플레이트를 삽입할 경우 세로로 구멍의 간격을 맞출 수 있어 보다 튼튼한 보강이 가능합니다.

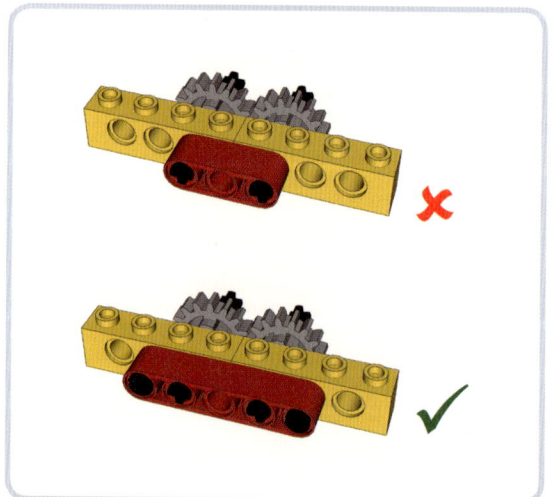

■ **그림 11-13** 나란히 인접한 두 개의 테크닉 브릭을 보강할 경우, 가장 가까운 한 개의 구멍만을 이용해 보강하는 것은 충분치 않습니다. 적어도 각각의 브릭에 두 개 이상의 지점이 연결되어야 합니다. 연결되는 지점이 꼭 핀으로 결합될 필요는 없습니다. 이 그림에서도 4L 테크닉 브릭의 세 개 구멍 중 하나는 핀이, 다른 한 구멍은 기어가 장착된 축이 보강재를 지지하는 역할을 합니다.

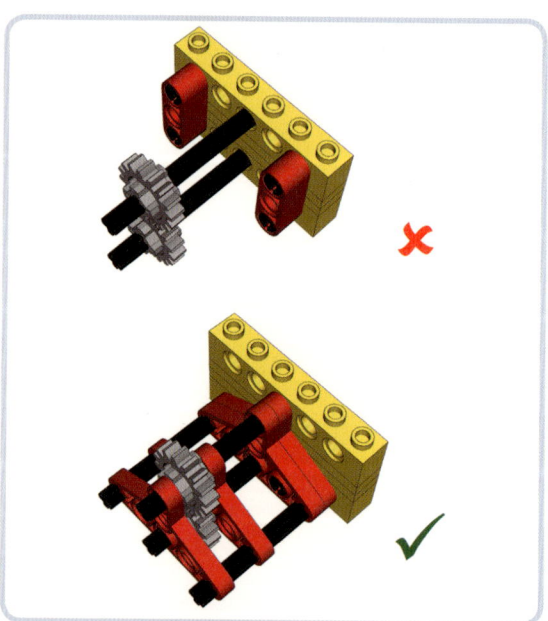

■ **그림 11-15** 축 역시 힘을 받으면 휠 수 있기 때문에, 프레임에서 멀리 떨어진 곳까지 뻗은 축의 경우 반대 방향으로 벌어지는 것을 막기 위해 맞물린 축을 보강하는 구조물이 추가적으로 필요합니다.

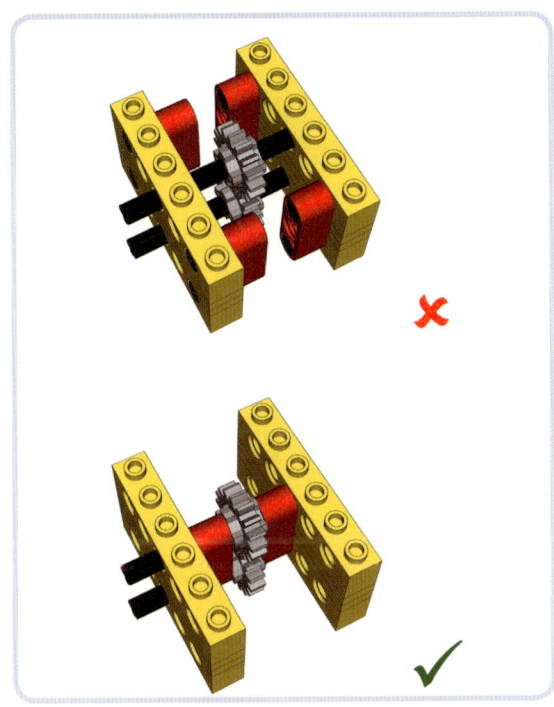

■ **그림 11-16** 기어가 장치된 축의 기어 좌우로 여백이 있을 경우, 기어가 밀려나거나 축이 휠 수 있기 때문에 이 빈 공간을 보강해 주는 것이 좋습니다.

그림 11-17은 꼬이면서 영구적으로 손상된 축을 보여줍니다. 긴 축일수록 이러한 문제는 더 쉽게 발생할 수 있습니다. 일반적으로 보강되지 않은 하나의 긴 축을 사용하는 것보다는 짧은 축을 축 연결기를 이용해 연결시키는 방법이 이러한 문제를 예방하기에 조금 더 좋다고 볼 수 있습니다. 🙂 또는 긴 축을 사용하면서, 기어가 장착되지 않은 부분을 모두 부시 또는 반 부시로 채우는 방법도 있습니다.

또 다른 좋은 방법으로는 구동 계통의 출력 부분과 가장 가까운 쪽으로 종 감속기어를 장치시켜, 감속 구조에 의해 발생하는 큰 토크가 구동부 중간에서 영향을 미치지 않고 최대한 출력부에만 영향을 주도록 설계하는 것입니다.

교차 구조로 결합된 베벨 기어를 보강하는 것은 조금 더 어렵습니다. 베벨 기어는 톱니의 일부분만이 물리기 때문에, 구조가 조금만 변해도 제대로 맞물리지 않을 수 있습니다. 그래서 유격이 없이 잘 맞물리도록 구조물이 제작되었는지 확인해야 합니다.

■ **그림 11-17** 축은 여러분의 생각보다 훨씬 무른 부품입니다. 이 축은 파워 펑션 XL 모터에 의해 꼬인 상태로 망가진 것입니다.

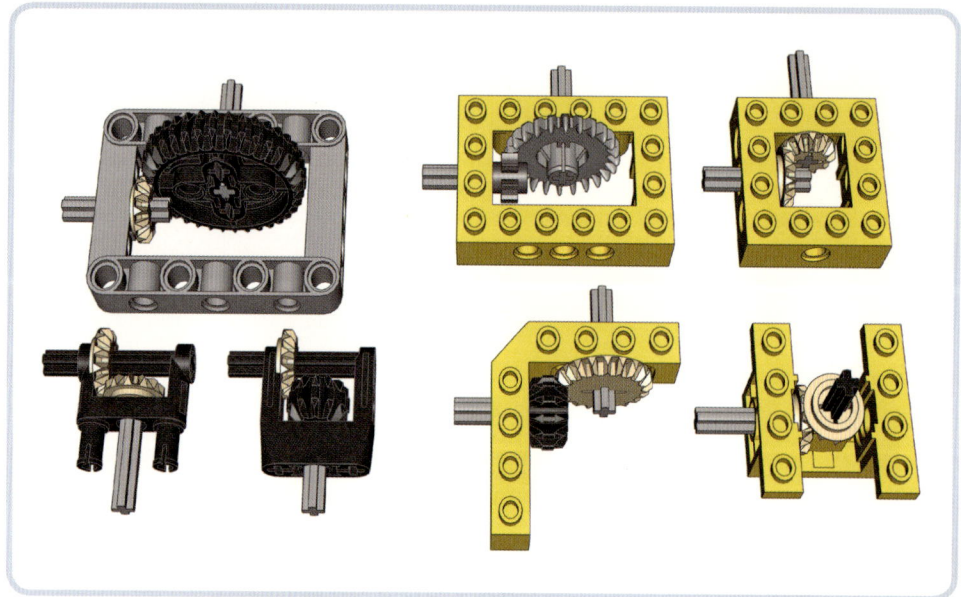

■ 그림 11-18 수직 구조로 결합되는 기어 연결 부위를 보강하는 방법

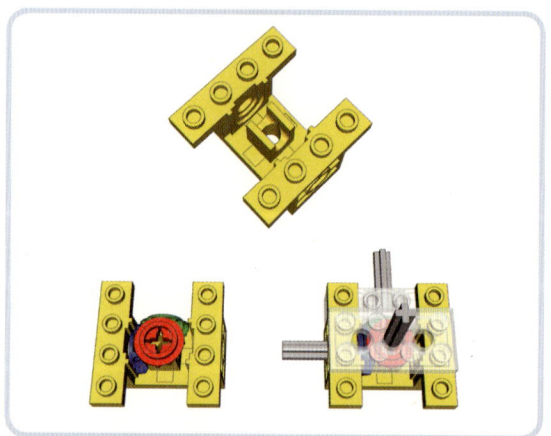

■ 그림 11-19 부품번호 6585는 수직, 그리고 수평 결합되는 베벨 기어 구조를 보강해 주기 위해 설계된 유용한 부품입니다. 여기에는 테크닉 브릭과 플레이트를 손쉽게 결합해 축을 추가적으로 보강시킬 수 있습니다.

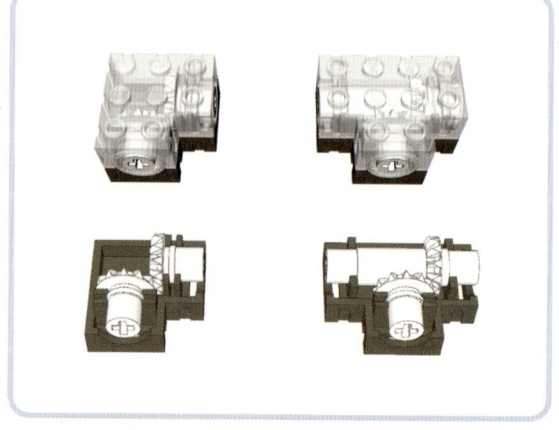

■ 그림 11-20 '테크닉 기어박스'라는 이름으로 출시되었던 특수한 베벨 기어가 내장된 부품도 있습니다. 이것은 축을 삽입할 수 있는 구조와 나사로 결합된 프레임 및 부품 내부에서 결합된 기어 덕분에 상당히 튼튼하지만, 아쉽게도 흔하지 않은 부품입니다. 기어 박스의 내부 연결구조의 이해를 돕기 위해 이미지를 추가했습니다.

그림 11-18부터 11-20에서는 다양한 교차 구조로 결합되는 기어를 보강하기 위한 (스터드가 있는, 또는 없는 부품에) 최적화된 부품들의 응용 사례를 보여줍니다.

앞서 언급된 교차형 기어 구조를 위한 전용 부품이 없다면, 여러분은 그림 11-21과 11-22에서 제시되는 것과 유사한 형태로 기본 부품을 응용해서 (스터드가 있는, 또는 스터드가 없는 형태의) 보강된 기어 구조물을 만들 수 있습니다.

중팔구 여러분의 창작품은 아주 깊숙한 곳에서 문제를 일으킬 것이고 여러분은 이것을 수리하기 위해 전부를 분해해야 할 수도 있습니다.)

- 보강을 너무 맹신하는 것은 곤란합니다. 보강 구조가 항상 모든 부품의 손상을 완벽하게 막아주지는 못합니다.

- 조립할 때에는 분해할 때의 상황도 생각해야 합니다. 만약 잘못된 보강으로 분해할 때 부품을 망가뜨려야만 하는 상황이 발생한다면, 손상된 부품에 대한 비용은 여러분의 몫이 됩니다.

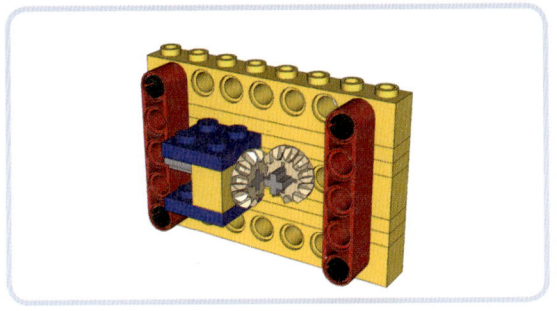

■ **그림 11-21** 수직으로 결합되는 베벨 기어를 보강하기 위해 노란색 브릭으로 만들어진 구조물의 중간에 2×3 크기의 플레이트(파란색)를 끼워 베벨 기어를 고정하고, 2×3 플레이트를 포함한 전체 프레임을 세로로 보강(빨간색)해 주었습니다.

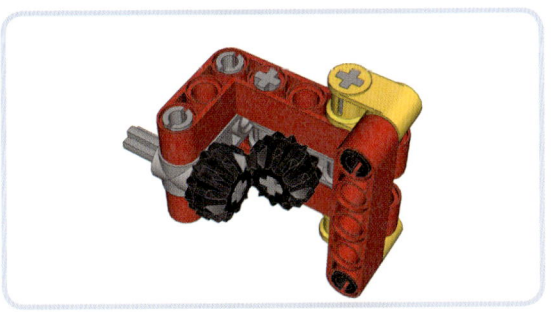

■ **그림 11-22** 수직 기어 결합을 L자형 빔으로 보강한 모습. 두 빔의 한쪽 끝은 노란색 커넥터 덕분에 수직으로 보강되었습니다. 구조가 이렇게 만들어진 이유는 빨간색 L자형 빔 사이에 끼워진 회색 부품이 축 구멍만을 가지고 있으며, 빨간색 빔에는 핀 구멍만이 있어 이 축을 이용해 빔을 잡아 줄 수 없기 때문입니다. 또한, 축 자체만으로는 보강 기능이 없기 때문에 빔의 끝에는 노란색 커넥터가 설치되고 커넥터에 핀을 끼워 세로로 보강하게 됩니다. 이 구조물은 기어가 큰 힘을 받더라도 문제가 생기지 않도록 튼튼하게 지지해 줍니다.

내구성을 보강할 때 기억할 점

아래에 제시되는 내용은 보강을 할 때 염두에 두어야 할 몇 가지 내용을 정리한 것입니다.

- 최소한의 보강이 최선입니다. 무리한 보강으로 불필요하게 추가된 부품은 공간을 차지하며 무게도 가중시킵니다.

- 분해될 것처럼 불안한 느낌이 드는 부분은 대부분 결국 분해될 것입니다. (머피의 법칙은 절묘하게도 들어맞아 쉽

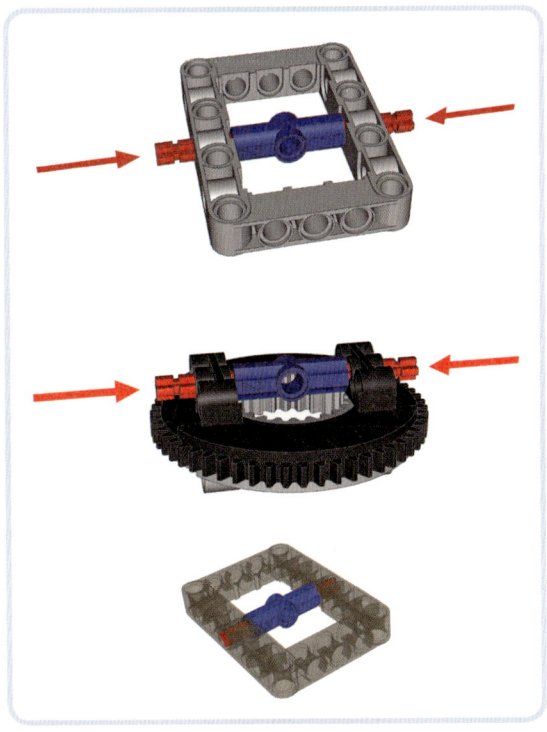

■ **그림 11-23** 위험한 구조: 이 경우 2스터드 길이의 축(빨간색)의 안쪽 절반은 파란색 부품에, 그리고 바깥쪽 절반은 바깥 부품의 핀 구멍 안에 숨어버리기 때문에, 부품을 분해하기 위해서는 일부 부품을 손상시킬 수밖에 없습니다. 🧑 맨 위 구조에서 빨간색 축을 끝까지 밀어넣으면 맨 아래 그림과 같은 상태로, 축은 완전히 부품 속으로 숨어버리게 됩니다. 아마도 톱이나 니퍼와 같은 공구가 필요할 것이며, 축이나 커넥터, 프레임 중 무언가는 망가질 것입니다.

11 내구성 확보 **173**

마지막 규칙은 앞서 언급된 것만큼이나 중요한 것입니다. 충분한 고민 없이 마구잡이로 보강을 하다 보면, 부품의 일부를 잘라내지 않고는 분리가 불가능한 상황에 빠질 수도 있습니다. 앞쪽 그림 11-23은 이러한 예를 보여 줍니다. 그림에서와 같이, 축을 삽입하는 경우라면 여러분은 그 축을 잡아당기거나 더 안으로 밀어서 분리할 수 있는 구조인가를 생각해야 합니다. 자칫 잘못하면 축이 부품 속으로 밀려들어가 분리하려면 부품 중 일부를 칼로 잘라내야 하는 상황이 발생할 수도 있습니다.

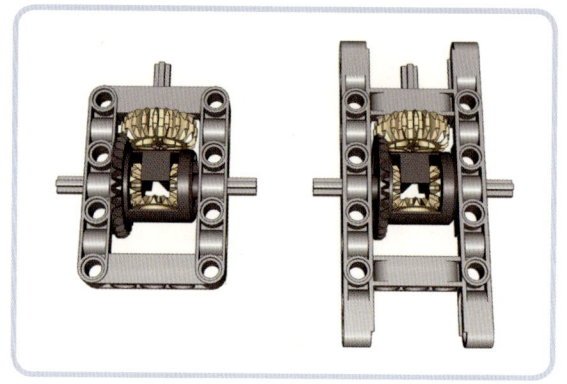

■ 그림 11-24 스터드가 없는 형태의 일반형(ㅁ형, 왼쪽)과 확장형(H형, 오른쪽) 프레임의 모습. 두 프레임 모두 신형 차동기어를 사용하는 경우 완벽한 보강 구조를 만들어 줍니다.

보강형 차동기어 케이스

차동기어는 바퀴와의 사이에 추가적인 기어 감속 없이 대부분의 경우 동력원과 최종 출력 대상인 바퀴를 직접 연결하기 때문에 일반적으로 큰 토크를 받는 부분입니다. 그리고 차동기어와 구동기어의 수직 결합은 이 구조를 더 취약하게 만드는 경향이 있습니다.

2009년에 특별히 제작된 스터드가 없는 구조의 프레임이 문제의 해결에 도움을 줍니다. 그림 11-24와 11-25는 신형 차동기어에 맞추어 설계된 프레임으로, 아주 훌륭하지만 아직까지는 흔한 부품이 아니며, 또한 구형 차동기어를 사용할 수 없다는 점은 아쉬운 부분입니다. 테크닉 제품 중 주로 고가의 대형 제품에 소량이 사용됩니다.

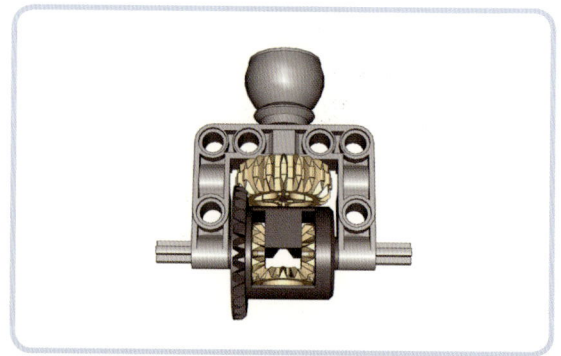

■ 그림 11-25 볼 조인트 결합부가 추가된 C형의 프레임. 역시 신형 차동기어를 염두에 두고 제작되었으며, 대형 볼 조인트 결합부는 안쪽으로 3스터드 길이의 유니버설 조인트를 설치할 수 있습니다. 그림에서는 나오지 않았지만, 이 조인트는 암/수 한 쌍으로 구성됩니다.

네 가지 보강형 차동기어 케이스 모형

다음에 제시되는 네 가지 조립도는 비교적 일반적인 부품을 이용해서 모든 종류의 차동 기어에 맞게 제작한 차동기어 케이스 모형입니다. 크기나 무게 면에서 그림 11-24나 11-25에서 언급된 프레임보다 아쉬운 점은 있지만, 그래도 충분히 유용할 것입니다.

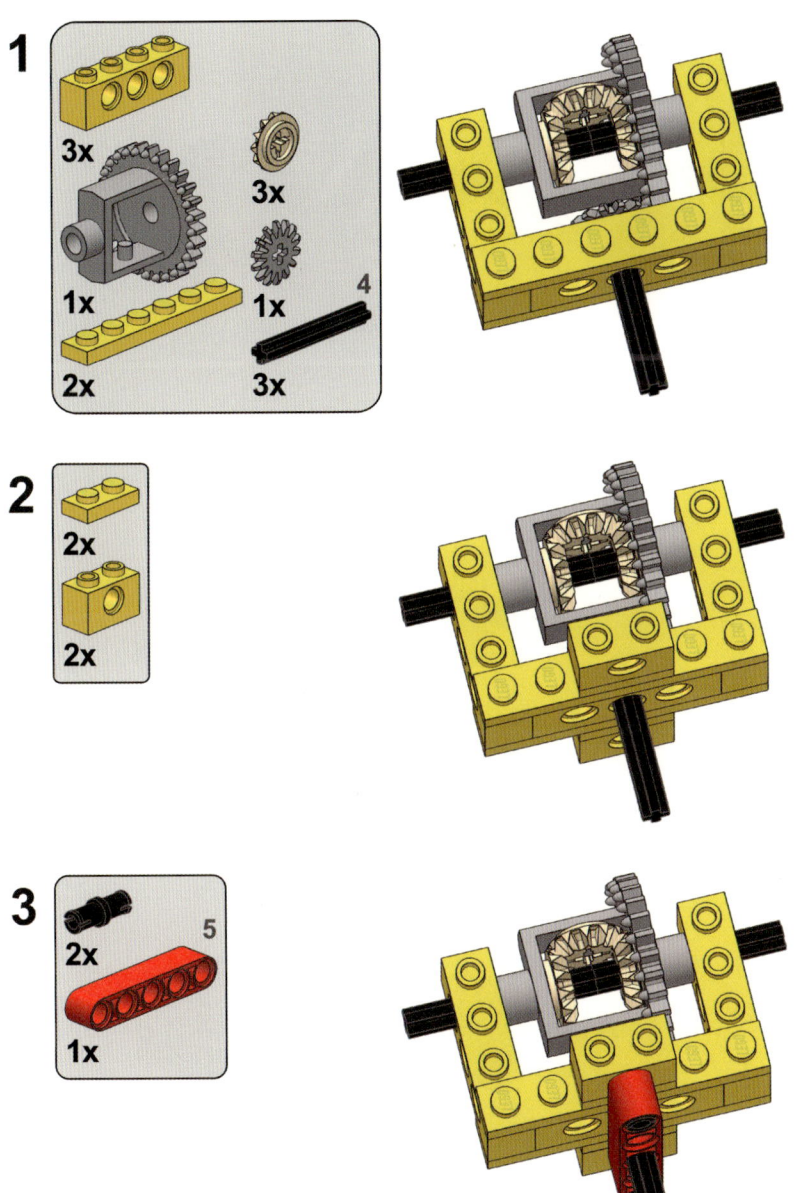

11 내구성 확보

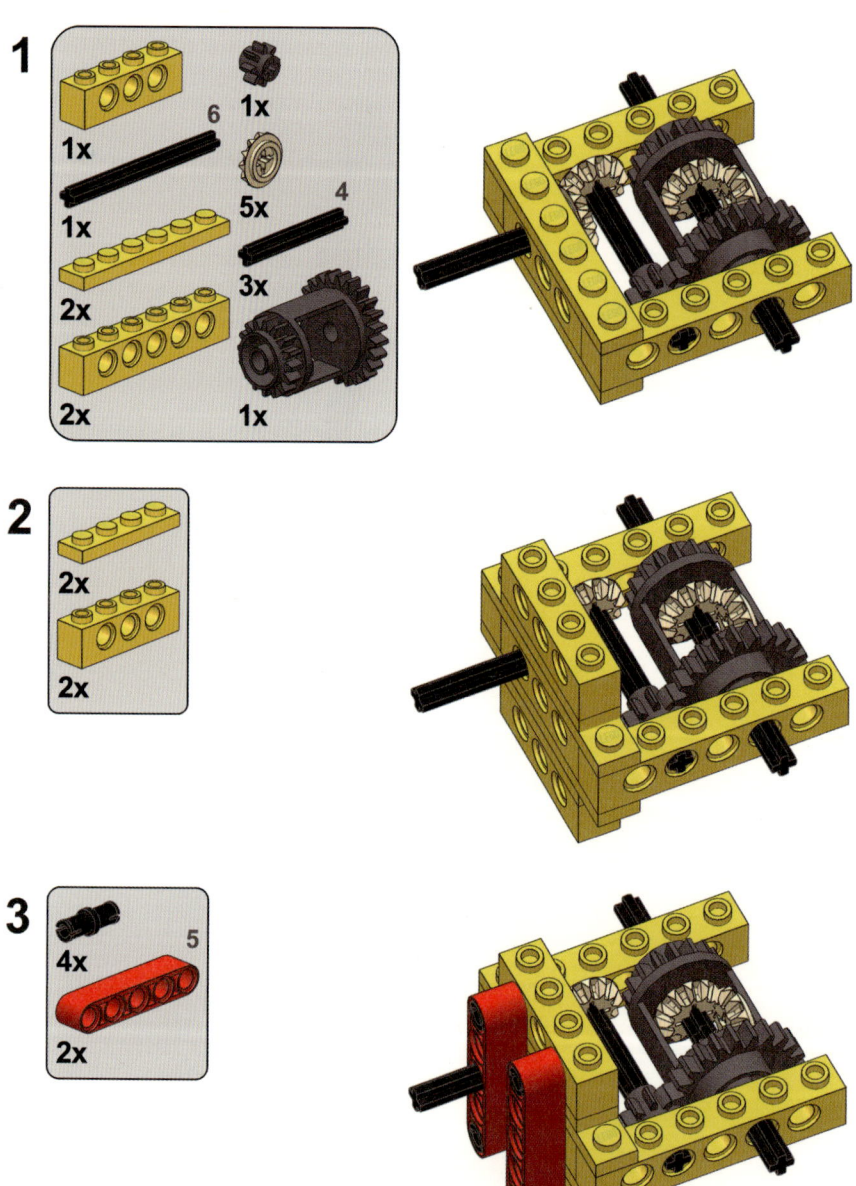

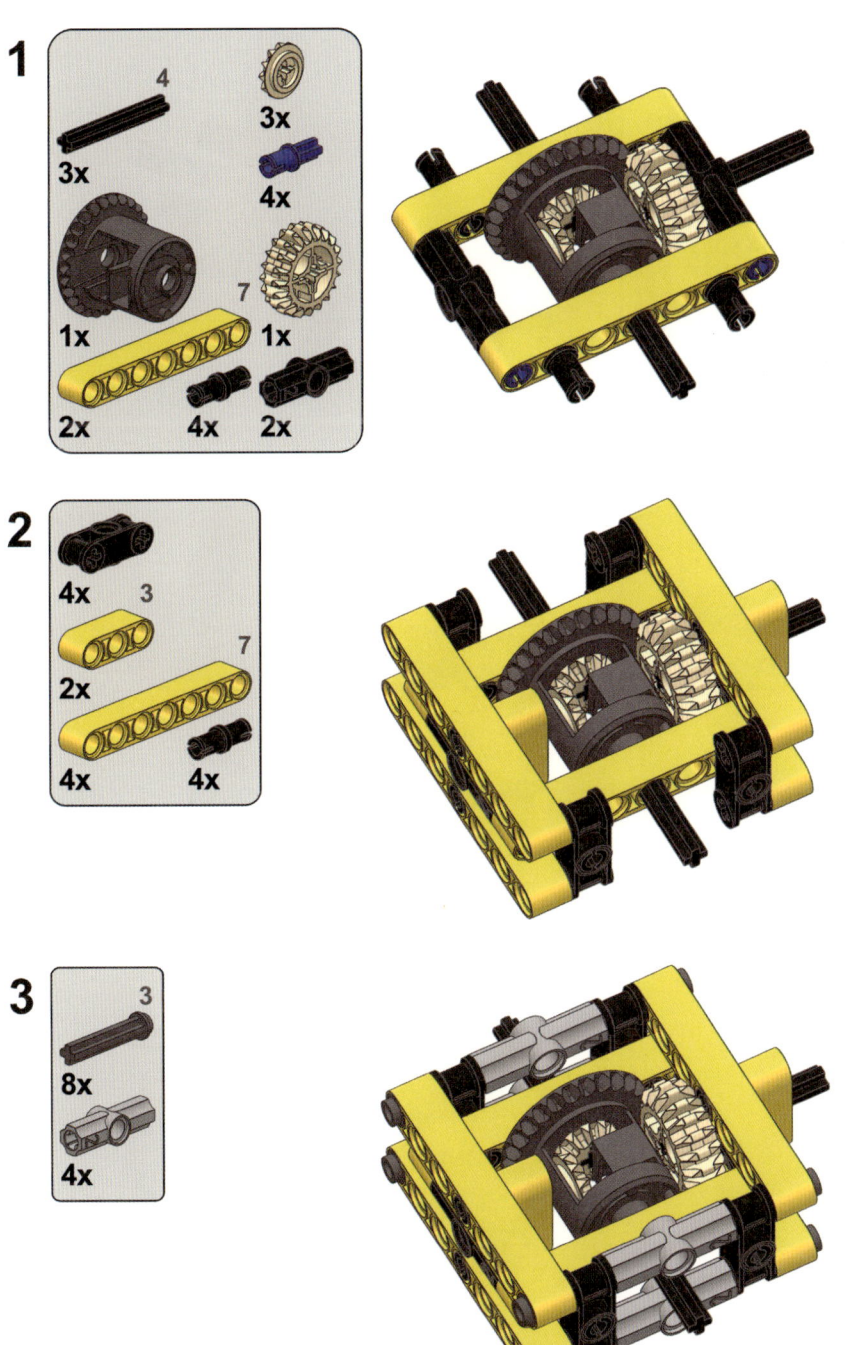

11 내구성 확보

1

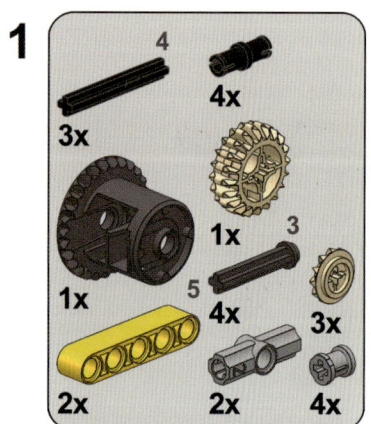 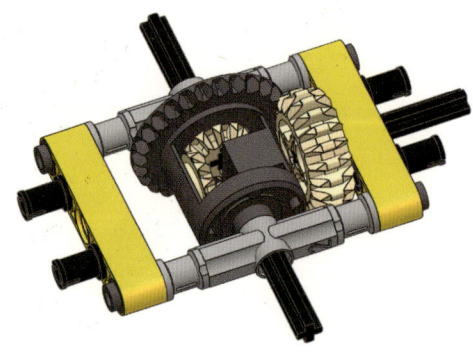

2

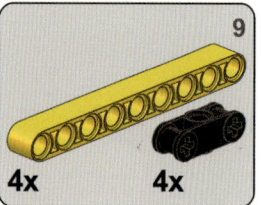 

3

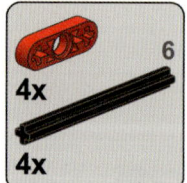 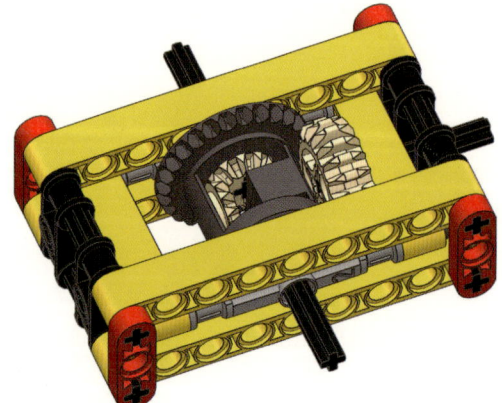

보강형 웜 기어 케이스

웜 기어는 그 독특한 구조와 구동 원리 때문에, 특히 더 강한 보강 작업이 필요합니다(그림 11-26은 웜 기어의 동작 형태를 보여줍니다). 웜 기어가 회전을 하게 되면 맞물린 기어를 회전시키면서 밀어내는 힘이 발생하고, 이와 동시에 그 반발력으로 웜 기어 자신도 앞으로 나아가는 힘을 받게 됩니다. (웜 기어는 일종의 나사못이라 할 수 있습니다.)

이것이 웜 기어의 축 구멍이 부시나 다른 축 구멍을 가진 부품에 비해 헐거운 이유이며, 이 때문에 웜 기어는 프레임에 의해 안정적으로 지지만 된다면 회전하면서 전진하지 않고 축에 끼워진 채 미끄러져 움직이면서 제 자리를 유지할 수 있습니다. 웜 기어의 전진하려는 속성은 생각보다 강해서 만약 큰 힘이 오랫동안 가해질 경우 웜 기어는 자신의 축 방향에 조립된 구조물을 분해시키거나 심지어 마모시킬 수도 있습니다.

레고에서 출시된 웜 기어 케이스는 두 가지입니다. 그림 11-27과 11-28에서 두 가지 케이스를 볼 수 있습니다. 모양은 다르지만 두 가지 모두 1:24의 기어비로 고정되어 있습니다.

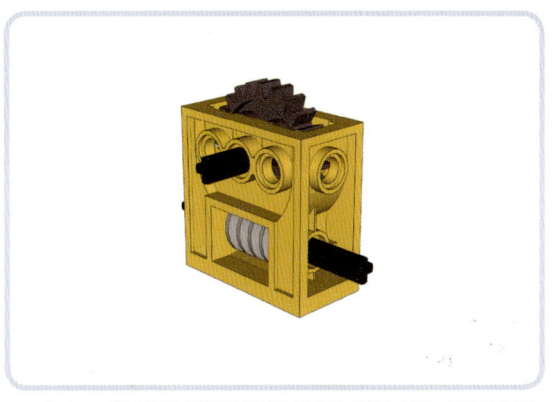

■ 그림 11-27 웜 기어를 위해 만들어진 전용의 케이스 부품. 스터드가 있는 구조에 맞추어 설계되었으며, 웜 기어가 축 방향으로 전진하려는 힘을 훌륭하게 막아 줍니다. 이 케이스는 오직 일반 웜 기어와 일반 24톱니 기어만을 사용할 수 있습니다.

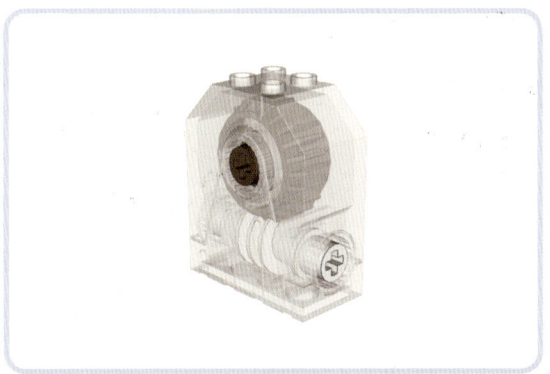

■ 그림 11-28 잠시 사용되었다가 단종된 웜 기어 박스 부품. 일반 기어가 아닌 전용 기어를 사용하며 조립된 완제품 형태로 기어비는 일반 웜 기어박스와 마찬가지로 1:24로 맞추어져 있습니다. 나사를 이용해 조립 완성된 형태이기 때문에 일반 웜 기어박스보다 훨씬 강하지만, 부품 자체가 흔하지 않습니다.

■ 그림 11-26 웜 기어를 구동기어로 사용하는 장치에서 각각의 기어에 가해지는 힘의 방향. 일반 기어 조합과 달리 웜 기어 조합에서는 구동기어인 웜 기어가 종동기어를 측면으로 미는 대신 웜 기어 자체가 자신의 축 방향으로 전진하는 힘을 받게 됩니다.

세 가지 보강형 웜 기어 케이스 모형

만약 웜 기어 케이스 또는 박스형 웜 기어 부품이 없는 경우라도, 다행스럽게 몇 가지 부품만으로도 여러분은 웜 기어 케이스를 만들어 볼 수 있습니다. 여기에서는 일반 웜 기어 케이스와 달리 다양한 종동기어와 웜 기어를 조합하는 방법을 살펴볼 것입니다.

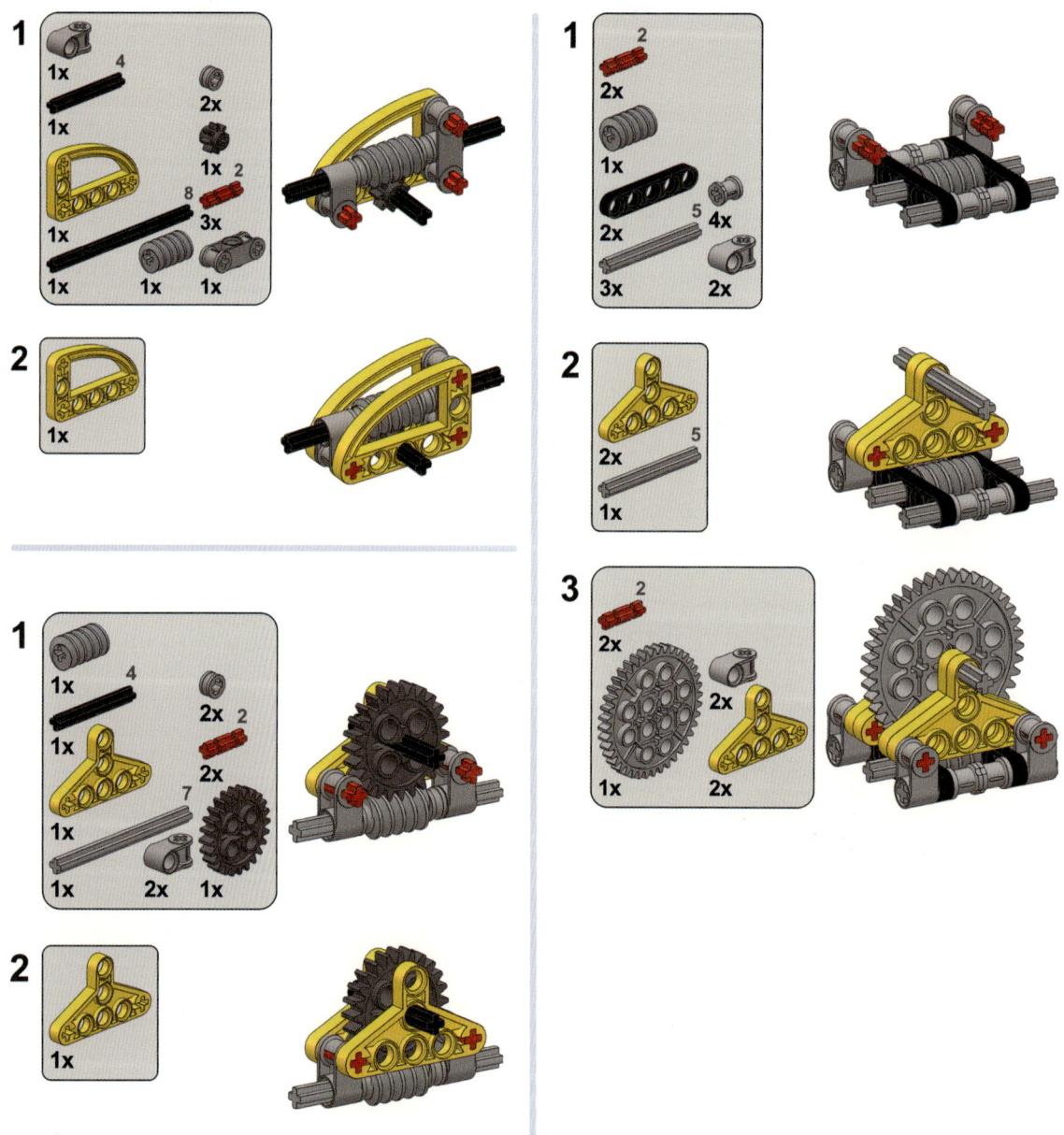

하중 분배 구조

하중 분배 구조란, 우리의 모델에서 '뼈대'라 할 수 있습니다. 건축물의 철골 구조, 현수교의 주탑, 자동차의 차대, 그리고 인체의 골격도 이러한 개념에 속합니다. 이 구조물은 완성된 몸체의 무게를 지지하고 강성(剛性)을 유지하며, 구조를 보강하기 위한 목적으로만 사용합니다.

레일, 차대, 차체 프레임

차대는 차량에서 가장 흔히 사용되는 하중 분배 구조의 형태입니다. 제대로 설계된 차대는 매우 튼튼하고 견고해서 차량 자체의 무게뿐만 아니라, 차량에 실린 짐의 무게나 장애물을 넘어가면서 발생하는 충격에도 차량이 외형을 유지할 수 있도록 합니다.

여기에서 차대를 구축하는 편리하고 일반적인 방법을 우선 살펴볼 것입니다. 레일, 또는 스트링거(세로 거더, 세로 보강재)라고도 불리는 이 방법은 레고 테크닉 세트에서 자주 사용되는 기법이기도 합니다.

레일은 차체의 대부분 혹은 전부를 앞에서 뒤로 가로지르는 보강재입니다. 일반적으로 하나의 레일만으로는 차량의 무게를 지탱하기에 충분치 않기 때문에 대부분의 차대 구조는 두 개의 레일을 대들보 위에 평행으로 배치합니다. 여러분이 차량을 만든다면, 두 레일의 사이의 공간과 레일과 대들보 주변의 공간에 다른 추가적인 기능을 구현할 수 있습니다.

그림 11-29는 비교적 작고 가벼운 스터드가 없는 구조로 설계된 레고 트럭을 보여줍니다. 이 트럭의 차대 아래쪽에는 레일 두 개가 드러나 있는데, 레일 안쪽에는 차동 기어, 엔진 블록 등의 구동계 요소가, 바깥쪽에는 바퀴, 범퍼, 사이드 커튼이 장치되어 있습니다.

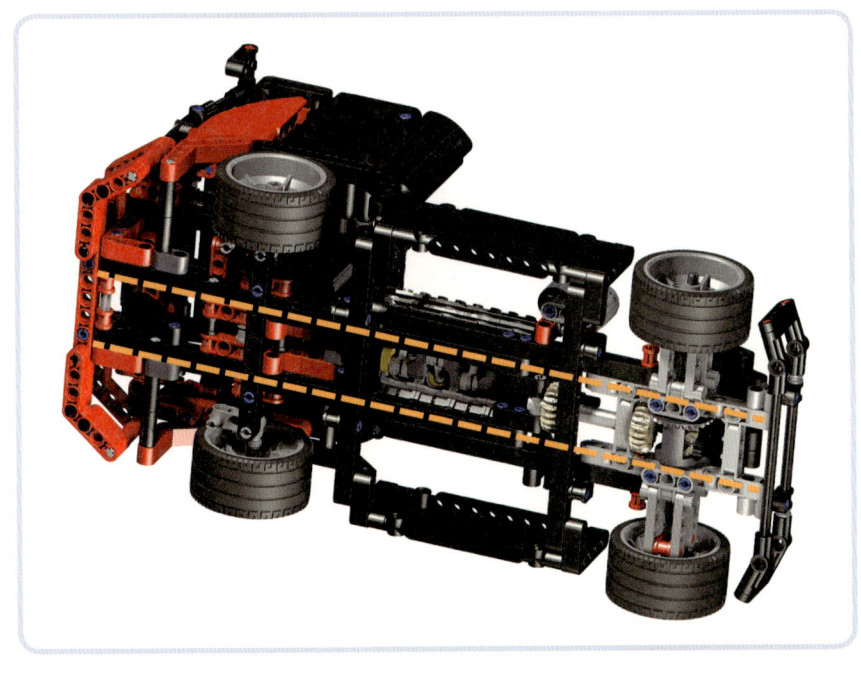

■ 그림 11-29 레고 8041 레이스 트럭 세트, 주황색 점선 부분이 평행으로 설치된 레일입니다. 레일을 이용한 차대 구조를 보여주는 좋은 예제입니다.

그림 11-30과 11-31은 스터드가 없는 구조와 스터드가 있는 구조로 각각 구현해 본 차체의 골격입니다.

레일과 대들보로 구성된 이 '뼈대'는 차체의 다른 부분을 지지하는 프레임 역할도 합니다. 만약 차체에 좀 더 큰 스트레스가 가해질 것으로 예상된다면, 각각의 레일을 한 쌍 더 만들어 포갠 뒤 연결하는 형태로 보강할 수도 있습니다.

그림 11-32와 11-33은 스터드가 없는 2단 구조와 스터드가 있는 2단 구조로 보강시킨 골격을 보여줍니다. 그림 11-34는 필자의 창작품 견인 트럭 모델로, 이러한 형태의 스터드가 있는 보강형 프레임을 차체에 사용했습니다.

레일 사이의 일반적인 간격은 3스터드에서 6스터드 사이입니다. 이 정도의 크기라면 대부분의 무거운 요소, 이를테면 여러분이 차대의 중심에 위치시키고 싶어 하는 큰 모터나 전원공급장치와 같은 부품들을 배치하기에 충분합니다. 물론, 프레임의 안정성에는 전혀 영향을 주지 않을 정도의 적당한 폭이기도 합니다.

마지막으로, 가동식 서스펜션 구조를 추가하기 위해 좀 더 복잡하게 만들 수도 있습니다. 그림 11-35는 서스펜션 설치를 위해 조금 더 복잡하게 불규칙적으로 구성된 프레임의 예를 보여줍니다.

■ 그림 11-30 스터드가 없는 구조의 부품을 이용해서 레일을 만들고, 크로스바를 이용해 마무리한 간단한 차대입니다. 이 프레임은 앞쪽 차축과 뒤쪽 차축에 차동기어를 설치할 수 있는 공간을 제공하고, 가운데 역시 전원공급장치나 구동용 부품을 설치할 공간이 충분합니다.

■ 그림 11-31 스터드가 있는 구조의 부품인 브릭, 핀, 그리고 플레이트를 이용한 차대입니다.

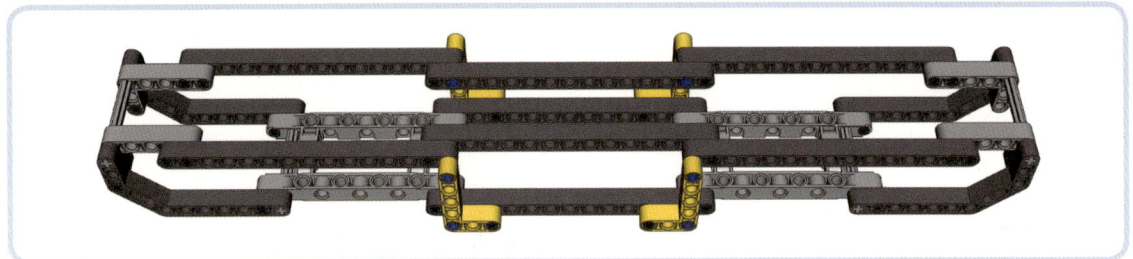

■ 그림 11-32 두 쌍의 레일을 가진 프레임을 상하로 배치한 스터드가 없는 구조의 차대. 위쪽 골격은 양쪽 끝과 중간 부분의 지지대를 이용해 아래쪽 골격과 연결됩니다. 스터드가 없는 구조로 만든 차대는 일반적으로 작고 간단한 모델에 적당하고 차체의 강성보다는 장치를 설치하려는 경우에 적합합니다.

■ 그림 11-33 일반적인 스터드가 있는 구조의 차대. 수직 구조로 보강되어 있으며 강성이 중요한 차대의 개념을 생각해 볼 때, 이 차대는 무거운 모델에 더 적합하다 할 수 있습니다.

■ 그림 11-34 필자가 만든 견인 트럭 모델은 거의 0.8미터에 가까운 크기로 매우 무거웠습니다. 이 모델은 차체의 어느 곳을 손으로 잡고 들더라도 문제가 발생하지 않도록, 두 쌍의 레일을 가진 스터드가 있는 구조로 거대한 차대를 제작했습니다. 차체의 중간에 배치된 붐은 네 개의 스터드가 없는 레일을 이용한 전용의 프레임에서 움직이도록 만들어졌습니다. 외부 구조는 스터드가 있는 부품으로 만들어져 외형이 그럴싸하게 보일 뿐만 아니라 차체의 내구성도 향상시켰습니다.

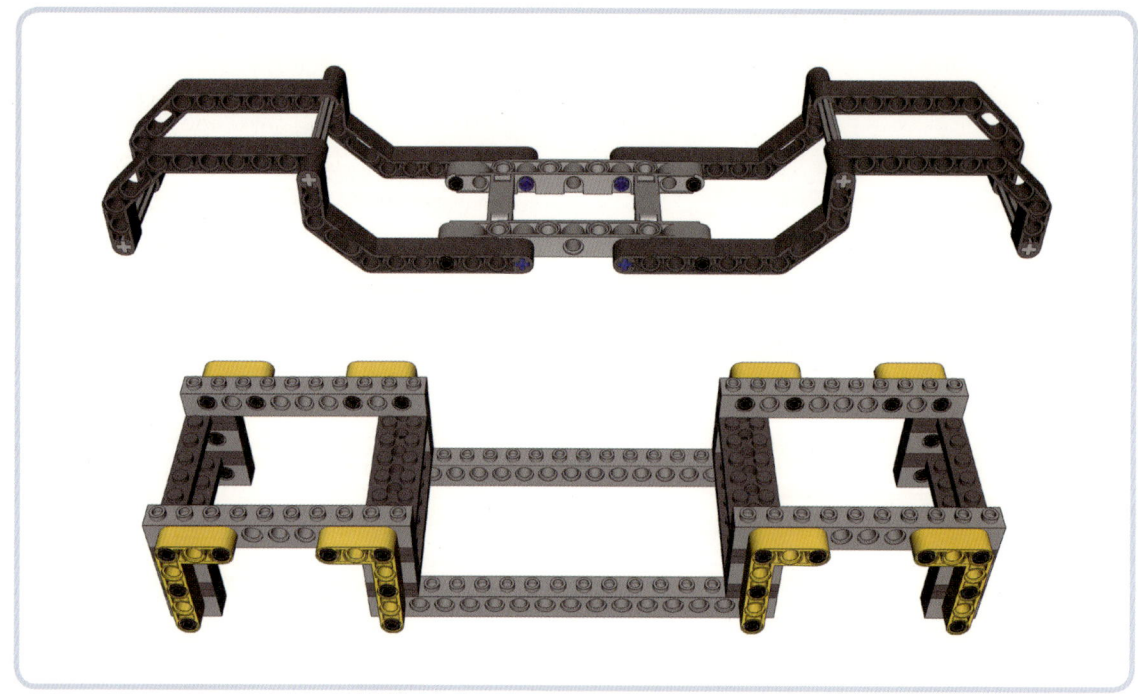

■ 그림 11-35 바퀴 구동부 또는 서스펜션 등의 공간을 위해 복잡하게 설계된 다양한 차대의 예제

트러스 구조

트러스 구조란 그림 11-36과 같이, 삼각형 구조를 반복적으로 설치해서 구조를 보강하고 하중을 분배하는 특정 형태의 하중 분배 구조입니다.

트러스를 구성하는 대부분의 삼각형 구조는 같은 크기인 경우가 많지만 꼭 모든 삼각형이 같은 크기여야 하는 것은 아닙니다. 트러스에서 요소를 연결하는 관절을 노드라고 칭하기도 합니다. 트러스 구조는 건물의 골격 구조, 또는 건설용 대형 타워 크레인과 같은 곳에서 매우 빈번하게 사용되는 구조입니다.

트러스의 장점은 특수한 모양이 아닌 일반적인 모양의 기본적 구성요소만을 사용하고, 크기를 자유롭게 키울 수 있으며, 부피에 비해 가벼운 동시에 매우 튼튼한 구조를 형성할 수 있다는 것입니다. 🧑 수학적으로 삼각형만이 유일하게 각 변의 길이가 고정적일 때 모양이 변화하지 않습니다. 다른 다각형들은 각 변의 길이가 고정되었다 하더라도 연결 부위의 각도가 변화하면서 모양이 변화할 수 있기 때문에 삼각형에 비해 안정성이 떨어집니다.

그림 11-37은 트러스 구조를 이용한 레고 크레인 세트의 모습을 보여줍니다.

■ 그림 11-36 간단한 트러스의 모습

트러스는 평면 트러스와 공간 트러스로 나눌 수 있습니다. 평면 트러스는 각 노드가 단일 평면에 설치되며(그림 11-36 참조), 공간 트러스는 각 노드가 3차원의 입체 공간으로 설치됩니다(그림 11-38 참조).

공간 트러스는 일반적으로 평면 트러스보다 강하고, 간단한 모듈 방식으로 제작할 수 있습니다. 그림 11-38의 공간 트러스는 사실상 두 개의 평면 트러스를 조합한 것입니다.

그림 11-39에서는 트러스와 같은 하중 분배 구조에 가해지는 다양한 형태의 힘, 압축력, 인장력, 굽힘, 비틀림 등을 보여줍니다.

트러스 구조는 이 네 가지 형태의 힘을 견뎌낼 수 있지만, 이러한 구조는 복잡하고 무거워지며 많은 부품이 소요됩니다. 보다 경제적인 접근방법은 구조물이 지지해야 하는 스트레스의 종류를 경험칙이나 상식적 판단으로 예측하고, 해당되는 스트레스에 적절한 트러스의 종류를 선택하는 것입니다.

트러스 구조의 종류는 20여 가지가 있습니다. 그러나 대부분 형태가 매우 복잡하기 때문에 레고 부품을 이용해 재현하는 데에는 한계가 많습니다. 여기에서는 레고로 외형과 기능을 재현하기에 적합한 실용적인 트러스 구조를 살펴볼 것입니다.

■ **그림 11-37** 레고 8288 크롤러 크레인 세트는 트러스를 이용한 두 개의 붐(연회색 부분)을 사용합니다.

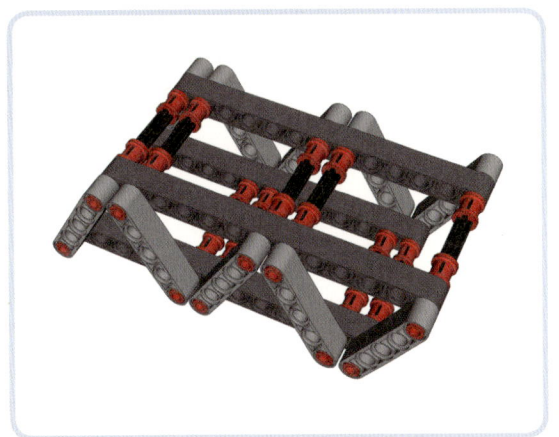

■ **그림 11-38** 두 개의 평면 트러스는 부시와 축, 그리고 핀으로 연결되어 입체적인 공간 트러스 구조를 생성합니다.

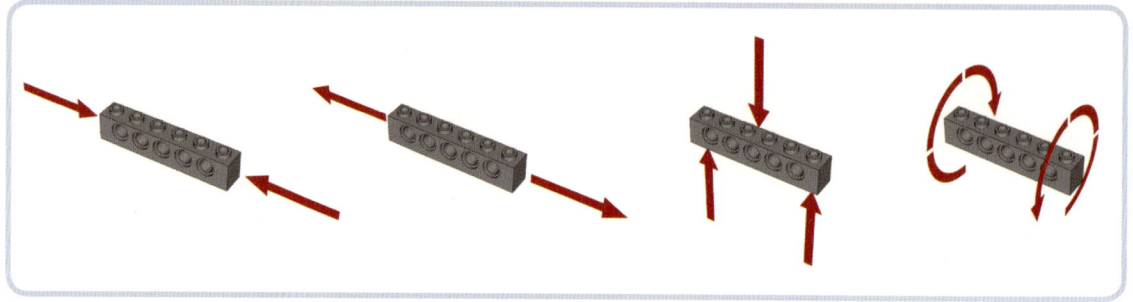

■ 그림 11-39 구조에 가해지는 다양한 힘. 왼쪽으로부터, 압축력, 인장력, 굽힘, 비틀림

브라운 트러스

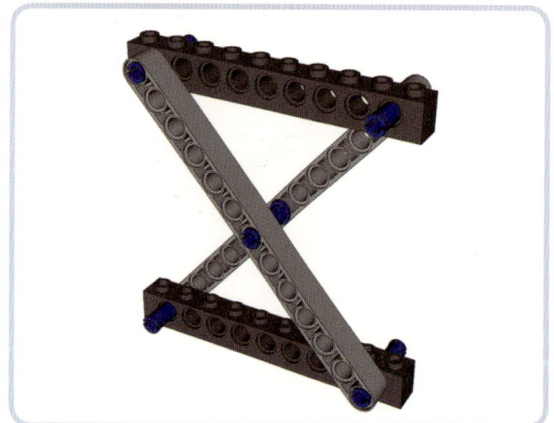

브라운 트러스는 두 개의 수평 재료 사이를 X자 형태로 보강한 트러스입니다. X자 구조가 유일하게 사용된다면 이 구조는 뒤틀림을 방지하기 위해 X의 중앙에 핀을 끼워 고정해 주어야 합니다. 단, 그림 11-40에서와 같이 여러 개의 X자 구조가 연속적으로 배치되는 경우라면 모든 X자 구조의 중앙을 전부 고정할 필요는 없습니다.

브라운 트러스 구조에서 빔의 길이와 각도는 필요에 따라 변경될 수 있지만 수평 빔은 X자 구조에 의해 수직으로 가해지는 힘에 상당히 강하게 반응합니다. 제시된 예제에서는 10스터드 길이의 수평 빔과 13스터드 길이의 교차 빔을 이용하였으며, 쉽게 만들 수 있습니다. 또한, 이 구성에서는 위쪽의 수평 빔과 아래쪽의 수평 빔 사이의 간격은 정확히 10스터드 높이가 됩니다.

■ 그림 11-40 브라운 트러스 구조의 평면 결합 형태

브라운 트러스의 기본 구성요소는 X자 교차 빔이 보강된 평면 트러스로, 그림 11-40과 같은 형태로 가위형 구조와 비슷하게 확장 결합될 수 있습니다. 조금 더 흥미롭

게 구성해 본다면 그림 11-41과 같이 평면으로 구성된 브라운 트러스를 입체적으로 조립할 수도 있습니다. 그림 11-42에서처럼 이런 구조의 입체적인 브라운 트러스를 적층시켜 보다 큰 구조물을 만드는 것도 가능합니다.

브라운 트러스는 압축력 및 비틀림에 견딜 수 있는 구조입니다. 인장력 및 굽힘에 대한 저항은 모듈 사이의 연결 강도에 따라 달라질 수 있습니다.

워렌 트러스

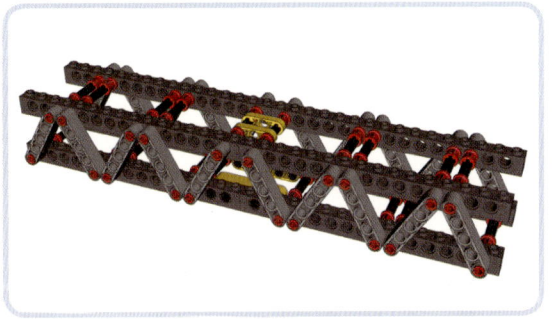

워렌 트러스는 간단한 평면 구조 트러스 두 개를 결합한 구조입니다. 필요에 따라 경사 빔(연회색)의 길이와 각도를 조절할 수 있습니다. 경사 빔은 인접한 다른 경사 빔과 약간의 간격을 가질 수도 있습니다. 수평 빔(진회색)은 그림 11-38과 같이 스터드가 없는 구조를 이용할 수도 있고 스터드가 있는 구조를 이용할 수도 있습니다. (스터드가 있는 구조를 사용한다면 플레이트로 보다 손쉽게 추가적인 보강을 할 수도 있습니다.)

워렌 트러스는 압축력, 인장력, 굽힘에 대해 강합니다. 다만 비틀림이 가해지는 경우 평면 트러스 간의 연결된 부분에서 붕괴가 시작될 수도 있습니다.

삼각형 워렌 트러스

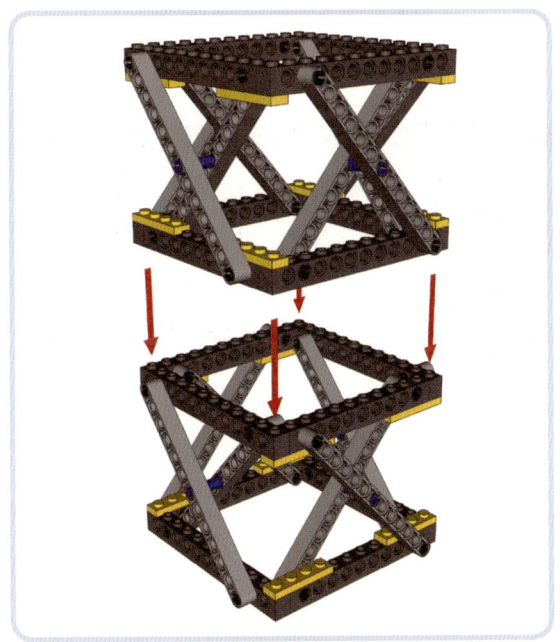

■ 그림 11-41 브라운 트러스 구조의 입체적인 조합. 필요하다면 좀 더 구조를 보강하기 위해 수직으로 빔을 추가(빨간색)할 수도 있습니다.

■ 그림 11-42 브라운 트러스 구조는 이와 같이 적층시켜 확장할 수도 있습니다. 이러한 방법은 손쉽게 여러분이 만들고자 하는 구조물의 높이를 확장할 수 있게 도와줍니다.

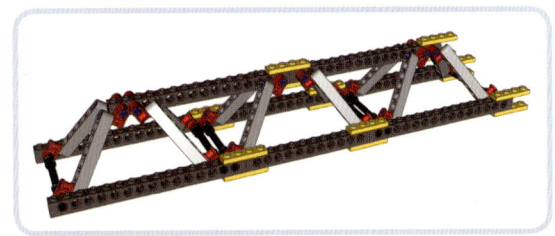

그림 11-43과 11-44는 삼각형 워렌 트러스 구조를 보여줍니다. 이것은 삼각형의 트러스가 단면 역시 삼각형 구

조로 마치 프리즘과 같은 형태로 결합되는 트러스 구조입니다. 삼각형 워렌 트러스의 하단은 일반 워렌 트러스처럼 두 개의 빔을 가지고 있지만, 상단은 하나의 빔을 공유합니다. 때문에 일반적인 워렌 트러스보다 무게는 가벼워지지만, 추가적인 특수한 커넥터가 필요합니다(그림 11-43과 11-44의 빨간색 부분). 삼각형 워렌 트러스는 하단 빔이 상단 빔보다 더 많은 스트레스를 받게 된다는 점을 제외하면 일반적인 워렌 트러스만큼 외부에서 가해지는 힘에 강한 구조물입니다. 단, 상단 빔에 가해지는 누르는 힘은 두 개의 하단 빔을 바깥으로 밀어내게 되며, 하단 빔을 세로로 서로 연결, 이를테면 수직 플레이트 등을 이용해서 서로 연결해 주지 않았다면 이 하단 빔들은 트러스에서 분리될 수도 있습니다.

삼각형 워렌 트러스도 압축력, 인장력, 굽힘을 견딜 수 있는 구조입니다. 하단 빔은 교차 빔에 의해 고정되기 때문에 비틀림에도 상당히 강합니다.

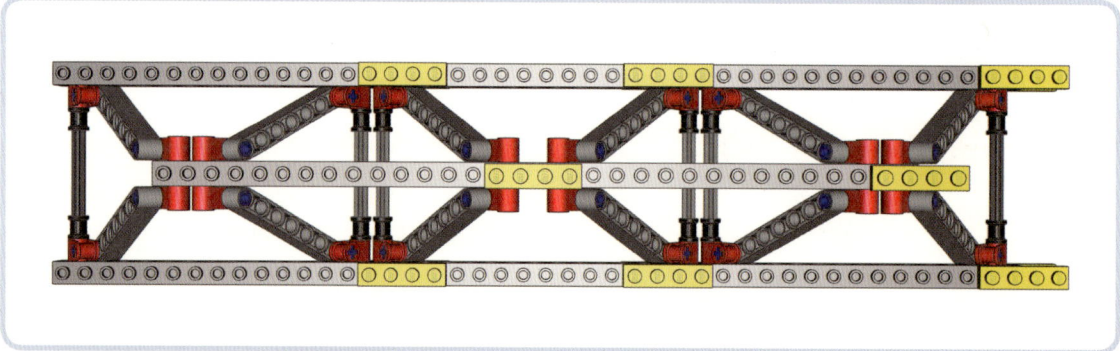

■ **그림 11-43** 삼각형 워렌 트러스를 위에서 본 모습

■ **그림 11-44** 삼각형 워렌 트러스를 아래에서 본 모습. 하단 빔과 상단 빔이 트러스의 내부로부터 이어진 것을 볼 수 있습니다. 이것은 맨 위에서 가해지는 높은 하중에 의해 트러스 구조 자체가 벌어지면서 하단 빔이 밖으로 밀려 분해될 수도 있음을 의미합니다.

올바른 트러스의 선택

단단하게 연결된 브라운 트러스 구조는 모든 유형의 외부의 스트레스를 견딜 수 있습니다. 그러나 동시에 상당히 복잡하고 무거워지기 때문에, 꼭 필요한 경우가 아니라면 다른 구조를 찾아보는 것이 더 좋을 수도 있습니다. 이 절에서는 다양한 차량 구조에 어떤 트러스가 적합한지 살펴 볼 것입니다.

첫 번째로 생각해 볼 유형은 버스와 같은, 앞쪽 차축과 뒤쪽 차축의 간격이 긴 차량입니다. 그림 11-45와 같이, 바퀴는 지면에 닿아 차체를 지지하게 되고, 차체의 하중은 중앙으로부터 차체 전체에 가해지게 됩니다. 결과적으로 이 차체는 중앙 부분이 아래로 휘는 형태가 됩니다. 일반적인 워렌 트러스는 이러한 힘을 지탱하기에 적절한 구조이며, 동시에 버스가 출발하고 정지할 때 차대가 받는 압력과 충격 역시 워렌 트러스에 의해 효율적으로 분산시킬 수 있습니다.

오프로드 트럭이라면 길이가 짧기 때문에 버스와 같은 굽혀지는 현상은 현저하게 줄어듭니다. 하지만 이러한 트럭들은 대체로 험준한 지형에서의 주행을 염두에 두고 제작되며, 주행 중 장애물에 의해 바퀴가 심하게 상하로 요동하고 서스펜션 역시 큰 힘을 받게 되기 때문에 결과적으로 그림 11-46과 같이 트럭의 전면과 후면이 서로 반대 방향으로 진동하며 비틀리는 힘을 받을 가능성이 높습니다.

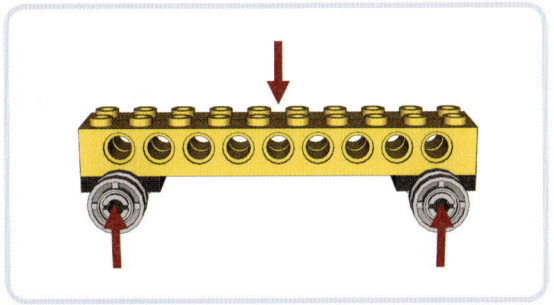

■ 그림 11-45 버스와 같은 길이가 긴 차체는 중앙에 가해지는 힘에 의해 아래로의 굽힘 현상이 생깁니다.

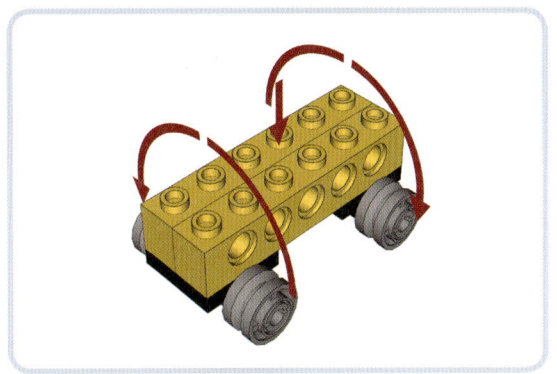

■ 그림 11-46 오프로드 트럭의 경우는 차체가 짧지만 험준한 지형을 고려하면 결과적으로 차체는 굽힘 및 비틀림을 받게 됩니다.

여러분이 트럭의 차체를 매우 튼튼하게 만들고 싶다면 브라운 트러스를 사용하면 됩니다. 하지만 무게와 공간을 절약하기 위해 삼각형 워렌 트러스를 사용하는 것도 좋은 방법입니다. 하단 빔끼리 서로 고정된 삼각형 워렌 트러스는 비틀림과 굽힘에 훌륭하게 저항합니다.

마지막으로 살펴볼 예제는 다양한 보강 구조가 적용될 수 있는 타워 크레인입니다. 크레인의 각각의 부분들은 다양한 종류의 트러스를 사용하며 적절한 트러스의 활용 방법을 보여줍니다.

그림 11-47은 간단한 타워 크레인의 개념적 모형으로, 크게 네 개의 부분으로 나누어 볼 수 있습니다. 첫 번째는 타워 마스트(노란색)라고 불리는 부분으로, 크레인 전체를 지탱하는 부분입니다. 타워 마스트는 크레인 전체의 하중을 받습니다. 크레인이 무거운 물체를 들어 올릴 때, 크레인의 위쪽과 나머지 구조물은 물체 방향으로 굽혀지는 힘을 약간 받습니다.

또한 트러스의 상단부는 회전할 수 있으며, 하단부가 지면에 고정된 상태이기 때문에 상단부가 회전하고, 정지할 때마다 타워 마스트에 비틀리는 힘도 부가하게 됩니다. 그래서 타워 마스트 부분은 굽힘을 제외한 모든 종류의 힘을 견딜 수 있는 트러스 구조가 필요합니다. 이 경우 브라운 트러스 구조가 가장 적절하다 할 수 있습니다.

■ 그림 11-47 타워 크레인의 여러 부분에 가해지는 힘

두 번째 트러스, 지브jib라고 불리는 파란색 부분은 크레인이 들어 올린 하중이 이동할 때 직접적으로 힘을 받고 지탱하는 부분입니다. 한쪽 끝은 크레인의 중심에 고정되고, 다른 쪽 끝은 지브 타이라 불리는 케이블 또는 봉 종류의 소재로 보강된 상태에서 하중을 들어 올리면서 아래 방향으로의 힘을 지탱합니다.

크레인이 회전하게 되면 크레인의 지브는 들어 올리는 물건의 하중뿐만 아니라 자체 무게까지 가중된 힘에 의해 굽힘과 비틀림을 받게 됩니다. 지브는 크레인에서 두 번째로 큰 부분이며 그 자체만으로도 크레인에 큰 하중을 가하게 됩니다.

지브를 가능한 한 가볍게 만들려면, 다른 트러스에 비해 더 적은 무게로도 적절한 압축력과 비틀림에 저항할 수 있는 삼각형 워렌 트러스가 좋은 선택이 될 것입니다.

크레인의 녹색 부분은 카운터 지브counter jib라 불립니다. 카운터 지브는 한쪽 끝이 크레인의 중심에 고정되고, 다른 쪽 끝은 지브 타이라 불리는 케이블 또는 봉 종류의 소재로 보강된 상태에서 지브의 하중과 균형을 맞추기 위해 무게추를 장착하는 부분입니다. 이것은 지브와 비슷한 형태로 휘는 힘을 받지만, 길이가 짧기 때문에 지브만큼 휘지는 않습니다. 같은 이유로 카운터 지브는 회전 시 크게 진동하지 않기 때문에 비틀림 현상도 거의 일어나지 않습니다. 또한 길이가 짧기 때문에 가벼운 삼각형 워렌 트러스뿐만 아니라, 일반적인 워렌 트러스를 사용해도 무방합니다.

마지막으로 진회색 부분은 상단 마스트top mast라 불립니다. 이것은 단순히 지브와 카운터 지브를 지탱하는 지브 타이를 고정하는 용도입니다. 지브 타이는 지브와 카운터 지브에 가해지는 누르는 힘을 상단 마스트로 전달하기 때문에 상단 마스트는 타워 마스트 방향으로 눌리는 힘을 받게 됩니다.

상단 마스트는 크기가 작고 다른 부분에 비해 상대적으로 적게 힘을 받기 때문에 워렌 트러스 형태의 작은 구조물로도 충분합니다. 또한, 이 부분은 트러스 구조가 아닌 약간의 무게를 지지할 수 있는 다른 형태의 구조물을 적용할 수도 있습니다. 그림 11-48은 이러한 개념이 적용된 실제 타워 크레인의 모습을 보여줍니다.

■ 그림 11-48 실제 공사 현장에서 볼 수 있는 타워 크레인. 사진에서와 같이 타워 마스트는 브라운 트러스가 지브에는 삼각형 워렌 트러스가 사용되었습니다.

보다 강한 부품의 활용

대체로 레고 부품들은 꾸준히 양호한 품질을 유지해 왔지만, 그렇다 하더라도 부품이 오래되면 노화되고 약해지는 경향이 있습니다. 이것은 여러분이 만드는 구조물에서 내구성이 필요한 부분에는 물리적으로 약한 부품과 함께 아주 오래된 부품도 피해야 함을 의미합니다.

손상되지 않은 상태의 레고 부품은 적어도 5년에서 10년 정도는 처음 상태와 유사한 품질을 유지한다고 볼 수 있습니다. 여러분이 순차적으로 다른 시기에 확보한 제품의 부품, 또는 중고품을 구매하거나 오래된 벌크를 구하는 등의 다양한 경로로 유입된 부품을 가지고 있다면, 큰 부하가 걸리는 부분에 사용할 부품을 찾기 위해 좀 더 신중해져야 할 필요가 있습니다.

부품의 오래된 정도를 확인하기 위한 가장 쉬운 방법은 각각의 부품들에 대해 가장 최근의 것을 가지고 비교해 보는 것입니다. 레고 부품, 특히 흰색과 회색의 경우 시간이 지날수록 그림 11-49에서 11-51까지에서 보이는 것과 같이 노란색이 섞인 느낌으로 변색이 되는 경향이 있습니다.

■ 그림 11-50 두 개의 커넥터. 오래된 것(왼쪽)과 새 것(오른쪽). 비록 깨지거나 손상되지는 않았지만 두 부품의 차이는 육안으로 확연히 구분됩니다.

또한, 화학적으로 분석된 것은 아니지만 많은 사람들이 십여 년 전의 브릭과 지금의 브릭이 촉감이나 결합력, 탄성 등의 여러 부분에서 약간의 차이가 있다고 말합니다. 이 의견은 대체적으로 오래전의 것이 좀 더 경질이고 최근의 것이 좀 더 연질이라는 의견으로 정리됩니다.

■ 그림 11-51 두 개의 베벨 기어 역시 대략 10여년의 시간 간격을 갖고 있습니다.

■ 그림 11-49 두 개의 부시. 왼쪽은 20살이 넘은 노인이고, 오른쪽은 1살 정도 되는 아기입니다. 오래된 부시는 종종 옆면에서 균열이 일어나게 되며, 이 균열은 부시가 깨지는 원인이 되기도 합니다.

물리적으로 손상된 부품이라도 구조물을 지탱하는 것은 가능할 수도 있습니다. 부품은 각각의 모양에 따라 손상되는 형태와 정도가 다르며, 여기에서는 명백한 손상의 경우만을 볼 것입니다. 여러분은 기어의 톱니, 브릭의 핀 구멍과 같이 다른 부품과 접촉이 발생하는 부분에서 브릭의 손상을 발견할 수 있습니다.

특히 큰 부하가 가해지는 구조물, 이를테면 큰 기어 감속비를 가지는 구조물에 설치된 노브나 작은 기어, 또는 웜 기어와 연결된 부품에서 이와 같은 손상이 발생합니다. 그림 11-52부터 11-54까지는 이러한 힘에 의해 손상된 브릭의 모습을 보여줍니다.

■ 그림 11-52 웜 기어 케이스의 내부를 근접 촬영한 모습. 웜 기어가 구동되면서 케이스의 측면을 꾸준히 깎아낸 모습을 볼 수 있습니다.

■ 그림 11-54 이 눈에 뜨이게 손상된 노브 휠은 높은 토크를 전달하기 위해 지속적으로 좁은 접촉면을 사용한 결과로 가장자리가 많이 닳았습니다. 마모된 덕분에 구동 시 큰 부하가 걸리게 되면 특유의 삐걱거리는 소리가 납니다.

■ 그림 11-53 이 8톱니 기어는 크고 강한 기어와 맞물린 상태에서 지속적인 힘을 받아 톱니가 손상되었습니다. 특히 기어의 경우 이러한 형태의 손상이 발생한다면 대부분의 경우 정상적인 구동이 불가능하게 됩니다. 특히 8톱니 기어와 12톱니 베벨 기어가 이러한 손상이 자주 발생합니다.

이와 비슷한 경우로, 파란색 브릭의 경우 사용하지 않은 부품에서도 약간 푸석푸석한 느낌으로 예리하게 부서지는 것들이 있습니다. 사용자들의 이야기를 모아 보면 대체로 2000년대 초-중반에 출시된 파란색 부품에서 이러한 문제를 경험했으며 2010년 이후의 부품에서는 아직까지 이러한 문제가 발견되지 않은 것으로 보입니다. 이러한 문제는 아마도 브릭의 색을 결정하는 안료와 브릭을 구성하는 플라스틱 수지의 미묘한 화학적 반응으로 인해 브릭의 화학적 결합 상태가 조금씩 달라지는 것이 아닌가 추정됩니다.

마지막으로, 부품 색이 다른 경우 같은 모양이라도 실제로 물리적인 속성이 다른 경우가 종종 있습니다. 정확하게 데이터가 제시된 것은 아니지만 대체로 노란색 부품은 강한 반면, 빨간색 부품은 상대적으로 약하다는 느낌을 받았습니다. 그 차이는 크지 않지만 오래도록 힘을 받는 경우 문제가 발생할 수도 있습니다.

3

모터
Motors

12 레고 모터의 종류

an inventory of LEGO motors

레고 모터의 종류

전기로 구동되는 모터는 대부분의 테크닉 작품에서 근육과 같은 역할을 합니다. 손으로 구동되는 모델도 충분히 매력적이어서 일부 창작가들은 수동임에도 충분히 멋진 모델들을 선보이곤 하지만, 대부분의 인상적인 테크닉 모델들은 모터를 사용하는 것입니다.

모터는 거의 모든 메커니즘, 예를 들자면 차량의 구동과 조향부터 시작해서, 회전운동, 상하운동, 길이의 확장, 그리고 다른 전기 부품들을 제어하는 데 이르기까지 폭넓게 활용되고 있습니다. 이 장에서는 용도에 따라 가장 적합한 레고 모터는 어떤 종류가 있는지 살펴 보겠습니다. 레고는 1965년부터 모터 부품을 생산해 왔습니다. 레고 모터는 크게 세 가지 범주로 분류할 수 있습니다. 1세대라 할 수 있는 4.5v 모터는 기차 및 램프 등의 부품에 사용되었는데 신형에 비해 너무 오래되고 구하기도 어려워 이 책에서는 다루지 않습니다.

비슷한 시기에 유사한 연결구조를 가진 12v를 사용하는 시스템도 출시되었습니다. +와 -의 두 가닥의 전선을 이용하는 이 모터군은 단자 및 액세서리 등에 많은 문제점이 있습니다. 그뿐 아니라 구하기도 어려워 올드 모델의 수집이나 복원을 목적으로 하는 경우가 아니라면 가격 대비 성능이나 효율 면에서 거의 메리트가 없습니다.

1990년에 레고는 2세대 전동 시스템으로 9v의 전압으로 구동되는 모터 및 액세서리들을 출시합니다. 이것은 일반적으로 6개의 AA 배터리를 삽입하는 배터리박스로 구동되며 +와 -의 두 가닥의 전선으로 구동됩니다(그림 12-1 참조). 이 모터군은 1세대에 비해 훨씬 더 강력하고 효율적이며 사용하기에 편리하도록 진화되었습니다.

9v 시리즈에서는 다양한 부품이 폭넓게 출시되어 많은 인기를 누렸습니다. 보트에 필요한 스크루 장치와 방수 장비가 구비된 모터가 포함되는 등 변종 부품을 많이 포함하고 있습니다. 예를 들어 기차의 램프나 소리 발생 장치 같은 부품 외에도 프로그램과 컨트롤러에 의해 제어되는 부품과 무선 제어 부품에 이르기까지 액세서리의 범위가 매우 넓습니다.

9v 모터군은 광범위하게 사용할 수 있어 호응도가 아주 높습니다. 하지만 이번 장에서는 일반적인 9v 모터들만 살펴볼 것입니다. 9v 시리즈 중 활용도가 극히 제한되어 있어 다른 곳에서 사용하기에는 거의 불가능한 기차 모터나 모노레일 모터는 제외할 것입니다.

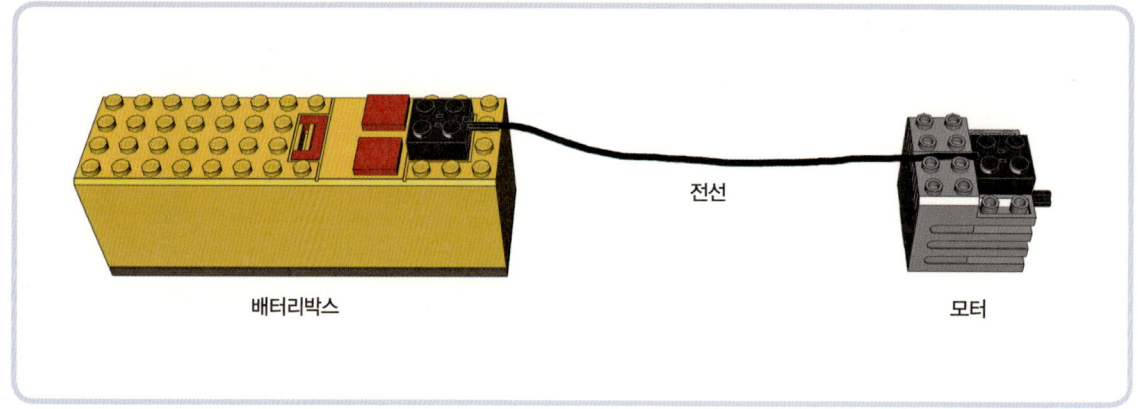

■ 그림 12-1 9V 장치들은 전원의 극성을 바꿀 수 있는 스위치가 내장된 배터리박스에 의해 구동됩니다.

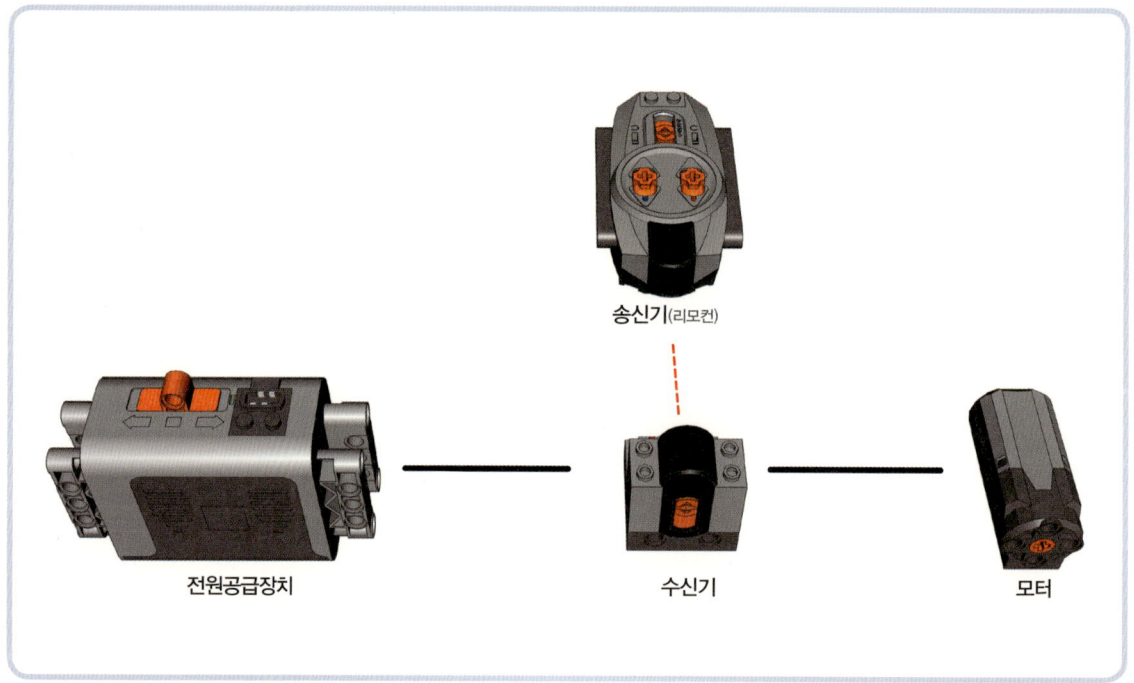

■ 그림 12-2 파워펑션 장치들은 적외선 무선 송신기를 이용해 원격 조종이 가능합니다.

레고 사는 2007년에 3세대 전동 시스템으로 파워펑션 Power Function, PF 시스템을 출시합니다(그림 12-2 참조). 이 모터는 2세대 전동 시스템과 마찬가지로 구동 전압으로 9v를 사용하지만, 2세대 전동 시스템과 달리 많은 부분에서 신중하게 설계되었으며 다양한 모터들과 이를 제어하기 위한 특수 액세서리들이 함께 제공됩니다.

파워펑션 시리즈는 다양한 요구사항에 적용할 수 있도록 각기 다른 작업조건에 최적화된 다양한 성능과 크기의 모터들을 포함하고 있습니다. 그리고 스터드가 없는 구조에 적합하도록 홀수 폭과 핀 구멍들이 장치되어 있으며, 전반적으로 모터의 효율 역시 끌어올려 큰 부하가 걸리는 장치도 충분히 구동시킬 수 있습니다.

또한, 기본적으로 유선 제어의 개념에서 벗어나지 못한 1세대 및 2세대 모터와 달리, 모터 구동용의 2선 외에 별도로 신호 처리를 위한 2선을 추가한 4선식 인터페이스를 채용함으로써 무선 제어도 가능하도록 진화했습니다.

또한, 기존 모터들이 단순히 순방향과 역방향의 회전만 지원하던 것과는 달리, 여러 단계의 구동 옵션을 지원합니다.

🙂 1세대와 2세대에서도 기차 구동용 가변 전원장치를 이용할 경우 모터의 속도를 가변시킬 수는 있습니다. 하지만 파워펑션 시리즈는 예전 모터보다 좀 더 세밀하게 파워를 가변할 수 있습니다.

13장에서는 파워펑션 시스템과 이것을 제어하는 방법에 대해 좀 더 자세히 살펴볼 것입니다.

앞으로 소개될 모터의 성능 사양은 구동 전압이 9v일 때와 7v일 때의 성능을 함께 제시할 것입니다.

🙂 Ni-CD 및 Ni-MH 등의 충전식 AA 배터리는 개당 전압이 1.2v로 6개를 직렬 연결시켜 7.2v를, 파워펑션 충전식 배터리박스는 3.7v Li-ion 충전지 2개가 직렬로 내장되어 7.4v를, 그리고 일반 1회용 건전지의 경우 1.5v로 6개를 연결 시 9v가 출력되기 때문입니다.

또한, 여기에서 제시되는 값은 평균값으로, 모든 모터들은 오랜 시간 사용할수록 성능이 저하될 수 있으며 새로 개봉한 모터라 할지라도 제시된 성능과 비교했을 때 약간의 오차범위 내에서 다른 성능이 나올 수도 있습니다.

🙂 레고 모터에 수십만 원 이상의 산업용 장비에 사용되는 모터 수준의 신뢰도를 기대하면 곤란합니다. 옮긴이가 테스트해 보았던 71427의 경우 100여 개의 샘플에서 240rpm 근처에서 300rpm에 근접하는 수준까지 다양한 성능차를 보이기도 했습니다.

레고 모터의 규격은 레고에 의해 공식적으로 공개된 자료는 없습니다. 하지만 프랑스의 레고 매니아 필립 위르뱅Philippe "Philo" Hurbain이 다양한 레고 모터들의 규격에 대해 오랜 시간 복잡한 테스트를 거치며 측정한 자료가 있습니다. 이 장의 측정 자료는 그의 측정치를 인용하였으며, 그의 허락 없이 임의로 사용하실 수 없습니다. (필립 위르뱅이 정리한 모터 관련 정보들에 대해 더 알고 싶다면 http://www.philohome.com/motors/motorcomp.htm을 방문하세요.)

2838, 첫 번째 9V 모터

토크: 0.45N•cm

7V 무부하 평균속도: 2,000RPM

9V 무부하 평균속도: 3,300RPM

9V 시스템에서 최초로 사용된 모터는 부품번호 2838입니다. 이것은 크기가 비교적 크며, 내부에 기어 감속 구조가 없어 축의 회전속도는 빠르지만 토크는 매우 낮습니다. 때문에, 이 모터는 원활한 구동을 위해 웜 기어 같은 하나 이상의 감속 구조가 필요하며, 큰 부하가 걸리는 장치의 구동에는 적합하지 않습니다. 또한, 이 모터는 종종 과열되는 경향이 있습니다. 이 모터는 전면부로 1L 길이의 축이 돌출되어 있으며, 바닥면에는 가운데로 2×5 크기의 9v 전원단자가 내장되어 이곳을 통해 배터리박스와 연결됩니다.

71427, 가장 대중적이고 강력한 9V 모터

토크: 2.25N•cm

7V 무부하 평균속도: 160RPM

9V 무부하 평균속도: 250RPM

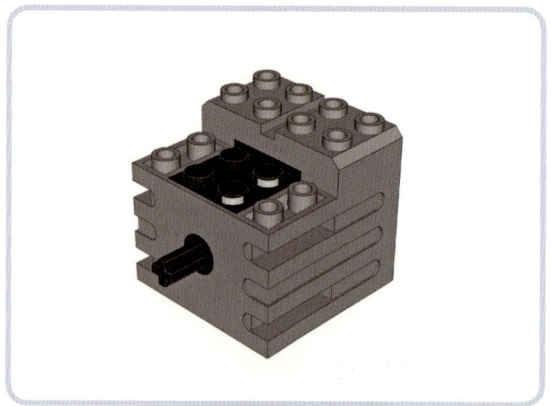

이 9V 모터는 부품번호 71427로, 적당한 크기와 여러 가지 장점으로 인기가 있습니다. 이 모터는 동작 소음이 매우 작으며 내부에 감속 기어가 내장되어 있어 회전 관성을 유지하기 때문에 전원을 차단해도 관성에 의해 회전축이 서서히 정지합니다.

모터는 전면으로 1L 크기의 축이 돌출되어 있으며, 위쪽에 설치된 2×2 크기의 9v 전원단자를 통해 전원을 공급받습니다.

상단에는 축 반대 방향으로 9v 전선 케이블을 끼워 고정할 수 있는 홈이 패여 있으며, 하단으로는 내부의 구형 모터 케이스 때문에 1플레이트 높이에 2×2 크기의 곡선 돌출부가 있습니다.

이 때문에 이 모터는 4×4 크기임에도 불구하고 실제 결합이 가능한 부분은 하단 앞쪽의 2×4 크기의 영역과 하단 뒤쪽 좌우의 1×2 영역으로 한정됩니다.

43362, 가벼워진 9V 모터

토크: 2.25N•cm

7V 무부하 평균속도: 140RPM

9V 무부하 평균속도: 219RPM

이 9V 모터는 부품번호 43362로, 9V 71427 모터와 외형상의 특징은 거의 같습니다. 몇 가지 외형상 차이가 있지만, 실제 사용자가 쉽게 식별할 수 있는 특징적인 부분은 하단의 부품번호 각인뿐입니다. 이것은 내부의 모터와 부품들이 바뀌면서 71427에 비해 속도가 약간 줄어들었지만 무게는 1/3 가까이 가벼워졌기 때문에 71427에 비해 조금 더 비싼 가격에 거래됩니다. 상단의 9V 전원단자 및 케이블 고정용 홈, 하단 중앙의 모터 부품으로 인한 곡선 등의 특징은 71427과 같으며, 71427과 마찬가지로 측면으로 패인 홈을 이용해 그림 12-3과 같은 레일 부품(노란색)을 이용해 고정할 수 있습니다.

■ 그림 12-3 43362 모터(71427모터도 동일)의 측면에 패인 홈은 레일 플레이트(노란색)를 끼울 수 있으며, 두 개 이상의 레일 플레이트를 이용해 모터를 고정시킬 수 있습니다. 주황색 화살표는 모터를 레일에 장착하는 방향을 보여줍니다.

47154, 반투명 몸체의 9V 모터

토크: 2.25N•cm

7V 무부하 평균속도: 210RPM

9V 무부하 평균속도: 315RPM

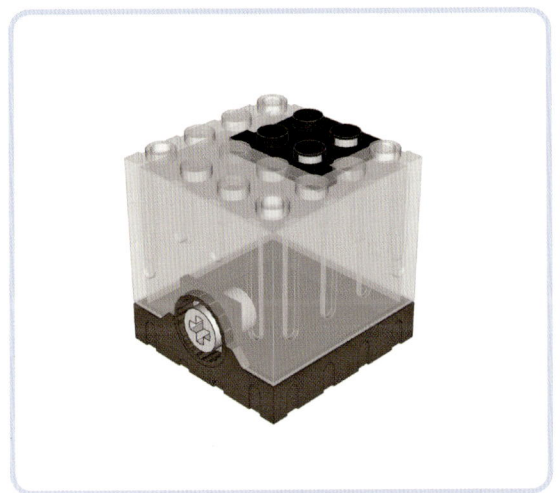

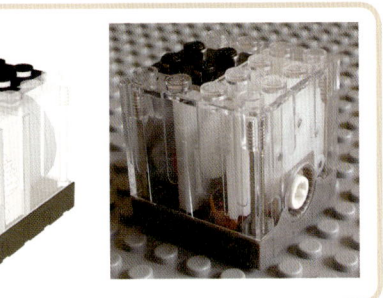

🧑 위 그림은 실제 47154 모터의 내외부를 보여주기 위해 첨부하였습니다. 이와 같이 모터부와 감속기어가 투명한 케이스에 내장된 형태입니다. (출처: www.peeron.com)

이 9V 모터는 부품번호 47154로, 71427 모터와 비슷한 부피지만 조금 더 크고 빠릅니다. 이것은 71427 모터보다 1플레이트 높이만큼 크고 바닥은 평평합니다. 이 모터는 1스터드 깊이의 축 구멍이 내장되어 있으며, 전원은 상단의 2×2 크기의 9v 전원단자를 이용해 공급받습니다. 🧑 이 책의 대부분의 부품 이미지는 CAD data를 이용해서 그렸는데, 이 부품의 경우에는 외형만 재현되어 속이 투명한 빈 상자처럼 묘사되었습니다. 실제 47154는 내부에 금속 재질의 모터와 기어 감속 구조를 구현한 내부의 흰색 기어 뭉치가 투명 케이스를 통해 보이는 아주 독특한 모터입니다.

2986, 마이크로모터

토크: 1.28N•cm

9V 무부하 평균속도: 16RPM

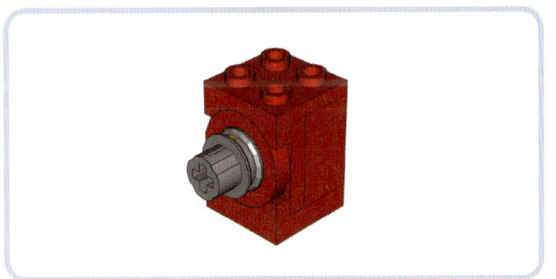

이 9V 모터는 부품번호 2986으로, 아주 크기가 작은데 매우 희귀한 만큼 비쌉니다. 너무 느린 속도 때문에 추가적인 기어 감속이 전혀 필요 없으며, 토크 또한 크기에 비해 놀라울 정도로 큽니다. (이를테면 몇 배나 큰 2838 모터보다 이 모터가 더 토크가 큽니다.)

이 모터를 설치, 구동하기 위해서는 몇 가지 액세서리를 추가해야 합니다. 우선 모터를 고정하기 위한 상단 부품(스터드 돌출)과 하단 부품(플레이트 하단과 동일), 축을 장착할 수 있는 '마이크로모터 풀리micromotor pulley' 그리고 모터 자체입니다.

상, 하단 고정부품과 마이크로모터 풀리가 없더라도 모터 자체의 축 방향 반대쪽에 있는 9v 전원단자를 통해 전원을 공급받으면 모터는 회전하게 되지만, 이 상태에서는 어딘가에 고정할 수도 축을 끼울 수도 없기 때문에 모터만으로 사용되는 경우는 거의 없고 대부분의 경우 액세서리와 함께 사용됩니다. 그림 12-4에서는 마이크로모터와 결합되는 모습을 보여줍니다.

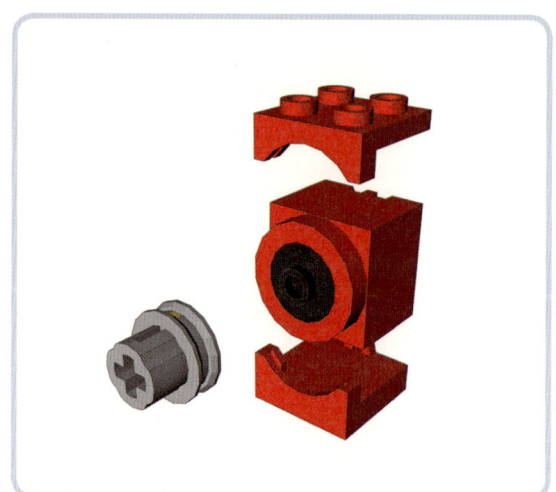

■ 그림 12-4 마이크로모터의 부품 결합 전 모습. 모터를 위아래로 덮는 브래킷과 도르래를 볼 수 있습니다. 🧑 브래킷은 일반적으로 쌍으로 제공되지만, 둘 중 하나 또는 한 종류만 사용하는 것도 가능합니다.

53787, NXT 모터

토크: 16.7N•cm

7V 무부하 평균속도: 82RPM

9V 무부하 평균속도: 117RPM

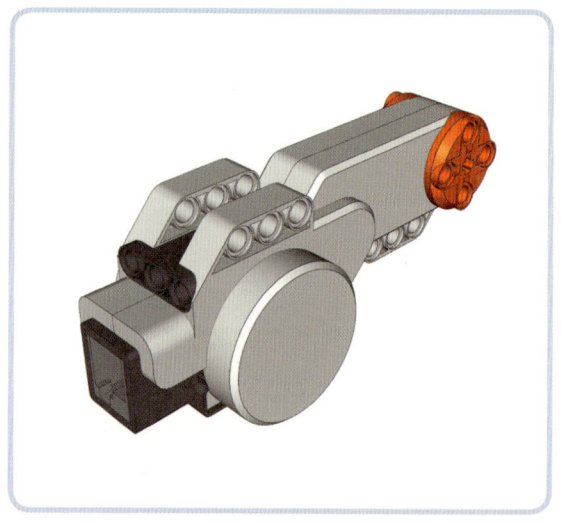

마이크로모터 풀리는 마이크로모터에 맞게 특별히 제작된 부품으로, 한쪽은 1스터드 깊이의 축을 끼울 수 있으며, 반대쪽은 0.5스터드 깊이의 마이크로모터 축(검은색)과 결합되는 고무 재질의 링이 내장되어 있습니다.

이 풀리는 마이크로모터 축에 고무링의 힘으로 고정되며, 모터가 실속되는 것을 막는 클러치 기능도 있습니다.

🧑 이 때문에 마이크로모터는 큰 힘, 또는 정확한 구동이 필요한 곳에는 적합하지 않습니다.

이 모터는 마인드스톰 NXT 세트를 위해 특별히 제작되었습니다. 이 모터는 전력소비량이 많지만 다른 모터들을 압도하는 토크를 갖고 있습니다. 내부에 1도의 분해능을 갖는 회전 센서가 내장되어, 정밀한 제어가 필요한 로봇을 제작할 때 매우 유용합니다.

🧑 이 모터는 9V 시스템의 인터페이스, 또는 파워평션 시스템의 인터페이스와는 다른 전용의 6핀 인터페이스를 사용하며, 변환 케이블을 이용해 일반 9V 또는 파워평션 시스템에 연결했을 경우에는 회전 센서 기능을 사용할 수 없습니다.

이 모터는 그 모양과 크기 때문에 마인드스톰 모델을 제작할 때가 아닌 일반적인 테크닉 모델에서 사용하기에는 불편합니다. 또한, 이것은 마인드스톰 전용의 6핀 커넥터를 이용해 연결하기 때문에, 일반 9V 또는 파워평션 시스템에 연결하기 위해서는 추가적인 변환 케이블을 필요로 합니다. 🧑 9V 시스템에 연결하기 위해서는 NXT

-9V 변환 케이블(부품번호 54690)이 필요하며, 파워펑션 시스템에 연결하기 위해서는 9V 변환 케이블과 함께 파워펑션 연장 케이블(부품번호 58118 또는 60656)까지 동원해야 합니다.

한편, 다른 모터들과 달리, 회전부는 주황색의 3스터드 지름의 원형 부분이며, 여기에는 3스터드 깊이로 축을 중앙에 관통시킬 수 있는 축 구멍과 함께 네 방향으로 1스터드 깊이의 핀 구멍이 있습니다.

87577, 파워펑션 E 모터

토크: 1.32N•cm

7V 무부하 평균속도: 300RPM

9V 무부하 평균속도: 420RPM

이 특별한 파워펑션 모터는 레고 에듀케이션 세트를 위해 설계되었습니다. 이것은 내부 기어 감속비가 낮기 때문에 속도가 빠르지는 않지만, 토크도 낮아서 축을 회전시키기 쉽고, 이를 이용해 발전기처럼 축을 돌려 거꾸로 전기를 발생시키는 용도로 사용하기에 적합합니다. 모터와 발전기는 서로 반대되는 개념으로, 모터에 전기를 가하면 회전운동이 발생하고, 모터에 회전운동을 가하면 전기가 발생하게 됩니다.

하지만, 큰 부피와 낮은 속도 및 약한 토크 때문에 다른 파워펑션 모터들에 비해 활용성은 떨어지는 편입니다. 이 모터는 1스터드 깊이의 축 구멍(주황색)이 있으며, 파워펑션 전원케이블이 부착되어 있습니다.

58120, 파워펑션 M(미디엄) 모터

토크: 3.63N•cm

7V 무부하 평균속도: 185RPM

9V 무부하 평균속도: 275RPM

지름이 3스터드에 불과하고, 스터드가 없는 구조에 적합하게 설계된 이 파워펑션 모터는 적은 공간을 차지하면서도 제법 큰 토크 덕분에 매우 인기 있는 모터입니다. 이 모터의 유일한 단점은 길이가 무려 6스터드라는 것입니다. 이 문제를 제외하면, 이 모터는 사용하기에도 쉽고 강력합니다.

1스터드 깊이의 축 구멍(주황색)이 내장되어 있으며, 파워펑션 전원케이블이 부착되어 있습니다. 축 구멍 주위로는 모터를 고정하는 데 사용할 수 있는 네 개의 핀 구멍이 있으며, 아래쪽은 2×6 크기의 플레이트 형태로 가공되어 있어 스터드가 있는 구조물에 결합하는 것도 가능합니다.

99499, 파워펑션 L 모터

토크: 약 6.48N•cm

7V 무부하 평균속도: 203RPM

9V 무부하 평균속도: 272RPM

58121, 파워펑션 XL 모터

토크: 14.5N•cm

7V 무부하 평균속도: 100RPM

9V 무부하 평균속도: 146RPM

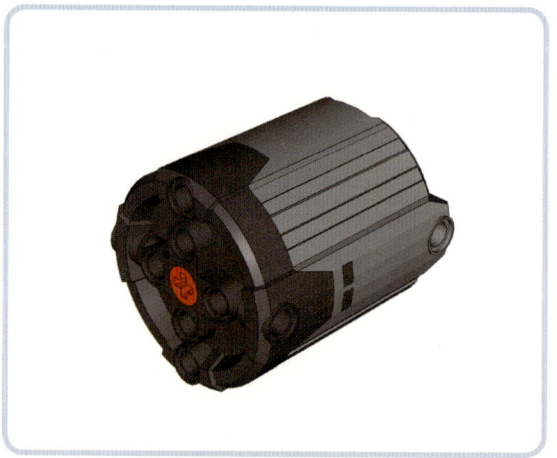

2012년에 도입된 이 모터는 M 모터가 큰 구조물을 구동하기에는 약하고, XL 모터는 크기가 너무 큰 상황에서 등장했습니다. 크기는 3×4×7로, M 모터보다 1스터드 크고, 출력은 M 모터에 비해 거의 180% 이상 증가했습니다. 비교하자면 속도는 M 모터보다 약간 느리지만, 토크와 소비전력은 더 높습니다.(자세한 내용은 '속도 제어 기능의 이해' 부분을 참고하세요.)

  1스터드 깊이의 축 구멍(주황색)이 내장되어 있으며, 파워펑션 전원케이블이 부착되어 있습니다. 결합은 전면 또는 후면을 이용하거나 측면의 핀 구멍을 이용할 수 있습니다. 결합용 구멍은 총 14개로, 그림에서 보이는 12개(바닥을 향한 구멍 포함) 외에도 뒤쪽 케이블 방향으로 두 개의 구멍이 더 있습니다.

이것은 가장 강력한 파워펑션 모터입니다. 내부의 몇 가지 중요한 부품들은 NXT 모터의 것을 사용하지만, NXT 모터보다 낮은 토크와 조금 더 빠른 속도를 보여줍니다. XL 모터는 매우 강력하고, NXT 모터보다 훨씬 공간을 효율적으로 활용할 수 있기 때문에 인기가 있습니다.

  하지만 여전히 크기 문제로 XL 모터보다는 M 모터가 더 효과적인 선택일 것입니다. 부품 수 2,000개 이상의 중대형급 모델이 아니라면 대부분의 경우 M 모터 내지는 L 모터 정도로도 충분한 파워를 낼 수 있습니다.

  이 모터는 1스터드 깊이의 축 구멍(주황색)이 내장되어 있으며, 파워펑션 전원케이블이 부착되어 있습니다.

  또한, 이 모터는 스터드에 결합할 수 없습니다. 대신 축 방향으로 6개의 핀 구멍이 내장되어 있으며, 측면으로도 네 개의 핀 구멍이 내장되어 큰 토크에 대비해 모터를 안정적으로 고정할 수 있게 해 줍니다.

99498, 파워펑션 서보 모터

2012년 도입된 서보 모터는 조향장치를 위해 제작된 모터입니다. 이것은 연속적인 회전이 아닌 제한된 범위 내에서 각도 제어를 목적으로 제작되었으며, 축 방향을 기준으로 시계 방향 및 반시계 방향으로 각각 90도씩, 즉 9시 방향에서 3시 방향까지 회전 가능합니다.

이 모터는 내부에 충분한 기어 감속이 내장되어 있기 때문에 낮은 속도와 큰 토크를 가지고 있으며, 이 덕분에 조향장치에 별도의 기어 감속 없이 직접 연결할 수 있고, 차체에 약간의 하중이 걸리더라도 큰 문제없이 모터가 멈추지 않고 조향이 가능합니다.

기본 파워펑션 리모컨과 함께 사용할 수 있는데, 리모컨의 레버를 밀거나 당기면 9시 방향 또는 3시 방향으로 회전하고, 레버를 놓으면 12시 방향으로 돌아갑니다. 속도제어형 파워펑션 리모컨을 사용하거나, 파워 단계 조절이 가능한 충전식 파워펑션 배터리박스에 연결할 경우, 스피드 다이얼의 회전 각도를 따라 7단계로 회전할 수 있으며, 리모컨의 빨간색 정지 버튼 신호를 받으면 모터가 중립 상태인 12시 방향으로 돌아갑니다.

속도제어형 리모컨은 총 15단계(+7단계와 -7단계, 그리고 정지)를 가지고 있으며, 한 단계씩 스피드 다이얼을 돌릴 때마다 일정한 속도로 12도 단위씩 모터의 방향이 바뀝니다.

이 모터는 3×5×7 크기이며, 아래로 돌출된 구조물 중앙에 1스터드 깊이의 축 구멍이 앞과 뒤 방향으로 있습니다. 이 덕분에 모터는 두 개의 축을 장착할 수 있으며 두 축은 함께 회전하게 됩니다. 뒤쪽으로는 파워펑션 전원케이블이 부착되어 있으며, 앞면 또는 옆면의 핀 구멍을 이용해 결합할 수 있습니다.

42908, RC 모터

토크(안쪽/바깥쪽): 1.83N•cm/2.48N•cm
7V 무부하 평균속도(안쪽/바깥쪽): 906RPM/670RPM
9V 무부하 평균속도(안쪽/바깥쪽): 1,245RPM/920RPM

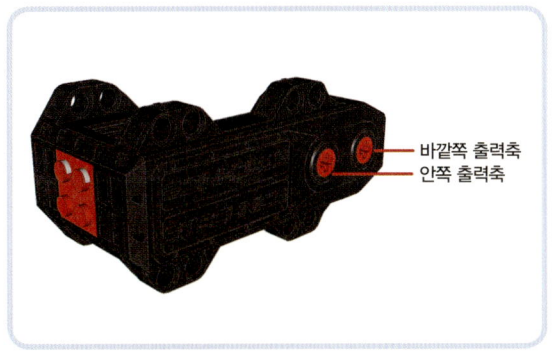

바깥쪽 출력축
안쪽 출력축

이 9V 모터는 단종된 고속 무선 조종 자동차 시리즈를 위해 제작되었습니다. 특수한 용도 때문에, 이 모터는 아주 독특한 모양과 매우 높은 속도 그리고 양호한 토크를 가지고 있습니다. 하지만 이런 이유로 이 모터는 매우 시끄럽고, 놀라울 정도로 전력을 소비합니다. 일부 전원공급장치로는 사실상 이 모터를 최고 속도로 가동시킬 수 없을 정도입니다.

실제 9V를 사용하기는 하지만, 동일한 9V 출력을 이용하는 구형 마인드스톰 RCX 시리즈의 경우 출력단으로 공급되는 전류량이 RC 모터의 소비전류량을 따라가지 못하며, 레고에서 제공하는 RC 모터 주의사항 경고 페이지에서도 RCX에서의 운용을 피하라는 문구가 있습니다. 파워펑션 수신기들 역시 RC 모터를 운용하기에는 적합하지 않습니다.

이론적으로는 RC 모터는 레고 모터들 중 가장 강력한 토크와 속도를 보여주고 있으며, 효율적인 내부 기어 감속 구조 덕분에 XL 모터나 NXT 모터보다도 성능은 더 뛰어납니다.

하지만, 과부하 시 쉽게 과열될 수 있으며, 과열될 경우 냉각될 때까지 내부의 보호 회로에 의해 전원이 차단될 수 있습니다.

RC 모터는 두 개의 출력축을 가지고 있습니다. 두 개의 축은 서로 반대 방향으로 회전하며 축을 관통시킬 수 있는 구조입니다. 같은 모양이지만, 안쪽 축의 기어비와 바깥쪽 축의 기어비가 다르기 때문에 안쪽 축은 조금 더 토크가 약하고 빨리 회전하며, 바깥쪽 축은 좀 더 토크가 크고 느리게 회전합니다.

13
레고 파워펑션 시스템
LEGO Power Functions system

2007년에 도입된 파워펑션 시스템Power Function System이란 모델 구동, 조명 설치, 리니어 액추에이터를 이용한 장치 작동, 무선 제어 등과 같은 다양한 전기 제어를 가능하게 해주는 부품 및 이것이 적용된 제품군을 뜻합니다. 이번 장에서는 이 요소들이 어떻게 작동되는지, 그리고 이것들을 어떻게 활용할 수 있는지에 대해 배워 보도록 하겠습니다.

파워펑션 시스템에서 중요한 세 가지 요소는 전원공급장치, 제어장치 그리고 모터입니다. 파워펑션 시리즈에 포함되는 모터는 여러 종류이며 이 모터들의 특성에 대해서는 이미 이전 장에서 살펴보았습니다. 파워펑션 시스템은 정밀한 속도 제어와 여러 모터의 동시 제어를 지원하고 다양한 응용도 가능하게 해 모터를 유연하게 다룰 수 있습니다.

> **NOTE** 파워펑션 시스템의 참신한 부분 중 하나는 대부분의 부품들이 독립된 단품 세트로도 제공된다는 것입니다. 파워펑션 단품 시리즈의 정보는 이 장의 뒤쪽에서 볼 수 있습니다.

예전 4.5v 또는 9v의 경우에도 모터 세트 등 구동 요소만으로 이뤄진 제품이 있었으나, 파워펑션 시리즈는 이보다 훨씬 다양한 요소들을 단품으로 제공합니다. 아쉬운 점은 이들 요소 중 일부가 레고의 공식 온라인 쇼핑몰을 통해서만 유통되고, 국내의 오프라인 매장에서는 대부분 단품 파워펑션 제품이 아닌, 보다 비싼 테크닉 세트에 포함된 형태로만 볼 수 있다는 점입니다.

파워펑션 수동 제어

파워펑션 시스템을 구성해서 이를 직접 손으로 제어하려면 그림 13-1과 같이, 기본적으로 전원공급장치와 모터가 필요합니다. 모든 파워펑션의 전원공급장치는 전원 출력단자에 직접 연결된 모터를 원하는 방향으로 회전시킬 수 있습니다. 모터의 회전 방향은 전원공급장치 내부의 스위치로 전원의 극성을 반전시키는 방법으로 바꿀 수 있습니다.

파워펑션 시리즈의 전원단자는 위에서 끼워 쌓는 형태로 연결합니다. 그림 13-2에서는 전원공급장치의 출력단자에 3단으로 쌓인 단자를 볼 수 있으며, 이 단자들은 모두 전원공급장치의 스위치로 동시에 제어됩니다.

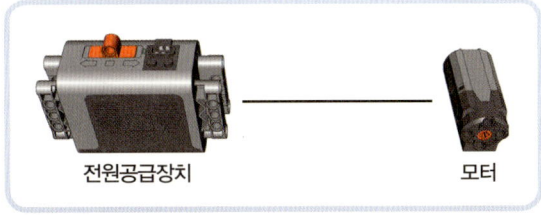

■ 그림 13-1 간단한 파워펑션 시스템의 모터 구성

■ 그림 13-2 가장 일반적인 파워평션 전원공급장치와 상단의 전원단자에 쌓여 끼워진 세 개의 전선단자. 세 개의 전선단자는 배터리박스의 스위치에 의해 동시에 같은 극성과 같은 전압의 전원을 공급받습니다.

전원공급장치와 모터만으로 가장 간단하게 구성된 이러한 시스템은 한 가지 심각한 단점을 가집니다. 한 개의 모터가 아닌, 여러 개의 모터가 모두 한 개의 전원공급장치에 직접 연결되어 있다면, 이 모든 모터들은 모두가 동시에 동작하게 될 것입니다. 이러한 문제는 하나의 전원공급장치를 제어용으로 사용하는 경우 피할 수 없는 문제입니다.

보통 여러 개의 모터를 사용한다면, 그것을 모두 하나의 구동부를 움직이는 목적으로 동시에 동작시키는 경우보다는 여러 개의 구동부를 각각 제어하는 목적으로 사용하려는 경우가 대부분일 것입니다. 이러한 경우를 생각해 본다면, 파워평션 시스템에 전원공급장치 외에 별도의 제어장치가 추가되어야 한다는 것은 자명한 사실입니다. 그림 13-3은 추가적인 제어가 가능하도록 스위치를 더한 가장 간단한 모습입니다.

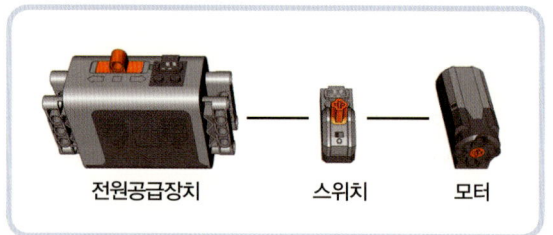

■ 그림 13-3 기본적인 파워평션 시스템에 스위치를 추가한 구성

다른 일반적인 제어 계통과 비슷하게, 스위치는 전원공급장치와 우리가 제어해야 할 대상 사이에 설치됩니다. 이 스위치는 전원공급장치로부터 출력되는 직류의 극성을 반대로 바꾸어 주는 방법을 사용하여 세 가지 모드(전진, 정지, 후진)를 제어합니다. 또한 13-1과 마찬가지로 이 모드들은 스위치와 연결된 모든 요소에 영향을 주게 됩니다. 스위치를 여러 개 연결한다면 각각의 스위치의 상태에 따라 각 스위치에 연결된 모터 상태도 달라질 수 있습니다.

이와 같이 전원공급장치의 스위치나 스위치 부품을 통해 모터를 제어하지만, 스위치 부품으로 모터를 제어한다는 것은 전원공급장치로부터 스위치까지 전기가 공급된다는 것을 전제로 하며, 만약 전원공급장치 자체가 OFF로 설정되어 있다면 스위치가 작동하더라도 모터는 움직이지 않을 것입니다.

파워평션 원격 제어

전원공급장치 또는 스위치 부품을 이용한 직접 제어도 충분히 매력적이지만, 파워평션 시스템의 중요한 장점은 무선기능을 적용할 수 있다는 것입니다. 무선을 이용한 원격 제어를 구현하려면 수신기와 송신기가 필요합니다 (그림 12-2 참조).

수신기와 송신기는 스위치 부품을 두 개로 나눈 것이라 생각할 수 있습니다. 이 중 수신기의 경우 전원공급장치와 동작시킬 모터 사이에 설치되며, 13-3의 스위치와 같은 개념이라 할 수 있습니다. 이 부품은 실제 전원공급장치와 유선으로 연결되고, 수신기에 내장된 두 개의 전원단자에 모터의 전선을 직접 연결합니다.

한편 송신기는 수신기, 모터, 전원공급장치와 물리적으로 완전히 분리되어 있습니다. TV 리모컨과 같은 적외선 전송방식을 이용해 수신기와 통신을 하게 되며, 수신기가 수신할 수 있는 적외선 신호를 쏘기 위해 배터리를 내부에 장착해야 합니다. 모터를 구동하려면 배터리 6개로 7.2v~9v가 필요한 것과 달리, 송신기는 단지 AAA

배터리 3개를 사용하며 TV 리모컨처럼 제법 오랫동안 사용할 수 있습니다.

여러분은 모델을 만들고 그 안에 모터와 수신기를 내장한 뒤, 송신기를 이용해 여러분의 모델을 원격 제어할 수 있습니다. 기억해야 할 점은 적외선 통신방식이 수신기와 송신기의 거리에 큰 영향을 받는다는 것입니다. 수신기와 송신기에 설치된 검은색 계통의 반투명한 부분이 적외선 송수신 센서가 설치된 곳인데, 일정한 거리 내에서만 디지털 신호를 주고받게 됩니다. 송신기는 눈에 보이지 않는 적외선으로 신호를 보내는데, 송신기가 엉뚱한 방향을 향하고 있거나 수신기 앞에 장애물이 있으면 신호를 제대로 전달할 수 없게 됩니다.

🧑 다행히도 송신기로 조종할 경우 파워펑션 수신기는 수신되던 신호가 끊어지면 전원 출력을 차단하기 때문에 여러분이 무선 자동차를 조종하다가 차가 수신 범위를 벗어난다면, 그 순간 차는 아마 그 자리에 멈추어 서게 될 것입니다. 단, 가감속 송신기로 조종한다면 내부 명령어의 차이로 인해 수신기는 신호가 끊어져도 계속 모터가 구동될 수 있습니다.

적외선 신호는 벽과 천장 등 평평한 면에서는 반사될 수 있기 때문에 여러분이 실내에서 사용할 목적이라면 송신기를 수신기 쪽으로 향하는 정도로도 충분하며 수신기의 수신부(위쪽의 검은색 2×2 크기의 부분)를 제외한 주위를 그림 13-4와 같이 감싸도 무방합니다. 그러나 파워펑션 원격 제어를 야외에서 시도한다면, 이 두 장치를 연결시켜 원활하게 제어하기란 실내보다 훨씬 어렵습니다. 강렬한 태양빛에 포함된 적외선이 노이즈로 작용하여 수신기의 센서가 송신기의 신호를 인식할 수 있는 범위는 1m 이내로 떨어질 수도 있습니다. 🧑 실내조명이라도 적외선이 많이 발생하는 일부 조명기구 하에서는 극심한 수신율 저하를 보이기도 합니다.

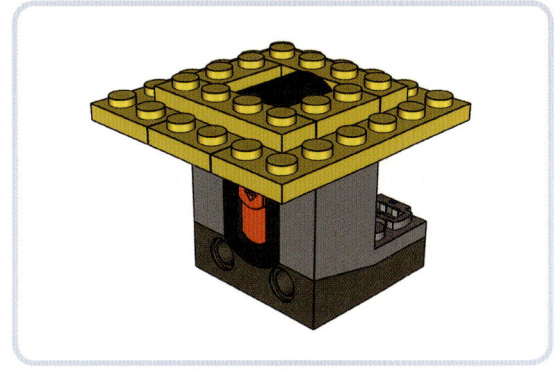

■ 그림 13-4 파워펑션 적외선 수신기 때문에 모델의 외형을 해칠 것이라는 걱정은 접어도 됩니다. 수신기의 상단에 있는 2×2 크기의 적외선 수신 단자(노란색 가운데의 검은색)만 노출된다면 나머지 모든 부분을 브릭으로 감싸더라도 상관없습니다. 주변의 브릭이 수신 단자와 같은 높이이거나 조금 더 높아지더라도(센서 부분이 움푹 들어간 것처럼 되더라도) 수신기보다 높은 위치에서 송신기로 신호를 보낸다면 그 수신기는 여전히 잘 동작할 것입니다.

그림 13-5에서 송신기와 수신기의 모습을 볼 수 있습니다. 수신기는 두 개의 전원 출력 단자가 내장되어 있으며, 각각의 출력 단자는 빨간색과 파란색 표시가 있습니다. 이것은 송신기의 레버에 표시된 색과 대응되어, 송신기의 레버를 동작시키면 수신기에서 해당되는 색의 출력 단자로 전원이 출력됩니다. 송신기는 각각의 레버 아래에 출력 반전 스위치pole reverser가 추가되어 있습니다. 출력 반전 스위치는 레버로 제어되는 모터의 방향을 다시 반전시키는 것으로, 레버를 밀 때 출력 반전 스위치의 방향을 바꾸면 모터의 방향도 바뀌게 됩니다. 🧑 이 기능 덕분에 우리는 모델을 조립할 때 모터에 장착되는 기어 개수에 의해 바뀌는 회전방향에 대해 고민할 필요가 없습니다. 레버를 밀 때 자동차가 후진하는 것을 전진하도록 바꾸고 싶다면, 단지 출력 반전 스위치를 조작하는 것으로 충분합니다.

파워펑션 송신기와 수신기의 파란색과 빨간색 포트는 서로 독립되어 있어서 동시에 각기 다르게 제어할 수 있습니다. 바꾸어 말하면 파란색 레버와 빨간색 레버는 서로 간섭하지 않고 두 개의 출력 반전 스위치도 마찬가지 입니다.

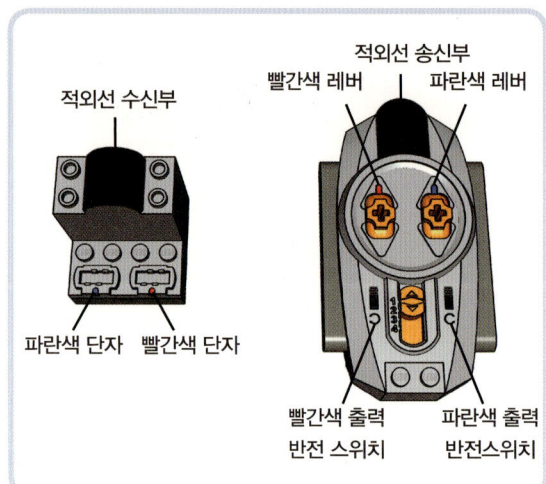

■ 그림 13-5 수신기와 기본 송신기

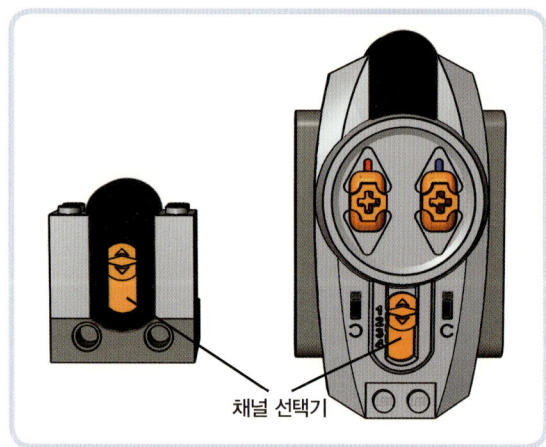

■ 그림 13-6 수신기와 기본 송신기의 채널 설정

동차를 구동시킨다거나, 혹은 구동 모터에 램프를 함께 연결해 자동차가 주행하는 동안 전조등이 켜지도록 만들 수도 있다는 뜻입니다.

> **NOTE** 실제로 하나의 전원공급장치에 연결할 수 있는 최대의 모터 수는 소비전력량에 영향을 받는다는 것에 유의하십시오. 출력 포트에 연결된 모터가 지나치게 높은 전류를 소비한다면(과부하가 걸린다면) 수신기는 전원을 차단시킬 수 있습니다. 이러한 상황은 LED와 같은 전력 소비가 적은 개체에서는 잘 일어나지 않고, 전력 소비가 큰 모터에서 쉽게 발생합니다. 모터가 한 개만 연결되더라도 지나친 과부하가 걸린다면 수신기는 전원을 차단합니다. 또한, 2012년 출시된 9398 제품에 포함된 V2 수신기의 경우 내부 회로 개선으로 전류 제한치가 높아져서 좀 더 큰 부하를 견딜 수 있습니다.

파워펑션 원격 제어는 하나의 수신기로 두 개의 출력 포트를 동시에 제어할 수 있습니다. 하지만 필요하다면 여러 개의 수신기를 하나의 송신기로 제어하는 것도 가능합니다. 그림 13-6에서 보이는 송신기와 수신기에 포함된 주황색 스위치는 무선 채널을 선택할 수 있게 합니다. 채널은 1부터 4까지 총 네 개가 제공되며, 송신기의 채널을 바꾸어 가면서 조종한다면 하나의 송신기로 총 네 개의 수신기를 제어할 수 있는 셈입니다.

해당 출력단자에 연결된 모든 모터를 레버로 제어할 수 있다고 언급한 것에는 이유가 있습니다. 파워펑션 단자를 적층식으로 쌓아서 결합할 때 결합된 모든 단자로 동일한 전원이 인가되기 때문에, 여러 개의 모터 또는 다른 요소들을 연결했을 때 수신기의 출력 단자로 출력되는 전원에 의해 모두가 동시에 구동됩니다. 이것은 한 개의 레버를 이용해 동시에 한 개의 출력 포트에 연결된 두 개 이상의 모터를 하나처럼 구동할 수 있다는 의미이기도 합니다. 예를 들어, 여러분이 제작한 자동차의 힘이 약하다면 앞과 뒤에 각각의 모터를 설치해 두 개의 모터로 자

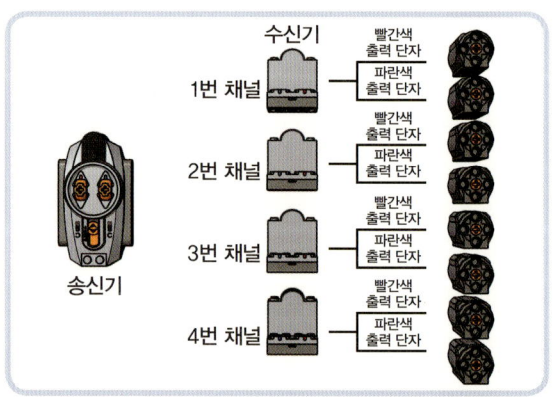

■ 그림 13-7 각각의 수신기는 1부터 4까지의 서로 다른 채널로 설정되어 있으며, 하나의 수신기는 두 개의 출력 단자를 각각 제어할 수 있습니다. 이 그림에서는 여덟 개의 모터를 독립적으로 제어할 수 있습니다. 이 그림처럼 송신기가 하나일 경우, 각각 독립적으로 하나씩, 또는 동시에 한 채널의 빨간색과 파란색 단자를 제어할 수는 있으나, 서로 다른 채널에 연결된 모터를 동시에 제어할 수는 없습니다. 두 개 이상의 채널을 동시에 제어하려면 송신기도 두 개 이상이 필요합니다.

네 개의 수신기를 가지고 있고, 각각을 다른 채널로 설정했다고 가정해 보겠습니다. 첫 번째 수신기는 1번 채널, 두 번째는 2번 채널과 같은 식입니다. 만약 송신기의 채널을 1로 설정한다면 송신기의 레버 조작에 반응하는 것은 채널 1번 수신기뿐이며 나머지 수신기는 반응하지 않습니다. 송신기의 채널을 2, 3, 4로 바꿀 경우 수신기 역시 2, 3, 4 즉 송신기의 채널과 같은 채널을 사용하는 수신기만 반응하게 됩니다.

이 방법으로 하나의 리모컨만을 이용하여 총 여덟 개의 포트를 제어할 수 있지만, 동시에 개별 제어가 가능한 것은 한 수신기에 연결된 두 개의 포트뿐입니다. 다른 수신기의 포트를 제어하기 위해서는 송신기의 채널 전환이 필요합니다. 그림 13-7은 한 개의 송신기와 네 개의 수신기, 그리고 여기에 각각 연결된 8개의 모터를 보여줍니다.

동시에 단지 두 개의 포트만 제어할 수 있다는 것은 분명한 한계점입니다. 하지만, 이 문제는 비용이 들긴 하지만 송수신기를 추가하는 방법으로 해결할 수 있습니다. 여러 개의 송신기를 이용해 각기 다른 채널로 설정하면 동시에 여러 모터를 제어할 수 있기 때문에 많은 창작가들이 복잡한 기능을 가진 모델을 만들 때 한 개의 송신기로 채널을 전환하는 불편함을 피하기 위해 여러 개의 송신기를 사용하는 것을 선호하기도 합니다.

이것은 조금 다른 형태로도 응용이 가능한데, 하나의 수신기와 여러 개의 송신기를 사용하면서 모든 송신기를 같은 채널로 설정해서 여러 사람이 하나의 대상 모델을 함께 제어할 수 있습니다. 이를테면 트랙에 놓인 자동차를 여러 명이 각기 자신의 조종기로 한 바퀴씩 순차적으로 돌리는 등의 활용도 가능합니다.

주지할 점은 많은 송신기가 동시에 여러 채널로 명령을 송신할 경우 수신기가 조금 더 느리게 반응한다는 것입니다. 각 수신기는 모든 채널을 통해 전송되는 모든 명령을 우선 일괄적으로 수신한 다음, 내부에서 명령을 해석해서 자신의 채널에 해당되는 명령만 남기고 나머지 명령은 버리는 식으로 동작하기 때문입니다.

🧑 파워펑션 송신기는 자신의 채널 번호와 두 레버에 할당된 제어 명령을 조합한 명령을 전송합니다. 이 명령은 기본 송신기와 가감속 송신기에 따라 달라질 수 있으며, 자세한 내용은 레고 사에서 공개한 백서를 통해 확인해 볼 수 있는데 'LEGO Power Function RC pdf'라는 검색어로 검색됩니다.

이제, 파워펑션 시스템의 전반적인 특징을 살펴보았으니 파워펑션을 구성하는 개별적인 요소를 좀 더 자세히 살펴보겠습니다.

전원공급장치

파워펑션 시스템의 전원공급장치는 다양한 종류가 있습니다. 크기에 따라 두 가지 종류의 배터리(AA, AAA)를 선택할 수 있으며, 심지어 배터리 구입의 번거로움에서 완전히 해방시켜준 충전형도 있습니다.

각각의 전원공급장치는 여러 개의 모터나 전기장치를 연결시킬 수 있지만, 너무 많은 장치가 동시에 동작하면서 허용 전류 이상을 소비할 경우, 내부의 안전장치에 의해 전원 출력이 차단될 것입니다.

이러한 문제는 전류를 많이 소비하는 모터를 여러 개 연결할 경우 발생할 수 있으나, 만약 이런 문제가 발생한다면 단지 전원스위치를 껐다 켜는 것으로 충분합니다.

🧑 반복적으로 같은 문제가 발생한다면 창작품의 구조 설계를 바꾸거나 모터를 교체하는 등의 방법을 강구해야 할 것입니다.

AA 배터리박스

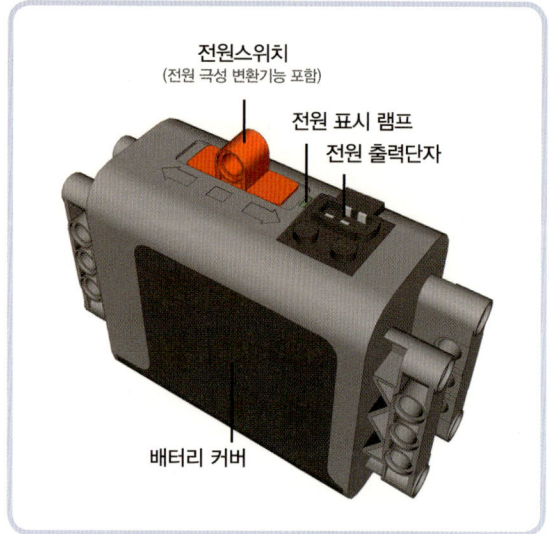

이 간단한 배터리박스는 총 여섯 개의 AA 사이즈 배터리를 각 격실마다 세 개씩 수납할 수 있으며, 배터리는 직렬로 연결됩니다. 배터리는 일반 알카라인 전지 또는 Ni-CD, Ni-MH 등의 충전지 등, AA 사이즈라면 어떠한 종류라도 사용 가능합니다. 배터리박스는 11×4×7 스터드 크기이며, 위쪽에는 1스터드 높이로 튀어나온 스위치가 있고, 이 스위치는 정회전, 정지, 역회전의 세 가지 모드를 선택할 수 있습니다.

출력단자와 스위치 사이에는 전원 표시 LED가 내장되어 있으며 스위치를 정회전 또는 역회전 위치에 놓으면 녹색으로 점등됩니다. 이 배터리박스는 스터드가 없는 구조에 적합한 형태로 설계되었으며 결합을 위해서는 측면의 핀 구멍을 이용해야 합니다.

AAA 배터리박스

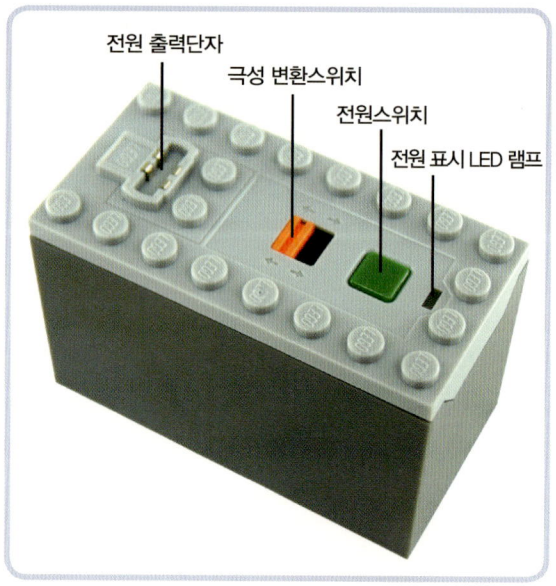

극성 변환스위치는 +9v를 -9v로 혹은 반대로 극성만 바꾸는 스위치이고, 전원 극성 및 속도 제어용 다이얼스위치는 -9v에서 -8v, -7v ... -1v, 0v, 1v ... 8v, 9v와 같이 연속적으로 전압이 바뀌는 스위치입니다.

이 배터리박스는 상자의 바닥에 설치된 나사를 풀고 덮개를 분리한 뒤 여섯 개의 AAA 배터리를 삽입하는 형태입니다. 배터리는 내부에서 직렬로 연결되며, AAA 사이즈라면 일반 알카라인 전지나 Ni-CD, Ni-MH 충전지 등 어떠한 종류라도 사용 가능합니다. 상자는 위와 아래 모두 스터드가 있는 구조에 맞추어 설계되었으며, 크기는 8×4×5 스터드입니다. 전원스위치는 녹색 버튼이며 토글 형태로 누를 때마다 켜지고 꺼지는 구조입니다. 또한 상단에는 전원 표시 LED와 출력 포트의 극성을 변환할 수 있는 주황색의 극성 변환스위치가 내장되어 있습니다. 전원 표시 LED는 전원스위치를 눌러서 켜면 녹색으로 점등됩니다. 이 배터리박스에 사용되는 AAA 배터리는 일반적으로 AA 배터리에 비해 작고 가벼우며 용량도 적기 때문에 동시에 여러 부품에 전원을 공급하기 어렵고, 배터리의 수명도 대략 1/3 정도로 짧습니다.

NOTE 이 배터리박스는 타이머가 내장되어 있으며, 전원을 켠 후 잊어버리더라도 두 시간이 지나면 스스로 꺼지게 됩니다. 만약 타이머 기능을 중지시키고 싶다면, 전원스위치를 3초간 누르고 있으면 됩니다. 배터리박스를 껐다가 다시 켜면 타이머는 다시 리셋됩니다. 이 기능은 배터리박스를 끄는 것을 잊어버렸을 경우 배터리가 방전되는 것을 예방하기 위해 추가되었습니다. 배터리박스가 꺼지더라도 박스 고장이나 배터리 불량이 아닙니다. 보통 일반 배터리는 장시간 보관 시 누액과 부식의 위험이 있기 때문에 사용하지 않을 때는 분리해 두는 게 좋습니다.

충전식 배터리박스

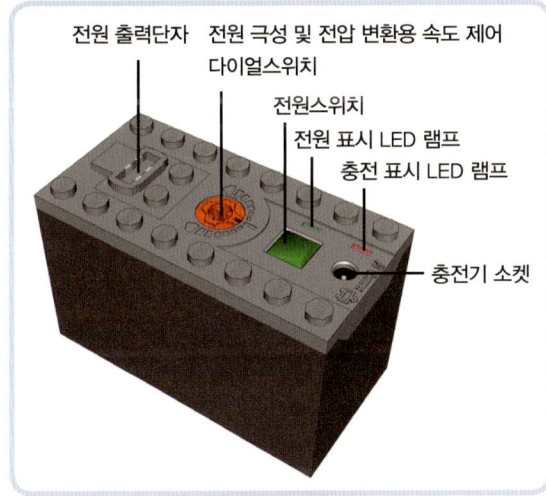

충전지가 내장된 이 배터리박스는 직접 충전할 수 있으며, 배터리 교체가 아예 필요 없습니다. 크기는 8×4×5 스터드로 외형상으로는 AAA 배터리박스와 같은 크기입니다. 하지만 AAA 배터리박스와 달리, 이것은 분해되지 않습니다. 🙂 두 배터리박스는 상호 호환을 위해 전원스위치와 출력단자의 위치가 외형적으로 같습니다. 내부에는 일반적인 스마트폰이나 노트북에도 사용되는 리튬이온 폴리머 전지가 내장되어 있으며, 전문적인 지식 없이 함부로 분해하는 것은 대단히 위험합니다.

전원스위치는 녹색 버튼이며 토글 형태로 누를 때마다 켜지고 꺼지는 구조입니다. 또한 전원 표시 LED와 출력 포트의 극성 및 전압을 변환할 수 있는 주황색의 다이얼 스위치가 있습니다. 전원 표시 LED는 전원스위치를 눌러서 켜면 녹색으로 점등됩니다. 다이얼 스위치는 15개의 눈금이 있으며, 7단계의 전진과 7단계의 후진, 그리고 중립을 선택할 수 있습니다(눈금이 양 끝으로 갈수록 빨라집니다).

다이얼을 돌리면 연결된 모든 모터의 속도와 램프의 밝기를 변환할 수 있으며, 이것은 연결된 수신기에는 영향을 주지 않습니다. 🙂 다이얼을 정지 위치에 세팅하고 연결된 모터가 멈추더라도, 배터리박스의 출력단자에 연결된 수신기는 전원을 정상적으로 공급받습니다. 파워평션 시스템은 4선식 인터페이스를 사용하며 수신기의 구동 전압은 모터 구동 라인과 별개의 라인을 사용하기 때문입니다.

전원스위치 아래로는 충전기 단자를 삽입할 수 있는 소켓이 있으며, 바로 옆의 충전 표시 램프는 충전기가 연결되고 충전 중일 때 빨간색이 점멸하고 충전이 완료되면 빨간색이 켜진 상태를 유지합니다.

배터리박스 내부에는 두 개의 리튬 이온 폴리머 전지가 내장되어 있으며, 최종 출력 전압은 7.4v, 용량은 1100mAh입니다. 레고 사에서 공식적으로 제공하는 전용 충전기를 이용하면 완전 충전하는 데 4시간가량이 소요됩니다.

이 배터리박스는 다른 배터리박스에 비해 초기 투자비용이 많이 들지만, 일반 배터리를 많이 소비하는 창작가에게는 매력적일 수 있습니다. 이것은 AA 배터리박스가 배터리 무게 때문에 200g 이상에 육박하는 것과 달리, 무게가 80g 정도이기 때문에 작품을 가볍게 할 수 있습니다. 🙂 시중의 배터리 중 카메라 등의 용도로 판매되는 AA 및 AAA 사이즈의 리튬 계열 배터리인 경우 이보다 훨씬 가볍지만, 가격이 무척 비싸다는 단점이 있으며, 저렴한 일반 배터리는 충전식 배터리박스에 비해 압도적으로 무겁습니다. 단, AA 배터리박스의 장점이라면 Ni-MH 등의 고용량 충전식 배터리를 이용해서 보다 장시간 모델을 구동할 수 있다는 것입니다.

또한, 일반 배터리박스가 전부 방전되었을 때 배터리를 교체하기 위해 배터리박스 자체를 모델에서 손쉽게 분해할 수 있도록 모델을 설계해야 하는 것과 달리, 충전식 배터리박스는 전원스위치와 충전 단자 영역인 2×2 정도의 공간만 노출된다면 나머지 부분을 드러나지 않게 설계할 수 있습니다. 이 충전식 배터리박스의 전압은 일반 알카라인 배터리의 출력 전압(1.5×6=9v)보다는 낮지만, Ni-CD 또는 Ni-MH와 같은 충전식 배터리의 출력 전압(1.2×6=7.2v)보다는 높은 전압을 제공합니다. 그러나 용량이 AA 배터리박스에 비해 작기 때문에 동일한 모델을 구동시킬 경우 AA 배터리박스보다 빨리 방전될 수 있습니다. 👦 AA 충전지의 경우 셀당 2000mhA를 상회하는 용량도 쉽게 구할 수 있는 반면, 이 충전식 배터리박스의 용량은 1100mAh로 고정되어 있습니다.

비록 빨리 방전되기는 하지만, 배터리가 완전 방전되었을 때 모델에서 배터리박스를 분리하고, 새 배터리를 구입하거나 충전식 배터리를 재충전한 뒤 다시 조립해야 하는 번거로움 없이 단지 충전기를 모델에 장치된 배터리박스의 충전기 소켓에 삽입하는 것만으로도 충전이 가능하다는 점은 충전식 배터리박스가 가진 장점이라 할 수 있습니다.

이 배터리박스 역시 AAA 배터리박스와 마찬가지로 타이머가 내장되어 있으며, 여러분이 전원을 켠 후 잊어버리더라도 두 시간이 지나면 스스로 꺼지게 되며, 배터리박스를 껐다가 다시 켜면 타이머가 리셋 되는 것도 동일합니다. 하지만 이 타이머는 AAA 배터리박스와 달리 타이머 기능을 중지시킬 수 없습니다.

수신기

그림 13-8은 파워펑션 수신기의 모습을 보여줍니다. 수신기의 크기는 4×4×5 스터드이며, 파워펑션 단자의 독특한 외형(그림 13-18 참조) 때문에 출력단자 방향으로 최소한 반 스터드 이상의 공간이 추가적으로 필요합니다. 이 부품은 스터드 결합을 염두에 두고 아래쪽과 위쪽이 설계되었으며, 앞쪽에는 스터드가 없는 빔 종류에 결합할 수 있도록 핀 구멍도 있습니다.

전면에는 적외선 채널을 변경할 수 있는 채널 선택기(주황색)가 있으며, 반투명한 검은색 부분은 적외선 통신부가 내장되어 있습니다. 또한 이 투명 부분 안쪽에는 녹색의 LED 표시등도 내장되어 설정된 채널을 통해 파워펑션 송신기의 신호 입력이 감지될 경우 주황색 선택기 옆의 검은색 안쪽에서 LED가 점멸하게 됩니다(그림 13-9 참조).

2012년, 이 수신기는 내부의 기판이 개선되었습니다. 이 신형 수신기는 외관상으로는 전면부의 인쇄(전면 하단에 V2라고 인쇄됨) 외에는 기존의 수신기와 동일합니다. 내부적으로는 전류 회로가 개선되어 한 포트를 이용해 동시에 두 개의 파워펑션 L 모터를 완벽하게 운용할 수 있습니다. 파워펑션 L 모터는 토크가 큰 만큼 다른 모터들에 비해 소비전류량이 큰 관계로, 기존의 수신기로는 파워펑션 L 모터가 요구하는 최대치의 전류를 공급할 수 없어 연결되더라도 모터가 제 성능을 발휘하지 못할 수 있습니다.

👦 이 업그레이드 버전은 차체의 하중이 크면서 강한 운동량도 동시에 요구되는 '테크닉 9398' 제품 때문에 개발되었습니다. 1,200여 피스 이상의 부품이 사용되는 대형 모델인 이 오프로드 차량은 RC 구동을 목적으로 제작되었는데, 기존의 수신기의 허용 전류량으로는 장착된 모터를 이용한 차량 구동이 용이하지 않기 때문입니다.

물론, 이러한 대형 차량이 아닌 중소형 차량의 경우 V2 수신기가 아닌 기존 수신기도 충분히 제몫을 할 수 있으며, 두 수신기 모두 기존의 송신기와 그대로 호환되기 때문에, 사용자는 큰 하중과 빠른 속도가 요구되는 작품이라면 V2 수신기를, 그렇지 않은 경우라면 기존의 수신기를 이용하면 됩니다. 참고로, 기존 수신기는 단품 또는 기존 테크닉 제품을 통해 비교적 쉽게 입수할 수 있지만, V2 수신기는 현재까지는 9398 제품을 통해서만 입수할 수 있기 때문에 가격도 비싼 편입니다.

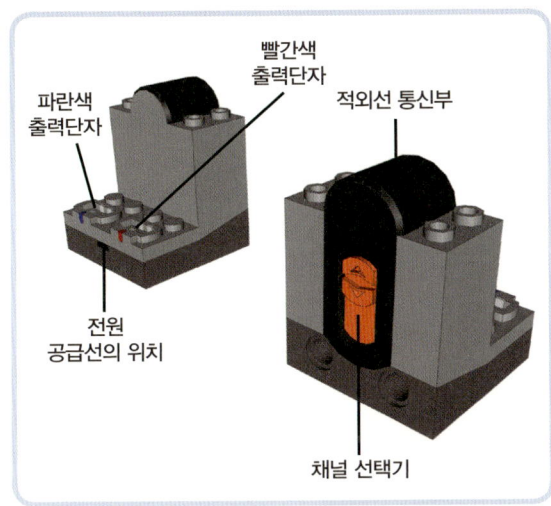

■ 그림 13-8 파워펑션 수신기의 모습

■ 그림 13-9 파워펑션 수신기 V2의 모습. 하단에 V2라는 글자가 인쇄되어 있습니다. 송신기로부터 신호를 받아 LED가 점등된 모습입니다.

송신기

그림 13-10은 기본 송신기와 가감속 송신기의 두 가지 파워펑션 송신기를 보여줍니다. 이 두 송신기는 약간 다른 방식으로 작동합니다.

- 기본 송신기는 구동 명령이 더 이상 수신되지 않을 때까지 모터를 구동하도록 명령합니다.
- 가감속 송신기는 정지 명령이 수신될 때까지 모터를 구동하도록 명령합니다.

이 둘은 기본적으로 다른 목적에 의해 이와 같은 차이를 갖게 되었습니다. 기본 송신기는 차량과 같은 자유도가 높은 일반적인 작품의 구동을 목적으로 합니다. 이를테면 무선 조종 자동차가 신호를 받을 수 없는 원거리까지 갈 경우, 조종 불능 상태로 계속 전진하다 벽에 부딪혀 부서지는 등의 문제가 발생할 수 있기 때문에 이 송신기는 지속적인 명령 입력이 없다면 모터가 멈추도록 설정된 명령을 전송합니다.

반면 가감속 송신기는 기차와 같은 운동 범위가 예측 가능한 작품의 구동을 목적으로 합니다. 이 경우 기차가 터널과 같은 곳을 지나는 상황 또는 송신기와 기차 사이에 서 있는 건물에 의해 신호가 막히는 상황이 발생할 수도 있는데, 만약 이때 기존 송신기를 사용한다면 기차는 적외선 신호를 놓치는 순간 멈출 것이기 때문에 결국 기차는 터널 안, 또는 건물 뒤쪽에서 오도 가도 못하게 될 것입니다.

이러한 문제를 막기 위해 가감속 송신기는 정지 명령이 입력되기 전까지 마지막 입력을 수행하도록 설정된 명령을 전송합니다. 물론, 이는 전적으로 레고 사에서 출시되는 제품에만 적용되는 규정으로, 창작하면서 가감속 송신기를 자동차에 적용시키거나, 기본 송신기로 기차를 구동하는 것은 전적으로 사용자의 자유입니다.

이 두 송신기의 주요한 차이점은 기본 송신기로 조종할 경우 명령 신호가 끊기면 모터가 정지한다는 것입니다. 이런 이유로 모터가 지속적으로 동작하게 하려면 기본 송신기와 수신기 사이에 적외선 연결이 끊기지 않도록 해야 합니다. 이 때문에 매우 빠른 자동차를 만든다면, 차가 달려 나가면서 신호가 끊어지는 것을 막기 위해 조종하는 사람도 함께 달려야 하는 웃지 못할 상황도 발생합니다.

기본 송신기는 레버를 밀거나 당길 수 있으며 손을 놓는 순간 레버가 중립 위치로 돌아오면서 즉시 모터가 정지합니다. 모터는 송신기의 신호가 입력되지 않는 경우에도 정지합니다. 송신기의 신호가 끊어진다면, 수신기

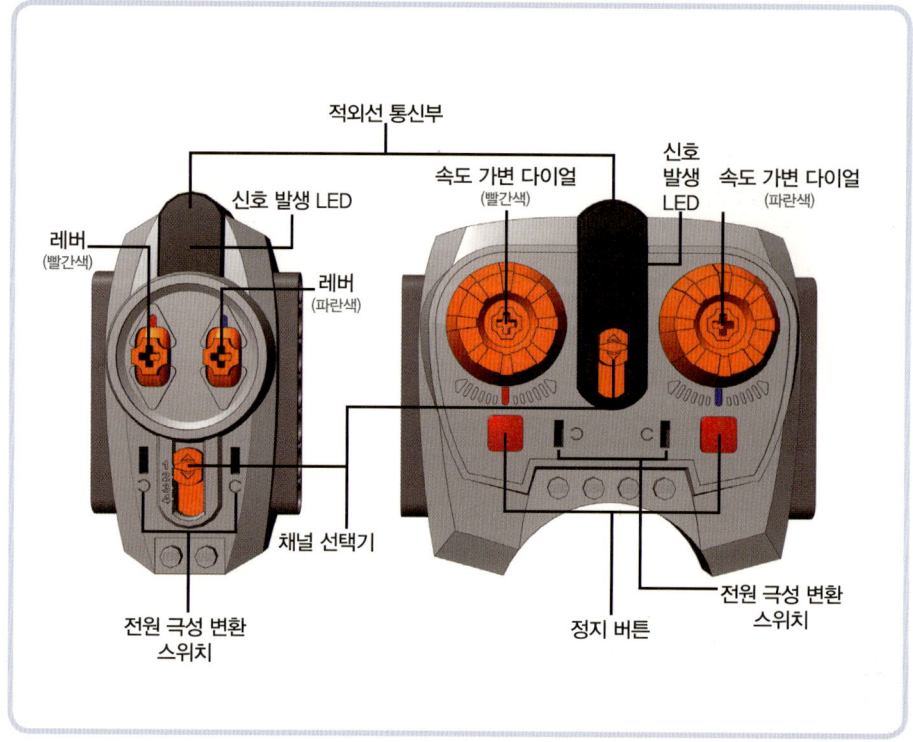

■ 그림 13–10 파워펑션 송신기의 모습. 기본 송신기(왼쪽)와 가감속 송신기(오른쪽). 각 송신기들은 3개의 AAA 배터리로 동작합니다.

는 마지막으로 수신한 명령을 2초간 유지해 준 다음 모터 구동을 멈춘다는 의미입니다. 이 때문에 차량이 적외선 신호 도달 범위 밖으로 달려 나간다면 2초 안에 그 차를 따라잡아야 계속 차량을 조종할 수 있습니다.

가감속 송신기의 경우, 다이얼을 돌려 속도 명령을 전송하면 모터가 해당 속도로 구동하고, 정지 버튼을 누르면 정지 명령이 전송되어 모터가 정지합니다. 이 송신기의 명령을 받은 수신기는 설령 적외선 신호가 끊어진 상태가 지속된다 하더라도 마지막으로 입력된 명령을 계속 수행하며 모터를 돌릴 것입니다. 전진하는 차량이고, 광활한 평지라면 배터리가 방전될 때까지 차량이 계속 전진할 수도 있습니다.

두 수신기의 또 다른 차이점은 명령을 보내는 방식입니다. 기본 송신기의 경우 레버를 조작하는 동안 지속적으로 해당 명령을 전송합니다. 하지만 가감속 송신기의 경우, 다이얼 또는 버튼의 상태가 바뀌는 순간에만 명령을 한 번 전송하게 됩니다. 이는 수신기에 점멸하는 녹색 LED를 통해서 확인할 수 있습니다.

> **NOTE** 참고로, 이 두 송신기를 같은 채널에 연결해서 동시에 한 수신기를 조종하는 것은 좋지 않습니다. 두 송신기의 신호 체계 자체가 다르기 때문에 신호는 서로 간섭될 것이며 수신기와 여기에 연결된 모터 역시 오작동 할 수 있습니다. 동일한 최고속도 전진이라도 기본 송신기와 가감속 송신기가 보내는 신호의 프로토콜은 완전히 다릅니다. 이는 레고 사에서 공개한 파워펑션 관련 백서의 프로토콜 부분에서 확인할 수 있습니다.

이러한 차이점 때문에, 차량의 구동과 조향에 가감속 송신기를 사용하는 것은 복잡한 문제를 야기합니다. 가감속 송신기는 구동부의 제어에는 적합할 수 있지만 조향부의 제어에는 적절하지 않습니다. (단, 조향부에 파워펑션 서보 모터를 사용할 경우는 예외입니다. 이 문제에 대해서는 이 장의 뒷부분에 나오는 '속도 제어 기능 살펴보기'에서 설명되어 있습니다.)

가장 좋은 방법은, 조향은 기본 송신기와 1번 채널에 연결한 서보 모터 그리고 구동은 가감속 송신기와 2번 채널에 연결된 파워펑션 모터와 같은 형태로, 두 개의 구동기능을 송수신기 레벨에서 분리하는 것입니다. 이렇게 분리된다면 각각의 채널은 독립적으로 동작하기 때문에 상호 간섭은 없을 것입니다. 🧑 가장 큰 문제는 비용입니다. 그 다음 문제는 두 개의 모터를 쓰기 위해 두 개의 수신기를 장착하고, 두 개씩, 네 개의 포트 중 두 개는 낭비된다는 점입니다.

기본 송신기

기본 송신기는 10×6×4 스터드 크기로, 두 개의 레버, 빨간색과 파란색이 있으며 각각의 레버는 전진, 정지, 후진의 방향을 선택할 수 있습니다. 레버는 손을 뗄 경우 자동으로 정지 위치로 돌아갑니다. 또한 기본 송신기 레버의 아래에는 전원 극성 변환스위치가 장치되어 레버의 방향과 모터의 방향을 임의로 설정할 수 있습니다. 반투명한 검은색 부분 안쪽에는 녹색 LED가 있어 적외선 신호가 전송될 때마다 점멸합니다. 송신기는 세 개의 AAA 배터리를 사용하며, 하단의 나사를 풀고 배터리 커버를 열어 배터리를 장착합니다. 송신기의 측면으로는 다른 송신기를 연결하거나 사용자가 임의의 구조물을 추가하기 쉽도록 일곱 개의 핀 구멍이 일렬로 배치되어 있습니다.

가감속 송신기

가감속 송신기는 레버 대신 다이얼이 두 개 설치되어 있습니다. 이 다이얼은 절댓값이 아닌 상댓값으로 동작하며 동작 범위에 제한도 없습니다. 또한 원점으로 돌아가지 않고 손을 뗄 경우 현재 상태를 유지합니다. 가감속 송신기 역시 각각의 다이얼 아래에는 전원 극성 변환스위치가 장치되어 다이얼의 방향과 모터의 방향을 임의로 설정할 수 있습니다. 🧑 다이얼은 12시 방향을 기준으로 시계 방향이 전진, 반시계 방향이 후진 명령을 전송합니다.

또한 가감속 송신기는 하단에 각각 두 개의 정지 버튼이 추가되어 있습니다. 크기는 10×12×4 스터드로 다르지만 채널 선택기나 녹색 LED, 아래쪽에 위치한 하단 배터리 커버, 옆면의 핀 구멍 등의 특징은 기본 송신기와 동일합니다.

가감속 송신기는 다이얼을 돌려 모터의 파워를 여러 방향으로 7단계 조종이 가능합니다. 12시 방향을 기준으로, 다이얼을 왼쪽으로 돌릴수록 모터는 역방향으로 점점 더 빨리 회전하며, 다이얼을 오른쪽으로 돌릴수록 모터는 정방향으로 점점 더 빨리 회전합니다.

한편, 파워평션 서보 모터를 구동할 경우 가감속 송신기는 조금 독특한 형태로 모터를 구동시킵니다. 가감속 송신기의 신호를 받은 서보 모터는 구동 속도가 바뀌는 것이 아닌, 현재의 축 방향이 바뀌는 형태로 구동됩니다. 만약 송신기의 다이얼을 오른쪽으로 30도 회전시킨다면, 서보 모터의 축 역시 오른쪽으로 30도 회전한 상태로 정지한다는 의미입니다. 🧑 이 덕분에 가감속 송신기를 이용할 경우 서보 모터가 장치된 조향장치를 15단계로, 매우 정밀한 각도로 제어할 수 있습니다. 반면, 기본 송신기의 경우 서보 모터를 중립 / 왼쪽 최대 / 오른쪽 최대의 세 가지 각도로만 구동할 수 있습니다.

속도 제어기능 살펴보기

파워평션 시스템은 15단계의 속도 제어기능이 포함되어 있습니다. 이것은 전진 방향으로 7단계와 후진 방향으로 7단계, 그리고 정지로 구성됩니다. 속도 제어기능은 전압을 조절하는 형태로, 모터의 속도뿐만 아니라 LED 조명 장치의 밝기도 제어할 수 있습니다.

기본 송신기의 경우 이 중 세 가지, 최고 속도 전진과 최고 속도 후진, 그리고 정지만을 사용합니다. 반면 가감속 송신기는 다이얼형 스위치를 이용하며 다이얼의 방향을 이용해 회전 방향을 결정하고, 회전량에 의해 파워를 결정합니다. 다이얼을 시계 방향으로 한칸 돌리면 +1에 해당하는 파워 값의 명령이 전송되고, 반시계 방향으로 한칸 돌리면 −1에 해당하는 파워 값의 명령이 전송됩니다. 단, 다이얼의 회전을 멈춘다고 바로 정지 명령이 전송되지는 않습니다. 단지 아무런 명령도 전달되지 않기에 다른 명령을 수신할 때까지 현재의 명령을 유지하도록 설계되어 있습니다.

모터를 멈추기 위해서는 마지막으로 돌렸던 방향의 반대 방향으로 돌리거나 정지 버튼을 눌러야 합니다. 이는 다이얼이 연속적인 눈금으로 절댓값이 할당된 일반적인 볼륨 다이얼의 구조가 아닌, 조그 다이얼처럼 양 방향으로 무한하게 회전할 수 있으며 현재 위치를 기준으로 변화된 상댓값을 이용한다는 뜻입니다.

여러분은 +7에서부터 -7까지 모든 속도를 다이얼을 돌려서 설정할 수 있지만, 다이얼은 최댓값인 일곱 칸을 넘어가더라도 어느 방향으로나 무한하게 회전할 수 있습니다. 다이얼은 회전 방향과 회전량에 따른 상대적인 값을 이용하기 때문에 매우 빠르게 속도를 변경하거나 다이얼의 위치를 보고 현재 속도를 파악하는 것은 불가능합니다.

🙂 다이얼의 12시 방향에 표시를 하고 3시 방향으로 돌리면 정지되었던 모터는 시계 방향으로 회전할 것입니다. 하지만 이 시스템의 전원을 껐다가 다시 켜면 다이얼은 계속 3시 방향을 향하고 있지만 모터는 정지한 상태가 됩니다. 이전과 같은 속도 및 방향으로 모터를 돌리려면 다이얼의 표시를 6시 방향으로(동일한 방향으로 3시간 크기만큼) 맞추어야 한다는 의미입니다.

이것이 파워펑션 가감속 송신기의 다이얼이 별도의 정지 버튼을 갖는 이유입니다. 실제로는 구동 중인 차량의 구동 모터를 다이얼을 돌려 파워를 줄여서 정지시키는 것이 가능하지만, 정확한 0의 값이 될 때까지 다이얼을 돌리기 위해 많은 주의와 약간의 시간이 소요됩니다. 예를 들어 여러분의 차량이 낭떠러지 또는 벽을 향해 돌진하는 경우라면, 모터를 바로 정지시킬 수 있는 정지 버튼의 존재 이유는 더욱 분명해집니다.

충전식 전원공급장치 역시 비슷한 다이얼식 속도 조절기가 장치되어 있습니다. 이것은 볼륨 스위치와 비슷한, 절대적인 눈금으로 값을 확인할 수 있으며 제한된 최대 범위까지만 돌릴 수 있는 스위치입니다. 이 장치 역시 모터의 구동 방향과 파워, 그리고 LED 조명의 밝기를 조절할 수 있지만, 파워펑션 수신기는 이 전원공급장치의 다이얼 눈금에 영향을 받지 않습니다.

🙂 충전식 전원공급장치에 모터와 수신기, 그리고 수신기에 연결된 또 다른 모터를 연결한 상태에서 전원공급장치의 다이얼을 0으로 맞출 경우 전원공급장치에 연결된 모터는 정지 상태이지만 함께 연결된 수신기는 활성화되어 있으며, 이 수신기에 연결된 모터는 수신기에 전달되는 명령에 따라 회전할 수 있음을 의미합니다.

송신기의 활용

송신기 역시 레고 부품과의 결합이 가능하기 때문에, 우리의 입맛에 맞게 외형을 변형할 수 있습니다. 여기에서는 사용자의 편의를 위해 개조된 세 가지 형태의 송신기를 살펴보겠습니다.

기본 조향형 송신기 모형

이 간단하지만 강력한 송신기는 RC 자동차의 조종기와 유사한 개념으로 차량의 조종에 적합합니다.

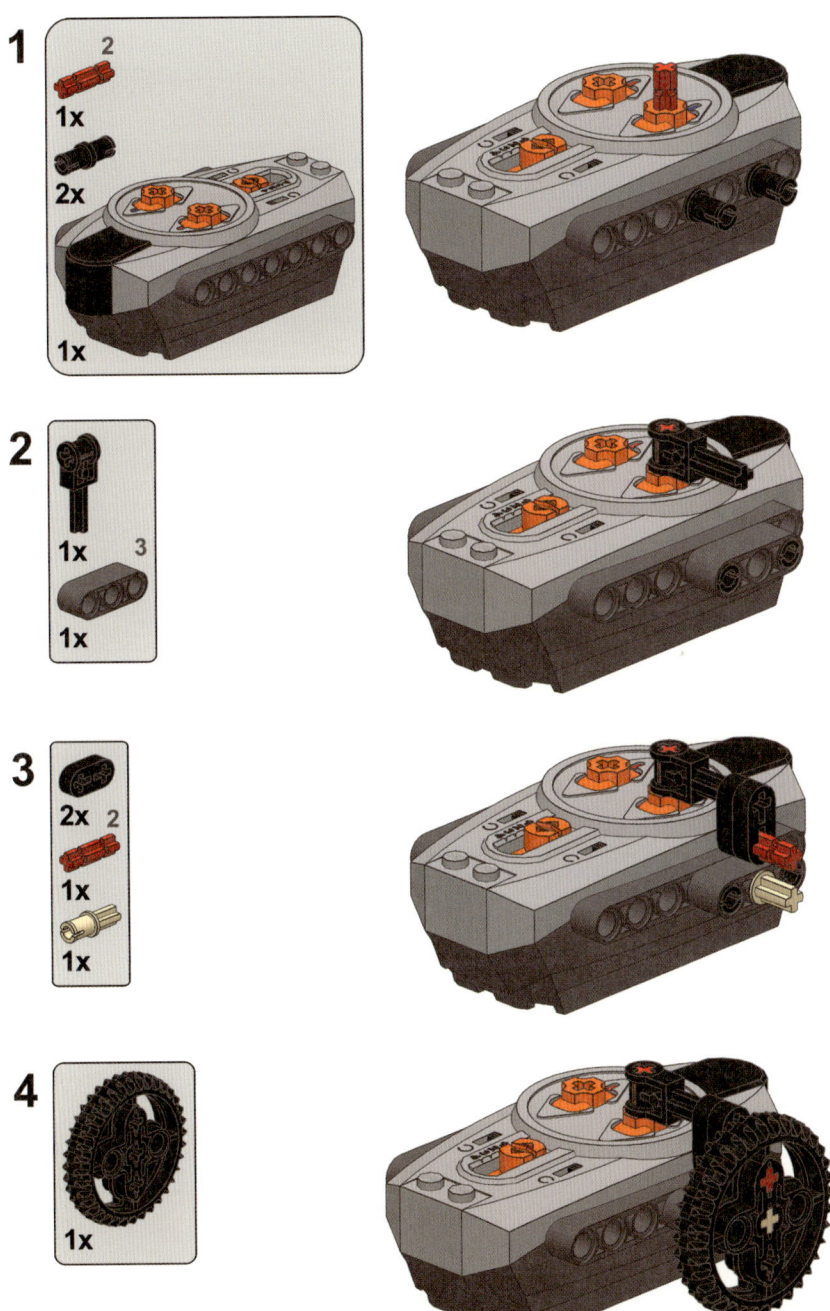

측면 레버 조향형 송신기 모형

이 송신기는 앞서의 것보다 조금 더 복잡합니다. 링크 구조를 응용한 이 송신기의 레버는 앞뒤로만 움직이는 레버를 좌우로 조작해서 움직일 수 있도록 볼 조인트가 결합된 링크 구조가 사용되었습니다.

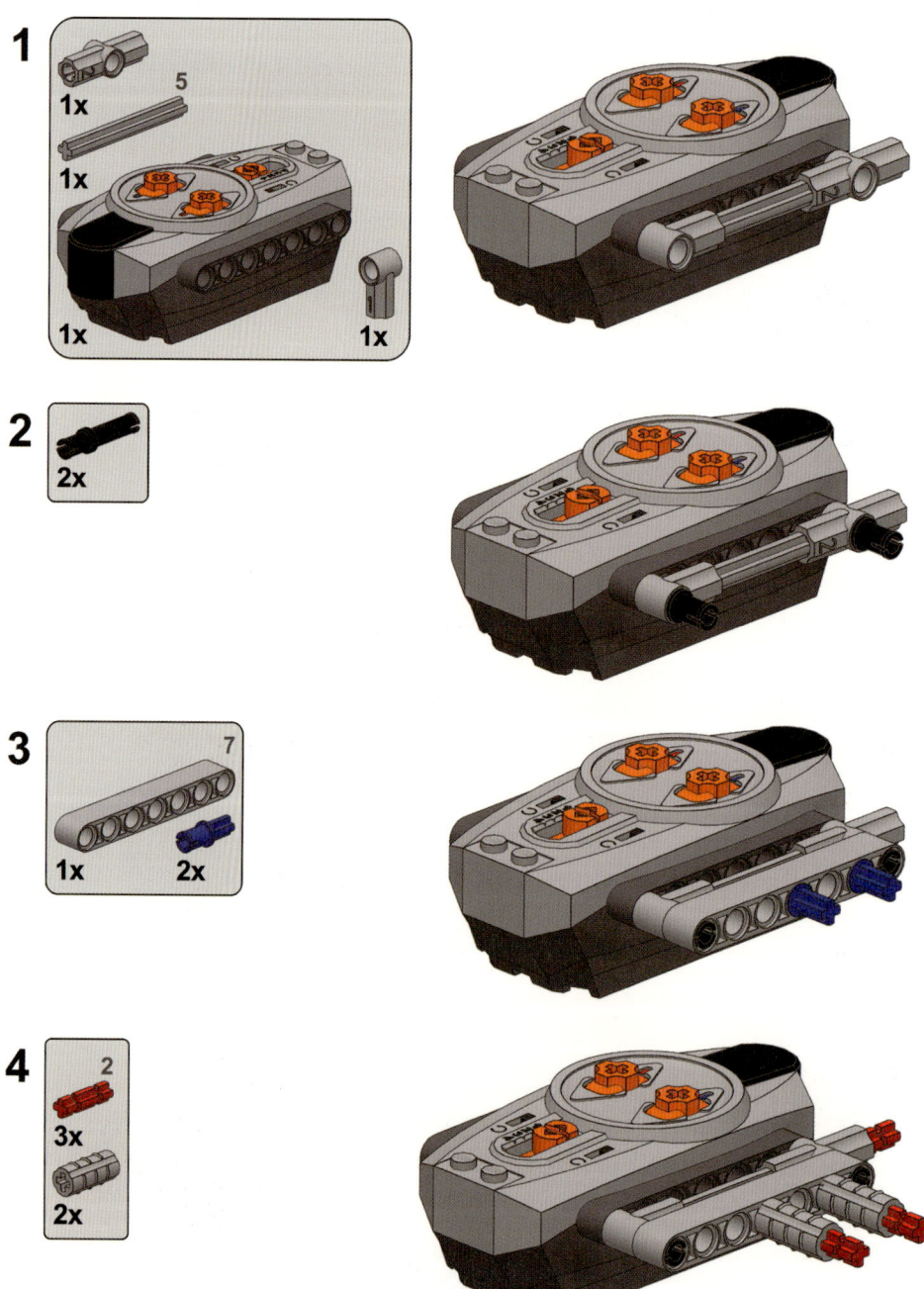

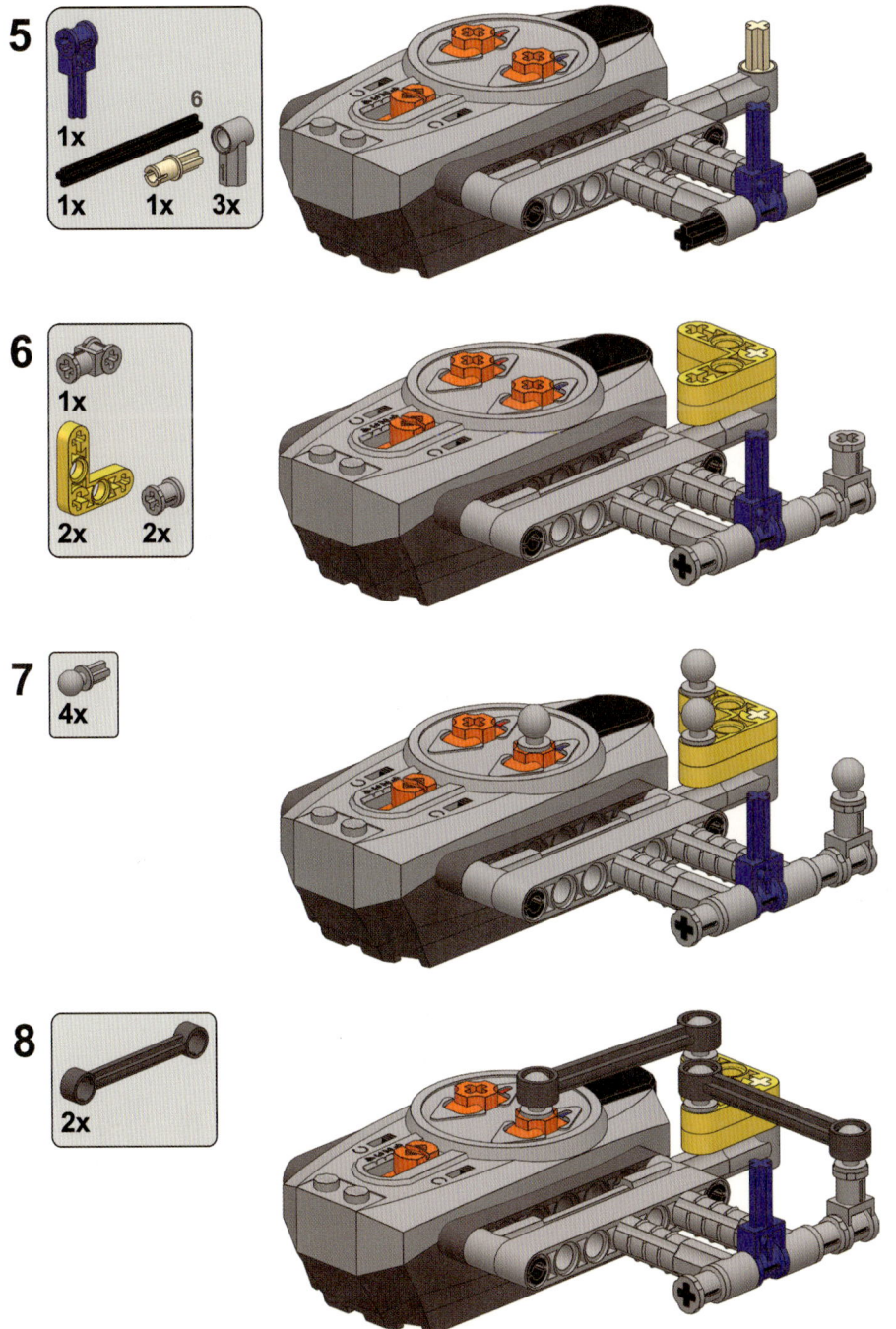

13 레고 파워펑션 시스템 219

중앙 조향형 가감속 송신기 모형

이 송신기는 두 개의 무한궤도를 가진 차량에 특화시켜 설계되었습니다. 두 개의 다이얼은 좌우의 무한궤도를 각각 제어하며, 중앙의 스티어링 휠과 베벨 기어들에 의해 연결되어 있습니다. 복잡한 기어 구조 덕분에 중앙의 스티어링 휠은 앞뒤로 기울일 수 있고(궤도 차량의 전진과 후진), 핸들을 세운 상태에서 좌우로 돌릴 수도 있습니다(궤도 차량의 제자리 선회). 차량을 전진 후 오른쪽으로 선회시키고 싶다면, 중앙의 핸들을 앞으로 민 다음 선회시킬 곳에서 핸들을 돌리면 됩니다.

이 송신기는 가감속 기능 덕분에 이와 같은 구조가 가능하지만, 가감속 송신기 특유의 명령 체계 때문에 단점도 있습니다. 이 송신기는 초당 두 개의 명령만이 전송됩니다. 때문에 차량의 반응속도는 그다지 빠르지 않습니다.

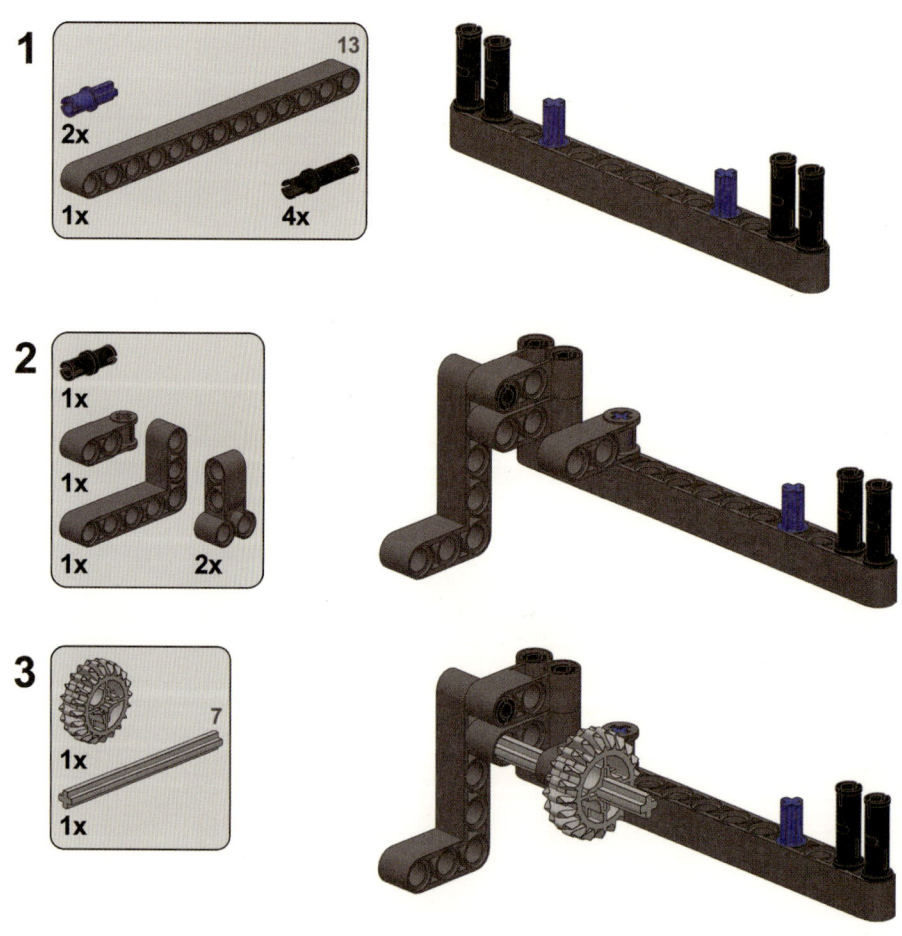

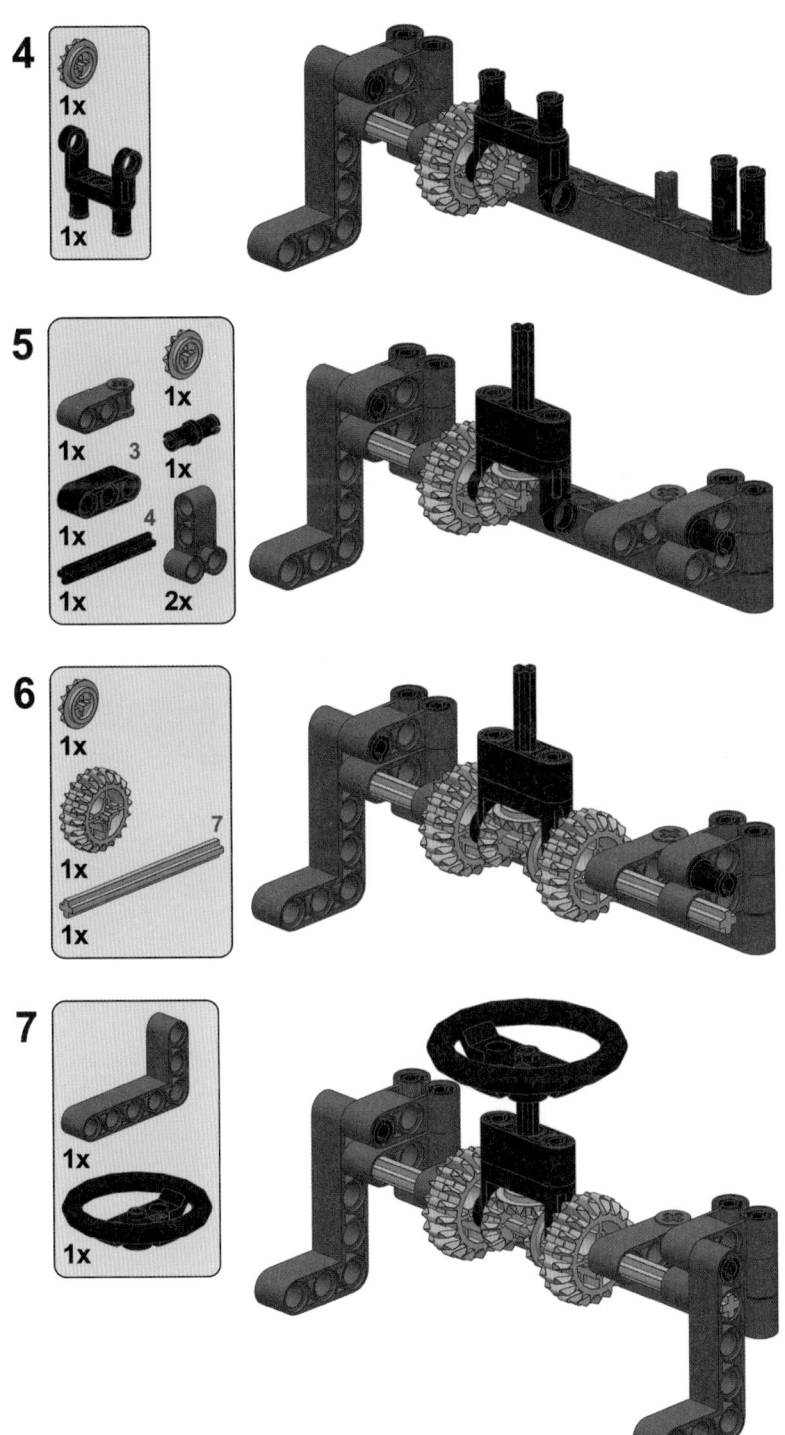

13 레고 파워펑션 시스템 221

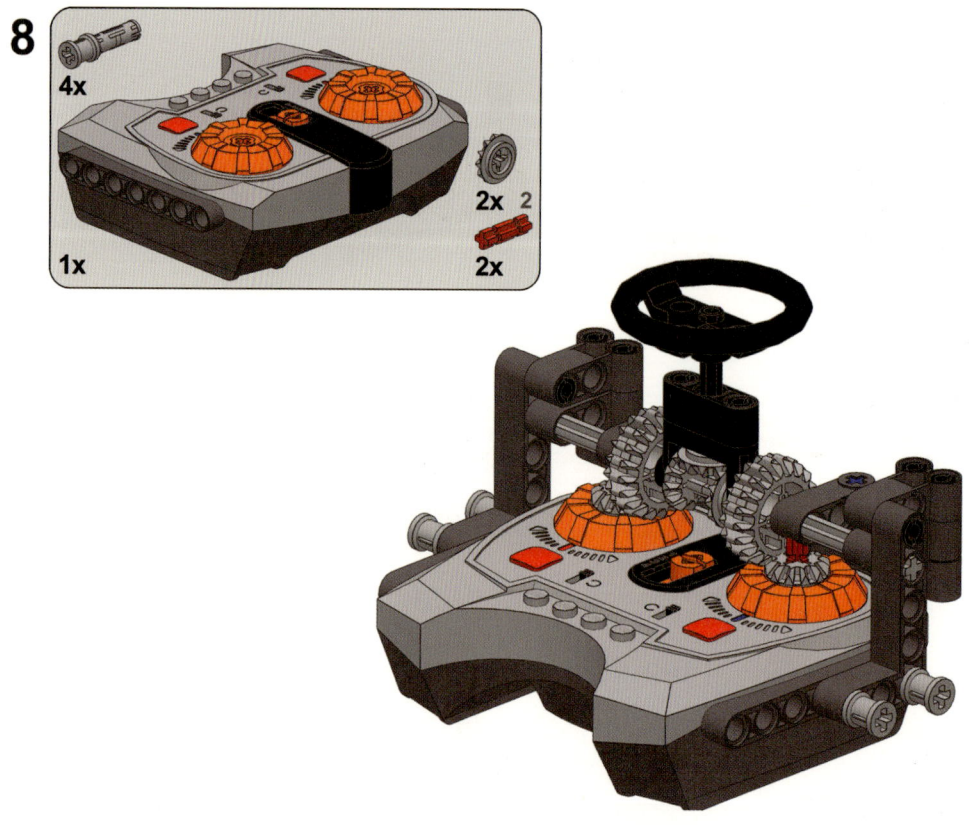

리니어 액추에이터

파워펑션 시스템을 보조하기 위해 출시된 리니어 액추에이터 시리즈 🙂 이하 리니어 액추에이터 또는 액추에이터로 합니다. 는 공압장치를 대체할 수 있는 흥미로운 부품군입니다. 이것은 큰 것과 작은 것의 두 가지 종류가 있으며, 내부의 나사 구조에 의해 확장과 수축이 가능합니다. 🙂 뒤쪽을 돌려 심이 나오는 색연필과 같은 원리입니다.

각각의 액추에이터는 뒤쪽 축 구멍의 회전 방향에 따라 정해진 길이만큼 수축 또는 확장이 가능합니다. 또한, 내부에는 간단한 클러치장치가 내장되어 최대로 확장 또는 최소로 수축된 상태에서 계속되는 회전 입력에 의해 내부 구조가 손상되지 않도록 보호됩니다.

🙂 클러치는 내부에서 플라스틱의 탄성에 의존해 동작하는 구조이기 때문에, 최대 또는 최소가 된 상태에서 무리하게 장시간 축 구멍을 회전시킬 경우 손상이 될 수도 있으니 유의해야 합니다.

내부의 클러치 기능 덕분에 액추에이터는 외부의 클러치 기능을 추가할 필요가 없으며, 나선형 구조의 웜 기어와 비슷하게 감속비가 커서 별도의 기어 감속 구조 없이 모터와 직결시켜 구동시킬 수 있습니다. 공압 구조와 구동방식 및 동작 특성은 다르지만 외형과 운동의 결과는 유사하기 때문에 액추에이터는 공압장치를 대체 또는 보완하는 형태로 활용될 수 있습니다. 그러면 이제 리니어 액추에이터와 공압장치를 서로 비교해 보겠습니다.

대형 리니어 액추에이터

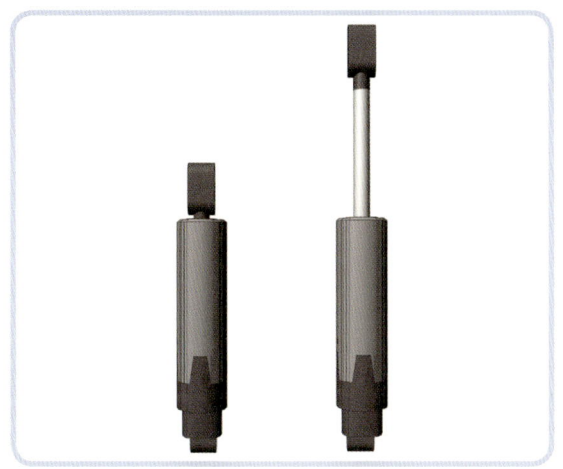

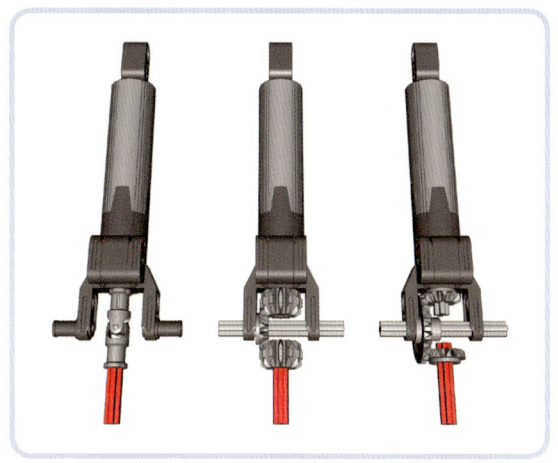

■ 그림 13-12 대형 리니어 액추에이터를 구동시키기 위한 세 가지 방법. 세 가지 모두 1:1의 기어비를 가지고 있으며, 브래킷 부분을 축으로 액추에이터가 움직이더라도 동력 전달이 가능한 구조입니다. 첫 번째의 경우 유니버설 조인트의 특성상 수평을 기준으로 상하 60도씩 120도 이내의 가동 범위를 가질 수 있으며, 두 번째는 세 개 기어의 직경이 같기 때문에 상하 80도 정도씩 160도 가량의 가동 범위를, 마지막 예제는 옆면의 기어가 크기 때문에 상하 90도 이상씩, 180도 이상의 가동 범위를 구현할 수 있습니다.

대형 리니어 액추에이터는 최소로 수축되었을 때 11스터드 길이이며, 최대한 확장되었을 때는 16스터드 길이입니다. 지름은 2스터드이며, 3스터드 폭에 맞추어 뒤쪽을 고정하기 위한 두 가지 종류의 스터드가 없는 구조용 브래킷이 함께 출시되었습니다(그림 13-11 참조). 이 브래킷들은 한쪽으로는 액추에이터의 하단과 결합되며, 다른 한쪽은 일반 레고 구조물과 결합할 수 있는 구조입니다. 액추에이터와 브래킷은 2L 길이의 축을 1개 또는 2개 이용해 결합할 수 있습니다. (두 부품의 결합 방법과 구동 방법에 대해서는 그림 13-12와 13-13을 참고하세요.)

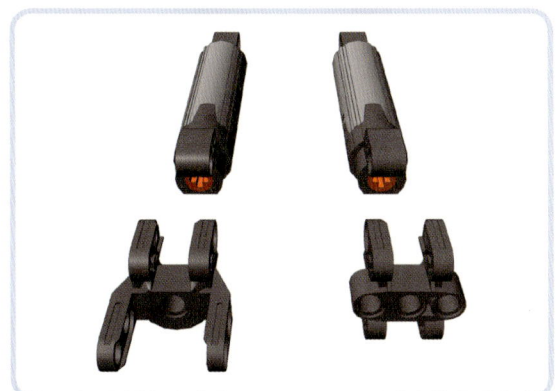

■ 그림 13-11 대형 리니어 액추에이터를 고정시키기 위한 관절형 브래킷(왼쪽)과 고정형 브래킷(오른쪽)

■ 그림 13-13 고정형 브래킷 부품을 이용하면 손쉽게 리니어 액추에이터와 파워펑션 모터를 하나의 부품처럼 고정할 수 있으며, 이 경우 두 부품의 연결 부분에 축을 설치(연회색)해서 리니어 액추에이터를 이용한 관절의 회전 중심점으로 삼을 수 있습니다.

레고 사는 2010년 초 출시된 대형 리니어 액추에이터가 구동 중 과부하를 받을 경우 내부 마찰로 인해 부품이 손상되어 거칠게 움직이게 되는 설계 결함이 있다고 발표

했습니다. 이 문제를 개선한 부품은 2010년 9월에 도입되었습니다. 문제가 개선되지 않은 기존 액추에이터와 개선된 액추에이터는 외형이 동일하기 때문에 구분하기 위해서는 그림 13-14와 13-15처럼 부품에 새겨진 각인을 확인해야 합니다. 실제 일부 제품의 경우, 구형 리니어 액추에이터가 포함된 패키지를 구매한 사람들에 한해 신형 리니어 액추에이터 부품을 추가로 제공하기도 했습니다.

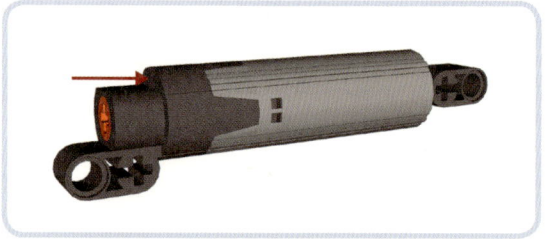

■ 그림 13-14 리니어 액추에이터의 품번은 빨간색 화살표 부분에 각인되어 있습니다. 세 자리 숫자와 알파벳 X로 구성된 관리번호는 어두운 회색 부분에서 확인 가능합니다.

■ 그림 13-15 대형 리니어 액추에이터의 각인된 부분의 모습. 코드는 40×0이며, 이것은 2010년의 40주차 이후에 생산되었다는 의미입니다.

각인은 세 자리의 숫자와 알파벳 X의 조합으로, 이를테면 36X0과 같은 형태로 구성됩니다. 앞의 두 자리는 액추에이터가 생산된 시기가 그해의 몇 주차인지를 표시하고, 마지막 숫자는 생산연도의 마지막 숫자를 의미합니다. 그래서 36X0의 경우 2010년의 36번째 주에 생산

되었음을 의미하며, 이 부품이 새로 도입된 제품이 출시된 시기이기도 합니다. 일반적인 부품과 달리 대형 리니어 액추에이터는 내부 설계가 바뀌었기 때문에 개선된 부품임을 확인할 수 있도록 각인 번호가 바뀌었으며, 실제로 초창기의 액추에이터는 29X0이 각인되어 있고, 문제점이 발표된 이후의 생산분은 40X0이 각인되어 있습니다.

물론 29X0의 액추에이터라 하더라도 특수한 과부하 상황에서 사용되는 경우가 아니라면 정상적으로 작동할 것입니다. 적어도 원래 이 부품이 포함된 기본 모델의 정상적인 구동이나 이에 준하는 비슷한 규모의 창작품에서라면 큰 문제를 일으키지 않을 것입니다.

대형 리니어 액추에이터는 특유의 나선형 구조 덕분에 큰 부하가 걸리는 장치를 무리 없이 구동할 수 있습니다. 단점은 내부에 설치된 클러치 때문에 구동 시 상당한 소음과 진동을 유발한다는 것입니다.

소형 리니어 액추에이터

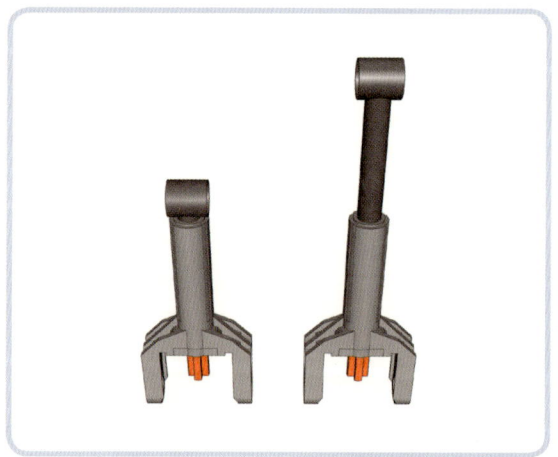

소형 리니어 액추에이터는 최소로 수축되었을 때 7스터드 길이이며, 최대한 확장되었을 때는 10스터드 길이입니다. 지름은 1스터드이며, 하단은 리니어 액추에이터 자체에 일체형으로 성형된 3스터드 넓이의 브래킷이 있습니다. 대형 리니어 액추에이터의 구동부가 축 구멍을 가

진 것과 달리, 소형 리니어 액추에이터는 1L 길이의 주황색 축이 돌출된 형태입니다. 그림 13-16은 소형 리니어 액추에이터를 구동하는 간단한 방법을 보여줍니다.

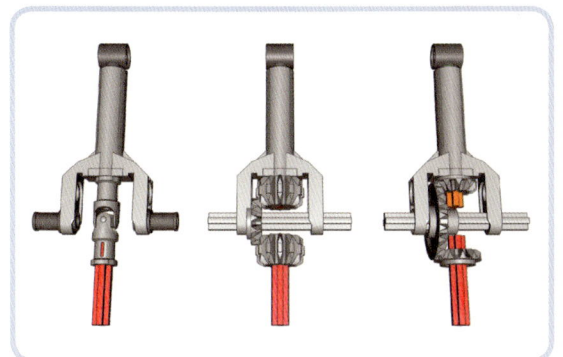

■ 그림 13-16 소형 리니어 액추에이터를 구동시키기 위한 세 가지 방법. 세 가지 모두 1:1의 기어비를 가지고 있으며, 그림 13-12와 같은 특성을 보입니다.

소형 리니어 액추에이터는 대형 리니어 액추에이터만큼의 힘은 낼 수 없지만, 역시 크기에 대비해서는 훌륭한 동작 특성을 보여줍니다. 대형 리니어 액추에이터와 달리, 신축하는 부분이 금속이 아닌 플라스틱 소재로 제작되었습니다.

하지만 대형과 마찬가지로 클러치가 내장되어 있고 작은 크기임에도 훌륭하게 제 기능을 수행합니다. 소형 리니어 액추에이터는 그 크기 덕분에 파워펑션 M 모터와 결합될 때 공간적인 효율을 극대화시킬 수 있습니다.

리니어 액추에이터와 공압장치의 비교

리니어 액추에이터는 공압 실린더로 할 수 있는 대부분의 작업을 유사하게 수행할 수 있지만, 공압장치를 대체하기 위한 목적으로만 설계된 것은 아닙니다. 두 시스템은 많은 부분에서 차이점을 가지고 있으며, 두 시스템의 장점을 조합해서 상호 보완시키는 형태로 최상의 결과를 끌어낼 수 있습니다. 여기에서는 리니어 액추에이터와 공압장치의 차이점을 비교해 보도록 하겠습니다.

리니어 액추에이터의 장점

- 더 높은 부하를 감당할 수 있습니다.
- 직접 모터를 연결시켜 구동할 수 있기 때문에 공기 압축기 또는 밸브와 같은 부수적인 장치가 필요 없습니다.
- 공기의 압력에 의해 위치가 변화할 수 있는 공압장치와 달리, 모터의 회전량에 의해 보다 정확하게 제어가 가능합니다.
- 웜 기어의 나사 구조의 원리와 같은 내부 구조 덕분에, 외부에서 힘이 가해지더라도 현재 상태를 유지할 수 있습니다.
- 구동시키기 위해 단지 구동축만 연결하면 됩니다. 공기를 전달하기 위한 호스 배관이 필요 없습니다.

리니어 액추에이터의 단점

- 적당히 연결해도 구부러지면서 압축공기를 전달할 수 있는 공압장치의 호스와 달리, 액추에이터를 구동하기 위한 구동축은 제한된 구동 범위를 갖게 됩니다. 시스템을 구성하는 액추에이터의 수가 늘어나고 구조가 복잡해질수록 이런 단점이 더욱 부각됩니다.
- 변함없는 속도로 구동됩니다. 액추에이터의 장점인 동시에 단점인 이 특징은 공압장치가 공기의 압력으로 유연하게 동작하는 것과 달리 항상 일정한 속도로 구동된다는 것입니다. 정밀도 면에서는 단연 액추에이터가 뛰어나지만, 공압장치가 보여주는 우아한 움직임을 더 선호하는 사람들도 많습니다.
- 일반적으로 부품의 크기가 크며, 만약 모터를 직접 연결한다면 그 크기는 더욱 커지게 됩니다.
- 대형 리니어 액추에이터의 경우, 내부 클러치 때문에 많은 진동이 발생하는 것이 문제가 될 수 있습니다.
- 쌍으로 연결해야 한다면 공압장치에 비해 훨씬 더 구조가 복잡하게 됩니다.
- 현실 세계의 유압장치와 더 유사한 것은 리니어 액추에이터가 아닌 공압장치입니다. 단, 유압장치는 오일의 양을 정확하게 제어해서 정밀한 움직임을 보이는

데, 정밀한 움직임의 외형만 놓고 본다면 공기의 부피 변화에 의해 신뢰성이 떨어지는 공압장치와 달리, 회전량을 제어해서 정확한 길이로 제어가 가능한 리니어 액추에이터가 더 유압장치와 비슷하다고 보는 견해도 있습니다.

전기장치용 연장선

우리가 앞서 살펴본 파워펑션 부품들은 대부분 부품 자체에 전선이 달려 있고 반대쪽으로 전원단자가 연결되어 있습니다. 하지만 전원공급장치에서 멀리 떨어져 전선이 닿지 않는 곳에 파워펑션 장치를 설치하려면 연장선이 필요합니다. 파워펑션 시리즈에는 그림 13-17에서와 같이 양쪽에 전원단자가 조립된 20cm와 50cm 길이의 두 종류의 연장선이 제공됩니다.

이 연장선들은 멀리 떨어진 파워펑션 장치들 간의 전원 공급을 위해서 사용되기도 하지만, 또 다른 중요한 부가기능을 포함하고 있습니다. 각각의 전원단자는 쌓기 형태로 접속되는 전극이 단자의 위와 아래에 설치되어 있는데, 두 개의 단자 중 하나는 구형 9V 시스템과 호환되기 위한 목적으로 제작되었습니다(그림 13-18, 13-19 참조).

■ 그림 13-17 파워펑션 연장선. 위는 50cm, 아래는 20cm 길이입니다.

연회색의 단자 하단은 9V 단자와의 연결을 위해 두 개의 전극이 설치되어 있으며 이를 이용하면 9V 장치들의 대부분을 파워펑션 전원으로 구동시키거나, 반대로 파워펑션 장치들을 9V 전원으로 구동시키는 것이 가능합니다.

9V 시스템의 모든 모터들은 파워펑션 모터를 제어할 때와 똑같은 방식으로 속도 및 방향을 제어할 수 있습니다. 🙂 이는 파워펑션 서보 모터를 제외한 모든 레고 모터들이 전압에 의해 속도가 가변되는 방식으로 설계되었기 때문입니다.

또한, 모든 종류의 램프장치들과 소리장치, 금속제 레일을 쓰는 9V 기차 시스템 등 다른 9V 요소들과, 심지어 최초의 레고 프로그래밍 제품군인 마인드스톰 시리즈까지도 연계가 가능합니다. 조합에 따라서는 파워펑션 무선제어와 9V를 연계시킬 수도 있습니다. 예를 들어 파워펑션 모터를 9V 전원공급장치로 구동시키거나, 반대로 9V 모터를 파워펑션 전원공급장치나 파워펑션 수신기로 구동시키는 것이 가능합니다. 단, 파워펑션 수신기의 경우에는 파워펑션 전원공급장치를 통해서만 구동이 가능합니다.

🙂 이는 파워펑션 수신기가 파워펑션 인터페이스의 4개 라인 중 모터 구동에 사용되는 일반 파워라인이 아닌 전용의 라인에 연결되기 때문입니다. 파워펑션 단자의 네 개 전극 중 모터의 구동에 직접 사용되는 두 개 라인만이 연장선의 9V 단자에 연결되어 있으며, 수신기로 전원을 공급하는 다른 두 라인은 9V 단자와 연결되지 않았기 때문에 파워펑션 수신기를 9V 전원공급장치로 구동시키는 것은 불가능합니다. 파워펑션 단자의 네 개의 금속 단자의 일부를 임의로 단락시키는 방법으로 수신기를 구동시킬 수도 있지만 일반적인 방법은 아니기 때문에 여기에서 자세하게 소개하지는 않겠습니다. 어쨌든, 새로운 4선식 인터페이스를 채용하면서도 기존의 9V 시스템을 완전히 버리는 것이 아닌 최소한의 대비책을 구현한 덕분에, 기존의 9V 관련 부품들을 많이 가지고 있던 레고 창작가들에게는 선택의 폭이 더 넓어졌다고 말할 수 있습니다.

■ 그림 13-18 왼쪽(진회색)은 일반적인 파워펑션 단자의 위와 아래의 모습, 그리고 오른쪽은 9V 호환용 파워펑션 단자의 모습입니다. 한 전선에 이와 같은 두 가지 형태의 단자가 장착되어 있으며(그림 13-17 참조), 두 단자는 색상과 단자 아래의 모습으로 구분할 수 있습니다.

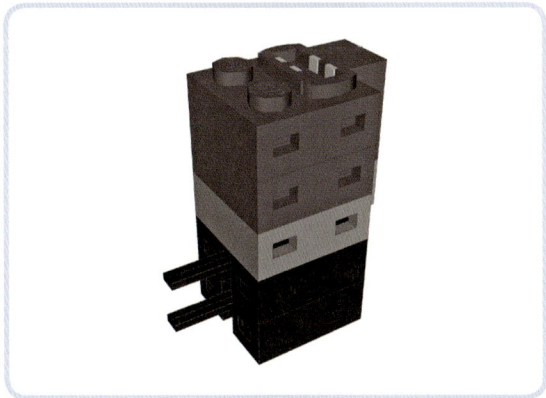

■ 그림 13-19 파워펑션 변환 단자(연회색)는 위로는 여러 개의 파워펑션 단자(진회색)를 끼울 수 있고, 아래로는 여러 개의 9V 단자(검은색)를 끼울 수 있습니다.

세트로 출시된 파워펑션 부품의 종류

아래의 파워펑션 부품들은 별도의 세트로 출시되었습니다.

- 8869 : 스위치
- 8870 : LED 조명
- 8871 : 파워펑션 연장선 (대)
- 8878 : 충전식 전원공급장치
- 8879 : 가감속 송신기
- 8881 : AA 배터리용 전원공급장치
- 8882 : XL 모터
- 8883 : M 모터
- 8884 : 수신기
- 8885 : 기본 송신기
- 8886 : 파워펑션 연장선 (소)
- 8887 : 충전식 전원공급장치용 충전기
- 88000 : AAA 배터리용 전원공급장치

기타 부품

이 외에도 파워펑션에는 몇 가지 구성요소가 더 있습니다. 이 중 일부는 특수한 목적으로 특화된 부품들로, 예를 들면 기차 세트의 모터와 같은 것입니다. 이 절에서는 이러한 특수 목적의 부품은 생략하고 보다 일반적으로 사용되는 부품들을 살펴보겠습니다.

스위치

앞에서도 살펴보았지만, 스위치는 간단한 컨트롤이 가능한 부품입니다. 이것은 5×2 스터드 크기이며, 1브릭 높이의 베이스 부분과 내장된 전선, 그리고 하나의 출력단자와 하나의 전원 극성 변환스위치, 그리고 주황색의 스위치 레버로 구성됩니다. 스위치는 기본 운용 면에서 기본 송신기의 주황색 스위치와 동일하게 전진, 정지, 후진의 세 가지 모드가 있으나 기본 송신기처럼 레버가 정지 위치로 돌아오지는 않습니다. 또한, 레버의 돌출부를 연장할 수 있도록 축 구멍이 있고, 스위치 자체를 전진/후진 모드로 바로 움직이도록 스위치의 축 방향으로도 축 구멍이 뚫려 있어 스위치의 레버를 모터로 직접 조종하는 것도 가능합니다.

LED 조명

그림 13-20부터 13-22까지는 파워펑션 LED 조명의 모습을 보여줍니다. 파워펑션 조명은 한쪽으로 일반적인 파워펑션 단자가 설치되고, 반대쪽으로는 두 개로 갈라진 전선 끝에 백색 고휘도 LED 조명이 설치된 형태입니다. 이 부품은 가운데에 2×2×1 크기의 브릭이 연결 부위를 보강하는 용도로 설치되어 있습니다. 이 중앙부는 전기적인 접촉이 아닌 LED를 고정하는 용도로만 사용됩니다.

램프의 내부는 작은 백색 LED 소자와 여기에 연결된 전선의 일부까지를 투명한 브릭으로 감싼 형태이며, 이 부분은 높이가 2스터드보다 조금 작으며, 램프 부분의 지름은 브릭의 핀 구멍에 들어갈 수 있는 크기입니다.

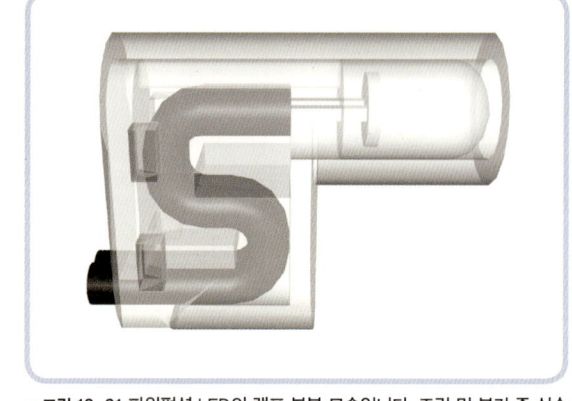

■ 그림 13-21 파워펑션 LED의 램프 부분 모습입니다. 조립 및 분리 중 실수로 와이어가 당겨져 납땜 부위가 끊어지는 것을 막기 위해, 와이어는 S자 형태로 구부러져 설치되었습니다. LED의 발광 부위는 핀 구멍에 맞게 스터드보다 약간 작게 만들어진 원통형 부분에 설치되어 있습니다.

LED 조명은 전방을 향해서만 밝은 백색의 빛을 발광합니다. LED 소자의 특성상 전력 소비는 무척 적으며 밝기는 일반적인 파워펑션의 속도 제어기능을 이용해 바꿀 수 있습니다. LED의 소자 역시 시간이 지나면서 조금씩 빛의 색이 바뀌는데, 초창기의 것은 약간 황색에 가까웠다면 최근의 것들은 약간 푸른빛이 도는 백색입니다.

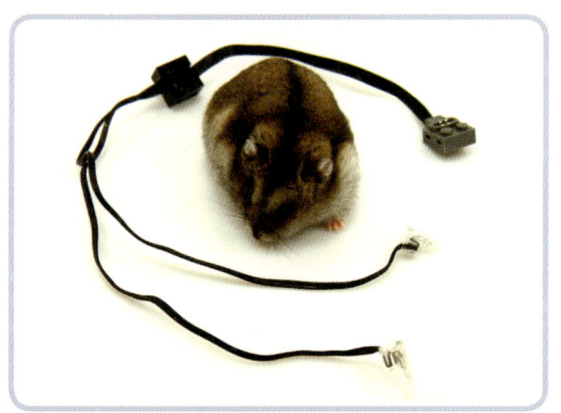

■ 그림 13-20 햄스터와 비교해 본 파워펑션 LED 조명의 모습.
이 햄스터는 저자 사리엘(sariel)의 애완동물입니다.

■ 그림 13-22 일반적인 레고 부품에 LED 조명을 설치하는 방법. LED의 램프 부분은 핀 구멍에 완전히 맞습니다. 구멍에 삽입되는 돌출 부위는 한 브릭의 두께보다 작기 때문에, LED가 삽입된 반대쪽은 약간의 공간이 남습니다. 위의 그림에서는 이렇게 남은 공간에 1×1 크기의 빨간색 반투명 플레이트를 끼워 빨간색 조명을 만드는 방법을 보여줍니다. 빨간색 외에도 노란색, 녹색, 파란색, 주황색 등 몇 가지의 투명 부품들이 있습니다.

4

고급 역학
advanced mechanics

14
바퀴형 조향장치
wheeled steering systems

조향은 차량 설계에 있어서 매우 복잡하고 어려운 분야입니다. 실제 차량에서 요구되는 주요한 특징이나 제기되는 문제점은 레고 차량이 작고 가벼운 만큼 중요한 쟁점이 되지 않겠지만, 조향의 기본 원리를 이해하는 데는 도움이 될 것입니다.

이 장에서는 대표적인 레고 조향장치의 구현방법뿐만 아니라, 중앙 복귀형 조향장치와 같은 몇 가지 선택 기능의 구현방법도 살펴볼 것입니다. 또한, 특별한 기하학적 조향 원리와 다축 조향장치에 관해서도 살펴볼 것입니다.

이 장에서는 4륜 이상의 바퀴를 가진 자동차의 형태로 한정합니다. 2륜이나 3륜의 조향장치는 훨씬 단순하기 때문에 이 장에서 다루지 않고, 바로 4륜 이상의 실제 자동차와 유사한 형태의 조향장치부터 살펴보겠습니다.

레고의 기본 조향장치

레고는 조향장치 구현의 편의성을 위해 몇 가지 특수 부품을 제작했습니다. 하지만, 일반적인 부품을 이용해서도 충분히 조향장치를 구현할 수 있습니다. 그림 14-1에서는 우리가 앞으로 살펴볼 것과 유사한 일반적인 핸들을 이용한 조향장치의 모습을 볼 수 있습니다.

그림 14-1과 앞으로 제시될 그림에서 차체의 일부분은 검은색, 핸들은 노란색으로 묘사될 것입니다. 이 외에도 중요한 네 가지 부분에 대해 각기 다른 색을 일관적으로 사용합니다.

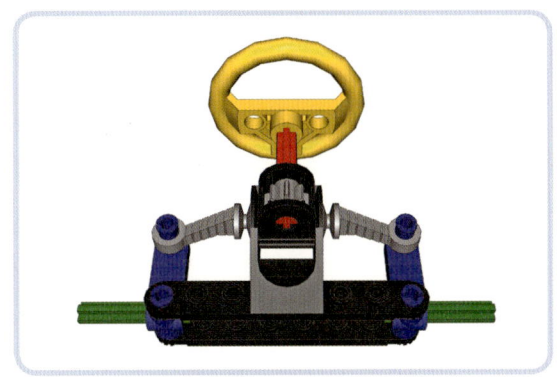

■ 그림 14-1 일반적인 레고 조향장치의 모습

조향축(빨간색) 핸들 또는 모터를 이용해 피니언 기어를 구동시키고, 이를 통해 평판형 기어인 랙 기어를 움직이는 축입니다.

랙과 피니언 기어 세트(회색) 피니언 기어(그림 14-1에서는 8톱니가 사용됨)와 여기에 맞물리는 랙 기어(톱니가 펼쳐진 형태의 기어)로 구성됩니다(그림 14-4 참조). 피니언 기어가 회전하면, 여기에 맞물린 랙 기어는 직선운동을 하게 됩니다.

조향 암(파란색) 한쪽은 차체에 고정되고, 다른 한쪽은 랙 기어에 고정됩니다. 랙 기어가 직선운동을 하게 되면 조향 암들은 한쪽이 차체에 고정된 채 부채꼴운동을 하게 됩니다.

스핀들(녹색) 조향 암에 장치되어 있으며, 실제로 바퀴가 장착되는 축입니다. 이 장의 조향장치는 구동을 배제한 조향기능만을 담고 있으며, 구동기능이 포함된 조향장치는 구조가 좀 더 복잡합니다.

그림 14-2는 일반적인 레고 조향장치가 구동되는 모습을 보여줍니다. 핸들을 돌리면 바퀴가 꺾이고 차량 전체가 방향을 바꿉니다. 이것이 조향입니다. 여기에 구동기능을 가진 바퀴가 추가된다면 차량의 기본 구성요소가 다 갖추어집니다. 그림 14-3은 이러한 조향장치에 뒷바퀴를 단 기본적인 차량의 개념을 보여줍니다.

그림 14-2에서 사용된 랙 기어는 부품번호 2791의 조금은 특수한 부품입니다. 이것은 약간의 탄성을 가진 연질의 부품이며, 이 랙이 이탈하지 않도록 설계된 전용의 지지 부품과 짝으로 구성됩니다. 피니언 기어와 맞물리는 랙 부분을 다른 기어로 제작할 수도 있지만, 이 경우 작은 문제가 발생할 수 있습니다. 그림 14-4에서는 이 전용 부품을 사용하지 않는 일반적인 랙 기어 구성의 조향장치에서 발생할 수 있는 문제를 보여줍니다.

핸들이 돌아가고 피니언 기어가 회전하면, 랙 기어는 직선운동을 하게 됩니다. 문제는 랙 기어의 양쪽 끝이 차체와 조향 암에 의해 연결되었기 때문에 랙 기어의 직선운동에 추가적인 운동이 더해진다는 점입니다. 만약 좌우로 움직이면서 동시에 앞뒤로도 움직이는(반원형 곡선운동) 랙 기어가 어느 순간 피니언 기어에서 이탈하게 된다면 조향장치는 동작 불능 상태에 빠질 수 있으며, 이러한 문제를 예방하기 위해서는 최대 조향 범위를 줄이거나, 그림 14-5와 같이 여분의 피니언 기어를 추가하는 방법을 사용할 수 있습니다.

■ **그림 14-2** 가장 기본적인 조향장치에서 핸들을 왼쪽, 중앙, 오른쪽으로 구동할 때의 바퀴의 위치 비교

■ 그림 14-3 레고 차량도 일반 차량과 마찬가지로 조향축과 구동축이 필요합니다.

■ 그림 14-4 조향 암(파란색)이 회전하면 여기에 연결된 랙 기어(연회색)가 좌우로 움직이며, 조향암에 의해 한곳이 고정되어 있기 때문에 앞뒤로도 움직입니다..

■ 그림 14-5 랙 기어의 이탈 문제를 해결하기 위한 가장 간단한 방법은 랙이 하나의 피니언에서 이탈하더라도 다른 피니언에 걸려 제 기능을 수행할 수 있도록 피니언을 추가하는 것입니다.

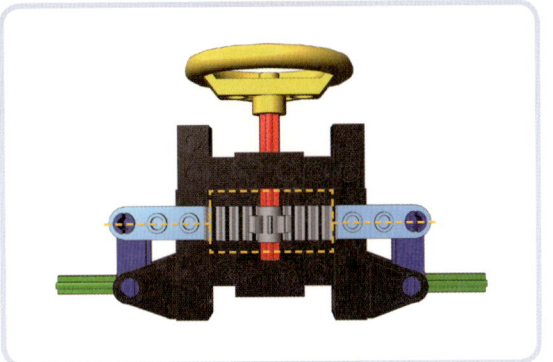

■ 그림 14-6 정위치로 정렬된 조향장치입니다. 하늘색의 타이 로드는 피니언 기어를 중심으로 설치되어 있으며 상하로 2스터드 크기의 움직일 수 있는 여유 공간이 있습니다.

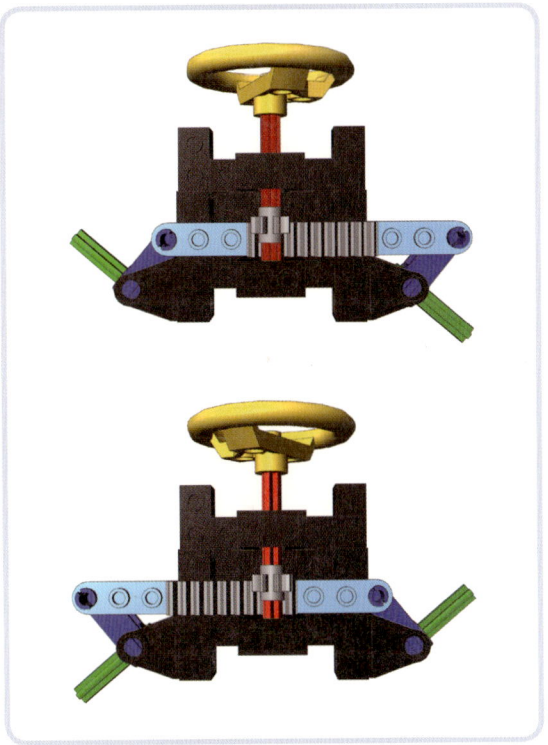

■ 그림 14-7 14-6의 조향장치를 최대한 오른쪽과 왼쪽으로 조향한 상태의 모습입니다. 피니언 기어는 그대로지만, 타이 로드와 여기에 연결된 랙 기어는 앞으로 움직였으며, 이 위치에서도 피니언 기어를 벗어나지 않았습니다.
이 구조는 몸체에서 타이 로드가 이탈하는 것을 막기 위해 랙 기어가 움직일 수 있는 공간을 제한하고, 피니언 기어를 중심에 배치했기 때문에 14-4에서와 같은 이탈현상이 발생하지 않는 것입니다.

또 다른 방법은 그림 14-6과 14-7에서 제시된 것처럼 랙 기어의 전후 운동 경로의 중간에 피니언 기어를 배치해서 랙 기어의 운동 범위 안에서 피니언 기어가 이탈하지 않도록 설계하는 것입니다.

이 그림에서는 조향장치의 새로운 구성요소를 볼 수 있습니다. 조향장치의 구성을 위해서 앞에서 선보인 연회색의 1×4 크기의 랙 기어와 함께 사용된 하늘색의 타이 로드tie road 부품이 그것입니다. 타이 로드의 양 끝은 핀 구멍이 설치되어 있으며, 조향 암과 랙 기어 사이를 연결합니다.

여러분이 보시는 바와 같이, 타이 로드는 주변에 2스터드 크기의 여유 공간이 필요합니다. 🧑 랙 기어의 전후 이동으로 인해 요구되는 공간입니다. 그러나, 여러분은 이러한 공간을 불필요하다고 판단하고 없애고 싶을 수도 있습니다. 이 경우 다른 해결책이 있습니다. 그림 14-8에서 제시되는 다른 해결책은 물론 앞서 본 조향장치보다 조금 더 복잡해집니다.

여기에서 제시된 타이 로드는 중앙의 랙이 연결된 긴 부분과 그 양쪽의 짧은 세 부분으로 나뉘며 각각의 부분은 핀으로 연결되어 구부러질 수 있습니다. 짧은 부분은 그림 14-9와 같이 조향 암의 회전운동에서 앞뒤로의 불필요한 움직임을 상쇄시켜 랙 기어가 앞뒤로 움직이는 것을 막아 줍니다.

세 부분으로 분할된 타이 로드는 안정적이어서 많은 창작가들이 선호하는 방식입니다. 그러나 양 옆에 비해 긴 가운데 로드가 있고 전체적으로 폭이 넓기 때문에 차체가 좁은 경우에는 적합하지 않습니다. 이 경우 그림 14-10에서와 같이 랙과 피니언을 사용하지 않고 레버와 노브 휠을 이용해 보다 간단한 조향장치를 구축해서 이 문제를 해결할 수도 있습니다.

이제 여러분은 타이 로드의 운동에 대한 문제와 이에 대한 해결방법 세 가지를 알아보았습니다. 또한, 일반적인 부품을 응용한 기본적인 조향장치의 대략적인 모습도 살펴보았습니다. 이제 여러분은 여러분이 만들고자 하는 차량에 원하는 형태의 조향장치를 구축할 수 있을 것입니다.

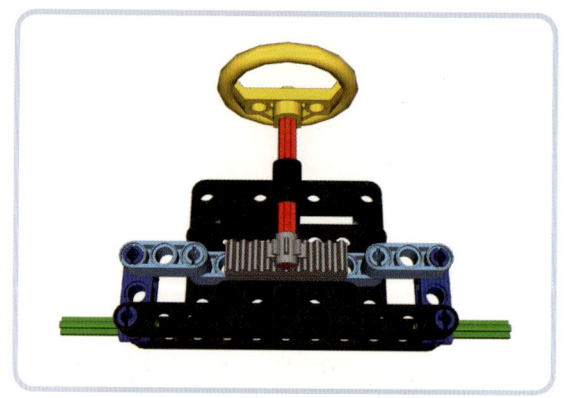

■ 그림 14-8 변형된 구조로 타이 로드에 관절을 추가한 형태. 타이 로드는 삼등분으로 핀을 이용해 랙 기어의 좌우측이 움직일 수 있는 구조이며, 이 짧은 관절 부분은 조향 암의 회전에 의해 랙 기어 부분이 앞으로 움직이지 않고 좌우로만 움직일 수 있도록 앞뒤로의 불필요한 움직임을 상쇄시켜 줍니다.

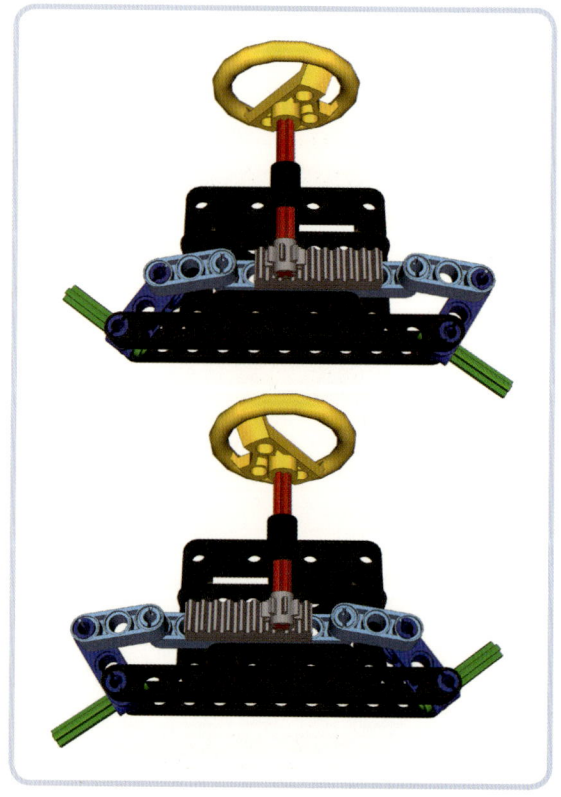

■ 그림 14-9 3등분으로 나뉜 타이 로드를 이용한 조향장치. 조향 암은 앞뒤로 움직이지 않게 되고 랙 기어가 설치된 타이 로드 부분만 좌우로 움직입니다.

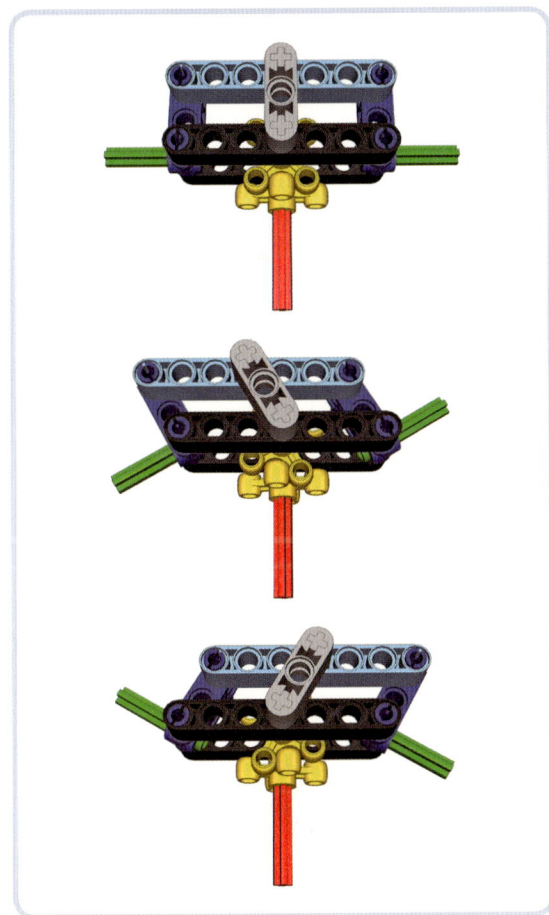

- 그림 14-10 랙과 피니언을 사용하지 않고 구현한 조향장치입니다. 대신 조향축에서 타이 로드에 운동을 전달하기 위해 짧은 레버(회색)와 두 개의 노브 휠(노란색)이 사용되었습니다.

중앙 복귀 조향장치

중앙 복귀 조향장치란 그 이름이 의미하는 대로, 조향장치의 핸들에 가해진 힘이 사라질 때 조향장치가 중앙을 향해 복귀하도록 설계된 장치를 의미합니다. 이러한 메커니즘은 조향장치에 모터를 적용하는 경우, 특히 파워펑션 무선 송신기를 이용한 조향장치를 보완해주기에 좋습니다. 송신기의 레버를 앞 또는 뒤로 조작할 때 조향 바퀴를 왼쪽 또는 오른쪽으로 움직이고, 레버를 놓을 때 바퀴를 앞으로 향하도록 복귀시킵니다.

> **NOTE** 이러한 중앙 복귀 조향장치는 파워펑션 기본 송신기와 일반 모터를 이용할 때 적용할 수 있습니다. 또한, 파워펑션 가감속 송신기와 파워펑션 서보 모터를 조합해서 만든 자동 복귀가 가능한 조향 시스템을 대체할 수 있는 장치입니다(13장 참조).

가장 쉽게 중앙 복귀 조향장치를 구축하는 방법은 부품 번호 x928cx1, 또는 하키 스프링이라 불리는 특수한 부품을 사용하는 것입니다. 2×3 스터드 크기로, 안에 스프링이 내장되어 있고, 스프링에 의해 항상 정위치를 유지할 수 있는 축 구멍이 하나 있습니다. 하키선수 모양의 세트에서 선수의 팔을 움직여 하키 픽을 날리는 기능을 위해 제작되었던 부품입니다.

이 부품은 그림 14-11과 같이 몇 가지 부품들과 함께 조합해서 파워펑션 모터에 장착할 수 있습니다. 이렇게 조립된 모터의 축은 전원 공급이 차단되는 순간 중앙으로 돌아오게 됩니다. 이 방법은 모터를 좌 또는 우로 조향하려 할 때 모터가 원래 축에 가해지는 부하와 함께 스프링의 힘까지 극복해야 하는 문제가 있습니다. 즉 조향 상태를 유지하려면 모터는 지속적으로 스프링의 힘을 억누를 만큼의 강한 토크로 돌아야 하는데, 이때 많은 전류가 소모된다는 뜻입니다. 실제로 이는 모터에 큰 스트레스로 작용하며 간혹 파워펑션 수신기의 허용 전류 이상을 요구해 수신기가 일시적으로 꺼지면서 모터로 공급되는 전류가 차단되어 조향 상태가 풀어지는 문제가 발생할 수 있습니다.

여러분이 만약 하키 스프링이라는 특수 부품을 구할 수 없는 상황이라면, 좀 더 간단한 방법으로 고무밴드를 활용하는 방법도 있습니다. 그림 14-12를 보면, 조향축(빨간색)이 중앙으로 돌아올 수 있도록 빔(노란색)이 설치되었습니다. 모터에 의해 조향축이 회전하면 이 빔에 힘이 가해져 벌어지고, 모터가 정지해서 조향축도 멈추면 고무밴드(흰색)의 당기는 힘에 의해 조향축이 원위치(12시 방향)로 돌아오도록 하는 방식입니다.

즉 모터 축을 회전시키면 빨간색 부품은 10시 방향 혹은 2시 방향과 같이, 좌우로 움직이면서 조향되는데, 이 때 노란색 빔은 벌어지게 됩니다. 동시에 고무밴드는 지속적으로 노란색 부품을 중앙을 향해 당기게 되는데, 모터의 구동이 멈추면 고무줄의 탄성으로 빔이 중앙으로 모이면서 빨간색 부품도 중앙으로 오게 됩니다. 이 덕분에 조향용 바퀴는 직진 방향으로 향하게 됩니다.

여러분이 이 장치를 구현할 경우, 노란색 부품의 크기, 구동 모터의 힘, 전체적인 조향장치에 걸리는 부하 등을 고려해서 적절한 장력의 고무밴드를 찾아야 합니다. 🧑 고무밴드가 너무 약하면 이 장치는 제 기능을 발휘하지 못하며, 반대로 너무 강하면 하키 스프링을 이용할 때 이상의 더 큰 전류를 소비하면서 정상적으로 조향이 되지 않기 때문입니다.

중앙 복귀 조향장치는 차량의 제어를 보다 빠르고 간편하게 할 수 있지만, 반면 조향 각도가 단지 세 단계밖에는 허용되지 않기 때문에 정확한 곡선 주행이 어렵습니다. 🧑 스프링이나 고무밴드가 최대한 원위치로 돌아가려 하기 때문에 이 장치들을 이용해서는 실제 자동차처럼 여러 단계의 조향 각을 자연스럽게 구현하는 것이 거의 불가능하며, 이 때문에 조향 각을 이용해 회전 반경을 주행 중 임의로 바꾸는 것도 불가능합니다.

당연히 이 장치는 저속 주행으로 보다 정확하게 조향할 수 있는 차량보다는, 속도가 빠르고 이로 인해 조향장치의 반응도 빨라야 하는 차체에 적합합니다. 그러나 큰 조향 각을 가지는 차량에 중앙 복귀 기능을 넣는 것은 조향과 복귀가 매우 빨리 된다는 것을 의미하며, 이는 차량

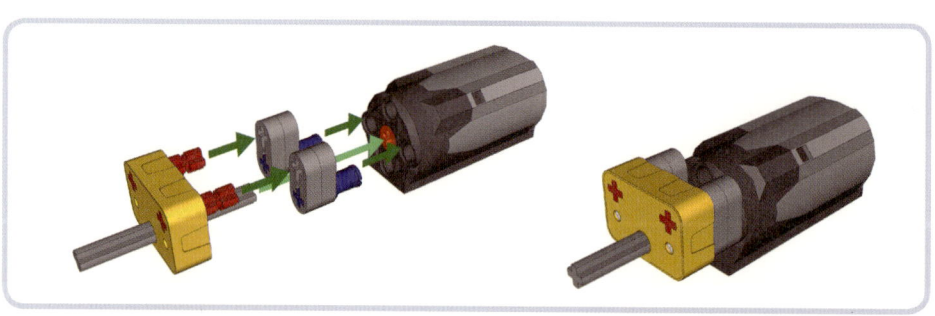

■ 그림 14-11 하키 스프링(노란색)을 이용해 원점 복귀 기능을 구현한 모터 조향장치

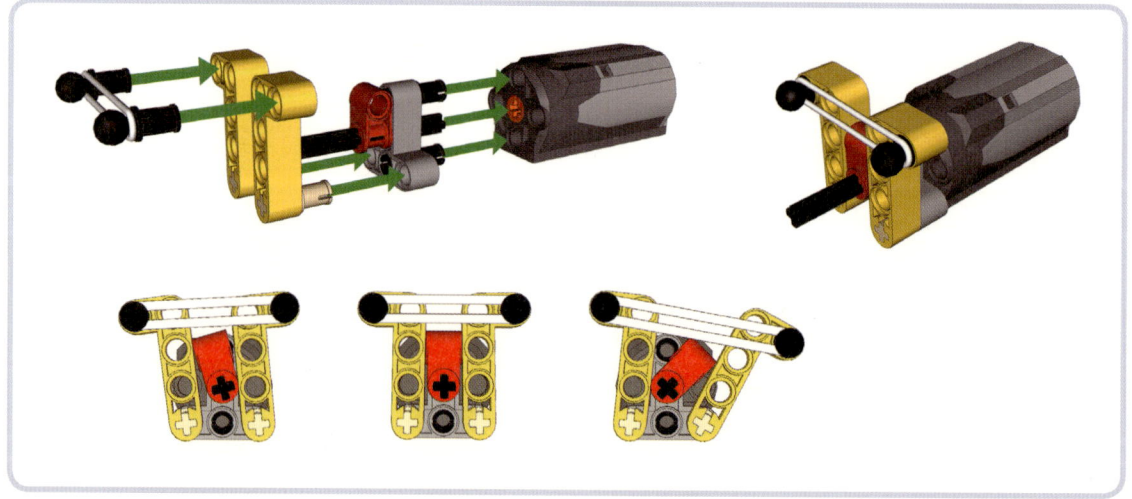

■ 그림 14-12 고무밴드를 이용해 원점 복귀 기능을 구현한 PF M 모터 조향장치. 아래는 빨간색 조향축이 좌우로 비틀 때의 변화를 정면에서 본 모습.
🧑 독자의 이해를 위해 아래 그림을 추가하였습니다.

의 조향이 급격하게 이루어져 결과적으로 차량의 자세를 매우 불안정하게 만들게 됩니다. (조향 각은 1장에서 언급한 바와 같이, 조향 륜이 최대로 조향될 수 있는 각도를 의미합니다.)

경험한 바에 의하면 빠른 속도를 염두에 두고 특수하게 제작된 차량이 아니라면, 일반적인 조향장치를 이용해 정확하게 주행 방향을 조절해주는 형태로 제작하는 것이 더 나을 것입니다. 대부분의 경우, 파워펑션 M 모터에서 9:1 정도의 기어 감속을 통해 조향장치에 연결한다면 일반적인 조향장치에서는 적절한 속도와 균형 및 정확성을 보장할 수 있습니다.

애커만식 조향장치

바퀴의 조향에 의해 곡선 주행하는 차량에서, 곡선의 안쪽을 달리는 바퀴와 바깥쪽을 달리는 바퀴의 회전 반경은 서로 다릅니다. 이는 차체의 회전 중심으로부터 안쪽 바퀴까지의 거리와, 중심으로부터 바깥쪽 바퀴까지의 거리가 차체의 폭만큼 차이가 나기 때문입니다. 안쪽 바퀴의 주행 경로 곡선을 r1으로, 바깥쪽 바퀴의 주행 경로 곡선을 r2(r1에 차체의 폭을 더한 값)로 가정할 때, 주행 경로는 그림 14-13과 같습니다.

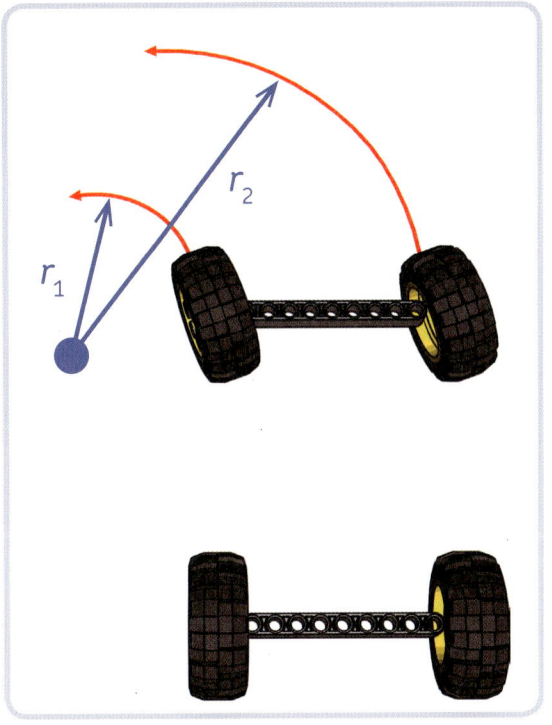

■ 그림 14-13 조향형 차량이 곡선 주행을 할 때 안쪽 바퀴와 바깥쪽 바퀴는 서로 다른 회전 반경을 갖게 됩니다. 안쪽 바퀴의 회전 반경은 반지름이 r1이며, 바깥쪽 바퀴의 회전 반경 r2는 'r1 + 차체의 폭'이 됩니다.

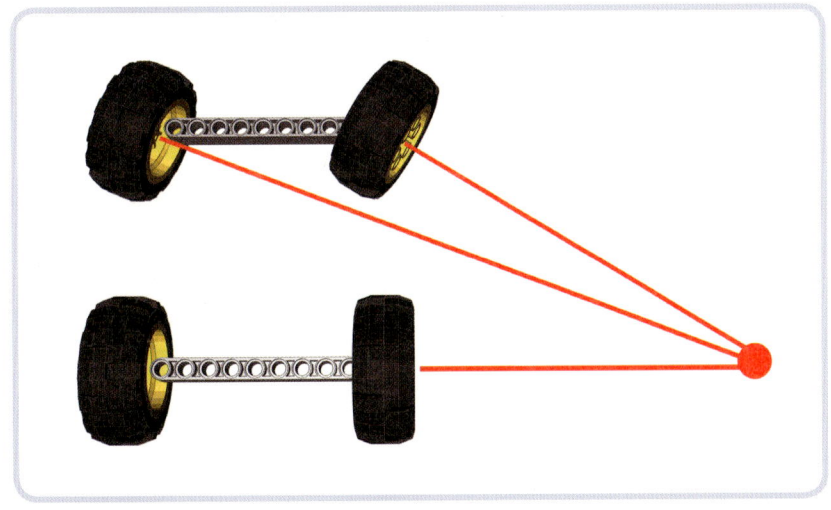

■ 그림 14-14 애커만식 조향장치에서는 안쪽과 바깥쪽 바퀴의 조향 각이 서로 다르기 때문에, 결과적으로 모든 바퀴의 중심에서 선을 연장하면 한 점에서 만나게 됩니다.

보통 조향장치에서는 양쪽 바퀴가 똑같은 회전각으로 선회하기 때문에 주어진 회전 반경을 정확하게 따라가지 못하고 미끄러지면서 바퀴에 마찰이나 타이어 손상이 일어날 것입니다. 애커만식 조향장치는 두 바퀴의 조향 각도를 각각 다르게 만들어 이와 같은 문제를 해결합니다. 보다 정확한 이해를 위해 그림 14-14를 살펴보면, 애커만식 조향장치에서 조향이 되는 두 바퀴의 중심축을 연장한 선은 모두 차체 회전 곡선의 중앙에서 만나는 것을 볼 수 있습니다.

이와 같이 정확한 회전 반경을 따라 바퀴가 움직일 수 있도록, 애커만식 조향장치는 스티어링 암의 연결 구조에 약간의 변화를 줍니다. 그림 14-15에서는 앞바퀴의 두 조향 암의 연결 지점에서 선을 연장하면 뒷바퀴 축의 중앙에서 두 선이 만나는 것을 보여줍니다.

레고 자동차로 돌아와서 다시 살펴본다면, 애커만식 조향장치가 채용되지 않아서 발생하는 추가적인 마찰이나 타이어의 마모는 아주 크고 무거운 모델을 제외한다면 무시해도 될 수준입니다. 이 때문에 애커만식 조향장치는 단순한 조향장치에 비해 분명히 유익한 점이 있지만, 대형 차량 모델이나 상당한 수준의 조향 각을 가진 일부 모델에서만 볼 수 있습니다.

애커만식 조향장치는 고급의 주행용 RC 차량에서 흔하게 사용되고 있지만, 레고 테크닉 시리즈에서는 일부 대형 모델에서만 구현되었습니다. 공식적으로는 수퍼카로 불리는 시리즈 중 두 가지, 모델번호 8865와 8880에서 애커만식 조향장치가 채용되었습니다(그림 14-16 참조). 두 차량 모두 조향장치에 독립적인 현가장치가 채용되었으며, 특이하게도 8880은 전륜과 후륜을 동시에 구동 및 조향이 가능한, 4륜 구동 및 4륜 조향형 시스템으로 출시되었습니다.

8865와 8880은 이러한 조향장치를 구현하기 위해 링크의 연결 지점을 이동시킨 특수한 조향 암 부품을 사용하며, 아쉽게도 이 부품들은 지금의 모델에서는 사용되지 않기 때문에 구하기 쉽지 않습니다(그림 14-17 참조).

그래서 우리는 몇 가지 조립도를 통해 애커만식 조향 개념이 적용된 우리만의 조향장치를 만드는 방법을 살펴볼 것입니다.

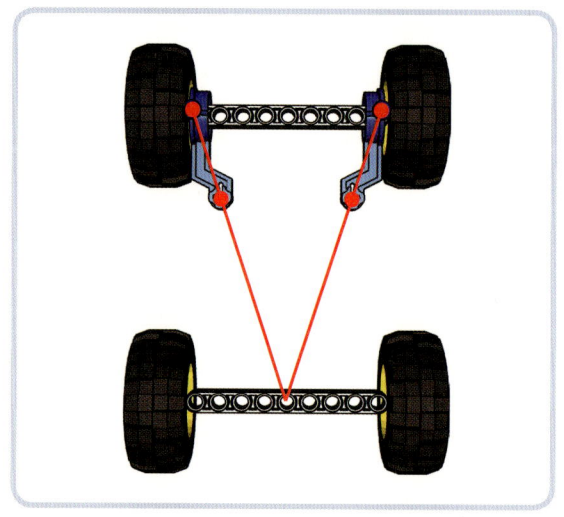

■ 그림 14-15 적절한 애커만식 조향장치의 모습. 앞쪽 조향 암의 두 연결 지점에서 선을 연장하면 뒷쪽 바퀴의 중앙에서 선이 만나게 됩니다.

■ 그림 14-16 : 레고 테크닉 8865(빨간색)와 8880(검은색)은 애커만식 조향장치를 염두에 두고 설계되었습니다.

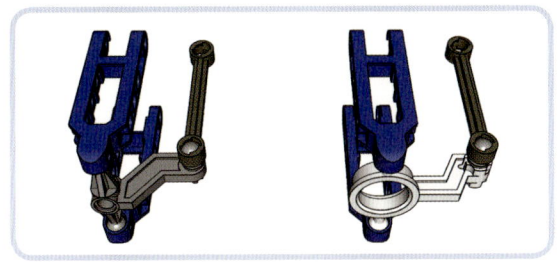

■ 그림 14-17 : 8865(왼쪽)와 8880(오른쪽)에서 조향 암(연회색과 흰색)이 서스펜션 암(파란색)에 끼워진 모습. 모두 애커만식 조향장치의 개념을 적용시킨 연결 상태를 볼 수 있습니다. 심지어 8880의 모든 바퀴는 조향과 동시에 구동도 가능합니다(4륜 조향, 4륜 구동).

애커만식 조향장치를 구현하기 위한 방법이 한 가지 더 있습니다. 그림 14-18과 같이, 가운데는 길고 양 옆은 짧게 연결한 3개로 나뉜 타이 로드를 이용하는 것입니다. 이 방식은 타이 로드를 약간만 움직여도 충분히 조향이 가능하며, 타이 로드의 위치는 앞 차축보다 더 앞쪽에 설치되어야 합니다. 이 방법은 스티어링 암의 연장선이 뒤쪽 바퀴의 중앙에서 만나지 않을 수도 있습니다.

하지만 이 때문에 실제로 각도를 확인해 보지 않는다면 제대로 애커만식 조향이 구현되는지 확인하기 어렵습니다. 또한, 이 방법은 타이 로드에 매우 큰 힘을 가해야 하며, 가운데의 랙 기어를 지지해 줄 수 있는 가이드 구조물을 차대에 설치해 주어야 합니다.

애커만식 조향장치를 만날 수 있는 공식 레고 세트도 있지만, 이것은 애커만식 조향 자체의 장점을 취하기 위한 목적보다는 기본 조향 기법을 뛰어넘는 조향 형태를 보여주는 것에 더 목적을 두고 있습니다.

대부분 레고로 만들어진 차량들의 크기와 무게를 감안한다면, 이러한 복잡한 조향장치를 사용할 때의 장점과 사용하지 않을 때의 단점의 차이는 무시할 수 있는 수준입니다. 물론, 아직도 많은 창작가들은 조립 기법을 보여주는 목적으로 자신의 창작품에 이런 복잡하고 특화된 조향장치를 포함하곤 합니다.

🧑 복잡한 조향장치를 구현한다면, 조향장치의 부피도 상대적으로 커질 것이고, 무게도 증가할 것입니다. 또한, 조향장치의 부피에 맞추어 전체적인 차량의 크기 및 무게 역시 증가하게 되겠지요. 결과적으로 차체는 이론적인 실제 차의 모습에 조금 더 가까워질 수 있겠지만, 적당한 구동이나 간단한 원리의 재현을 목적으로 한다면, 애커만식 원리를 생략하고 보다 간단한 기본 조향구조를 이용해도 충분히 목적을 달성할 수 있습니다.

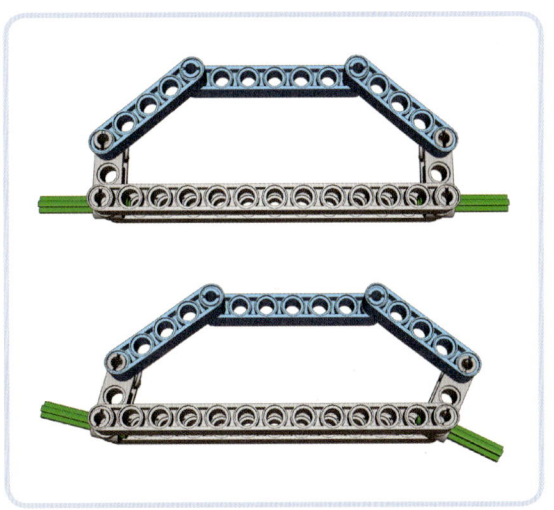

■ 그림 14-18 세 개의 연결 부위를 가진, 가운데가 긴 타이 로드를 이용해 구현한 애커만식 조향장치의 모습

애커만식 조향을 응용한 간단한 조향 암 모형

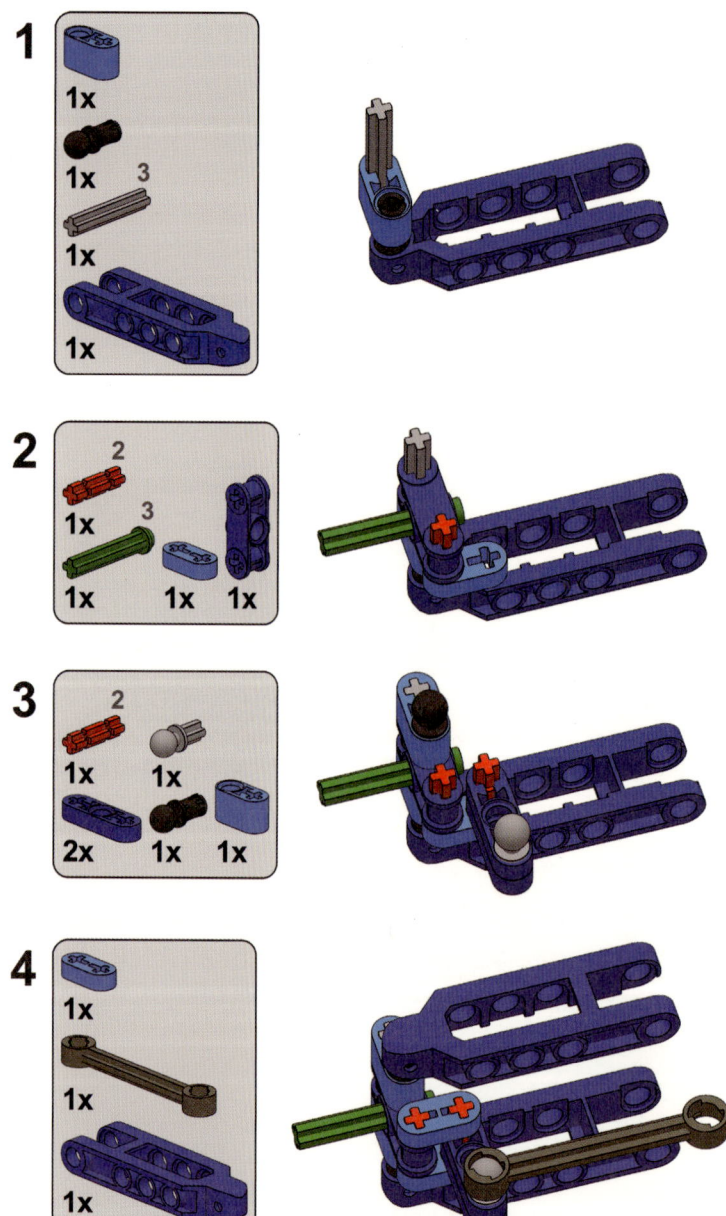

차축과 곡선 주행의 관계

애커만식 조향장치의 개념을 살펴보면서, 우리는 회전 반경에는 중심점이 있다는 사실을 배웠습니다. 그림 14-19와 14-20에서 보는 것과 같이, 바퀴가 곡선 주행을 할 때 각 바퀴와 수직인 선들이 모이는 곳에 회전 중심이 위치합니다. (단, 일반적인 기본 조향장치에서는 바깥 바퀴가 중심점과 만나지 않습니다.) 회전 반경의 중심과 차량의 거리가 가까울수록 회전 반경은 작아지게 되고, 반대로 멀어질수록 회전 반경은 커지며 차량은 완만한 곡선 주행을 하게 됩니다.

차량 바퀴의 중심축에서 수직으로 연장선을 그려줍니다. 그림 14-21을 보면 이 선은 정확하게 후륜의 고정축을 관통합니다. 바퀴가 어떤 각도로 회전하더라도 이 선은 항상 같은 곳에 위치합니다. 이것을 수렴선 convergence line이라 부릅니다.

차량의 모든 차축이 수렴선 위의 한 점에 모인다면, 차량은 쉽게 곡선 주행을 할 수 있고 바퀴의 불필요한 마찰은 최소화됩니다. 수렴선의 정확한 위치는 고정축의 형태와 배치에 따라 달라집니다. 예를 들어 조향되지 않는 고정축이 하나인 경우, 회전 반경의 중심으로 수렴하는 선은 정확히 고정축의 연장선이 됩니다(그림 14-21 참조).

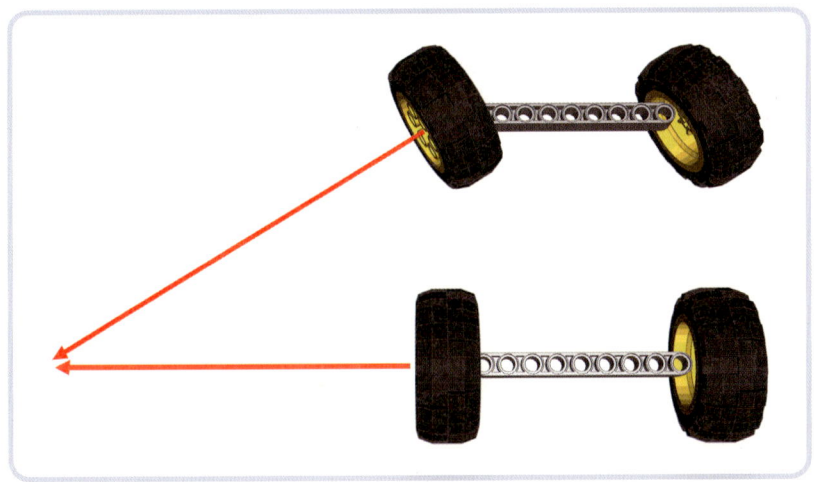

■ 그림 14-19 일반적인 조향장치에서의 차량 회전의 중심. 바깥쪽 조향 바퀴는 무시된 구조이며, 이 경우 차체의 회전 곡선의 방향과 바깥쪽에 설치된 조향 바퀴의 회전 곡선이 일치하지 않아 바깥쪽 바퀴는 미끄러질 수 있습니다.

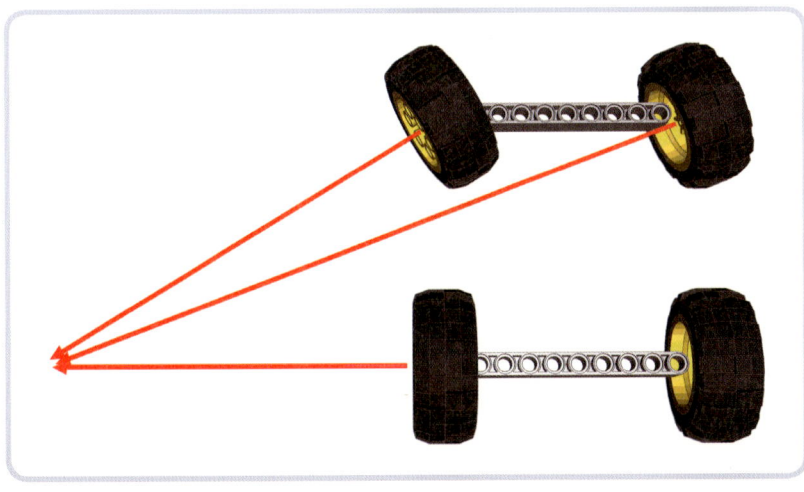

■ 그림 14-20 애커만식 조향장치를 적용한 차량의 회전의 중심. 모든 바퀴들의 중심은 정확히 차량의 회전 곡선의 중심을 향하며, 덕분에 차량의 회전 시 모든 바퀴는 미끄러지지 않고 정확한 위치에서 동작할 수 있습니다.

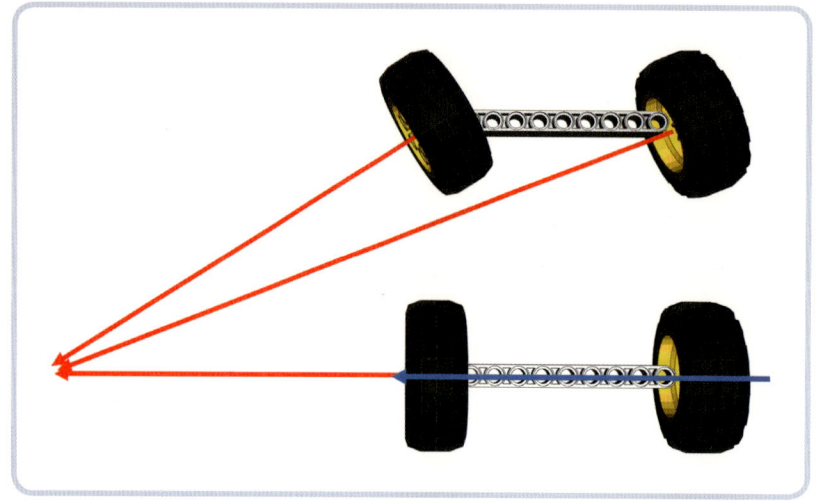

■ 그림 14-21 파란색 선이 수렴선을 뜻합니다. 차체가 회전하는 동안 수렴선은 차체에 수직이며, 차체의 회전 중심은 수렴선 위에 위치합니다.

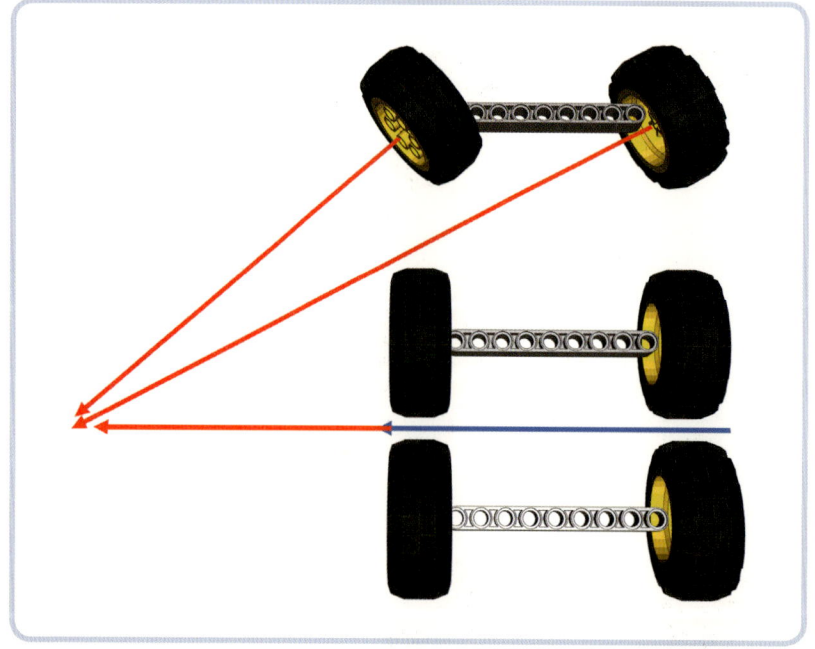

■ 그림 14-22 6륜 차량에서 앞의 두 바퀴가 조향되고, 뒤의 네 바퀴는 조향되지 않는 경우의 모습. 두 쌍, 네 개의 바퀴가 조향없이 함께 구동되기 때문에, 이 경우 수렴선은 두 축의 가운데인 파란색 선이 됩니다. 뒤의 네 바퀴의 중심축은 차체의 회전 곡선과 일치하지 않는 방향을 가리키고 있기 때문에, 바닥면과 상당한 마찰을 일으키게 됩니다. 이것은 조향되지 않는 바퀴가 여러 개인 자동차와 대형 트레일러들이 공통적으로 갖는 문제점 중 하나입니다. 또한 바퀴가 이러한 병렬형 구조로 배치되고, 조향되지 않는 비행기에서도 문제가 됩니다.

만약 조향되지 않는 고정축이 두 개인 경우, 수렴선은 두 고정축의 정 가운데를 지나게 됩니다(그림 14-22 참조). 마찬가지로, 세 개의 고정축이 같은 간격으로(뒷바퀴가 여섯 개) 배치되어 있다면, 세 축의 중심이 되는 가운데 축에서 연장한 선이 회전 반경의 중심에 수렴하는 선이 됩니다.

조향축이 두 개 이상이라면 수렴선을 파악하는 것은 조향축의 최대 조향 각, 그리고 조향축과 구동축 간의 간격을 결정하는 데 도움을 줍니다. 예를 들어, 차량의 맨 앞바퀴와 맨 뒷바퀴가 조향되는 경우 8개 이상의 바퀴를 갖는 초장축 대형 크레인에서 이러한 조향 개념을 볼 수 있습니다. 가운데의 고정축을 중심으로 앞과 뒤의 조향축이 대칭형으로 배치되기 때문에 조향축에서 수렴하는 선 역시 차체의 중심을 기준으로 대칭이 되며, 이는 그림 14-23과 같이 앞쪽 조향축과 뒤쪽 주향축이 서로

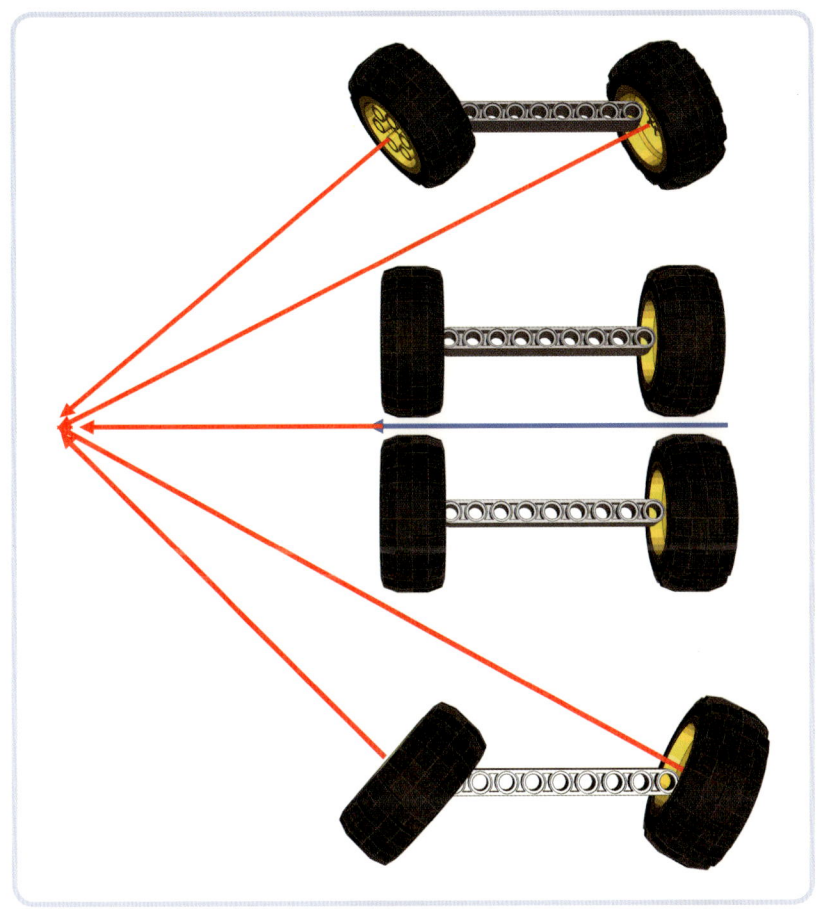

■ **그림 14-23** 8륜 차량에서의 조향. 중앙에 구동 바퀴가 있고, 앞쪽과 뒤쪽으로 같은 거리에 조향 바퀴가 설치된다면 이것은 구동 바퀴의 수렴선을 기준으로 서로 대칭으로 배치되어야 합니다.

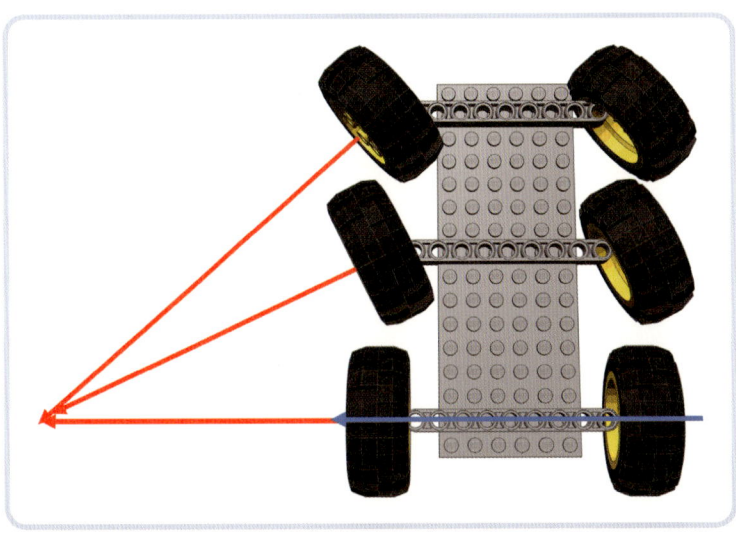

■ **그림 14-24** 이 조향장치는 여섯 개의 바퀴가 모두 미끄러지지 않도록 맨 앞의 조향축과 중간의 조향축을 각기 다른 각도로 조향합니다.

14 바퀴형 조향장치 243

반대 방향으로 조향이 되어야 함을 의미합니다.

조향축이 앞과 뒤로 대칭형으로 배치된 형태에 비해, 두 개 이상의 조향축이 나란히 인접해서 배치된 형태는 훨씬 더 복잡한 계산을 요구합니다. 이 경우 가운데의 조향축과 앞쪽의 조향축은 한 점에서 수렴하기 위해 서로 다른 최대 조향 각을 가져야만 합니다. 수학적으로 계산을 통해 산출할 수 있지만, 이를 위해서는 삼각함수를 동원해 역 탄젠트 값을 계산해야 합니다.

그림 14-24는 두 개의 조향축과 하나의 고정축을 가진 차량의 조향을 보여줍니다. 두 조향축의 조향각 관계를 계산해 보겠습니다. 두 조향축 중 하나의 조향각을 임의로 가정하고, 수렴선으로부터 두 조향축까지의 거리를 비교하여 관계식을 구합니다. 먼저 첫 번째 조향축의 조향각을 45도라고 가정합니다. 🧑 45도로 가정하면 첫 번째 조향축이 만드는 삼각형이 이등변삼각형이 되므로, 첫 번째 조향축까지의 거리가 두 번째 축이 만드는 삼각형의 밑변, 즉 안쪽 바퀴와 회전 반경의 중점 사이의 거리가 됩니다. 그림에서와 같이, 이 경우 뒷쪽 구동축과 앞쪽 조향축의 거리는 13스터드이며, 가운데 조향축과의 거리는 7스터드입니다. 우리가 계산해야 할 부분은 바로 이와 같은, 구동축으로부터 떨어져 설치될 조향축의 위치인 것입니다.

$$\frac{7스터드}{13스터드} = 0.54$$

다음으로 할 일은, 이 두 조향축과 구동축의 거리 관계에 대한 역 탄젠트(아크 탄젠트) 값을 찾아 가운데 조향축의 조향 각도를 계산합니다. (앞쪽 조향축의 조향 각도는 이미 45도라고 가정했습니다.)

$$\tan^{-1}(0.54) \approx 28°$$

이제 이 각도의 차이를 통해 두 조향축을 구동시킬 조향 기어의 기어비를 산출합니다.

$$\frac{28°}{45°} = 0.622$$

계산된 결과를 반올림하면 대략 0.6의 결과를 얻게 됩니다. 즉 앞쪽 조향축이 1만큼 조향될 때 가운데 조향축이 같은 방향으로 0.6만큼만 조향되면 우리가 원하는 조향각을 얻을 수 있게 된다는 뜻입니다. 이를 위해서는 가운데 조향축을 구동하는 조향 기어를 0.6의 기어비로 감속시켜야 함을 의미합니다. 이를 위해서는 두 가지 방법을 사용할 수 있습니다.

- 앞쪽 조향축과 가운데 조향축은 하나의 축을 이용해 조향됩니다. 하지만 두 조향축은 서로 다른 치수의 피니언 기어를 사용합니다. 그림 14-25와 같이, 한 축은 12톱니 베벨 기어를, 그리고 다른 한 축은 20톱니 베벨 기어를 이용해 조향합니다. 🧑 12:20의 기어비는 계산하면 0.6:1의 비율이 되며 이는 우리가 앞서의 수식으로 계산한 0.622에 상당히 근접한 값입니다.

또한, 같은 축 위에서 다른 피니언 기어를 이용하기 때문에, 이에 맞물리는 랙 기어의 높이도 각기 다르게 맞추어야 합니다. 🧑 이 방식은 기어 구조를 단순화시킬 수 있다는 장점이 있지만, 지름이 다른 피니언 기어에 맞추어 랙 기어의 높이를 조절하다 보면 경우에 따라서는 이 높이 조절이 정확하게 되지 않는 경우가 발생합니다. 가용 공간이 충분히 넓다면 그림 14-26의 방법이 훨씬 더 안정적일 수 있습니다.

- 두 조향축은 같은 피니언 기어를 사용하며, 두 피니언 기어는 중간에서 추가적인 기어 감속장치를 구현해 회전비를 다르게 만듭니다. 🧑 오른쪽 조향축은 20톱니 기어를 이용해 바로 구동하고, 이 회전량이 같은 두 개의 회색 16톱니로 1:1로 전달시키면 검은색 12톱니 기어가 왼쪽 조향축에 맞물리기 때문에 결과적으로 왼쪽

조향축은 0.6의 감속비로 감속 회전을 하게 됩니다.

■ 그림 14-25 다른 최대 조향 각을 갖도록 조향장치를 만드는 첫 번째 방법. 조향장치를 구동하는 피니언 기어는 하나의 축을 공유하지만, 서로 다른 크기의 피니언 기어를 사용해 회전량을 다르게 만들고, 이에 맞추어 랙 기어의 높이도 조절해 줍니다.

■ 그림 14-26 다른 최대 조향 각을 갖도록 조향장치를 만드는 두 번째 방법. 두 피니언 기어는 같은 크기이지만, 두 피니언 기어 사이에 추가적인 기어 감속장치를 삽입해서 인위적으로 기어 감속을 시킵니다.

어느 방법을 사용하든 간에 기어의 크기가 달라야 한다는 것에 유의해야 합니다. 두 조향축의 랙 기어를 구동하는 피니언 기어의 크기 또는 피니언을 구동시키는 기어의 크기가 달라집니다. 만약 앞쪽 조향축(더 크게 조향되어야 하는 축)에 20톱니 기어를 사용한다면, 가운데 조향축(더 작게 조향되어야 하는 축)에 사용할 기어를 선택하기 위한 계산은 아래와 같습니다.

20톱니 × 0.6 = 12톱니

항상 이 계산이 정확히 모든 레고 기어 톱니 숫자와 맞아떨어지지는 않습니다. 결과는 소수 또는 홀수의 톱니, 이를테면 8.3톱니나 11톱니와 같은 값으로 나올 수도 있으며, 이 경우 결과 값과 가장 가까운 톱니를 가진 기어를 선택해야 합니다. 실제의 차량이라면 이 경우 해당되는 결과 값에 정확히 맞는 기어를 깎아 가공하겠지만, 우리의 목적은 가용할 수 있는 레고 부품을 적절히 활용해서 우리가 원하는 목적에 가장 가까운 결과물을 만드는 것이지 금형을 가공하는 것이 아니기 때문입니다.

계산한 결과대로 20톱니 기어와 함께 12톱니 기어가 필요합니다. 이를 이용해서 조향장치를 만들 경우, 먼저 모든 조향축이 차체의 정면을 향하도록 축을 잘 정렬해야 합니다. 실제 다축 조향이 구현되는 레고 모델의 조립 과정에서도 조향장치의 랙 기어들을 먼저 조립한 후에 조향축을 정렬시키고, 그 다음 피니언 기어를 장착합니다.

마지막으로, 여러분이 정말 수학에 염증을 느껴 이러한 계산이 너무 두렵다면, 보다 간단한 대안이 있습니다. 그것은 차체를 본격적으로 조립하기에 앞서, 전체적인 차량의 크기와 구동축 및 조향축의 배치를 확인할 수 있는 간단한 목업을 먼저 만들어 보는 것입니다.

완성된 목업 모델을 큰 종이 위에 올려놓고 조향되지 않는 구동축에서부터 수렴선을 그린 다음 조향축 각각을 손으로 움직여 보면서 모든 조향축으로부터 뺀 연장선이 한 점에서 만나기 위한 적절한 조향 각도를 측정하고 기록합니다.

물론, 만약 여러분이 이러한 계산 과정을 번거롭다고 생각한다면 수렴선을 완전히 무시하고 제작할 수도 있습니다. 수렴선을 무시하고 만들어 조향축이 한 점에서 만나지 않는다고 하더라도 이 때문에 생기는 문제는 단지 회전 중 약간의 미끄러짐이나 진동 정도이지 구동이나 회전이 불가능해지는 것은 절대 아닙니다.

15
바퀴형 현가장치
wheeled suspension systems

이전 장에서 우리는 바퀴가 달린 차량에서의 조향 원리에 대해 살펴보았습니다. 이제 조향축과 밀접한 관계를 가진 현가장치와 이를 구동하는 방법을 살펴보겠습니다. 이 두 장치는 서로 독립적이지만 최종적으로 바퀴에 영향을 주기 때문에 조립 과정에서 적절한 형태를 선택해야 합니다. (예를 들어, 어떤 현가장치는 특정한 조향 및 구동장치에만 적용 가능합니다.)

절대적인 것은 아니지만 바퀴 구동형 차량의 모든 축은 개념적으로 구동, 정지, 조향, 그리고 현가장치가 동시에 작동됩니다. 기본적으로 축은 단순히 바퀴를 연결시키는 개념으로 볼 수 있지만, 이 장에서는 단순한 일반 축이 아닌 적어도 구동 계통이 적용된 조금 더 복잡한 축의 움직임을 살펴볼 것입니다. 앞으로 우리가 살펴 볼 축의 종류는 네 가지로 모두 상당히 복잡한 구조를 가지고 있습니다.

- 구동축 (동력을 전달받아 실제 바퀴를 구동시킴)
- 구동축인 동시에 현가장치가 적용된 축
- 조향축인 동시에 현가장치가 적용된 축 (구동은 전달되지 않음)
- 구동축인 동시에 조향이 되면서 현가장치까지 적용된 축

먼저 기본적인 구동축부터 살펴본 다음, 여러 유형의 바퀴에 현가장치가 어떻게 적용되는지 살펴보도록 하겠습니다. 이를 통해 현가장치의 작동 원리, 종류, 그리고 적절한 상황에 맞는 현가장치를 어떻게 선택할지에 대해 알게 될 것입니다.

구동축

구동축이란 차체를 실질적으로 구동시키기 위해서, 동력원으로부터 전달받은 운동 에너지를 차체에 장착된 바퀴로 전달하는 축입니다. 동력원은 일반적으로 차축과 수직의 위치에 설치되는 경우가 많고, 이 경우 동력원과 구동축은 세로축으로 연결됩니다. 두 축이 세로로 만나려면 기어장치가 필요한데, 베벨 기어 한 쌍이 가장 간단한 연결 방법이라 할 수 있습니다. 이 부분은 차량에 따라 달라질 수 있습니다. 일부 차량은 엔진 출력축과 바퀴 구동축이 직교 상태로 만나지만, 엔진 출력축과 바퀴 구동축이 평행 상태로 만나도록 설계된 차량도 있습니다.

하지만, 구동축은 차체의 실질적인 구동을 담당하기 때문에 큰 토크가 요구됩니다. 일반적으로 레고 베벨 기어는 큰 토크가 가해질 때 기어가 튀는 현상이 있습니다. 이 경우 구동 중 뒷바퀴에서 소음이 발생하며 정상 구동을 못

하는 상황이 발생할 수도 있기 때문에 크기가 크거나 무거운 차량에 베벨 기어를 쓰는 방식은 좋은 선택이 아닙니다. 대신에 차동기어나 노브 휠을 사용하는 방법을 고려할 수 있습니다. 차동기어를 사용하는 경우(그림 15-1 참조) 베벨 기어가 튀지 않도록 설계된 구조 덕분에 원활한 구동이 가능하며, 노브 휠(그림 15-2 참조) 역시 그 특유의 디자인 덕분에 동력을 정확하게 바퀴로 전달할 수 있습니다.

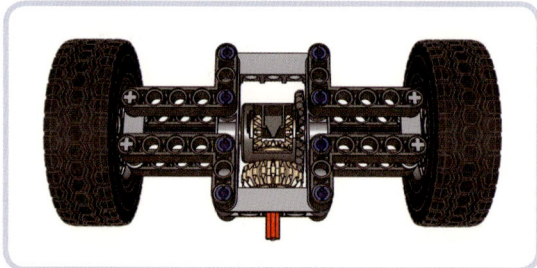

■ 그림 15-1 간단하면서도 기본에 충실한 구동축으로, 라이브 축이라고도 알려져 있습니다. 여기에서의 구동축(빨간색)은 20톱니 양면 베벨 기어(모래색)를 구동시키고, 여기에 맞물린 신형 차동기어(진회색)가 회전하면서 결국 바퀴가 구동됩니다. 스터드가 없는 5×7 프레임(연회색) 덕분에, 차동기어와 베벨 기어는 유격 없이 정확하게 구동되고 기어가 튀는 현상도 억제할 수 있습니다. 이 장치는 차동기어 내부에 좌우로 각각 7스터드 축이 나뉘어 설치되며, 전체 축 길이(두 바퀴 사이의 거리)의 절반 길이의 축을 사용하기 때문에 하프샤프트(half shaft)라고도 부릅니다. 이렇게 차동기어가 적용되어야 곡선 주행 시 양쪽 뒷바퀴가 미끄러지지 않게 됩니다.

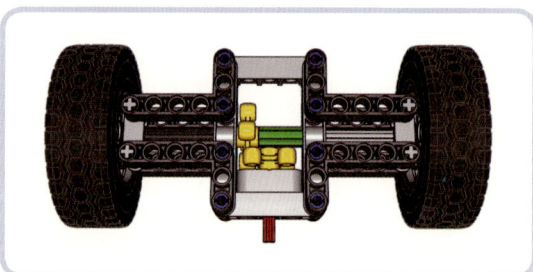

■ 그림 15-2 차동기어 대신 노브 휠 한 쌍을 이용해서 보다 간단하게 구현한 구동축. 노브 휠은 미끄러짐 문제가 없이 정확하게 구동축의 동력(빨간색)을 바퀴에 전달할 수 있습니다. 하지만, 이 경우, 차동기어를 사용하지 않고 양쪽 바퀴를 하나의 축(녹색)으로 구동하기 때문에 양쪽 바퀴는 같은 회전량을 갖게 됩니다. 이는 곡선 주행에서 한쪽 바퀴가 미끄러지는 현상을 야기할 수 있습니다. 이에 대한 자세한 내용은 8장을 참고하십시오.

현가장치의 개념과 범주

현가장치란 바퀴와 차대를 연결하는 구조물을 뜻합니다. 이것의 존재 이유는 다양한 노면 상태에 따라 모든 바퀴가 적절하게 지면에 접촉하게 하여, 결과적으로 차량의 안정성과 주행 성능을 높이는 데 있습니다.

여기에 부가적으로 주행 중 발생하는 지면에 의한 충격과 진동을 효과적으로 상쇄시켜 차체로 전달되는 충격을 줄여주는 역할도 합니다. 단, 이 충격흡수기능은 현가장치의 부수적인 기능으로, 모든 종류의 현가장치가 충격흡수기능을 완벽하게 구현하는 것은 아닙니다.

차량은 자세의 안정성을 유지하기 위해서 최소한 세 개 이상의 점이 안정적으로 지지되어야 합니다. 예를 들어 두발자전거의 경우를 살펴본다면, 지면에 안정적으로 지지되는 점이 단 두 개뿐이며, 이는 여러분이 발을 뻗어 한쪽 지면을 지지하거나, 혹은 빠르게 주행해야(바퀴의 회전에 의한 자이로스코프 효과로 인해) 자전거의 자세가 유지될 것입니다.

이와 같이 모든 차량은 지지되는 점이 최소한 세 개 이상이어야 하며, 우리는 앞으로 이 지지되는 부분을 받침점fulcrum 또는 좀 더 간단히 '점'이라 부를 것입니다. 이를테면 차량이 지면과 접촉하는 부분이 세 점인 경우, 이 현가장치는 3점식 현가장치3-point suspension, 네 점인 경우 4점식 현가장치와 같은 식입니다.

현가장치를 이해하기 위해서는 바퀴의 개수가 받침점의 개수를 의미하지는 않는다는 것을 이해하는 것이 중요합니다. 현가장치가 적용되지 않은 부동축은 받침점이 두 개입니다(축의 양쪽에 설치된 바퀴당 하나씩의 받침점이 존재). 그런데 만약 현가장치가 적용된 다른 축이 차체와 하나의 받침점으로 결합된다면, 이 경우 추가되는 바퀴가 두 개라도, 차체와 바퀴 축이 연결되는 점이 하나이기 때문에 받침점 또한 하나가 됩니다.

그림 15-3에서는 이와 같은 개념으로 네 개의 바퀴를 가졌지만 한 축은 부동축이기 때문에 두 개의 받침점을,

다른 한 축은 현가장치가 적용되면서 하나의 받침점을 갖게 된 차량의 모습을 볼 수 있습니다. 바퀴가 여섯 개라도 설치된 현가장치의 동작 형태에 따라 세 개의 받침점을 가질 수도 있습니다(그림 15-5 참조).

그림 15-3부터 15-7까지는 간단하게 묘사한 현가장치가 적용된 다양한 바퀴 수를 가진 차체의 모습을 볼 수 있습니다. 차체는 검은색, 현가장치는 파란색이며, 차체의 하중이 지면에 전달되기 위한 받침점은 빨간색 화살표로 표시되었습니다.

현가장치를 분류하는 첫 번째 방법은 우선 바퀴가 서로 어떻게 움직일 것인지 그 형태를 이해하는 일입니다.

- 축에 장착된 하나의 바퀴가 다른 바퀴에 영향을 주지 않고 움직일 수 있다면, 👦 전진 구동이 아닌 지면의 불균형으로 인한 진동을 뜻합니다. 이 현가장치는 독립된 현가장치입니다.

- 축에 장착된 하나의 바퀴가 움직일 때 다른 바퀴 역시 같이 영향을 받는다면 이 현가장치는 일체 차축형 현가장치입니다.

일체 차축형 현가장치의 경우, 바퀴의 축 한쪽이 올라갈 경우 반대쪽은 내려가는 형태로 대칭으로 움직이게 됩니다. 그림 15-3부터 15-7까지의 예제는 모두 이와 같은 일체 차축형 현가장치의 예제입니다.

또한, 현가장치의 형식은 축의 형태에 따라서도 달라질 수 있습니다. 예를 들어, 한 차량 안에서도 앞 차축은 독립형 현가장치를, 그리고 뒤 차축은 일체 차축형 현가장치를 혼용하는 경우도 있습니다. 차량을 만들 때 필요한 부분에만 복잡한 현가장치를 만들고 나머지 부분은 조금 더 간단하게 만들 수 있기 때문에 상당히 선호되는 조합이고, 실제의 차량에서도 모든 차축에 고급 현가장치를 사용하는 것은 비효율적이기 때문에 이와 같은 적절한 혼용이 자주 발견됩니다.

■ 그림 15-3 하나의 고정 축과 하나의 현가장치가 설치되어 세 개의 받침점을 가진 네 바퀴 차체

■ 그림 15-4 차체가 각 축마다 하나씩의 받침점만을 갖도록 현가장치를 설치하는 경우, 바퀴는 네 개이지만 바퀴 축에 지지되는 점이 두 개 뿐이기 때문에 차체는 쉽게 균형을 잃을 수 있습니다. 이 경우 차체가 임의의 방향으로 치우치는 것을 막기 위해 탄성을 가진 요소(예를 들면 스프링장치)를 적용시켜야 할 것입니다.

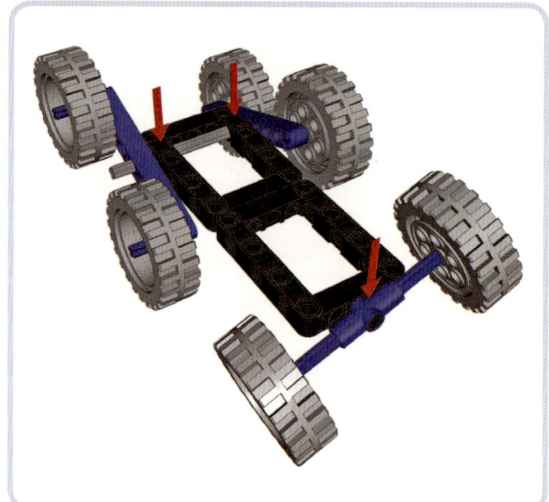

■ 그림 15-5 모든 바퀴에 현가장치가 적용된 여섯 개의 바퀴를 가진 차체

흡수하게 됩니다.

- 현가장치에 탄성요소가 적용되지 않고, 차체와 구동축이 바로 연결되었다면, 차체는 구동 시 지면으로부터 받는 충격을 고스란히 전달받게 됩니다.

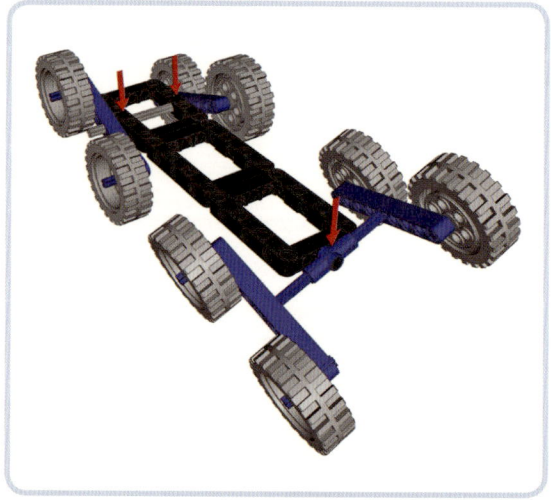

■ 그림 15-7 그림 15-6과 마찬가지로 여덟 개의 바퀴를 가진 차체이지만, 좀 더 복잡한 현가장치를 적용하여 받침점의 수를 줄일 수 있습니다. 이런 현가장치는 대형 여객기에 장착된 여러 개의 바퀴에 적용할 수 있습니다.
🧑 이 차체의 받침점은 세 개입니다, 빨간색 화살표. 한 개의 현가장치가 한 개의 받침점을 갖는 그림 15-6과 달리, 맨 앞 축은 한 개의 받침점으로 세 개 축의 움직임을 흡수하는 형태입니다.

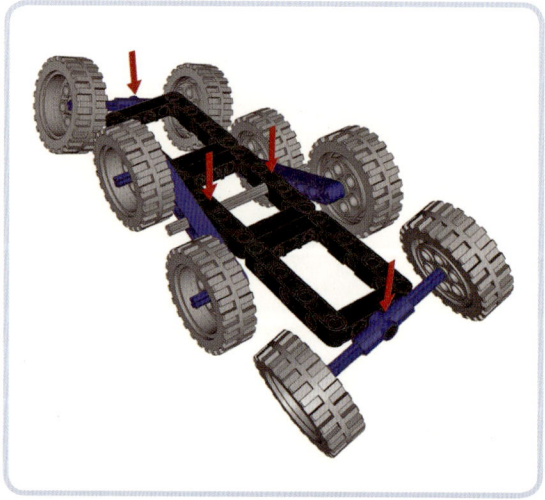

■ 그림 15-6 여덟 개의 바퀴를 가지며, 네 개의 현가장치에 의해 네 개의 받침점을 갖는 차체. 차체가 길고 여러 개의 바퀴를 가진 차량의 경우 가끔 세 개 이상의 받침점을 갖는 경우가 있습니다.

현가장치를 분류하는 두 번째 방법은 지면으로부터의 충격을 처리하는 방법을 이해하는 것입니다.

- 현가장치에 스프링과 같은 탄성요소가 장치된 경우, 이 탄성요소는 차체와 구동축을 지지하게 되며 구동 시 지면으로부터 받는 충격을 탄성요소가 부분적으로

차체에 설치된 현가장치가 스프링과 같은 탄성요소에 의한 완충이 적용되었는지 확인하는 가장 쉬운 방법은 차체를 바퀴 방향으로 눌러 보는 것입니다. 완충기능이 적용된 현가장치는 차체의 모든 바퀴가 지면에 닿은 상태로 차체의 눌린 부분만 기울어지게 만들었다가 원상태로 돌아가게 할 것이고, 완충기능이 적용되지 않았다면 차체는 눌린 반대쪽이 들리면서 바퀴 중 일부가 지면에서 뜬 불안한 상태가 될 것입니다. 이런 특성 때문에 탄성이 적은 완충장치를 적용하거나, 완충기능이 빠진 현가장치를 장착한 차량은 항상 지면과 차체, 특히 차체의 중앙이 일정한 간격을 유지하게 됩니다. 이러한 현가장치는 일반적으로 큰 하중을 견뎌야 하는 특수 중장비에서 사용됩니다.

현가장치의 종류

이 절에서는 실제로 사용되는 많은 종류의 현가장치를 레고로 재현해 볼 것입니다.

- 기본형 독립 현가장치
- 타트라-타입 현가장치(타트라 사에 의해 개발되고 특허를 인가받은, 특수한 형태의 독립 현가장치)
- 진자형 현가장치(단일 차축에 적용되는 간단한 구조의 일체 차축형 현가장치)
- 부동축 현가장치(차체와 구동축이 고정적인 연결이 없이 링크 구조에 의존하는 현가장치)

이제 이 각각의 현가장치에 대해 간단한 모형을 함께 살펴보면서 개념을 배워 볼 것입니다. 개념에 대한 이해가 끝나면 실제 조립해서 적용해 볼 수 있도록 현가장치의 모형 조립도 역시 제공합니다.

더블 위시본 독립 현가장치

유형: 독립형, 완충장치 적용

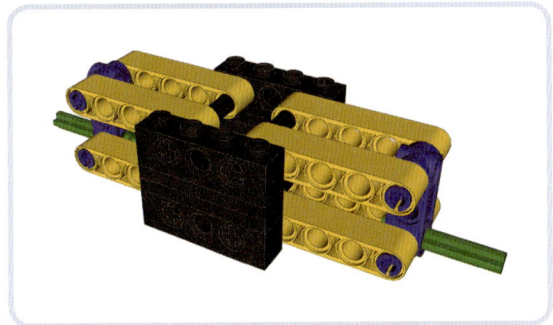

검은색 부분이 차체, 노란색 부분이 현가장치의 암, 파란색 부분은 조향 암(이 그림에서 조향기능은 적용되지 않습니다.), 끝으로 녹색 부분이 바퀴의 축입니다. 그림에서와 같이, 각각의 조향 암은 네 개의 현가장치 암에 의해 지지되며 현가장치 암에 의해 형성된 사각 링크 구조로 인해, 바퀴가 상하로 움직이더라도 축은 한 방향을 그대로 유지할 수 있습니다. 그림 15-8과 15-9를 통해 이와 같은 현가장치의 변화를 볼 수 있습니다.

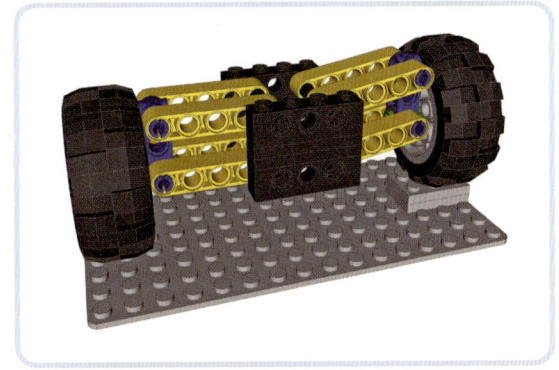

■ 그림 15-8 더블 위시본 방식의 독립 현가장치에 바퀴를 장착한 모습. 한쪽 바퀴가 장애물에 의해 들려 올라갔지만 다른 쪽 바퀴는 이에 영향을 받지 않습니다.

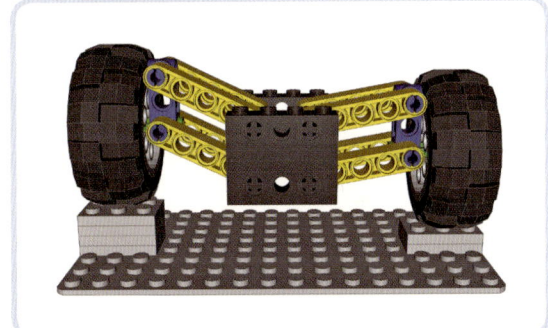

■ 그림 15-9 두 바퀴에 각기 다른 장애물이 있을 경우, 이 경우 역시 두 현가장치는 독립적으로 움직이게 되므로 이와 같은 모습이 될 수 있습니다.
실제로는 양쪽의 완충장치가 비슷한 힘으로 현가장치 암을 밀어내기 때문에 차체는 이와 같이 완벽하게 수평인 상태가 아닌, 높은 쪽 방향으로 약간 기울어진 상태가 될 것입니다. 만약 이와 같은 노면의 변화에도 차체가 항상 정확한 수평을 유지하는 것이 목적이라면 별도의 컨트롤러에 의해 실시간으로 완충장치를 제어할 수 있는 '전자식 액티브 서스펜션'을 설치해야 합니다.

이 그림에서는 한 가지 요소가 누락되어 있습니다. 그것은 현가장치의 암이 실제로 장애물에 의해 움직이고 다시 원상태로 돌아가기 위해서 필요한 충격 완충장치입니다. 차체와 현가장치의 암은 탄성이 있는 완충장치에 의해 연결되며, 차체는 완충장치에 의해 바닥으로 처지지 않고 자세를 유지할 수 있습니다. 이러한 힘이 없다면 그림 15-8과 15-9에서의 검은색 차체는 바닥으로 주저앉게 될 것입니다. 다행히도 레고에서는 스프링이 장착된 완충장치 부품이 이미 사용되고 있으며, 그림 15-10에서는 더블 위시본 독립 현가장치에 완충장치가 적용된 모습을 보여주고 있습니다. 그림 15-11은 창작품 몬스터 트럭으로, 대형 완충장치를 설치한 독립형 현가장치가 동작하는 모습을 보여줍니다.

- **장점** 주행성과 안정성 면에서 가장 탁월합니다. 바퀴의 방향은 항상 지면과 수직을 유지할 수 있습니다.
- **단점** 차체의 폭이 커질 수 있으며, 내구성도 조금 약합니다.

기본적인 개념은 바퀴마다 독립적인 완충장치를 설치하는 것입니다. 그러나 필요하다면 두 바퀴의 현가장치가 하나의 완충장치를 공유하도록 만들 수도 있습니다(그림 15-12 참조). 단, 이 경우 현가장치 자체는 독립형으로 설계되었지만, 완충장치에 의해 양쪽의 현가장치가 연결되었기 때문에 결과적으로 일체 차축형 현가장치와 같은 특성을 갖게 됩니다. 한쪽 바퀴가 장애물을 만나 올라가게 될 경우 완충장치에 의해 밀린 반대쪽 바퀴는 아래쪽으로 내려가게 되는 현상이 발생할 수 있습니다.

■ 그림 15-10 네 개의 완충장치를 현가장치 암에 각각 설치한 모습

■ 그림 15-11 몬스터 트럭 모델은 독립 현가장치가 적용된 좋은 예라고 생각합니다. 두 앞바퀴는 한쪽이 장애물에 의해 극단적으로 치우쳐 올라갔으나, 독립형 현가장치 덕분에 차체 자체는 수평에서 크게 벗어나지 않았습니다.

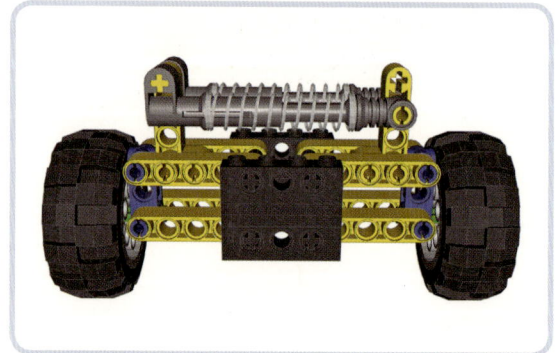

■ 그림 15-12 하나의 완충장치를 독립형 현가장치의 양쪽 암이 공유하는 경우 차체의 안정성은 보장할 수 있겠지만, 이 현가장치는 독립형이 아닌 일체 차축형 현가장치와 비슷한 움직임을 보일 것입니다.

타트라-타입 현가장치

유형: 독립형, 완충장치 적용

타트라-타입Tatra-type 또는 스윙 암swing-arm 현가장치로 알려진 이 장치는 타트라 사에서 자체 개발해서 특허를 내고 거의 독점적으로 사용하는 현가장치 방식입니다. 타트라-타입 현가장치는 앞서 살펴 본 더블 위시본 독립 현기장치를 변형한 개념으로 한 바퀴당 단지 두 개의 현가장치 암을 사용합니다.

이 때문에 차체와 바퀴가 항상 수직 상태를 유지하는 더블 위시본 방식과 달리, 바퀴는 단지 현가장치 암에 대해서만 수직 상태를 유지하며, 차체 하단과 좌우의 바퀴는 각각 다른 각도가 될 수 있습니다.

이것은 각각의 바퀴들이 장애물의 형태에 따라 보다 지면에 적합한 각도로 움직일 수 있음을 의미합니다. 그림 15-13은 타트라-타입 현가장치가 적용된 실제 차량의 모습으로 모든 바퀴가 각기 다른 각도로 지면과 맞닿아 있는 모습을 볼 수 있습니다.

■ 그림 15-13 체코의 자동차 회사 타트라 사의 T-813 군용 트럭. 각각의 바퀴들은 지면과 밀착되기 위해 각기 다른 각도를 가질 수 있습니다. 이렇게 '굽은' 모양은 언뜻 차축이 손상되거나 뒤틀린 것으로 보일 수도 있습니다.

그림 15-14와 같이, 타트라-타입 현가장치는 바퀴의 기울기가 다른 것을 제외하면 통상적인 독립형 현가장치의 품질과 특징을 공유합니다. 이것은 비록 간단한 구조로 보이지만 험준한 지형에서 매우 높은 효과를 발휘합니다. (이 방면에서 타트라 오프 트럭은 거의 전설적입니다.) 유일한 단점이라 말할 수 있는 부분은 측면 안정성과 타이어의 편마모 현상이라 할 수 있습니다. 이러한 현가장치는 무거운 오프로드 차량에 실용적입니다.

- **장점** 일반적인 독립형 현가장치보다 구조가 간단하고 튼튼합니다.
- **단점** 바퀴의 방향이 변화할 수 있기 때문에 측면에서의 접지 면적이 작고, 이로 인해 전체적인 접지력 및 주행 안정성이 저하됩니다.

■ 그림 15-14 하나의 바퀴로 장애물을 극복하는 타트라-타입 현가장치. 이 현가장치는 바퀴의 접지 면이 항상 지면과 수평을 유지하는 다른 현가장치와 달리 접지면이 타이어의 모서리가 될 수도 있기 때문에, 타이어의 단면이 원형인 벌룬 타이어를 사용하는 것이 접지력 면에서 더 좋다고 할 수 있습니다.

진자형 현가장치

유형 : 일체 차축형, 완충장치 미적용

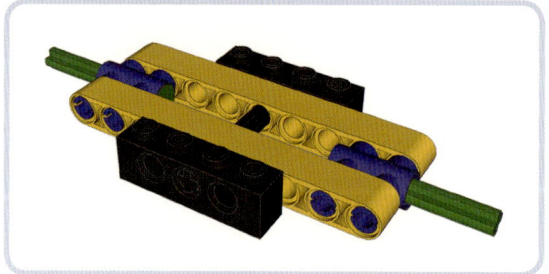

진자형pendular 현가장치는 가장 단순하지만, 상당히 튼튼한 현가장치입니다. 이것은 단지 차축의 중심 부분이 차체에 고정되어, 좌우로 움직이는 진자, 또는 시소처럼 움직일 수 있는 현가장치입니다. 이것은 현가기능을 구현하기 위해 단지 하나의 고정적인 요소만이 필요하며, 구조가 단순하기 때문에 협소한 공간에도 충분히 설치할 수 있습니다. 그림 15-15는 진자형 현가장치가 작동하는 모습을 보여줍니다.

■ 그림 15-15 하나의 바퀴로 장애물을 극복하는 진자형 현가장치. 이것은 단지 현가장치(노란색) 축의 가운데를 앞뒤로 가로지르는 축에 의해 차체와 연결되며, 안정성과 운전의 편의성은 다른 현가장치에 비해 떨어진다고 할 수 있습니다.

진자형 현가장치의 단점은, 현가장치의 가동 범위를 크게 만들기 위해서는 차체에 많은 공간을 필요로 한다는 것입니다. 다른 현가장치들이 바퀴와 인접한 프레임만 약간 움직이는 것과 달리, 진자형 현가장치는 좌우의 바퀴가 연결된 거대한 프레임이 그대로 움직이기 때문에 높이 들어 올라가기 위해서는 그만큼 넓은 공간이 필요할 수도 있다는 뜻입니다.

진자형 현가장치는 장애물을 만났을 때 갑자기 튀어오르거나 하지는 않지만, 차량에 현가형 차축을 배치하지 않는다면, 그림 15-16에서와 같이 완충장치를 이용해 상태를 안정시켜야 할 필요가 있습니다. 세로축은 차대로부터 현가장치까지 동력을 전달하는 유일한 구동요소입니다. 이는 진자형 현가장치가 구동축 위에 설치되어야 한다는 것을 의미합니다. 이로 인해 구동축에 추가적인 마찰을 발생시킵니다.

- **장점** 가장 간단하고 강력한 현가장치입니다. 이 방식은 매우 좁은 곳에도 설치할 수 있습니다.

- **단점** 완충장치를 적용할 경우 차대에 훨씬 더 많은 공간이 필요합니다. 또한 이로 인해 구동 계통에 추가적인 마찰이 발생할 수 있습니다. (다음 절의 소제목인 '진자형 현가장치와 턴테이블의 응용'에서 이 문제를 완화시킬 수 있는 방법을 살펴볼 것입니다.)

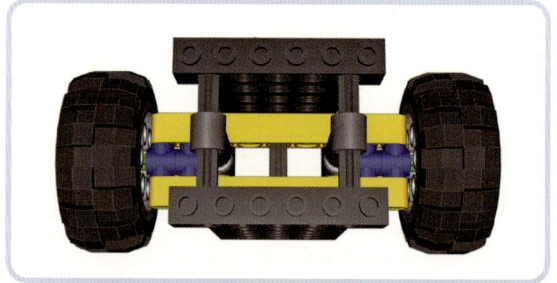

■ 그림 15-16 한 쌍의 완충장치를 설치해서 균형을 맞춘 진자형 현가장치. 완충장치는 각각 독자적으로 움직이며, 각 완충장치는 서로 반대로 작동하게 됩니다. 이것은 이 현가장치가 중심축이 차대와 고정된 상태에서 시소처럼 움직이기 때문이며, 결과적으로 수평 상태가 유지되기 위해서는 모든 완충장치가 절반 정도 눌린 상태가 됨을 의미합니다. 한쪽 바퀴가 올라갈 때, 올라가는 쪽의 완충장치는 크게 수축되며, 반대쪽은 오히려 수축이 완화됩니다.

부동축 현가장치(트레일링 암형 현가장치)

유형: 일체 차축형, 완충장치 적용

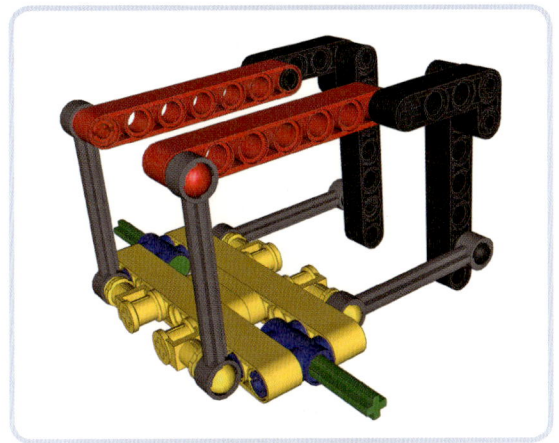

부동축 현가장치(또는 활축)이라 불리는 이 현가장치는, 진자형 현가장치의 변종으로 완충장치가 적용된 형태입니다. 이것은 바퀴축 부분이 차대의 어떤 부분과도 단단하게 고정되지 않고 자유롭게 움직일 수 있는 형태입니다. 고정적인 연결이 없는 대신 바퀴축 부분은 링크에 의해 차대와 연결되며, 링크 구조 덕분에 바퀴축은 상하 이동뿐만 아니라 측면 기울임도 가능합니다. 부동축 현가장치는 진자형 현가장치만큼이나 폭이 좁고, 튼튼하며 현가장치가 작동 중이더라도 구동축을 누르지 않습니다. 그러나 복잡한 링크 구조 때문에 차대와 현가장치 사이에 상당한 공간을 요구하게 됩니다.

부동축 현가장치는 매우 복잡할 수 있습니다. 우리는 이 중 가장 간단한 형태(그림 15-17 참조)에 대해 살펴볼 것입니다. 이 장치는 축이 장착된 부분을 지지하는 네 개의 링크와, 두 개의 독립된 현가장치 암이 각각 탄성요소에 의해 지지되는 형태입니다. 또한, 구동축과 차대를 연결하는 부분은 유니버설 조인트를 사용하게 됩니다.

- **장점** 완충장치가 추가되었기 때문에 진자형 현가장치가 가진 모든 장점을 수용하면서 안정성도 증가합니다.

- **단점** 차대에 많은 공간이 필요합니다.

창작 차량의 목적에 맞는 가장 최적의 현가장치를 선택하는 것은 조금 까다로울 것입니다. 하지만, 실제 차량에서 일반적으로 사용하는 현가장치를 알게 되면, 조금 더 쉽게 최적의 현가장치를 선택할 수 있습니다. 예를 들어, 고급 세단의 경우 승차감을 중요시하기 때문에, 대체적으로 독립형 현가장치를 사용하고 있습니다. 건설용 특수차량, 이를테면 프론트로더와 같은 중장비에서는 일반적으로 진자형 현가장치를 사용하는데, 무거운 하중을 다루는 작업 현장에서는 독립형 현가장치는 크게 흔들려 적절하지 않기 때문입니다.

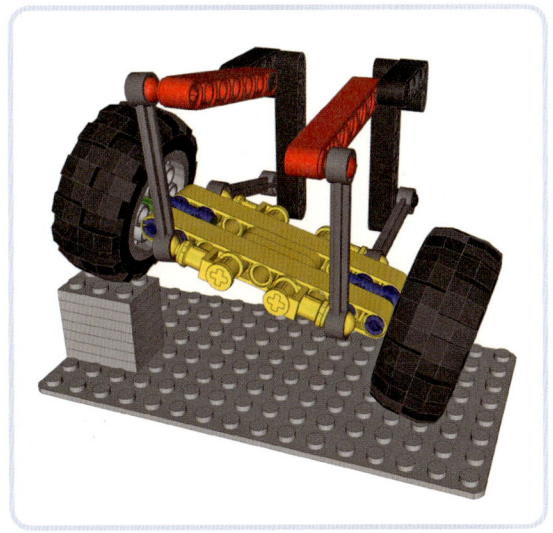

■ 그림 15-17 부동축 현가장치가 한쪽 바퀴로 장애물을 극복하는 모습. 차대의 자세를 거의 그대로 수평을 유지하기 위해 네 개의 링크 모두가 다른 각도로 움직였습니다.

구동 및 현가형 축

구동축 자체에 현가기능을 적용하는 것은 생각만큼 어렵지 않습니다. 그리고 대부분의 차량들이 적어도 한 쌍 이상의 바퀴에 이와 같은 기능을 적용하기 때문에, 구동축의 현가기능에 대한 이해는 중요합니다.

진자형 현가장치와 턴테이블의 응용

앞서 설명한 진자형 현가장치는 차대에 구동축이 연결될 경우, 차량의 무게로 인해 구동축이 눌리는 문제가 발생합니다. 이런 눌림 현상은 결국 추가적인 마찰을 발생시키게 됩니다. 그러나 그림 15-18과 같이 차대와 현가장치를 볼 조인트 대신 테크닉 턴테이블을 이용해서 연결하는 방법으로 거의 완벽하게 이 문제를 예방할 수 있습니다. 턴테이블은 현가장치가 동작하는 중에도 차량의 무게를 지탱하기 때문에, 턴테이블의 가운데 구멍을 통과하는 구동축은 거의 부하가 걸리지 않습니다.

치된 16/24톱니 차동기어를 뜻하며, 구형 차동기어의 지름은 24톱니 부분을 제외한 나머지 부분이 16톱니와 같은 지름이기 때문에 내경이 24톱니 크기인 턴테이블의 구멍 안에서도 충분히 회전할 수 있습니다. 그림 15-19과 같이, 턴테이블의 구멍에 차동기어의 몸체를 설치하여 녹색의 기어들을 이용해 차동기어 위에 설치될 랙 기어를 움직이면 조향이 가능함과 동시에, 녹색 차동기어를 관통하는 빨간색 축을 이용하면 바퀴의 구동도 가능합니다.

■ 그림 15-18 신형 테크닉 턴테이블을 현가장치(연회색 ㅁ형 프레임)과 차대(검은색 L형 빔)를 연결하는 데 사용했습니다. 턴테이블은 매우 견고하게 조립된 부품이면서 회전이 가능하므로, 차체의 무게를 충분히 지탱하면서도 진자형 현가장치를 자유롭게 회전시킬 수 있습니다. 물론, 턴테이블의 중앙을 통과하는 구동축(빨간색)은 차체의 하중에 영향을 거의 받지 않고 구동됩니다.

턴테이블은 지름이 크기 때문에 차체의 지상고가 낮아지는 문제가 발생합니다. 이 문제를 해결하기 위한 방법으로 포털portal 축을 적용할 수 있습니다. 또한, 턴테이블의 내부 직경은 차동기어가 들어가기에도 충분한 크기이기 때문에 여기에서의 차동기어는 양쪽에 평 기어가 장

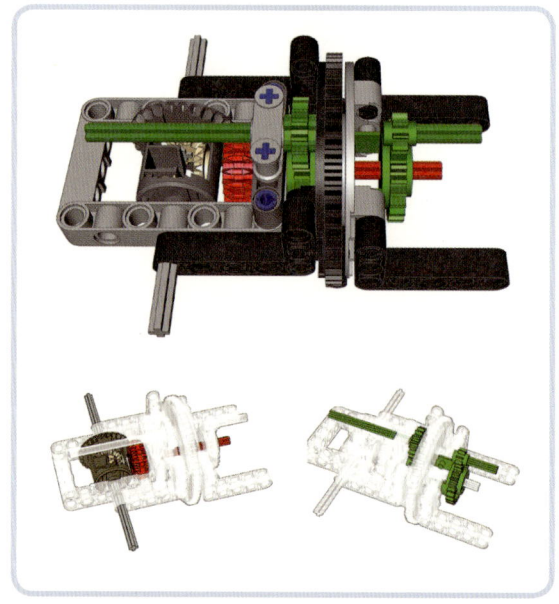

■ 그림 15-19 내부에 12톱니 베벨 기어를 설치하지 않은 빈 차동기어는 관통된 축이 자유롭게 회전할 수 있으며, 이를 이용해 바퀴의 구동과 동시에 조향기능도 함께 구현할 수 있습니다. 우리는 이미 이런 방식의 기어를 관통하는 구동축과, 차동기어 자체를 회전시키는 축을 별개로 운용하는 기법을 그림 8-35의 이중 축 턴테이블 구동장치에서 살펴본 바 있습니다. 구조의 이해를 위해 아래 그림을 추가하였습니다. 그림에서의 빨간색 축과 기어는 구동축이며, 왼쪽의 진회색 차동기어를 구동시켜 회색의 바퀴축을 구동시킵니다. 녹색 축과 차동기어(신형 턴테이블 좌우로 설치된 녹색 기어)는 바퀴의 구동축 동작에 관계없이 오른쪽 짧은 녹색 축을 구동하면 왼쪽의 긴 녹색 축이 구동되며 이를 이용해 조향장치를 움직일 수 있습니다. 이 구조는 진자형 현가장치가 작동하면서 턴테이블이 회전하면, 이로 인해 조향장치의 축이 약간 영향을 받을 수 있다는 단점이 있습니다. 하지만, 구동축과 조향축이 같은 방향에서 현가장치에 연결된다는 점에서는 충분히 유용한 구조라 할 수 있습니다.

안정형 진자 현가장치 모형

이 진자형 현가장치 모형은 네 개의 완충장치 덕분에 단순하지만 강력하고 안정적인 동작을 보장합니다. 기억할 점은 이 모형이 구조를 크게 바꾸지 않고도 다양한 길이 및 강도를 가진 여러 종류의 완충장치를 적용시킬 수 있다는 것입니다.

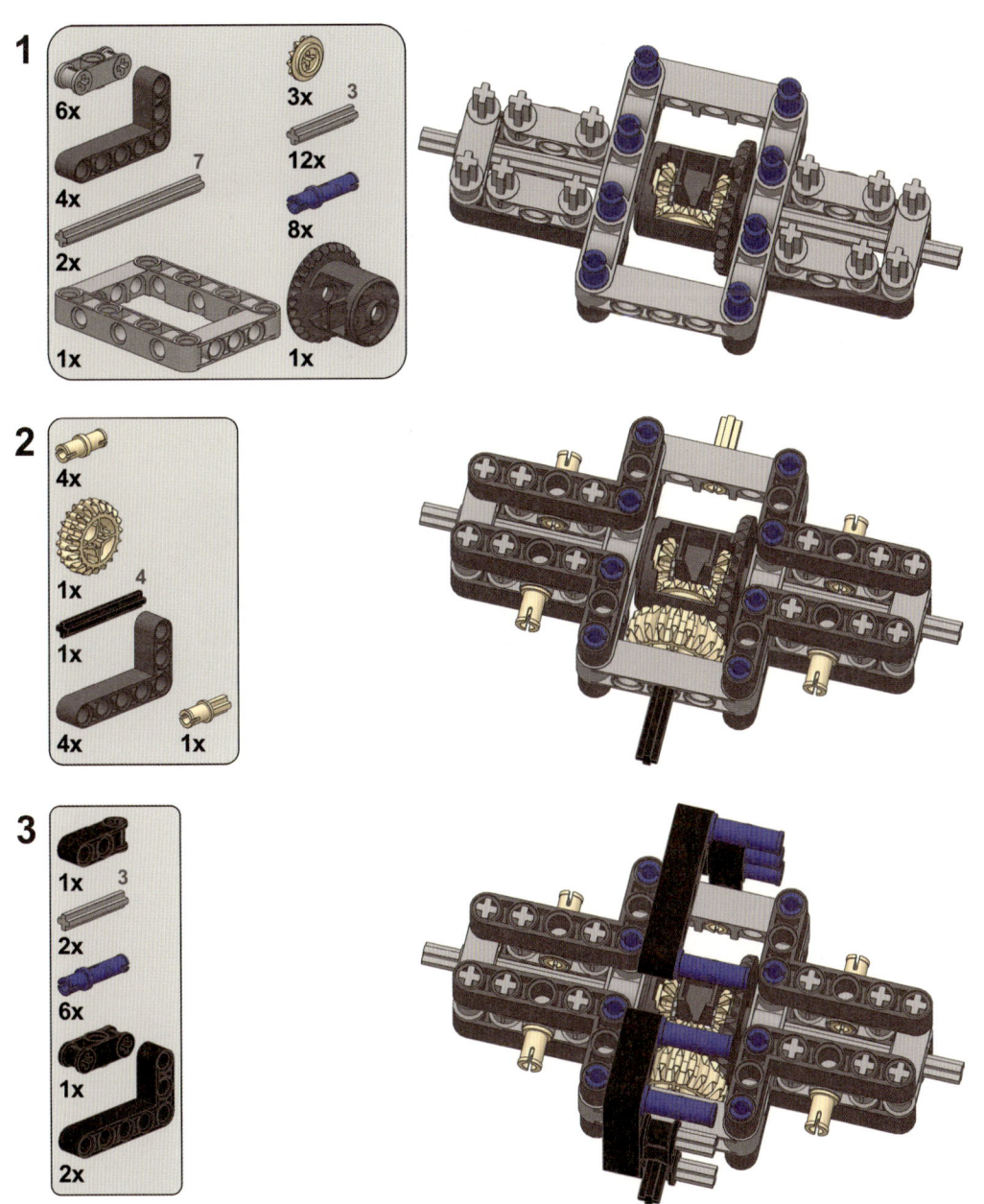

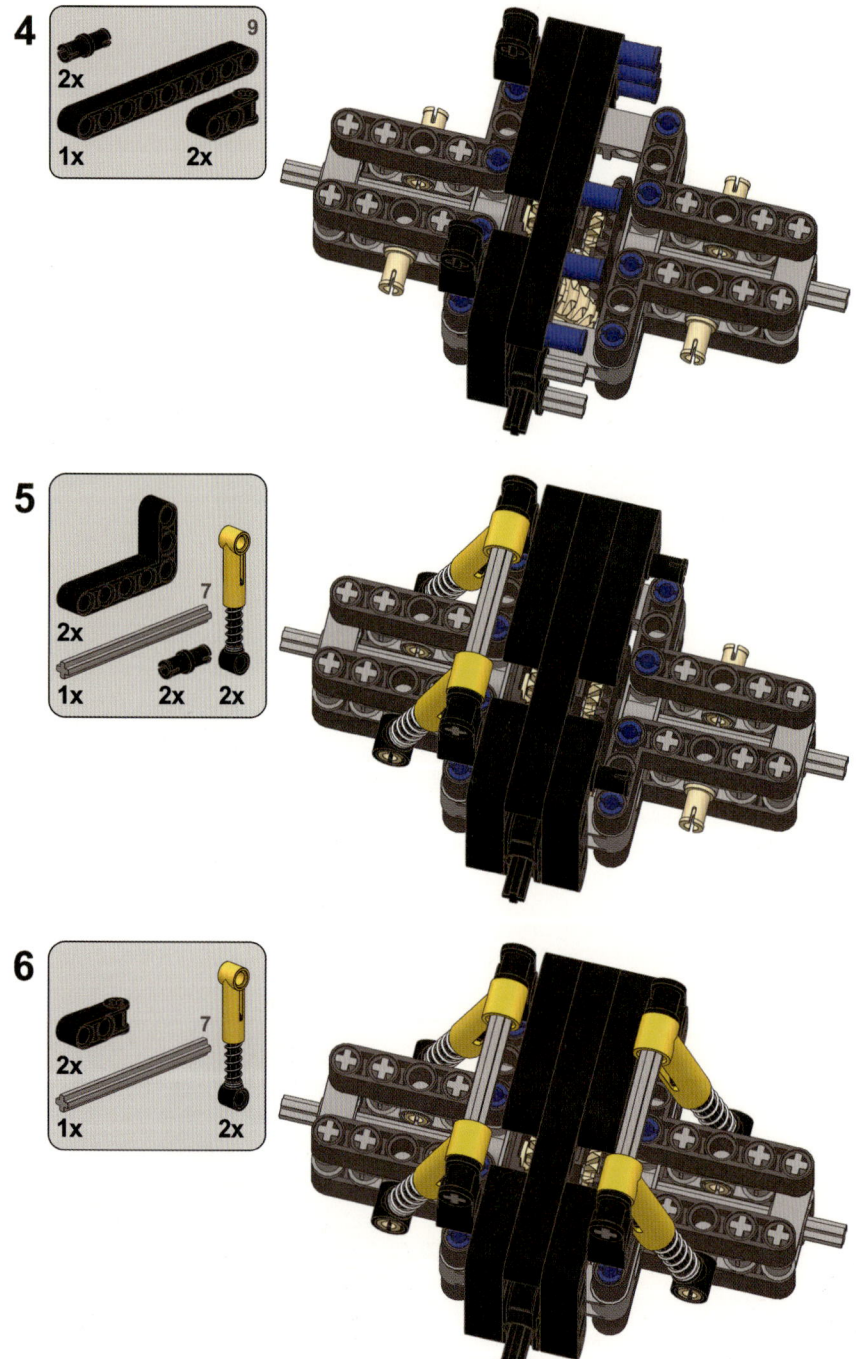

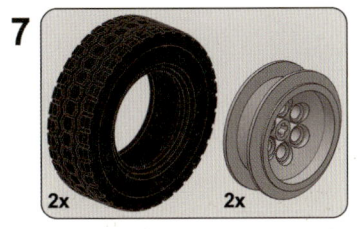
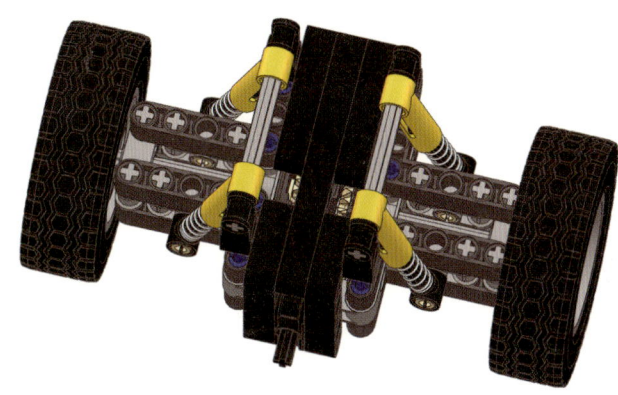

포털 축 (기어 허브)

포털 축은 그림 15-20과 같이, 바퀴쪽에 기어 구조를 추가해 구동축의 회전비를 감속시키면서 동시에 지상고를 높이는 역할을 하는 구조입니다. 조향축을 비롯한 거의 모든 차축이 기어 허브 구조를 가질 수 있지만, 포털 축을 장착할 때 기어 구조 때문에 폭이 증가할 수 있습니다.

포털 축의 허브를 구성하는 데 있어서 가장 인기 있는 기어 구성은 8톱니와 24톱니를 조합한 3:1 기어 감속 구조입니다. 3:1 기어 감속이 가지는 의미는 바퀴의 토크가 세 배 증가한다는 것뿐만 아니라, 최종 기어 감속 이전까지의 구동 계통은 전체 부하의 1/3만 처리하게 된다는 것입니다. 이 방식은 차체 중량으로 인한 과부하로 조향장치 구동 시 유니버설 조인트가 손상될 수도 있는 상황에서, 부하를 줄여 손상을 예방할 수 있기 때문에 조향축에 매우 유용합니다.

좁은 공간에 강력한 기어 허브 구조를 만드는 방법은 여러 가지가 있습니다. 가장 쉬운 방법은, 레고에서 이미 출시된 전용의 허브 관련 부품인 부품번호 92908과 여기에 삽입되는 92909를 사용하는 것입니다(그림 15-21 참조). 이 레고 허브는 사용하기에 매우 편리합니다. 그림 15-22는 이 허브를 사용한 필자의 창작 모델입니다.

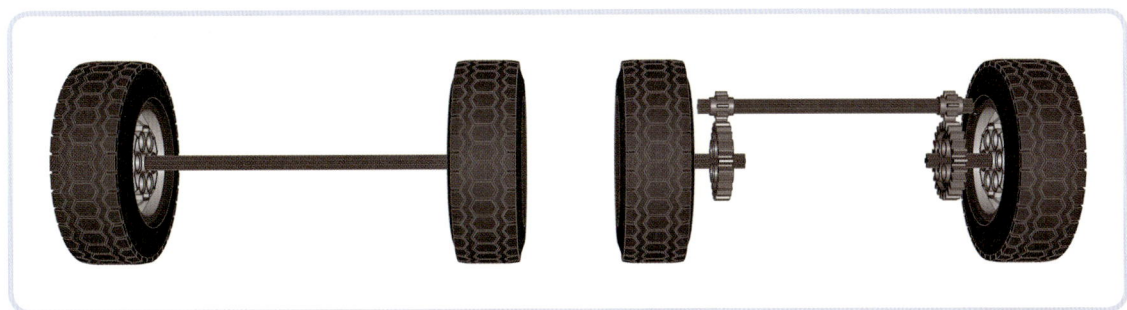

■ 그림 15-20 일반 축(왼쪽)와 포털 축(오른쪽)

■ 그림 15-21 부품번호 92909(왼쪽)와 92908(오른쪽)은 레고 부품으로 허브를 구현하기 위해서 제작된 부품입니다.

■ 그림 15-22 필자의 창작품 RG-35 4×4 MRAP(지뢰방호차량, Mine Resistant Ambush Protected)은 6스터드를 초과하는 인상적인 지상고를 구현하기 위해 그림 15-21의 레고 허브 부품을 사용했습니다.

안정형 현가장치와 포털 축의 응용 모형

이것은 안정형 현가장치 모형에 포털 축을 적용하기 위해 허브를 추가한 모형입니다.

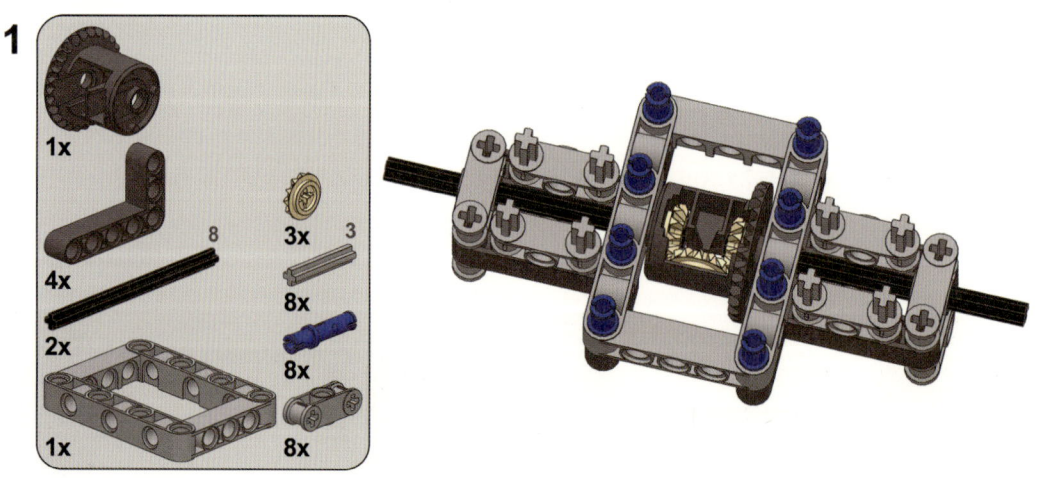

2

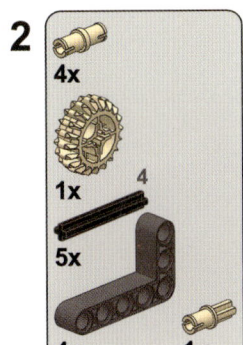 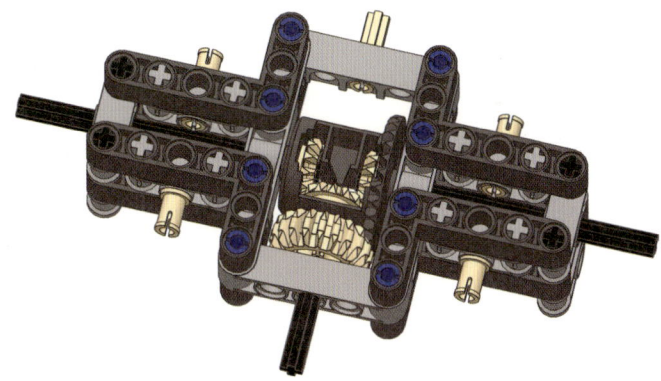

3

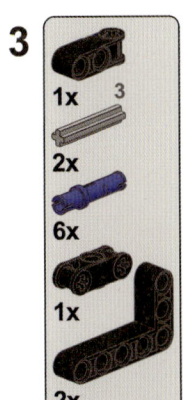 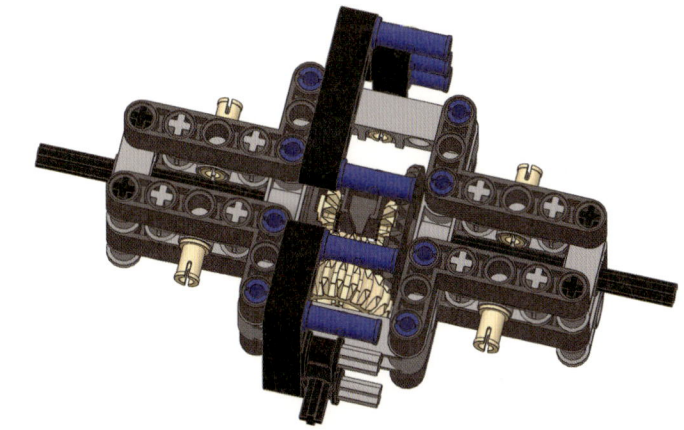

4

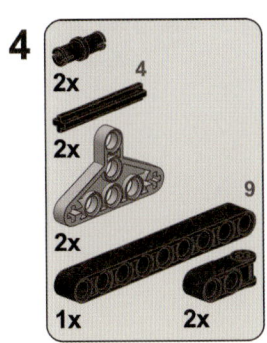 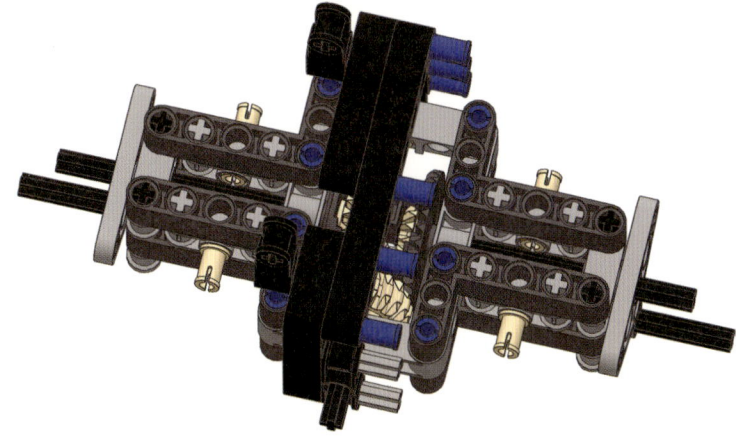

15 바퀴형 현가장치

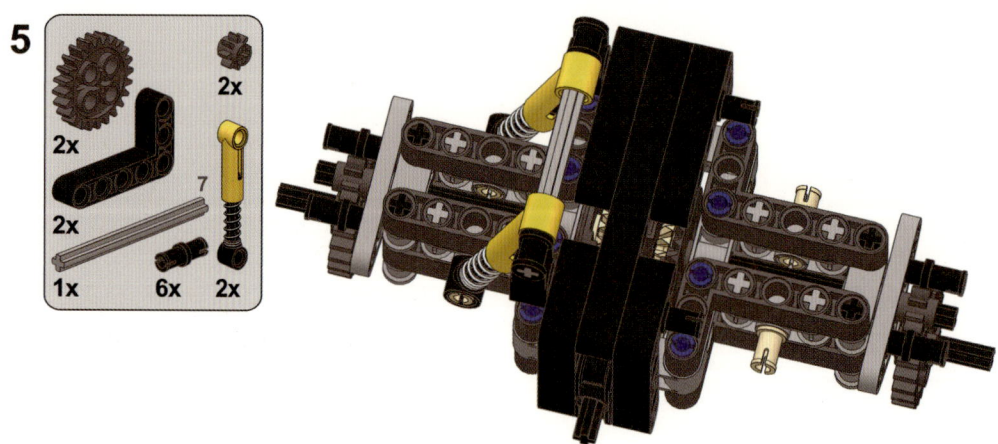
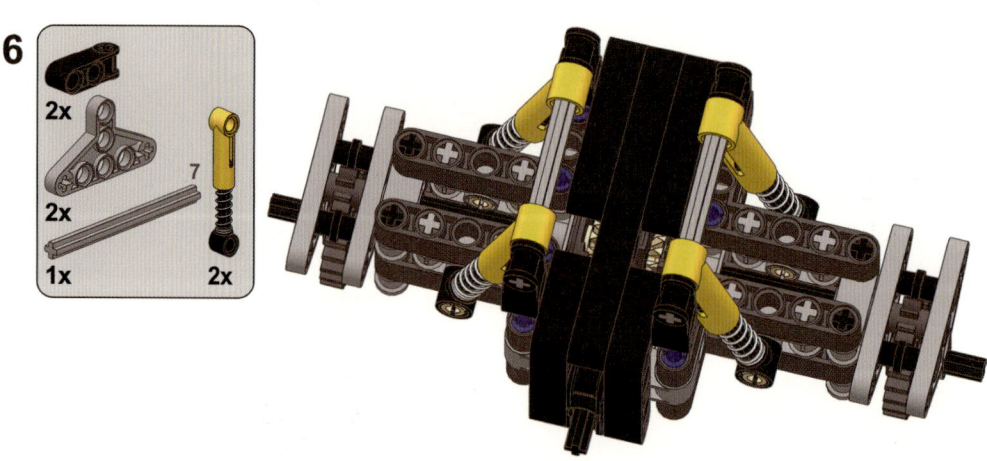

타트라-타입 현가장치와 네 개의 완충장치 응용

이 현가장치는 차동장치를 사용하지 않으며, 간단하고 강력해서 험지 주행에 적합합니다. 현가장치에 하중이 인가되지 않았을 때 10번 그림과 같이 바퀴 아래쪽이 약간 벌어지도록 완충장치의 위치를 조절해야 합니다.

> **NOTE** 포털 축을 적용하기 위해 이 모형을 변형시킬 수도 있습니다. 그러나 이 현가장치에서는 측면에서의 안정성이 더 감소할 것이기 때문에 포털 축의 적용을 권장하지 않습니다.

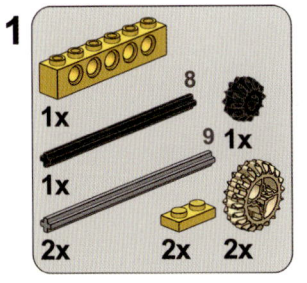

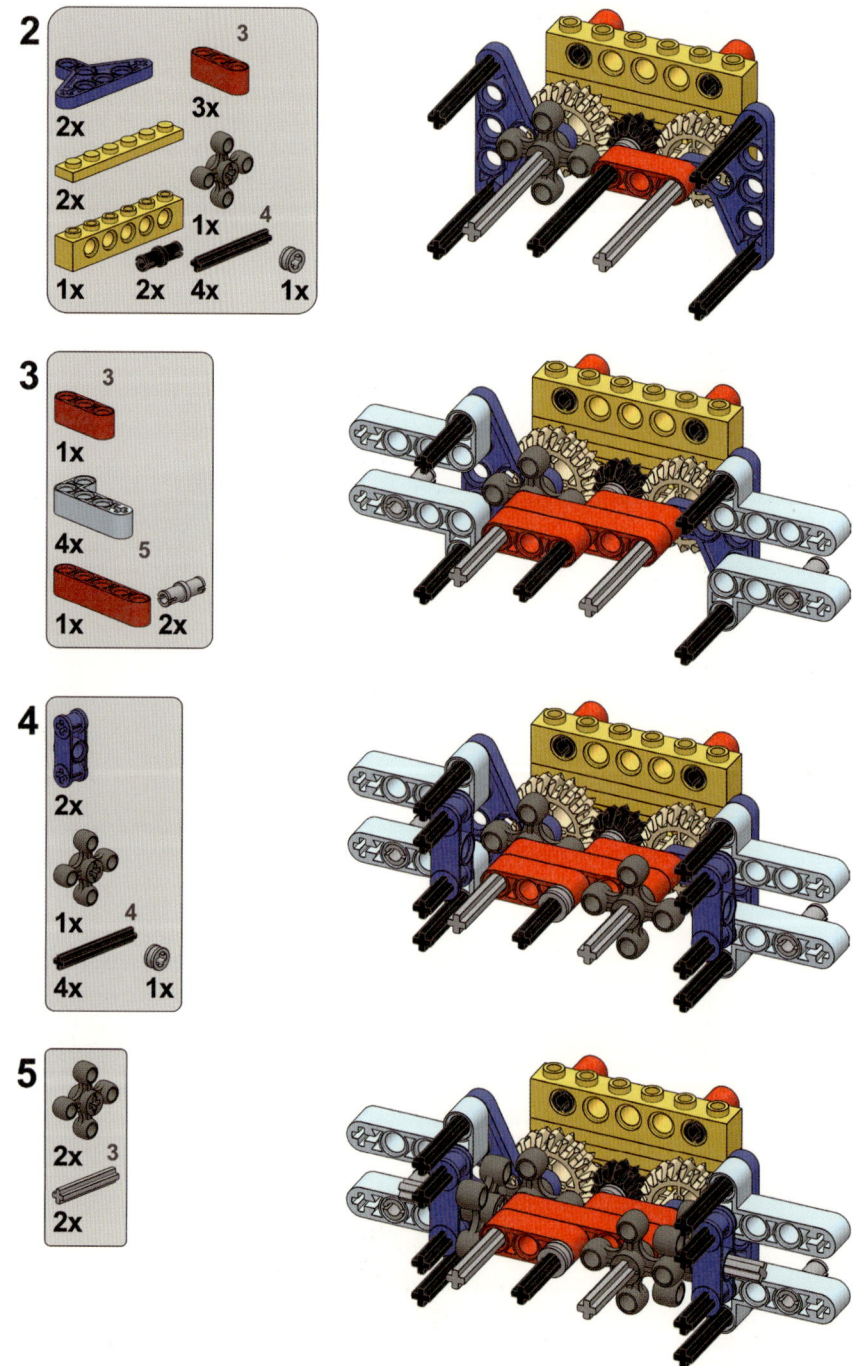

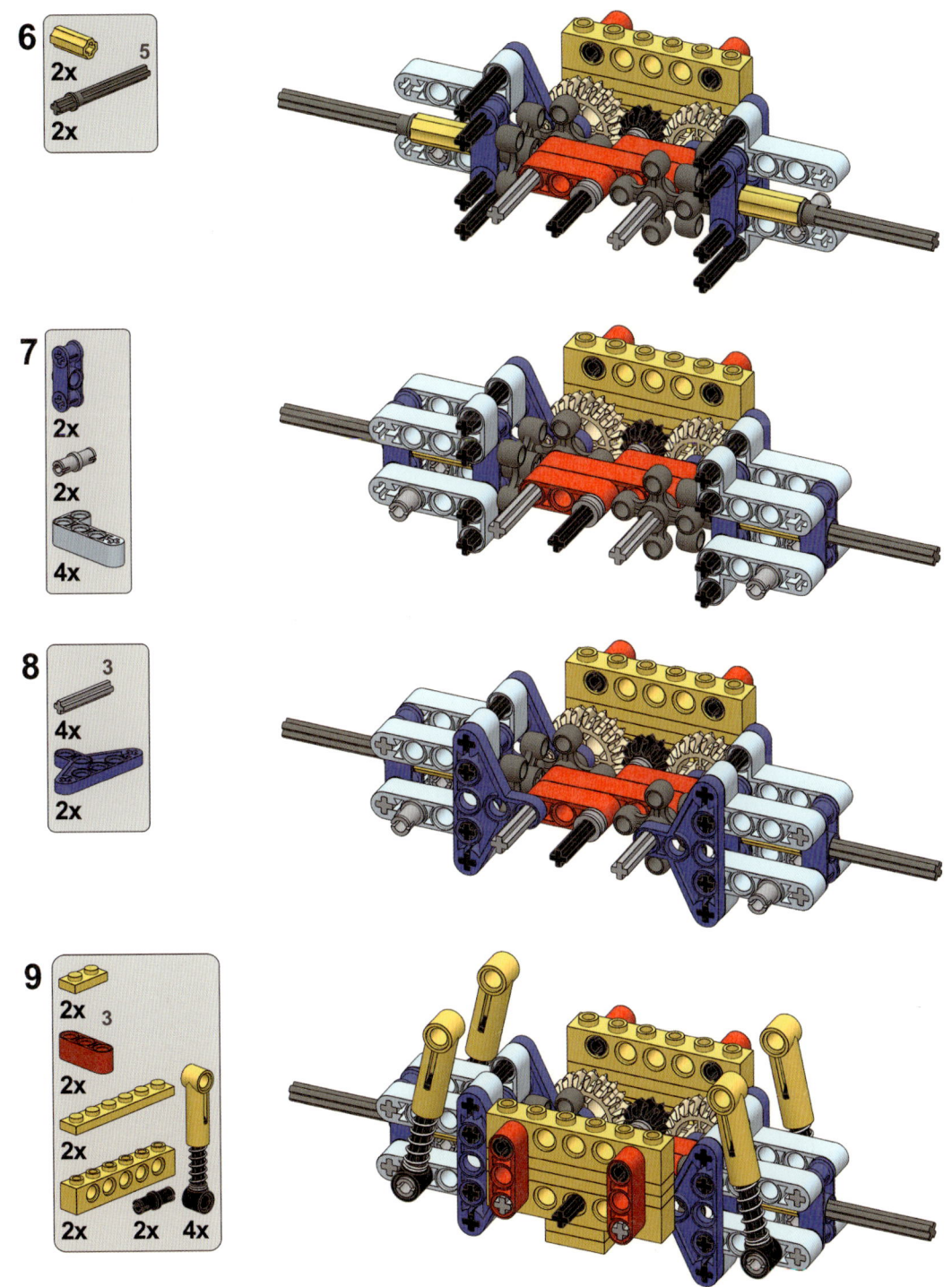

독립형 현가장치 모형

가장 일반적인 형태의 현가장치입니다. 폭이 상당히 넓지만, 전반적으로 양호한 성능을 제공합니다. 대다수의 테크닉 기성품 대형 차량이 이와 같은 구조의 현가장치를 채용하고 있습니다.

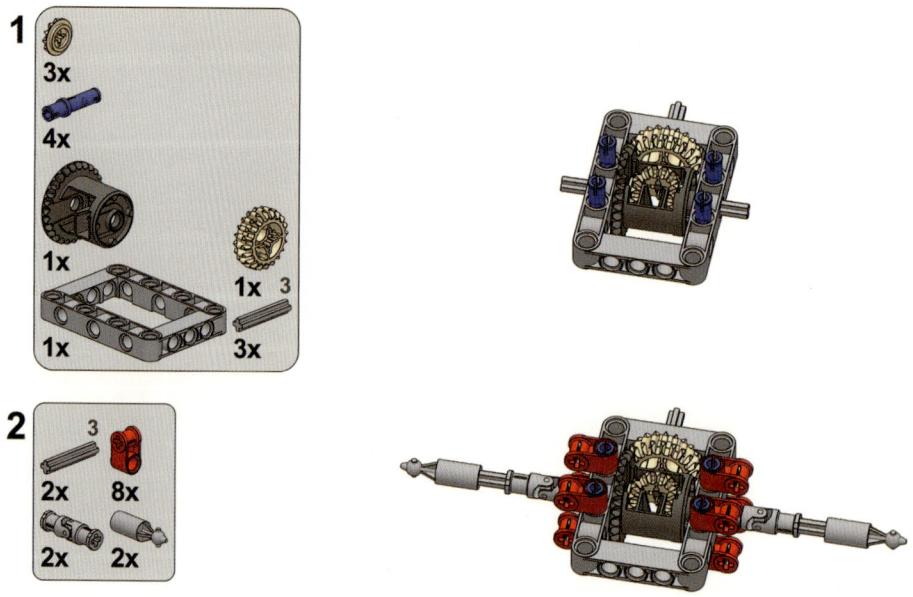

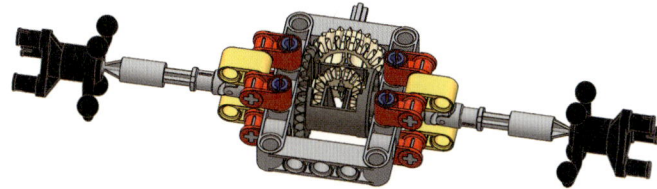
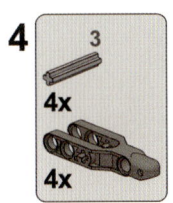

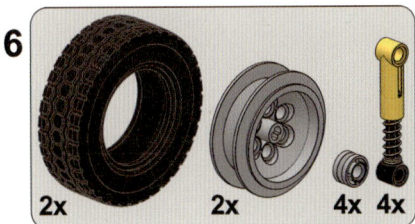
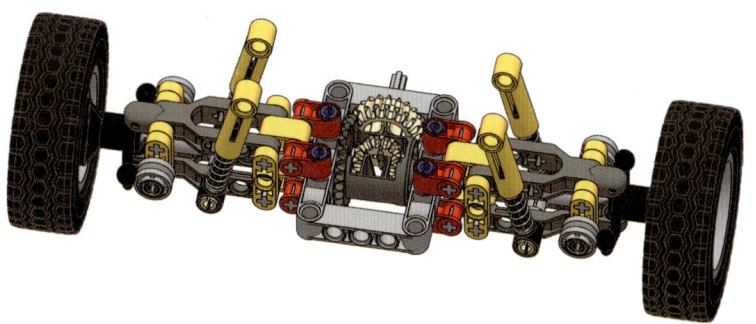

15 바퀴형 현가장치

부동형 링크와 부동축장치

이 현가장치는 구조적으로 튼튼하고 움직임도 상당히 큽니다. 조립도에서는 차체의 일부분이 함께 표시되며, 반대쪽에 다른 구동축을 쉽게 추가할 수 있습니다.

🙂 테크닉 9398 4륜구동 크롤러 제품이 이와 같은 구조의 현가장치를 사용합니다.

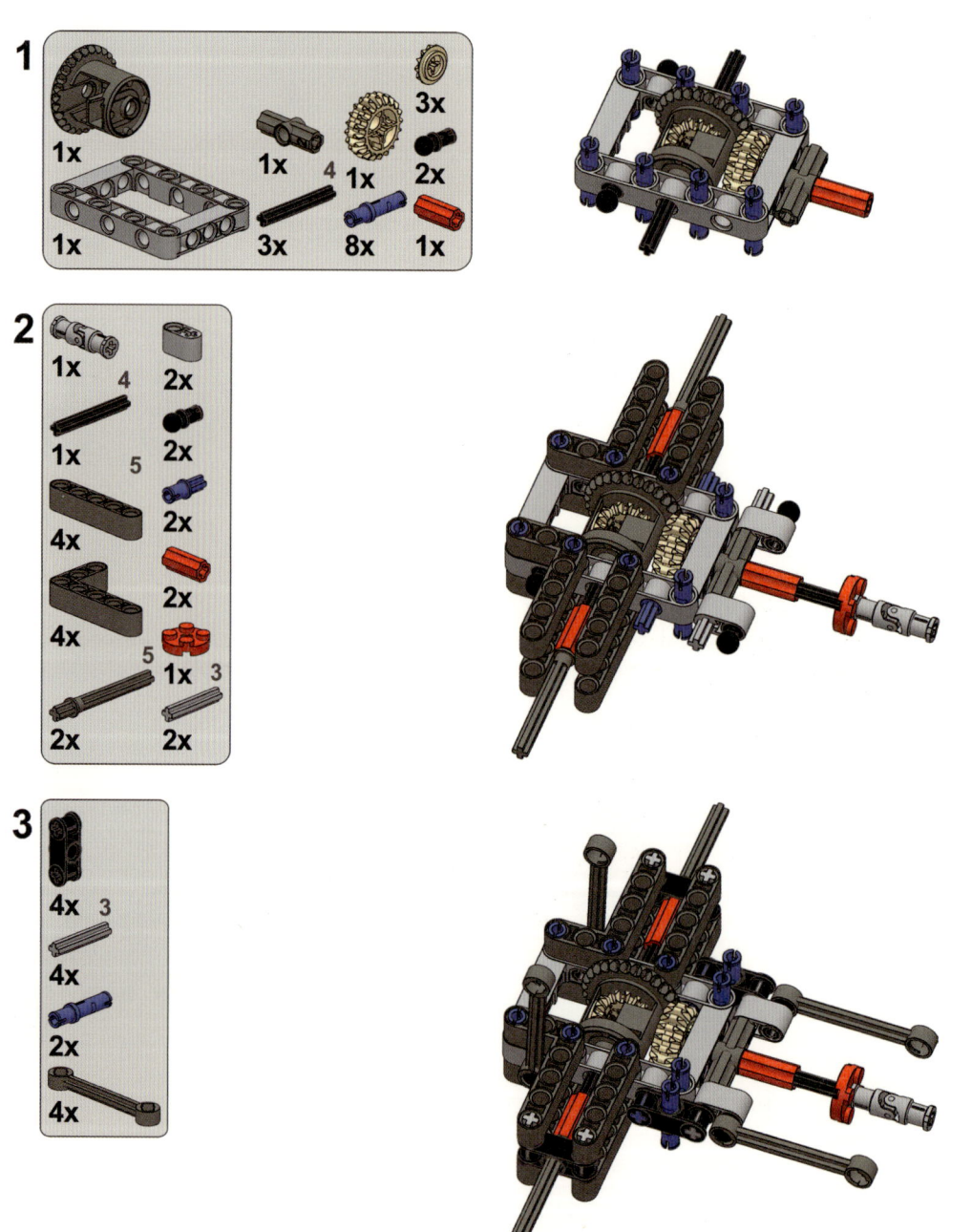

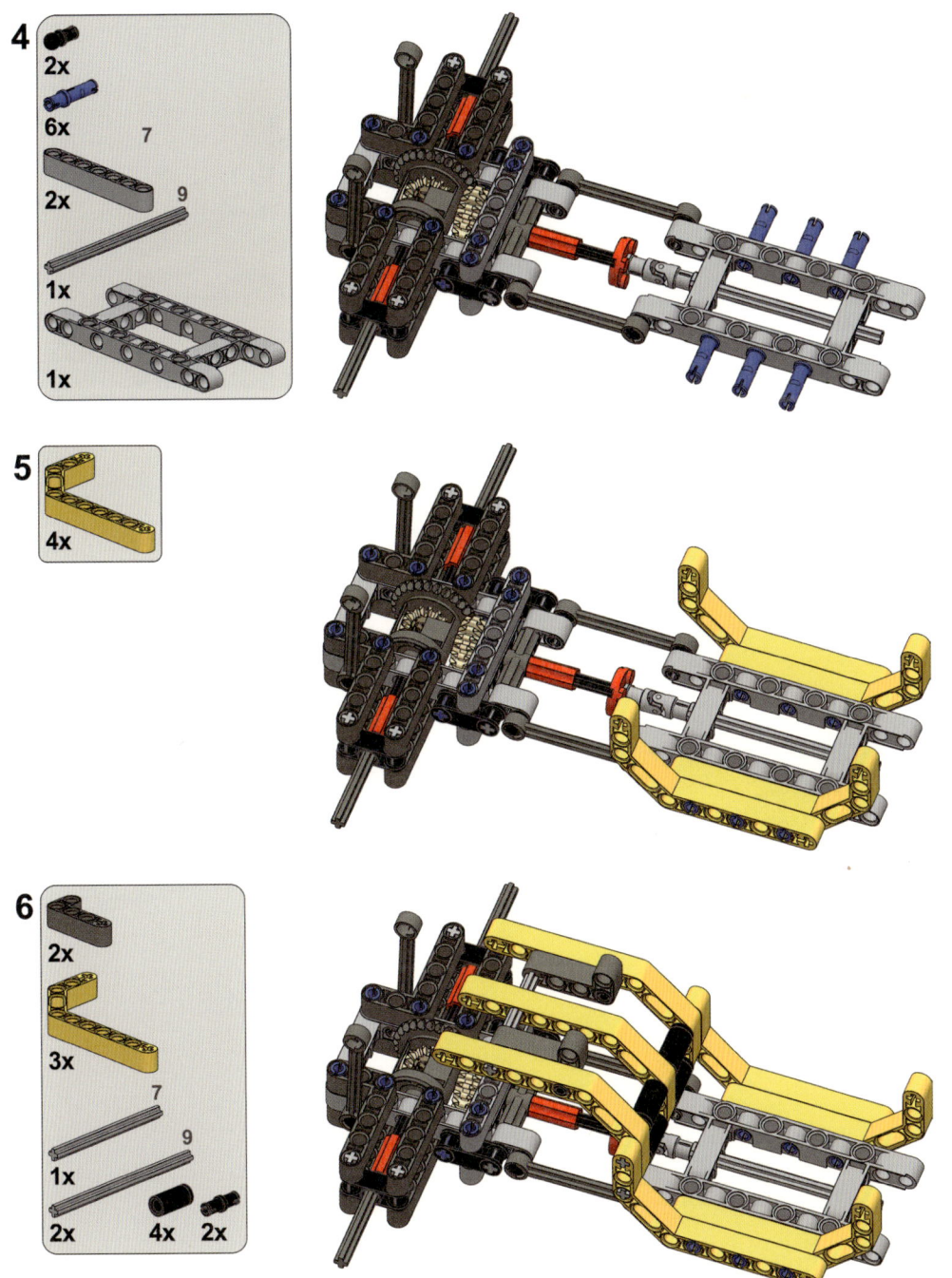

15 바퀴형 현가장치 269

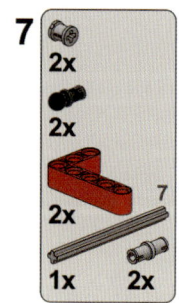
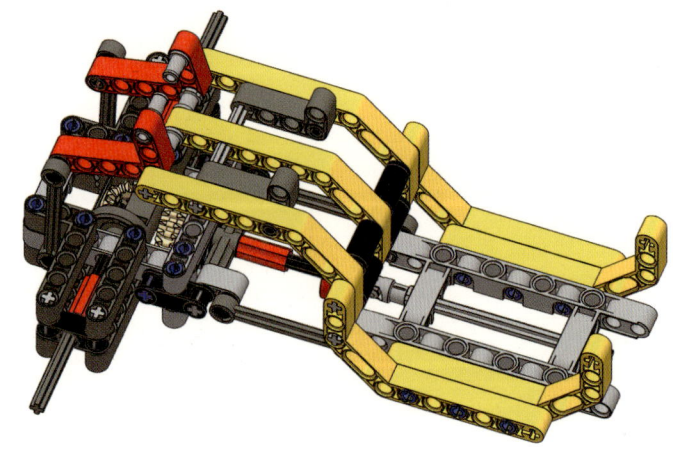
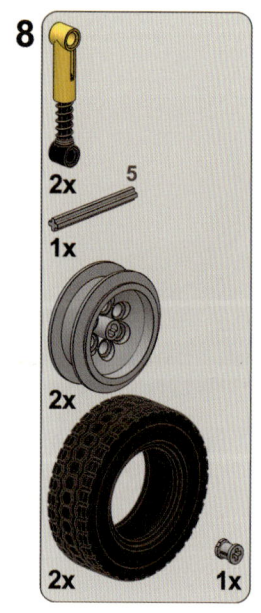
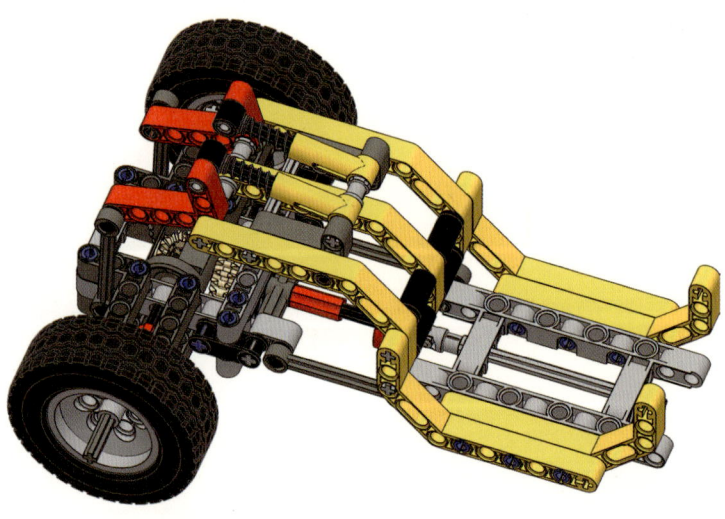

조향이 가능한 현가장치

여기에서 제시되는 몇 가지 조립도는 조향과 현가기능이 가능한 축 형태입니다. 이러한 형태는 일반적으로 실제 후륜구동 차량의 앞바퀴에서 볼 수 있습니다.

진자형 조향장치 모형

이 조향장치는 간단한 디자인으로 크기를 줄이는 데 중점을 두었습니다. 빨간 브릭은 차대의 일부분입니다. 차량의 다른 축이 충분히 안정적이라면 이 모형에서 완충장치를 제거해도 무방합니다.

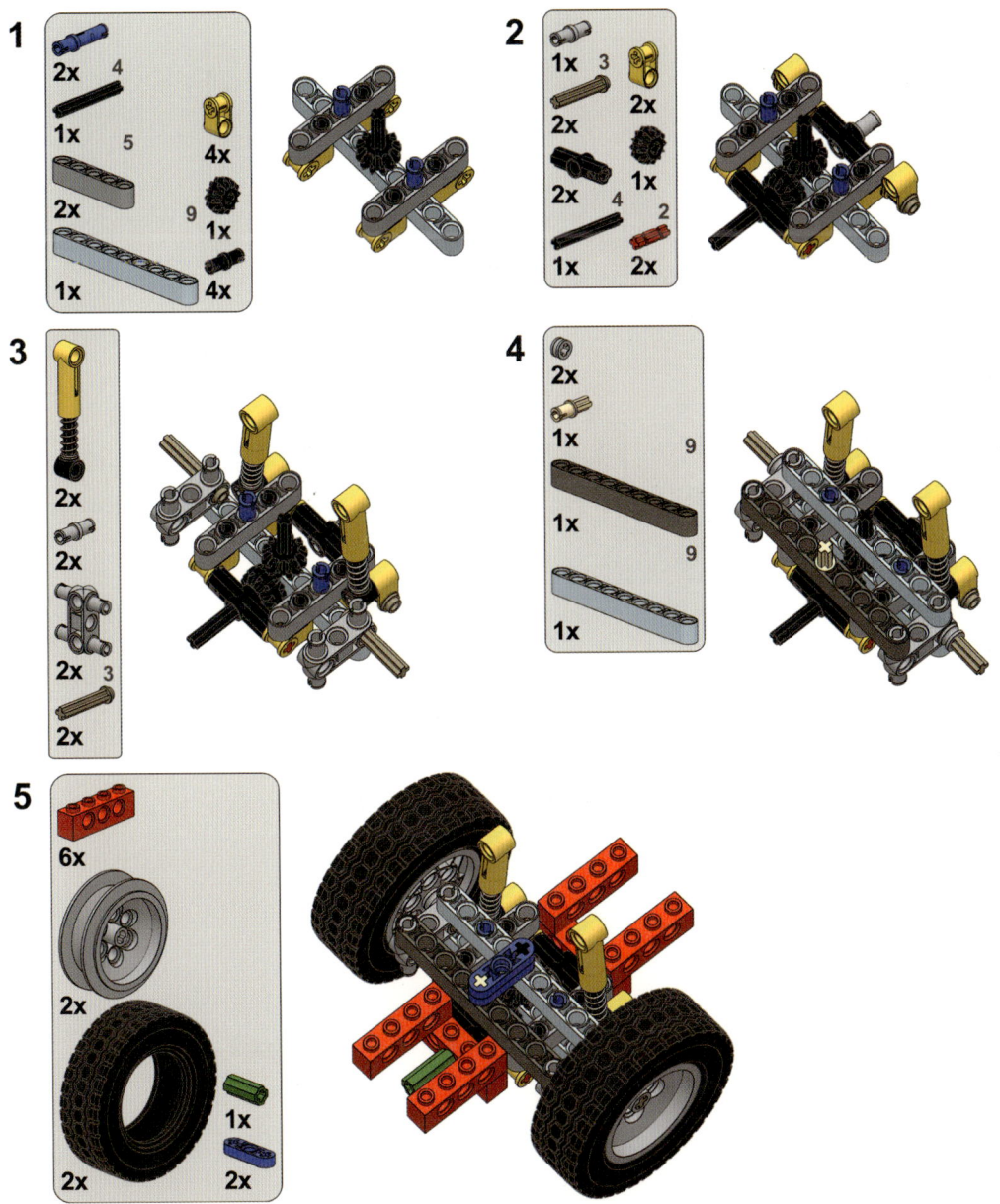

15 바퀴형 현가장치 271

독립형 조향장치 모형

이 조향장치는 가능한 한 좁은 형태의 독립형 현가장치와 함께 구현하기 위해 특수한 부품을 사용했습니다. 이 구조는 작고 가벼운 차량에 적합합니다.

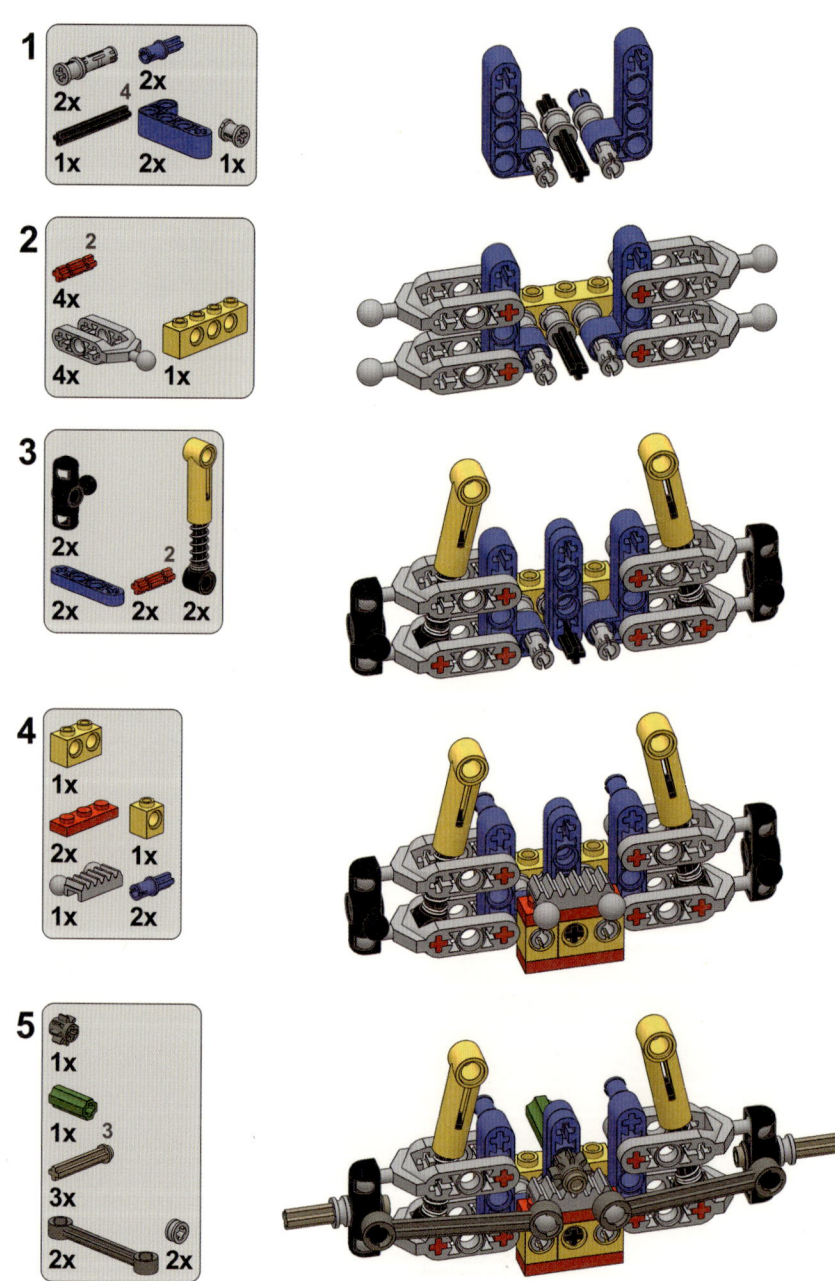

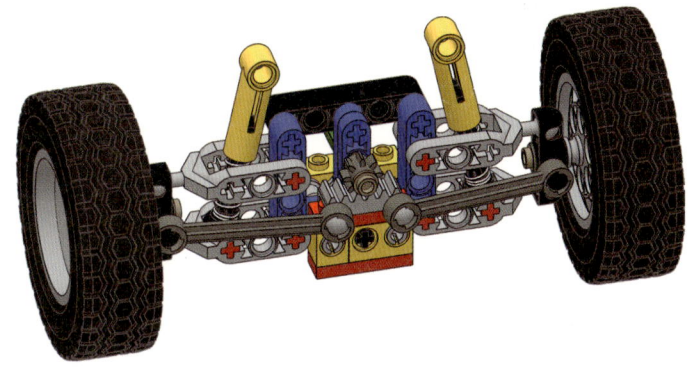

동력 전달과 조향이 가능한 현가장치

여기에서는 자동차의 구동축 중 가장 복잡한 종류의 예를 소개합니다.

독립형 차축

이 구동부는 조향이 구현되지 않은 것(독립형 현가장치 모형)보다 약간 더 복잡합니다.

> **NOTE** 테크닉 8880 수퍼카 세트에서 단지 일부 부품이 구형으로 바뀌었지만 개념적으로 이와 동일한 구조가 사용되었습니다.

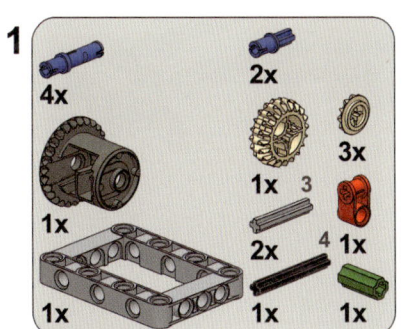
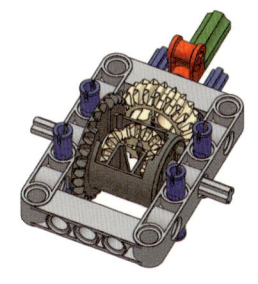
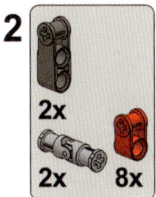
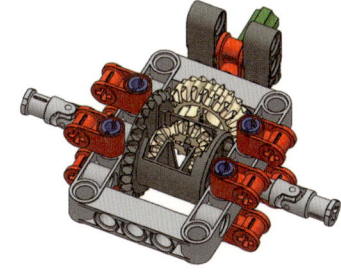

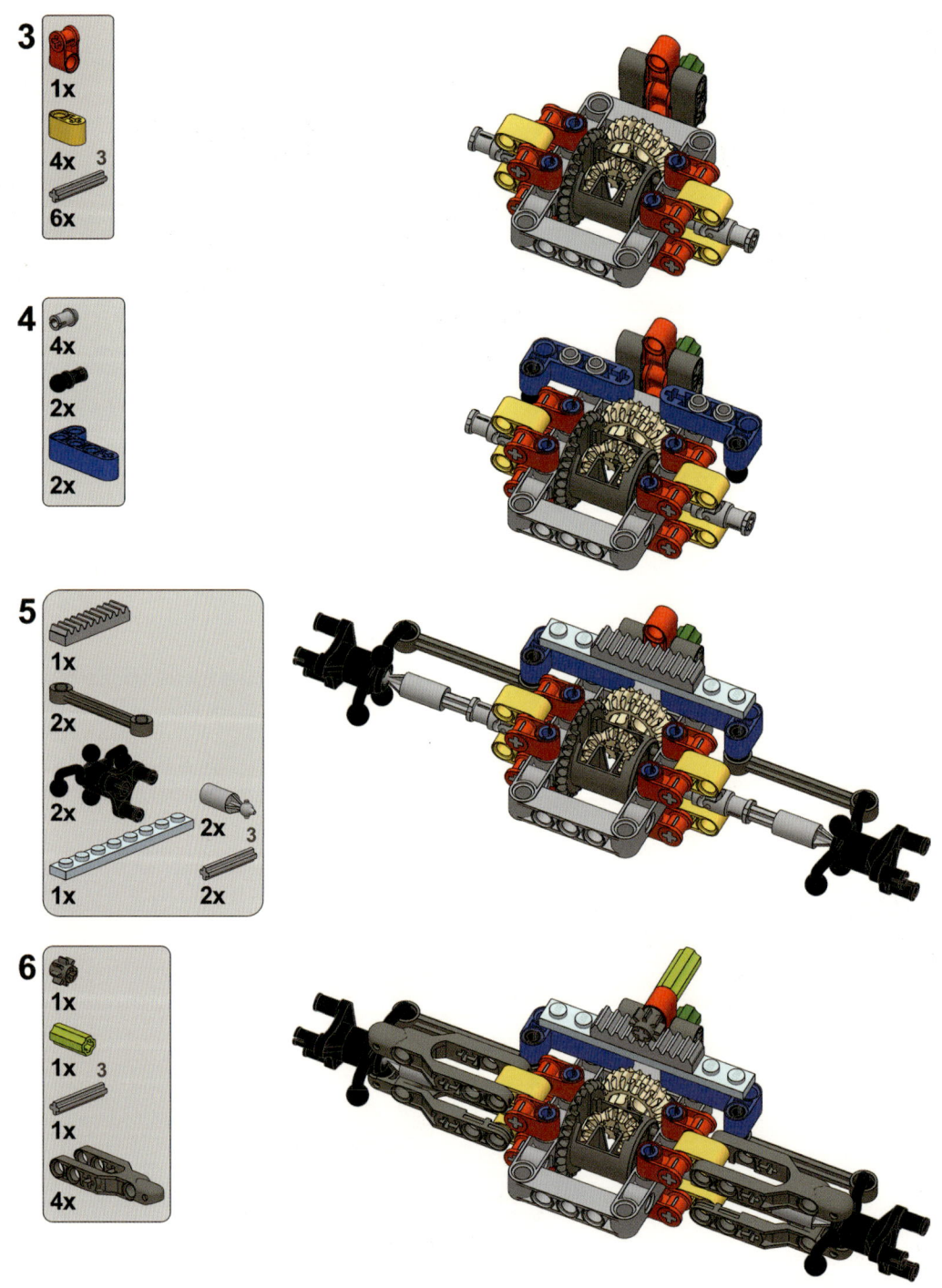

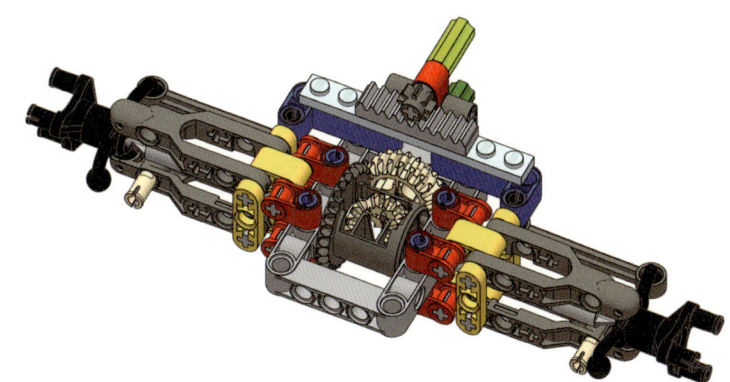
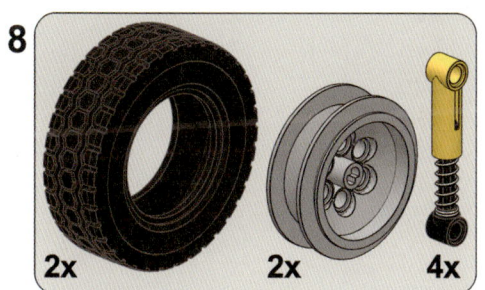
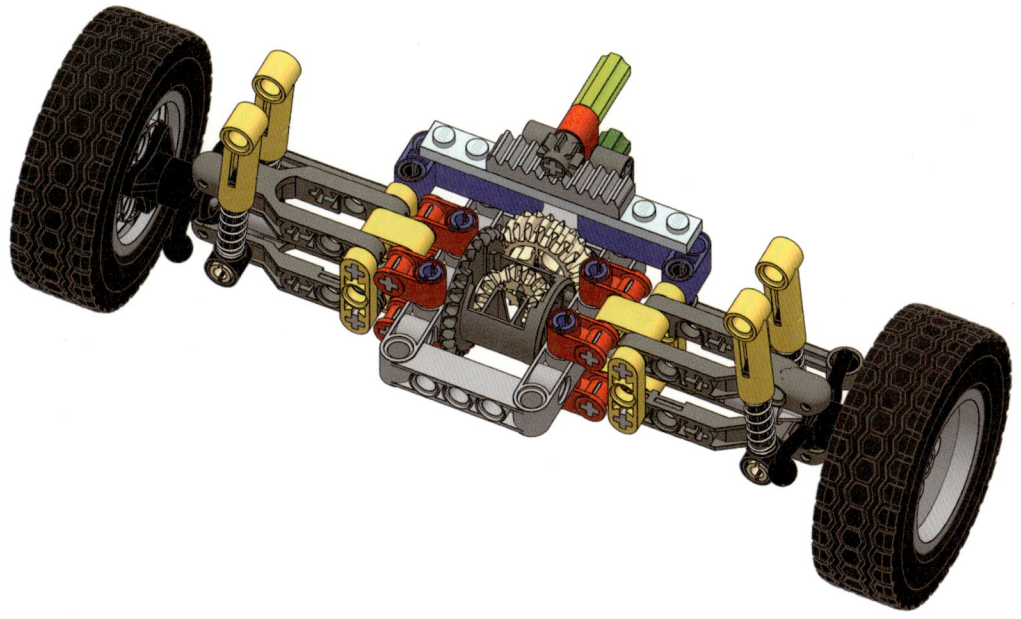

15 바퀴형 현가장치 275

고강성 조향형 포털 축

매우 거친 지형에서의 주행을 염두에 두고 디자인 된, 복잡하고 매우 강력한 현가장치입니다. 차동기어 대신 노브 휠을 장착하고, 스터드가 없는 기본 부품들을 이용해 복잡하지만 견고하게 조립되었습니다.

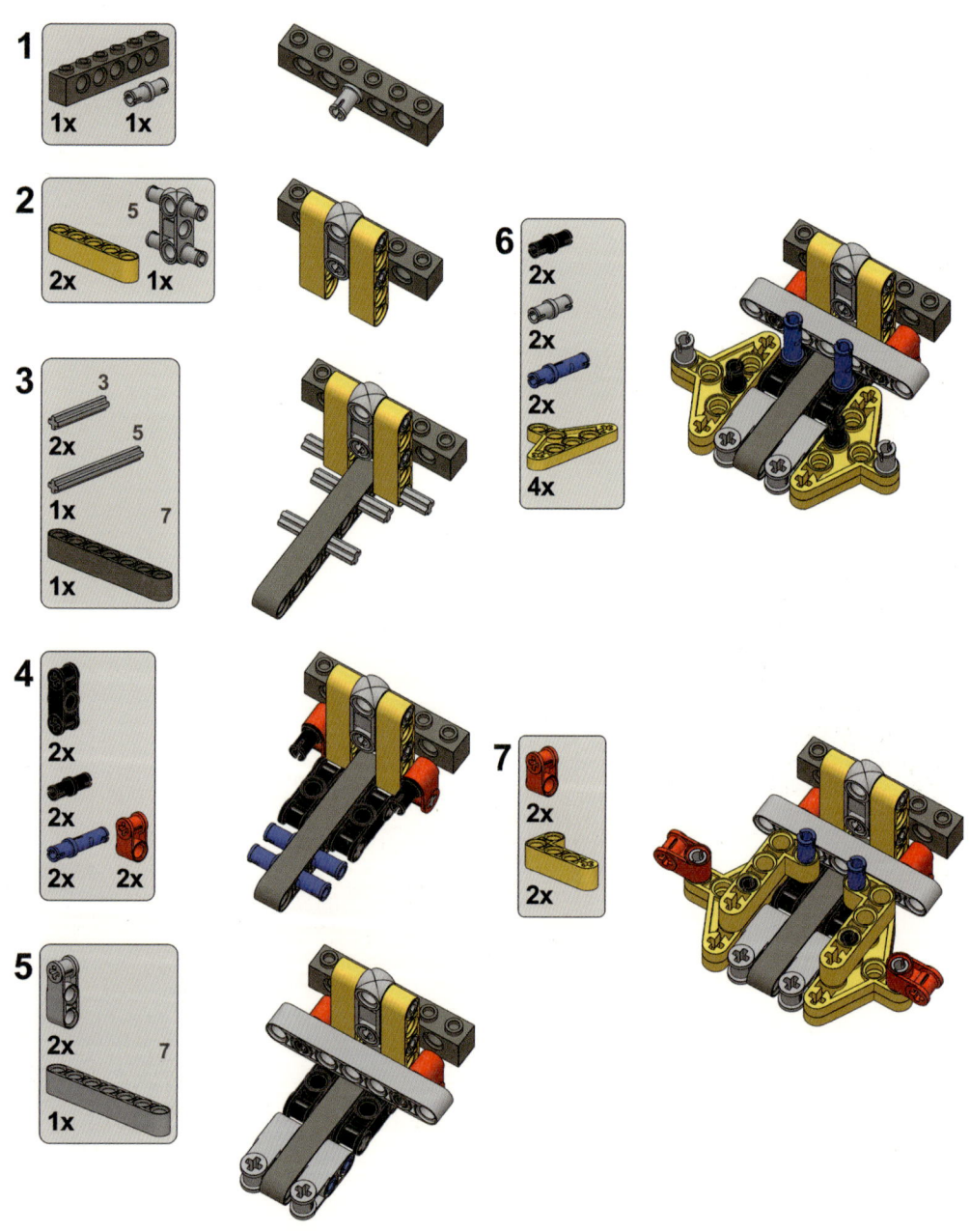

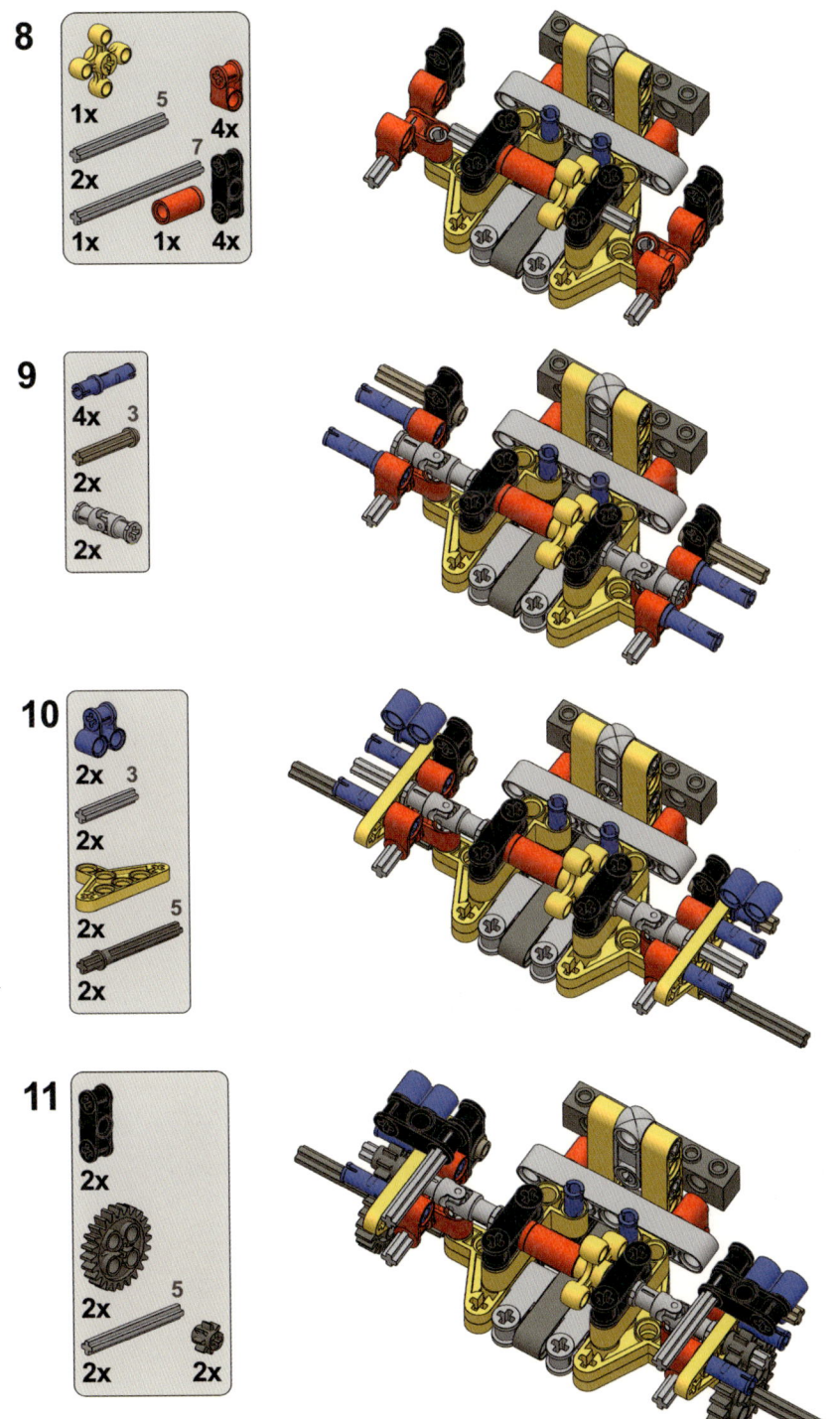

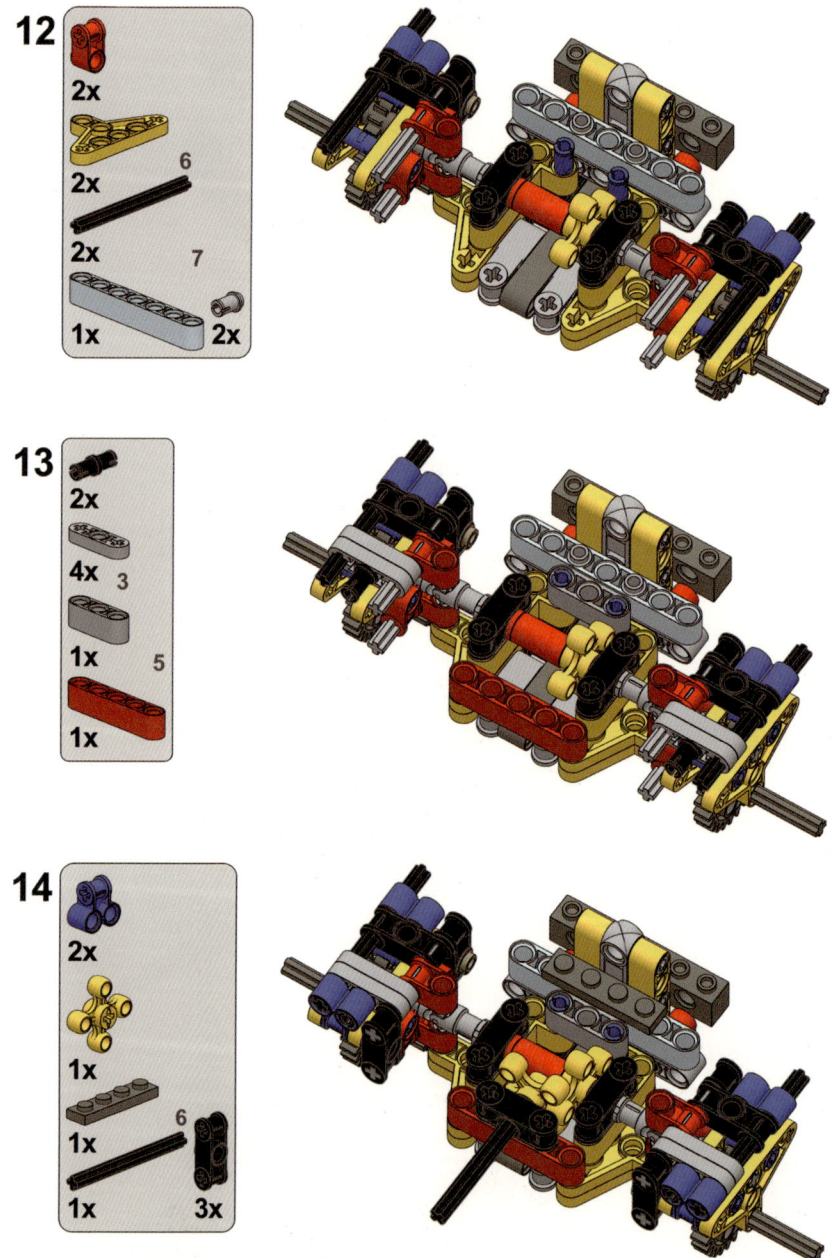

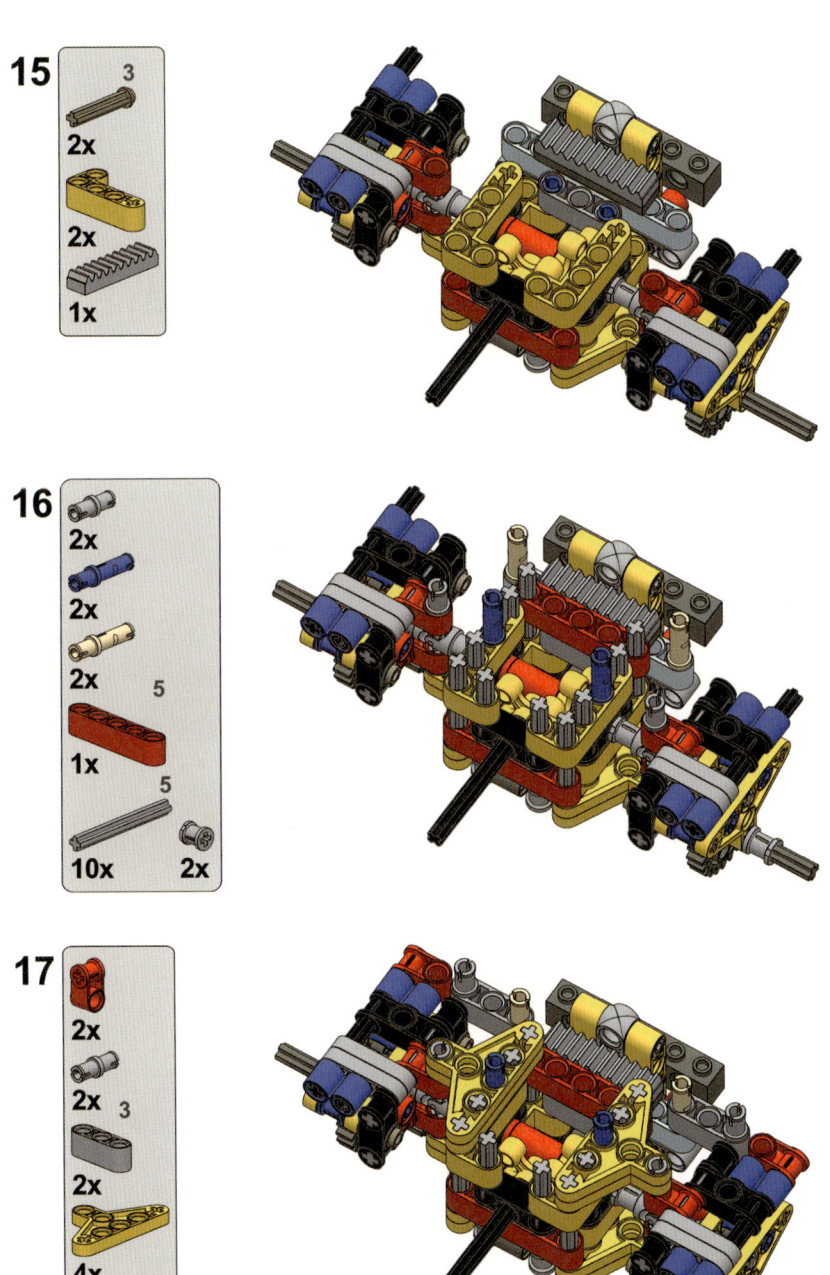

15 바퀴형 현가장치 279

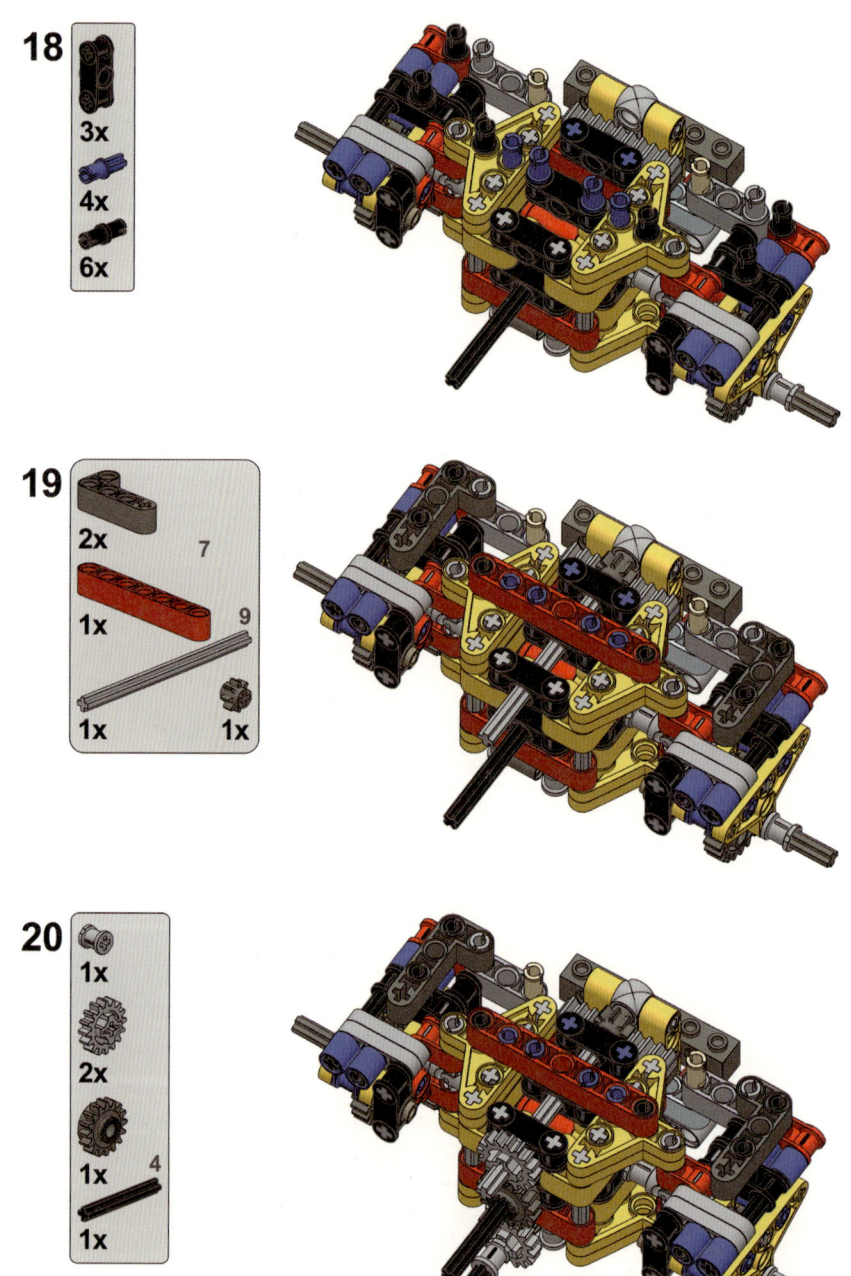

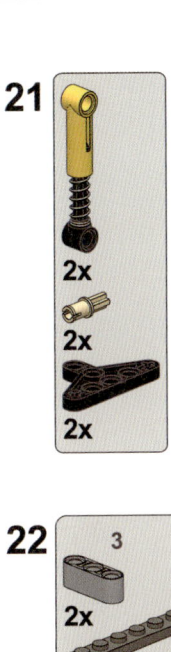

웜 기어를 응용한 진자형 조향 구동축

이 장치는 중앙에 차동장치를 사용하고, 웜 기어를 이용하는 작은 현가형 조향 구동장치입니다. 이것은 큰 기어 감속비 때문에 실질적으로 모터에 적용시켜 차체를 움직이기에 적합합니다. 단, 이것은 서로 맞물린 두 개의 8톱니 기어 때문에 구동 중 큰 유격이 생길 수 있습니다.

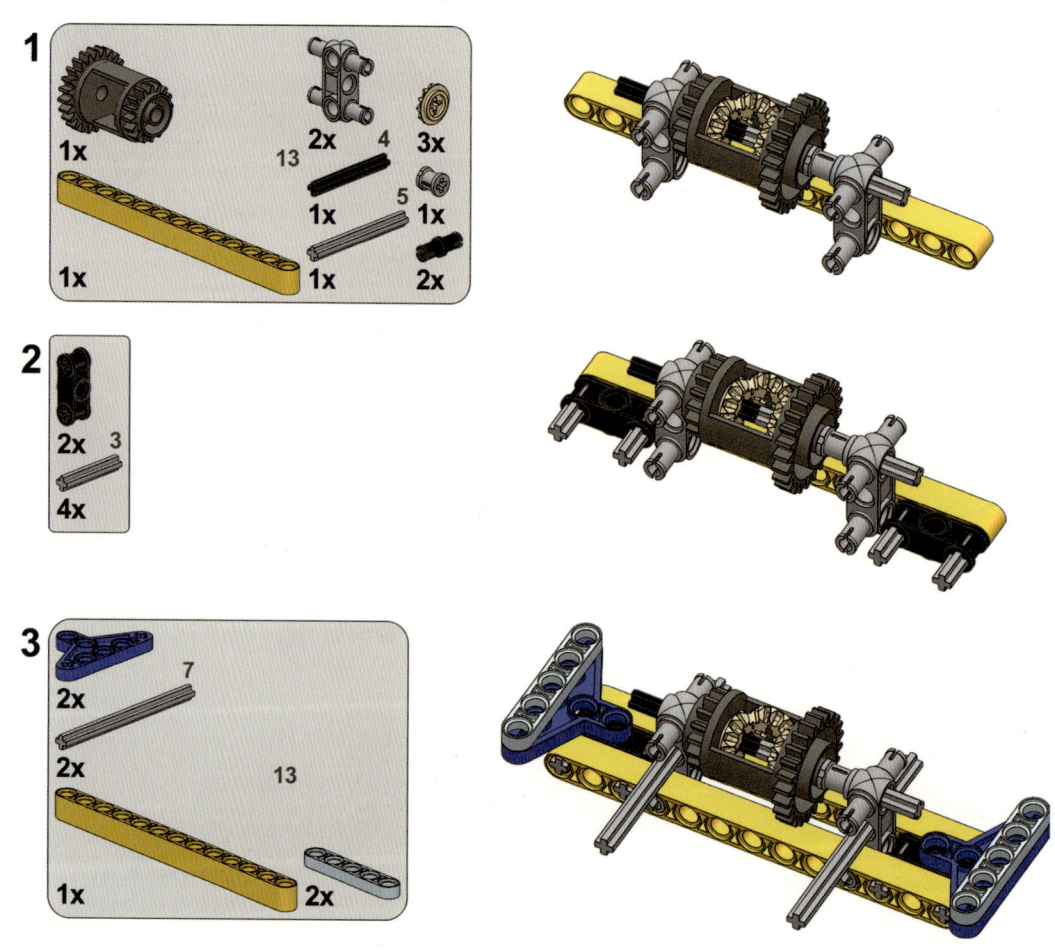

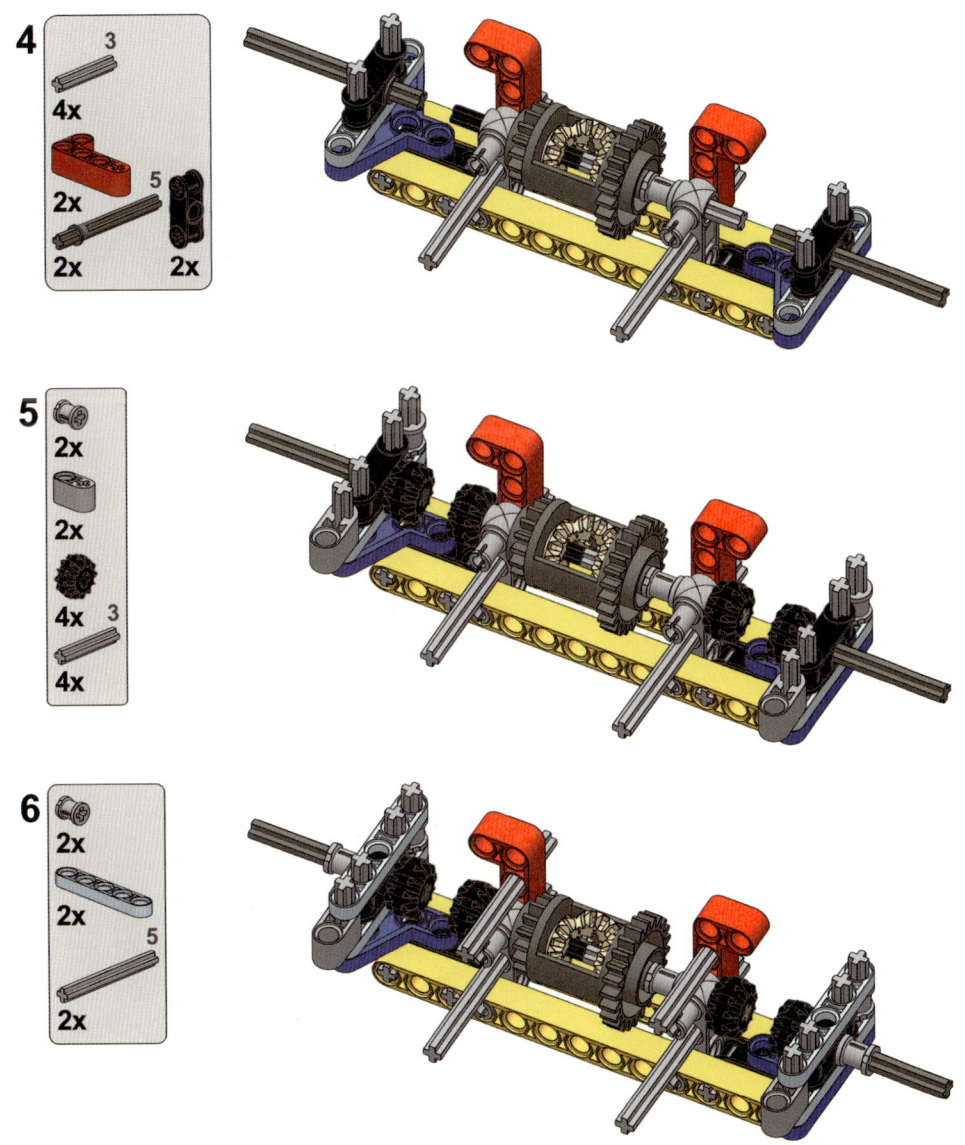

15 바퀴형 현가장치 283

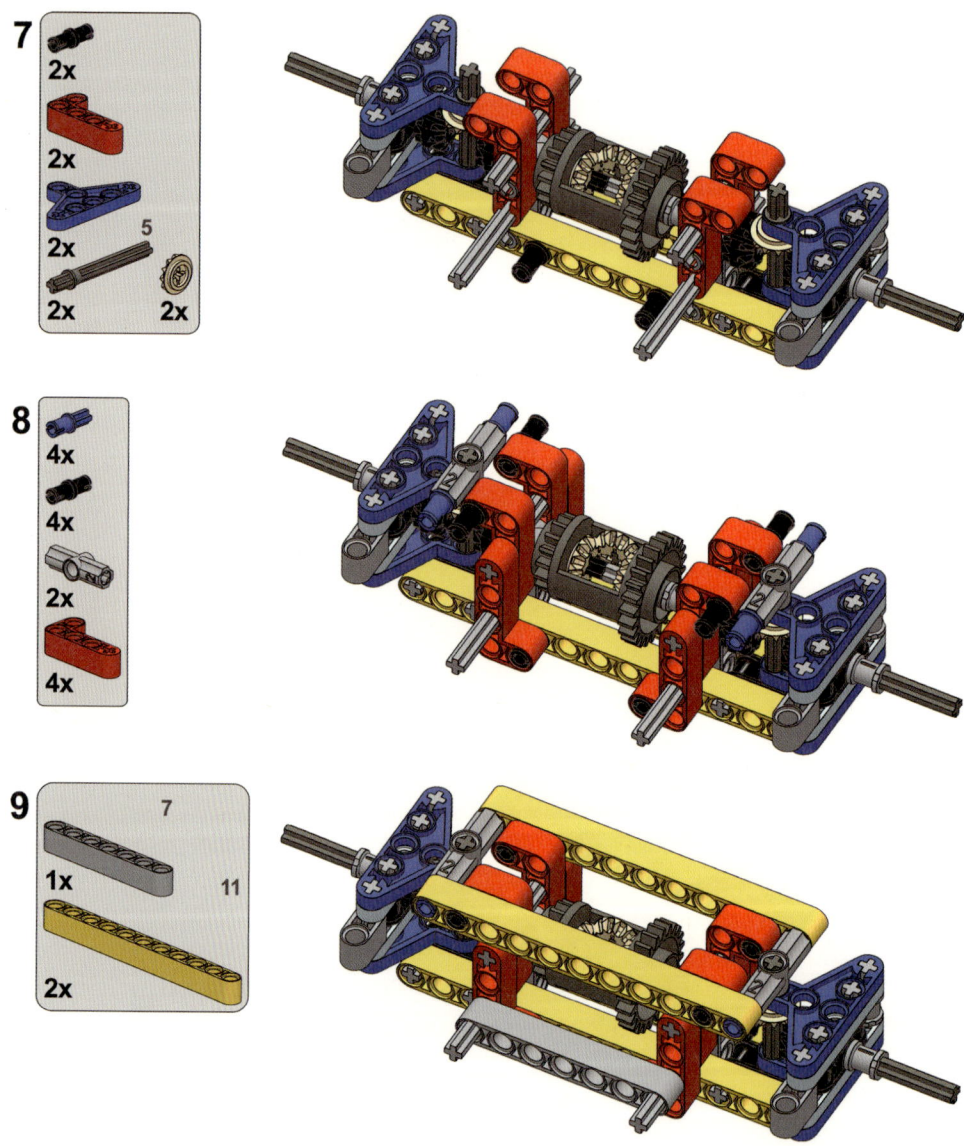

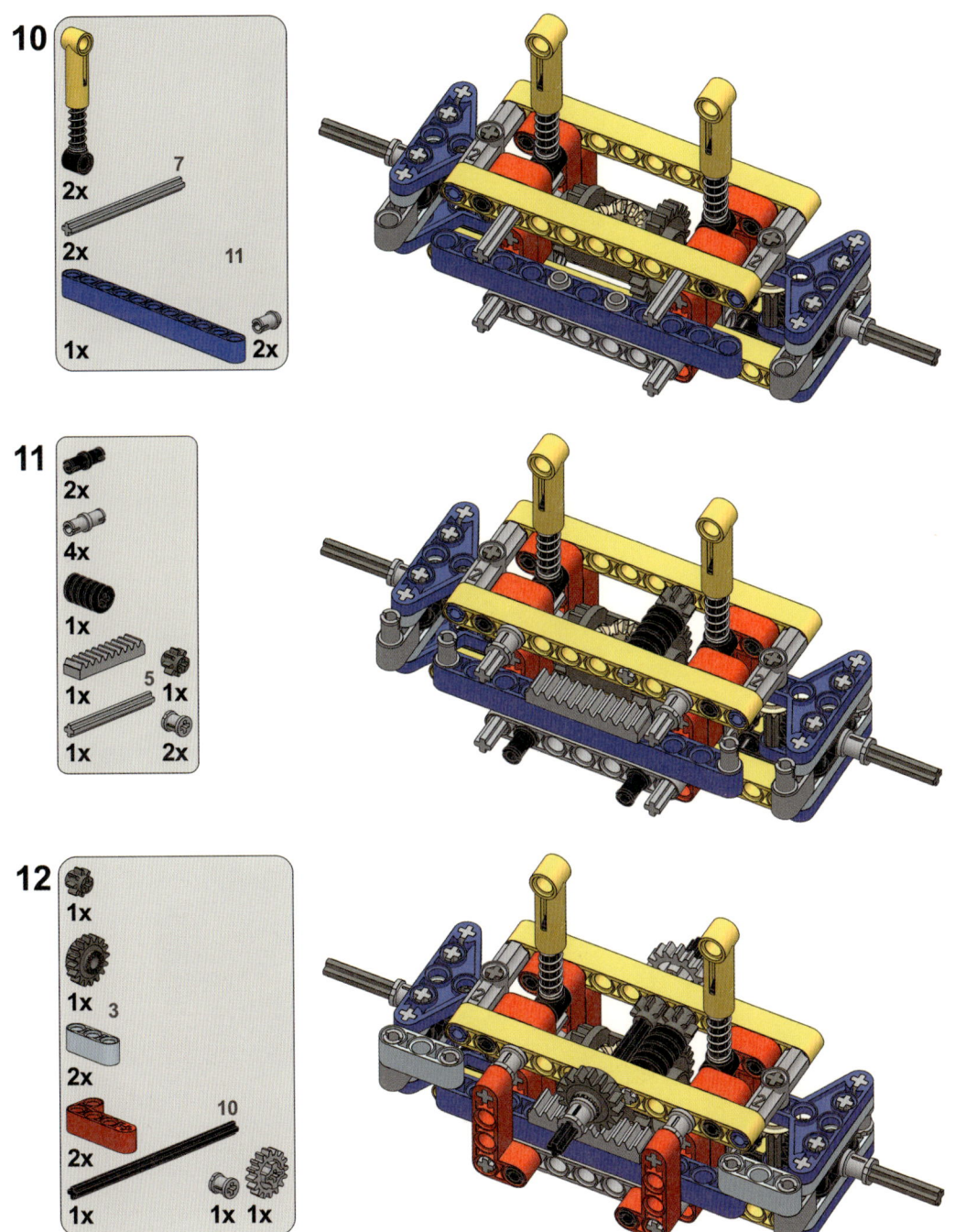

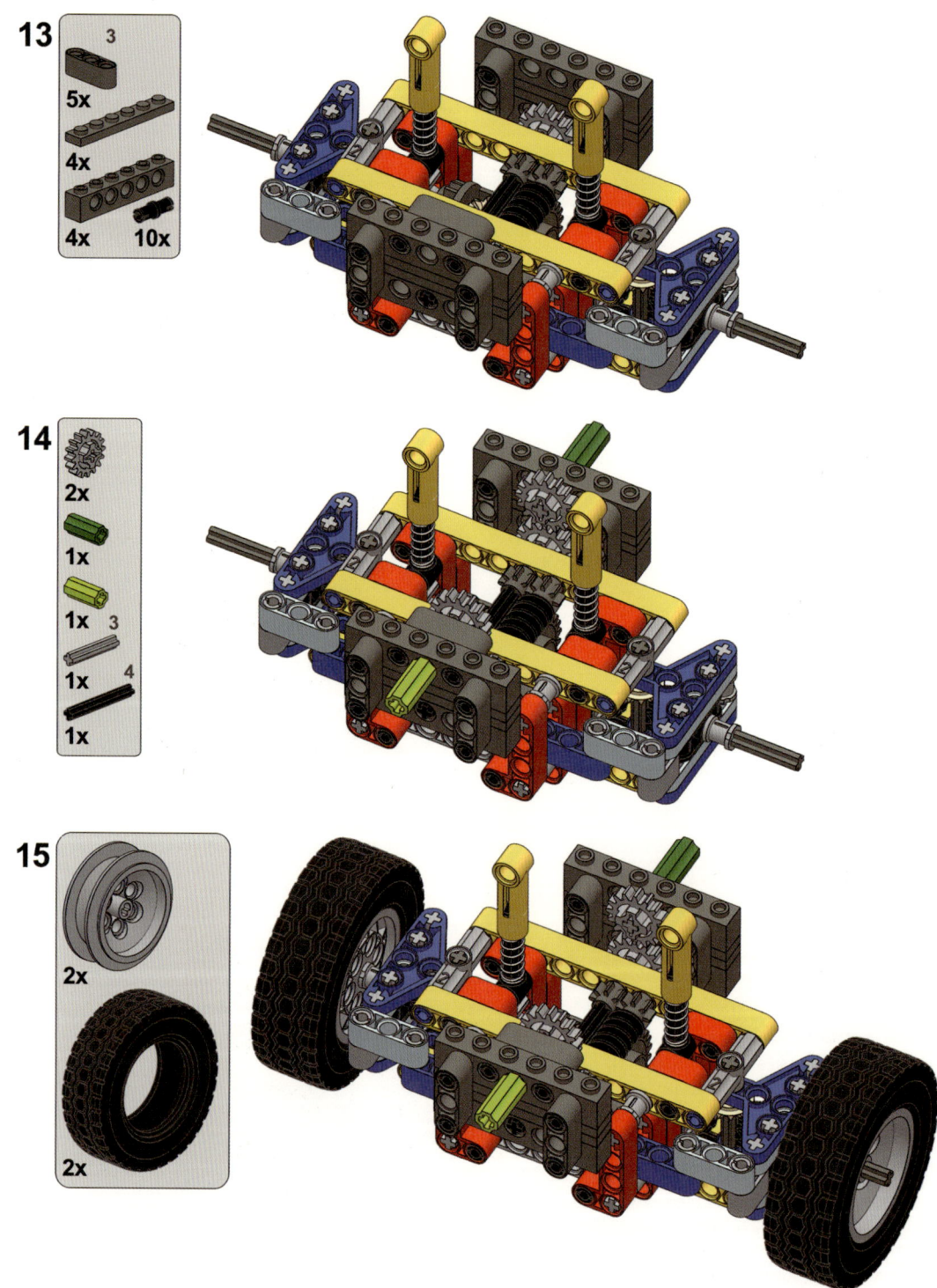

16
궤도형 차량과 현가장치
tracked vehicles and suspensions

궤도형 차량은 바퀴형 차량에 비해 험준한 지형을 주행할 때 장점을 발휘합니다. 탱크나 건설장비와 같은 궤도형 차량은 가고자 하는 목적지가 있을 때, 궤도를 이용해 스스로 길을 내면서 주행할 수 있습니다. 레고를 이용해서 궤도 차량을 만들 경우 두 가지 방법을 선택할 수 있는데, 바로 고무 재질로 된 일체형 궤도를 사용하는 것과 플라스틱 재질로 된 연결식 궤도를 사용하는 것입니다. 이 두 궤도는 서로 다른 장단점이 있습니다.

고무 무한궤도

레고의 고무 궤도는 전체가 하나로 연결된 폐곡선 구조를 가집니다. 레고에서 나온 일체형 고무 궤도는 전부 7가지 종류가 있으나, 그 중 세 가지는 단종되어 찾기 어렵습니다. 나머지 네 가지는 대체로 비슷한 외형과 특징을 가지고 있으며, 이 중 특히 인기 있는 형태는 그림 16-1에서와 같은 모양의 궤도입니다.

이 궤도는 요철이 34개 설치되어 있으며, 폭은 3스터드보다 약간 작습니다. 고무 재질에 깊은 요철까지 새겨져 있어, 이 궤도는 상당히 우수한 견인력을 가집니다. 궤도는 구동을 위해 궤도 바퀴라 불리는 특수한 스프로킷 휠sprocket wheel이 필요합니다.

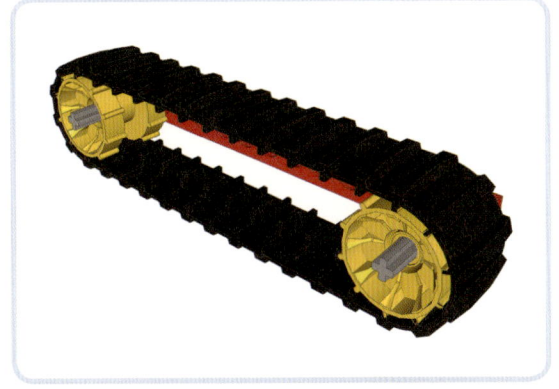

■ 그림 16-1 가장 일반적인 테크닉 고무 무한궤도(검은색)와 두 개의 테크닉 궤도 바퀴tread hub(노란색)

고무 궤도는 크기가 고정되어 있기 때문에 최대한 간격을 벌려 직선으로 바퀴를 설치할 경우 그림 16-1과 같이, 두 바퀴 간 간격은 13스터드가 됩니다. 궤도 바퀴의 지름은 3스터드이며 폭은 3스터드보다 조금 작습니다. 이 바퀴들은 핀 구멍을 가지고 있으며, 다양한 색상이 출시되어 있습니다.

핀 구멍 때문에 이 바퀴는 축을 이용해 바로 회전시킬 수 없으며, 그림 16-2와 같이 궤도 바퀴의 안쪽에 16톱니 기어를 설치한 후, 이 기어를 회전시켜야 휠의 구동이 가능합니다. 이 궤도를 설치해서 구동하려면 축 방향으로 대칭인 궤도 바퀴의 양쪽에 모두 16톱니를 끼워야 하며, 상황이 여의치 않는다면 한쪽 면에만 16톱니를 끼우고, 반대쪽 면에는 부시만 장착해도 무방합니다.

■ 그림 16-2 두 개의 테크닉 궤도 바퀴. 왼쪽은 바퀴 그대로의 모습이고, 오른쪽은 구동을 위해 바퀴의 홈에 16톱니 기어를 삽입한 모습입니다. 휠 허브의 크기는 3스터드보다 작은 크기이며, 여기에 16톱니 기어 또는 부시를 끼워 주면 비로소 바퀴의 폭은 3스터드가 됩니다.

고무 무한궤도의 장점 :

- 고무를 이용해 일체로 성형되었기 때문에 궤도가 분리되지 않습니다.
- 고무 특유의 마찰력 덕분에 우수한 견인력 및 등판 능력을 보입니다.
- 구동 시 플라스틱 궤도에서 발생하는 부품 간 마찰로 인한 소음이 발생하지 않습니다.

고무 무한궤도의 단점 :

- 일체로 성형되어 길이를 바꾸는 것이 불가능합니다.
- 궤도를 구동하기 위한 궤도 바퀴를 한 가지만 선택할 수 있습니다.
- 고무 재질의 특성상 시간이 지날수록 신축성이 감소합니다.

위 두 번째, 세 번째 이유 때문에 고무 궤도를 이용한 궤도 차량은 크기를 키우는 데 한계가 있습니다. 이 크기를 이용해서 만드는 궤도 차량은 미니피겨 스케일에 가

장 근접한 크기이며, 일반 테크닉 시리즈와 같은 대형 크기에는 이 궤도가 어울리지 않습니다.

경질의 플라스틱 궤도

단단한 플라스틱 소재의 경질 궤도로, 실제의 중장비에서 주로 사용되는 것과 같이 작은 조각들을 연결시켜 구동하는 개념의 무한궤도입니다.

각각의 궤도 부품은 핀과 고리를 가지고 있어 연속적으로 다른 궤도 부품에 결합될 수 있으며, 이 덕분에 고무 궤도와 달리 매우 쉽게 길이를 임의로 늘일 수 있습니다.

이 궤도 부품은 두 가지 종류가 출시되었으며, 그림 16-3에서 각각의 궤도 부품을 볼 수 있습니다. 검은색은 조금 폭이 좁고 오래전에 출시된 구형이며, 진회색은 폭이 조금 더 넓고 비교적 최근에 출시된 신형입니다.

그림 16-4에서는 신형 궤도를 이용한 중장비 차량의 모습을 보여줍니다.

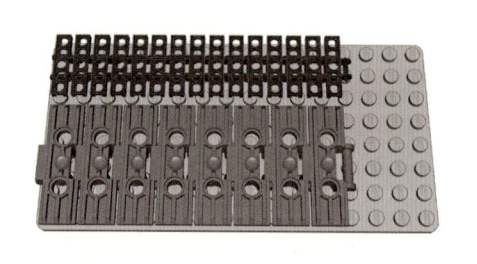

■ 그림 16-3 구형 연결식 궤도와 신형 연결식 궤도의 비교. 구형의 검은색 궤도를 15개 연결하면 13스터드 길이가 되며, 신형의 진회색 궤도는 8개를 연결하면 같은 길이가 됩니다.

■ 그림 16-4 레고 사는 파워펑션 무선 조종기능으로 많은 인기를 끌었던 모델 8275와 함께 신형의 대형 궤도 부품을 선보였습니다.

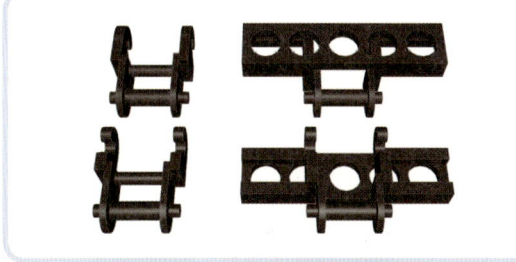

■ 그림 16-5 왼쪽은 일반 레고 체인의 앞과 뒤, 오른쪽은 구형 궤도 부품의 앞과 뒤의 모습입니다. 보시는 바와 같이, 구형 궤도 부품은 체인 부품을 변형한 형태로 연결 부위가 서로 완벽하게 호환됩니다.

■ 그림 16-6 구형 궤도 부품으로 16톱니 기어를 감싼 모습. 궤도 부품 하나당 두 개씩의 톱니에 맞물립니다.

궤도 부품은 너비가 스터드 단위와 일치하지 않습니다. 이 부품들은 일반 레고 스터드 단위보다 약간 좁게 설계되는데, 그 이유는 일반 브릭과 같은 폭이라면 궤도가 구동 중 다른 부품과의 마찰로 궤도 자신 및 맞닿는 브릭을 손상시킬 수 있기 때문입니다.

구형 궤도는 3스터드 폭보다 약간 좁은 넓이, 그리고 신형 궤도는 5스터드 폭보다 약간 좁은 넓이입니다. 길이는 두 가지 궤도 부품 모두 스터드 단위로 보았을 때 정수 단위가 아니기 때문에 궤도 부품 낱개 단위의 길이 측정은 큰 의미가 없습니다.

단, 그림 16-3과 같이 구형 궤도는 15개를 연결할 때 13스터드 길이가 되며, 신형 궤도는 8개를 연결할 때 13스터드 길이가 됩니다. 이를 통해 계산한 신형 궤도의 길이는 1.625스터드이고, 구형의 크기는 0.867스터드이며, 신형 궤도 하나의 길이는 구형 궤도 1.875개의 길이와 같습니다.

구형 궤도 부품은 거의 검은색 위주로 출시되었으며, 그림 16-5에서 보는 것과 같이, 레고의 체인과 연결 부위가 동일합니다. 단지 지면과 접촉을 위한 작은 판이 추가된 것을 제외하면 중앙의 연결 부위는 체인 그대로입니다. 이것은 체인을 원활하게 구동할 수 있는 모든 기어를 궤도 바퀴로 쓸 수 있다는 의미입니다. 각각의 궤도 부품은 레고 기어의 두 개의 톱니와 맞물리는 형태로 결합됩니다.

레고 기어 중 다섯 가지 종류를 구형 궤도 부품의 구동용으로 쓸 수 있습니다(그림 6-5 참조). 다른 기어(예를 들면 베벨 기어류)의 경우 톱니의 단면 때문에, 그리고 8톱니 기어의 경우 작은 지름 때문에 궤도의 구동에 적합하지 않습니다.

구형 궤도는 지면과 접촉하는 면에 다섯 개의 작은 구멍이 뚫려 있는데, 이 구멍을 이용해 4스터드 이상의 크기를 가진 플레이트, 타일 또는 브릭 부품을 궤도와 결합하는 것이 가능합니다(그림 16-7 참조). 브릭의 경우 구동 시 쉽게 궤도와 분리된다는 이유로 잘 사용되지 않지만, 플레이트나 타일은 생각보다 견고하게 궤도 부품과 결합될 뿐만 아니라, 궤도의 폭을 확장할 수 있다는 이유로 미관을 위해 사용되기도 합니다. 그러나 플라스틱이라는 부품의 특성상 연결식 궤도 자체도 그렇지만 여기에 플레이트나 타일 등의 부품을 결합한 형태 그 어느 것도 접지력은 좋지 않습니다. 이러한 접지력 문제는 신형 궤도에 장착할 수 있는 고무 패드 부품이 2013년에 출시되면서 어느 정도 해결될 것으로 보입니다.

대형의 신형 궤도 부품은 주로 진회색으로 많이 생산되었으며 검은색과 회철색도 있습니다. 각각의 궤도 부품은 두 개의 핀 구멍을 가지고 있으며, 이 구멍을 이용해 다른 부품을 궤도에 결합하는 것이 가능합니다. 2013년에는 이 궤도의 핀 구멍에 결합될 수 있는 전용의 고무 패드도 등장했습니다.

■ 그림 16-7 구형 궤도 부품에 4스터드 폭의 타일을 추가로 설치한 모습. 하나의 타일은 단일 궤도 부품보다 폭이 넓기 때문에(타일 = 1스터드, 구형 궤도 = 0.867스터드), 완전히 펼쳐지기 위해서 타일이 궤도 부품을 하나씩 걸러 설치된 것을 볼 수 있습니다.

■ 그림 16-9 신형 궤도의 핀 구멍에 테크닉 핀을 삽입하면 여기에 추가적인 브릭이나 타일을 부착하는 것도 가능합니다.

■ 그림 16-9a 신형 궤도에 맞추어 출시된 고무 패드를 장착한 모습. 외형적 사실성은 떨어진다고 생각되지만 등판 능력은 향상됩니다.

그림 16-8은 필자가 만든 리베르Liebherr R944C 굴삭기 모델로, 두 가지 종류의 기어를 사용한 모습을 보여줍니다. 여기에서는 24톱니 기어가 궤도의 뒤쪽 끝에 설치되어 궤도를 구동하고, 16톱니 기어는 궤도의 위쪽에 설치되어 있는 것을 볼 수 있습니다.

신형의 궤도 부품은 연결 부위의 모습이 기존 궤도 부품을 그대로 확대한 것과 같은 모양으로, 일반 기어로 구동하는 것이 불가능합니다. 때문에 이 궤도 부품을 구동하기 위한 특수한 궤도 바퀴 부품이 제공되는데, 그림 16-10의 큰 바퀴와 작은 바퀴가 대형 궤도를 구동하기 위한 바퀴입니다. 대형 바퀴는 톱니 하나당 궤도 부품 하나씩, 총 열 개의 궤도 부품과 결합될 수 있으며 두께는 2스터드입니다. 노란색, 주황색 및 검은색이 출시되었습니다. 소형 바퀴는 여섯 개의 톱니가 나와 있으며, 두께는 1스터드 그리고 검은색과 진주색의 두 가지가 있습니다.

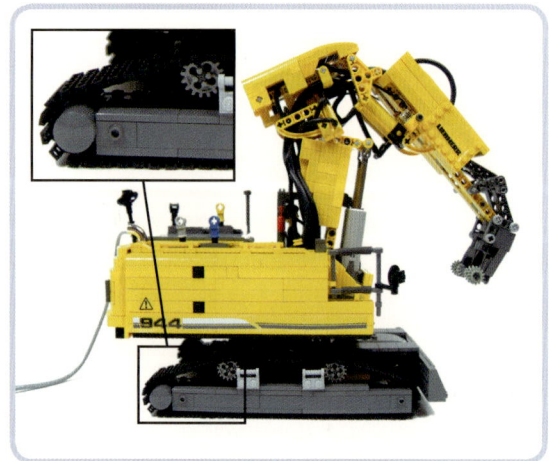

■ 그림 16-8 궤도에 두 가지 종류의 기어를 설치한, 리베르 R944C 굴삭기

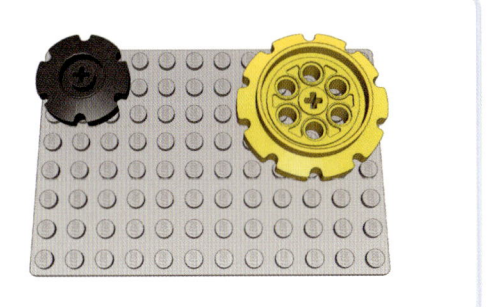

■ 그림 16-10 그림 신형 궤도를 구동하기 위한 궤도 바퀴

■ 그림 16-12 신형 궤도 부품에 테크닉 빔을 장착한 모습

신형의 궤도 부품 위에 뚫린 두 개의 핀 구멍은, 그림 16-11 및 16-12와 같이 다른 테크닉 브릭 또는 빔을 결합하는 용도로 쓸 수 있습니다. 이렇게 장착된 부품은 지면과 궤도의 접촉 면적을 넓히고 접지력을 상승시켜 눈밭과 같은 지형에 좀 더 적합합니다. 궤도에 브릭이나 빔을 부착하기 위해서는 각각의 궤도 부품에 1/2핀 또는 3/4핀을 이용해야 하며, 3/4핀을 이용하는 경우 좀 더 튼튼하게 결합할 수 있습니다. 한편, 핀 구멍에 고무줄을 꿰면 단단한 궤도면이 지면과 접촉하면서 발생하는 소음도 줄이고 접지력도 향상시킬 수 있습니다.

구형과 신형, 두 가지 타입의 궤도는 늘어나는 정도가 다릅니다. 구형은 약간의 탄성이 있어 결합이 약하고 분리되기 쉽습니다. 신형은 보다 단단하고 견고하기 때문에 궤도의 장력 조절이 어렵습니다. 구형의 궤도는 플라스틱 소재도 다소 무른 소재이며 연결 부위가 얇습니다. 반면 신형은 보다 경질의 소재를 사용하며 연결 부위도 훨씬 두꺼워졌습니다.

여러분의 차량에 설치된 궤도가 너무 느슨하거나 너무 팽팽한 경우, 이는 차량의 구동에 큰 영향을 줄 것입니다. 가장 적절한 궤도의 크기는 가능한 한 최대한 팽팽하게 조여진 상태에서 약 절반 정도의 궤도 길이만큼 여유를 주는 것입니다. 궤도가 지나치게 팽팽한 경우 구동 중 연결 부위가 분리될 수 있으며, 반대로 느슨한 경우 정상적인 주행이 되지 않습니다. 실제의 궤도 차량에서도 대부분 이런 문제 때문에 궤도를 폐곡선으로 연결한 뒤 궤도 내부의 바퀴 중 하나 즉, 유동륜을 앞 또는 뒤로 당기거나 미는 형태로 움직여 장력을 조절하곤 합니다.

■ 그림 16-11 신형 궤도 부품에 테크닉 브릭을 장착한 모습

플라스틱 궤도의 장점:

- 이것은 각각의 낱개의 궤도 부품을 연결하는 방식이기 때문에 자유롭게 길이를 조절할 수 있습니다.

- 고무 궤도에 비해 훨씬 더 사실적입니다.

- 전체 크기를 자유롭게 설정할 수 있기 때문에, 궤도 구

동용 톱니바퀴 역시 고무 궤도에 비해 훨씬 더 다양하게 선택할 수 있습니다.

플라스틱 궤도의 단점 :

- 고무에 비해 마찰력이 떨어지기 때문에 견인력 및 등판력이 낮습니다.

- 구동 중 체인이 분해되는 경우가 발생할 수 있습니다. 특히 구형에서 잘 발생합니다.

- 최적의 궤도 장력을 만들기 어렵습니다. 특히 신형에서 그러합니다. 이 문제는 궤도 구동기어의 지름 및 궤도 전체의 길이 등의 여러 가지 값들을 종합했을 때 이론적으로 계산되는 궤도의 길이와 실제 궤도 부품을 연결했을 때의 궤도 낱개 길이×개수로 계산되는 궤도 전체 길이의 차이 때문에 발생하며, 실제로 전차와 같은 궤도 차량에서도 동일한 문제가 발생합니다. 해결 방법은 궤도의 유동륜의 위치를 조절해서 전체적인 궤도의 폐곡선의 길이를 맞추는 방법이 유일합니다.

- 구동 시 연결 부분, 그리고 지면과 맞닿는 단단한 궤도의 접촉면에 의해 구동 중 많은 소음을 유발합니다. 특히 신형에서 더욱 그러합니다.

궤도를 이용한 구동장치

궤도는 진흙, 눈 또는 다른 불규칙한 노면을 주행해야 하는 상황에서 차량의 주행성능을 크게 향상시킵니다. 하지만 실제 궤도 위에서 차량이 얼마나 잘 움직이는가는 궤도 위에 설치된 바퀴에 의해 좌우됩니다.

궤도 차량에서의 바퀴 역시, 자동차나 트럭의 바퀴에 못지않게 중요한 비중을 차지합니다. 궤도 차량의 바퀴는 먼저, 궤도에 직접적인 구동력을 전달하고 궤도가 분리되거나 처지는 것을 막는 역할을 합니다.

다음으로, 바퀴는 차량이 지면에서 떨어진 상태에서도 자세를 유지하며 장애물을 효과적으로 극복할 수 있도록 현가장치를 적용할 수 있습니다. 여기서도 현가장치는 차량의 자세 유지와 험지에서의 바퀴와 지면의 밀착도를 높여 주행성을 증가시키는 역할, 그리고 주행 중 차체로 가해지는 충격을 완화하는 역할을 하게 됩니다.

> **NOTE** 최초로 제작된 전차를 보면 궤도 차량에서 완충장치가 얼마나 중요한지 잘 보여줍니다. 완충장치가 제대로 구현되지 않은 초기의 전차는 전차용 참호를 통과할 때 발생하는 충격을 흡수하지 못해서 그 충격이 그대로 승무원에게 전달되었는데, 이 때문에 승무원들은 주행 중 발생하는 충격을 견디지 못하고 실신하기도 했습니다.

■ 그림 16-13 연결식 궤도장치와 두 개의 궤도 바퀴. 일반적인 궤도 차량은 하나의 기동륜(빨간색)과 하나 이상의 유동륜(회색)을 가지며, 유동륜은 단순히 궤도가 이탈하지 않도록 지지해 주는 역할과 차체의 하중을 궤도를 통해 지면에 전달하는 역할만 하게 됩니다.

이제 가장 기본적인 궤도 차량의 바퀴부터 살펴보겠습니다. 가장 단순한 형태는 그림 16-13과 같이, 한 궤도당 필요한 최소한의 바퀴인 두 개의 바퀴만을 사용하는 형태입니다.

이러한 구조에서는 양 끝의 바퀴의 경우 거의 절반 정도가 트랙과 맞닿아 있게 됩니다. 이 정도의 접촉 면적은 궤도 중간에 추가되는 다른 어떠한 바퀴보다도 넓은 것이며, 이 때문에 궤도의 끝에 위치한 바퀴가 궤도를 구동시키기에 가장 적합하다 할 수 있습니다.

이러한 형태의 일반적인 궤도 차량은 양 끝의 두 톱니바퀴 중 하나가 실제 구동에 사용되며, 구동 계통을 설치하기에 편리하다는 이유로 뒤쪽의 톱니바퀴가 기동륜으로 사용되는 경우가 많습니다. 🧑 일반적으로 조종사가 앞에 위치하기 때문에, 뒤쪽은 상대적으로 공간이 많아, 큰 부피를 차지하는 구동부는 주로 뒤에 설치됩니다. 물론, 구동부를 앞으로 배치하는 궤도 차량도 있기는 합니다.

무한궤도는 체인과 마찬가지로 둘 중 하나의 바퀴만 구동해도 모두가 구동되는 형태이기 때문에, 기동륜의 위치(앞쪽 또는 뒤쪽)는 전혀 문제가 되지 않습니다.

궤도 차량에서 바퀴의 두 번째 기능은 차량이 장애물을 극복할 때 궤도에 적절한 장력을 유지해 주는 것으로 아주 중요한 기능입니다. 바퀴는 완충장치와 같은 적절한 탄성요소에 의해 적절한 장력을 유지할 수 있어야 합니다. 만약 장력의 적절한 균형이 깨진다면 궤도 안에서 바퀴가 미끄러지거나, 혹은 궤도 자체가 분리되어 제어 불능에 빠질 수 있습니다.

하지만, 기본적인 궤도당 두 개의 바퀴만을 사용하는 형태로는 추가적인 완충기능을 구현하기 어렵습니다. 🧑 실제 이런 두 개의 바퀴만을 사용하는 궤도 차량은 초소형 굴착기나 무선 조종형 전투로봇 등 소형 차량의 일부에서 볼 수 있습니다.

두 개의 바퀴를 사용하는 경우 유동륜에 현가장치를 적용하기는 그나마 쉽지만, 기동륜에 현가장치를 적용하기는 훨씬 더 어려워집니다. 이것이 궤도 차량의 구동 계통에 보기륜road wheel이 발명된 이유입니다.

보다 진보된 궤도 차량의 구동 계통은 그림 16-14의 파란색 기어와 같이 보기륜이라 불리는 작은 바퀴가 추가된 형태입니다. 보기륜의 개수에는 제한이 없으며, 이것은 구동되는 바퀴가 아니기 때문에 현가장치를 적용하기에도 편리합니다.

보기륜은 일반적으로 기동륜보다 좀 더 낮은 위치로, 지면과 밀착되도록 설치되며 차량의 무게를 지탱하는 용도로 사용할 수 있습니다. 일부 궤도 차량의 경우 기동륜과 보기륜을 거의 같은 높이로 설치해서 보기륜에 현가장치 기능을 구현하기 어려운 경우도 있지만, 이런 경우 보기륜이 지면 및 궤도와 접촉하는 면적이 증가되는 장점도 있습니다.

실제 궤도 차량의 경우 작은 보기륜을 많이 장착하거나(그림 16-15 참조), 대형의 보기륜을 조금 장착하기도 합니다. 양 극단 사이의 타협전이라 할 수 있는 형태로 일반적인 현대식 전차들은 기동륜 절반 정도 크기의 보기륜을 한쪽 궤도당 6~7개 정도 장착하는 형태를 주로 채용하고 있습니다.

가장 복잡한 궤도 차량의 구동 계통은 그림 16-16의 노란색 바퀴와 같은, 리턴 롤러return roller를 채용한 것입니다. 이 롤러는 구동이나 현가장치와는 전혀 상관없이, 단지 위쪽 궤도를 지지하는 역할만을 수행합니다. 리턴 롤러는 트랙과의 접촉 면적이 좁아도 무방하며(사실상 회전할 필요도 없는 부분으로), 단지 궤도가 그 위를 미끄러져 지나갈 수 있는 형태라면 충분합니다.

궤도는 원활하게 구동되기 위해 항상 어느 정도는 느슨한 상태이며, 이러한 느슨함은 특히 궤도가 길어질 경우 더욱 심해질 수 있습니다. 궤도의 길이가 길어진다면 최소한 두 개 이상의 리턴 롤러를 설치하는 것이 바람직합니다. 또한, 보기륜이 충분히 큰 경우, 그림 16-17과 같이 보기륜의 위쪽이 리턴 롤러의 역할을 대신 수행할 수도 있습니다.

■ 그림 16-14 유동륜과 세 개의 보기륜, 기동륜이 설치된 궤도의 모습

■ 그림 16-15 한 궤도당 열한 개의 보기륜이 장치된 영국의 처칠 전차. 많은 보기륜을 가진 궤도 차량의 아주 극단적인 예제입니다.

■ 그림 16-16 유동륜, 기동륜, 세 개의 보기륜 그리고 두 개의 리턴 롤러와 기동륜이 설치된 궤도의 모습

■ 그림 16-17 2차 세계대전 당시 소련의 T-34 전차는 궤도가 아래로 쳐지는 현상을 막기 위한 리턴 롤러의 필요성을 보기륜 자체의 크기를 키우는 방법으로 해결했습니다. 이 거대한 보기륜은 궤도의 상단과 하단 모두에 접촉하기 때문에 하중을 지면에 분산시키는 보기륜의 역할과 궤도가 쳐지는 것을 막는 리턴 롤러의 역할을 함께 수행합니다.

현대적인 궤도 차량의 구동 계통을 잘 보여주는 사례 중 하나가 미국의 셔먼 전차입니다. 이 전차는 두 개의 대형 스프로킷 휠과 여섯 개의 작은 보기륜, 두 개의 리턴 롤러가 각각의 궤도마다 설치되었습니다(그림 16-18 참조). 두 스프로킷 휠 중 앞의 것이 기동륜이고, 뒤쪽은 구동되지 않는 유동륜입니다.

■ 그림 16-18 이제는 고전이 된 미국의 셔먼 전차는 리턴 롤러가 설치된 휠 시스템을 채용했습니다.

이제, 궤도 차량에 사용되는 각각의 바퀴 유형에 대해 살펴보았으니, 궤도 차량에 적용할 수 있는 현가장치에 대해 살펴보겠습니다.

궤도 차량의 현가장치

현가장치의 주요 기능은 주행 안정성을 높이고, 주행 중 차량에 전달되는 충격을 완화하는 것입니다. 그리고 궤도 차량에 적용되는 현가장치의 부가적인 기능으로 궤도의 이탈을 방지하는 목적도 있습니다.

현가장치는 보기륜을 지면의 모양과 관계없이 궤도와 최대한 가깝게 밀착된 상태로 유지시킴으로서 이러한 기능을 수행합니다. 궤도 차량의 대부분은 구동 계통을 단순화하고 구동축에 하중이 걸려 마찰이 증가하는 것을 방지하기 위해 보기륜에만 현가장치를 넣습니다.

앞으로 살펴볼 궤도 차량용 현가장치는 모두 보기륜을 위해 설계되어 있지만, 필요하다면 기동륜에 적용하는 것도 가능합니다.

> **NOTE** 구형과 신형, 레고 궤도의 종류는 현가장치의 개념에 영향을 주지 않습니다. 궤도의 종류는 단지 궤도의 폭과 여러분이 사용할 기동륜의 형태를 결정할 뿐입니다. 이후에 소개될 궤도 차량의 현가장치는 구형과 신형, 각각의 형태에 맞는 다양한 모습을 제시할 것입니다.

대차

대차bogie는 궤도 차량의 현가장치 중 가장 간단한 형태입니다. 이것은 단순히 중앙이 고정된 빔의 양쪽 끝에 보기륜을 설치한 형태로, 빔은 그림 16-19와 같이 중앙을 중심으로 자유롭게 회전이 가능한 형태로 설치됩니다.

대차에 설치된 보기륜은 상하로 움직일 수 있으며, 그 움직임의 절반이 대차의 중심축으로 전달됩니다. 예를 들어, 보기륜이 2스터드만큼 들리면, 그림 16-20과 같이 축은 단지 1스터드만큼만 올라가게 됩니다. 대차의 이러한 특성은 지면의 굴곡에 맞게 적절히 보기륜의 위치를 조절해 줄 수 있지만, 이 방법만으로는 차체에 가해지는 충격을 감소시킬 수 없습니다.

■ 그림 16-19 노란색 빔이 대차이며, 가운데 핀을 중심으로 회전할 수 있습니다. 대차의 좌우로는 보기륜이 설치됩니다.

■ 그림 16-20 이 예제에서는 하나의 보기륜이 장애물에 의해 2스터드만큼 올라갑니다. 하지만, 대차와 차체를 연결하는 중심축은 절반인 1스터드만큼만 올라가게 됩니다.

> **NOTE** 대차의 기본 원리는 보기륜이 상하로 움직일 때 차체는 그 높이의 절반만큼만 움직이도록 하는 것입니다. 그러나 이 원리는 장애물의 폭과 길이가 기동륜의 폭과 보기륜의 간격보다 짧을 때에만 적용됩니다.

그림 16-21은 신형 궤도에 적용한 같은 개념의 대차를 보여줍니다. 신형 궤도는 면적이 구형에 비해 크기 때문에 일반적으로 크고 무거운 차량에 많이 사용되며, 차체에 가해지는 큰 하중을 감안하여 그림 16-20과 달리 보기륜의 앞과 뒤에 빔을 설치해서 보다 튼튼하게 보강해 주었습니다.

■ 그림 16-21 신형 궤도에 맞추어 강화된 형태의 대차

완충장치를 이용한 트레일링 암 현가장치

트레일링 암은 그림 16-22와 같이 각각의 보기륜이 암의 끝 부분에 위치하며, 차체의 중량을 완충장치에 의해 분산할 수 있어 보다 진보된 현가장치에 사용되는 기법입니다. 대부분의 궤도형 차량은 일반적으로 차체가 낮기 때문에 긴 완충장치보다 6.5L 길이의 완충장치가 적합하다고 할 수 있습니다.

🙂 6.5L 길이의 완충장치는 스프링이 달라 서로 다른 탄성을 가지는 몇 가지 종류가 존재합니다. 같은 6.5L 길이라 하더라도 스프링의 감긴 모양과 눌렀을 때의 탄성으로 구분할 수 있으며, 대칭이 되는 좌우의 축은 같은 탄성을 가진 완충장치로 맞추어야 합니다.

트레일링 암 현가장치는 궤도의 구동 방향에 영향을 받

으며, 순방향 회전과 역방향 회전 시 바퀴의 저항에 차이가 있습니다. 암은 일반적으로 보기륜의 앞에 위치합니다.

🧑 그림 16-23을 예로 든다면, 차체가 오른쪽으로 주행할 때는 보기륜이 차체의 하중만을 받으며 큰 저항 없이 궤도를 타고 이동하지만, 왼쪽으로 주행한다면 보기륜은 차체의 하중과 함께 완충장치 스프링의 힘까지 극복하며 나아가야 하기 때문에 구동 방향에 따른 차이가 발생하게 되는 것입니다.

이 현가장치는 각각의 보기륜이 얼마만큼의 하중을 견디도록 할 것인가, 얼마만큼의 공간이 사용 가능한가, 그리고 원하는 작동 방향과 단단한 정도 등 몇 가지 요소에 변화를 줄 수 있습니다. 그림 16-22부터 16-24까지는 완충장치를 이용한 트레일링 암 현가장치의 몇 가지 형태를 보여줍니다.

■ 그림 16-24 신형 궤도에 맞춘 다른 형태의 트레일링 암

■ 그림 16-22 완충장치가 적용된 가장 간단한 형태의 트레일링 암

■ 그림 16-23 24톱니 기어가 설치된 보다 복잡한 형태의 트레일링 암

맨 앞과 맨 뒤의 보기륜은 일반적으로 중간의 것보다 더 많은 하중을 받게 됩니다. 따라서 중간의 바퀴보다 맨 앞과 맨 뒤의 보기륜에 보다 강한 완충장치를 사용하는 것이 좋습니다. 물론, 차량의 중량 배분(예를 들면 앞이 무겁거나, 중간 또는 뒤가 무거운)에 대한 부분도 고려되어야 합니다.

그림 16-23은 24톱니 기어만을 사용할 수 있으며 부드럽지 않은 편이지만, 공간 배치 면에서 효과적인 모습을 보여줍니다. 이 형태는 상하로 아주 작은 공간만으로도 충분하며, 각각의 보기륜을 가깝게 배치할 수도 있습니다.

그림 16-24는 신형 궤도에 맞추어 제작한 또 다른 형태의 현가장치로, 역시 상하로 아주 작은 공간만을 요구합니다. 전반적으로 차체를 낮출 수 있는 형태이지만, 각각의 보기륜은 그림 16-23에 비해 좀 더 멀리 떨어지게 됩니다.

토션 바를 이용한 트레일링 암과 현가장치

완충장치는 충격을 효율적으로 흡수할 수 있지만 큰 공간을 차지합니다. 완충장치의 길이는 보통 우리의 차량이 필요로 하는 현가장치의 작동 범위보다 더 큰 길이를 가집니다. 다행히도, 큰 공간을 사용하지 않고 트레일링 암을 이용하는 현가장치를 구현하는 방법이 있습니다.

바로 토션 바torsion bar입니다.

토션 바는 차체에 가로질러 설치되며 길이 방향으로 꼬이는 힘에 대응하는 탄성을 가진 물체입니다. 토션 바의 한쪽 끝은 차대에 고정되기 때문에 토션 바는 회전하는 축과는 다르다고 할 수 있습니다. 차체에 고정된 쪽의 반대쪽 끝은 보기륜을 장착한 암이 부착되며 보기륜이 장애물에 의해 들리는 상황에서는 토션 바가 뒤틀리고, 장애물이 없어지면 탄성에 의해 원래 상태로 복원되면서 보기륜이 제 위치로 돌아가게 됩니다. 🧑 기본적으로 이 개념은 부품의 탄성에 의존하기 때문에 장시간 동작할 때 부품이 휘어버리는 문제가 발생할 수도 있습니다.

그림 16-25에서는 장애물에 의해 보기륜이 상하로 움직일 때 트레일링 암이 장착된 토션 바(검은색 축)가 뒤틀리는 것을 보여줍니다. 다행히도 레고 축(6스터드 이하의 짧은 축은 제외)은 토션 바로 쓰기에 충분할 정도로 탄성을 가지고 있습니다. 🧑 토션 바의 소재가 지나치게 강하다면 뒤틀리는 힘을 받을 때 부러져버릴 것입니다.

레일링 암은 토션 바를 중심으로 진동하는 형태로 움직이게 됩니다. 장애물을 통과하면 축은 원상태로 돌아가고, 트레일링 암과 보기륜도 원래의 위치로 돌아갑니다. 물론, 실제 차량에서도 토션 바는 차체에 지지된 상태여야 합니다.

그림 16-26은 고정된 토션 바 현가장치의 보다 복잡한 동작 형태를 보여줍니다. 주지할 점은 8L 축이 차대를 구성하는 두 개의 브릭(빨간색)을 통과한다는 것입니다. 하지만 이 축은 오직 안쪽(그림에서의 바퀴 반대쪽)에서만 고정되며, 차대의 바깥을 구성하는 테크닉 브릭(바퀴와 가까운 빨간색)은 단지 축을 지지하는 역할만을 수행합니다.

■ 그림 16-26 더 복잡한 토션 바 현가장치

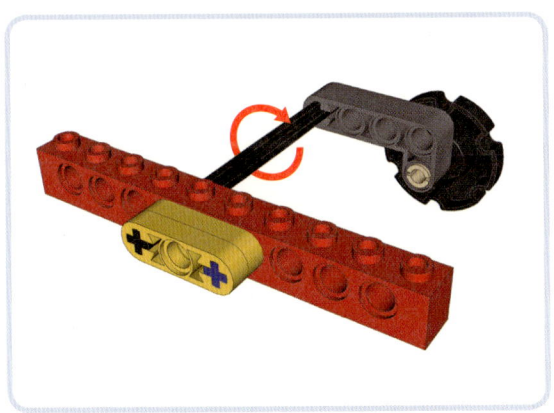

■ 그림 16-25 토션 바의 기본 구조

그림 16-25에서 검은색의 8L 축이 토션 바로 사용되고, 한쪽 끝은 차체(빨간색)에 고정되며, 반대쪽은 트레일링 암(진회색)에 고정되어 있습니다. 이 축은 다른 축과 달리 회전할 수 없으며, 축의 끝에 장착된 보기륜이 장애물을 만나 상하로 움직일 경우 토션 바는 비틀리는 형태로, 트

토션 바 현가장치는 일반적인 부품을 사용하고, 축의 길이를 바꾸거나, 혹은 차대에 고정되는 부분의 위치를 바꾸는 형태로 탄성을 조절할 수 있습니다. 🧑 고정되는 부분과 트레일링 암이 가까울수록, 즉 뒤틀릴 수 있는 길이가 짧아질수록 현가장치는 단단해집니다.

레고 축이 휘어지는 것을 본다면 축이 부러질 것처럼 위험하게 보일 수도 있지만, 사실 레고 축은 여러분이 생각하는 것 이상으로 쉽게 손상되지 않습니다. 필자가 8L 축을 토션 바로 이용한 3.5kg 무게의 차량을 이용해 축을 테스트해 본 적이 있습니다. 각각의 축은 평균적으로

0.25kg 이상의 무게를 감당해야 했으며, 장애물을 극복하는 시점에서는 이보다 더 큰 힘이 가해졌을 것입니다. 이 차량을 상당히 험준한 지형에서 충분히 테스트해 보았는데, 테스트 후에도 차축은 손상되지 않고 원래의 상태를 유지하고 있었습니다.

이런 종류의 현가장치는, 완충장치와 달리 궤도 차량 내에서 최소한의 공간을 사용한다는 장점이 있습니다. 반면 단점은 그림 16-27과 같이, 차대 안쪽으로 토션 바와 이를 고정할 구조물을 설치하기 위해 바닥면에 최소한 1스터드 이상의 공간이 필요하며, 축이 빽빽하게 설치되어 있어 이 공간만큼은 다른 기능을 구현하기에 불가능하다는 점입니다.

🧑 차체를 잘 설계한다면 차체의 바닥면을 테크닉 브릭과 플레이트의 조합으로 구성하면서 여기에 바로 토션 바를 설치하는 형태로 만들 수도 있습니다. 이렇게 된다면 토션 바는 차체 안쪽 공간을 차지하는 것이 아닌 차체 바닥면 안에 내장되는 것이기 때문에 내부 공간을 활용할 수 있습니다.

참고로, 토션 바 현가장치는 가벼운 차체에는 적합하지 않습니다. 만약 여러분의 차체가 각 축마다 100g 이하의 하중이 분산되는 구조라면 이 현가장치의 효과는 거의 눈에 뜨이지 않을 것입니다.

🧑 전체 무게가 1,000g이고 좌우로 5개의 보기륜이 배치된다면, 보기륜은 총 10개이므로 각 보기륜에 분산되는 하중은 1,000/10 = 100g이 됩니다. 보기륜이 좌우로 4개씩 8개라면 1,000/8 = 125g이 되고, 좌우로 6개씩 12개라면 1,000/12 = 83g이 됩니다.

그림 16-27을 보면, 차체 하단부에서 수직으로 단지 1스터드만을 현가장치에 할당했지만, 이 현가장치는 아주 완벽하게 작동합니다. 참고로 양쪽의 축(회색)은 각각 분리되어 있으며, 이 그림에서는 7스터드의 축이 사용되었습니다. 물론 좌우의 축을 하나의 긴 축으로 구성하는 것도 가능합니다. 축은 가운데에서 노란색 빔을 이용해 차대와 고정되기 때문에 한쪽의 뒤틀림은 반대쪽 축에 영향을 주지 않습니다.

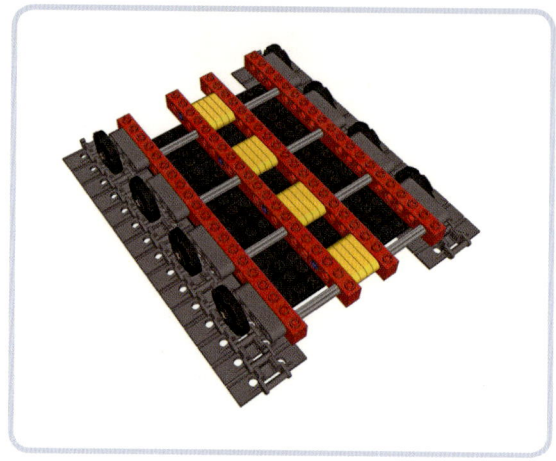

■ 그림 16-27 토션 바 현가장치를 장착한 차량의 바닥 구조

보기륜의 활용

초기의 궤도 차량은 단단한 금속제 보기륜을 사용했습니다. 시간이 지난 후, 엔지니어들은 궤도와 차량 사이에서 발생하는 진동을 보기륜에 고무 테두리를 씌우는 방법으로 줄일 수 있다는 사실을 발견했습니다.

오늘날에는 실제로 사용되는 대부분의 궤도 차량이 고무 테두리를 가진 보기륜을 사실상 표준으로 받아들이고 있습니다. 이 고무 테두리는 일반적인 고무 타이어와는 다릅니다. 이것은 단단한 고무로 만들어지고, 두께가 얇으며 표면에 요철 무늬가 없습니다.

기성품 레고 부품을 이용하여 외형이나 기능 면에서 훌륭한 보기륜을 만들 수 있는 방법이 있습니다. 그림 16-28과 같이, 웨지 벨트 휠 wedge belt wheel 부품과 여기에 맞도록 제작된 부품 번호 70162의 고무 타이어를 이용한다면 테두리에 고무 재질을 장착한 보기륜으로 적절하게 활용할 수 있습니다.

■ 그림 16-28 웨지 벨트 휠에 고무바퀴를 장착한 모습. 이 고무는 단단하며, 아주 쉽게 휠에 장착하거나 분리할 수 있습니다.

그림 16-29와 같은 형태로, 하나의 보기륜을 구성하기 위해 두 개의 웨지 벨트 휠을 이용해서 두 보기륜이 궤도를 잡아주는 형태를 이용할 수도 있습니다. 웨지 벨트 휠은 궤도 차량의 보기륜으로 활용하기에 적절한 모양을 가졌으며, 또한 그림 16-30과 같이 효과적인 현가장치를 구현하기에도 적합합니다. (일반적인 레고 모델의 무게 정도로는 이 휠에 장착되는 단단한 고무바퀴는 눌리거나 변형되지 않습니다만 이 바퀴만으로는 주행 중 차체에 가해지는 충격을 흡수하기 어렵습니다.)

■ 그림 16-29 1스터드 간격으로 벌려서 설치한 한 쌍의 웨지 벨트 휠은 구형 궤도 부품을 손상시키지 않고 보기륜으로 동작될 수 있습니다. 신형 궤도 부품에 사용하려면 두 휠의 간격을 2스터드 넓이로 벌리면 됩니다.

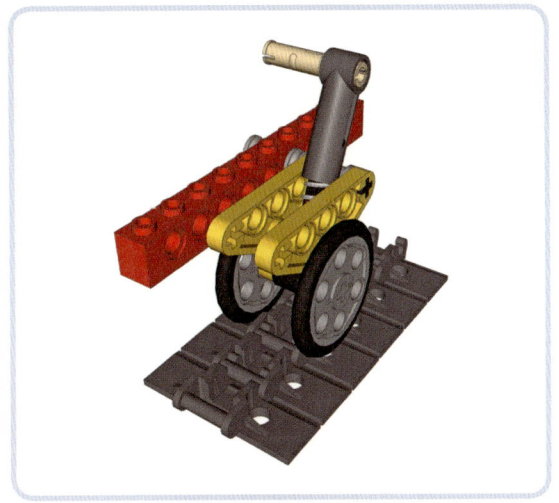

■ 그림 16-30 이 현가장치는 트레일링 암과 완충장치를 적용했으며, 두 개의 보기륜을 설치하면서 완충장치의 위치를 최대한 낮게 설치한 형태입니다. 가운데의 보기륜과 완충장치는 좀 더 차대의 바깥쪽, 또는 높은 위치에 설치되어야 할 것입니다.

그림 16-31은 소련제 T-72M 전차의 모형으로, 그림 16-29와는 다른 방식으로 접근한 형태입니다. 웨지 벨트 휠에 고무 타이어를 끼운 보기륜을 궤도 중앙의 연결 부위에 설치했으며, 다행히도 놀라울 정도로 잘 동작했습니다. 또한 모든 보기륜들은 토션 바 현가장치가 적용되었습니다.

■ 그림 16-31 웨지 벨트 휠에 고무 타이어를 장착해서 보기륜으로 사용하고, 토션 바 현가장치를 적용한 T-72M 전차 모형

웨지 벨트 휠의 또 다른 흥미로운 특징은, 타이어를 제거했을 때의 지름이 두 체인을 구동하기 위한 스프로킷 역할의 기어와 일치한다는 점입니다. 🙂 휠이 기어보다 작다면 휠 뒤로 톱니가 보기 싫게 도드라질 것이고, 휠이 크다면 톱니가 궤도에 닿을 수 없어 구동이 불가능하겠지요.

그림 16-32와 16-33은 미적 효과를 위해 궤도에 설치된 어색한 색상의 기어들을 휠 부품을 이용해 가리면서 장식하는 기법을 보여주고 있습니다.

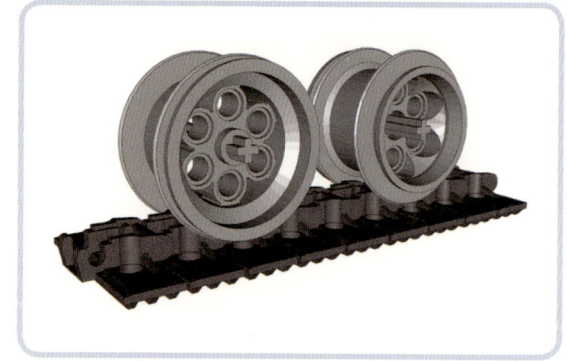

■ **그림 16-34** 신형 궤도는 49.6×28 VR 바퀴(부품번호 6595)와 잘 맞습니다. 이 바퀴 역시 양쪽 면이 서로 다른 모양을 가지고 있으며, 궤도의 크기에 걸맞게 바퀴의 지름도 충분히 크기 때문에 대형 궤도 차량 모형을 제작할 때 보기륜으로 사용하기에 적합합니다.

여러분이 만약 이제까지 살펴본 궤도 차량을 실제 전차나 불도저처럼 구동시켜 보고 싶다면, 18장의 '이중 차동장치'로 넘어가십시오. 궤도 차량의 조향 방법과 각 궤도를 개별적으로 구동하기 위한 방법을 알 수 있습니다.

■ **그림 16-32** 웨지 벨트 휠은 구형 궤도를 구동하기 위해 자주 사용되는 24톱니 기어(왼쪽) 및 신형 궤도를 구동하기 위한 소형 스프로킷 휠 기어와 지름이 같습니다. 따라서 웨지 벨트 휠은 기어를 이용하는 보기륜을 보다 그럴싸하게 꾸밀 수 있습니다.

■ **그림 16-33** 구형 궤도를 구동할 수 있는 다른 기어인 16톱니 기어 역시 18×8mm 바퀴(부품번호 56902)를 이용해 꾸며줄 수 있습니다. 특히, 이 바퀴는 안쪽과 바깥쪽이 각기 다른 패턴으로 만들어져 있어 본인의 취향대로 바퀴를 꾸미는 데 한결 유리합니다. 🙂 일부 레고 바퀴들은 이와 같이 안쪽과 바깥쪽을 다른 형태로 제작하며, 종종 의도적으로 다른 바퀴처럼 보이도록 한 차체에서 앞바퀴와 뒷바퀴를 각각 다른 방향으로 조립하기도 합니다. 이러한 부품들은 레고 사 입장에서도 하나의 금형으로 두 개의 바퀴를 생산하는 것과 같은 효과이며, 사용자에게도 한 바퀴로 두 가지 모양을 선택할 수 있어 많이 쓰입니다.

17 변속기
transmissions

레고 변속기는 실생활 속에서 구현된 진짜 변속기처럼 구동부의 기어비를 바꿀 수 있는 장치입니다. 토크가 필요한 경우 기어비를 높여주고, 속도가 더 빨라야 하는 상황에서는 기어비를 낮추어 줄 수 있게 합니다. 실제 자동차나 자전거에서 속도를 바꾸기 위해 기어를 변속하는 것과 동일한 원리이며, 변속기능을 통해 레고 모터는 한층 더 다양한 목적으로 사용할 수 있습니다.

일반적인 변속기는 두 개 이상의 고정된 기어비를 갖는데, 구동 시 한 번에 하나의 기어 조합만 사용됩니다. 변속기에서의 기어비는 흔히 간단하게 기어 또는 단으로 표현됩니다. 우리는 기어단을 낮추거나(기어 감속비를 높여 속도를 느리게 함), 단을 높일 수(기어 감속비를 낮추어 속도를 빠르게 함) 있습니다. 이와 같은 동작을 구현하기 위해 변속기는 적어도 2개 이상 기어 조합이 필요하며(그림 17-1 참조), 경우에 따라서는 10여개 이상의 기어 조합이 사용되는 경우도 있습니다. 이러한 변속기들은 일반적으로 포함된 기어 조합의 개수에 따라, 2단 변속기, 3단 변속기와 같은 형태로 부르기도 합니다.

변속기는 일반적으로 하나의 입력축과 하나의 출력축을 갖게 되며, 입력축은 구동 모터에, 출력축은 최종 구동 대상(바퀴 또는 무한궤도)에 연결됩니다. 대부분의 변속기는 많은 수의 기어가 있으며, 각각의 속력을 내는 데에는 일부의 기어만 사용합니다. 바꾸어 말하자면, 실제 구동에는 포함된 기어 중 일부만을 사용하며, 해당 기어단에 속하지 않는 기어는 회전하더라도 사용되지 않습니다.

이 경우 기어들은 구동되지만 동력을 전달하지 않는 상태이며, 유동기어와 같은 개념으로 움직입니다. 변속기 구조에서 이러한 기어들은 '죽은 기어'라고 부르기도 하며, 죽은 기어들이 추가될수록 무게와 마찰이 증가하기 때문에 죽은 기어의 숫자가 적을수록 변속기는 더 효율적으로 동작합니다.

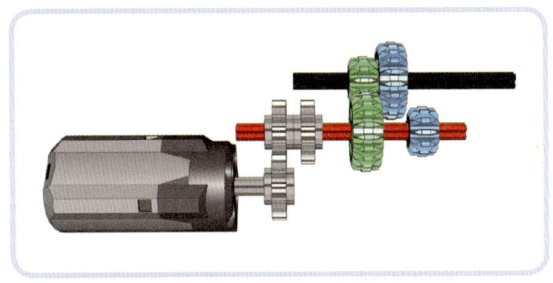

■ 그림 17-1 간단한 2단 변속기의 내부. 우리가 빨간색 축을 왼쪽으로 1스터드 움직인다면, 맞물린 연두색 기어(20:12)는 분리되고, 하늘색 기어(12:20)는 결합될 것입니다. 이와 같이 변속기는 모터와 출력축(검은색) 사이에서 기어의 비율을 변경하는 역할을 합니다.

마지막으로 우리가 살펴볼 것은 변속기의 특별한 변종이라 할 수 있는 분배장치 또는 스플릿 트랜스미션이라는 장치입니다. 이 유형의 장치들은 입력축은 하나이지만 출력축은 여러 개를 가질 수 있습니다. 각각의 출력축은 서로 구동을 방해하지 않고, 사용자의 선택에 의해 필요한 것만 구동됩니다. 우리는 이 특별한 유형의 변속기를 이번 장의 마지막 부분에서 다루어 볼 것입니다. 이제 가장 단순한 변속기의 유형부터 살펴보겠습니다.

변속기의 유형

변속기는 몇 가지 다른 범주로 구분할 수 있습니다. 우선 가장 중요한 범주는 변속기가 동기식인가 비동기식인가 하는 것입니다. 이것은 변속기의 단을 바꿀 때 기어가 얼마나 쉽게 다른 기어와 맞물릴 수 있는가를 말합니다. 단을 바꾼다는 것은 변속기에서 맞물린 한 쌍의 기어를 분리하고, 다른 두 기어를 맞물리게 한다는 것을 의미합니다. 이 과정에서 동기식 변속기는 기어의 속도나 위치에 상관없이 맞물릴 수 있습니다.

한편, 비동기식 변속기에서는 기어가 회전하는 속도 및 톱니의 위치에 따라 두 기어의 결합이 성공할 수도, 혹은 실패할 수도 있습니다. 만약 두 기어가 성공적으로 결합되지 않는다면 구동축 방향의 기어는 종동축 방향의 기어를 제대로 구동시키지 못한 채 회전하게 되고, 결과적으로 두 기어는 서로 마모될 것이기에 우리는 기어단 바꾸기를 다시 시도해야 할 것입니다.

동기식과 달리, 비동기식 변속기에서의 성공적인 변속은 (기어의) 톱니 단면의 모양과 변속을 하는 속도, 그리고 기어의 진입 각이 적절한지에 따라 결정됩니다. 또한, 몇몇 기어들은 비동기식 결합 시 다른 기어들에 비해 조금 더 쉽게 결합되기도 합니다. 예를 들어, 양면 베벨 기어는 톱니의 단면이 평면이 아닌 경사면이기 때문에, 일반적인 평 기어에 비해 구동 중 변속이 조금 더 쉽습니다.

비동기식은 기어가 회전할 때에 비해 멈추어 있을 때 변속이 조금 더 쉽습니다. 반면 동기식에서는 일반 기어들이 구동 중 변속에 의해 기어가 맞닥뜨리는 경우가 발생하지 않기 때문에 기어 종류와 변속의 난이도는 아무런 관계가 없습니다.

🧑 실제 일반적으로 사용되는 변속기는 당연히 구동계의 효율을 떨어뜨리지 않기 위해 기어의 접합면을 특수하게 가공해서 동기식으로 운용됩니다. 하지만 레고의 대다수 기어들은 디자인된 톱니의 형태가 운용 중 축 방향으로의 교체를 염두에 두지 않은 일반 평 기어 형태이기 때문에 변속기를 동기식으로 만들려면 조금 더 신경을 써야 합니다. 베벨 기어가 그나마 동기식에 적합하게 적용될 수 있지만, 실제 변속기의 동기식 접속 원리가 가장 잘 구현된 부품은 클러치 링이 유일합니다.

두 번째로, 변속기는 순차적 형태(선형) 혹은 일반 형태(비선형)로 구분할 수 있습니다. 선형 변속기는 변속할 때 변속기에 기어가 배치된 순서대로 바로 다음 단으로만 넘어갈 수 있습니다.

예를 든다면, 2단에서 3단으로 넘어갈 수는 있지만 2단에서 4단으로 바로 넘어갈 수는 없다는 뜻입니다. 2단에서 4단으로 넘어가기 위해서는 무조건 3단을 거쳐야만 하는 것이 선형 변속기의 특징입니다.

한편, 비선형 변속기는 그림 17-2와 같은 정교한 변속 레버가 필요할 수도 있지만, 선형 변속기와 다르게 순차적인 변속 같은 제한이 없습니다. 물론 너무 빨리 기어를 변속하는 것은 조금 위험할 수 있지만, 구조적으로는 10단에서 바로 1단으로 기어를 변속하는 것도 가능합니다. 실생활에서 선형 변속기는 일반적으로 자전거 또는 모터사이클에서 사용되며, 비선형 변속기는 자동차에서 주로 사용됩니다.

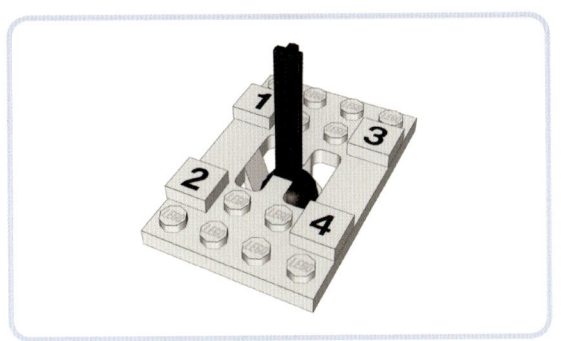

■ 그림 17-2 테크닉 8880 세트의 독특한 변속기 레버 부품. 기성품으로는 처음으로 비선형, 동기화 방식을 적용한 변속기 부품입니다. 제품의 변속기는 전진 4단으로 구성되어 있으며, 변속기 레버는 H 형태의 홈을 이용해 바로 원하는 속도로 변속할 수 있습니다. 🧑 4단으로 제한되지만 동기화 방식으로써 부드럽게 레버를 움직일 수 있는 이 부품은, 아쉽게도 8880에서 한 번 사용된 이후 더 이상 사용되지 않습니다. 이 부품이 구형 베이스를 이용해 대충 레버를 밀어도 변속이 가능한 것과는 달리 이후 나온 변속기 레버 구조는 슬라이드 구조를 이용하기 때문에 기어를 옮기려면 먼저 레버를 정확히 중앙으로 옮겨야 한다는 불편함이 있습니다.

레고 변속기 구동 링의 작동원리

일반적인 레고 기어 부품을 이용해 동기식 변속기를 구현하는 데는 한계가 있기 때문에, 레고 사는 동기식 변속기를 위한 특수한 부품을 개발했습니다. 이것은 그림 17-3에서 보는 것과 같은 형태로, 변속기 구동 링이라고 부릅니다.

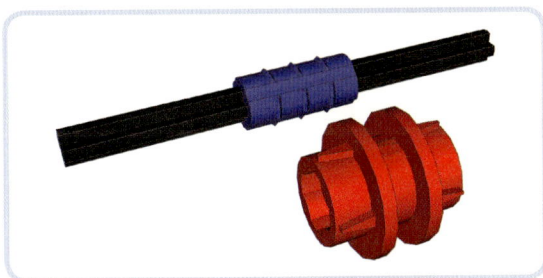

■ 그림 17-3 변속기 구동 링(빨간색)은 구형 축 연결기(파란색) 위에 장착됩니다. 축 연결기는 2스터드 길이로, 양쪽에 각각 1스터드씩의 구멍을 통해 두 개의 축을 결합할 수 있으며, 바깥에는 세 개의 작은 돌기가 돌출되어 있습니다. 🧑 변속기 구동 링은 축 연결기를 감싸는 형태로, 축 연결기의 돌기에 맞물릴 수 있도록 설계되어 축 방향으로 밀 경우 가벼운 힘으로도 움직일 수 있지만, 스스로 구동 중에는 축 연결기의 세 돌기 중 하나에 맞물려 있어 위치를 유지할 수 있습니다.

변속기 구동 링(빨간색)은 축 연결기(파란색)에 장착할 수 있습니다. 축 연결기의 바깥 단면은 원의 네 귀퉁이를 파낸 것과 같은 모양이며, 변속기 구동 링의 안쪽 구멍은 축 연결기의 모양을 약간 크게 가공한 모습입니다. 이 때문에, 축 연결기를 회전시키면 변속기 구동 링은 함께 회전합니다. 또한, 변속기 구동 링은 축 연결기 위에서 축 방향으로 움직일 수도 있습니다.

그림 17-4에서는 축 연결기와 변속기 구동 링이 조합된 구성에 두 개의 16톱니 클러치 기어를 추가한 형태로, 변속기 구동 링의 움직임을 보여줍니다. 16톱니 클러치 기어는 한쪽 면으로 변속기 구동 링과 접합되는 도그클러치 구조를 가지고 있고, 축 구멍이 아닌 핀 구멍이 있어 축에 끼워져 있더라도 변속기 구동 링에 맞물리지 않는다면 회전하지 않습니다.

■ 그림 17-4 축 연결기의 돌기에 의해 임시로 고정되는 변속기 구동 링의 세 가지 위치입니다. 축이 회전하면 축 연결기와 여기에 끼워진 변속기 구동 링도 함께 회전하게 되며, 맨 위의 그림은 왼쪽의 기어가, 맨 아래의 그림은 오른쪽의 기어가 축과 함께 회전합니다. 가운데의 그림은 중립 상태로, 두 기어는 모두 회전하지 않습니다.

변속기 구동 링을 움직이는 가장 쉬운 방법은 그림 17-5에서 볼 수 있는 변속기 전환 캐치라는 특수 부품을 사용하는 것입니다. 이것은 변속기 구동 링을 앞뒤로 움직여 변속기능을 구현하기 위해 특별하게 설계되었습니다. 구동축과는 별개의 다른 축(구조상 구동축과 수직 방향으로 설계된)에 끼워지며, 일반적인 부시나 기어와 달리 축 구멍의 크기가 약간 크게 가공되어 축 방향으로 움직일 수 있습니다. 이 축을 회전시켜 캐치를 움직임으로써 변속기 구동 링을 이동시킬 수 있으며, 캐치 자체에도 위에 축 구멍이 있어 여기에 변속기 레버 역할하는 축을 장착할 수도 있습니다.

■ 그림 17-5 변속기 구동 링과 변속기 전환 캐치. 캐치는 캐치가 설치된 축(위쪽의 축) 위에서 작은 각도로 회전하며 변속기 구동 링을 밀어낼 수 있습니다. 동시에 캐치 자체도 설치된 축을 타고 움직일 수 있으며, 일부 레고 변속기들은 캐치의 이러한 특징을 활용해 구현됩니다. 이 과정의 동영상을 보고 싶다면, http://www.technicopedia.com/1994.html#Parts를 방문하십시오. 뒤에서 다시 다루겠지만, 이 구성이 변속기의 최소 단위인 2단입니다. 캐치가 설치된 축 방향으로 나란히 이 기어 뭉치를 연속 배치하면 4단, 6단과 같은 형태로 변속기의 단을 늘릴 수 있게 됩니다.

그림 17-6은 캐치로 변속기 구동 링을 움직이는 가장 간단한 형태의 2단 변속기의 개념을 보여줍니다. 맨 위는 캐치가 세워져 있으며 중립 상태입니다. 이 경우 모터가 회전하더라도 동력은 바퀴로 전달되지 않습니다(모두 회색 기어). 만약 두 번째 그림처럼 캐치를 왼쪽으로 움직인다면 기어비는 3:1이 됩니다(파란색 기어, 중간에 8:24 기어 조합 때문에 3배 감속됨). 세 번째 그림처럼 캐치를 오른쪽으로 움직인다면 기어비는 1:1이 됩니다(파란색 기어, 모두 16톱니).

여기에서 주안점은 16톱니 클러치 기어(모터에 연결된 축에 끼워진 두 개의 16톱니 기어)는 변속기 구동 링에 맞물릴 때만 모터의 회전력을 전달하며, 맞물리지 않을 경우 헛돌게 된다는 것입니다. 그러므로 이 두 기어는 구동축 위에 장착되어 있지만 링에 결합되었을 때만 동력을 전달하며, 그렇지 않을 경우에는 어떠한 다른 축이나 기어도 구동시키지 않게 됩니다.

여러분이 만약 동기식 변속기 구조의 활용에 더 흥미를 느낀다면, 그림 17-7의 연장 구동 링(회색)이라는 부품도 눈여겨보아야 합니다. 이 부품의 안쪽은 16톱니 클러치 기어와 마찬가지로 변속기 구동 링과 결합될 수 있으며, 바깥쪽은 변속기 구동 링과 비슷한 형태로 제작되어 다른 16톱니 클러치 기어에 결합시킬 수 있습니다.

그림 17-8과 같이, 이 부품은 변속기 구동 링의 연장된 부분처럼 1스터드 간격만큼 떨어진 위치에서 16톱니 클러치 기어를 구동시킵니다.

변속기 구동 링의 주요 장점은 어떤 속도, 어떤 순간에서도 입력축을 멈추지 않고 기어를 변속할 수 있다는 것입니다. 단점은 특수한 유형의 부품에 의존해야 하며, 다양한 기어비를 맞추기 위해서는 많은 기어가 필요하고, 이는 결과적으로 죽은 기어(장치가 구동되는 시점에서 사용되지 않는 기어. 예를 들면 2단으로 구동될 때 1단이나 3단의 구동기어는 사용되지 않습니다)가 많아진다는 것입니다.

> **NOTE** 주의! 변속기 구동 링은 토크에 민감한 부품입니다. 지나치게 큰 부하가 걸릴 경우 이 부품은 손상될 수 있습니다(특히 16톱니 기어와 맞물리는 부분이 쉽게 손상됩니다). 큰 토크를 감당해야 하는 변속기를 만들 때 내구성 문제 때문에 이 부품을 쓰지 않는 비동기식으로 설계하기도 합니다.

■ 그림 17-8 연장 구동 링은 변속기 구동 링과 클러치 기어가 직접 맞물릴 수 없게 떨어져 설치된 경우, 그 사이의 1스터드 간격을 채워 동력을 전달하는 역할을 합니다.

변속기의 설계

이 절에서는 여러 변속기들의 완성된 형태를 다룰 것입니다. 변속기의 형태, 구동부에 대한 설명, 그리고 각각의 단에서 동력이 전달되는 경로를 기어의 색으로 표시할 것입니다. 또한, 각 변속기의 조립도는 이 장의 마지막 부분에서 볼 수 있습니다.

각각의 그림에서 입력축은 녹색, 출력축은 빨간색, 그리고 활성화된 기어는 파란색으로 표시됩니다. 변속기 구동 링은 표시되지만 변속기 전환 캐치는 그림의 가독성을 높이기 위해 제거했습니다.

두 개 이상의 다른 종류의 변속기를 하나의 출력에서 다른 변속기의 입력으로 결합하는 것도 가능하다는 것을 명심하십시오. 이와 같은 결합은 2단 변속기와 4단 변속기를 결합할 경우 8단이 구현되는 형태로, 두 변속기 단의 배수로 적용됩니다.

일부 창작가들은 그들의 변속기에 후진 기어를 포함하기도 합니다. 이것은 실제 변속기에 보다 가까운 형태라고 할 수 있지만, 우리는 모터를 사용하며 모터는 언제라도 방향을 반전시킬 수 있다는 점을 기억해야 합니다. 필자는 레고에서의 후진 변속기능은 유용한 기어비를 구성하는 데 있어 낭비라고 생각되어 후진기능은 생략했습니다.

👤 원론적으로, 내연기관의 경우 구동 중 역회전이 어렵습니다. 뿐만 아니라 구동 상태를 유지하기 위한 최저 rpm과 가장 효율이 좋은 최적의 rpm 구간 등, 차체의 속도와는 별개로 고려해야 할 요소가 많기 때문에 변속기를 통해 속도 전환 및 전후진 전환을 구현합니다(10장에서

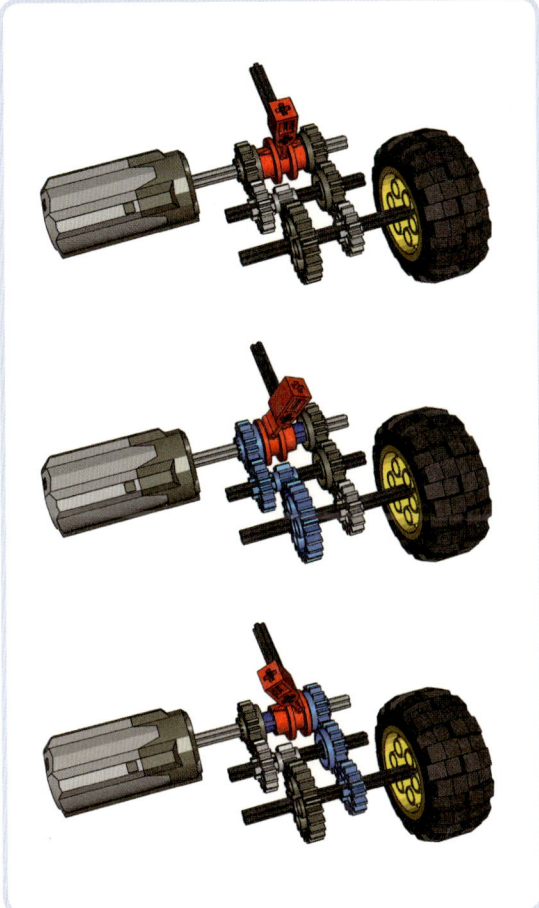

■ 그림 17-6 간단한 2단 변속기의 개념도. 위로부터 중립, 1단(저속), 2단(고속)으로, 파란색으로 표시된 부분이 동력이 전달되는 기어입니다.

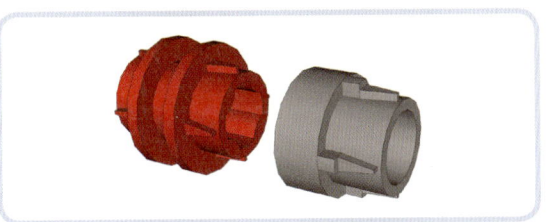

■ 그림 17-7 연장 구동 링(연회색)은 변속기 구동 링을 1스터드만큼 확장하는 개념으로, 변속기 구동 링(빨간색)을 뒤쪽에서부터 끼워넣을 수 있습니다. 주지할 점은 변속기 구동 링 자체가 유격이 크기 때문에, 같은 구조의 연장 구동 링까지 사용한다면 상당히 큰 유격이 발생한다는 것입니다. 👤 이 두 부품은 네 개의 작은 톱니가 90도 방향으로 설치되어 있습니다. 이 때문에 구동 중 손쉽게 결합이 가능하지만, 동시에 한 톱니에서 다음 톱니로 넘어갈 때까지 약 60도 정도의 공간은 톱니가 맞물리지 않으며, 이로 인해 유격이 발생합니다.

살펴본 공압 엔진도 내연기관과 유사합니다).

하지만 모터의 경우 내연기관보다 훨씬 빠른 반응속도로 속도 및 전후진 전환이 가능하다는 차이점이 있습니다. 물론, 속도의 경우 전력을 제어해서 속도를 낮추는 것과 기어비를 바꾸어 속도를 낮추는 것은 토크 면에서의 차이를 보이기 때문에 내연기관이 아닌 모터 구동기관에서도 변속기 자체는 의미가 있습니다.

그러나 후진의 경우 모터는 전원의 극성만 반전시킨다면 가능하기 때문에 문제가 달라집니다. 후진은 자주 사용하지 않는 기능이기 때문에 내연기관에서는 가장 낮은 기어비에 맞추어 1단 또는 2단의 후진을 제공하지만, 모터 구동기관에서는 극성만 바꾸면 후진이 되기 때문에, 4단 변속기를 장착한다면 4단 전진, 4단 후진으로 결국 8단 변속기가 구현되는 것입니다. 이 때문에 사실상 모터 구동기관에서 후진 기어는 있을 필요가 없는 기능이라 할 수 있습니다.

많은 창작가들이 선형 동기식 변속기를 선호하는 것은 이 방식이 리모컨을 이용한 원격 조종에 적용하기 쉽기 때문입니다. 비록 이 책의 범위를 벗어나지만, 이런 유형의 변속기는 실제 변속기처럼 독립적으로 조정 가능하고 뒤에 소개될 다양한 변속기 설계에도 사용할 수 있습니다. 원격 조종에 의해 제어되는 변속기에 대한 아이디어를 얻고 싶다면, 레고 변속기의 전문가라 할 수 있는 스페인의 페르난도 "시포"의 홈페이지(http://www.sheepo.es/)를 방문해 보시기 바랍니다.

2단 동기식 변속기

유형: 선형, 동기식

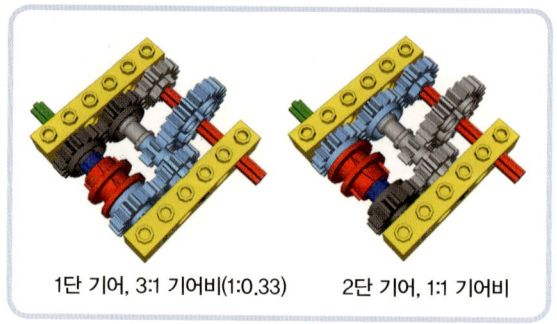

1단 기어, 3:1 기어비(1:0.33)　　　2단 기어, 1:1 기어비

이것은 가장 간단한 동기식 변속기의 구조입니다(조립도는 315페이지에서 볼 수 있습니다).

2단 선형 고강성 변속기

유형: 선형, 비동기식

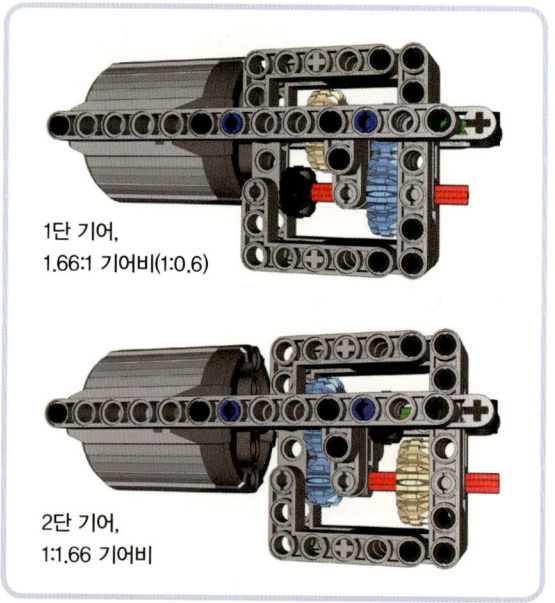

1단 기어,
1.66:1 기어비(1:0.6)

2단 기어,
1:1.66 기어비

이 변속기는 파워펑션 XL 모터의 큰 토크를 감당할 수 있도록 특별하게 설계되었습니다. 모터에 연결된 프레임의 일부를 슬라이드 시키는 형태로 기어를 움직여 변속합니다. 이 구조는 간단하게 구현할 수 있으며, 기어의 수도 줄일 수 있습니다(조립도는 316페이지에서 볼 수 있습니다.)

2단 RC 모터 변속기

유형: 선형, 동기식

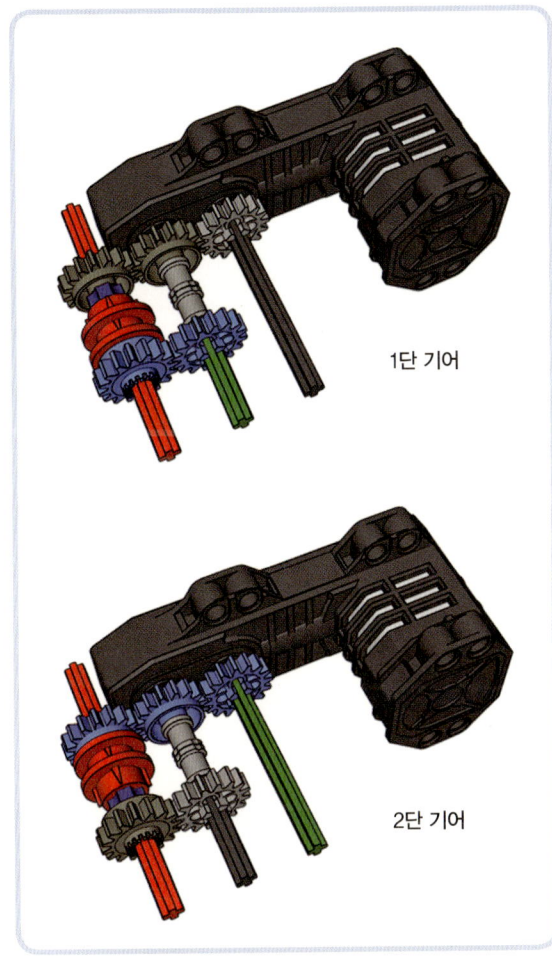

1단 기어

2단 기어

2단 궤도식 변속기

유형: 선형, 동기식

1단 기어,
3:1 기어비(1:0.33)

2단 기어,
1:3 기어비

이 특이한 변속기는 하나 또는 두 개의 레고 RC 모터를 이용해 만들 수 있습니다. 레고 RC 모터는 두 개의 출력 축을 갖고 있으며, 바깥쪽 축은 안쪽 축에 비해 토크가 26% 증가된 감속 축입니다. 이 변속기는 두 축이 모두 16톱니 기어를 이용한 1:1 기어비이지만, 출력축 자체의 속도가 다르기 때문에 둘 중 하나의 축을 선택하는 방식으로 2단 변속기로 동작합니다(조립도는 318페이지에서 볼 수 있습니다).

이 변속기는 두 기어 사이에 위치하며, 180도 단위로 회전할 수 있는 구조입니다. 그림을 보면, 검은색 축이 끼워진 진회색 크랭크 부품이 180도 단위로 회전하는 것을 볼 수 있습니다. 중앙부의 구동을 위해 웜 기어를 사용할 수 있으며, 변속기 구동 링을 사용하지 않고도 동기화 구동이 가능합니다. 또한, 죽은 기어가 없이 모든 기어가 모든 단에서 사용되기 때문에 1단과 2단의 감속비 차이가 매우 크다는 특징이 있습니다.

참고로, 변속기 구조와 몸체의 틈을 만들기 위해 반 부시가 사용되었습니다. 이 틈은 변속기 구조 안쪽의 기어를 구동하는 데 사용되는 4L 길이의 축이 테크닉 브릭에 걸려 변속기의 동작에 방해되는 문제를 막기 위해서입니다(조립도는 320페이지에서 볼 수 있습니다).

2단 래칫형 변속기

유형: 선형, 동기식

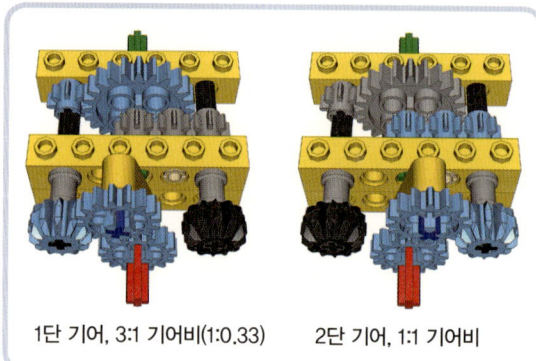

1단 기어, 3:1 기어비(1:0.33)   2단 기어, 1:1 기어비

이 변속기는 두 기어 사이를 이동하는 래칫 구조를 이용합니다. 래칫 구조는 별도의 레버 조작 없이 모터에 연결된 구동축의 회전 방향에 의해 움직입니다. 이것은 작고 간단하며 변속기 구동 링 부품을 사용하지 않고도 동기식 운용이 가능합니다. 또한 상당한 토크를 처리할 수 있는 구조이며, 구동축은 구동 방향에 따라 변속이 이루어지는 반면, 종동축은 이와 상관없이 속도만 바뀐 상태로 항상 같은 방향으로 회전하는 특성을 보입니다. 이 때문에, 만약 이 변속기를 차량에 사용한다면, 그 차량은 후진이 불가능하고 2가지 속도의 전진만 가능할 것입니다.

이 장치의 작동 원리는 다음과 같습니다. 입력축(빨간색)의 회전 방향에 따라 여기에 연결된 16톱니 기어가 함께 왼쪽 또는 오른쪽으로 움직입니다. 래칫이 기울게 되면 위쪽 16톱니 기어는 양쪽에 설치된 두 개의 12톱니 양면 베벨 기어 중 하나와 맞물리게 됩니다. 이로 인해 좌측의 기어 조합, 또는 우측의 기어 조합을 통해 각기 다른 기어비로 동력을 전달할 수 있게 됩니다. 위쪽 16톱니 기어는 마찰 축 핀으로 결합되며, 이는 12톱니 양면 베벨 기어와 맞물릴 때 마찰 핀의 저항으로 인해 좀 더 강하게 12톱니 기어를 누르는 효과를 냅니다. 그래서 이 구조는 상당한 토크를 전달할 수 있습니다. 일반 축 핀으로 연결하는 경우 위쪽 16톱니가 너무 쉽게 돌면서 래칫 자체가 튕겨 나가는 문제가 발생할 수 있습니다. 래칫이 좌우의 기어를 보다 강하게 누를 수 있다면, (무한정으로 토크를 키울 수는 없겠지만) 좀 더 효과적으로 큰 토크를 전달할 수 있을 것입니다(조립도는 321 페이지에서 볼 수 있습니다).

3단 선형 변속기

유형: 선형, 비동기식

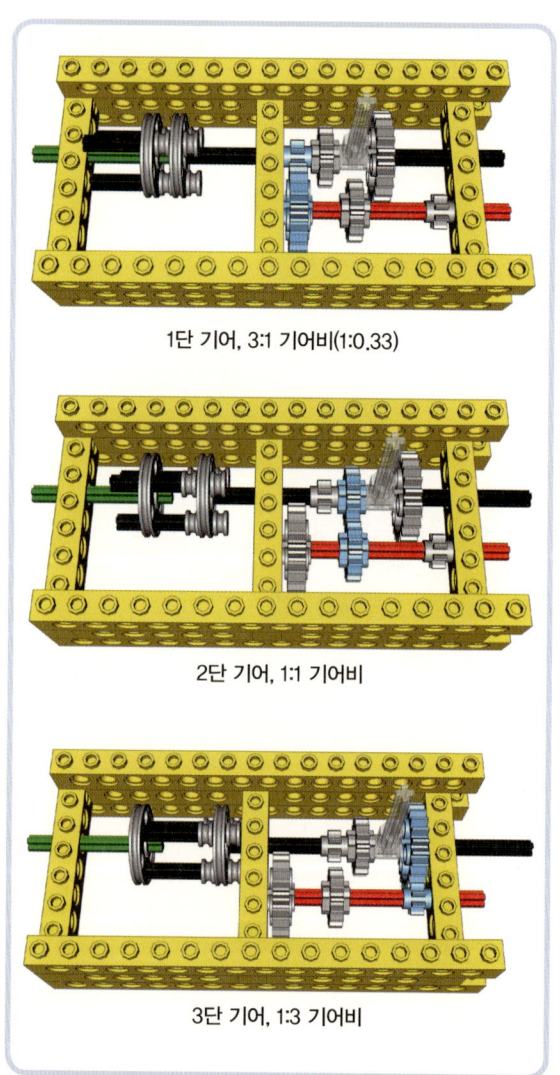

1단 기어, 3:1 기어비(1:0.33)

2단 기어, 1:1 기어비

3단 기어, 1:3 기어비

이 변속기는 간단하지만 상당히 큰 공간을 요구합니다. 구동축이 구동되는 동시에 축 방향으로 움직일 수 있도록 확장 구동축을 사용합니다. 변속기 동작에 대한 이해

를 돕기 위해 변속 레버는 반투명한 색으로 묘사했습니다(조립도는 322페이지에서 볼 수 있습니다).

4단 2중 레버 변속기

유형: 비선형, 비동기식

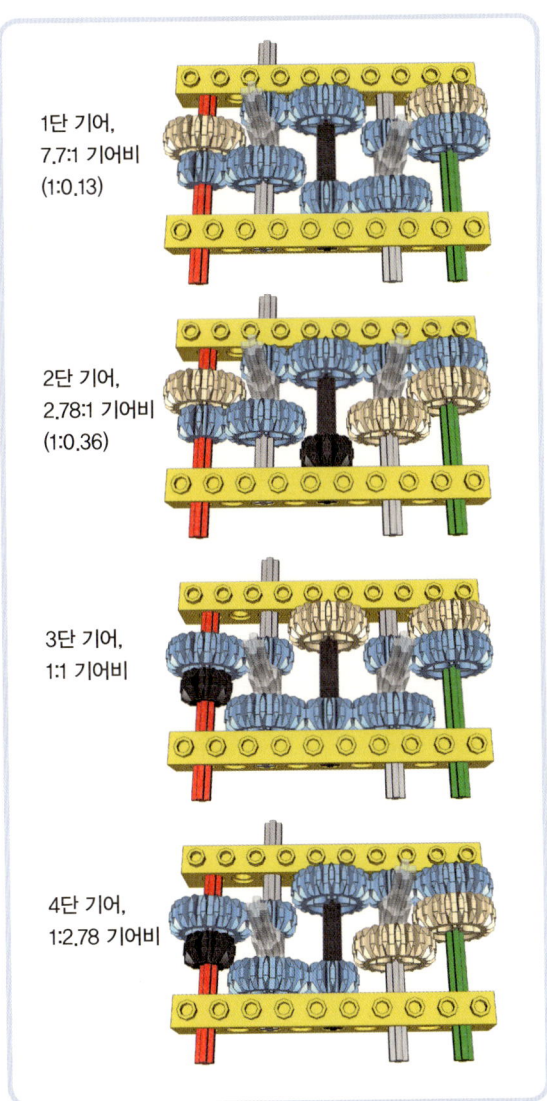

1단 기어,
7.7:1 기어비
(1:0.13)

2단 기어,
2.78:1 기어비
(1:0.36)

3단 기어,
1:1 기어비

4단 기어,
1:2.78 기어비

면 리모컨을 이용한 무선 조종에 적절하게 적용할 수 있습니다. 입력축과 출력축 사이에 세 개의 축을 가지고 있으며, 하나는 고정되어 있고(세 번째), 두 개는 축 방향으로 각각 1스터드만큼 움직일 수 있습니다(두 번째와 네 번째). 이 구조는 단순하기 때문에 별도의 조립도를 제공하지 않습니다. 변속기 동작에 대한 이해를 돕기 위해 두 변속 레버는 반투명한 색으로 묘사했습니다.

4단 동기식 변속기

유형: 비선형, 동기식

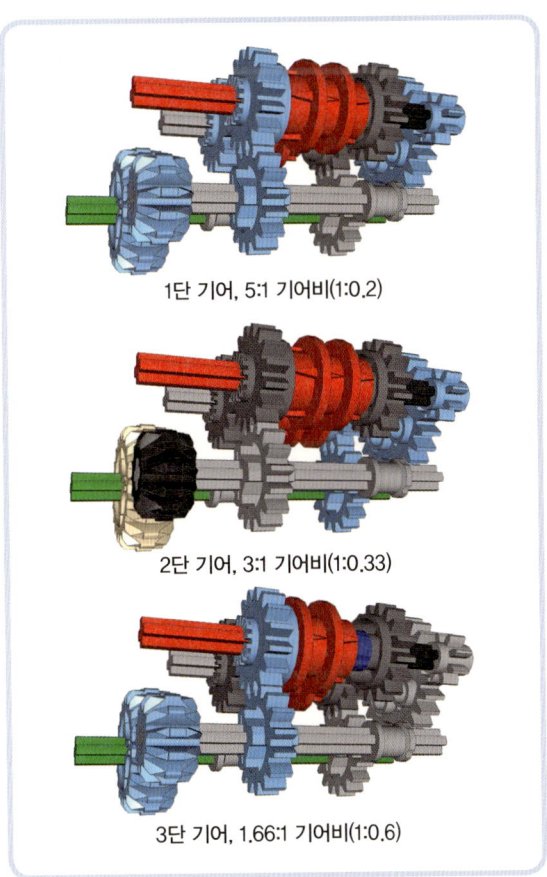

1단 기어, 5:1 기어비(1:0.2)

2단 기어, 3:1 기어비(1:0.33)

3단 기어, 1.66:1 기어비(1:0.6)

이 변속기는 평범해 보이지만 강력하고 유용합니다. 또한, 구현된 기능에 비해 작은 크기를 가지고 있습니다. 단점은 두 개의 변속 레버를 가진다는 것인데, 이를 이용하

4단 기어, 1:1 기어비

NOTE 축을 고정하는 변속기의 구조물과 변속 레버는 이해를 돕기 위해 제거했습니다.

이 동기식 변속기의 레버를 포함한 구조물은 그림 17-9에서 17-11까지를 통해 살펴볼 수 있으며, 두 개의 변속기 구동 링 부품이 사용되지만, 이 중 구동에 사용되는 것은 한 번에 하나뿐입니다. 복잡한 구조에 비해 작은 크기와 큰 기어비 차이를 보여주며, 조작을 위해서는 H 형태로 움직이는 하나의 변속 레버, 또는 각각의 변속기 구동 링에 하나씩 설치된 두 개의 변속 레버를 이용할 수 있습니다. (그림 17-2의 부품도 활용 가능합니다.) 이 변속기는 복잡한 구조 때문에 각 단마다 죽은 기어가 많습니다(조립도는 324페이지에서 볼 수 있습니다).

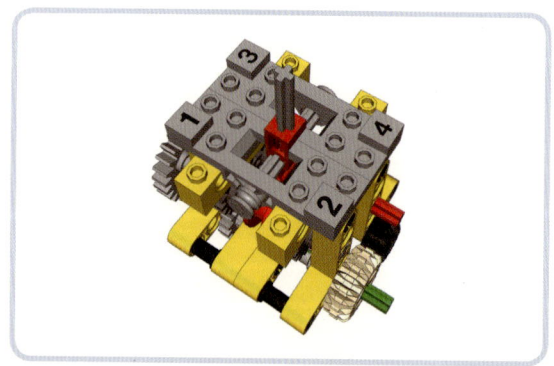

■ 그림 17-9 한 개의 레버를 이용하고, H 패턴으로 움직이기 위한 전용 부품이 설치된 형태. 변속기 전용으로 사용되는 '전환 플레이트'(연회색)를 이용해 변속기 레버 부품(빨간색)의 움직이는 경로를 지지해 줍니다. 레버 부품이 정확히 전환 플레이트의 홈에 맞추어져야 옆으로 넘어갈 수 있기 때문에, 그림 17-10에 비해 구동이 불편할 수도 있습니다.

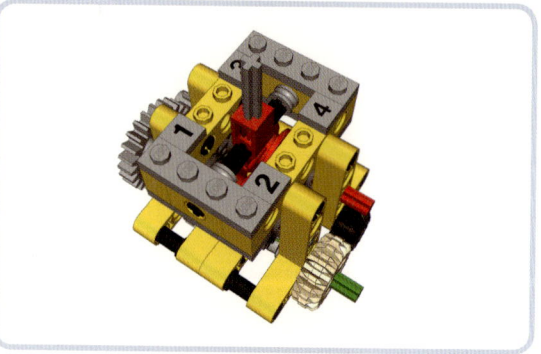

■ 그림 17-10 17-9와 동일한 H 패턴으로 움직이는 형태이지만, 특수 부품인 전환 플레이트를 사용하지 않고 일반 부품으로 구성한 형태. 변속 레버 주위가 개방되어 있기 때문에 17-9보다 미관상 좋지 않을 수 있지만, 구동하기에 오히려 편리합니다.

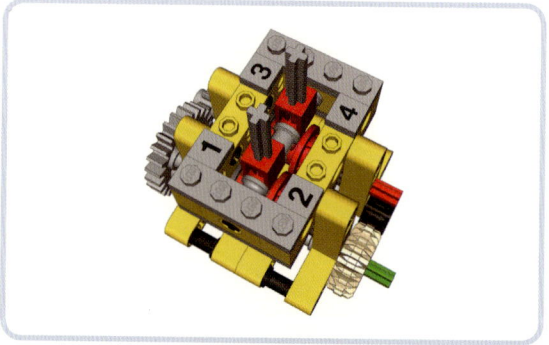

■ 그림 17-11 앞의 변속기 구조에 레버를 두 개 장착한 형태. 레버를 좌우로 움직일 필요가 없다는 장점이 있으나, 한 레버를 세팅하기 위해서는 다른 레버를 먼저 중립 위치에 놓아야 합니다. (예, 3단에서 1단으로 바꾸려면 오른쪽 레버를 움직여 3단을 먼저 중립으로 놓은 다음, 왼쪽 레버를 1단으로 조작합니다.)

5단 선형 변속기

유형: 선형, 비동기식

중앙을 가로지르는 축이 4스터드 길이만큼 움직이는 것을 이용해 동작하는 변속기입니다. 단점은 구동하는 16L 길이의 축이 희귀할 뿐 아니라 휘는 특성이 있어 큰 토크가 적용될 때 제대로 동력을 전달하지 못할 수 있다는 것입니다. 이 구조는 비교적 단순하기 때문에 별도의 조립도를 제공하지 않습니다. 반투명색의 기어가 변속 레버입니다.

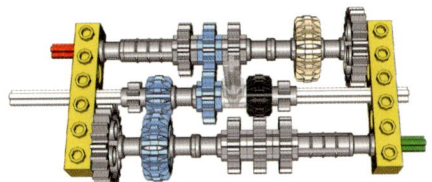

1단 기어, 3:1 기어비(1:0.33)

2단 기어, 1.66:1 기어비(1:0.6)

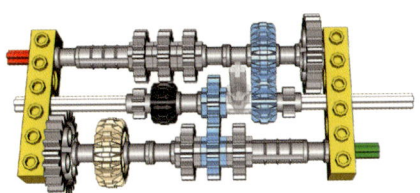

3단 기어, 1:1 기어비

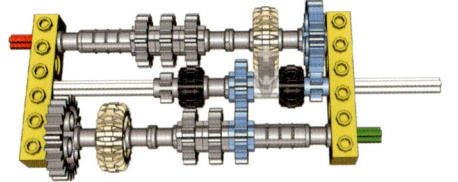

4단 기어, 1:1.66 기어비

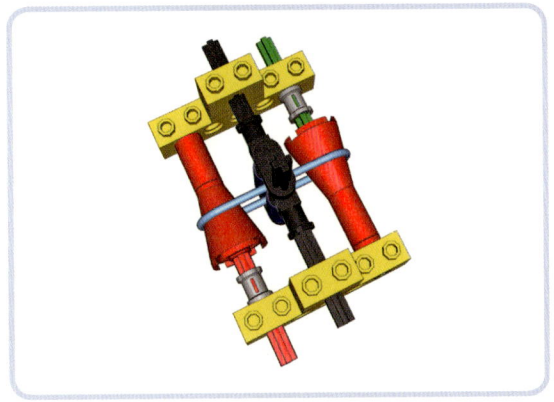

5단 기어, 1:3 기어비

연속형 가변 변속기(CVT, 무단 변속기)

유형: 선형, 동기식

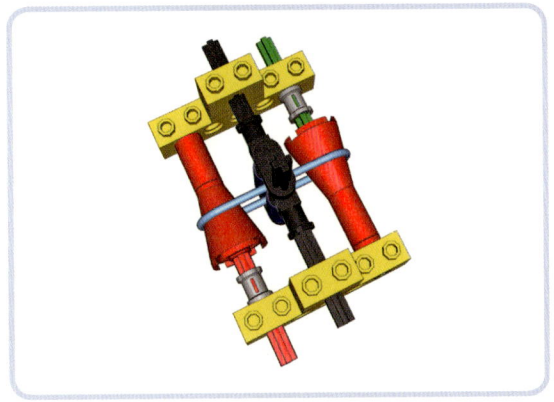

이 특수한 유형의 변속기는 앞에서 살펴본 다른 변속기와 달리 고정적인 단과 기어비를 갖지 않습니다. 대신, 최소 비율과 최대 비율만을 갖고 있으며, 이 사이에서 기어비는 연속적으로 증가 또는 감소할 수 있습니다.

실제의 CVT는 구조적으로 복잡하지만 매우 유용하고 유압이나 자석을 이용하는 경우도 있습니다. 레고를 이용해서 CVT의 개념을 구현하는 가장 쉬운 방법은 원뿔 모양의 부품과 고무밴드를 사용하는 것입니다.

그림에서와 같이, 입력축과 출력축은 각기 반대 방향을 향하는 원뿔 부품이 설치되어 있으며, 두 원뿔은 고무밴드(하늘색)로 연결되어 있습니다. 고무밴드는 두 원뿔을 감싸면서 원뿔의 각기 다른 지름 때문에 감속 혹은 가속 상태로 연결되며, 검은색 변속 레버에 의해 원뿔의 위에서 구동 중 움직일 수도 있습니다. 이 그림에 사용된 원뿔 부품의 지름은 가장 좁은 곳이 22mm, 가장 넓은 곳이 50mm입니다. 이것은 기어비가 1:2.27에서 2.27:1 (1:0.44) 까지의 범위를 가진다는 의미입니다.

이 구조는 큰 토크를 처리하기에 적합하지 않습니다. 고무줄의 마찰력에 의존함으로 생기는 문제라고도 볼 수 있지만, 실제의 CVT 역시 허용 토크량이 작아 주로 소형 승용차에서만 사용되고 있습니다. 또한, 제대로 작동하기 위해서는 고무밴드의 장력을 세심하게 조절할 필요가 있습니다. 만약 장력이 낮다면 밴드는 동력을 전달하지 못하고 미끄러질 것이며, 너무 장력이 크다면 원뿔 부품을 안쪽으로 강하게 모으는 힘 때문에 구동 효율이 떨어질 수도 있습니다. 다행히 일반 레고 고무밴드의 경우, 여러 가지 길이에 단면이 원형이고 약간의 점성도 있어 CVT의 구동에 적절합니다. 구동 중 벨트가 원뿔을 타고 움직일 수 있어야 하기 때문에, 평면으로 넓적한 벨트는 적절하지 않습니다.

또 한 가지 주의할 점은 변속 레버 모듈(검은색)을 지지하는 1×2 브릭이 핀 구멍이 아닌 축 구멍을 사용한다는 것인데, 이는 축 구멍을 이용해 변속 레버 모듈의 수평을 유지하는 동시에 약간의 마찰력을 주어 변속 레버가 고무밴드의 장력에 의해 구동 중 임의로 움직이는 상황을 막아줍니다(조립도는 330페이지에서 볼 수 있습니다).

10단 동기식 변속기

유형: 비선형, 동기식

1단 기어, 81:1 기어비(1:0.01)

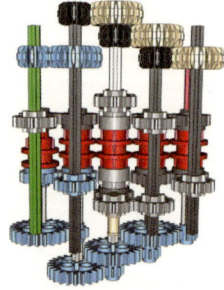

2단 기어, 48.6:1 기어비(1:0.02)

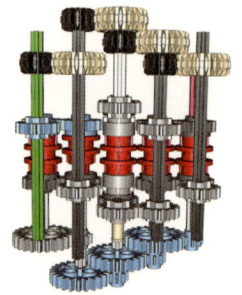

3단 기어, 27:1 기어비(1:0.04)

4단 기어, 16.2:1 기어비(1:0.06)

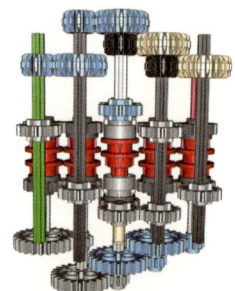

5단 기어, 3.24:1 기어비(1:0.31)

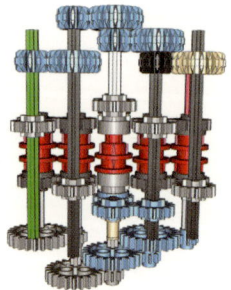

6단 기어, 1.94:1 기어비(1:0.52)

> NOTE 축을 고정하는 변속기의 구조물과 변속 레버는 이해를 돕기 위해 제거되었으며, 아래에서 올려다 본 모습입니다.

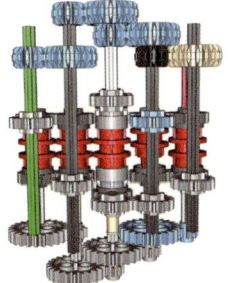

7단 기어, 1:1.54 기어비

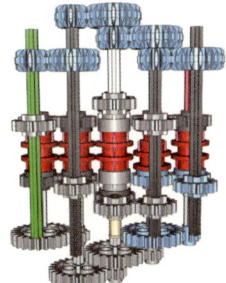

8단 기어, 1:2.57 기어비

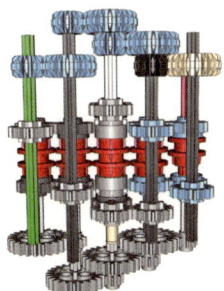

9단 기어, 1:4.63 기어비

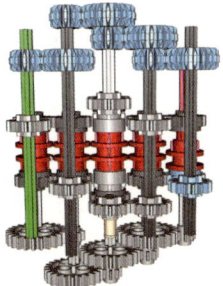

10단 기어, 1:7.7 기어비

이 변속기는 4단 변속기의 형태를 확장시킨 개념으로, 추가적인 변속기 구동 링에 의해 구현되었습니다. 특징을 살펴보면, 이론적으로는 변속기 구동 링을 추가하여 10단 이상의 더 복잡한 변속기도 만들 수 있습니다. 빨간색 변속기 구동 링을 옆면에 추가하고 기어를 맞물리는 것만으로 제한 없이 얼마든지 변속기의 기어비를 추가할 수 있습니다. 물론, 이렇게 단을 추가하면 죽은 기어를 많이 만들게 될 것이며, 14단을 넘어갈 정도로 복잡해진다면 각각의 기어가 생성하는 마찰력 역시 엄청 커져서 파워평션 XL 모터를 구동 불능에 빠지게 만들 수도 있습니다. 😀 4단 변속기가 일반적으로 6스터드 정도의 폭을 사용하고, 1단 추가에 3스터드씩 늘어난다고 가정한다면 이러한 방식의 14단 변속기는 상하로 7단씩이므로 그 넓이만으로도 20스터드를 넘게 될 것입니다. 일반적인 테크닉 대형 차량의 전체 폭이 이 정도라는 점을 감안한다면, 이런 복잡한 변속기는 차량에 집어넣기에 적합한 크기라기보다는, 변속기의 이론을 보여주기 위한 목적에 더 부합한다고 볼 수 있겠습니다. 물론, 모터를 이용한 구동도 적절하지 않겠지요. (조립도는 325페이지에서 볼 수 있습니다.)

변속기의 분배 기능

일부 변속장치는 구동 중 기어비를 바꾸는 목적이 아닌 출력축을 바꾸어 구동력을 분배할 목적으로 사용됩니다. 이런 분배 기능을 위한 변속기들은 변속기 구동 링의 사용 여부에 따라 동기식 또는 비동기식으로 동작합니다. 변속기의 분배 기능은 하나의 모터로 여러 가지의 구동을 각각 만들어야 하는 상황에서 유용하며, 실제로 이 특징은 많은 레고 테크닉 세트에서 자주 구현되는 기능입니다.

대부분의 경우 분배 기능 자체는 매우 간단합니다. 이

것은 기본적으로 변속기의 구동원리를 그대로 이용하며, 단지 출력축이 하나가 아닌 여러 개라는 점이 차이점입니다. 그림 17-12부터 17-16은 이런 형태로 여러 개의 출력축을 선택적으로 구동할 수 있는 변속기들을 보여줍니다. 각각의 장치들은 이해를 돕기 위해 구조부와 레버가 제거되었으며, 여기에서 제시된 예제들은 모든 출력축이 단순한 1:1의 기어비를 가집니다. 물론, 다른 변속기의 기어 조합과 마찬가지로 출력축의 기어비를 다양하게 만들어 적용시키는 것도 가능합니다.

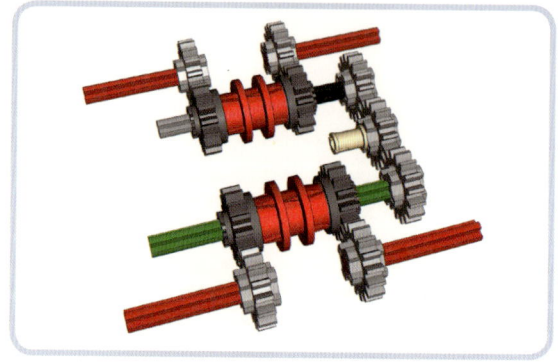

■ 그림 17-14 동기식으로 제작된 네 개의 출력축을 가진 분배 변속기

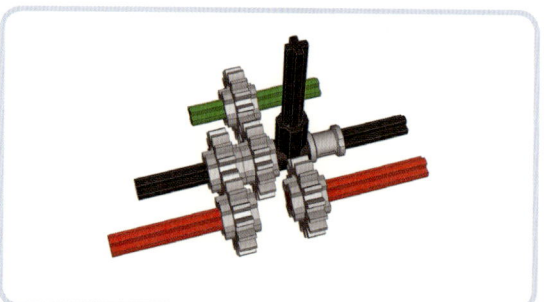

■ 그림 17-12 비동기식으로 제작된 두 개의 출력축을 가진 분배 변속기

■ 그림 17-13 동기식으로 제작된 두 개의 출력축을 가진 분배 변속기

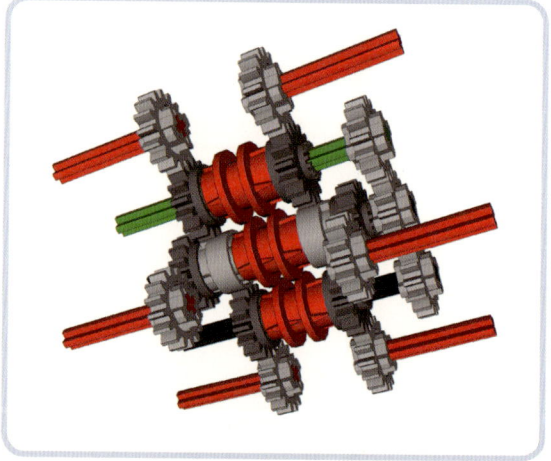

■ 그림 17-15 동기식으로 제작된 여섯 개의 출력축을 가진 분배 변속기

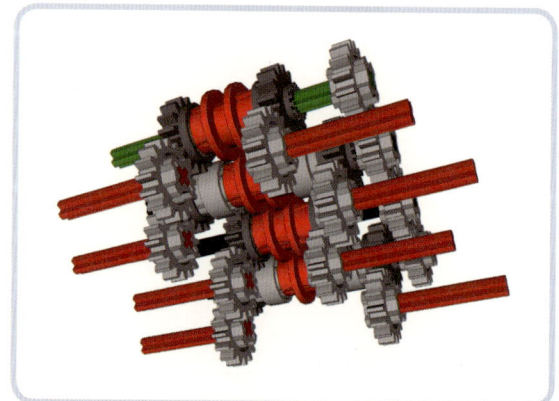

■ 그림 17-16 동기식으로 제작된 여덟 개의 출력축을 가진 분배 변속기

2단 동기식 변속기 모형

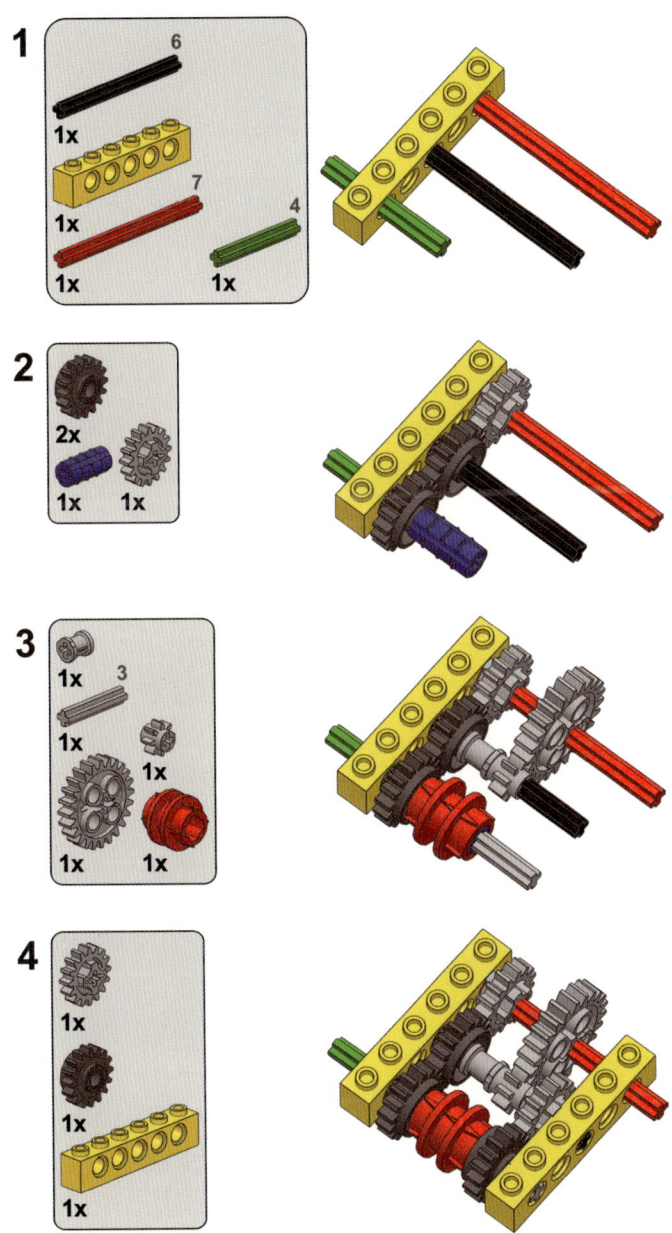

2단 선형 고강도 변속기 모형

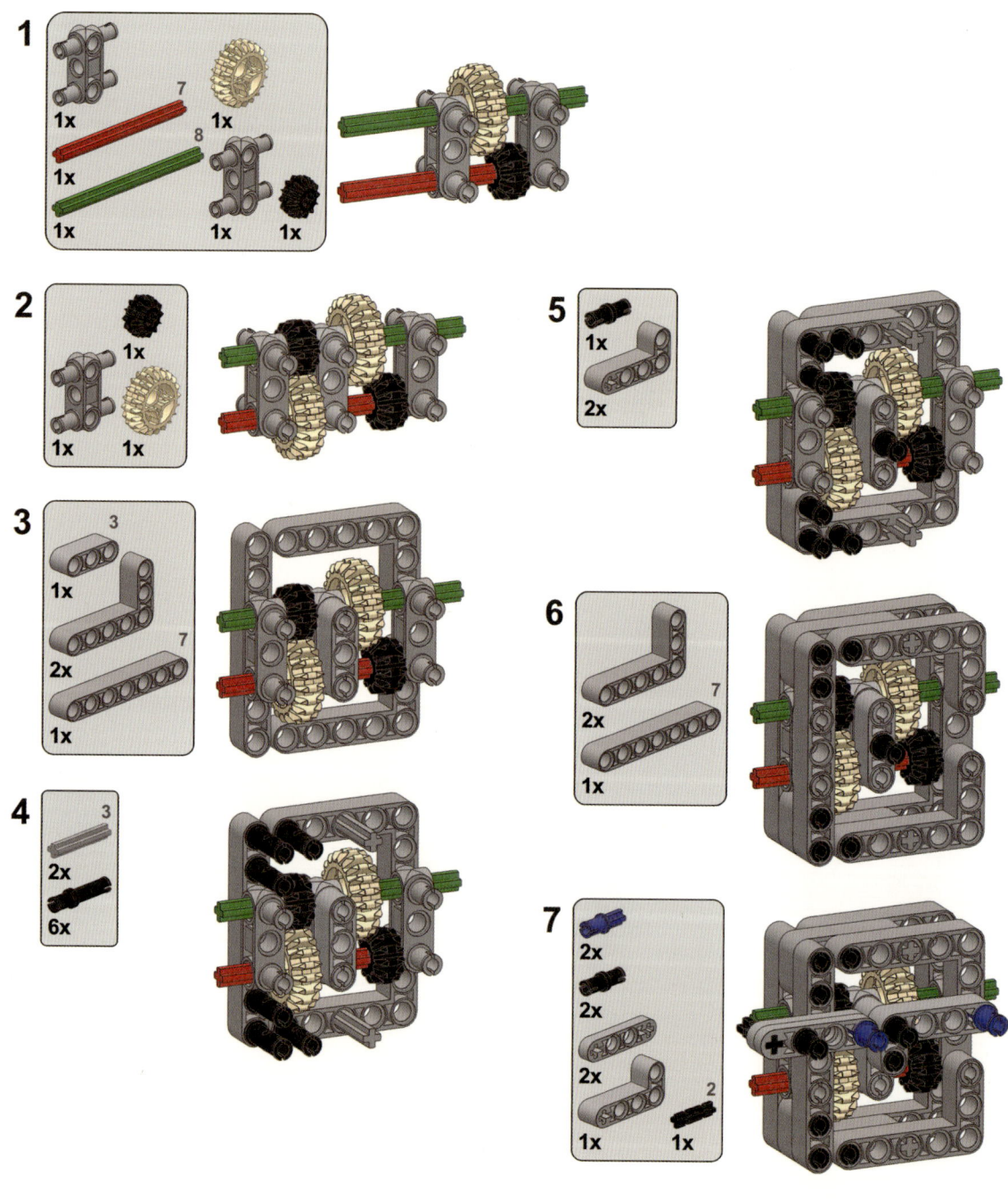

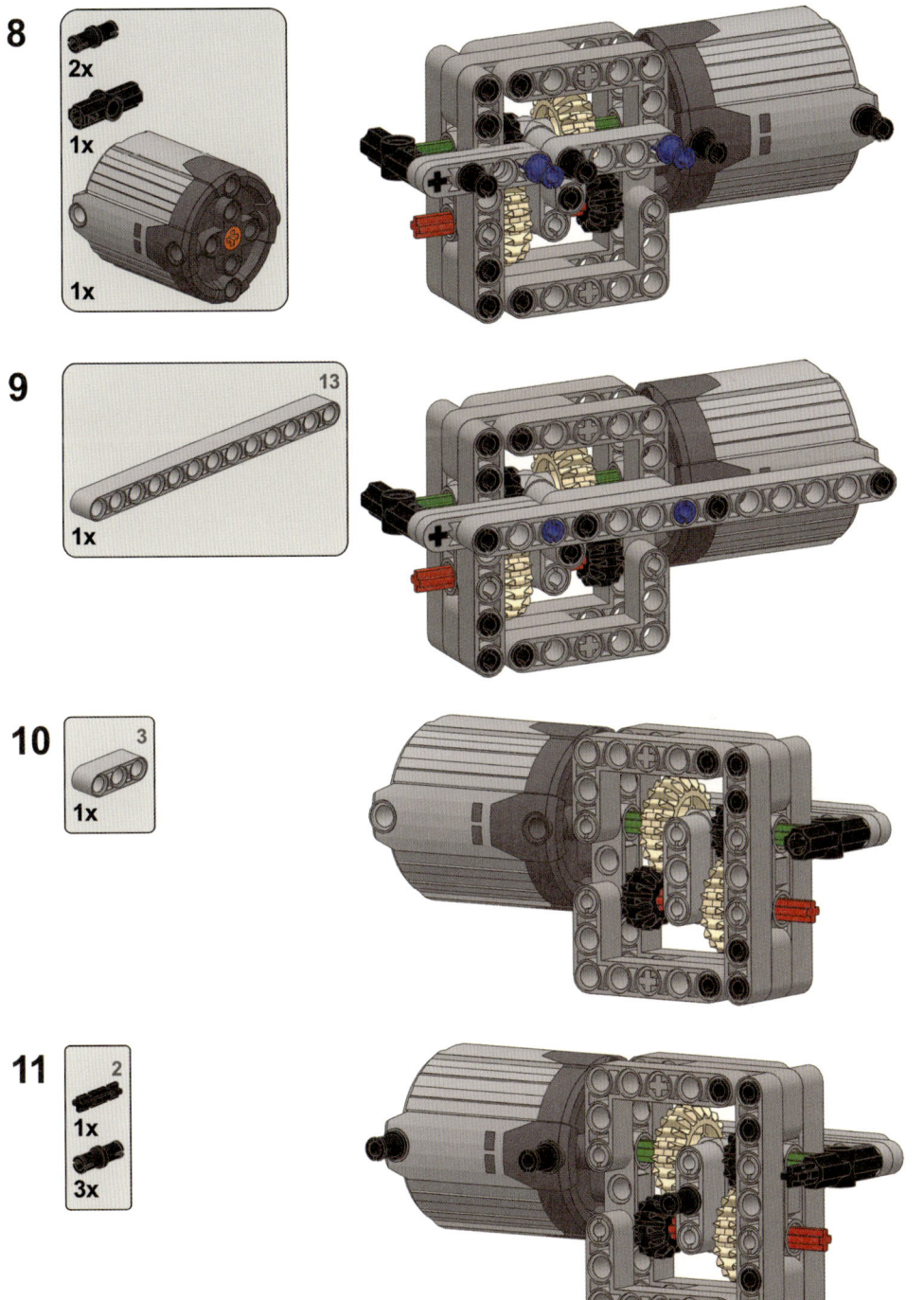

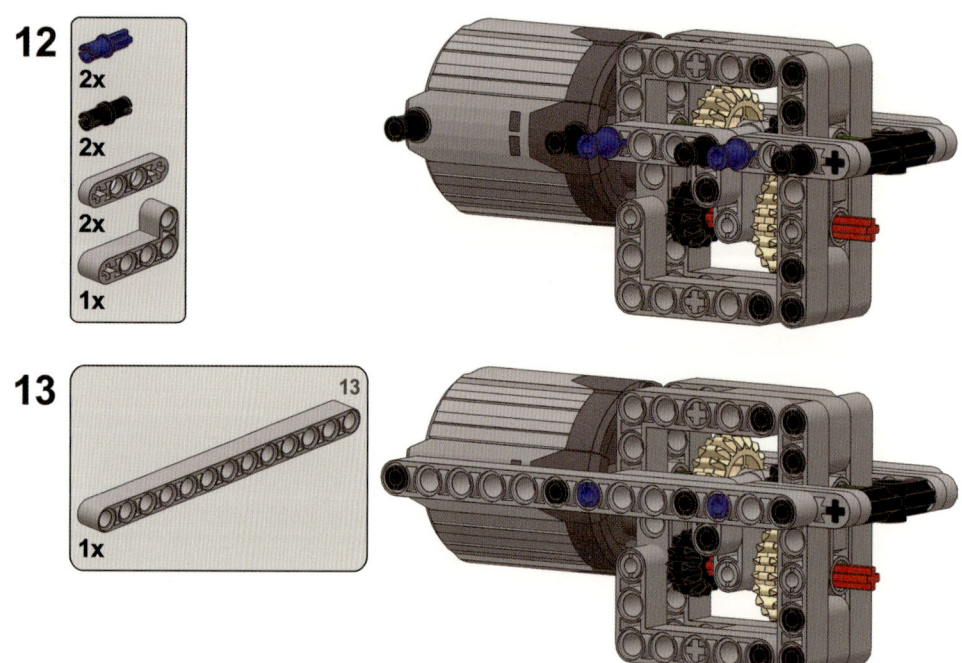

2단 RC 모터 변속기 모형

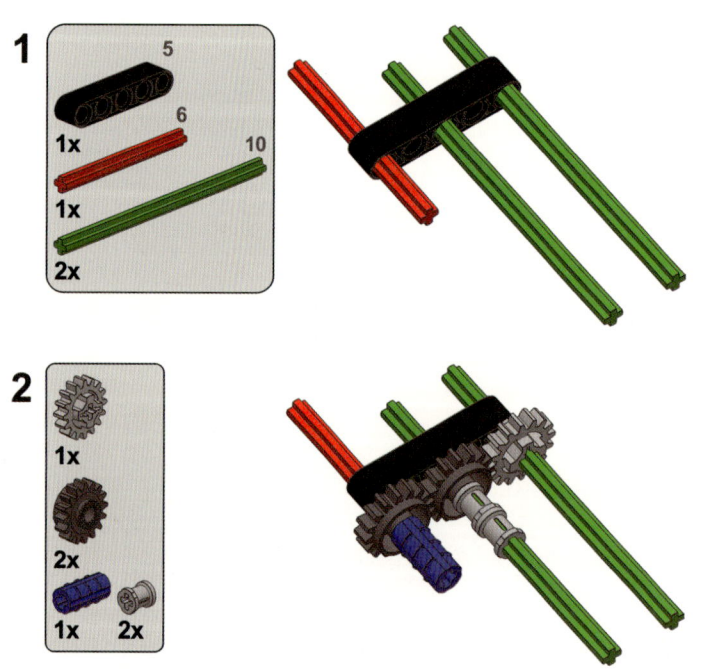

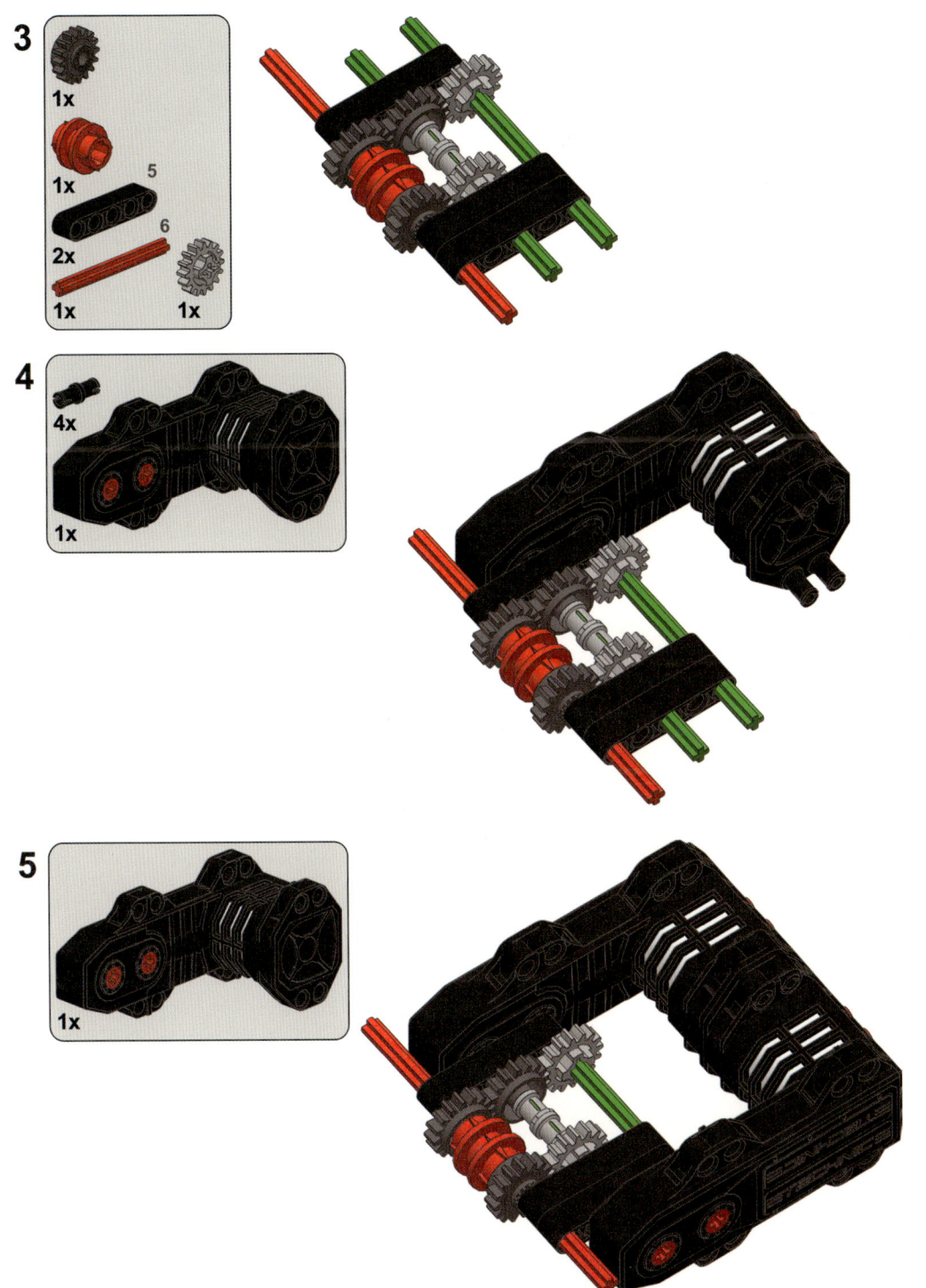

2단 궤도식 변속기 모형

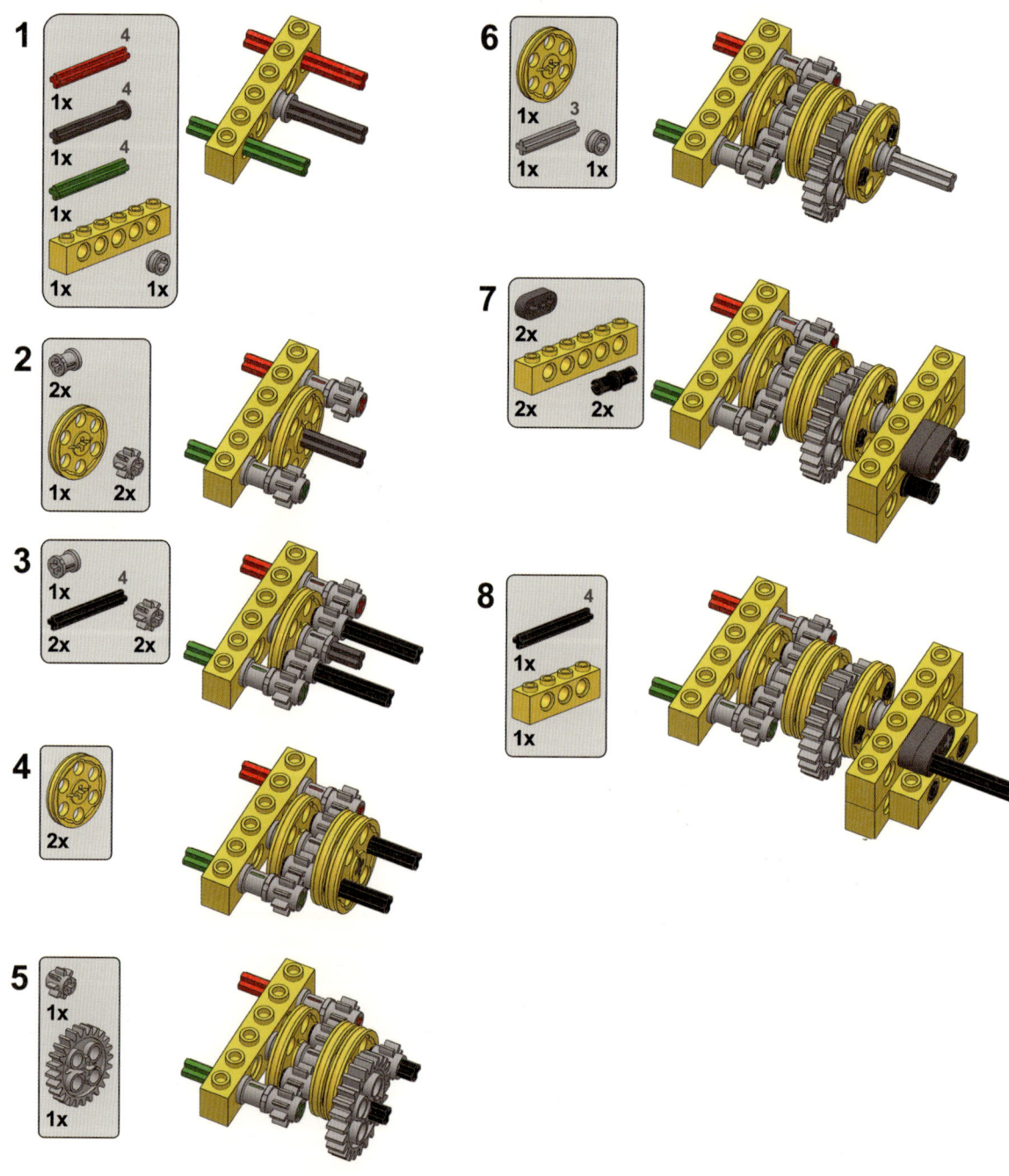

2단 래칫형 변속기 모형

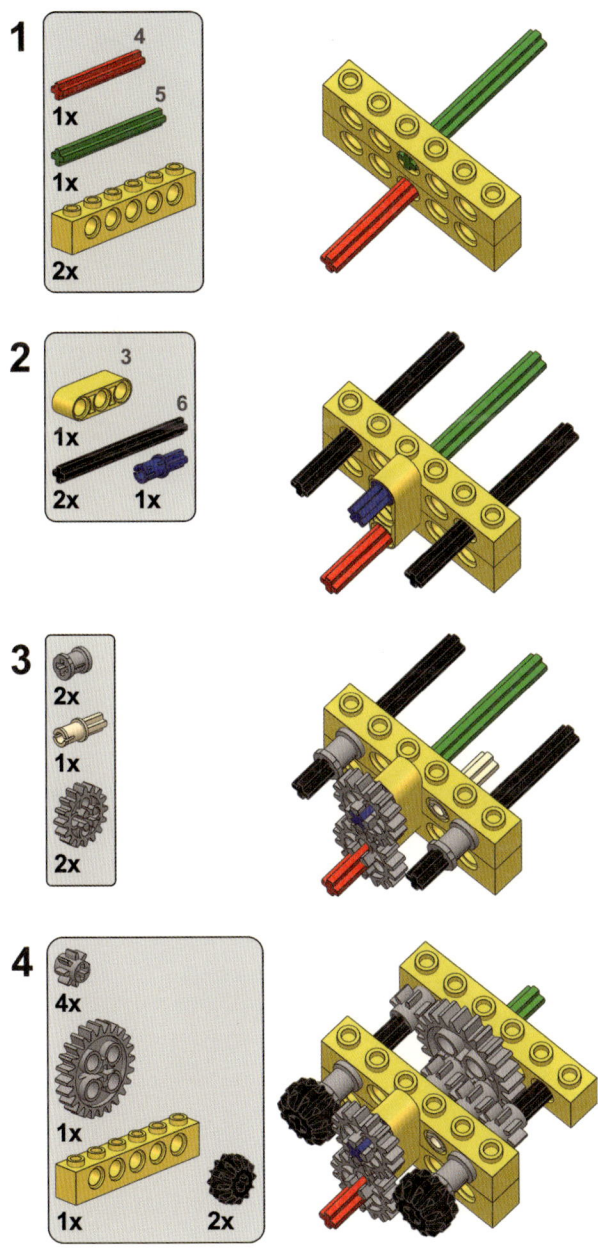

3단 선형 변속기 모형

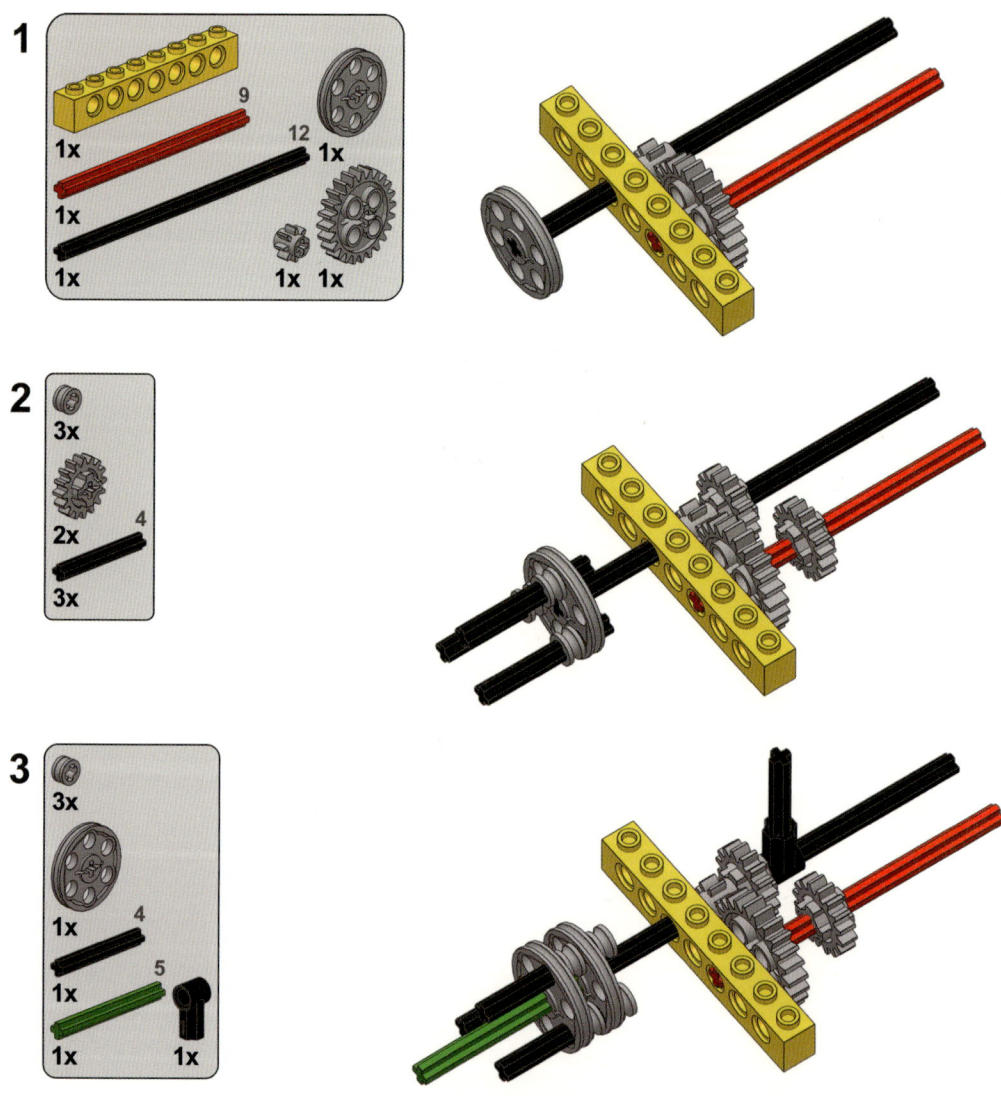

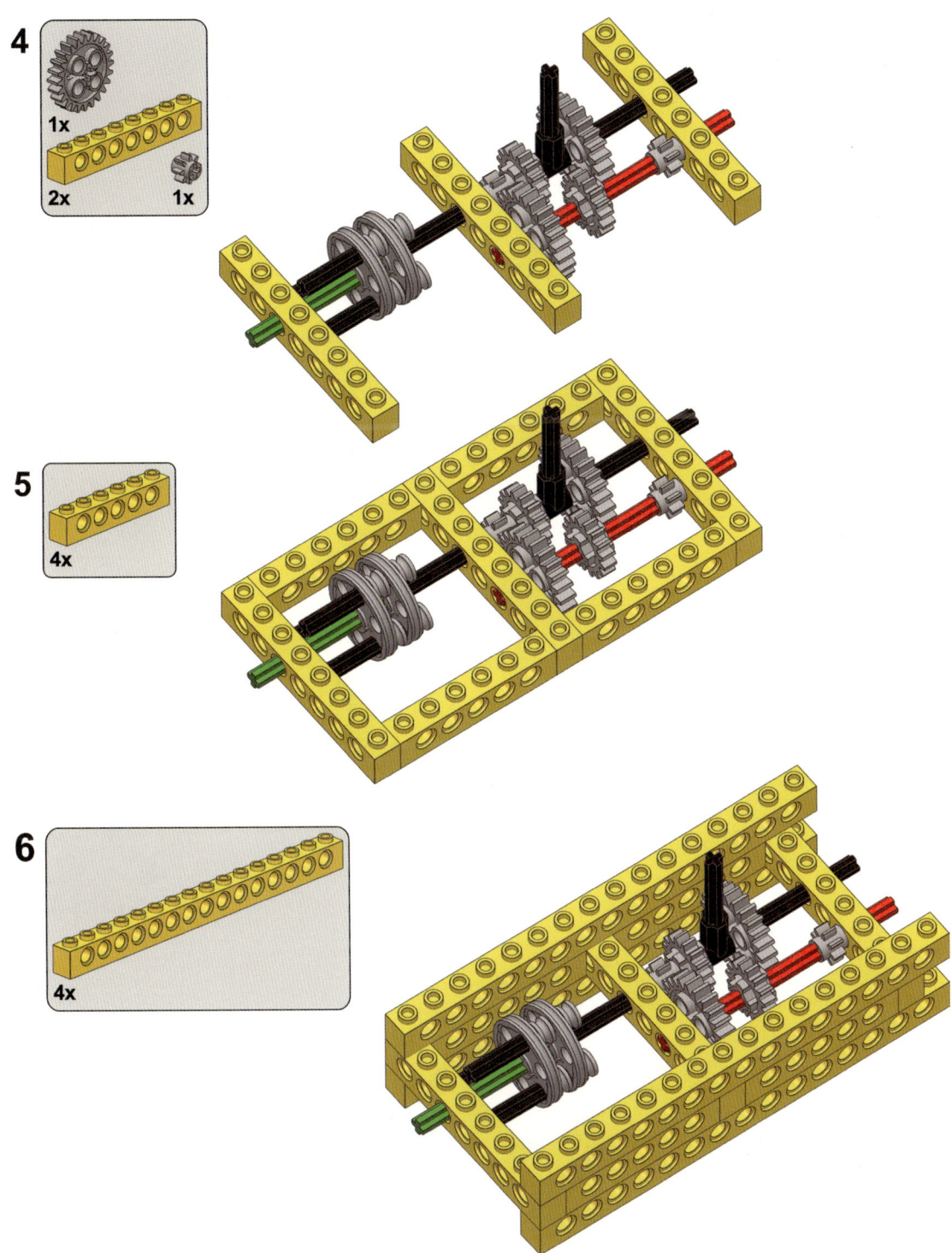

17 변속기

4단 동기식 변속기 모형

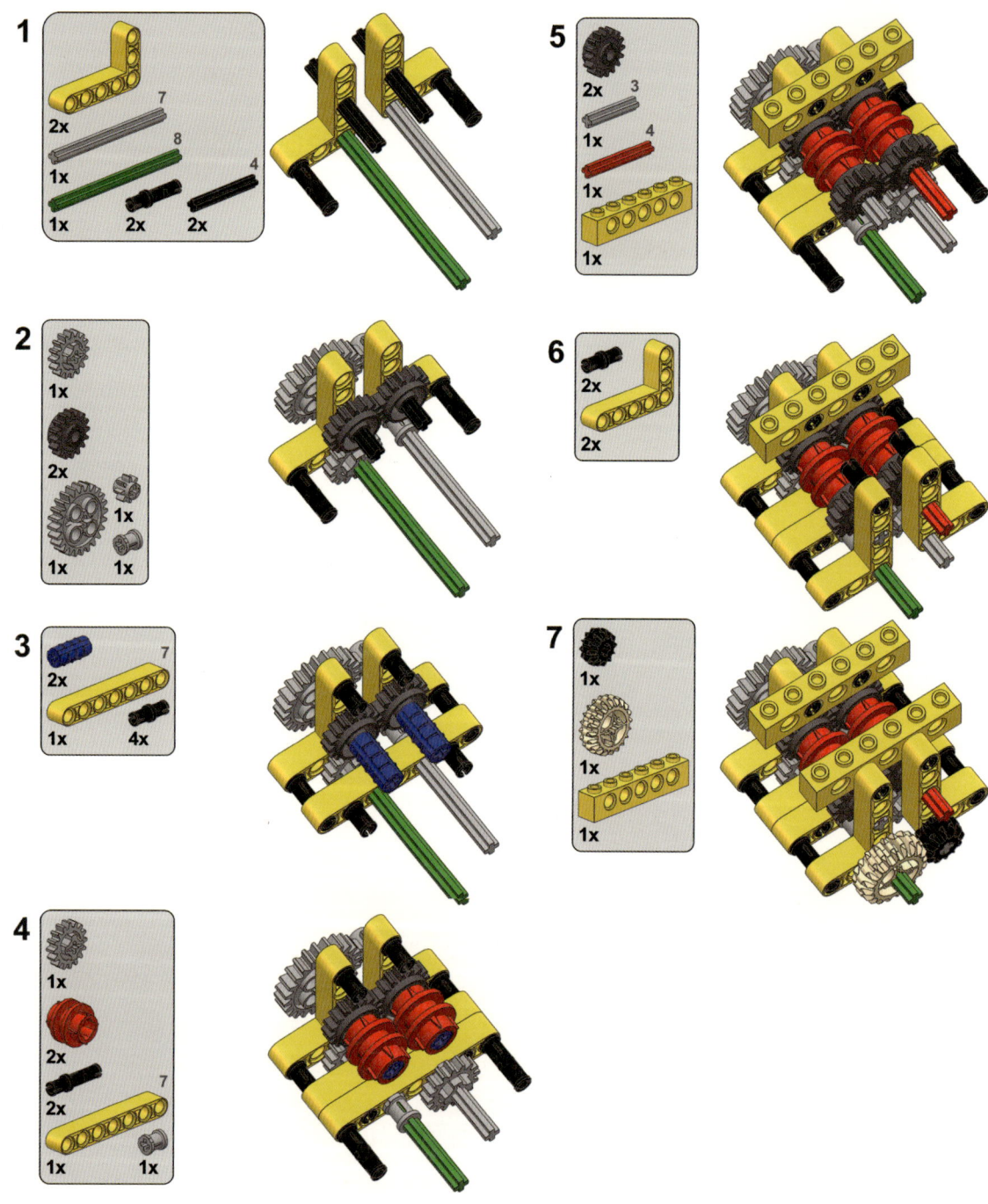

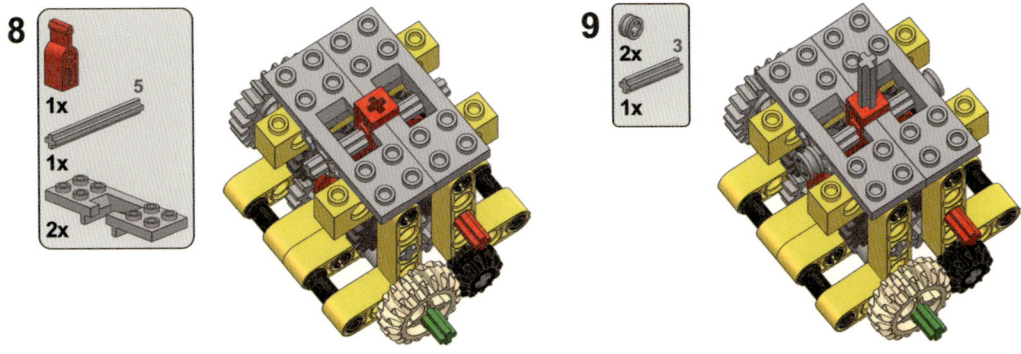

10단 동기식 변속기 모형

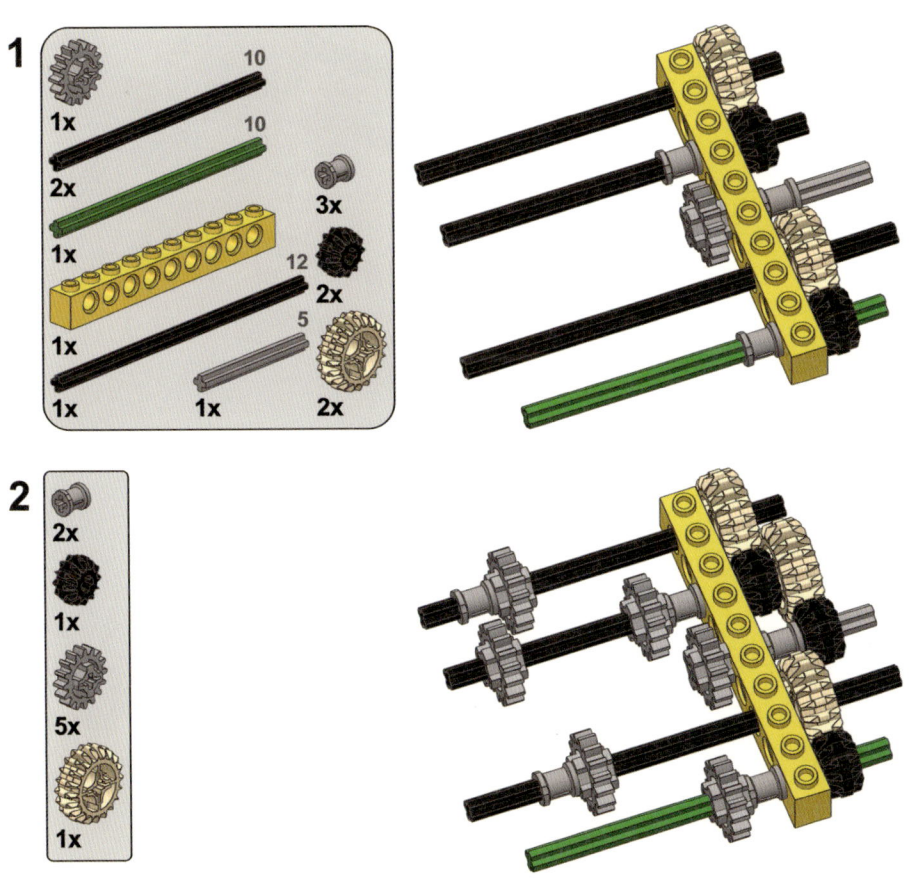

3

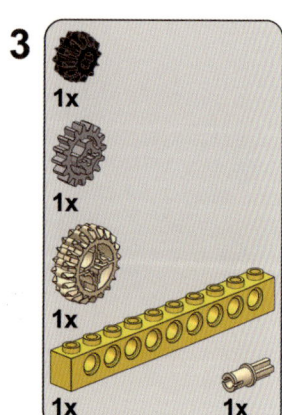 

4

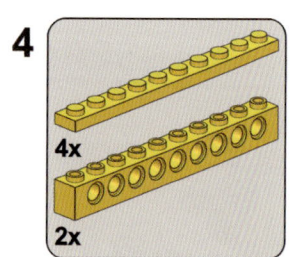 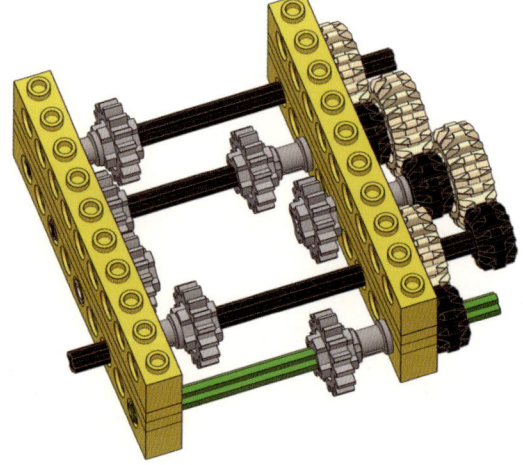

5

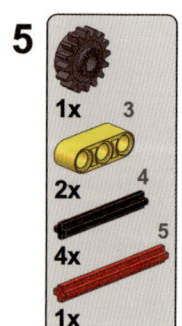 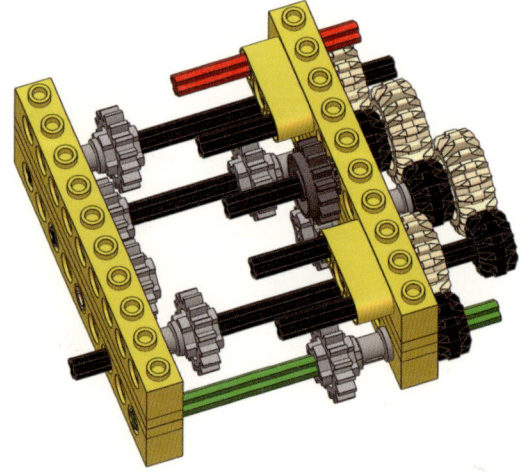

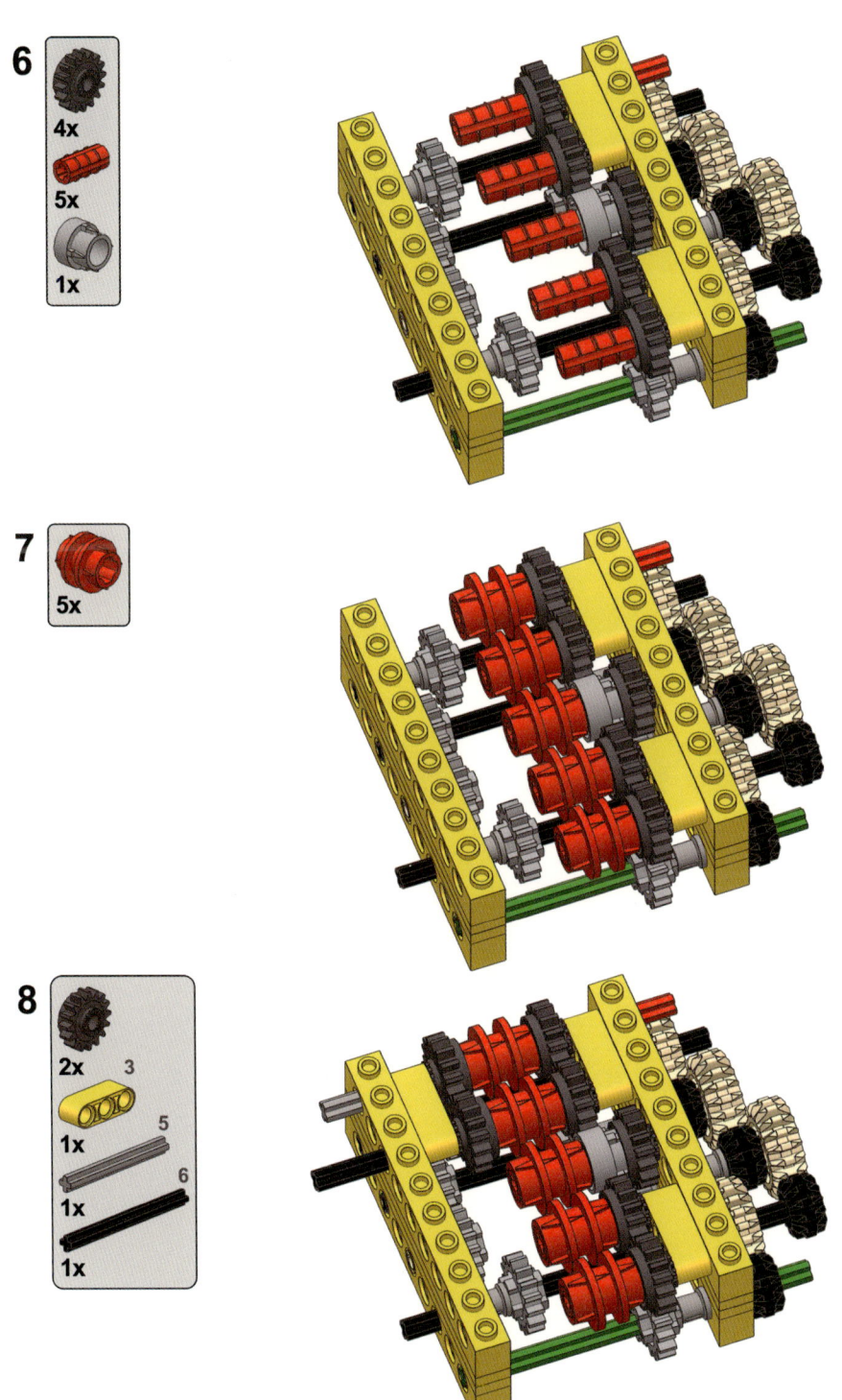

17 변속기 327

9

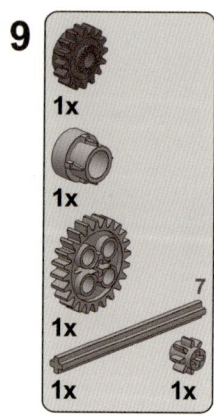
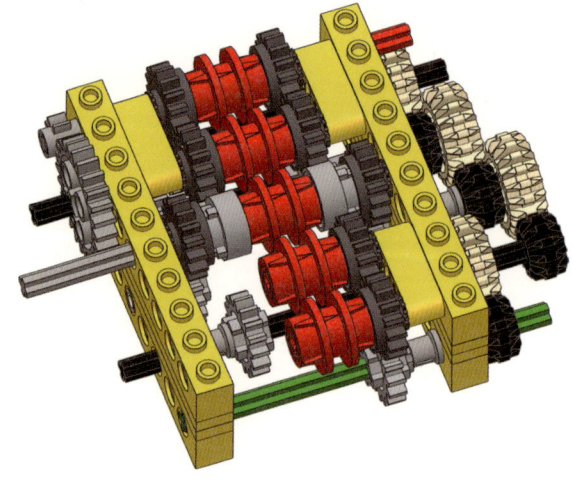

10

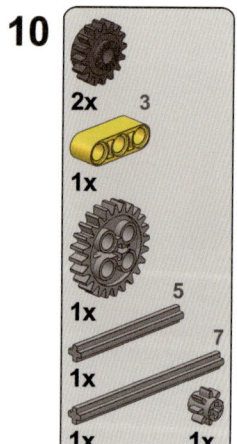
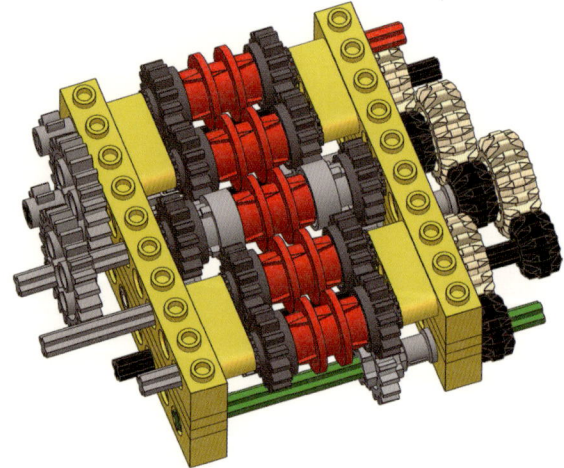

11

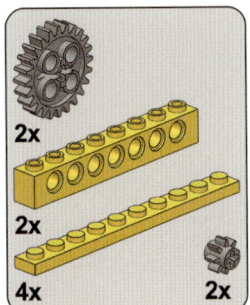 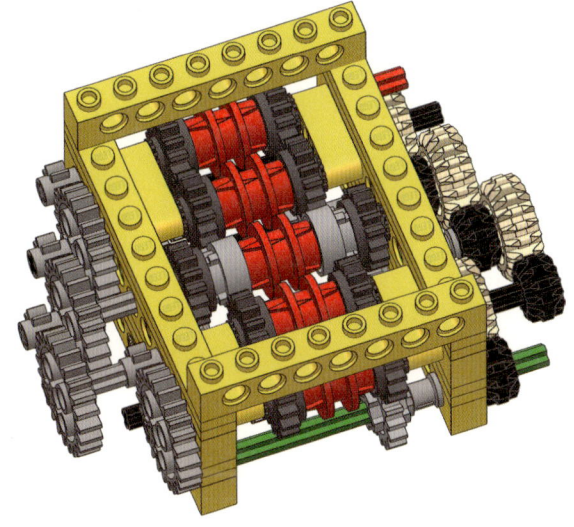

12

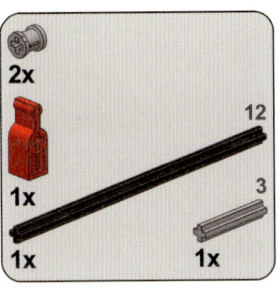 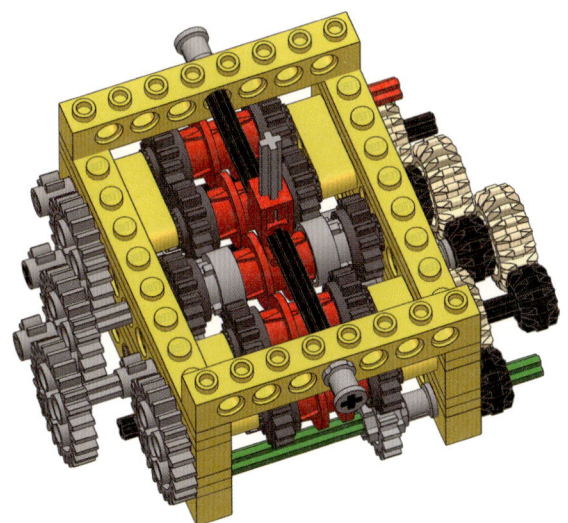

17 변속기 329

연속형 가변 변속기(CVT) 모형

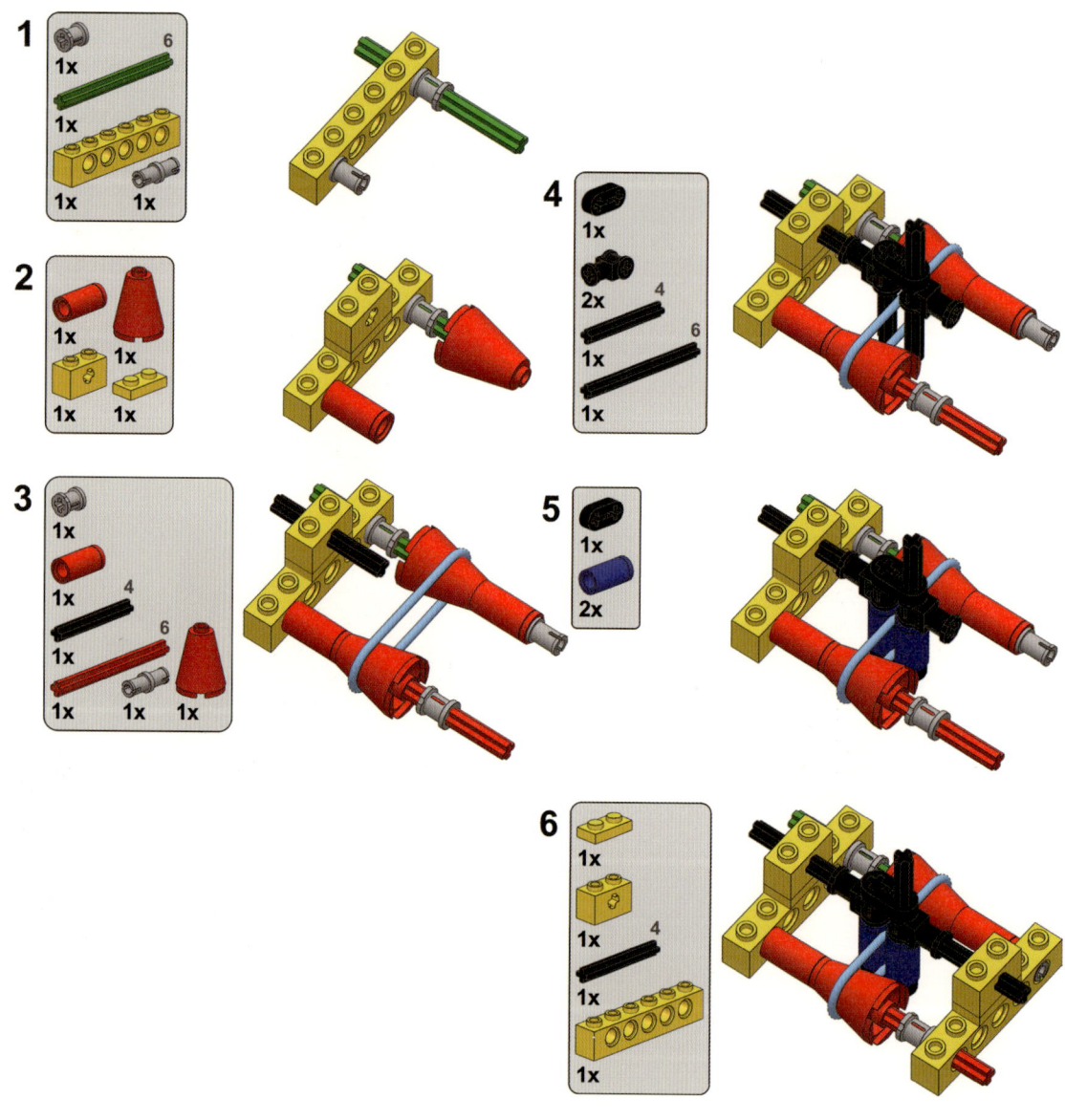

18
이중 차동장치
adders and subtractors

이중 차동장치는 가산기와 감산기라는 개념이 합쳐진 것으로, 두 개 이상의 모터를 함께 구동할 때 사용됩니다. 이때 두 모터는 하나의 구동축을 함께 구동하며, 주로 차량의 추진장치에 사용되는 경우가 많습니다. 두 개가 함께 작동할 때를 가산장치adder, 각각 작동할 때를 감산장치subtractor라고 부르며, 두 메커니즘은 차동기어를 이용하는 고급 기법입니다. 특히 감산장치의 구동은 무척이나 매력적입니다.

가산장치는 차체에 보다 큰 힘을 부여하기 위해 모터를 추가할 때 주로 사용됩니다. 감산장치는 대부분의 전차 또는 건설용 중장비와 같은 궤도식 차량에 적합한 구조로 두 개의 모터를 이용해 두 개의 궤도를 완벽하게 제어할 수 있도록 합니다. 🧑 가산장치나 감산장치의 사용은 단순히 두 모터를 하나의 구동축에 연결하거나 또는 궤도 차량의 좌우 궤도를 독립된 하나씩의 모터로 구동하는 것과는 다릅니다.

하드 커플링

먼저, 두 개의 모터를 이용해 하나의 구동축을 움직이는 가장 간단한 방법부터 살펴봅시다. 그림 18-1은 '하드 커플링hard-coupling'이라는 형태로, 두 개의 모터가 같은 속도로 구동축을 회전시키는 가장 간단한 구조를 보여줍니다.

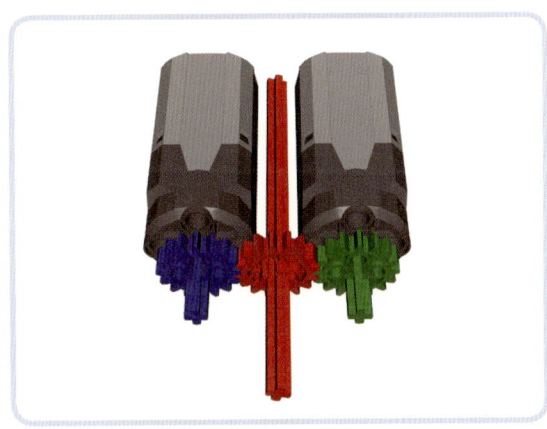

■ 그림 18-1 가운데의 빨간색 출력축은 좌우의 두 개의 모터와 하드 커플링으로 결합되어 있습니다.

두 모터를 강제적으로 결합하는 것은 두 모터의 속도가 동일하지 않은 경우라면 한 모터를 강제로 감속시키거나 가속시키는 상황을 유발하게 되며, 결과적으로 두 모터의 성능을 영구적으로 저하시킬 수도 있습니다. 그리고 하드 커플링을 사용한다고 차체의 무게에 의해 감속되거나 내리막길에서 가속되는 통상적인 모터의 특징이 없어지는 건 아닙니다. 모터가 손상될 수도 있는 위험을 감수한다면, 같은 종류의 모터를 하드 커플링하는 것은 파워를 늘리는 방법 중 비교적 부담이 적은 방법입니다.

하지만, 두 모터의 종류가 다르거나(같은 종류라도 오차 범위에 의해 속도가 차이나는 경우도 포함) 하드 커플링의 위험을 감수하고 싶지 않다면, 가산장치를 선택해야 할 것입니다.

> **NOTE** 동일한 모터라 하더라도, 그 속도는 지정된 속도에서 몇 퍼센트 이내의 오차 범위를 가지게 됩니다. 이것은 모든 모터의 구동부 및 코어 부분의 생산 공정과 생산 시의 정밀도 등 여러 가지 요소에 영향을 받을 수 있기 때문입니다. 🧑 산업용 및 특수 용도의 일부 모터들은 추가적인 장치를 장착해서 회전 속도를 정확히 보정한 후 출고하는 경우도 있습니다. 하지만 레고의 모터는 그런 고가의 정밀 모터가 아닌, '완구'라는 사실을 잊지 마십시오. 여전히 몇백 원 수준의 금속제 저가형 모터보다는 비싸지만, 몇만 원 정도에 구매할 수 있는 레고 모터에 수십만 원 이상의 가격을 가진 산업용 모터만큼의 정밀도를 바라는 것은 무리입니다. 실제로 일부 레고 모터를 분해해 본 사람들의 사진을 보면 안에 사용된 모터는 지극히 평범하고 흔한 일반 모터라는 것을 알 수 있습니다.

가산장치를 이용한 모터 커플링

가산장치는 두 개의 모터를 하나처럼 움직이도록 합니다. 각 모터의 토크를 더하게 되어 최종 출력축은 두 모터의 토크의 합, 그리고 두 모터의 평균 회전속도로 구동됩니다. 파워평션 M 모터 하나로는 출력이 약하고, XL 모터는 강하기 때문에 사용이 곤란한 상황일 경우 두 개의 M 모터를 결합하는 형태로 사용할 수 있습니다.

가산장치로 토크 합하기

가산장치는 두 개 이상의 입력축에서 나오는 속도의 차이를 하나의 출력축으로 맞추어 주기 위해 차동기어를 활용합니다. 차동기어는 구동에 사용할 수 있는 요소가 세 가지 있습니다. 그림 18-2와 같이, 하나는 차동기어 자체이고, 나머지 둘은 차동기어 안쪽에 있는 분리된 두 개의 축입니다.

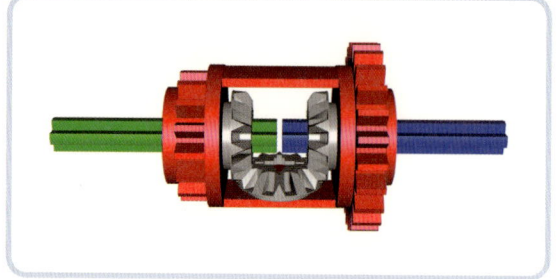

■ 그림 18-2 차동기어는 그 자체 케이스(빨간색), 그리고 좌우로 각각 설치된 축(녹색과 파란색)으로 구성됩니다.

차동기어는 몸체 내부에 세 개의 베벨 기어를 장착할 수 있습니다. 이 중 두 개의 베벨 기어는 각각 차동기어 바깥쪽으로부터 삽입된 축에 연결되어 있으며, 두 베벨 기어를 연결해 주는 마지막 베벨 기어는 차동기어 내부에 연결됩니다. 외부 축과 연결된 두 베벨 기어는 스파이더 기어 혹은 측면 기어라고 부르며, 가운데의 베벨 기어는 피니언 기어 혹은 유성 기어라고 부릅니다.

차동기어를 이용해 두 모터의 출력을 연결할 경우, 두 모터가 가지는 속도의 차이는 🧑 동일 모터 간의 오차범위 이내 차이에서 기종이 다른 모터의 차이까지 포함 차동기어의 내부 구조에 의해 적절히 합쳐집니다. 차동기어를 이용한 가산장치의 최종 출력축은 두 모터의 토크를 합한 힘과 두 모터의 평균속도를 갖게 됩니다.

그림 18-3에서 18-6까지는 두 모터와 차동장치를 결합한 가산장치의 다양한 예를 보여줍니다. 가장 큰 차이점은 각기 다른 종류의 차동기어를 이용하여 형태가 다른 가산장치를 구현했다는 것입니다. 제시된 그림에서의 모터 입력은 각각 파란색과 녹색으로, 가산장치의 최종 출력축은 빨간색으로 표시됩니다.

🧑 제시된 네 가지 사례는 차동기어의 외형에 따른 구분이 아닙니다. 그림 18-5의 신형 차동기어를 이용해서 그림 18-6과 같은 구성을 만들어도 가산장치의 기능은 동일하게 작동합니다. 차동기어의 구성 요소 세 가지 중 두 가지를 모터에 연결하고, 남은 하나가 출력축이 된다는 개념만 기억하십시오. 가산 장치는 구조에 따라 출력

축의 속도는 입력축의 속도 평균과 다를 수도 있지만, 출력축에서 모든 토크가 더해진다는 특성은 동일합니다.

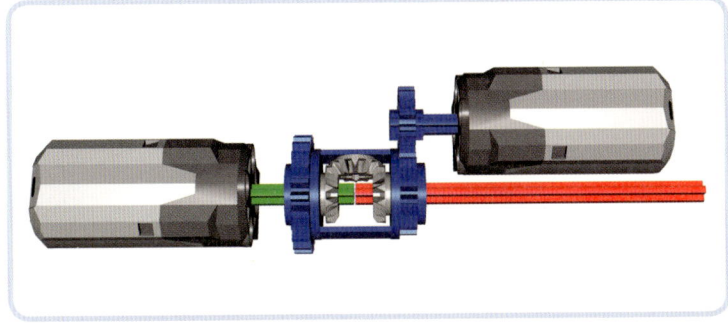

■ 그림 18-3 두 파워펑션 M 모터 중 하나는 차동기어 자체를 구동하고(파란색), 다른 하나는 차동기어 내부의 베벨 기어를 구동합니다(녹색). 빨간색은 최종 출력축입니다.

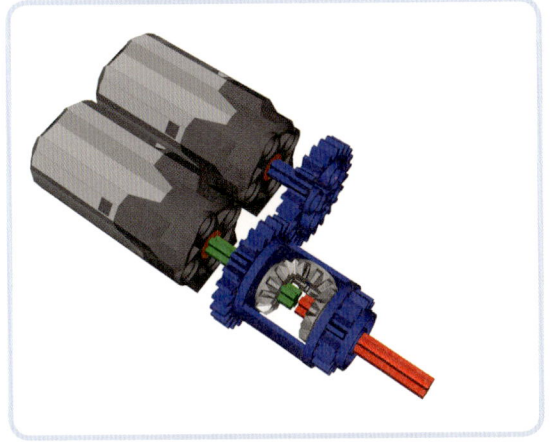

■ 그림 18-4 그림 18-3과 같은 개념이지만 모터를 나란히 설치한 모습입니다.

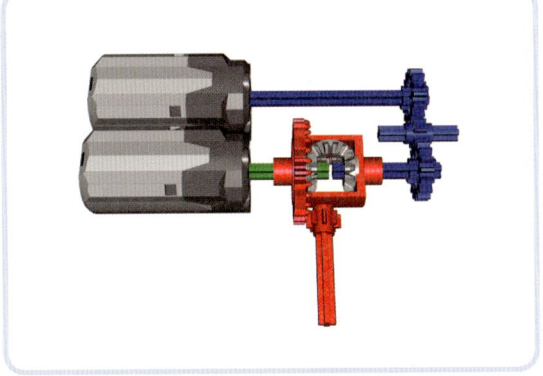

■ 그림 18-6 가장 오래된 형태의 구형 차동기어를 이용한 가산장치입니다. 🧑 앞의 세 가지가 차동기어 안쪽에 연결된 축을 최종 출력축으로 사용한 것과 달리, 이 사례는 차동기어 자체를 최종 출력축으로 사용했습니다. 물론, 18-3이나 18-4에 사용된 차동기어를 이용해서 이런 구성을 만들어도 가산장치는 동일하게 작동합니다.

> **NOTE** 가산장치를 구성할 때, 모터로부터 가산장치까지의 기어 구성은 비슷하게 맞추는 것이 좋습니다. 두 모터의 기어비가 다르다면 결과적으로 두 모터는 힘의 불균형이 발생하게 될 것입니다. 🧑 가산장치가 불가피하게 다른 성능을 가진 두 모터의 힘과 속도의 균형을 맞추어주는 것이라는 점을 생각할 때, 불필요하게 두 모터의 기어비를 바꾸어 의도적으로 그 성능차를 벌여놓거나, 가산장치가 맞춰줄 속도와 토크를 미리 기어를 이용해서 맞추는 것은 불필요한 일입니다. 이와 별개로, 가산장치 뒤에 장착되는 기어 구성은 힘의 분산에 영향을 주지 않습니다.

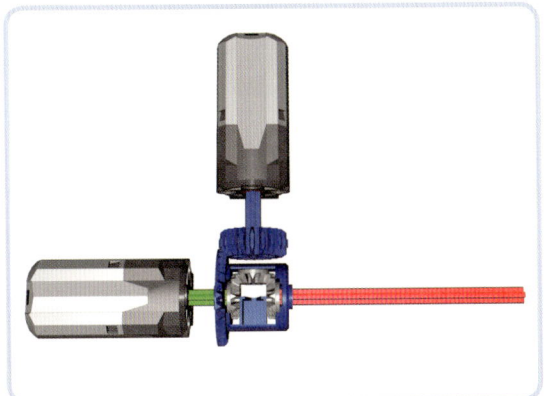

■ 그림 18-5 신형의 베벨 기어를 이용한 모습입니다. 모터에 양면 베벨 기어를 사용해서 차동기어를 구동합니다.

여러분은 앞의 내용을 통해 가산장치가 두 입력축의 토크를 더하고 속도는 평균을 낸다는 것을 배웠습니다. 이제 이를 수학적 관계로 풀어 보겠습니다. 우리가 모터를 두 개 가지고 있고, 이 모터를 각각 모터1, 모터2라고 가정할 때, 토크는 다음과 같습니다.

전체 토크 = 토크(모터1) + 토크(모터2)

또한, 사용된 전체 모터의 개수가 n 이라고 가정할 때, 가산장치의 속도는 다음과 같습니다.

$$\frac{속도(모터1) + 속도(모터2)... + 속도(모터n)}{n}$$

가산장치를 구현할 때 한 가지 중요한 고려 사항은 모터와 연결된 각 입력축의 회전 방향입니다. 가산장치에 연결하기 위해 쌍을 이룬 모터는 대체로 동일한 전원공급장치에서부터 전원을 공급받게 되며, 이는 일반적으로 두 모터가 같은 방향으로 회전함을 의미합니다.

그러나 모터가 설치되는 방향에 따라서 두 모터의 회전 방향은 같을 수도 있고, 다를 수도 있습니다. 만약 두 모터의 회전 방향이 다르다면 이는 토크와 속도의 감소라는 바람직하지 않은 결과를 가져올 것입니다.

앞서 살펴본 예제들은 모두 모터가 동일한 방향으로 구동되도록 설계되었지만, 특정한 경우에는 모터를 반대 방향으로 설치해야 할 수도 있으며 이럴 때는 두 모터의 회전 방향은 서로 반대가 될 것입니다.

가산장치를 위해서는 둘 중 한 모터의 방향을 반대로 바꾸어야 하며, 이를 위해 두 모터를 각기 다른 전원공급장치에 연결하고 전원공급장치의 극성을 반대로 설정하거나, 그림 18-7과 같은 스위치 부품을 이용해 극성을 바꿀 수 있습니다.

파워펑션 시리즈가 아닌 9v 모터를 사용한다면, 단순히 전선의 방향을 90도 또는 180도 방향으로 바꾸는 것만으로도 극성을 바꿀 수 있습니다. 그림 18-8은 두 모터가 반대로 회전하기 때문에 하나의 극성을 바꾸어 주어야 하는 가산장치의 예를 보여줍니다.

■ **그림 18-7** 파워펑션 스위치(왼쪽)와 9V 스위치(오른쪽)

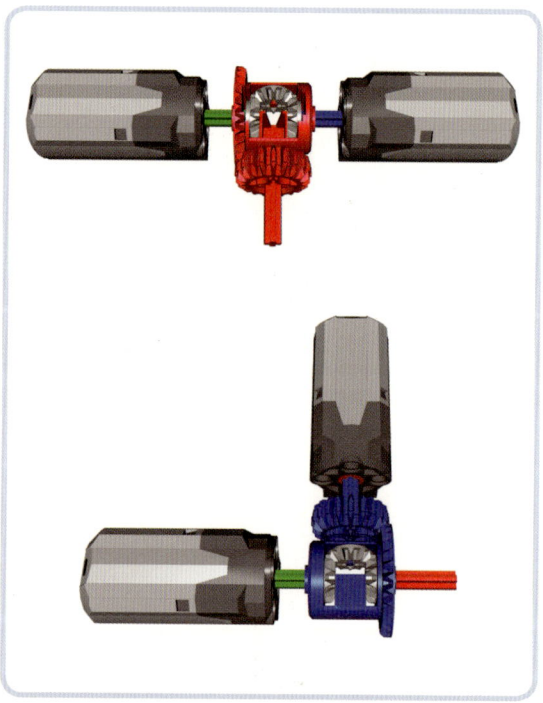

■ **그림 18-8** 이 가산장치는 두 모터가 반대로 회전하기 때문에 한쪽 모터의 회전 방향을 바꾸지 않는 한 제대로 동작하지 않습니다.

두 개 이상의 모터 추가

보통 두 개의 모터를 결합하는 정도로도 충분한 토크를 얻을 수 있지만 만약 부족하다면 두 개 이상의 모터를 결합할 수 있습니다. 하지만, 불행하게도 그 부피와 복잡성은 엄청날 정도로 증가할 것입니다.

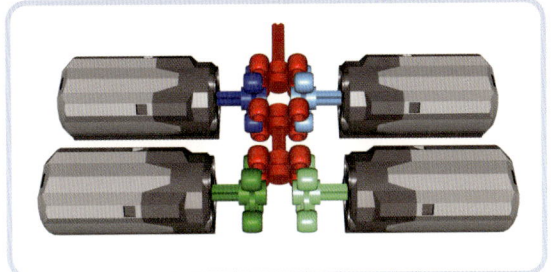

■ 그림 18-10 이 네 개의 모터는 큰 힘의 전달에 적절치 않은 차동기어 대신 노브 휠을 이용한 하드 커플링으로 연결되어 있습니다.

감산장치

감산장치는 두 모터의 힘을 보다 복잡한 방법으로 연계시킵니다. 감산장치는 각각 두 개의 입력과 두 개의 출력이 있으며, 두 개의 차동기어를 사용합니다. 하나의 입력을 구동시키면 감산장치는 두 개의 출력을 같은 방향으로 구동시킵니다. 또 다른 입력을 구동시키면 이번에는 두 개의 출력을 다른 방향으로 구동시킵니다. 두 개의 입력을 동시에 구동시키면 두 개의 출력은 각기 다른 속도로 구동될 수 있습니다.

이 복잡한 장치의 가장 일반적인 활용 사례를 생각한다면, 감산장치의 원리를 조금 더 쉽게 이해할 수 있을 것입니다. 그림 18-11과 같이 왼쪽과 오른쪽에 각각의 무한궤도를 설치한 궤도 차량을 구동한다고 생각해 봅시다.

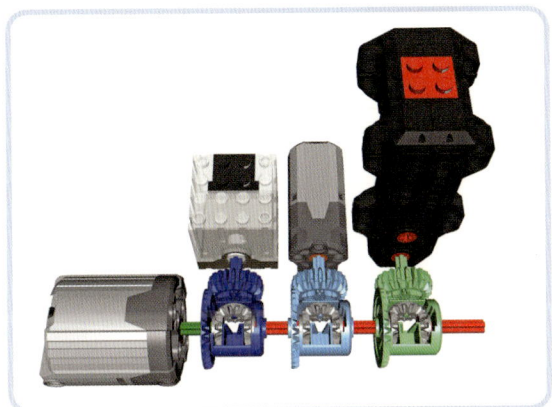

■ 그림 18-9 이 가산장치는 세 개의 차동기어를 이용해 네 개의 모터를 결합했습니다.

첫 번째 차동기어를 제외한 각각의 차동기어는 앞의 차동기어 가산장치의 출력축을 입력으로 받습니다. 첫 번째 가산장치의 출력은 두 번째 가산장치의 입력으로, 두 번째의 출력은 세 번째로 입력됩니다. 이렇게 되면 결국 차동기어의 감산장치마다 모터를 하나씩 연결할 수 있습니다. 이런 방법으로 가산장치를 연속적으로 연결할 경우 큰 토크를 만들어 낼 수 있습니다.

만약 두 개 이상의 모터를 결합해야 하는 경우, 모터를 동일한 기종으로 맞추고 하드 커플링 방식으로 연결하는 것이 더 나을 수 있습니다. 왜냐하면 차동기어를 이용한 가산장치보다 공간을 작게 차지할 뿐만 아니라, 차동기어 구조가 토크가 큰 구동에는 적절하지 않기 때문입니다. 이러한 하드 커플링 결합을 위해 그림 18-10과 같이 노브 휠 방식은 합리적인 선택이라 할 수 있습니다.

■ 그림 18-11 간단한 형태의 궤도 차량

두 개의 궤도가 동시에 같은 방향으로 움직인다면 차량은 앞이나 뒤로 일직선으로 움직일 것입니다. 만약 좌우가 같은 속도이지만 반대 방향으로 움직인다면, 차체는 제자리에서 회전할 것입니다. 마지막으로, 두 모터의 속도를 다르게 구동시켜 좌우의 궤도가 서로 다른 속도로 구동하게 된다면 차량은 좀 더 느린 궤도 쪽으로 곡선 주행할 것입니다.

궤도 차량에 사용되는 감산장치의 두 개 입력 중 하나를 구동용으로 D, 하나를 회전용으로 T라 부른다고 가정해 봅시다(D는 일반적으로 T보다 빠르다고 가정합니다). 그리고 D만 구동된다면 두 궤도는 같은 방향으로 회전하여 차체는 직진하게 되고, T만 구동할 경우에는 두 개의 궤도는 서로 반대 방향으로 회전하고 차체는 제자리에서 선회합니다. 이제부터 설명할 부분이 진짜 흥미로운 부분입니다.

바로 D와 T를 동시에 구동하는 상황인데, D와 T의 속도차에 따라 움직임이 변화하게 됩니다. 두 모터의 속도가 같다면 차체는 멈춰 있게 되고, D가 T보다 크다면 완만한 회전을, T가 D보다 크다면 보다 급격한 회전을 하게 됩니다. 이와 같은 각각의 구동 특성은 그림 18-12에서 볼 수 있습니다.

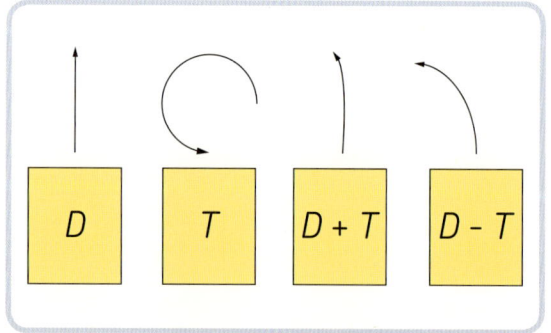

■ 그림 18-12 감산장치가 설치된 궤도 차량의 이동 경로를 나타낸 것입니다. D는 구동 모터(빠름)를 나타내며, T는 회전 모터(느림)를 나타냅니다.

감산장치를 이용하면, 각각의 입력 속도를 조절해서 두 궤도의 속도를 각각 자유롭게 제어할 수 있습니다. 각각의 궤도를 멈추거나 전진 또는 후진시킬 수 있으며, 0에서부터 입력 모터의 최고 속도까지 다양한 속도로 구동이 가능합니다. 각각의 궤도에 모터를 따로 장착하는 형태로도 이와 같은 구동은 가능하지만, 전후진 시 두 모터의 속도 차이에 의해 직진을 시켜도 완만하게 구부러진 경로로 주행할 수도 있습니다. 감산장치는 기본적으로 전후진시 좌우의 궤도에 동일한 속도를 전달한다는 점에서 좌우를 각각 구동하는 차량과는 다릅니다.

각 모터의 최고 속도 간의 관계는 감산장치가 작동하는 방식에 영향을 미칩니다. 예를 들어 다음과 같은 감산장치도 상상해 볼 수 있을 것입니다. 만약 우리가 좌우에 궤도를 장착하고 감산장치를 설치한 차량을 가지고 있고, 이 차량이 최고 속력으로 전진하다가 바로 최고 속력으로 방향을 바꾼다고 가정해 봅시다. 여기에 가능성은 세 가지입니다.

- 만약 D의 속도가 T의 속도보다 빠르다면, 궤도는 멈추지도 후진하지도 않을 것입니다. 하나는 느려지고 다른 하나는 빨라지게 되며 모터의 상태가 그대로 유지된다면 차량은 호를 그리며 회전하게 됩니다.

- 만약 D의 속도가 T와 같다면, 한 궤도는 멈추고 다른 궤도는 빨라집니다. 이 때 멈춘 궤도는 차량의 회전 중심이 됩니다.

- 만약 D가 T보다 느리다면, 한 궤도는 반대로 구동되고 다른 하나는 빨라집니다. 이때 차량은 회전하게 되고, 차체의 회전 중심은 두 트랙의 사이에서 보다 느린 궤도에 가까운 지점이 됩니다.

D와 T를 구동하는 모터의 최대 속도 차이는 감산장치의 설계와 모터 선정, 기어비 구성에 있어 중요한 요소입니다. 대체로, 위의 세 가지 방법 중 첫 번째(구동 모터가 빠르고 회전 모터는 느린)가 가장 현실적이고 편리한 방법입니다.

그 이유는 실제 궤도 차량의 움직임과 유사하고 직진이 회전보다 빠른 것이 제어하기에 훨씬 쉽기 때문입니다.

또한 회전 구동용 모터의 속도도 차체의 제자리 회전 시 매우 중요한 요소가 됩니다. 두 궤도가 다른 방향으로 회전할 때, 두 궤도의 속도 차이는 회전 속도의 두 배와 같습니다. 너무 회전 속도가 빠르다면, 궤도 차량은 전차보다는 회전목마처럼 보이게 될 것입니다.

한편, 제자리 회전은 궤도와 상당히 넓은 지면 사이에 큰 마찰을 유발시킵니다. 따라서 회전 모터의 경우 기어 감속 구조를 이용해 속도를 희생시키고 토크를 확보하는 편이 더 좋습니다.

감산장치를 사용하는 이유

두 개의 궤도를 가진 차량은 감산장치를 사용하지 않고 좌우의 궤도에 각각 모터를 설치하는 형태로도 운용할 수 있습니다. 감산장치 역시 사용되는 모터는 각각 구동할 때와 마찬가지로 두 개입니다. 하지만 감산장치는 각각 모터를 구동하는 것과 차별되는 몇 가지 장점이 있습니다.

향상된 제어

양쪽에 각각 하나씩 두 개의 모터를 사용하는 차량은 두 모터의 오차로 인한 속도 차이와, 차체에 장착된 모터 등의 무게 분포에 따라 정확한 직진을 보장하지 못합니다. 반면, 감산장치를 장착한 차량은 완벽하게 직선 구동이 가능합니다.

낮은 전력소비

양쪽을 두개의 모터로 각각 제어하는 차량이라면 두 모터는 동일해야 하기 때문에 많은 전력을 소비할 것입니다. 하지만 감산장치에서는 두 개의 모터 중 전후진 구동을 위해 하나만을 사용하고 나머지 하나는 오직 회전할 때에만 사용합니다. 따라서 필요하다면 전력소비량 및 최고 속도, 크기 등이 다른 두 종류의 모터를 사용할 수 있습니다. 이를테면 하나의 강한 모터(전력소비량 많음)와 하나의 약한 모터(전력소비량 적음)와 같은 구성이 가능합니다.

추가 장치의 연결이 간편

양쪽을 각각의 모터로 제어하는 경우, 두 바퀴의 구동에 연동된 구동장치, 이를테면 피스톤운동이 가능한 엔진 모형의 장착이나 냉각팬 구동의 재현과 같은 기능을 적용하기 어렵습니다. 양쪽의 모터에 함께 장치를 연결한다면 좌우의 모터를 각각 제어할 수 없게 되며, 만약 한쪽 모터에만 장치를 연결한다면 반대쪽 바퀴가 구동될 때는 장치가 동작하지 않을뿐더러 좌우 모터의 속도와 힘에도 차이가 발생하게 됩니다. 하지만 감산장치를 적용할 경우 차량의 기본 구동에 사용되는 모터는 하나이기 때문에 손쉽게 이 같은 추가적인 구동장치를 연결할 수 있습니다.

향상된 무선 조종

감산장치가 적용되지 않은 차량은 호를 그리며 회전하기 위해 파워펑션 가감속 송신기가 필요합니다. 파워펑션 기본 송신기를 이용한다면 차량은 단지 전후진, 또는 제자리 회전만 가능할 것입니다.

만약 여러분이 가감속 송신기를 사용한다면 감산장치를 사용할 때의 장점이 많이 퇴색됩니다. 가감속 송신기는 그 자체로 각각의 궤도 속도 및 방향을 다르게 제어할 수 있기 때문입니다. 이 외에도 감산장치는 몇 가지 단점을 가지고 있습니다.

첫 번째, 감산장치는 복잡하고 큰 공간을 차지하며 많은 부품을 필요로 합니다. 이로 인해 차량의 무게가 상당히 증가합니다. 두 번째, 감산장치는 차동기어에 의존하며 차동기어는 높은 토크에서 쉽게 손상될 수 있습니다. 필자의 경험으로는 차량의 무게가 3kg 이상이 될 경우, 감산장치에서 최종 구동축까지의 기어비에 관계없이 차동기어 내부의 베벨 기어가 파손되었습니다.

　감산장치의 다른 단점은 실제 구동에 사용되는 모터가 하나이기 때문에, 두 개의 구동 모터를 사용할 때에 비해 힘의 증가가 없다는 것입니다.

세로 감산장치

세로 감산장치의 설치는 폭이 좁고 길이가 긴 궤도 차량의 중앙부가 적당합니다. 그림 18-13은 세로 감산장치의 모습입니다. 구동 입력축(D)은 파란색, 조향 입력축(T)은 녹색, 그리고 최종 출력축은 빨간색, 궤도를 구동하는 스프로킷 휠은 노란색으로 표시됩니다.

　각각의 모터가 동시에 두 개의 차동기어를 구동시키는 것을 볼 수 있습니다. 파워펑션 XL 모터는 1:1 기어비로 두 차동기어 내부의 베벨 기어를 구동시키고, 파워펑션 M 모터는 9:1의 감속비로 차동기어 자체를 구동시킵니다.

　비록 회전을 담당하는 M 모터의 속도가 XL 모터보다 빠르더라도, 기어비의 차이로 인해 회전하는 구동축(녹색)의 속도는 전후진 구동축(파란색)의 속도보다 느리게 될 것 입니다. 그림 18-13 모델의 경우를 보면, 구동 모터의 속도가 146RPM(XL 모터의 속도)이고, 조향 모터의 속도는 30.6RPM(M 모터의 속도를 9배 감속)입니다.

　물론, 감산장치는 서로 다른 모터와 다른 기어비를 조합해 구성할 수 있습니다. 여기에 제시된 예제는 여러 가지 조합 중 가장 무난하고 효율적인 조합 중 하나일 뿐입니다.

　구동 바퀴에 적절한 기어비를 사용할 경우, 구동 모터에 단지 XL모터 하나만을 사용해도 2kg 정도의 차량까지는 충분히 구동할 수 있습니다. 그러나 차량이 무거워질수록 구동 효율은 차량이 구동하는 지면의 상태에 크게 좌우됩니다. 무거운 차량이 더 큰 힘을 발휘할 수 있도록 바퀴를 구동시키는 입력축에 가산기 등의 장치를 이용해서 하나 이상의 모터를 연결시키는 방법으로 힘을 증가시킬 수 있습니다.

■ **그림 18-13** 세로 감산장치. 구동 모터(D)는 파란색 입력축에 조향 모터(T)는 녹색 입력축에 연결되어 있고, 최종 출력축은 빨간색입니다.

다음에 제시될 조립도는 스터드가 있는 구조로 설계된 세로 감산장치 구동부입니다. 사용되는 모터, 각각의 입력축 및 출력축의 감속비 등, 필요에 따라 많은 부분에 변화를 줄 수 있습니다. 만약 차체가 무겁다면, 최종 출력축에 사용되는 베벨 기어 조합을 노브 휠로 교체하는 것이 좋습니다.

세로 감산장치 모형

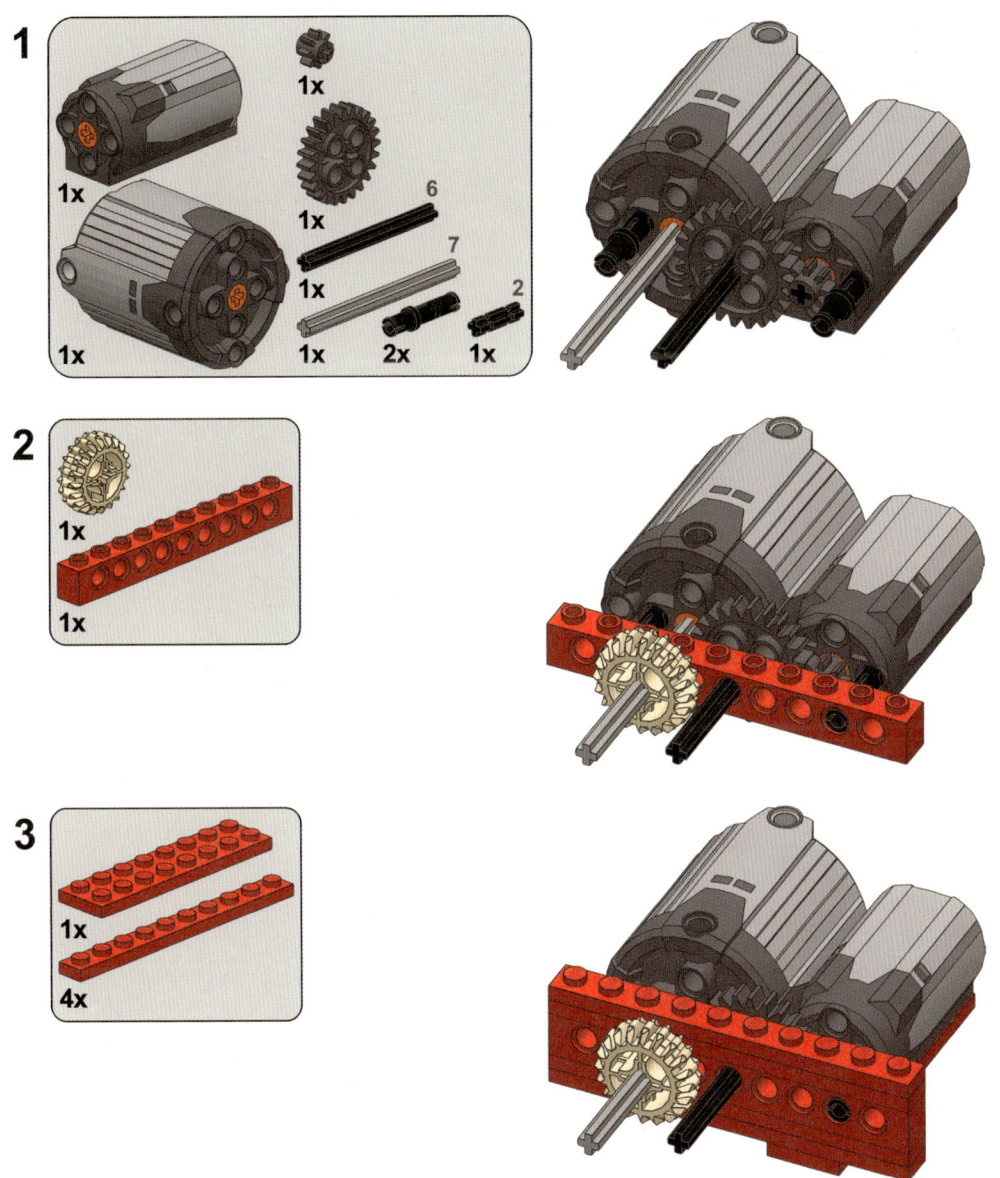

18 이중 차동장치 339

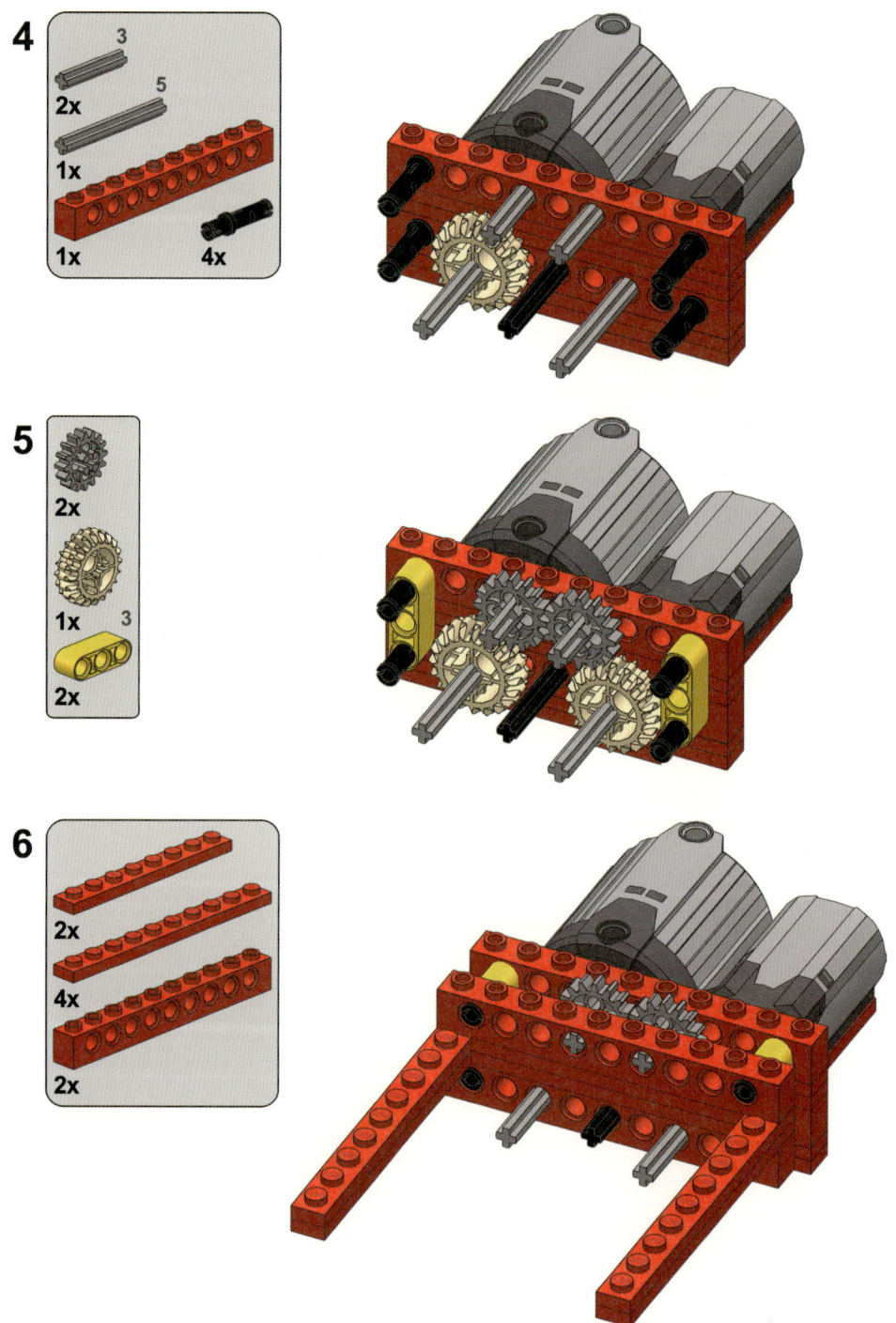

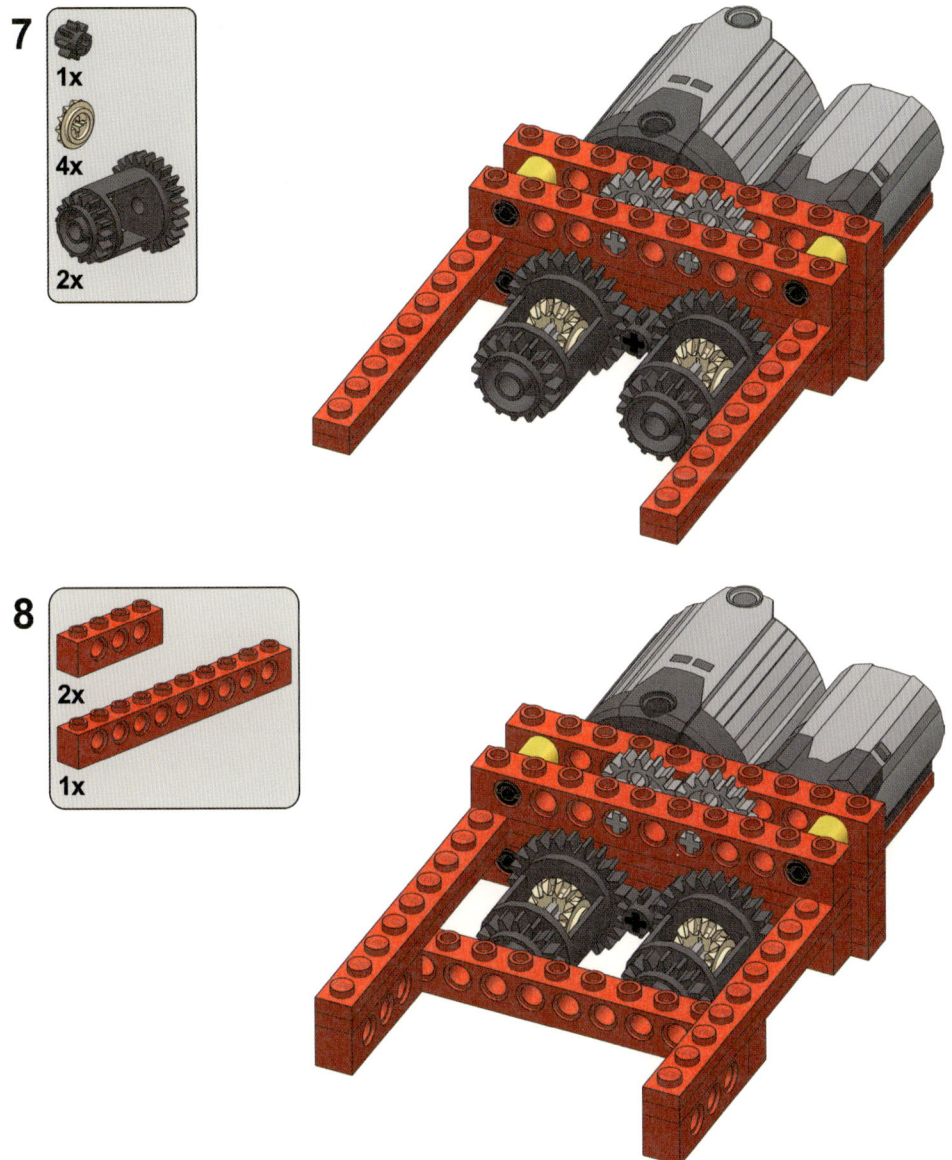

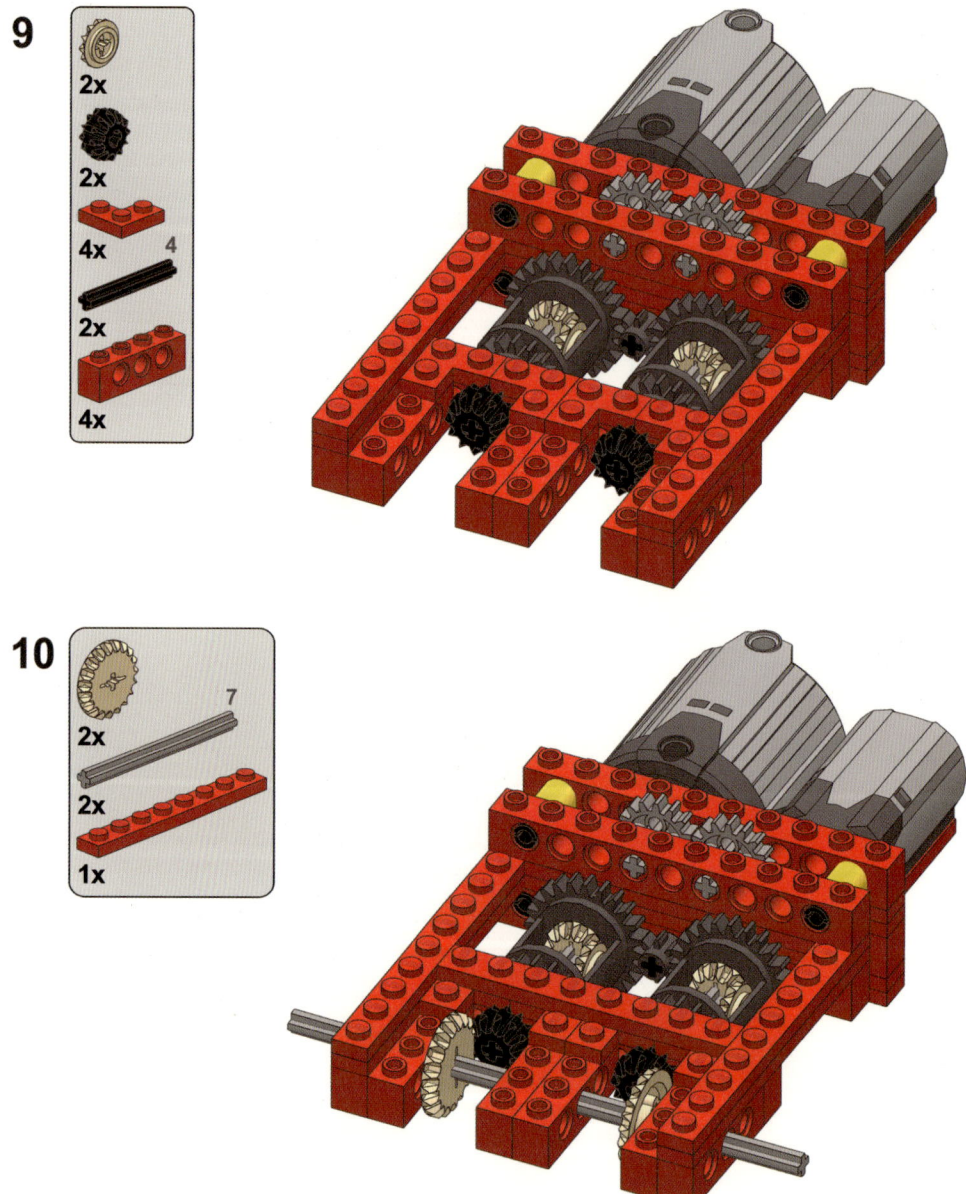

11

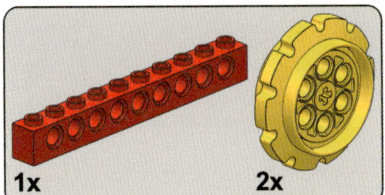
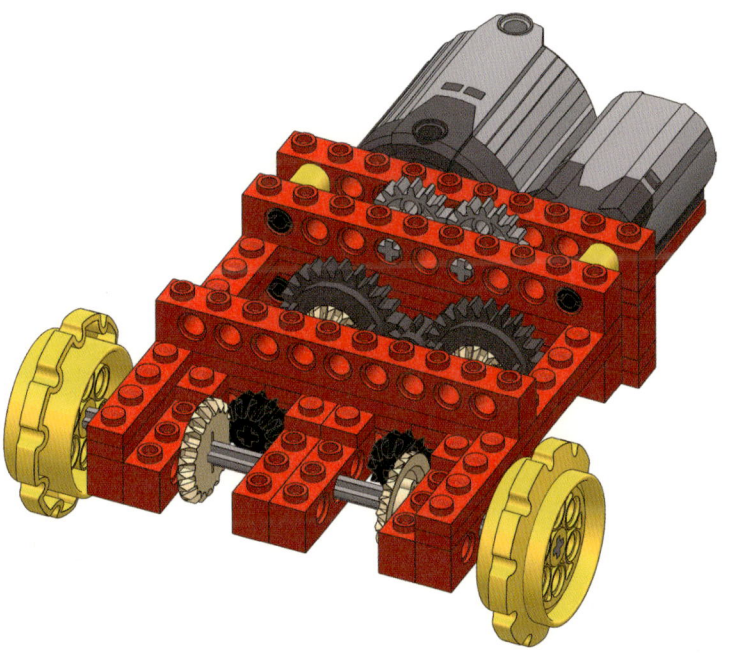

18 이중 차동장치

가로 감산장치

가로 감산장치는 세로 감산장치에 비해 조금 더 작고 덜 복잡합니다. 그림 18-14는 가로 감산장치의 모습입니다. 구동 모터 입력축(D)은 파란색, 조향 모터 입력축(T)은 녹색 그리고 최종 출력축은 빨간색으로 표시됩니다. 주지할 점은 둘 중 어느 차동기어에 연결된 축이라도 출력축으로 쓸 수 있고, 잘 작동한다는 점입니다. 단지 어느 차동기어를 출력축으로 선택하느냐에 따라 두 차동기어의 역할인 구동 입력과 조향 입력은 서로 바뀌게 될 것입니다.

가로 감산장치는 여러 가지 면에서 세로 감산장치와 개념적으로 다릅니다. 각각의 모터는 하나의 차동기어를 구동시키며, 두 차동기어는 두 그룹의 기어열로 연결됩니다. 이 두 그룹은 1:1의 기어비를 맞추기 위해 하나는 홀수로, 다른 하나는 짝수로 구성되는 경우가 일반적입니다. 따라서 두 개의 다른 속도의 모터를 사용할 경우, 더 강한 모터가 약한 모터를 구동시켜야 하는, 즉 강한 모터의 힘을 불필요하게 낭비하는 상황이 발생하지 않도록 기어비를 신중하게 고민해야 합니다.

가로 감산장치는 세로 감산장치에 비해 내부 공간을 보다 여유롭게 활용할 수 있습니다. 또한, 그림 18-15와 같이, 웜 기어로 차동기어를 구동할 경우 모터의 위치를 재배치할 수도 있습니다.

🧑 그림 18-15는 18-14에서 모터를 90도 돌려서 배치한 것으로 생각하면 됩니다. 두 예제는 단지 차동기어를 구동하기 위해 사용된 기어만 다를 뿐 다른 개념은 동일합니다. 하지만, 웜 기어의 사용 유무에 따라 구동 특성이 약간 다릅니다.

그림 18-14에서 구동 모터가 감산장치를 구동시킬 때, 차체의 무게로 인한 저항이 조향 모터의 저항보다 크면 감산장치는 구동축이 아닌 조향 모터를 회전시키게 될 수도 있습니다. 하지만 그림 18-15와 같은 웜 기어 구조에서는, 조향 모터에 사용한 웜 기어 때문에 조향 모터의 저항이 커서 이러한 문제를 예방할 수 있습니다. 정재호 "sunsky"는 디퍼런셜 트랙 작품을 제작하면서 이 문제를 발견하고 그림 18-15와 비슷한 형태의 작품을 제작하기도 했습니다.

마지막으로, 신형의 28톱니 차동기어를 이용해서 스터드가 없는 구조의 가로 감산장치를 구성할 수 있습니다. 모터의 배치 형태 때문에 매우 다른 느낌이지만, 이 장치도 앞의 두 장치와 같은 가로 감산장치입니다(그림 18-16).

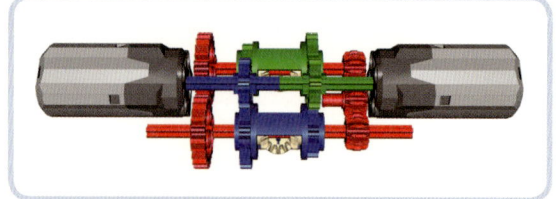

■ 그림 18-14 가로 감산장치

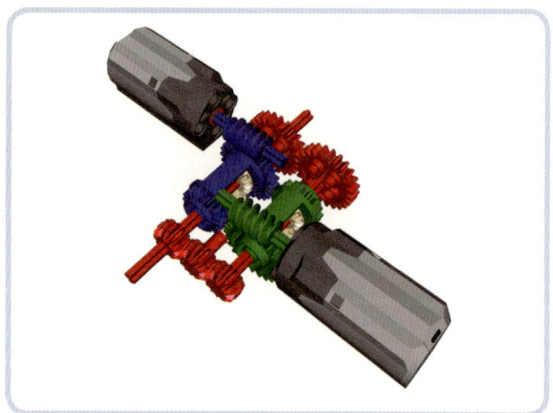

■ 그림 18-15 웜 기어를 사용한 가로 감산장치

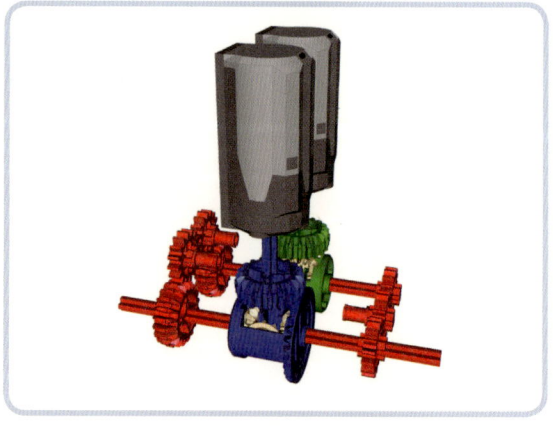

■ 그림 18-16 신형 차동장치를 사용하고, 모터를 세워 배치한 가로 감산장치

가로 감산장치 모형

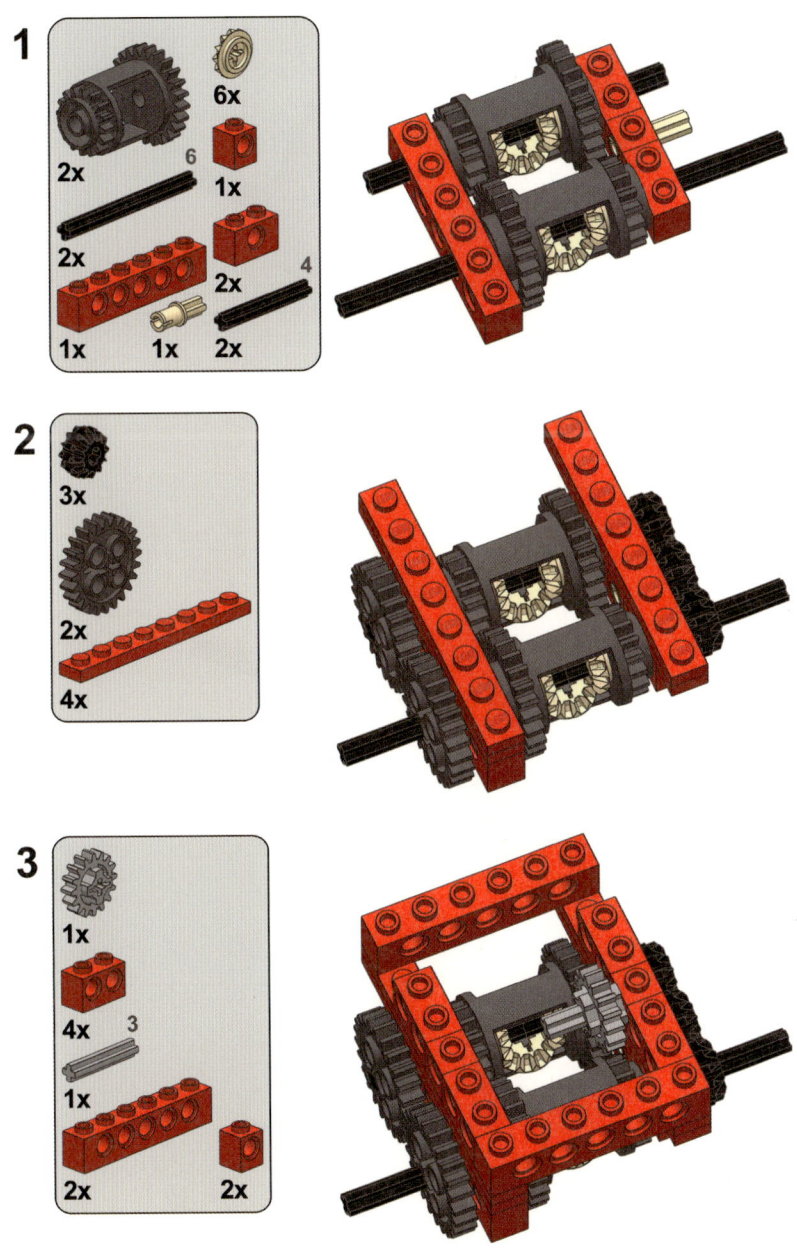

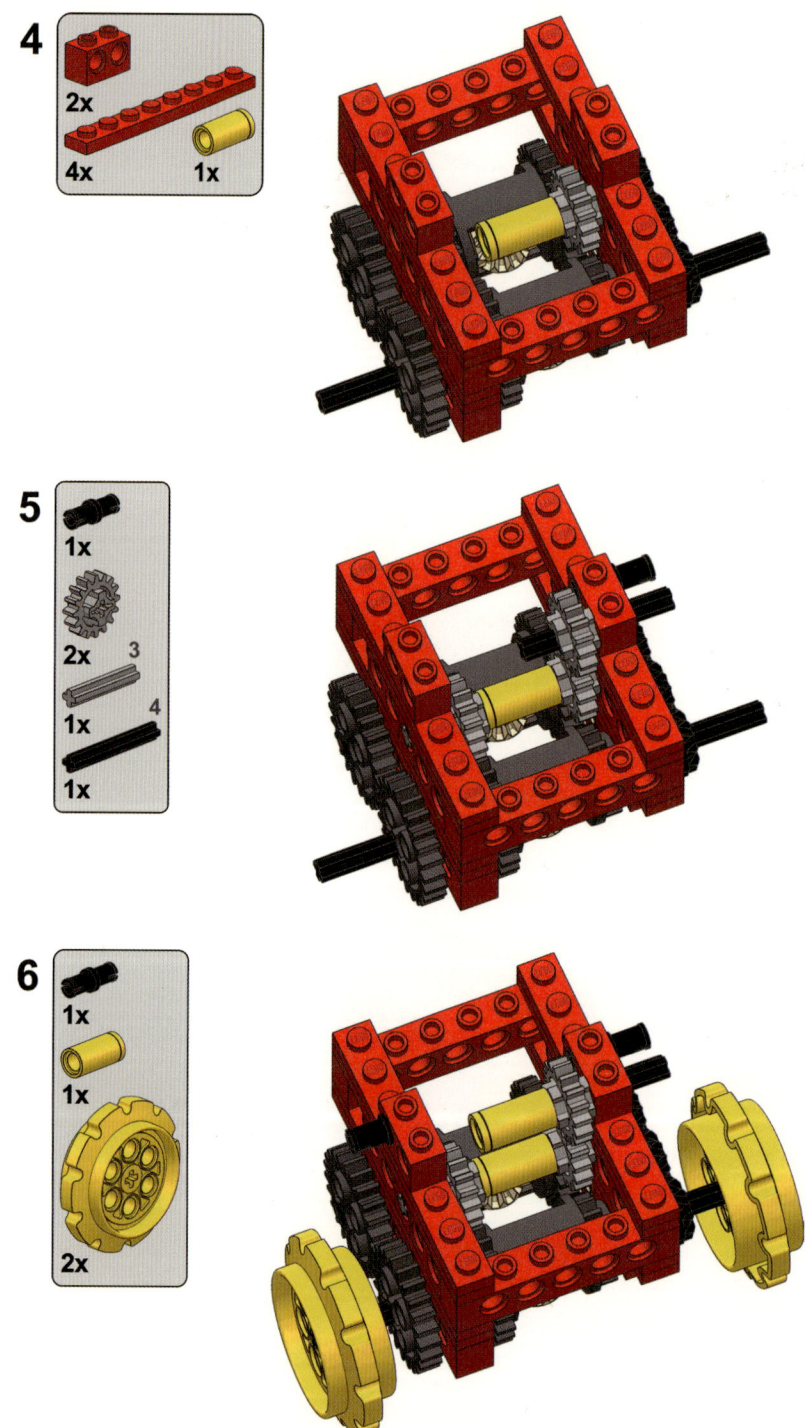

7

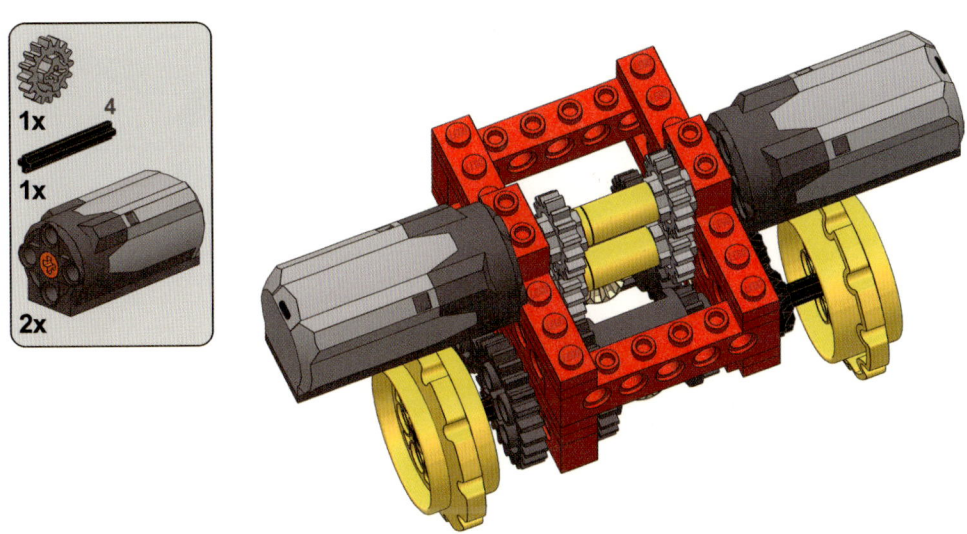

스터드가 없는 구조의 가로 감산장치 모형

1

2

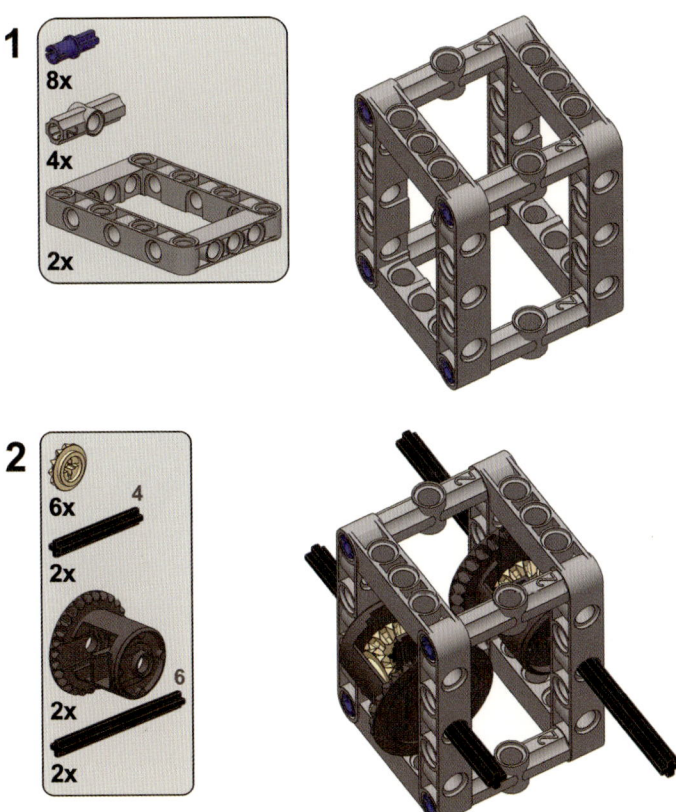

18 이중 차동장치

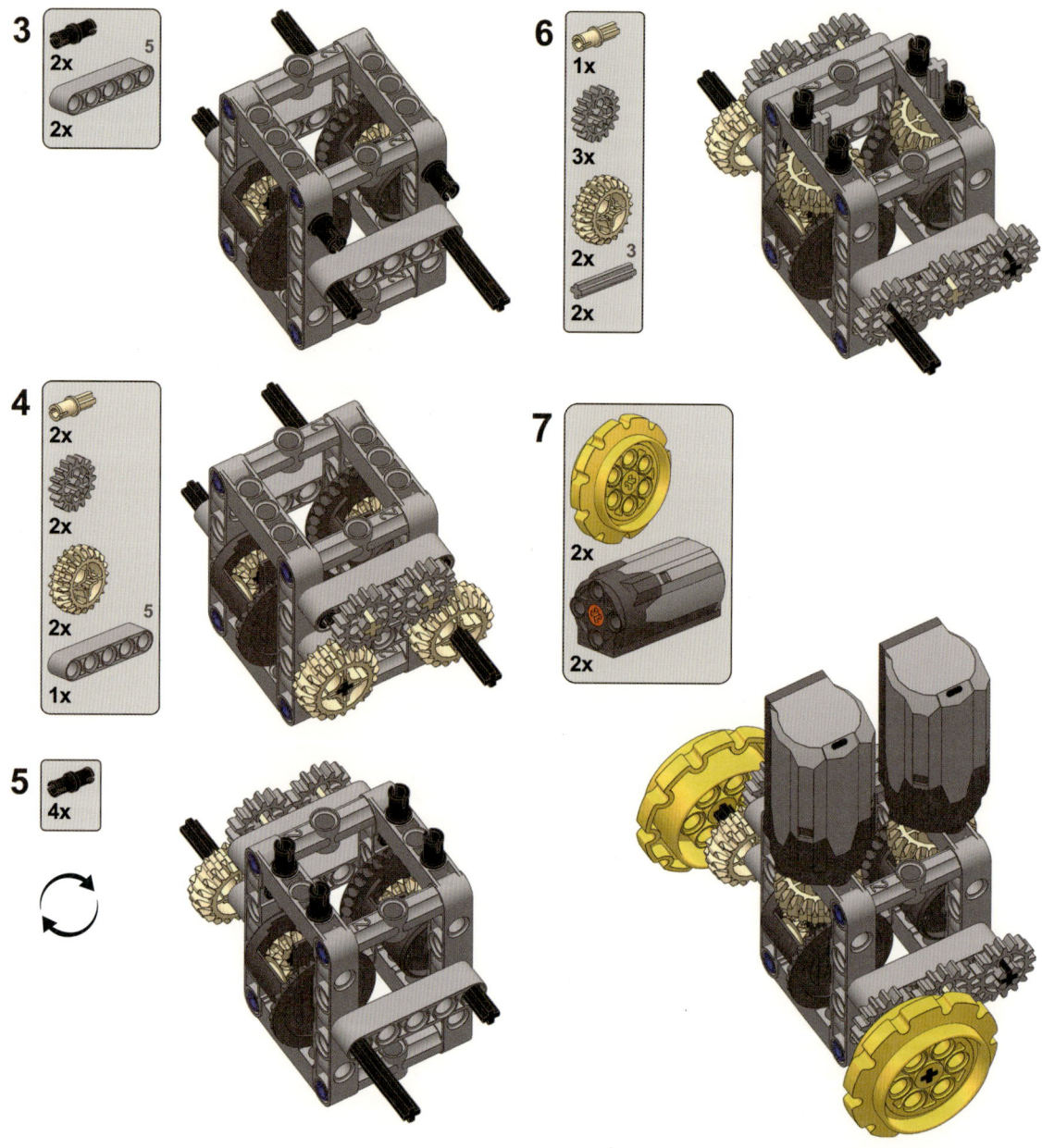

5

모델
models

# 19
외형과 기능

form vs. function

창작가들이 창작품을 만드는 이유는 일반적으로 두 가지입니다. 하나는 실제 대상의 외형을 레고로 재현하려는 목적(예를 들면 자기가 선호하는 자동차 또는 트럭)이고, 다른 하나는 실제 대상이 가진 기능적인 부분을 레고로 재현하려는 목적(예를 들면, 4륜구동 또는 공압장치)입니다. 기능에서부터 영감을 얻었다면 그 기능을 갖고 있는 대상을 찾아야 합니다. 여러분이 만들 모델을 결정했다면, 시작하기 전에 스스로 세 가지 항목을 점검해 보시기 바랍니다.

❶ 기능을 잘 작동하게 만들 수 있는가?

❷ 외형을 좋아 보이게 할 수 있는가?

❸ 내가 만들려는 대상에 대한 참고자료를 충분히 구할 수 있는가?

모델의 외형과 기능 사이의 균형을 맞추는 것은 대단히 어려운 일입니다. 그리고 이 두 가지 중 어느 것이 여러분에게 더 중요한 요소인가 역시 모델을 제작하는 방향에 영향을 줄 것입니다. 여러분이 모델을 만들고 수정할 때, 아마도 여러분은 스스로가 정한 우선순위를 재검토하게 될 것입니다.

아마도 모델을 조립하는 과정에서, 아래의 두 가지 중 한 방법을 수용하게 될 것입니다.

기능을 최우선적으로 구현하기 위해 외형을 적절하게 타협하거나, 혹은 반대로 외형을 완벽하게 구현하기 위해 기능을 적절하게 타협하는 것입니다.

만들려는 대상의 실루엣만으로도 작업의 초기 단계에서는 도움이 될 것입니다. 명심할 것은 레고 부품의 일반적 특성과 결합방식이 '직선'을 기반으로 하고 있기 때문에, 레고를 이용한 묘사에서는 상대적으로 직선, 직각, 그리고 사각형 구조를 묘사하기가 쉽다는 것입니다. 이런 이유 때문에 곡선의 몸체를 가진 모터사이클보다는 각진 몸체를 가진 트럭류의 모델이 훨씬 만들기 쉽습니다.

물론, 곡선을 묘사하기 위해 연질 축이나 곡면을 가진 패널 부품 등을 이용할 수도 있습니다. 하지만 일반적으로 레고 커뮤니티와 일반 레고 커뮤니티에서 테크닉 작품에 대해 미적인 요소는 그다지 중요하게 평가하지 않습니다.

👤 대체로 테크닉 모델이라면 외형보다 기능을 주로 보는 경우가 많습니다. 물론 적당한, 또는 충분한 기능과 함께 수려한 외관까지 더해진다면 매우 좋은 평가를 받겠지만, 두 마리 토끼를 다 잡는 것은 쉽지 않을 것입니다.

자동차

자동차는 상당히 도전적인 대상이 될 수 있습니다. 그것은 많은 전기적, 기계적 부품이 필요할 수 있으며 구현할 수 있는 여러 가지 기능에 비해 상당히 제한된 공간만을 쓸 수 있기 때문입니다(그림 19-1 참조). 특히 큰 부품들, 예를 들면 전원공급장치 또는 적외선 수신기나 모터와 같은 부품들은 크기 때문에 차량 내부에 탑재하기 어려울 수도 있습니다.

🧑 일반적인 RC 자동차는 대부분 내부 재현을 하지 않으며, 차체도 얇은 필름 재질로 만들고, 구동 계통의 부품도 전용의 기능을 위해 최소한의 크기로 가공하게 됩니다. 반면 레고 자동차는 내부를 재현하는 경우도 많고, 차체 역시 브릭으로 만들어 내부도 부피가 상당하며, 구동 계통 역시 일반 레고 부품을 이용하기 때문에 구동 장치들이 기능에 비해 크기가 큰 경우가 많습니다.

대부분의 경우, 이러한 요소들을 위해 쓸 수 있는 공간은 차체의 아래 부분, 두 의자 사이의 공간, 트렁크, 그리고 구동 가능한 엔진 모형을 장착하지 않을 경우에 한해 엔진이 들어갈 공간입니다. 또한, 많은 레고 테크닉 세트에서와 같이 모터의 사용을 배제하고 모든 기능을 수동으로 동작하도록 구현하는 방법도 있습니다.

자동차에서의 공간 제약은 차고가 낮고, 때로는 상부가 개방되며 운전석 내부에 어떠한 장치도 노출되지 않게 마감되어야 하는 스포츠카에서 더욱 도드라지게 나타납니다. 이러한 유형의 차량은 광폭 타이어와 독립된 현가장치를 채용하는 경우가 많아 차체의 폭 공간이 더욱 좁아지는 문제를 야기합니다. 마지막으로, 스포츠카의 엔진은 대체로 상당히 크며, 그 위치가 차체의 앞쪽인지 혹은 뒤쪽인지에 따라 앞과 뒤의 가용 공간의 크기뿐만 아니라 차체의 외형적인 실루엣까지 바꾸게 될 것입니다.

그림 19-2는 이러한 엔진 위치에 따른 차이를 보여주는 실제 차량의 도면으로, 앞쪽에 엔진이 장착된 닷지 바이퍼Dodge Viper와 뒤쪽에 엔진이 장착된 파가니 존다Pagani Zonda의 모습입니다. 두 차의 외형적 특징은 엔진이 앞에 장착된 바이퍼의 경우 운전석이 뒤쪽으로 뒷바퀴 바로 앞까지 밀려나 있으며, 엔진이 뒤에 장착된 존다의 경우 반대로 운전석이 앞바퀴 바로 뒤에서 시작하는 것을 볼 수 있습니다. 이런 구조적, 외형적 차이는 창작가들에게 다양한 도전의 기회를 제공할 것입니다.

오프로드 차량, 이를테면 SUVSport Utility Vehicle의 경우 차체의 지상고가 높고 일반 승용차에 비해 내부에 더 많은 공간을 확보할 수 있습니다. 하지만 상대적으로 구동계 및 현가장치 등의 기능적인 구현이 더 복잡해질 수 있습니다. 이런 종류의 차량은 그림 19-3에서 보는 것과 같이, 엔진을 후드 아래에 설치하는 경우가 대부분입니다.

■ 그림 19-1 필자가 만든 1969 닷지 차저 모델은 내부에 큰 공간을 확보한 넓은 후드를 가집니다. 하지만, 커다란 엔진 모형의 재현을 선택했기 때문에 앞쪽에는 기계적인 구성요소를 위해 쓸 수 있는 공간이 거의 없었습니다. 그래서 이 자동차 앞 부분의 전조등과 라디에이터 그릴을 독창적으로 재현하기 위해 대부분의 전기적 구성요소는 트렁크 안에 배치해야 했습니다.

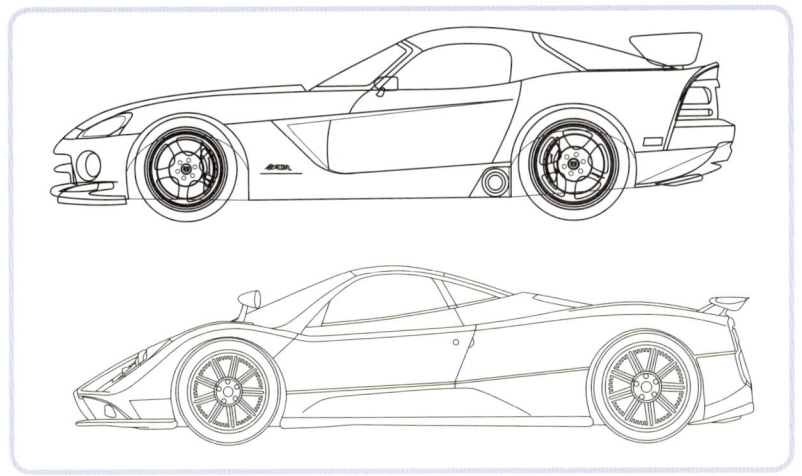

■ **그림 19-2** 닷지 바이퍼(위쪽)와 파가니 존다(아래쪽)는 엔진의 위치가 다르게 설계된 스포츠카입니다.

■ **그림 19-3** 필자의 창작품 지프 랭글러 루비콘은 오픈탑 형태의 SUV 차량입니다. 후드 아래에 모터가 장착되었으며 트렁크 위치에 전원공급장치와 적외선 수신기가 장착되었습니다. 이런 배치는 무게중심을 적절히 분산시키기 위한 선택이며, 남는 공간 중 일부는 운전석이나 핸들 등의 차량 안쪽을 꾸미기 위한 용도로 활용하였습니다.

■ **그림 19-4** 레고 8296 세트는 파이프 기반의 간단한 사막용 버기카의 특징을 갖고 있습니다.

19 외형과 기능 **353**

또한, 차체의 지붕을 금속 재질의 하드탑 형태로 설계해서 운전석 공간을 다른 용도로 활용하는 것도 고려할 수 있습니다. (물론, 이 경우 차체의 위쪽이 무거워지게 될 것입니다.)

마지막으로, 그림 19-4와 같이 내부 구성요소가 노출되고 외형을 파이프와 같은 재질로 마감하는 형태의 버기buggy, 트러기truggy 차량이 있습니다. 이런 종류의 차량에 모터나 전원공급장치와 같은 파워펑션 구동요소를 적용하는 방법은 여러 가지 있겠지만, 실물 차량의 연료탱크처럼 외부로 노출시켜 장착하는 방법도 고려할 수 있습니다.

트럭

트럭은 자동차에 비해 상대적으로 만들기 쉽고 많은 창작가들이 선호하는 주제 중 하나로 뛰어난 창작품을 많이 찾아볼 수 있습니다. 자동차에 비해 단순하게 만들 수 있고, 내부에 충분한 공간이 확보되어 다양한 기능을 구현할 수 있으며, 외형을 꾸미는 방법도 훨씬 다양합니다. 또한, 내부의 여유 공간을 적절히 활용한다면 매우 복잡한 기능을 구현해 볼 수도 있습니다. 일례로 필자가 만든 견인 트럭 모델 중에는 내부에 17개의 모터를 장착한 것도 있습니다.

🧑 이 모든 장점은 자동차에 비해 부피가 크다는 것 때문입니다. 넓은 공간은 내부 기능 구현에 용이할 뿐만 아니라, 작은 브릭을 이용한 외부의 묘사도 훨씬 편리합니다. 문제는 부피가 커서 많은 부품, 즉 많은 비용이 든다는 것과 자칫 지나치게 무게가 증가할 수 있다는 점입니다.

트럭은 크게 두 종류로 나눌 수 있으며, 외형상의 차이와 함께 내부의 가용 공간도 차이가 있습니다. 설계 방식은 롱노즈(또는 미국식)와 캡오버(또는 유럽식)로 구분할 수 있습니다. 🧑 long nose, 이름 그대로 코가 길다는 뜻으로 트랜스포머에 나오는 옵티머스 프라임, 또는 군용 트럭에서 흔히 볼 수 있는 앞이 돌출된 형태입니다. cab over engine 방식은 엔진 위에 cab, 즉 운전석이 올라간다는 의미로 일반적으로 국내에서 쉽게 볼 수 있는 상용 트럭의 형태로 보면 되겠습니다.

롱노즈 트럭은 미국의 대륙을 횡단하는 장거리 운송에 특화된 형태로, 엔진이 운전석보다 앞에 위치하는 구조입니다. 또한, 장거리 운행을 위해 운전석 뒤쪽 공간에 그림 19-5와 같이 기사의 수면을 위한 객실 모듈이 별도로 장착되는 경우도 있습니다.

캡오버 방식은 엔진 위로 운전석이 설치되며 일반적으로 롱노즈 방식에 비해 보다 작게 설계할 수 있습니다. 유럽 스타일의 트럭은 대체로 후드가 없고, 기사의 휴식 공간이 별도의 모듈 형태보다는 운전석 뒤쪽의 남는 공간에 할당되는 경우가 대부분입니다.

주지할 점은 두 종류의 트럭 모두 상단에 공기 편향장치air deflectors가 장착된다는 것입니다. 🧑 이름이 주는 느낌과 달리, 구동되는 요소가 아닌 공기의 역학적인 흐름을 위해 유선형으로 설계되고 속을 비운 구조물을 뜻합니다. 그림 19-5와 19-6에서 공기 편향장치가 설치된 모습을 볼 수 있는데, 롱노즈 트럭에서는 객실 모듈까지 포함되면 차량의 길이가 상당히 길어지기 때문에 운전석과 트레일러 사이의 원활한 공기 흐름을 위해 큰 공기 편향장치가 장착되기도 합니다. 반면, 캡오버 트럭은 운전석과 뒤쪽 트레일러 사이의 높이를 맞추기 위해 경사가 보다 급하게 올라가는 공기 편향 장치가 장착됩니다.

롱노즈 트럭은 창작가들에게 확실한 장점이 몇 가지 있습니다. 객실 모듈의 추가로 인해 더 넓은 내부 공간을 확보할 수 있으며, 외부를 꾸미기 위해 보다 다양한 시도를 할 수 있기 때문입니다. 주지할 점은, 롱노즈 트럭과 달리 캡오버 트럭은 후드가 없고, 엔진에 접근하기 위해서는 운전석을 앞으로 들어 올려야 한다는 것입니다.

이런 기능은 레고 모형에서 구현하기 상대적으로 어렵기 때문에, 특히 캡오버 트럭의 경우 엔진이 설치될 공간이 조향장치를 구현하기에 가장 적절한 공간이라는 이유로 엔진을 생략하는 경우가 종종 있습니다. 🧑 실제 트

■ **그림 19-5** 롱노즈Longnose 트럭의 기본형(위쪽)과 객실 모듈이 설치된 확장형(아래쪽)의 모습입니다. 주황색으로 표시된 부분은 공기 편향장치입니다.

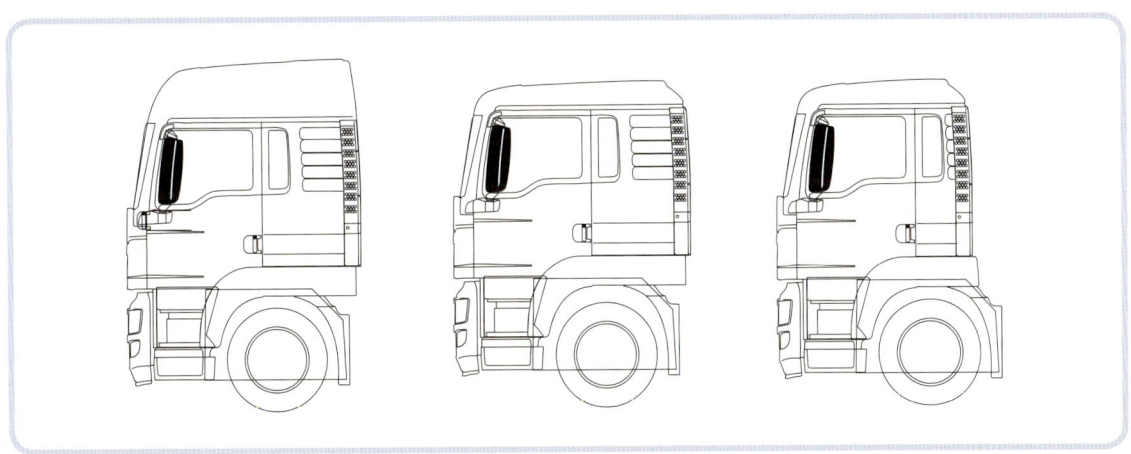

■ **그림 19-6** 유럽 MAN 사의 캡오버 트럭의 세 가지 모습입니다. 왼쪽은 높은 공기 편향장치와 휴식 공간이 확보된 형태, 가운데는 낮은 공기 편향장치와 휴식 공간이 확보된 형태, 오른쪽은 낮은 공기 편향장치를 장착하고 휴식 공간을 생략한 형태입니다.

력과 레고 트럭의 비율을 맞추었을 때, 부품의 크기로 인해 조향장치의 크기는 실제 트럭에서의 조향장치보다 더 큰 공간을 필요로 할 수 있기 때문입니다.

물론, 가능하다면 레고 트럭 모형에서의 후드를 엔진 모형을 위한 용도와 함께 운전석 아래로 연결된 조향장치를 설치하는 용도로 쓸 수 있습니다. 그림 19-7에서 보는 바와 같이, 트럭의 후드 아래 공간은 엔진의 모형 뿐만 아니라, 몇 가지 전기 관련 부품들(전원공급장치 혹은 모터 등)을 설치할 수 있습니다.

■ **그림 19-7** 필자가 만든 견인 트럭 모델의 엔진룸 모습입니다. 캐터필러 사의 엔진 외형을 재현한 노란색 엔진이 장착되고, 엔진과 운전석 사이의 공간(사진에서 엔진 뒤쪽)에는 파워펑션 전원공급장치가 설치되었습니다. 엔진 옆에 보이는 빨간색 커넥터 부품은 이 견인 트럭의 주 전원스위치로 사용됩니다.

모터사이클

그림 19-8과 같은 모터사이클은 몇 가지 도전할 만한 이유가 있습니다. 중요한 특징 중 하나는 이 탈것이 오직 두 바퀴만을 사용한다는 것입니다. 여러분의 모터사이클이 스스로 서 있기 위해서는 적어도 세 개 이상의 바퀴를 사용하거나, 또는 넓고 평평한 타이어를 사용해야 할 것입니다.

아니면 눈에 뜨이지 않는 작은 보조바퀴를 달거나, 혹은 측면에 큰 사이드카를 장착하는 것도 고려할 수 있습니다. 사이드카의 경우 뒷바퀴까지 충분한 공간을 확보

할 수 있기 때문에 구동용 모터를 장착하는 데 유용합니다. 다른 방법으로 삼륜 바이크, 혹은 사륜 바이크 같은 보다 안정적인 모터사이클을 만드는 것도 생각할 수 있습니다.

🧑 자동차와 달리 모터사이클은 전진하는 관성이 없으면 넘어지고 맙니다. 운전자가 움직이며 무게중심을 맞추는 개념이 동반되어야 하기 때문에 앞서 언급한 3륜이나 4륜, 혹은 사이드카가 장착된 형태가 아닌, 순수하게 2륜으로 모터 구동되는 모터사이클은 제작하기 어렵습니다. 물론, 구동이 아닌 기능 및 외형의 재현이 목적이라면 3륜이나 4륜 바이크가 아닌 자신이 선호하는 모터사이클을 만들면 될 것입니다.

■ **그림 19-8** 레고 8422 세트는 앞과 뒤의 바퀴에 현가장치가 적용된 고성능 모터사이클의 전형적인 모습을 갖고 있습니다. 피스톤 엔진과 체인 구동까지 재현되어 있고, 레고에서 지름이 가장 큰 바퀴 중 하나를 사용하고 있지만, 일부에서는 이 정도 크기도 작다고 이야기합니다. 🧑 구동을 염두에 둔 차량은 고무 재질로 제작된 바퀴의 지름이 전체 차량의 크기를 결정짓는 경우가 많습니다. 실제 이 바퀴를 사용한 모터사이클들은 거의 이 크기와 비슷한 크기의 한계를 보여줍니다. 이 문제는 2005년 이후 지름이 더 큰 바퀴를 사용하는 대형 모터사이클 제품들이 출현하면서 해결되었습니다.

모터사이클의 구동에 있어 또 다른 문제는 조향장치에 모터를 적용하는 것입니다. 모터사이클을 제작할 때 크기에 의해 선택할 수 있는 바퀴의 종류가 한정되기 때문에, 그리고 좁은 차체 폭과 노출된 내부구조 등의 여러 가

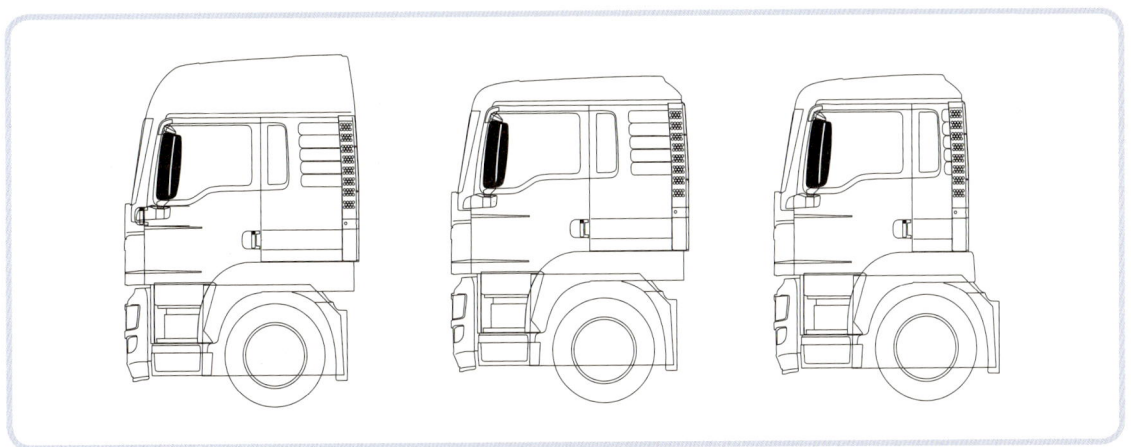

■ **그림 19-5** 롱노즈Longnose 트럭의 기본형(위쪽)과 객실 모듈이 설치된 확장형(아래쪽)의 모습입니다. 주황색으로 표시된 부분은 공기 편향장치입니다.

■ **그림 19-6** 유럽 MAN 사의 캡오버 트럭의 세 가지 모습입니다. 왼쪽은 높은 공기 편향장치와 휴식 공간이 확보된 형태, 가운데는 낮은 공기 편향장치와 휴식 공간이 확보된 형태, 오른쪽은 낮은 공기 편향장치를 장착하고 휴식 공간을 생략한 형태입니다.

력과 레고 트럭의 비율을 맞추었을 때, 부품의 크기로 인해 조향장치의 크기는 실제 트럭에서의 조향장치보다 더 큰 공간을 필요로 할 수 있기 때문입니다.

물론, 가능하다면 레고 트럭 모형에서의 후드를 엔진 모형을 위한 용도와 함께 운전석 아래로 연결된 조향장치를 설치하는 용도로 쓸 수 있습니다. 그림 19-7에서 보는 바와 같이, 트럭의 후드 아래 공간은 엔진의 모형 뿐만 아니라, 몇 가지 전기 관련 부품들(전원공급장치 혹은 모터 등)을 설치할 수 있습니다.

■ 그림 19-7 필자가 만든 견인 트럭 모델의 엔진룸 모습입니다. 캐터필러 사의 엔진 외형을 재현한 노란색 엔진이 장착되고, 엔진과 운전석 사이의 공간(사진에서 엔진 뒤쪽)에는 파워평션 전원공급장치가 설치되었습니다. 엔진 옆에 보이는 빨간색 커넥터 부품은 이 견인 트럭의 주 전원스위치로 사용됩니다.

모터사이클

그림 19-8과 같은 모터사이클은 몇 가지 도전할 만한 이유가 있습니다. 중요한 특징 중 하나는 이 탈것이 오직 두 바퀴만을 사용한다는 것입니다. 여러분의 모터사이클이 스스로 서 있기 위해서는 적어도 세 개 이상의 바퀴를 사용하거나, 또는 넓고 평평한 타이어를 사용해야 할 것입니다.

아니면 눈에 뜨이지 않는 작은 보조바퀴를 달거나, 혹은 측면에 큰 사이드카를 장착하는 것도 고려할 수 있습니다. 사이드카의 경우 뒷바퀴까지 충분한 공간을 확보

할 수 있기 때문에 구동용 모터를 장착하는 데 유용합니다. 다른 방법으로 삼륜 바이크, 혹은 사륜 바이크 같은 보다 안정적인 모터사이클을 만드는 것도 생각할 수 있습니다.

🙂 자동차와 달리 모터사이클은 전진하는 관성이 없으면 넘어지고 맙니다. 운전자가 움직이며 무게중심을 맞추는 개념이 동반되어야 하기 때문에 앞서 언급한 3륜이나 4륜, 혹은 사이드카가 장착된 형태가 아닌, 순수하게 2륜으로 모터 구동되는 모터사이클은 제작하기 어렵습니다. 물론, 구동이 아닌 기능 및 외형의 재현이 목적이라면 3륜이나 4륜 바이크가 아닌 자신이 선호하는 모터사이클을 만들면 될 것입니다.

■ 그림 19-8 레고 8422 세트는 앞과 뒤의 바퀴에 현가장치가 적용된 고성능 모터사이클의 전형적인 모습을 갖고 있습니다. 피스톤 엔진과 체인 구동까지 재현되어 있고, 레고에서 지름이 가장 큰 바퀴 중 하나를 사용하고 있지만, 일부에서는 이 정도 크기도 작다고 이야기합니다. 🙂 구동을 염두에 둔 차량은 고무 재질로 제작된 바퀴의 지름이 전체 차량의 크기를 결정짓는 경우가 많습니다. 실제 이 바퀴를 사용한 모터사이클들은 거의 이 크기와 비슷한 크기의 한계를 보여줍니다. 이 문제는 2005년 이후 지름이 더 큰 바퀴를 사용하는 대형 모터사이클 제품들이 출현하면서 해결되었습니다.

모터사이클의 구동에 있어 또 다른 문제는 조향장치에 모터를 적용하는 것입니다. 모터사이클을 제작할 때 크기에 의해 선택할 수 있는 바퀴의 종류가 한정되기 때문에, 그리고 좁은 차체 폭과 노출된 내부구조 등의 여러 가

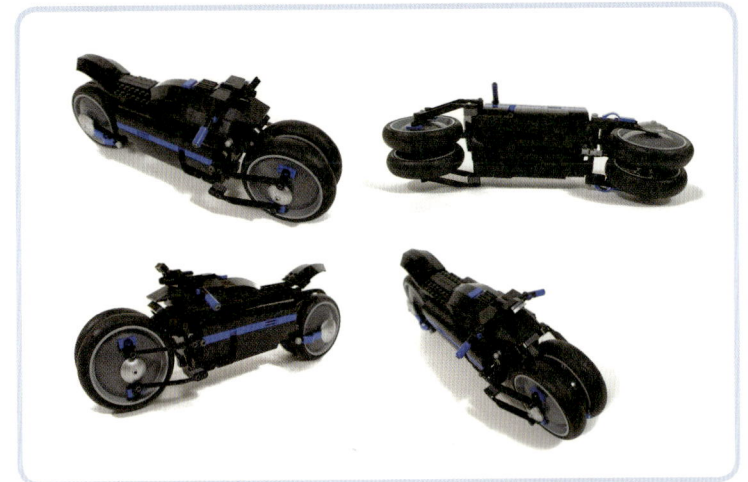

■ 그림 19-9 닷지 사에서 제작한 컨셉 모델인 토마호크 바이크는 앞쪽과 뒤쪽 모두 바퀴를 병렬로 두 개씩 배치해서 총 네 개의 받침점을 확보합니다. 필자는 이 모터사이클이 안정적으로 모터구동이 가능함을 증명해 보였습니다. 단, 이 모터사이클은 조향장치를 구현하기에 너무 공간이 협소했기 때문에 회전할 수 없다는 단점이 있습니다.

■ 그림 19-10 스웨덴 해글런드 Hagglunds 사의 BV-206 보병 수송 차량 🧑 한국 육군에서도 K-532, K-533이라는 다목적 전술차량으로 운용 중입니다의 모형으로, 차체는 관절로 연결된 두 부분으로 구성됩니다. 이 모델은 크기가 작지만 하나의 조향 모터와 두 개의 구동 모터, 그리고 전원공급장치와 적외선 수신기를 장착하고 있으며, 전체 궤도에 간단한 현가장치도 적용되어 있습니다.

지 문제로 구동에 필요한 레고 전기 부품들의 설치가 쉽지 않을 것입니다.

이런 이유로 모터사이클의 제작은 구동기능 및 외형 면에서 분명 흥미로운 작업이지만, 모터 구동을 적용시키기에는 여러 가지로 어렵다고 말할 수 있습니다. 실제 레고 세트들과 상당수의 창작품들에서도 모터사이클은 외형과 기본적인 기능, 이를테면 현가장치와 엔진 모형에서 바퀴까지의 체인 구동부의 재현 정도에서 그치는 경우가 많습니다. 그림 19-9는 아주 드문 구동형 모터사이클 모형을 보여줍니다.

궤도 차량

궤도 차량은 다양한 유형이 있지만, 대체로 레고로 재현하기에 쉬운 편입니다. 첫째, 궤도 차량은 복잡한 조향장치를 구현할 필요가 없어, 조향장치 못지않게 복잡한 감산장치를 쓰지 않는다면 일반 차량에 비해 훨씬 쉽게 제작할 수 있습니다. 둘째, 궤도 차량의 현가장치는 대체로 측면 또는 차체의 바닥면에 위치하며, 그림 19-10과 같이 차체 내부의 아주 작은 공간만 있으면 됩니다. 사실, 궤도 차량의 차체는 대부분 간단한 상자 구조를 사용하고 있으며, 내부의 넓은 공간 덕분에 많은 기능 및 구동 부품을 차체 내부에 구현할 수 있습니다.

궤도 차량 중 전차는 차체가 크기 때문에 내부에 장치를 여러 가지 형태로 배치할 수 있습니다. 필자가 많은 전차를 만들어 본 후 내린 신뢰할 만한 구성은 다음과 같습니다.

전차의 구동 모터는 차체의 아래 뒤쪽 부분으로 배치하고, 그 위로 최대한 뒤쪽에 적외선 수신기가 위치하는 것이 적절합니다. 현대적인 전차의 포탑은 일반적으로 대형화되는 추세이기 때문에 포탑에 의해 수신기가 가려져서 수신 불능이 되지 않기 위한 조치입니다.

차체의 중앙부에는 전원공급장치를 설치하고 그 위로 포탑 선회장치를 설치하는 것이 좋습니다. 전원공급장치는 차체의 앞쪽에 설치할 수도 있지만, 적외선 수신기를 앞쪽에 설치하는 것은 피해야 합니다. 일반적으로 차량의 조종은 차량 뒤쪽에서 이루어지기 때문입니다. 포탑은 전차에서 가장 높은 부분이기 때문에, 여기에 적외선 수신기를 설치하는 것은 좋은 방법입니다. 포탑에 수신기를 설치할 경우, 차체 뒤쪽에 비해 수신율이 높아진다는 장점이 있지만, 포탑이 선회하면서 전선이 엉킬 수도 있다는 점을 고려해서 주의 깊게 설계해야 할 것입니다.

여유 공간이 더 있다면 포 발사장치를 구현하는 것도 고려할 수 있습니다. 그림 19-11과 19-12는 필자가 창작한 전차의 예제입니다.

■ **그림 19-11** T-72M 전차 모형은 차체가 작고 낮으며, 모듈화된 전면 장갑을 분리하면 내부에 약간의 공간이 보입니다. 전면 장갑을 분리한 뒤 전원공급장치의 스위치를 켜고 끌 수 있으며, 안쪽으로 일부 전선도 보입니다.

■ **그림 19-12** 필자의 레오파드 2A4 전차 모형은 크고 무겁습니다. 네 개의 파워펑션 XL 모터를 구동용으로 사용하였으며, 이를 구동하기 위해 전원공급장치도 두 개가 차체 중앙에 설치되었습니다. 이 전차는 빠르지는 않지만, 충분한 토크를 확보할 수 있었기에 자체 무게에 비해 장애물 등판 능력이 양호합니다.

■ 그림 19-13 필자의 반 궤도 트럭 모형. 이런 유형의 차량은 궤도에 의해 전후진 구동을 하고, 조향은 일반 트럭처럼 앞바퀴를 이용하게 됩니다.

전차와는 조금 다른 개념으로, 궤도를 이용한 차량 중 반궤도 차량이라는 종류가 있습니다. 이것은 일반적인 차량의 조향장치를 채용하고, 차량의 구동륜인 후륜을 무한궤도로 교체한 것입니다(그림 19-13 참조). 이 독특한 조합은 일부 군용 트럭과 장갑차에서 볼 수 있습니다. 주로 2차 대전 당시 사용되던 독일군과 미군의 경장갑 차량에서 이런 구성을 볼 수 있습니다.

이 차량은 운전석 및 앞바퀴 축, 엔진룸 등의 구성은 일반 트럭과 거의 동일하며, 뒷바퀴 역할을 대신하는 궤도 부분은 조향을 앞바퀴에 의존하기 때문에 일반 궤도 차량과 같은 조향 개념이 불필요한 전후진용으로 제작합니다. 오래된 일부 무거운 반 궤도 차량의 경우 차체가 회전할 때 회전 반경을 줄이기 위해 두 궤도 중 하나를 감속시키는 브레이크 장치가 설치되기도 합니다.

항공기

항공기를 창작한다는 것은 상당히 도전적이고 흥미로운 작업입니다. 항공기는 모터를 이용해 프로펠러나 터빈을 구동시킬 수 있으며, 에일러론, 승강타, 방향타 같은 각종 보조날개와 착륙용 바퀴 및 위치 표시용 점멸 램프 등 다양한 요소를 만들어 볼 수 있습니다. 하지만 레고 항공기는 날 수 없다는 것을 기억하세요.

NOTE 순수하게 레고만을 이용한 비행기나 헬리콥터를 만든다면, 이것은 레고 부품의 물리적인 무게와 레고 모터의 힘의 한계에 의해 비행할 수 없습니다. 또한, 레고 부품으로는 공기역학적 외형을 구현하는 데 한계가 있습니다. 일반 RC 모형항공기는 몸체가 훨씬 더 경량화 되어 있으며, 엔진이나 모터의 추력도 레고 모터보다 훨씬 강합니다. 더불어, 일반적으로 항공기가 매끈한 외형을 갖는 것과 달리, 레고 항공기는 부품이 결합되는 곳곳에 구멍이 뚫리고 단차가 있기 때문에 추진력 문제가 해결되더라도 공기역학적 문제로 인해 바로 실속할 것입니다.

실제 비행은 불가능하지만, 만들어진 항공기 모형 아래에 지지용 구조물을 설치하고, 이를 들어 올려 마치 실제 비행하는 것처럼 연출한다면 보다 인상적인 느낌을 줄 수 있습니다. 그림 19-14는 이와 같은 개념을 적용한 레고 8485 세트의 모습입니다.

비행기

비행기 모형을 제작하는 데 있어 중요하게 생각되는 부분 중 하나는 기체의 외형입니다. 일반적으로 비행기의 기체 단면은 공기 저항을 최소화하기 위해 원형으로 설계되는 경우가 대부분입니다. 여러분은 스터드에 결합되는 곡면형 브릭을 활용해서 매끈한 외관을 만들거나 혹은 연질 튜브와 같은 부품을 이용해 외형의 외곽선만을 살리는 형태를 선택할 수 있습니다.

주 날개와 꼬리 날개 역시 경사 브릭(슬로프)이나 플레이트, 타일 등의 부품으로 만들 수 있으며, 그림 19-15에서 보는 것과 같이, 축과 테크닉 빔을 이용해 기체의 내부 골격과 외곽선만을 살리는 형태도 생각할 수 있습니다. 미니피겨 크기에 맞는 비행기는 일반 레고 세트, 이를테면 시티 시리즈 및 각종 모험을 주제로 한 세트에서 찾을 수 있습니다. 기성품 비행기에서 꼬리 날개, 비행기의 기수 부분, 그리고 곡선으로 사출된 동체 부품 등을 활용할 수도 있습니다. 그러나 이런 부품들은 모양의 재현을 염두에 둔 설계 때문에 구동부를 재현하는 것에는 한계가 있음을 참고하세요.

여러분은 창작품에 이미 레고에서 출시된 프로펠러 부품을 사용할 수 있습니다(그림 19-16 참조). 이 프로펠러들은 물속에서도 동작할 수 있으며, 일부는 날개에 실제 프로펠러와 비슷한 피치pitch가 적용되어, 비행은 불가능하겠지만 약간의 추력을 발생시킬 수 있습니다.

제트엔진의 경우, 손쉽게 터빈이 회전하는 모형을 만들 수 있습니다. 그림 19-17은 4스터드 길이의 막대와 기어 부품을 이용한 제트엔진 모형의 예를 보여줍니다. 또한, 빨간색 및 주황색의 투명 부품과 레고 LED를 이용하면 반투명한 색 덕분에 엔진 노즐의 화염을 묘사할 수 있습니다. 작은 레고 프로펠러를 엔진 내부에 설치한다면, 같은 프로펠러를 외부에 설치할 때보다 더 큰 추력을 생성할 수 있습니다.

헬리콥터

헬리콥터는 일반적으로 비행기보다 만들기가 더 쉽습니다. 헬리콥터는 몸체에 기능이 집약되어 있으며, 날개는 작거나 없는 경우도 있고, 꼬리 부분에 작은 로터가 장착됩니다. 일반적으로 내부는 충분한 공간을 확보할 수 있습니다. 이 공간에는 다른 부가기능, 이를테면 땅 위의 무언가를 감아올리기 위한 윈치 구조나, 집어넣을 수 있는 착륙용 바퀴 등을 설치할 수 있습니다. 또한, 다른 부가기능을 생략한 간단한 헬리콥터라도 모터를 이용해 거대한 메인 로터를 회전시키는 모습은 인상적입니다.

헬리콥터를 제작할 때 중요한 부분은 복잡한 조종석 유리 부분과 메인 로터의 구현입니다. 일반적인 헬리콥터의 추진부는 2개부터 6개 이상의 날개가 장착된 메인 로터

■ 그림 19-14 레고 8485 테크닉 공룡 세트로 만들 수 있는 헬리콥터 모형은 간단한 지지용 구조물과 모터에 의해 구동되는 헬리콥터, 그리고 모터를 제어하는 컨트롤러로 구성됩니다(왼쪽). 시소와 같은 개념의 지지용 구조물(오른쪽)은 한쪽에 헬기가 설치되고 다른 쪽에 무게추 역할을 하는 컨트롤러에 의해 균형을 이루며, 컨트롤러의 높이를 조절하는 방법으로 헬기를 들어 올리고 로터의 구동과 자유 비행을 하는 움직임(좌우로 기울어지는 자세)을 연출할 수 있습니다.

와 2개부터 4개까지의 날개가 장착된 작은 테일 로터로 구성됩니다. 그림 19-18은 이와 같은 구성의 일반적인 헬리콥터의 모습으로, 6개의 날개를 가진 메인 로터로 자신의 무게와 함께 대량의 짐을 운반할 수 있습니다.

일부 헬리콥터, 이를테면 러시아의 카모프Kamov Ka-50 호컴 헬기의 경우, 테일 로터를 쓰지 않고 두 개의 메인 로터를 사용하는 구성을 보여주기도 합니다. 이는 동축 반전 로터라는, 일반 헬기의 구동축보다 훨씬 복잡한 기계적 구조를 통해 구현되며, 한 축에서 상하로 배치된 두 개의 프로펠러가 반대로 회전하며 균형을 잡게 됩니다.

이와 다른 형태로, 두 개의 로터를 반대로 회전시키지만 상하가 아닌 앞뒤로 배치한 그림 19-19와 같은 형태도 있으며, 이 역시 기술적으로 흥미로운 창작 대상이 될 수 있습니다.

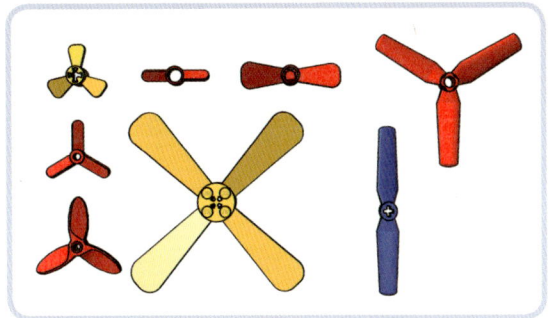

■ 그림 19-16 레고에서 제공되는 프로펠러 부품들의 모습. 빨간색은 핀 구멍에 결합되는(자체 구동이 불가능한) 것이고 노란색은 축 구멍에 결합되는(자체 구동이 가능한) 것입니다. 부품번호 2952(파란색)의 경우 중앙부의 두께가 0.5스터드로, 두 개를 결합하면 네 방향으로 설치된 1스터드 두께의 프로펠러 날개로 쓸 수 있습니다.

■ 그림 19-17 제트 터빈 엔진의 모형을 만드는 여러 가지 방법 중 하나입니다. 맨 뒤의 축 연결기(파란색)는 터빈 외부를 관통해서 앞의 프로펠러와 연결되어 있기 때문에, 뒤쪽에서 축 연결기를 회전시킨다면 실제 제트엔진에 장착되는 터빈의 회전을 연출할 수 있습니다.

■ 그림 19-15 테크닉 8855 테크닉비행기 세트는 전형적인 레고 비행기의 모습을 보여줍니다. 이 비행기는 모터가 없고 기본적인 기능만 있는데, 이를테면 에일러론이나 승강타 같은 보조날개를 조종간으로 움직일 수 있습니다.

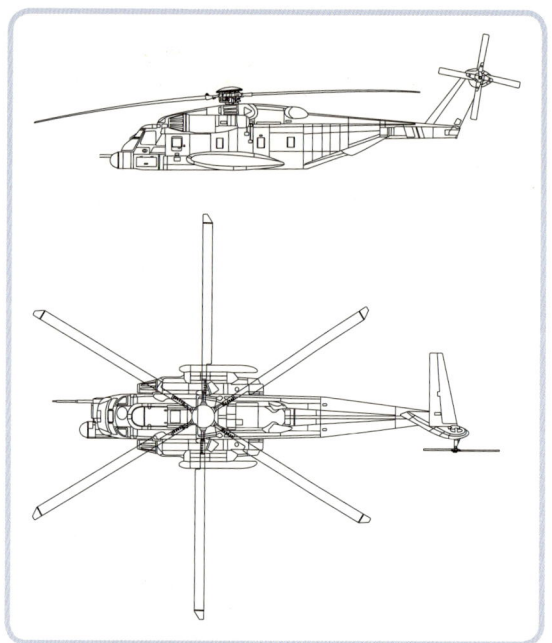

■ 그림 19-18 시코르스키Sikorsky 사의 MH-53 페이브로Pave Low는 병력 수송용 대형 군용 헬리콥터입니다. 6개의 거대한 날개로 구성된 메인 로터는 최대 21톤 이상의 중량을 들어 올릴 수 있습니다. 🧑 페이브로의 공개된 기체 사양은 기체 자중 15톤, 이륙 최대 중량 33.3톤, 최대 내장적재는 13.6톤, 외장적재는 14.5톤입니다.

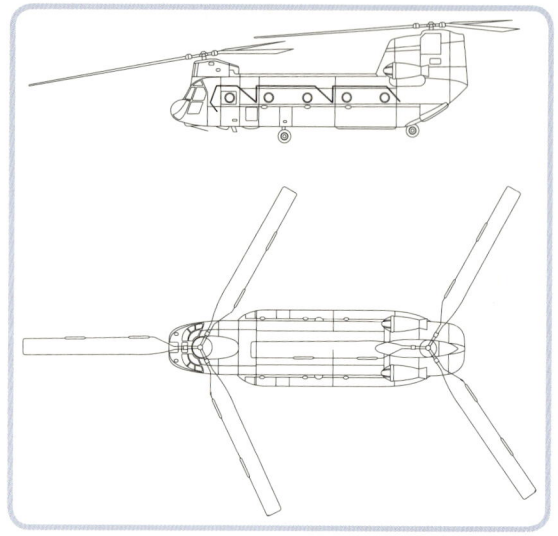

■ 그림 19-19 보잉 사의 CH-47 치누크 헬리콥터는 기체 앞뒤로 높이가 다른 메인 로터를 두 개 가진 형태입니다. 이러한 형태를 탠덤 로터 방식이라 부릅니다.

테일 로터는 일반적으로 헬기의 꼬리 끝단의 한쪽 방향으로 설치됩니다. 그러나 일부 헬리콥터에서는 꼬리 부분 중앙에 구멍을 뚫고 그 안에 설치하는 경우도 있습니다. 그림 19-20은 이와 같은 모습의 헬기로, 이 경우 테일 로터의 날개 크기는 일반 헬기의 로터보다 작고 대신 날개의 개수가 8개에서 18개까지 늘어난 모습을 보여줍니다. 이러한 형태의 테일 로터를 레고 부품만으로 구현하기란 쉽지 않습니다.

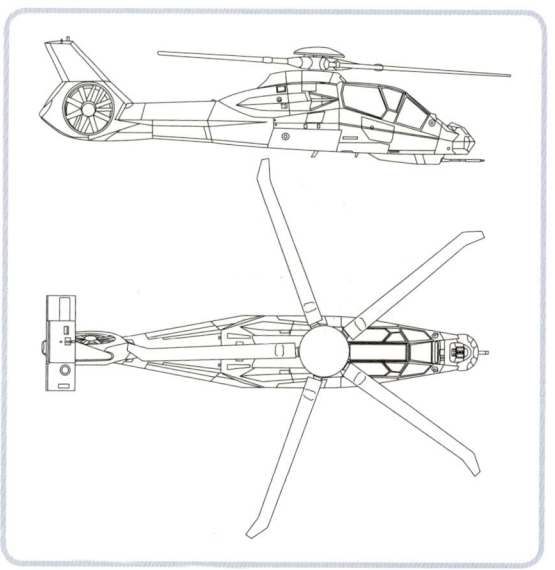

■ 그림 19-20 보잉과 시코르스키 사가 합작한 RAH-66 코만치 헬리콥터는 고급 정찰 및 공격용으로 설계되었습니다. 이 기체는 스텔스 기능을 높이기 위해 복잡하게 각진 외형과 함께 일반적으로 외부에 설치되는 테일 로터를 꼬리 날개 안쪽으로 설치했습니다.

모든 실제 헬리콥터의 메인 로터는 아주 복잡한 구조로 로터와 날개의 각도를 비행 조건에 따라 회전 중에도 바꿀 수 있습니다. 이 기능 덕분에 일반적인 비행기와 달리, 뒤 또는 옆으로도 비행이 가능합니다. 메인 로터가 회전 중 각도를 바꾸는 개념은 실제로 훨씬 복잡하지만, 그림 19-21에서 이 개념을 간단히 묘사해 보았습니다. 작은 볼 조인트 같은 링크 부품을 이용한다면 그림 19-22에서와 같이 로터의 각도를 입체적으로 바꾸는 것도 가능합니다.

로터는 중심부인 로터 허브와, 허브의 주위로 설치된 프로펠러의 날개(블레이드)로 구성됩니다. 블레이드는 납작한 판 형태이기 때문에 일반적인 레고 플레이트나 타일로 쉽게 구현할 수 있으며, 테크닉 9396 세트와 같은 헬리콥터 모델에 포함된 전용의 부품을 사용할 수도 있습니다. 이 날개들을 로터 허브에 부착하는 것이 오히려 조금 더 어려울 수 있습니다.

그림 19-23에서 19-25는 여러 가지 형태의 로터의 예제로, 빨간색 플레이트가 블레이드의 위치를 나타냅니다. 그림에 제시된 것들은 전부 블레이드가 고정형으로 배치된 것입니다. 테크닉 9396 세트를 포함한 일부 고급 헬리콥터 모델에서는 블레이드의 회전각을 구동 중 바꾸는 고급 기능이 구현된 모델도 있으니 참고하세요.

이제 여러분은 다양한 탈것들의 유형과 특징을 살펴보았습니다. 이제 어떤 대상을 창작할 것인지를 결정하는 것은 여러분의 몫입니다. 여러분이 만들 대상을 마음속으로 결정했다면, 다음 장의 내용이 분명 여러분의 창작에 큰 도움이 될 것입니다. 다음 장에서는 정해진 대상을 정확하게 모델링 하는 기법을 다루어 볼 것입니다.

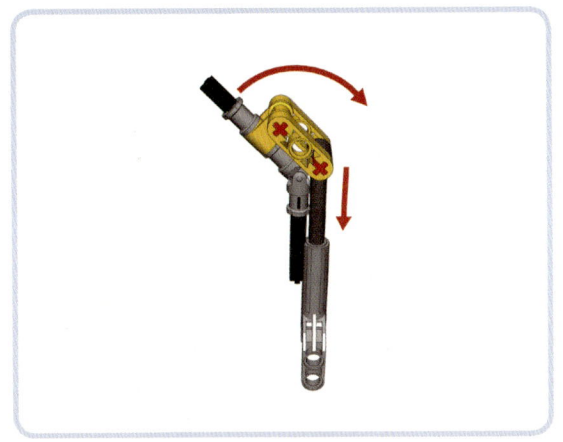

■ **그림 19-21** 가장 간단한 형태로 구현된 로터 기울이기 기능의 모습입니다. 검은색 축은 유니버설 조인트를 통해 아래쪽의 구동축과 위쪽의 로터를 연결합니다. 측면에 설치된 소형 리니어 액추에이터의 수축과 확장을 통해 유니버설 조인트 위쪽의 로터 기울기를 로터가 회전하는 중에도 바꿀 수 있습니다.

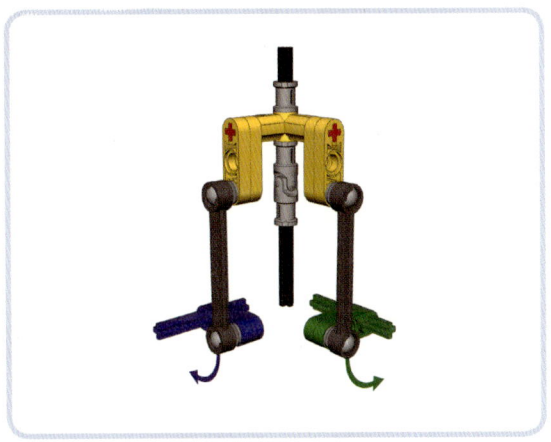

■ **그림 19-22** 2차원적인 기울기를 적용할 수 있는 로터의 모습입니다. 파란색 축을 회전하면 로터는 한 방향, 이를테면 앞뒤로 기울게 됩니다. 녹색 축을 회전하면 로터는 좌우로 기울게 됩니다. 볼 조인트를 통한 링크 구조 덕분에, 두 축(파란색과 초록색)을 동시에 회전시키더라도 두 링크는 서로 간섭하지 않고 로터를 기울일 수 있습니다.

■ **그림 19-23** 두 개에서 네 개 사이의 날개를 장착한 간단한 로터 허브

■ **그림 19-25** 마지막으로, 날개의 숫자와 부품의 결합 부위가 일치하지 않을 때 사용할 수 있는 방법이 있습니다. C형 클립이 달린 1×1 플레이트와 웨지 벨트 휠을 이용하는 것입니다. 이 방법은 폴란드의 창작가 마르친 "므루테크" 루트코프스키 Marcin "Mrutek" Rutkowski가 찾아낸 것으로, 만약 이 구조를 상하로 결합시켜 두 개의 벨트에 물린 두 개의 클립 사이에 플레이트로 된 블레이드를 장착한다면 놀라울 정도의 내구성을 보여줍니다. 단, 정확한 기준이 없이 날개를 설치해야 하기 때문에 조립 과정에서 각도기가 필요할 수도 있습니다.

■ **그림 19-24** 여섯 개의 날개를 장착하기 위해서는 세 개의 날개를 가진 로터 두 개를 결합하거나, 웨지 벨트 휠 부품에 핀을 이용하여 날개를 정렬시키는 방법을 사용할 수 있습니다.

20

모델의 크기 결정

scaling a model

모델의 크기를 결정하는 작업은 간단한 곱셈과 나눗셈만 알고 있다면 쉽게 할 수 있는 작업입니다. 대상을 사실적으로 구현하기 위해서는 그 대상의 실제 도면과, 만들어질 모델의 크기를 결정하는 기준점, 이렇게 두 가지가 필요합니다.

도면

도면은 일반적으로 그림 20-1과 같이 앞면, 옆면, 뒷면과 윗면에서 본 모습을 기술적으로 묘사한 그림입니다. 한 도면에서의 각각의 시점들은 모두 같은 축척으로 그려집니다.

적절한 도면은 대상을 묘사할 때 음영이나 색상, 외부에 부착된 텍스처 등의 요소를 배제하고 오직 대상의 중요한 외곽선만을 묘사합니다. 또한, 시점에 있어서도 일반적인 원근법을 적용하지 않습니다.

그림 20-2는 동일한 차량을 원근법이 적용된 일반적인 이미지와 원근법을 적용하지 않은 도면용 이미지로 그린 모습입니다. 원근법이 적용되면 소실점이 생기게 되고, 이 소실점은 경우에 따라 이미지의 일부를 왜곡하게 되며 이는 대상의 크기 측정에 영향을 줄 수 있습니다.

도면은 어디에서 구할 수 있을까요? 추천하는 무료 사이트 중 하나는 http://www.the-blueprints.com/입니다. 여러분이 찾는 도면이 없는 경우, 레고 창작품을 게시하는, 이를테면 http://www.brickshelf.com/이나 http://mocpages.com/ 같은 곳을 방문해 보는 것도 좋습니다.

창작품이 게시되는 웹사이트에서는 종종 일부 창작가들이 자신이 창작한 작품과 함께 창작에 참고한 도면이나 사진 자료들을 함께 게시하는 경우도 있기 때문입니다. 만약 여러분이 굴착기나 덤프트럭 등의 건설장비를 만들고 싶다면, 실제 대상물을 제작하는 중장비 업체의 웹사이트를 확인해 보는 방법도 있습니다. 많은 주요 업체들, 이를테면 캐터필러Caterpillar, JCB, 코마츠Komatsu, 리베르Liebherr, 볼보Volvo 등의 업체는 PDF 형태의 제품 브로슈어를 공개하고 있으며, 여기에는 두 가지 이상의 시점으로 그려진 도면이 있어 대부분 실제 차량의 크기를 확인할 수 있습니다.

CAD로 모델링된 3D 모델을 찾는 방법도 있습니다. 일부 차량은 복잡한 외형 덕분에 3D 모델링을 하는 사람들에게 좋은 도전 대상이 되는데, 이들은 가끔 자신이 그린 대상의 3D 데이터를 공개하기도 합니다. CAD 데이터의 경우 일반적으로 무료 뷰어를 통해서도 열어 볼 수 있습니다.

또한, 정밀하게 재현된 프라모델 키트 역시 좋은 참고

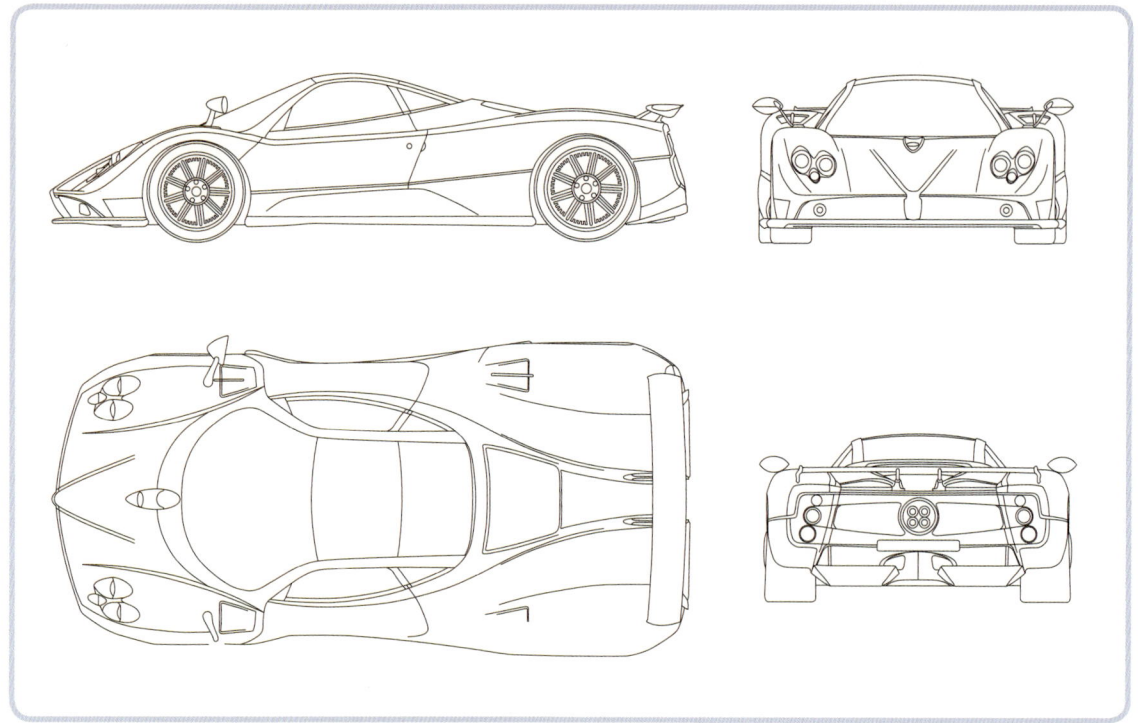

■ 그림 20-1 파가니 존다 C12 F 스포츠카의 도면. 전형적인 도면의 구성을 보여줍니다.

■ 그림 20-2 원근법이 적용된 일반 이미지(위쪽)와 그렇지 않은 이미지(아래쪽). 🧑 원근법이 적용된 위쪽 이미지는 독자들의 방향으로 설치된 바퀴가 반대쪽 바퀴보다 크게 보이기 때문에 입체감이 살아나지만, 이로 인해 각 부분의 크기 측정에 혼동을 줄 수 있습니다.

대상입니다. 부품의 조립 과정을 설명하는 조립도 역시 좋은 도면으로 활용할 수 있으며, 일부 프라모델 업체, 이를테면 레벨Revell 사의 경우 자사의 홈페이지(http://www.revell.com/support/instructions.html)에서 많은 조립도를 무료로 공개하기도 합니다.

마지막으로, 대상의 사진을 직접 촬영해서 도면을 대체하는 방법이 있습니다. 이상적인 사진은 대상의 각 면을 정확히 나타내야 하기에 바람직한 거리와 각도에서 촬영되어야 합니다. 또한, 사진은 충분히 크고 깨끗하며 밝기도 적절해야 하고, 가능하다면 여러 방향에서 촬영한 사진이 모두 같은 비율이라면 더 좋습니다. 🧑 크기 문제는 이미지 편집 프로그램에서 하나의 사진을 기준으로 잡아 나머지 사진의 크기를 조정하는 형태로 해결할 수 있습니다.

그림 20-3과 20-4는 동일한 대상을 촬영한 사진으로, 각각 도면으로 쓸 수 있는 것과 없는 것의 차이를 보여줍니다.

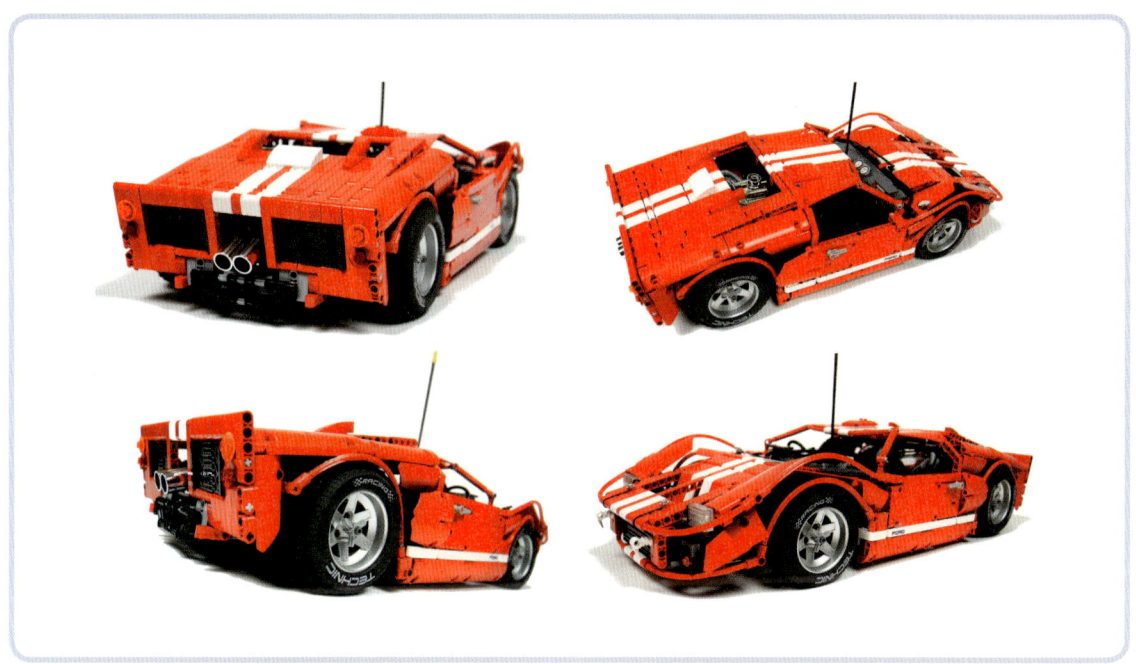

■ **그림 20-3** 이 사진은 도면으로 사용할 수 없습니다. 뒤쪽과 옆쪽을 촬영한 사진은 비스듬하게 기울어진 각도에서 매우 가깝게 촬영되었기 때문에 원근감이 크게 나타나고 각 부분의 크기가 많이 왜곡되었습니다.

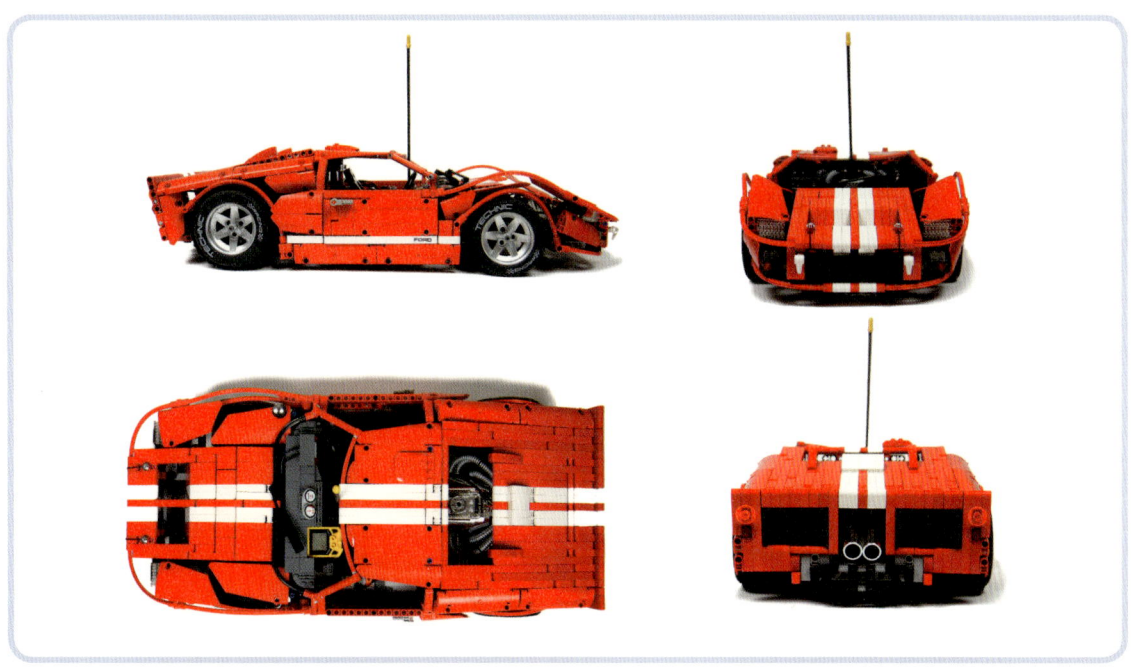

■ **그림 20-4** 이 사진은 도면으로 사용하기에 충분합니다. 각 면에 최대한 정확한 시점에서 촬영되었으며, 대상이 왜곡되지 않도록 충분히 먼 거리에서 촬영되었습니다. 피사체의 왜곡을 줄이기 위해 화각이 좁은 망원렌즈를 사용하는 것도 도움이 됩니다.

기준점

기준점은 모델을 구성하는 일부분 및 모델 전체의 크기를 결정하는 데 사용됩니다. 기준점을 이용해서 우리는 만들어질 모델이 원래의 대상에 비해 얼마나 작은지(혹은 큰지) 가늠할 수 있습니다.

기본적으로, 창작품에서의 크기와 실제 대상에서의 크기를 비교하는 과정이 필요합니다. 바퀴가 달린 차량의 경우 그 바퀴를 비교, 좀 더 자세히 말하자면 바퀴의 직경을 비교하는 것이 가장 확실한 방법 중 하나입니다.

그 이유는 작은 부품을 조립해서 크기를 자유롭게 바꿀 수 있는 다른 부분과 달리, 바퀴는 특정 부품 자체를 그대로 이용해야 하기 때문이며, 이렇게 바퀴가 결정된 후 모델의 나머지 부분은 바퀴에 맞추어 적절한 크기로 만들 수 있습니다.

모든 창작 작업에 있어 가장 중요한 부분은 대상의 특수한 부분을 묘사할 적절한 부품을 선택하는 것입니다. 특히 차량의 바퀴나 궤도, 비행기의 프로펠러와 같은 대상은 크기를 바꾸기 어렵기 때문에, 이러한 특수한 부분을 기준점으로 선정하고 여기에서부터 크기를 맞추어 나아가야 합니다. 명심할 것은, 여러분이 특정한 부분을 기준으로 작업을 진행할 때 대상이 되는 모델의 크기와 구현할 주요 기능이 공간에 제약을 줄 수 있다는 점입니다.

궤도 차량을 예로 든다면, 여러분은 궤도의 폭을 기준점으로 사용할 수 있습니다. 궤도의 폭이 최적의 기준점으로 선택된 이유는 구동륜의 크기가 어색한 것에 비해 훨씬 더 눈에 띄게 부자연스럽게 보이기 때문입니다.

🧑 궤도 구동륜으로 사용할 수 있는 기어는 여러 종류로 다양한 크기를 적용할 수 있습니다. 반면 궤도는 두 가지 종류뿐이므로 선택의 폭이 좁습니다. 궤도 폭을 실제 모델의 기준으로 잡는다면 이에 적절한 구동륜을 찾기는 수월할 수 있지만, 반대로 구동륜을 기준으로 잡는다면 이에 적절한 폭을 가진 궤도는 없을 수도 있으며, 이때 억지로 기존의 궤도를 사용한다면 어처구니없이 넓거나 좁아서 어색한 궤도를 가진 우스꽝스러운 모델이 될 수도 있기 때문입니다.

헬리콥터라면 기성품 레고 프로펠러 부품을 꼬리 프로펠러로 활용하고 이를 기준점으로 잡아 크기를 결정할 수 있습니다. 제트 비행기라면 제트엔진의 외형을 묘사할 수 있는 원통형 엔진 부품을 기준점으로, 물 위에 뜨는 보트라면 물에 뜰 수 있게 제작된, 커다란 보트 몸체 부품을 기준점으로 선택할 수 있을 것입니다(레고에서 출시된 물 위에 뜨는 보트 부품이 몇 가지 있습니다).

크기와 비율

자, 이제 우리는 만들고자 하는 대상의 적절한 도면을 확보하고, 이를 기반으로 기준점으로 활용될 적절한 레고 바퀴도 선정했다고 가정합니다. 이제 우리는 도면과 기준점이 될 부품을 이용해 실제 만들어질 대상의 크기를 결정할 수 있습니다. (이하 설명될 과정은 프로펠러나 궤도, 배의 선체 등 기준점으로 사용될 어떤 것이든 동일하게 적용됩니다.)

우리는 도면을 이용해 다양한 측정을 할 수 있습니다. 컴퓨터에 저장된 이미지 형태의 도면이라면 GIMP나 윈도우에 내장된 그림판, 또는 포토샵 등의 이미지 편집 툴을 이용한다면 각 구성요소의 크기와 거리를 측정할 수 있습니다.

만약 여러분이 윈도 그림판으로 도면을 불러왔다면, 측정하고자 하는 두 지점을 연결하는 선을 그릴 때, 선의 길이(픽셀 단위)가 그림판 프로그램 오른쪽 하단에 표시될 것입니다. Shift 키를 누른 채 마우스를 움직이면 선은 정확히 수평 또는 수직으로 움직여서 정확한 크기 측정이 가능합니다. 🧑 제조사에서 제공한 도면이라면 그림 20-5와 같이 각 요소의 간격이 정확하게 실제 크기로 기입되어 있기 때문에, 기준점이 될 대상의 크기만을 확인한 다음 간단한 비례식 계산으로 실제 레고로 만들어질 대상의 크기를 유추해낼 수 있습니다.

프로그램의 사용이 익숙지 않다면 도면 파일을 인쇄한

후, 자를 이용해 직접 크기를 측정하는 방법도 있습니다. 필자는 개인적으로는 작업할 때 구태여 컴퓨터를 사용할 필요가 없고, 필요할 때마다 편리하게 메모하거나 바로 측정할 수 있기 때문에 이런 방법을 선호하곤 합니다. 이렇게 여러분의 손에 의해 가공된 도면은, 그림 20-5와 같이 레고로 된 작품을 만드는 데 있어 필요한 많은 정보를 담게 될 것입니다.

이 과정에서 맨 처음 할 것은 전체의 스케일(축적)을 결정하는 것입니다. 이를 위해 도면과 실제 레고 모델 간의 크기 차이를 확인해야 하며, 이는 앞서 이야기한 기준점이 될 대상을 결정하고, 이를 비교하는 과정을 통해 알아낼 수 있습니다. 차량의 경우라면 가장 적절한 기준점은 바퀴가 될 것이며, 이 부품의 실제 크기와 도면상에서의 크기를 확인해야 합니다.

이제 닷지 바이퍼 모델을 만드는데, 8448 슈퍼 스트리트 센세이션 세트에 포함된 바퀴를 사용한다고 가정해 봅시다. 8448 세트의 바퀴는 직경이 10스터드(정확히는 81.6 mm)입니다. 그림 20-6의 닷지 바이퍼 도면에서의 바퀴 직경은 28mm로 측정되었습니다. 이는 도면의 인쇄 비율에 따라 크기가 달라질 수도 있으나, 전체 비율이 동일하다면 결과는 동일합니다.

이제 실제 바퀴의 크기와 도면상의 크기를 알았으니 레고 바퀴의 크기를 도면상의 크기로 나눕니다.

$$\frac{10\text{스터드}}{28\text{mm}} = 0.357\text{스터드/mm}$$

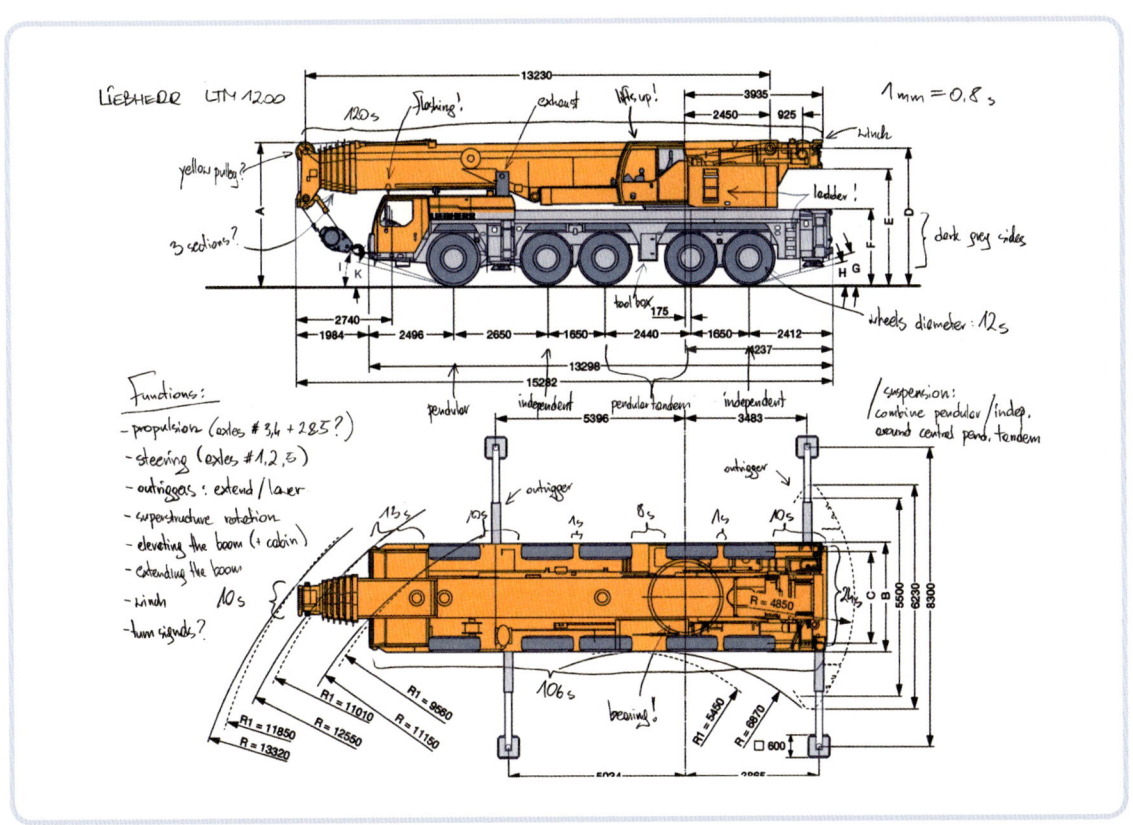

■ 그림 20-5 리베르Liebherr LTM1200 초장축 모바일 크레인의 설계도를 기반으로 작성된 스케치입니다. 설계도는 제조사의 홈페이지에 등록된 제품 안내 PDF에서 발췌했으며, 장비의 기본적인 크기와 각 요소의 간격, 기능이 설명되어 있습니다. 확장 비율에 대해서 오른쪽 위 모서리에 메모해 두었습니다.

■ 그림 20-6 세 방향의 모습이 포함된 닷지 바이퍼의 도면. 파란색 선과 빨간색 선은 크기 측정을 위해 임의로 추가한 선입니다.

우리는 이 결과 값을 밀리미터 당 0.36스터드로 반올림 할 수 있습니다. 이것은 우리가 만들 차량의 스케일로, 도면의 1mm당 몇 스터드가 들어갈지를 보여줍니다.

$$1mm = 0.36스터드$$

이제 우리는 도면상에서 해당되는 부분의 치수를 측정하고 비율을 곱해 대상이 되는 레고 모델이 가져야 할 각 부분의 크기를 계산할 수 있습니다. 예를 들어, 차량의 폭을 먼저 알고 싶다면 도면상에서 차량의 폭을 측정합니다. 이 도면에서는 81mm로 측정되었습니다.

$$81mm \times 0.36스터드/mm = 29.2스터드$$

이를 통해 만들어질 차량의 폭은 29스터드에 가까운 값이어야 한다는 것을 알 수 있습니다. 우리가 수행한 계산식은 다음과 같이 요약할 수 있습니다.

$$축적비 = \frac{크기_{대상}}{크기_{도면}}$$

$$크기_{모델} = 크기_{도면} \times 축적비$$

이 두 개의 수식을 정리하면 아래와 같은 식을 얻을 수 있습니다.

$$크기_{모델} = 크기_{도면} \times \left(\frac{크기_{대상}}{크기_{도면}}\right)$$

이제, 이 수식을 이용해 몇 가지 계산을 더 해 보겠습니다. 만약 내가 조금 더 작은 바퀴를 사용하고 싶고, 이 때 차량의 폭은 얼마인지 알고 싶다고 가정해 봅시다.

$$크기_{대상} = 8스터드$$

$$크기_{모델} = 81mm \times \left(\frac{8스터드}{28mm}\right)$$

$$\approx 81mm \times 0.29스터드/mm$$

$$\approx 23.49스터드$$

$$\approx 23스터드$$

이제, 이보다 조금 더 큰 바퀴를 쓰는 경우를 보겠습니다.

$$크기_{대상} = 12스터드$$

$$크기_{모델} = 81mm \times \left(\frac{12스터드}{28mm}\right)$$

$$\approx 81mm \times 0.43스터드/mm$$

$$\approx 34.83스터드$$

$$\approx 35스터드$$

비율을 결정하게 되면, 여러분은 그림 20-6과 같이 도면에 제공된 모든 부분의 크기와 간격을 측정할 수 있습니다. 거의 모든 대상은 길이, 너비 그리고 높이(X축, Y축, Z축)의 측정으로 외형을 알 수 있습니다.

닷지 바이퍼를 예로 든다면, 모델을 제작하는 데 있어 중요한 치수는 다음과 같습니다.

• 총 길이, 너비 그리고 높이(지면으로부터의 높이)

- 차체 아래에서 운전석 위까지의 높이
- 측면 창문의 아래쪽부터 운전석 위까지의 높이
- 차체 아래에서 엔진룸 상단까지의 높이
- 뒷바퀴에서 뒤쪽 끝까지의 길이
- 앞바퀴에서 앞쪽 끝까지의 길이
- 앞바퀴와 뒷바퀴 사이의 간격
- 모든 유리창의 길이, 너비 및 높이 창 역시 다른 부품으로 대체할 수 없기 때문에 가끔 기준점으로 선택되곤 합니다. 하지만 대형 창의 경우 바퀴보다 선택의 폭이 더욱 좁기 때문에, 큰 모델에서는 창틀만 묘사하고 투명 창은 생략하는 경우가 많습니다. 투명 브릭들을 조합해서 창을 만들 수도 있지만, 그 결과물은 브릭의 결합면 때문에 마치 산산히 금이 간 유리처럼 보일 것입니다.

- 엔진룸과 트렁크의 길이
- 운전석 지붕의 길이와 너비
- 양쪽 전조등 사이의 간격
- 측면 창문과 차체 바깥 모서리 사이의 간격
- 전면 그릴의 길이와 너비
- 뒤 범퍼 위쪽의 차체(트렁크) 높이

그림 20-7부터 20-9는 몇 가지 다른 형태의 차량을 이용해 추가적인 중요한 치수들을 보여줍니다.

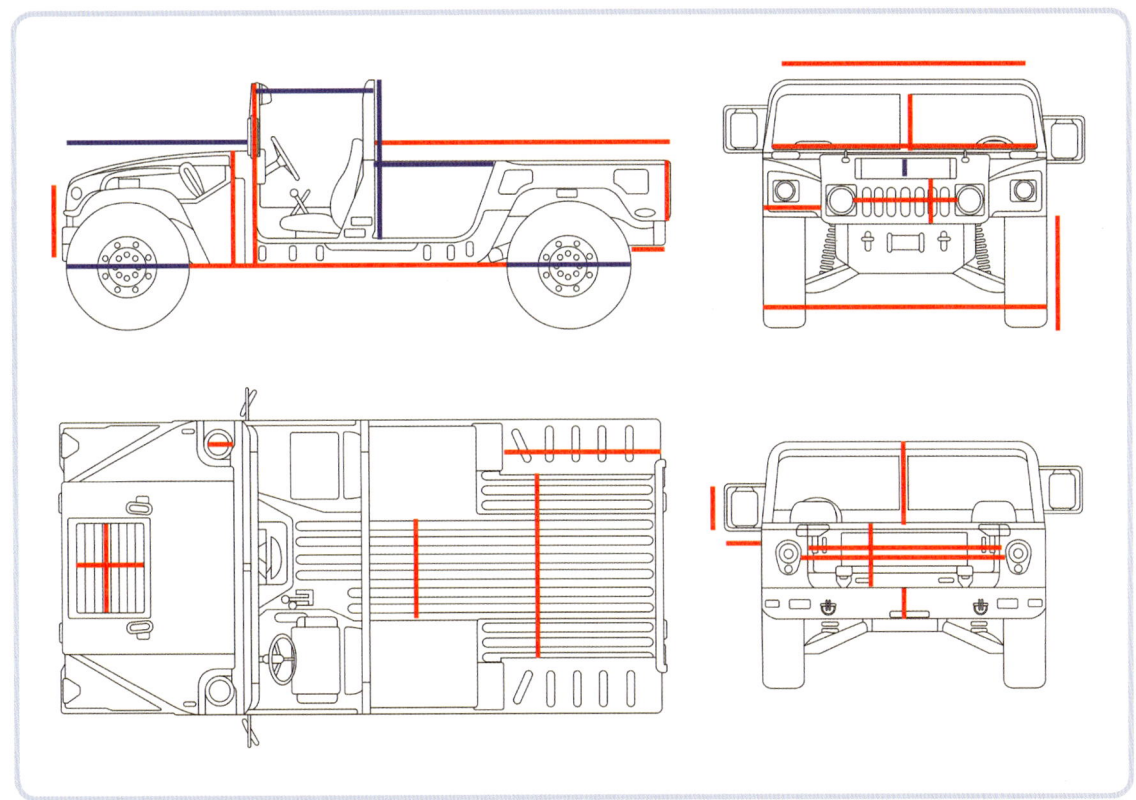

■ 그림 20-7 중요한 측정 부위를 다른 색으로 표시한 험비Humvee의 도면. 사진이 아닌 외곽선이 표시된 도면은 측정 및 모델링에 편리합니다.

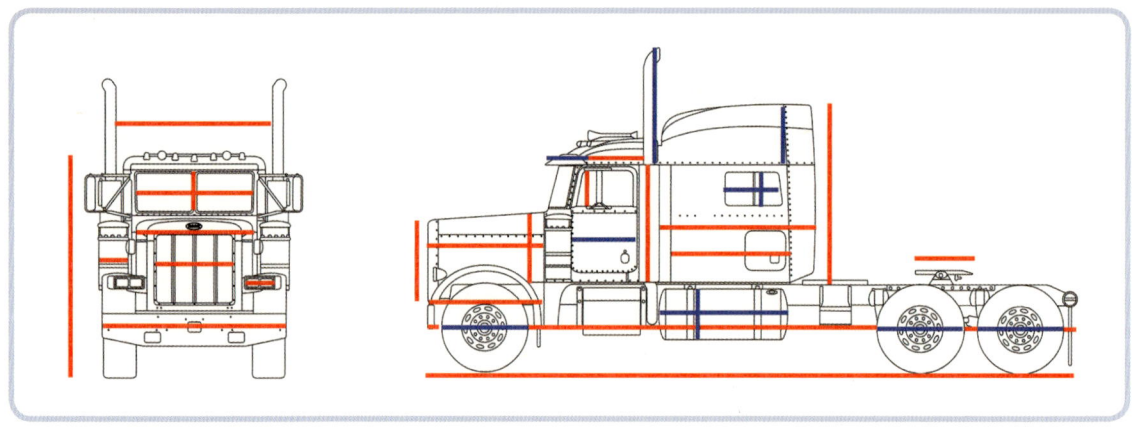

■ 그림 20-8 중요한 측정 부위를 다른 색으로 표시한 피터빌트Peterbilt 379 트럭의 도면. 공기 편향장치, 다섯 개의 바퀴(뒷바퀴는 두 개의 타이어 쌍), 엔진룸, 측면 연료탱크 등의 크기를 확인할 수 있습니다.

여러분이 만들고자 하는 대상의 크기를 결정했다면, 이를 통해 스케일을 알 수 있습니다. 단, 스케일 계산을 위해서는 원래의 대상과 레고로 만들어질 모형의 같은 부분에 대해 같은 단위로 측정한 크기가 필요합니다.

실제 차량의 외형을 본뜬 모형이라면 차체의 여러 부분 중 좌우의 너비를 기준으로 삼는 것도 좋습니다. 필자가 만든 닷지 바이퍼 모델의 경우, 원래의 계획은 29스터드의 폭이었으며 이는 1스터드를 8mm로 계산할 때 232mm의 폭이 됩니다. 닷지 사에서 제공하는 정보로 실제 바이퍼의 차폭은 1,920mm라는 것을 알 수 있으며, 1,920을 232로 나눈 결과는 8.276으로 반올림하면 8이라는 값을 얻을 수 있습니다. 이는 바이퍼 모델이 실제 차량의 크기에 비해 1/8이라는 뜻이며, 동시에 스케일이 1:8이라는 의미이기도 합니다.

> NOTE 실제 대상과 레고 모형의 크기를 나누기 전, 두 대상이 동일한 단위를 사용하는지 확인하십시오. 일반적으로 mm 단위로 계산하는 것이 쉬울 것입니다.

아래는 축적비를 계산하는 공식입니다.

$$축적비 = \frac{크기_{모델}}{크기_{실제}}$$

위 용어의 실제 의미는 다음과 같습니다.

$$크기_{모델} = 모델의\ 크기$$
$$크기_{실제} = 실제\ 대상의\ 크기$$

때로는 이미 결정된 축적비에 맞추어 모델링해야 하는 경우도 발생할 수 있습니다. 예를 들어, 다른 누군가가 만든 모델과 비율을 맞추어야 하는 경우가 있겠지요. 이미 축적비가 결정된 상태에서 대상의 크기를 가늠하기 위해서는 조금 더 복잡한 계산이 필요합니다. 여기에서도 역시, 먼저 알아야 할 것은 실제 대상의 어느 한 부분의 크기와 도면상에서의 같은 부분의 크기입니다.

앞에서 대상이 되었던 1,920mm 폭의 닷지 바이퍼를 이번에는 1:12 스케일로 제작한다고 가정해 보겠습니다. 도면상의 차체 폭은 81mm입니다. 먼저 할 일은 도면의 축적비를 계산하는 것입니다. 즉, 실제 크기와 도면상 크기의 비율을 계산하는 것입니다. 이 경우는 1,920/81 이

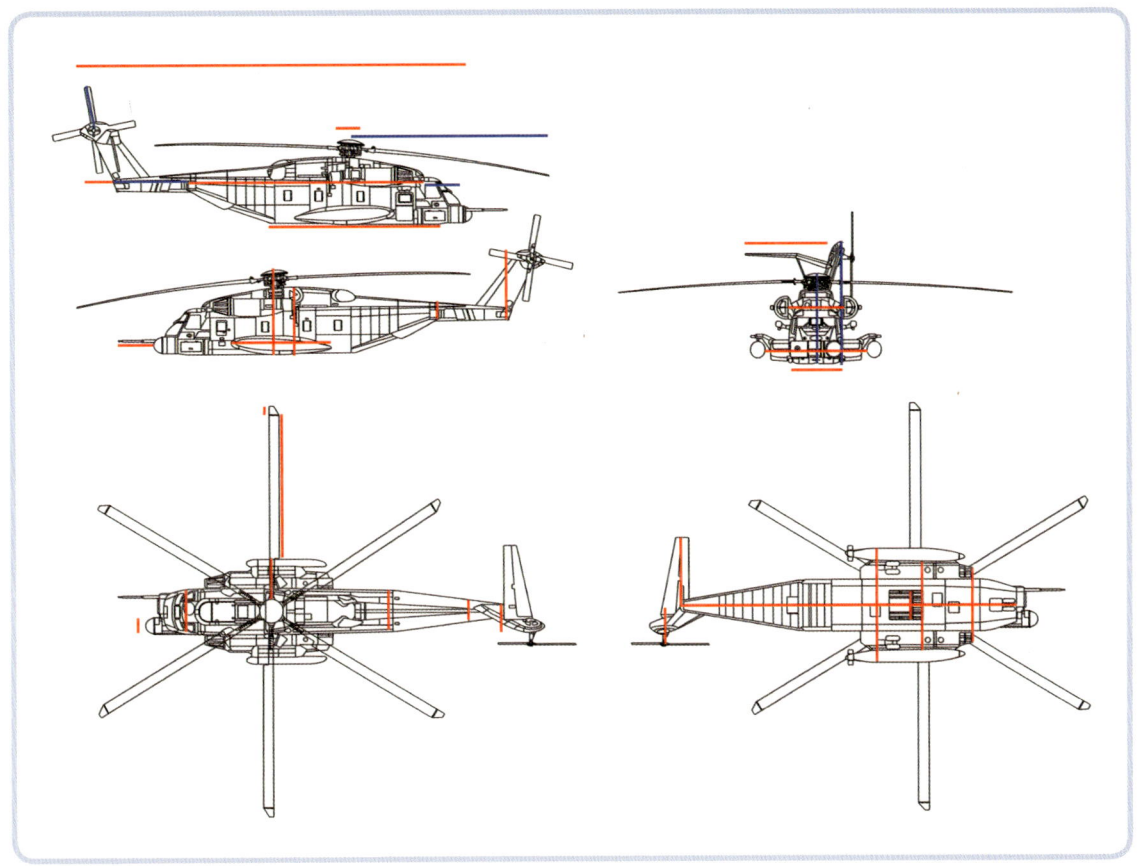

■ 그림 20-9 중요한 측정 부위를 다른 색으로 표시한 시코르스키 MH-53 페이브로Pave Low 헬리콥터의 도면. 동체와 꼬리 및 꼬리날개, 메인 로터 등의 크기를 확인할 수 있습니다.

므로 23.7이라는 결과를 얻을 수 있습니다. 이를 통해 도면의 축적비가 1:24라는 것을 알 수 있으며, 공식으로 정리하면 다음과 같습니다.

$$도면\ 비율 = \frac{크기_{실제}}{크기_{도면}}$$

이제 도면의 모든 부분의 크기를 측정하고, 그 값을 도면의 축적비로 곱한 뒤 마지막으로 만들고자 하는 축적비로 나누는 작업을 수행합니다. 기준점으로 사용되었던 바퀴의 크기를 예로 계산해 보겠습니다. 만들고자 하는 스케일은 1:12이며, 도면상의 바퀴 크기는 28mm입니다.

이를 통해 1:12 스케일의 모델에서 사용될 바퀴 크기를 계산하는 공식은 다음과 같습니다.

$$\frac{28mm \times 24}{12} = 56mm$$

이는 1:12 스케일로 닷지 바이퍼를 만들기 위해서 사용해야 하는 바퀴의 지름이 56mm이어야 한다는 뜻입니다. 이 크기는 스터드 단위로 7스터드가 됩니다. 만약 이런 계산으로 산출된 크기의 타이어가 레고 부품에서 없다면 이 비율로 고무 타이어를 장착한 차량을 만드는 것은 포기해야 합니다.

이제까지의 정보를 정리하면, 도면과 도면의 축적비를 알고 있는 경우 아래와 같은 공식을 사용해 모델의 각 부분의 크기를 계산할 수 있습니다.

$$크기_{모델} = 크기_{도면} \times 도면\ 비율 \times 축적 \times \left(\frac{1스터드}{8mm}\right)$$

물론, 실제의 차량은 단순한 직선보다 훨씬 더 복잡한 다양한 곡선들로 구성되어 있으며, 이런 외형은 하나의 부품이 아닌 여러 부품들의 조합을 통해 비슷하게 구현할 수 있습니다.

여기에서 중요한 점은, 주요 부분의 외형이 실제 대상에 근접한 값, 즉 적절한 크기와 적절한 각도, 적절한 비율을 재현하고 있느냐는 점입니다. 몇 가지 디테일이 잘못되는 모델도 있습니다. 하지만, 전체적인 비율이 정확하다면 많은 디테일의 비율이 왜곡된 모델보다 훨씬 그럴싸하게 보일 것입니다. 세부적인 디테일도 충분히 인상적인 느낌을 줄 수 있지만, 적절하지 않은 비율이 가져오는 어색함을 디테일이 가려주지는 못합니다.

이제 우리는 중요한 치수를 계산하는 방법을 알게 되었습니다. 다음 장에서는 모델링 및 기타 세부사항에 대해 살펴볼 것입니다.

21
모델링 과정
the modeling process

여러분은 마음속에 담아둔 이상적인 모델을 적절한 방법으로 묘사하기 위해 크기를 예상하고 축적비를 계산하는 방법을 배워 보았습니다. 이제는 앞서 배운 이론을 통해 실제 모델을 만들어 볼 시간입니다.

이번 장은 잠시 접어두었던 세부적인 문제들을 하나씩 해결하면서, 여러분이 계획한 모델을 실제로 만들기 위한 최종적인 테스트 과정이라고 할 수 있습니다.

크기 문제

많은 창작가들이 큰 작품을 만들고 싶어 합니다. 레고 작품의 크기가 크면 충분히 강렬한 인상을 줄 수 있지만, 테크닉 모델에서는 크기를 키우는 것만이 반드시 능사는 아닙니다. 작품의 크기가 커질수록 크기에 비례해서 문제도 증가합니다. 이를테면 지나치게 크기를 키울 경우 많은 주요 부품들에 큰 스트레스가 가해지게 되고, 이동성, 균형 그리고 구조적인 무결성을 해치게 됩니다.

필자가 만든 모델 중 하나는 크고 매우 무거웠는데, 궤도 차량 형태로 나름대로 충분히 튼튼하게 보강을 해주었으나 무게가 7kg에 육박했습니다. 그 결과 차체는 많은 부분에서 휘었고, 이동 중 몸체를 안정적으로 유지할 수 없었습니다. 심지어, 튼튼한 테크닉 브릭조차 큰 힘이 가해졌을 때 휘는 현상을 보였습니다.

특히 경험이 부족한 창작가들이 간과하기 쉬운 규범 중 하나는 가능한 한 최대한 크게 만드는 것이 아니라 필요한 만큼 크게 만드는 것이 더 중요하다는 것입니다. 바꿔 말하자면, 작품을 작게 만들 수 있는 한 최대한 크기를 줄이는 것이 더 좋다는 뜻입니다.

🧑 단순히 외형적 크기로 압도하기 위한 목적이라면 이 규칙이 해당되지 않을 것입니다. 하지만 크기와 동시에 구동기능도 재현하는 것이 목적이라면, 맹목적인 크기 확대는 오히려 독이 될 수 있습니다.

가능한 한 가장 작은 크기로 제작하기 위해 고려할 것은, 필수적으로 들어가고 부피가 큰 단일 부품들, 이를테면 전원공급장치나 모터, 적외선 수신기와 같은 부품이 차지할 공간입니다.

상자형 몸체를 가진 궤도 차량을 좋은 예로 들 수 있는데, 몸체 내부에 설치될 두 개의 모터가 횡으로(그림 21-1 참조), 또는 종으로(그림 21-2 참조) 배치되는 것에 따라 차체의 최소 폭이 결정될 수 있습니다. 만약 차체 폭이 그림 21-2와 같이 좁아진다면, 전원공급장치와 같은 큰 부품은 차체 위로 설치해야 할 것입니다.

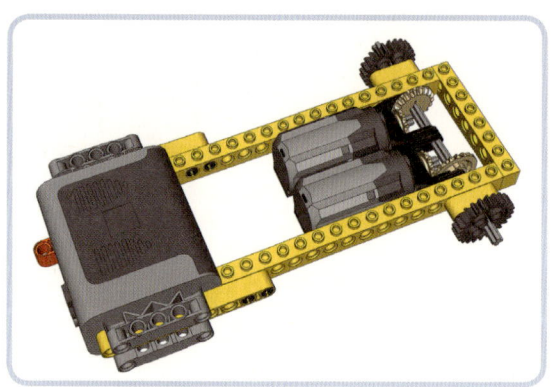

■ 그림 21-1 8스터드 폭으로 내부에 6스터드 너비의 공간이 확보되어, 두 개의 파워펑션 M 모터를 좌우로 나란히 설치하고 이를 이용해 각각 좌우의 스프로킷 휠을 구동할 수 있는 차체의 모습. 만약 차체 뒤쪽을 개방되도록 설계한다면, 이곳에 파워펑션 전원공급장치를 설치할 수 있습니다. 전원공급장치의 좌우로 튀어나온 부분은 궤도 안쪽으로 숨길 수 있습니다.

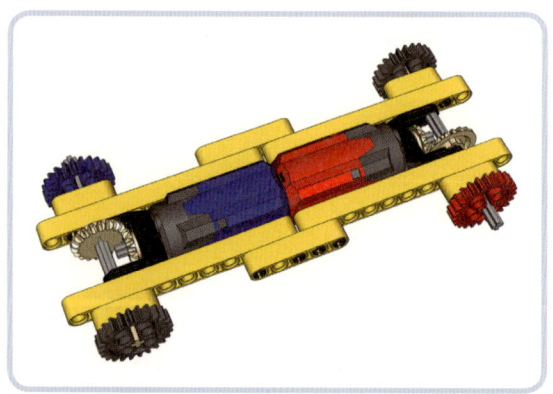

■ 그림 21-2 5스터드 폭으로 내부에 3스터드 너비의 공간이 확보되어, 두 개의 파워펑션 M 모터를 각각 앞뒤로 설치한 모습. 두 모터가 다른 방향을 보고 있기 때문에, 하나는 앞쪽 오른쪽의 바퀴를, 다른 하나는 뒷쪽 왼쪽의 바퀴를 구동하는 형태입니다. 파란색과 빨간색 기어가 구동륜이고 나머지 두 개의 회색 기어는 궤도에 의해 연결된 유동기어입니다. 이 차체는 좁기 때문에 전원공급장치와 같은 큰 부품은 차체 위에 별도로 설치해야 합니다.

큰 부품을 작은 모델에 설치하는 데에는 창의적인 기법을 많이 적용할 수 있습니다. 이를테면, 굴착기를 만들 때 파워펑션 M 모터와 같은 상대적으로 작은 모터를 사용하고, 팔의 공간이 충분하다면 팔 안에 모터를 설치하거나, 그림 21-3과 같이 궤도와 지면 사이에 여유가 있는 경우 두 궤도 사이에 설치하는 방법을 쓸 수도 있습니다.

다른 방법으로, 설치된 모터를 적절히 위장하는 것도 생각할 수 있습니다. 필자가 만든 트럭 중 하나는 모터가 오직 짐칸에만 설치되었습니다. 설치된 모터를 플레이트로 덮자 그것은 마치 실제의 화물칸처럼 보였으며, 이 상태에서 모터를 노출시키자 모터는 마치 트럭에 의해 운반되는 화물처럼 보이기도 했습니다. 이처럼 다양한 시도를 통해, 여러분은 보다 나은 결과를 찾을 수 있을 것입니다.

■ 그림 21-3 필자의 리베르 R944C 터널링 굴삭기는 상부 구조물보다 하부 구조물에 더 많은 모터를 설치했습니다. 이 덕분에 지상고는 거의 0에 가까울 정도가 되었지만, 상부 구조물에는 충분한 공간을 확보할 수 있었고, 결과적으로 상부의 외형적 디테일에 좀 더 신경 쓸 수 있었습니다.

모델이 복잡해지는 것은 또 다른 문제를 야기할 수 있습니다. 대체로 복잡한 모델은 인상적인 경우가 많지만, 동시에 만들기가 어려운 경우가 대부분입니다.

필자가 만든 모델 중 가장 복잡했던 것은 그림 21-4의 견인 트럭으로, 17개의 모터를 사용하면서 사용된 전체 전선의 길이는 19m에 달했습니다. 이런 복잡한 설계가 가능했던 것은 설계 단계에서 차체 내부에 전선을 안전하게 격리시킬 수 있는 배선용 덕트 공간을 확보했기 때문입니다.

원하는 목표를 달성하기 위한 과정 때문에 복잡해지는 것이지, 복잡하게 만드는 것 자체가 목적은 아니라는 점을 항상 기억하시기 바랍니다.

크고 복잡한 모델을 만들기 위해서는 사전에 작고 간단한 모델들을 다양하게 만들어 보면서 충분한 경험을 쌓아 두는 것이 좋습니다. 충분한 경험이 있다면, 여러분은 기존에 만들어 보았던 작은 모델의 기본적인 부분들이 더해져 크고 복잡한 모델이 완성된다는 점을 이해하고 주의를 기울일 수 있을 것입니다.

예를 들어, 여러분은 한 모델에서 현가장치를, 그리고 다른 모델에서는 기어박스를 가져와 보다 큰 차량을 만들 수 있을 것입니다. 물론, 크고 복잡한 작품을 만들수록 실패할 가능성도 높아지겠지만, 성공했을 때의 성취감 또한 남다를 것입니다.

예를 들어, 많은 트럭 창작가들이 선호하는 62.4×20 크기의 타이어 두 개를 병렬로 포개면 그 폭은 5스터드가 됩니다. 타이어의 폭만으로도 10스터드의 공간을 차지합니다. 그림 21-5는 이러한 예를 보여주는데, 차체 폭이 차동기어를 포기하지 않는 한, 16스터드보다 넓어질 수밖에 없음을 알 수 있습니다.

🙂 일반적인 차량의 단면을 생각할 때, 사실 16스터드도 작은 크기입니다. 일반적인 트레일러 트럭의 경우 타이어 한 개의 폭과 차체 폭의 비율이 약 1:8 정도로, 이 타이어를 사용한다면 20스터드 정도가 되어야 비슷한 모양을 구현할 수 있습니다.

■ 그림 21-4 필자의 견인 트럭 모델은 17개의 모터와 19미터에 달하는 전선을 배치하기 위해 차체 내부에 별도의 배선용 덕트 공간을 마련했습니다. 덕분에 몇 가지 예외적인 부분을 제외한 기계적인 구동부와 전기 부품을 모두 차체 안에 설치하였습니다. 여기서 예외적인 부분은 붐의 윈치 동작에 사용되는 파워펑션 M 모터나 앞쪽 흙받이 뒤에 노출된 조향장치 모터 정도입니다.

■ 그림 21-5 네 개의 62.4×20 크기의 타이어를 좌우에 각각 두 개씩 장착하고 차동기어까지 포함해서, 간신히 16스터드로 맞춘 차량 구조의 일부분.

타이어

대부분의 레고 타이어는 실제 자동차의 타이어와 다르게 두꺼운 광폭 타이어가 대부분입니다. 대체로 일반적인 차량 제작에서는 이 점이 크게 문제되지 않지만 한 축에 타이어가 병렬로 배치된 형태, 즉 일부 트럭의 뒤에서 볼 수 있는 두 개의 타이어가 포개진 상태로 설치되는 모델의 경우 문제가 될 수 있습니다.

대부분의 트럭은 무거운 짐의 하중을 효과적으로 분산하기 위해 후방 차축에 타이어를 병렬로 배치하곤 합니다. 이 경우 모형의 타이어를 병렬이 아닌 한 개만 설치한다면 차체 폭이 충분히 넓더라도 부자연스럽게 보일 수 있습니다.

그림 21-6에서 보는 바와 같이, 구동축의 타이어 폭은 모델의 크기에 영향을 미치는 중요한 요소 중 하나입니다. 그리고 만약 차체에 현가장치가 구현될 때, 특히 독립형 현가장치와 같이 공간을 많이 차지하는 기능이 구현되어야 한다면 차체와 타이어 사이의 공간은 더욱 더 멀어질 것입니다.

🙂 이는 차체 폭과, 이에 비례해서 전체의 크기를 키우는 문제를 발생시키고, 이로 인해 무게 증가와 내구성 하락, 부품 수량 및 비용의 상승을 초래할 것입니다. 이 때문에, 상당수의 테크닉 대형 중장비 및 트럭 모델의 경우 현가장치가 생략된 형태로 출시되고 있습니다.

■ 그림 21-6 작은 바퀴 중 일부는 광폭입니다. 그래서 두 개의 타이어를 축 방향으로 겹친 병렬 형태를 만들기 쉽지 않습니다. 그림에 나온 바퀴는 작은 트럭에 자주 사용되는데, 지름이 5.5스터드이고, 폭은 3스터드입니다. 이 경우 좌우에 각각 한 개씩 바퀴를 사용한다면 차체의 폭은 11스터드가 되고, 좌우에 병렬로 두 개씩, 총 네 개의 바퀴를 사용한다면 차체의 폭은 17스터드가 될 것입니다.

일반적인 트럭 바퀴의 경우, 바퀴의 단면폭 대 전체 높이의 비율이 1:5 전후입니다. 하지만 그림에 등장한 타이어는 단면폭 대 전체 높이의 비율이 1:1.8 정도로 상당히 폭이 넓습니다. 따라서 실제 트럭의 병렬로 배치된 후륜을 똑같이 묘사할 경우, 실제 트럭보다 레고 트럭의 타이어 폭이 지나치게 넓어 어색하게 될 수도 있습니다. 이러한 비율의 타이어는 오히려 F1 레이싱 머신에 더 어울린다고 생각하는 사람도 많습니다. 아쉬운 점은 레고 사에서 제공되는 타이어 중 이처럼 실제 주변에서 볼 수 있는 타이어의 느낌을 주는, 폭 대 지름의 비율이 커서 얇아 보이는, 타이어가 흔하지 않고 지나치게 넓은 느낌의 타이어가 훨씬 많다는 것입니다.

타이어가 갖는 또 다른 중요한 문제는 타이어의 단면이 두 가지라는 점입니다. 일부는 단면이 직사각형(흔하게 볼 수 있는 승용차에서의 타이어)이고, 다른 일부는 곡선(공사용 차량 및 특수목적 차량의 일부에서 사용, 벌룬형 타이어라고도 부름)입니다.

그림 21-7은 같은 바퀴에 장착되는 일반 타이어와 벌룬형 타이어의 모습을 보여줍니다. 벌룬형 타이어는 일반적으로 약간 직경이 크기 때문에 커 보이지만, 실제 측면의 타이어 크기는 보이는 것보다 작습니다. 벌룬 타이어는 완전히 노출될 때 더 그럴싸하게 보이지만 측면에서 볼 때, 특히 차체 안쪽으로 설치되는 경우 외형 때문에 그림 21-8과 같이 일반 타이어에 비해 작게 느껴지는 경향이 있습니다.

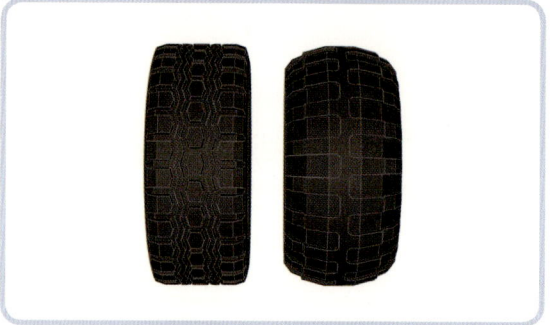

■ 그림 21-7 일반 타이어(왼쪽, 레이싱 휠이라고도 부름)와 벌룬 타이어(오른쪽)의 모습. 크기는 대체로 비슷해 보이지만, 일반적으로 벌룬 타이어가 좀 더 부드럽고 타이어 표면의 요철이 더 깊게 만들어졌으며 거친 지형에 더 적합합니다.

■ 그림 21-8 흙받이 안에 설치된 일반 타이어(왼쪽)와 벌룬 타이어(오른쪽)의 모습. 일반 타이어가 측면의 면적이 더 넓기 때문에, 비록 지름이 벌룬 타이어보다 실제로 약간 더 작지만 언뜻 보기에는 일반 타이어가 더 큰 것처럼 보입니다.

타이어의 측면에서 문제되는 마지막 부분은 조향장치에 관련된 부분입니다. 대부분의 실체 차량은 조향이 이루어질 때 바퀴가 지면에 닿은 채 회전하게 되는 중심점이 바퀴의 접지면 중앙이 됩니다. 이 경우 그림 21-9와 같이 바퀴를 왼쪽 또는 오른쪽으로 조향할 때 바퀴가 지면과 닿은 중앙의 점은 항상 변하지 않음을 의미합니다. 이러한 동작 특성을 제대로 재현한 바퀴는 8448 슈퍼 스트리트 센세이션 세트의 바퀴가 유일합니다(그림 21-10 참조). 다른 바퀴들은 바퀴 접지면의 중앙으로부터 벗어난 지점에서 회전이 발생하며, 이는 그림 21-11과 같이 조향 과정에서 바퀴가 앞 또는 뒤로 불필요하게 움직이게 됨을 의미합니다. 특히 그림 21-12와 같은, 포털 축을 사용하게 될 경우 이러한 문제가 도드라지게 되는데, 조향 중심

■ 그림 21-9 실제 차량의 바퀴가 조향되는 모습. 조향될 때 바퀴의 방향은 바뀌지만 바퀴가 지면과 접촉하는 중심점의 위치는 변하지 않습니다. 여기에서는 가상의 빨간색 축을 이용해 조향 각도의 변화에 따른 바퀴의 회전 중심을 나타냈습니다.

■ 그림 21-10 기존의 모든 바퀴들과 달리, 8448에 포함된 바퀴는 조향 축의 위치가 바퀴의 중심과 완전히 일치하지는 않지만, 거의 중심에 가까운 모습을 보여줍니다.

■ 그림 21-11 전형적인 레고 바퀴들은 조향 중심이 차체 쪽으로 안쪽에 위치하기 때문에 조향될 때 바퀴의 중심이 조향 중심 주위를 호를 그리며 회전합니다. 이 때문에 조향 바퀴는 주변에 충분한 여유 공간을 필요로 하며, 또한, 조향하는 동안 차의 앞부분이 움직이는 경우가 발생합니다.

■ 그림 21-12 레고 포털 축은 조향의 관점에서 본다면 최악의 움직임을 보여줍니다. 포털 축의 복잡한 구조 덕분에 바퀴의 중심과 조향 중심은 상당히 멀리 떨어져, 차체와 기어 구조 사이에 위치합니다.

점과 바퀴의 접지면의 거리가 멀수록 문제가 됩니다.

조향장치의 설치로 인해서(중심점의 이동으로 인해서) 발생하는 중요한 차이점은 차체가 회전할 때 조향되는 바퀴 주위의 여유 공간이 달라진다는 것입니다. 실제 차량의 조향장치는 바퀴의 중심과 회전의 중심이 같기 때문에 공간이 작아도 무방해서 흙받이와 타이어 사이 공간이 좁아도 됩니다.

하지만, 레고 조향장치에서와 같이 바퀴의 중심과 회전 중심이 다른 경우 조향 시 바퀴가 앞뒤로 움직일 수 있는 공간도 확보되어야 합니다. 이는 일반적인 레고 바퀴를 이용할 경우 실제의 차량에 비해 보다 큰 흙받이 공간이 필요함을 의미합니다.

흙받이 공간 크기의 차이는 레고로 만들어질 모델의 크기와 모양에도 영향을 줄 수 있습니다. 실제 차량을 기준으로 최대한 같게 설계하더라도 원활한 동작을 고려한다면 레고 모형에서는 흙받이는 원래보다 크게 하고 바퀴는 원래보다 작게 해야 합니다. 그림 21-13은 실제 트럭과 레고 트럭의 비교를 통해 이와 같은 차이점을 보여줍니다.

■ 그림 21-13 실제의 조향장치에 비해 큰 공간을 필요로 하는 레고 조향장치 덕분에 실제 모델과 다르게, 크기가 확대된 레고 트럭의 흙받이. 만약 이 견인 트럭의 흙받이를 실제 차량의 것과 같은 비율로 만들었다면, 조향될 때 흙받이와 타이어가 부딪힐 것입니다.

앞서 살펴본 바와 같이, 모델링 과정에서 타이어에 관한 부분은 신중한 고려가 필요합니다. 일반적으로 쉽게 저지르는 실수 중 하나가 바퀴를 너무 작게 만드는 것인데, 이는 바퀴를 크게 만드는 것보다 더 눈에 띄게 합니다. 경험이 부족한 창작가들은 바퀴 위 부분은 잘 설계해 놓고도 바퀴를 너무 작게 해 부자연스러운 몸체를 만들곤 합니다. 확신이 없다면 바퀴를 작게 만드는 것보다는 크게 만드는 쪽으로 작업을 해보기 바랍니다.

다른 원형 요소

원형의 부품은 모델의 제작에 있어 매우 까다로운 요소입니다. 만약 기존의 단일 부품을 사용하려 한다면, 이 경우 부품의 종류가 극히 한정적이기 때문에 다양성과 가용성을 기대하기 어렵습니다. 반대로 작은 부품들을 조합해서 큰 원형 모듈을 만들 경우, 그것은 아주 작은 힘에도 쉽게 분해될 수 있습니다.

그림 21-14와 21-15는 단일 부품의 예와 조합을 이용한 원형 구조의 예를 보여줍니다.

■ 그림 21-14 부품번호 53983의 터빈 부품은 단일 부품으로서는 상당히 큰 원형으로, 많은 창작가들에게 실망을 안겨 준 부품 중 하나입니다. 이 부품은 축 구멍 대신 핀 구멍이 설치되어 구동시키기 어렵고, 프로펠러의 날개는 내부와 외부가 서로 다른 방향으로 설치되어 프로펠러로서의 기능도 기대하기 어렵습니다. 심지어 은색과 검은색이 마블링된 색상 때문에 사용 범위도 극히 제한적입니다.

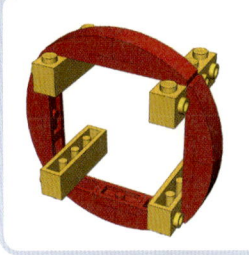
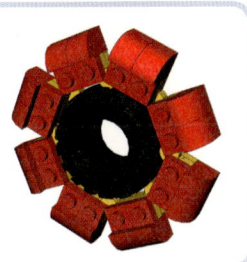

■ 그림 21-15 작은 부품들을 이용해서 구성한 원형 구조. 왼쪽의 것은 브릭을 이용해서 만든 사각형 구조의 테두리에 곡면을 가진 부품을 결합해 원형에 가까운 구조를 만들었습니다. 👦 이 경우 완벽한 원형이 아닌 곡면을 가진 8각형 형태가 될 수도 있고, 원형에 가깝더라도 네 귀퉁이는 브릭이 결합되는 면 때문에 움푹 파인 상태가 됩니다. 오른쪽의 것은 중앙의 타이어를 중심으로 경첩 부품을 활용해 타이어를 감싼 구조입니다. 두 가지 모두 약간의 충격에도 쉽게 분해되는 문제점을 안고 있습니다.

색상

부품 선정에 있어서 색상 또한 까다로운 문제를 가져옵니다. 레고의 부품들은 상당히 다양한 색이 존재함에도 불구하고 일반적인 테크닉 제품들은 노란색과 빨간색 등 매우 제한된 색상에 안주하는 경향이 있습니다.

여러분이 모델을 제작하면서 색상을 중요한 요소로 생각한다면, 아마도 해당 부품이 원하는 색상을 갖고 있는지 확인해 보아야 할 것입니다. 👦 또한, 모든 부품이 모든 색상을 갖지는 않습니다. 이 때문에 파란색, 갈색, 보라색 등의 일부 색상을 활용한 테크닉 모델은 매우 희귀합니다. 이러한 색상의 문제는 모델이 커질수록 노출되는 면적이 증가하기 때문에 더욱 어려워질 수 있습니다.

수년에 걸쳐 개발된 레고 부품의 색상은 150여 가지 이상으로, 일반적인 단색 외에도 반투명, 광택도료로 도색한 것, 크롬 도금한 것, 마블링 형태의 얼룩이 포함된 것, 다양한 무늬가 인쇄된 것까지 무수히 많습니다.

또한, 새로운 색이 추가되는 동시에 일부 색상은 단종되기도 하며, 일부 색상은 오래된 부품의 것과 미묘하게 색감이 다르기도 합니다. 최근의 색상들 중 일부, 이를테면 마인드스톰 NXT에서 주로 사용되는 가벼운 푸른색이 도는 밝은 회색의 경우 흰색과는 다르지만 색이 언뜻 비슷해 보이기도 해 말로 표현하기에 참 애매합니다.

이 중 보편적으로 많이 사용되는 색을 다섯 가지 정도 꼽자면, 흰색, 검정, 빨강, 노랑, 파랑, 이렇게 다섯 가지일 것입니다.

👦 레고 사에서 부르는 NXT의 회색은 Light Stone Grey입니다. 최근의 일반적인 회색은 Medium Stone Grey, 옛날의 회색은 Grey라고 명명되어 있습니다. 게다가 레고 사에서 이름을 붙이지 않은 일부 색상을 해외 레고유저그룹에서 임의로 붙여 상당한 혼란을 줍니다.

여러분이 모델의 색상을 결정할 때, 여러 가지 색을 마구 뒤섞어 사용하는 것보다는 몇 가지 단색의 영역으로 색을 분할하는 것이 훨씬 그럴싸하게 보인다는 점을 기억하십시오. 대부분의 레고 부품들은 단면이 직선이고 사각형 구조이기 때문에, 여러 가지 색상의 부품을 섞을 경우 별로 좋아 보이지 않고, 디테일을 알아보기도 어려워집니다. 👦 마치 자투리 천을 기워 만든 누더기 옷 같은 느낌일 것입니다.

모델의 내부 구조물을 검은색으로 제작할 경우, 완성된 모델의 외부에 발생하게 되는 틈이 덜 눈에 뜨이게 됩니다. 👦 검은색은 그 자체의 색상으로 보일 수도 있지만, 모든 색의 그림자처럼 보일 수도 있기 때문입니다.

또한, 어두운 계통의 색상은 일반적으로 모델을 크게 보이도록 합니다. 명심할 점은, 외형을 제작하기 위해 선택할 수 있는 색상이 부품에 따라 한정되기 때문에, 대부분의 창작가들이 정확하게 실제 대상의 색상을 일치시켜 만들기는 쉽지 않다는 것입니다.

가장 일반적인 예는 전차나 장갑차와 같은 군용 장비입니다. 일반적인 군용장비들이 카키색이나 올리브색과 같은 도색을 주로 하지만, 이에 대응되는 레고 부품은 극히 일부 부품에서만 한정적으로 사용되었기 때문에, 보편적인 군용장비 모델들은 진회색 계통으로 주로 제작됩니다. 👦 일반적인 군용장비의 얼룩무늬 위장 패턴 역시 레고로 묘사하기 힘든 부분 중 하나입니다. 이를 작은 플레이트를 조합해서 묘사할 수도 있겠지만, 그렇게 한다면 무게 또한 엄청나게 증가할 것입니다.

때로는, 여러분이 원하는 모양과 원하는 색상을 충족하는 부품을 찾지 못할 수도 있습니다. 일부 창작가들은 이 문제를 도색이라는 방법으로 해결하기도 합니다. 레고 브릭은 매우 정교하게 설계되어 있어 도색할 경우 다른 브릭과 결합되는 면의 도색은 쉽게 손상됩니다. 하지만 브릭의 바깥 면은 플라스틱 사출물에서 볼 수 있는 기포나 수축 등의 문제가 거의 없기 때문에 제대로 된 도색 장비와 경험만 있다면 깨끗하게 도색하는 작업 자체는 어렵지 않습니다.

하지만, 기존에 레고에서 사용된 색이 아닌, 없는 색을 도색할 경우 아무리 실제의 레고 부품처럼 보이게 잘 도색했다 하더라도 레고에서 제작되지 않은 부품을 개인이 만든, 즉 순정 부품이 아니기 때문에 레고 커뮤니티에서는 가십거리가 되기도 합니다.

레고의 도색은 크게 두 가지입니다. 하나는 기존의 색상과 동일한 색을 단지 부품이 모자라서, 이를테면 빨간색이 부족해서 흰색을 빨간색으로 도색하는 것과 같은 경우입니다. 다른 하나는 기존에 레고에서 만든 적이 없는 색을 만들어내는, 이를테면 국방색이나 금색으로 도색하는 경우입니다. 전자는 도색이 목적도 아니고, 경우에 따라서는 크게 티가 나지도 않기 때문에 거부감이 별로 없지만, 후자는 사람들에 따라 호불호가 많이 갈리게 되며 거부감을 느끼는 사람도 많습니다.

그러나 예외적으로 크롬 색상에 대해서는 관대한데, 실제 레고에서 출시된 크롬 도금 부품은 100여 종 남짓이지만 실제 유통시장에서는 이보다 훨씬 다양한 크롬 도금 부품을 볼 수 있습니다. 크롬 도금은 피막이 거울처럼 광택이 나는 특징이 있습니다. 일반적으로 레고에서 더 흔하게 사용되는 은색은 크롬 도금이 아닌 메탈릭 실버 또는 펄 실버라고 불리는 무광택의 은색이 대부분입니다.

크롬 도금 부품의 경우 다른 도료의 피막보다 조금 더 두껍기 때문에 브릭의 외형이 아주 미세하게 증가합니다. 이런 이유로 크롬 부품은 기계적인 동작 부위보다는 장식을 위한 외형 묘사에 주로 사용됩니다. 또한, 이런 종류의 크롬 도금 부품은 플라스틱에 안료를 배합해서 원하는 색을 만들어 사출하는 일반 브릭과 달리, 기존의 브릭 색을 덮는 방식으로 제작되기 때문에 도색 과정에서 브릭을 고정하기 위해 사용된 부분은 도색이 되지 않아 원래 색이 남아 있기도 합니다.

그림 21-16은 일반 메탈릭 실버로 제작된 레고 기성품 부품과 도금을 통해 크롬 실버를 입힌 부품을 비교한 모습입니다. 이러한 종류의 비공인 도금 부품은 주로 크롬브릭 숍(http://chromebricks.com)과 크롬블록 시티(http://www.bricklink.com/store.asp?p=Aurimax)에서 구할 수 있습니다.

■ 그림 21-16 62.4×20 크기의 기성품 레고 부품(왼쪽, 메탈릭 실버)과 도금 부품(오른쪽, 크롬 실버)을 비교한 모습. 비공식 도금 부품의 경우 도색 과정에서 바퀴를 지지하기 위해 중심축 부분을 사용했고, 이 부분은 크롬 도색이 되지 않은 원래의 흰색이 그대로 노출되어 있습니다.

세부 디테일을 재현할 때의 주의사항

레고 모델을 제작할 때 우리가 만드는 대상물의 크기에 비해 아주 작은 디테일을 만들어야 하는 상황에 접하게 됩니다. 모델에서 1스터드 단위보다 작은 디테일은 묘사하기 매우 어렵기 때문에 최대한 근사치에 가까운 수준을 목표로 접근해야 합니다.

근사치가 의미하는 것은, 일부 디테일의 경우 실제의 디테일에 비해 많이 생략되고 막연한 느낌이 될 수도 있다는 뜻입니다. 이 때문에 일부 요소는 버리는 것이 더 유리할 수도 있고, 반대로 더 크게 만들어 디테일을 살리는 것이 유리할 수도 있습니다. 일부 창작가들은 묘사에 한계를 느낄 만한 작은 디테일을 보여주기 위해 직접 스티커를 인쇄해서 부착하기도 합니다.

전차의 주포는 이러한 미묘한 디테일의 문제를 잘 보여주는 예제입니다. 실제 전차 주포의 외형은 대부분 연결 부위의 직경이 미묘하게 약간 다른데, 일반적인 레고 전차 모형의 비례를 고려할 때 이렇게 묘사할 수 있는 적절한 부품을 찾기는 쉽지 않습니다. 이 때문에, 주포의 일부를 두껍거나 얇게 보이도록 하기 위해 그림 21-17에서와 같은 방법을 사용하기도 합니다. 🧑 변칙적으로 타이어나 기어 등의 원형에 가까운 종류의 부품을 사용하기도 하지만, 이 경우 역시 매끈한 포신의 바깥 면을 묘사하기에는 눈에 뜨일 만큼의 부품 간의 단차가 존재합니다.

이러한 유형의 디테일은 인상적인 느낌을 주는 것이 중요합니다. 일반적으로 사람들은 전차 모형이 위협적인 느낌을 줄 수 있기를 기대하며, 주포의 두께는 이러한 느낌에 큰 영향을 미칩니다. 일례로, 필자가 만든 많은 전차들의 경우 실제의 비율보다 두껍게 주포를 만들었을 때에는 단지 한 명만이 불만을 제기했지만, 가늘게 주포를 만들었을 때에는 그보다 훨씬 많은 이들이 불만을 제기한 경험이 있습니다.

그림 21-17 T-72M 전차의 주포를 조립한 모습과 분해한 모습. 중간에 움푹 패인 부분의 디테일을 살리기 위해 몇 가지 다른 부품을 사용했는데, 주포의 전체적인 지름은 동일하지만 중간에는 명확하게 홈이 보이는 것을 확인할 수 있습니다. 완성된 주포는 20스터드 정도의 길이로 내구성 역시 놀라울 정도로 좋았습니다.

모델을 설계하는 좋은 방법 중 하나는 가장 중요한 기능을 결정하고, 그 기능을 유지하기 위해 노력하며 나아가 그 기능을 최대한 부각시키기 위해 과장을 약간 하는 것입니다.

만약 여러분이 선택한 원래의 대상이 큰 바퀴나 높은 지상고, 또는 차체가 긴 특징을 갖고 있다면, 이 부분을 부각시키기 위해 여러분이 보여주고자 하는 부분을 약간 과장하여 강조할 수 있을 것입니다. 때로는 그림 21-18과 같이, 과감하게 과장하는 것이 더 좋은 결과를 가져올 수도 있음을 명심하십시오.

독특한 기능이나 특징을 찾기 위해서는 모형의 특징을 입체적으로 살펴보아야 합니다. 두 종류의 스카니아 트럭을 예로 들어 보겠습니다. 원래의 스카니아 트럭의 특

■ **그림 21-18** T-72M 전차 모형. 실제로 T-72M 전차의 특징 중 하나는 지상고가 매우 높다는 점입니다. 그러나 이 모형은 현가장치와 지상고의 특징을 부각시키기 위해 차체의 지상고를 조금 더 높여 주었습니다.

21 모델링 과정 **383**

징은 전면 엔진 그릴이 매우 넓고, 세로로 크게 개방되어 있습니다. 필자가 처음으로 만들었던 스카니아 트럭 모델은 그릴의 구멍을 묘사하기 위해 단지 여러 장으로 적층된 플레이트 중 일부를 검은색으로 바꾸었을 뿐입니다. 이것은 실제의 트럭과 비교했을 때 앞모습이 매우 밋밋하게 보이는 결과를 낳았습니다. 그래서 두 번째 모델에서는 그림 21-20에서 보는 것과 같이, 1스터드 깊이만큼 실제로 들어간 그릴 구조물을 만들어 그림 21-19에서와 같은 형태로 트럭의 앞부분을 재현했습니다. 결과적으로 첫 번째 모델에 비해 훨씬 더 나은 모습을 보여주었습니다.

불규칙적인 각도에서의 조립(다면 결합)

테크닉 커넥터, 그리고 일부 레고 커넥터 부품들을 활용한다면 일반적인 브릭의 결합 방향인 직각이 아닌, 다양한 각도로의 결합을 구현할 수 있습니다. 이를테면 그림 21-21과 같은 무장병력 수송차(APC)의 경우 상자형 차체의 상하 및 측면 일부는 직각 방향이지만, 측면 위쪽과 전면의 경우 둔각으로 기울어져 있습니다.

■ 그림 21-19 필자의 두 번째 스카니아 트럭 운전석 모습. 넓게 세로로 벌어진 엔진 그릴 부분은 실제로 1스터드 깊이로 홈이 들어가 있습니다.

■ 그림 21-20 필자가 만든 스카니아 트럭의 엔진 그릴 부분. 플레이트와 타일을 혼용했으며, 중간에 선반처럼 튀어나온 진회색 부분은 최대한 얇게 만들기 위해 작업한 결과 1타일 두께로 만들 수 있었습니다.

■ 그림 21-21 스페인의 무장병력 수송차량인 BMR-2는 전면 및 측면 장갑이 복잡한 각도로 설치된 차량입니다. 필자는 경첩 플레이트를 이용해 BMR-2의 장갑 경사면을 묘사했습니다.

이와 같은 모양을 묘사하기 위해서는 그림 21-22에서와 같이 경첩 형태의 특성을 가진 부품을 활용해 무게를 줄이는 동시에 사실적인 외형을 묘사할 수 있습니다. 또한, 일부 단일 경첩 부품으로 묘사하기 어려운 각도에 대해서는 볼 조인트가 있는 테크닉 커넥터 부품을 활용할 수도 있습니다.

그림 21-23은 볼 조인트 부품을 사용한 예제로, 바이오니클 시리즈 제품 🧑 현재는 히어로팩토리 등의 이름으로 출시되는 관절을 가진 캐릭터 제품의 경우 이러한 볼 조인트를 공급하는 좋은 리소스로 활용할 수 있습니다.

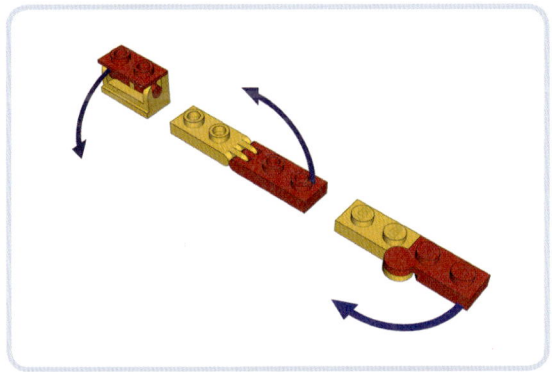

■ 그림 21-22 테크닉 부품이 아닌 일반 부품 중에서 경첩의 특성이 있어 연결된 두 부품의 각도를 변화시킬 수 있는 특수한 부품이 있습니다. 이런 부품은 결합면을 기준으로 X, Y, Z의 세 가지 방향 중 한 방향으로 임의의 각도를 만들 수 있습니다.

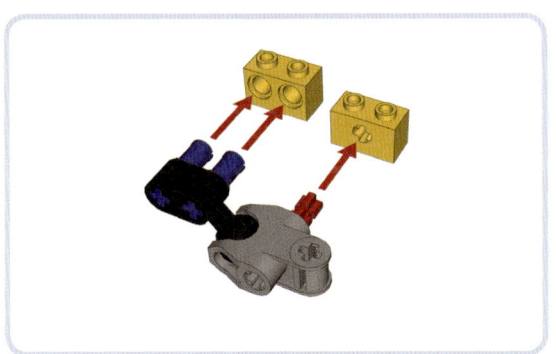

■ 그림 21-23 한 방향이 아닌, 두 가지 이상의 방향으로 복합적으로 뒤틀린 각도를 재현해야 할 경우, 보다 자유도가 높은 볼 조인트 부품을 활용할 수 있습니다. 볼 조인트가 붙은 커넥터를 일반 브릭과 결합한다면 이 브릭은 거의 모든 각도를 재현할 수 있고, 큰 힘이 가해지지 않는 한 자세를 유지할 수 있습니다.

영리하게 만들기

세부 디테일을 작업할 때 중요한 규칙은 부품을 디테일에 맞추어야지 디테일을 부품에 맞추어서는 안 된다는 점입니다. 바꾸어 말하자면, 묘사하고자 하는 디테일이 실제로 어떻게 보이는지, 그리고 그 모양을 레고로 어떻게 묘사할지에 집중해야 한다는 것입니다. 일부 창작가들은 특정 부품에 집착하여 해당되는 부품을 어떻게든 사용하려 하고, 이 부품에 맞추어 주변의 디테일을 작업하는 실수를 저지르기도 합니다.

많은 묘사 대상이 작고 세세한 특징을 갖고 있으며, 묘사를 제대로 하려면 이러한 특징을 살리는 것도 중요합니다. 예를 들어, 필자가 만든 랜드로버 S2 모델의 경우, 특유의 기울어진 연료주입구 마개 부분을 재현하기 위해 여러 가지 시도를 해 보았습니다. 그림 21-24와 같이 두 개의 1×2 테크닉 브릭의 구멍과 4면으로 결합이 가능한 1×1 브릭(빨간색)을 이용한 덕분에, 이 독특한 기울기를 성공적으로 재현할 수 있었습니다.

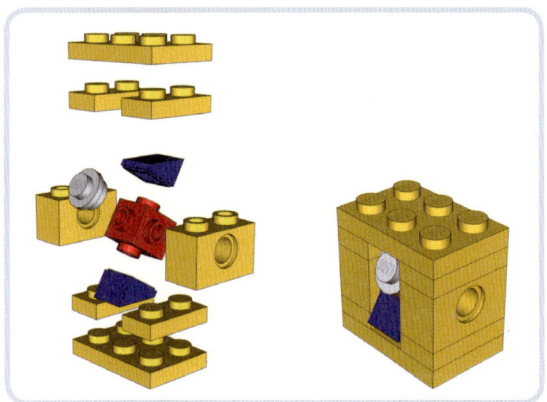

■ 그림 21-24 랜드로버 S2 모델의 기울어진 연료 주입구의 분해도와 완성도. 4면 결합이 가능한 1×1 브릭을 사용한 것이 적중했습니다.

세부 디테일의 재현에서 작은 부품, 특히 미니피겨용 액세서리 부품의 경우 기대 이상의 효과를 발휘할 수 있습니다. 예를 들어, 보통 포탑에 기관총이 설치되는데, 전차에 따라 기관총이 다르고 각기 모양의 차이에 따라 개성이 도드라집니다.

전차를 크게 만들 경우 이 기관총의 디테일 역시 전차에 맞게 해야 하는데 레오파드 2A4 전차를 만들 때, 기성품으로 나온 레고 미니피겨용 총 중에서 하나를 선택하거나, 혹은 몇 가지 간단한 부품을 조합해서 기관총과 비슷하게 보이는 것을 만드는 방법 중 하나를 선택해야 했습니다.

물론 이 방법들 중 어느 것도 정확하게 결과물을 예측할 수는 없을 것입니다. 결국 몇 가지 미니피겨용 액세서리를 조합해서 그림 21-25와 같은 기관총을 만들어 보았습니다.

이 총은 미니피겨용 톱을 중심으로, 뒤쪽에 도끼를 끼워 개머리판을 묘사하고, 앞에는 망원경과 소방 호스의 노즐을 연결해 총신을 묘사했습니다. 또한, 기관총 특유의 탄띠를 보관하는 박스형 탄창을 묘사하기 위해 클립이 달린 1×1 플레이트와 다른 몇 개의 플레이트 및 타일을 혼용해서 몸체 옆면에 결합했습니다.

이 총은 아홉 개의 부품으로 구성되었으며, 전차에 장착한 모습을 본 일부 사람들은 이 총의 조립도를 내게 문의하거나, 이 총을 구매하고 싶다는 연락을 취하기도 했습니다.

■ 그림 21-25 필자가 만든 레오파드 2A4 전차의 포탑에 장착된 기관총은 미니피겨용의 몇 가지 도구와 플레이트 및 타일을 조합해서 만들었습니다.

마지막 단계: 모델을 제어하기

마지막으로, 여러분이 만들고자 하는 모델이 완성되었다고 해서 그것을 즐기는 과정이 끝나는 것은 아니라는 점을 기억하십시오. 복잡한 모델을 동작하게 만드는 것만큼이나, 그것을 조종할 수 있는 전용의 조종기를 설계하고 이를 통해 제어하는 것도 충분히 재미있습니다.

에밀 오클린스키Emil "Emilus" Okliński가 제작한 드마그 Demag H135 굴착기 모형(그림 21-26 참조)의 경우, 두 개의 레고 마인드스톰 NXT 브릭을 조종기에 사용하고, 다른 두 개의 NXT 브릭을 굴착기에 사용하여 실제의 굴착기와 매우 유사한 무선조종을 구현했습니다.

👱 마인드스톰은 레고 사에서 출시한 프로그램 탑재가 가능한 컨트롤러 및 이를 이용한 로봇 제품군을 일컫는 용어로, NXT는 마인드스톰 시리즈의 2세대 컨트롤러입니다. 총 세 개의 모터와 네 개의 센서를 연결할 수 있으며 USB 및 블루투스 양방향 통신이 가능한 이 컨트롤러 덕분에 레고는 장난감 이상의 가능성을 갖게 되었습니다. 2013년 현재 레고사는 2세대 제품인 NXT와 함께 3세대 제품인 EV3까지 출시하여 보다 향상된 제어 가능성을 열어주고 있습니다.

무선조종기 부분은 서보 모터에 내장된 각도 센서를 활용한 복잡한 조이스틱으로 구성되어 있으며, 조이스틱에서 입력받은 값은 블루투스를 이용해 무선 전송되어 굴착기의 각 관절을 제어하게 됩니다. 굴착기의 기능 중 일부, 이를테면 내부의 전동 공기압축기와 같은 요소는 자동으로 제어되며 굴착기의 움직임에 관련된 일부 정보는 조종기로 전송되어 값을 확인할 수 있습니다. 에밀의 굴착기 모델에 대한 보다 자세한 정보는 http://www.eurobricks.com/forum/index.php?showtopic=64131/에서 확인하실 수 있습니다.

■ **그림 21-26** "에밀루스"가 제작한 드마그(Demag) H135 굴착기는 총 네 개의 NXT 브릭이 사용되었습니다. 이 중 두 개는 무선 조종기에, 다른 두 개는 굴착기 내부에 사용되어 실제적으로 무선 조종을 구현합니다. 서보 모터를 기반으로 제작된 두 개의 2축 조이스틱과 블루투스 무선 송신 기능 덕분에, 이 모델은 마치 실제의 굴착기 기사가 조종하는 것과 같은 느낌을 경험할 수 있습니다.

나오는 글

이 책이 레고 테크닉 시스템을 이해하고 독창적인 작품을 만드는 데 많은 도움이 되길 바랍니다. 새로운 것을 탐구하고 그것에 도전하고 싶다면, 현재 단종되었거나 구하기 힘들지만 아주 흥미로운 몇 가지 세트를 더 추천하고 싶습니다.

그것은 RF 주파수로 라디오 컨트롤이 가능한 8366 세트와 8475 세트, 바코드를 이용한 IR 시스템이 포함된 8479 세트, 무선조종형 진흙 경주용차인 8369 세트, 그리고 레고 에듀케이션에서 구할 수 있는 파워펑션 태양전지 패널과 에너지 디스플레이 부품이 포함된 9688 세트 등입니다.

레고 사는 기존의 설계를 단순화하거나 새로운 조립 기법을 구현하기 위해 늘 새로운 부품을 만들어내곤 합니다. 설령 '스터드가 노출된' 방식 같은 오래된 스타일을 더 선호하더라도, 새로운 모델에 주의를 기울여야 합니다. 무언가를 발명하여 디자인이 완성되면 커뮤니티에서 서로 공유하고 논의하는 과정을 통해 많은 창작가들이 영감을 얻습니다.

지난 몇 년간 120여 개의 창작품을 만들어 오면서 느낀 것은, 조립 과정에서의 시행착오는 결코 시간 낭비가 아니며, 오히려 가장 유의미하고 즐거운 시간이라는 점입니다. 작품이 완성되었을 때 물론 많이 기쁘겠지만, 진성한 기쁨은 조립도대로 따라하는 과정에서가 아니라, 직접 모델을 창작하며 크고 작은 문제를 해결해 나아가는 과정에서 온다고 생각합니다. 이 과정에서 여러분이 느낄 유일한 한계점은 아마 여러분 자신의 상상력일 것입니다. 레고 창작을 하는 과정에서 만끽할 즐거움에 이 책이 조금이나마 도움이 되길 바랍니다.

찾아보기

ㄱ

가감속 송신기 214~216, 220~227
가로 감산장치 344~348
가변형 축장치 7
가산장치 331~335
간헐 회전운동 107~108
감산장치 335~348
    가로 감산 344~348
    세로 감산 338~343
    필요성 335~338
개량형 축 37~38
개인 창작가의 작품 (MOC) 19
건 태클(gun tackle) 74
경질의 플라스틱 궤도 288~292
고무 무한궤도 287
고무 벨트
    도르래와 구동 71
    연속형 가변 변속기 311, 330
    종류와 크기 71
    중앙 복귀 조향장치 235~236
고성능 엔진, 공압(알렉스 조르코) 162
곡선 39
곡선 주행 반경 7~8, 241~245
공간 트러스 185
공기 압축기 123
공기 편향장치 354~355
공기압 134
공기압축기(자동 밸브) 135, 139~143
공압 시스템
    공기 누출 123
    구형 공압 시스템 124

밸브의 전동 구동 143~145
부품 124~134
    6L 실린더 129
    T자형 분기관 131~132
    공압 펌프 124~127
    대형 실린더 128~129
    분배 블록 127
    소형 실린더 129
    스터드가 있는 밸브 127~128
    실린더 브래킷 132
    압력계 134
    에어탱크 133~134
    축 결합이 가능한 호스 연결기 132
    튜브와 호스 130~131
신형 공압 시스템 125~126
외부 교환형 부가 장치 132
응용 135~137
    충격흡수장치 135
    공기압축기를 위해 스프링 제거 135
    공압 충격흡수장치 135
    공압을 유압으로 대체 136
    비 순정품 에어탱크 135
    비 순정품 호스 135
    에어탱크 대체품 135
    위험성 136~137
공압 장치
    공압 엔진 149~161
    개요 149~151
    사점 149~150
    실린더 두 개 153~161
    실린더 한 개 149~152
    응용 사례 162
    플라이휠 151

찾아보기 **389**

리니어 액추에이터와 비교 224~225
물 펌프 162~163
유격을 억제 54
응용 사례 162
자동 밸브 145~146
자동 압력조절장치 148~149
전동 공기압축기 139~141
전동 밸브 143~144
공압 튜브 130~131
공압 펌프
구형 공압 시스템 124
신형 공압 시스템 126~127
전동식 139~141
펌프 126~127
공압에 액체 활용 136
공압을 유압으로 대체 136
공압장치와 일반 기계 장치 54
관성 151
구동
리니어 액추에이터 222~224
턴테이블을 통과시켜 구동 116~122
구동 링 303~305
구동 및 현가형 축 255~270
진자형 현가장치와 턴테이블 256
포털 축 259~263
구동계 7
구동기어 50~52, 56
구동축 7, 32, 50, 247
구름 저항 5~6
구멍이 뚫린 브릭 12
굽힘 186
궤도 바퀴 287
궤도 차량
가감속 송신기 220~222
감산장치의 활용 335~338
경질 플라스틱 궤도 288~290
경질의 플라스틱 궤도 288~292
고무 무한궤도 287
구동장치 335~337
궤도 구동장치 292~294
보기륜 298~300
외형과 기능 357~359
중량 배분 9
차량 357~359
차체 띄우기 292
궤도 차량의 현가 장치
대차 295
보기륜에서 295~297
토션 바 297

트레일링 암 형 295~296
기계적인 힘의 정의, 파워 4
기본 레고 단위(FLU) 11
기어 49~66
가속 구조 52
감속 구조 52
도그클러치 59, 312~313
랙과 피니언 기어 231
를 이용해 속도나 토크를 변화 49
마모 192
변속기
미 사용 301
양면 베벨 기어 301
활용 301~305
후진 기어 305~306
보강
수직 결합 171
웜 기어 케이스 179~180
차동기어 174~178
축을 이용 169~174
필요 부분 166~169
분류 50~52
유격 54
유형
구동기어 50~52, 56
스파이더 기어 332
유동기어 50~52, 69
유성기어 332
종동기어 50
일반적인 기어 55
종류
12톱니 58
14톱니 58
16/24톱니 차동기어 62
16톱니 58~59
16톱니 클러치 59
20톱니 59~60
24톱니 60~61, 68~69
24톱니 그라운 61
24톱니 클러치 60
36톱니 62
40톱니 62, 144
56톱니 기어 63~64
8톱니 57, 68~69
노브 휠 65, 94~95, 235
단면 12톱니 베벨 57~58
단면 20톱니 베벨 59~60
단면 베벨 기어 59~60
랙 기어 233~234

　　　　베벨 기어　56
　　　　양면 12톱니 베벨　58
　　　　양면 20톱니 베벨　60
　　　　양면 베벨 기어　58, 60, 301
　　　　차동기어　62~63
　　　　턴테이블　63~64
　　　　폐기　66
　　　　핀 구멍 단면 20톱니 베벨　60
　　　　헤일파이어 드로이드 휠　65
　　　체인과 구동　67~70
　　　파워펑션 스위치의 물리적 결합　112~113
　　　회전 방향　54~55
　　　효율성　53
기어 가속　49, 52
기어 감속　49, 52, 56
기어 허브(포털 축)　259~263, 379
기어박스　172, 179
기어비　52~53, 69
　　　가산장치에서　334
　　　변속기　301
기어의 회전 방향 제어　54~55
기준점　365, 368
끼워 쌓기 방식 단자　205~206

ㄴ

날개　361
내구성 저하　191~192
노브 휠　65, 248
　　　마모　192
　　　하드 커플링에서　335
높이 대 너비 비율　15
뉴턴 센티미터(N.cm)　3
뉴턴의 작용과 반작용의 법칙　168

ㄷ

다륜 차량　241~245
단방향 밸브　127
대차　295~296
대형 실린더　129
더블 위시본 독립 현가장치　251~252
더블 태클(double tackle)　75
도르래　70~72
　　　고무 벨트와 활용　71
　　　도르래장치와 실　72~78
　　　　　간단한 도르래장치　74~75
　　　　　복합 도르래장치　77~78
　　　　　차동 도르래장치　75~77

　　　미끄러짐　70~71
　　　복합 도르래장치　77
　　　비율　70~71
　　　차동 도르래장치　76
　　　체인과 비교　71~72
도르래장치와 실　72~78
　　　간단한 도르래장치　74~75
　　　복합 도르래장치　77~78
　　　차동 도르래장치　75~77
도면　365~374
　　　내부 공간　368~374
　　　사진을 활용　367
　　　온라인 검색　365~366
도면에서의 내부 공간　368~374
독립형 조향장치　272~275
독립형 현가장치　266~267
　　　더블 위시본 방식　251~252
　　　정의　249
동기식 변속기　301~302, 315
동력 계통　7
동력 전달장치　7
두 개의 실린더를 이용한 공압 엔진　153~161

ㄹ

래칫　100~101
램프
　　　끄기　109
　　　방향 지시등　112~114
　　　점멸하기　109~115
램프 끄기　109
램프 점멸　109~115
러프 태클(luff tackle)　74
레고 공　65
레고 공압 엔진 (공압 엔진)　149~161
레고 부품의 노화　191~192
레버　218~219
레일　181~184
로터　361~364
리니어 액추에이터　222~225
　　　결함　223~224
　　　공압장치와 비교　224~225
　　　구동　222~224
　　　대형　222~224
　　　생산시기 확인　223~224
　　　소형　224
리니어 클러치　101
리턴 롤러　294
리프트 암　15

링크 구조 85~91
　사도기 87
　사루스 링크 88~89
　스캇–러셀 링크 89
　시저 링크 90
　와트 링크 86, 91
　제한된 움직임 85~91
　지레와 연계 82~85
　체비셰프 링크 86
　팬터그래프 87
　포셀리어–립킨 셀 88
　호이켄 링크 87

ㅁ

마이크로모터 도르래 70, 76~77
마찰 4
멈춤쇠 100~101
모델링 과정 375~387
　바퀴 377~380
　불규칙적인 각도 384~385
　색상 381~382
　세부 디테일 382~386
　원형 요소 377~380
　크기 문제 375~377
모델팀 스타일 29~30
모듈 11
모터 195~200
　가산장치와 커플링 331~335
　공간의 복잡성 375~376
　스테퍼 모터 107
　제어
　　무선 196, 206~209
　　수동 196, 205~206
　　원격 196, 206~209
　종류
　　12v 모터 195
　　2838 모터 (9v) 197
　　2986 모터 (9v) 199~200
　　4.5v 모터 195
　　42908 RC 모터 203
　　43362 모터 (9v) 198
　　47154 모터 (9v) 199
　　53787 NXT 모터 200
　　58120 파워펑션 M 모터 32, 201
　　58121 파워펑션 XL 모터 202
　　71427 모터 (9v) 198
　　87577 파워펑션 E 모터 201
　　99498 파워펑션 서보 모터 203
　　99499 파워펑션 L 모터 202
　　9v 모터 195~200
　　NXT 모터 200
　　RC 모터 (9v) 203
　　마이크로모터(9v) 199~200
　　파워펑션 E 모터 201
　　파워펑션 L 모터 202
　　파워펑션 M 모터 32, 201
　　파워펑션 XL 모터 202
　　파워펑션 미디엄 모터 32, 201
　　파워펑션 서보 모터 203
　하드 커플링 331~335
모터 커플링 331~335
모터 하드커플링 331~335
모터사이클 356~357
　닷지 컨셉 바이크 토마호크 357
　사이드카 356
　토마호크 바이크 357
무게와 효율의 관계 6
무게중심 9
무단 변속기 311~312, 330
무선 조종
　궤도형 차량 220, 337
　조향 핸들 217
　측면 레버 218
물 펌프 162~163
미끄러짐
　24톱니 클러치 기어 60
　도르래장치 71
　차동 기어 94, 96~97
미네랄 오일 136
미세한 공기 누출 123

ㅂ

바퀴
　노브 휠 64, 248
　모델링 과정 377~380
　보기륜 294, 298~299
　스프로킷 휠 287, 291~294, 300
　웨지 벨트 휠 70
　　공압 엔진 150
　　궤도 차량에 활용 299
　　두께 70
　　차동 도르래장치에서 75
　　허브 363~364
바퀴 조향장치 217~221, 231~245
바퀴의 궤적 8
바퀴형 조향장치 217~222, 231~245

애커만식 조향장치 237~240
중앙 복귀 조향장치 235~237
반 부시
  두께 70
  매끄러운 단면 42
  변종 40
  톱니 40~42
  톱니형 단면 41
반 스터드 17~18
받침점
  지레 79~82
  현가장치에서 249
방향 지시등 112~114
배터리 209~212
배터리박스 205, 209~212
  AA 배터리 210
  AAA 배터리 210
  내장 충전지 211
  비교 210~211
  타이머 기능 210~211
밸브
  구형 공압 시스템 124~125, 127
  스터드가 없는 형 128
  스터드가 있는 형 127~128
  신형 공압 시스템 128
  전동식 143~144
벌룬 타이어 378
변속기
  10단 311, 324~328
  2단 306~308
    RC 모터 (9v) 307, 318~319
    궤도식 307
    동기식 306
    래칫형 308
  3단 308
    선형 308, 321~322
  4단 309~310, 324
    2중 레버 309~310
    동기식 309
  5단 선형 변속기 310~311
  CVT 311~312, 330
  구동 링 303~305
  기어 301~330
  동기식 변속기 301~302, 315
  동력 분배 313~314
  분배 기능 313~314
  비동기식 변속기 301~302, 308~309
  비선형 변속기 302
  선형 변속기 302

순차적 302
연속형 가변 변속기 311, 330
이중 축 턴테이블 구동 116~122
전환 캐치 303~304
조립 305~313
변속기 구동 링 59, 312~313
변속기 구동 링 구동부품 97, 303~304
변속기 레버 97, 303~304
변속기의 분배 기능 313~314
변속기의 후진 기어 305~306
병렬 지레 82~84
보강
  올바른 보강법 169~174
  왜 분해되는가 165~169
  웜 기어 케이스 179~180
  정의 21
  차동기어 174~178
  튼튼한 부품을 선택 191~192
  필요부분 166~169
  하중이 가해지는 부분 (하중 분배 구조) 165~190
보강 결합
  90도 각도의 빔 간 25
  일반 결합과의 비교 24
  축을 이용 24
보강형 케이스
  웜 기어 179~180
  차동기어 174~178, 248
보기륜 294, 298~299
복합 도르래장치 77~78
  네 개의 도르래 75
  다섯 개의 도르래 76
  두 개의 도르래 74
  세 개의 도르래 74
  여섯 개의 도르래 76
볼 베어링 65
볼 조인트 44~45
부동축 현가장치 255, 268~270, 296~298
부시 40~42
  반 40~42
  연결 기능이 추가된 것 42
  일반형 42
  핀 42~43
부품 생산시기 확인 223~224
분기관 131~132
분당 회전 수(RPM) 3
분리될 수 있는 약한 부분 166
분배 블록 124 127
불규칙적인 각도 384~385
브라운 트러스 186

브래킷
  공압 실린더 132
  리니어 액추에이터 222
브릭 11~12
  구멍 12
  높이 11
  높이 대 너비 비율 15
  두 장의 플레이트를 삽입 21~22
  라이트 109
  램프 109
  빔과 연결 30~33
  빔과 정렬 16
  조명 109
  테크닉 브릭과 일반 브릭 21
브릭 색상별 내구도 차이 192
브릭과 플레이트의 높이 11
비선형 변속기 302
비율, 참조점 368
비틀림 186
비행기 361
빔 15~17
  결합의 다양성 16
  높이 대 너비 비율 15
  방향에 구애받지 않는 조립 16
  보강재로의 활용 166, 169~171
  브릭과 연결 30~33
  브릭과 정렬 16
  편심 메커니즘 102
빔과 브릭 32~34

ㅅ

사도기 87
사루스 링크 88~89
사륜구동 (4x4) 8, 55
사륜구동 (FWD) 8
사용자 정의 기계 설계 93~122
  래칫 100~101
  램프 끄기 109
  램프 점멸 109~115
  리니어 클러치 101
  방향 지시등 112~114
  슈미트 커플링 106
  스카치 요크 103~104
  스테퍼 모터 107
  올덤 커플링 104~106
  이중 축 턴테이블 구동 116~122
  제네바 메커니즘 107~108
  차동장치 93~96

차동 제한장치 96~99
편심 메커니즘 101~102
사진을 이용한 도면 367
삼각형 워렌 트러스 187~188
상시4륜구동 8~9
상호 작용하는 두 기어 52
색상 381~382
선형 변속기 302
세 겹 도르래 76
세로 감산장치 338~343
세부 디테일 382~386
소형 실린더 129
속도
  기어를 이용해 변화 49
  정지 마찰력 4
  힘 이득 72~74
속도에 대한 정의 3
속도와 토크는 반비례 50
송신기 213~3216
  중앙 핸들 220~222
  활용 217~222
수렴선, 조향장치 241~243
수송용 차량
  BMR-2 병력수송차량 384
  RG-35 4x4 MRAP 차량 30, 260
  해글런드 BV206 보병 수송차 357
수신기 206~209, 212
수직 기어구조의 보강 171~172
숫자로 표기되는 중량 배분 9
스위치
  자동 압력 감지 148~149
  전동 구동 109
  파워펑션 32, 109, 111, 206
스카치 요크 103~104
스캇-러셀 링크 89
스타일, 테크닉 기성품 세트 27~30
스터드
  공압 밸브 127~128
  절반 거리 17~18
스터드 단위의 정의 11
스터드가 있는 것과 없는 것 19~34
  개요 19~20
  두 가지의 혼용 26~34
  두 종류의 부품을 정렬하기 16, 19
  스터드가 노출된 조립 21~23
  스터드가 없는 감산장치 347~348
  스터드가 없는 부품 21, 23~26, 33, 173
혼용
  브릭과 빔의 연결 30~33

테크닉 세트 27~30
폭 맞추기 32~34
스티어링 로크 8
스파이더기어 332
스프로킷 휠 287, 291~294, 300
스핀들 232
슬라이더 157~161
시간 지연과 유격 6
시저 링크 90
신형 반 부시의 매끄러운 단면 42
실린더 123
    6L 실린더 129
    공압 엔진에서 실린더 두 개 153~161
    공압 엔진에서 실린더 한 개 149~152
    공압 엔진에서 149~161
    구형 공압 시스템 124~125, 129
    대형 129
    브래킷 132
    소형 129
    신형 공압 시스템 125, 129~130

ㅇ

아치 39
아크 탄젠트 244
안정현 현가장치
    타트라 타입 263~266
    진자형 257~259
압력 스위치 148~149
압력계 134
압축력 186
애커만식 조향장치 237~240
에어탱크 133~134
    비 순정품 135
    자동 압력조절장치 148
역 탄젠트 244
연결부의 높은 토크 44
연속 회전운동 107~108
연속형 가변 변속기 311~312, 330
연장 구동 링 305
연장선 225~226
오래된 부품과 새 부품 191~192
오버드라이브 52
오토바이 (모터사이클) 356~357
올덤 커플링 104~106
와트 링크 86, 91
완충장치
    대안 296~298
    체인과 구동 69
    타트라 타입 현가장치 263~266
외관과 기능, 모터사이클 356~357
외바퀴 수레 81
외부 교환형 부가 장치 132
외형과 기능 351~364
    궤도 차량 357~359
    자동차 352~354
    트럭 354~356
    항공기 359~360
요동운동
    링크 구조에 의한 85~91
    직선운동으로의 변환 85~86
    회전운동에서 변환 101~102
요크 스카치 요크 103~104
워렌 트러스 187~188
원격 제어 196, 206~209
원격 조종
    여러 개의 송신기로 한 개의 수신기를 제어 209
    한 개의 송신기로 여러 개의 수신기를 제어 208
웜 기어 56~57
    공압 밸브 동작에 활용 145
    구동 기어로 활용 56
    구동축의 회전을 막는 기능 100
    기어 감속 56
    기중기 확장 기능 57
    랙 기어를 운용 57
    마모 192
    보강형 케이스 179~180
    슬라이딩 145
    유격 54, 179
    진자형 포털 축 282~286
웜 기어를 이용한 랙 기어 구동 57
웜 기어의 슬라이딩 145
웨지 벨트 휠 70
    공압 엔진 150
    궤도 차량에 활용 299
    두께 70
    차동 도르래장치에서 75
    허브의 중심 363~364
윈도 그림판 368
유격 6
    8톱니 기어 57
    공압을 이용해서 억제 54
    변속기 구동 링과 기어 304~305
    시간 지연 6
    웜 기어를 응용한 진자형 조향 구동장치 282
유니버설 조인트 43~45, 116
    길이 45
    높은 토크 43~44

대체용품 104
　　　보강하기 122, 174
　　　자작 122
　　　중앙 연결부위 44
　유동기어 50~52, 69
　유성기어 332
　윤활제 4
　이미지 편집 프로그램 368
　이중 축 턴테이블 구동 116~122
　인장력 186~187
　일반 결합 24
　일반 레고 브릭 21
　일정한 지상고 유지 250
　일체 차축형 현가장치 249
　입력축 50

ㅈ

자동 밸브, 공압 장치 145~146
자동 압력조절장치 148~149
자동차 352~354
　　　1969 닷지 차저 352
　　　8070 슈퍼카 세트 28, 39
　　　8448 슈퍼 스트리트 센세이션 세트 28
　　　BMR-2 병력수송차량 384
　　　RG-35 4x4 무장병력 수송 장갑차(MRAP) 30, 260
　　　닷지 바이퍼 353, 370
　　　버기카 9, 29, 353
　　　지프 랭글러 루비콘 353
　　　파가니 존다 353, 366
　　　포드 GT-40 26, 30
　　　험비 30, 371
잠금 장치 100~101
전동 공기압축기 139~141
　　　진동 139
전동식 공압 밸브 143~144
전륜구동(AWD) 8~9
전압 4
전원 단자　끼워 쌓기 방식 205~206
전원공급장치 205, 209~212
전차
　기관총 386
　보기륜 294
　완충장치 292
　웨지 벨트 휠에 고무 바퀴를 활용 299
　종류
　　　T-72M 전차 358, 383
　　　레오파드 2A4 전차 358, 386
　　　셔먼 294

　　　소련 294, 299
　　　처칠 294
　　　주포 383
　　　회전반경 8
점퍼 플레이트 18
접지력, 무한 궤도 290
정렬되지 않고 어긋난 부품 31
정의
　　　기계적인 힘 4
　　　정지 마찰력 4
　　　회전 속도 4
제네바 드라이브(제네바 메커니즘) 107~108
제어 모듈 123
조향장치
　　　곡선 주행 241~243
　　　중앙 복귀 조향장치 235~237
　　　회전 반경 237~240
종동기어 50~52, 56
종동축 50
죽은 기어 301
중량 배분 9
중력
　　　래칫에서의 작용 100
　　　무게 중심 8
중앙 복귀 조향장치 235~237
중앙의 디스크 연결 부분 44
중장비, 굴착기 29
　　　상부 구동부 116
　　　드마그 H135 굴착기 387
　　　리베르 R944C 굴삭기 290
　　　스노우 그루머 29
　　　제설차 29
지레 79~85
　　　기계적 장점 85~86
　　　링크와 연계 82~85
　　　받침점 79~82
　　　병렬 82~84
　　　작용점 79
　　　종류 81~02
　　　지레의 법칙 80
　　　하중에 대한 작용 79, 82~83
지레와 작용 79
지레의 각 부분 79
지면과 차체의 간격 9~10, 250
지브 189~190
지상고 9~10, 250
직선운동과 회전운동의 변환 85~86
진 태클 76
진자형 축 271

웜 기어 282~286
포털 276~281
진자형 현가장치 254
안정형 257~259
조향 기능 추가 256
턴테이블 256
포털 축 안정형 260~263

ㅊ

차대 181~184
차동 도르래장치 75~77
차동 제한장치 96~99
차동기어 케이스 174~178, 248
차동장치 51, 93~94
차량 회전 중심 241
차량의 구동 계통에 따른 분류
    4륜구동(4x4, 4WD) 8~9
    상시4륜구동(AWD) 8~9
    전륜구동(FWD) 8~9
    후륜구동(RWD) 8~9
차량의 긴급 정지 기능 216
차체 높이 9
차체 프레임 181~184
차체를 포함하는 회전 반경 8
차축과 곡선 주행의 관계 241~243
채널 선택기 208
체비세프 링크 86
체인 67~70
    체인 링크 부품 68
최대 조향각 8
축 35~39
    곡선 주행과의 관계 241~243
    구동 및 현가형 축 255~270
        진자형 현가장치와 턴테이블 256
        포털 축 259~263
    구동용 247
    구멍 12
    구조 보강 35
    독립형 272~275
    독립형 조향장치 272
    동력 전달 35
    머리가 있는 것 37~38
    연질 26, 38
    종류 36~39
        10L 축 37~38
        12L 축 37
        16L 축 37
        2L 축 37

        32L 축 37
        3L 축 37~38
        4L 축 37~38
        5.5L 머리축 38
        5L 축 37
        6L 축 37
        7L 축 37
        8L 축 37~38
        9L 축 37
        개량형 37~38
        나사축 37~38
        연질 축 (휘는 축) 26, 38
    진자형 조향 271
    진자형 포털
        고강성 276~281
        웜 기어 282~286
    차동 제한장치 96~99
    표준형 36
축 결합이 가능한 호스 연결기 132
축 연결기 303
축 핀 13~14
    리니어 클러치 101
    볼이 달린 것 14
출력축 50
충격 완충장치 251~254
충격 흡수, 연질형 축을 이용 39
충격흡수장치 135
측면 레버 송신기 218~219

ㅋ

카단 조인트 (유니버설 조인트) 43
카운터 지브 189~190
캠 150~157
커넥터 부품 384
크기 결정 365~374
    도면 365~367
크기 문제 375~377
크기와 효율의 관계 6
크레인
    8258 크레인 트럭 세트 28
    8288 크롤러 크레인 세트 185
    8421 모바일 크레인 세트 28
    8460 뉴매틱 크레인 트럭 세트 85
    구조 보강 185
    도르래장치와 실 72~74
    리베르 LTM1200 초장축 모바일 크레인 369
    리치 스태커 8
    붐 57 82~83, 185

지레의 활용 85
타워 크레인 185
크레인의 붐 57, 82~83, 185
크롬 도색 382
크롬 부품 382
클러치 101, 222

ㅌ

타워크레인 184, 189~190
   상단 마스트 190
   지브 190
   카운터 지브 190
   타워 마스트 189
타이 로드 233~235, 238~239
타이어(바퀴)
   정지 마찰력 4
   크기 378
타트라 타입 253, 263~266
타트라 타입 현가장치 253
턴테이블을 통과시켜 구동 116~122
테일 로터 362
테크닉 기성품 세트 27~30
테크닉 세트
   8041 레이스 트럭 세트 181~182
   8043 전동식 굴착기 세트 29
   8048 버기카 세트 29
   8070 수퍼카 세트 28, 39
   8258 크레인 트럭 세트 28
   8262 쿼드 바이크 세트 29
   8263 스노우 그루머 세트 29
   8265 프론트 로더 세트 83
   8275 동력 불도저 세트 289
   8288 크롤러 크레인 세트 185
   8296 둔 버기 세트 353
   8421 모바일 크레인 세트 28
   8422 테크닉 모터사이클 세트 356
   8436 트럭 세트 34
   8448 슈퍼 스트리트 센세이션 세트 28
   8460 뉴매틱 크레인 트럭 세트 85
   8466 4x4 오프로더 세트 28
   8480 화이버옵틱 우주왕복선 세트 27
   8485 테크닉 공룡 세트 360
   8850 테크닉지프차 세트 27
   8855 테크닉 비행기 세트 361
   8865 테스트 카 세트 238
   8880 테크닉수퍼카 세트 238
토션 바 296~298
토크 (축, 체인, 기어, 도르래, 커플링) 72~74, 331~335

가산장치를 이용한 합산 331~335
개요 3
노브 휠에서 64
연장 구동 링 304
힘 이득 72~74
토크 비 52
톱니 반 부시 40~42
투석기 101
트러스 184~190
   브라운 트러스 186
   삼각형 워렌 트러스 187~188
   선택 189~190
   워렌 트러스 187~188
트럭 354~356
   8436 트럭 세트 34
   견인 트럭 모델 183, 377
   롱노즈 트럭 354~356
   몬스터 트럭 모델 20, 252
   미국식 트럭 354~356
   반 궤도 트럭 359
   유럽식 트럭 354~356
   캡 오버 트럭 354~356
   켄워스 로드 트레인 모델 20
트레일링 암형 현가장치 255, 268~270, 296~298

ㅍ

파워 4
파워펑션 송신기 213~214
   가감속 송신기 213~214
   기본 송신기 213~214
파워펑션 수신기 212~213
파워펑션 시스템 205~228
   9v 연결 226
   LED 227
   LED 램프 110~111, 227~228
   램프 227
   리니어 액추에이터 222~225
   마인드스톰 넌설 226
   모터 195~196
      제어 205~209
      파워펑션 E 모터 201
      파워펑션 L 모터 202
      파워펑션 M 모터 201
      파워펑션 XL 모터 202
      파워펑션 서보 모터 203
   무선, 제어 206~209
   송신기 213~3216
      활용 217~222

수신기　206~209, 212
　　　스위치　32, 109~111, 206, 227
　　　연장선　225~226
　　　적외선 수신기　32
　　　전원공급장치　209~212
파워펑션 연장선　225~226
팬터그래프　87
펌프의 위상차　140
편심 메커니즘　101~102
평면 트러스　184
폐기된 기어　66
포셀리어-립킨 셀　88
포털 축(기어 허브)　259~263, 379
표면
　　　마찰　4
　　　저항　5~6
표면과 저항　5~6
표준형 축　36
푸시로드　101~102
풀리, 마이크로모터(9v)　199~200
프레임　181~184
프로펠러　361~364
프론트로더　83
플라이휠　151
플레이트
　　　높이　11
　　　보강재로의 활용　169~171
　　　사용의 단점　23
핀
　　　1/2　13~14
　　　3/4　13, 17~18
　　　긴 것　13~14
　　　마찰 핀　13~14
　　　볼이 달린 것　15
　　　브릭과 빔을 연결하기 위한　31
　　　종류　13~15
　　　축　13~14, 100~101
　　　특수 핀　14
　　　특수형　14
　　　핀 부시　42~43
핀 구멍　12

ㅎ

하드 커플링　331~335
하중, 상당한 하중이 가해지는 회전부　65
하중, 지레　79, 82~83
하중 분배 구조　181~190
　　　레일 차대와 차체 프레임　181~184

　　　트러스　184~190
　　　　　브라운 트러스　186
　　　　　삼각형 워렌 트러스　187~188
　　　　　선택　189~190
　　　　　워렌 트러스　187~188
하키 스프링　235~236
한 개의 실린더를 이용한 공압 엔진　149~152
항공기　359~364
허브　363~364
헤일파이어 드로이드 휠 기어　65
헬리콥터　360~364
　　　보잉 CH-47 치누크 헬리콥터　362
　　　시코르스키 MH-53 구조 헬리콥터　362
현가장치
　　　구동 및 현가형 축　255~270
　　　　　진자형 현가장치와 턴테이블　256
　　　　　포털 축　259~263
　　　구동축의 회전을 막는 기능　247
　　　궤도 차량의 현가장치　294~300
　　　대차　295~296
　　　더블 위시본 독립 현가장치　251
　　　독립형 현가장치　249, 266~267
　　　　　더블 위시본 방식　251~252
　　　부동축 현가장치　255, 268~270, 296~298
　　　완충장치 미적용　250
　　　완충장치 여부　250
　　　완충장치 적용　250
　　　일체 차축형 현가장치　249
　　　지상고　250
　　　진자형 현가장치　254
　　　　　안정형　257~259
　　　　　포털 축 안정형　260~263
　　　타트라 타입 현가장치　253
　　　트레일링 암 현가장치　295~296
호스　130~131
　　　분기　131~132
　　　비 순정품　135
　　　연결　131~132
호스의 활용　131
호이켄 링크　87
홀수 부품과 짝수 부품　34
홀수와 짝수　32~34
회전 반경　7~8, 237~245
회전 반경이 0　8
회전 속도에 대한 정의　4
회전운동
　　　연속적인 운동을 간헐적으로 변환　107~108
　　　요동운동으로 변환　101~102
　　　직선운동으로 변환　85~86

효율성 6
  공압 엔진 156
  기어 53
  부품의 크기와 무게 6
후륜구동 (RWD) 8~9
흔들기 방식 공기압축기 141~143
흙받이 378
힘 이득 72~74
  도르래장치
    간단한 도르래장치 74~75
    복합 도르래장치 77~78
    차동 도르래장치 75~77
  지레 79, 85~86
힘의 분배, 트러스 189
힘의 전달 7, 49

10단 동기식 변속기 312, 325~329
1종 지레 81~82
2단 변속기
  RC 모터 (9v) 307, 318~319
  궤도식 307
  동기식 306
  래칫형 308
  선형 고강성 306, 315~317
2종 지레 81~82
3단 선형 변속기 308, 322~323
3종 지레 81~82
4WD(사륜구동) 8~9, 55
4x4(사륜구동) 8~9, 55
4단 2중 레버 변속기 309
4단 동기식 변속기 309
4단 변속기 309~310, 324~325
4륜구동 8~9, 55
4절 링크 82~84
53983 터빈 부품 380
5단 선형 변속기 310~311
6L 실린더 129
6핀 인터페이스 200
9v 구형 램프 110~111
9v 구형 배터리박스 110

AWD(전륜구동) 8~9
C형 프레임 174
FLU(기본 레고 단위) 11
FWD(전륜구동) 8~9
GIMP 이미지 편집 프로그램 368
L 자형 빔 170, 173

LED 램프 110~111, 227~228
MOC (개인 창작가의 작품) 19
N.cm(뉴턴 센티미터) 3
RPM(분당 회전수) 3
RWD (후륜구동) 8~9
SUV(스포츠 유틸리티 자동차) 9, 96, 352
  8466 4x4 오프로더 세트 28
  8850 테크닉지프차 세트 27
T자형 분기관 131~132

All Wheel Drive 8~9
Chebyshev linkage 86
dead spot 149~150
double tackle 75
Front Wheel Drive 8~9
geneva mechanism 107~108
gyn tackle 75
Hoeken's linkage 87
LPE(LEGO pneumatic engine) 149~161
My Own Creations (MOC) 19
oldham coupling 104~105
pantograph 87
Peaucellier-Lipkin cell 88
Schmidt couplings 106
scissor linkage 90
scotch yokes 103~104
Scott-Russell linkage 89
stepper motor 107
Tchebycheff's linkage 86
threefold purchase 75